保定年鉴

2009

BAODING NIAN JIAN

保定市地方志办公室
《保定年鉴》编辑部 编纂

新 华 出 版 社

图书在版编目（CIP）数据

保定年鉴．2009/保定年鉴编辑部编纂．—北京：新华出版社，2009．12

ISBN 978－7－5011－9091－1

Ⅰ．①保… Ⅱ．①保… Ⅲ．①保定市—2009—年鉴

Ⅳ．①Z522．23

中国版本图书馆 CIP 数据核字（2009）第 238760 号

保定年鉴（2009）

责任编辑：原兴伟
出版发行：新华出版社
地　　址：北京石景山区京原路 8 号
网　　址：hhp：//www.xinhuapub.com
邮　　编：100043
经　　销：新华书店
印　　刷：河北省保定市北方胶印有限公司
开　　本：889×1194　1/16
印　　张：24．5
彩　　页：30
字　　数：829 千字
版　　次：2009 年 12 月第 1 版　2009 年 12 月第 1 次印刷
印　　数：1－2000
书　　号：ISBN 978－7－5011－9091－1
定　　价：198．00 元

《保定年鉴》编辑部

主　　　　编　李　谦　李志刚

常务副主编　李增泉

执行常务副主编　张积涛

副　主　编　（以文字篇目先后为序）

杨西涛　特载、大事记、人物、图片编辑

陈　洪　保定概况、交通·邮政·电信、城建·环保、商贸、重要文献选编、图片编辑

孙进柱　市委、市人大、市政府、市政协、纪检·监察、图片编辑

陈立利　民主党派·工商联、群众团体、金融、图片编辑与统稿

李　薇　军事、政法、教育、文化、卫生·体育·旅游、图片编辑与统稿

赵　光　水利·电力、工业、图片编辑

宫卫红　县（市、区）概况、农业、图片编辑

刘　擘　图片编辑与统稿

特邀摄影　帅金城　杨　军

编 辑 说 明

一、《保定年鉴》是按照国务院和省政府的部署，在中共保定市委领导下，由保定市人民政府主办的大型年刊。本年鉴以马克思列宁主义、毛泽东思想、邓小平理论、“三个代表”重要思想、科学发展观为指导，坚持实事求是的思想路线。本年鉴由市直各部门、25个县（市、区）、驻保单位和重点企业共同参与编辑，着重记述全市改革开放、经济发展和社会进步的基本状况与最新成就，以丰富的内容、真实可靠的权威性资料为各级领导决策提供依据，为社会各行各业的规划发展提供借鉴，为中外人士投资保定提供信息。是让世界了解保定的窗口，让保定走向世界的桥梁。

二、《保定年鉴》（2009卷）是继《保定年鉴》（1995－1997卷）、（1999卷）、（2000卷）、（2001－2002卷）、（2003卷）、（2004－2005卷）、（2006卷）、（2007－2008卷）之后出版的第9部年鉴。《保定年鉴》（2009卷）正文文字内容为2008年年度工作。

三、本年鉴文字内容编排设“类目”、“分目”、“条目”三个层次。卷首为“保定概况”，介绍保定的总貌。卷中类目分别是：特载、大事记、中国共产党保定市委员会、保定市人民代表大会、保定市人民政府、政协保定市委员会、纪检·监察、民主党派·工商联、群众团体、军事、政法、综合管理、农业、工业、水利·电力、交通·邮政·电信、城建·环保、商贸、财政·税务、金融、教育、科学技术、文化、卫生·体育·旅游、社会生活、开发区、县（市、区）概况、人物、重要资料选编。

四、为充分展示保定的重大活动与重大成就，做到图文并茂，形象生动，设图片专辑。图片资料内容下限为2009年6月，有的重要图片及资料内容顺延至出版前。

五、本年鉴资料由市直各部门、县（市、区）政府和其他所涉及的单位提供，专人撰写文稿，主管领导审核，主要负责人签批。按照惯例，领导班子成员记到副县级以上。数据由专业统计人员核校，市委、市政府审定。内容所涉及的个别数据因统计口径、内涵、角度不同，不尽一致，以统计资料为准。

六、本年鉴由中共保定市委办公厅、保定市人民政府办公厅发文下达编辑任务。在编辑过程中，得到各级领导、各部门各单位人员的热情支持，在此谨致谢忱。

2009年12月

中国历史文化名城——保定

区域位置 保定市位于河北省中西部，太行山北部东麓，冀中平原西部，北纬38°10′~40°00′，东经113°40′~116°20′之间。北邻北京市和张家口市，东接廊坊市和沧州市，南与石家庄市和衡水市相连，西部与山西省接壤。全市总面积22190平方公里。市中心北距北京140公里，东距天津145公里，西南距石家庄125公里。

自然环境 全市地势由西北向东南倾斜。地貌分山区和平原两大类。山区按高程及地貌划分，为中山区、低山区及丘陵三类。西部为中山区，海拔高程一般在1000米以上。北起涞水县宋各庄、易县紫荆关、涞源县走马驿，南到阜平县岔河以西。包括涞源县全部，涞水、易县、满城、顺平、唐县、阜平的西部深山区，总面积6790.5平方公里。最高山峰为阜平县歪头山，海拔2286米。中山区山体切割强烈，河谷深切，支脉发育，并嵌有小型盆地和断裂谷地。涞源、阜平、东团堡、走马驿等盆地均位于该区。中山区东南部是低山区和丘陵区，呈条带形。北起涞水，南至阜平，包括涞水、易县、徐水、满城、顺平、唐县、曲阳、阜平的一部或大部地区，总面积4197.6平方公里。低山区坡缓谷宽，陆地发育，有黄土覆盖。海拔高程除狼牙山为1105米外，一般在500米至1000米之间。丘陵区海拔一般在100米至500米之间，地形低缓起伏，向东南渐坡展为平原，并有孤山圆丘突出地面。平原区系由大小不等的冲积扇构成，自北、西、南三个方向，向东部白洋淀倾斜，按成因分山前洪积平原、冲积平原及洼淀区三部分。京广铁路两侧为山前洪积平原。主要由拒马河、易水、漕河、龙泉河、唐河、沙河出山口后洪积物堆积而成，水力切割，冲沟发育。一般在海拔30米至100米之间，地面坡降为1‰至4‰。冲积平原系河流冲积扇前部相连接而成，河流交叉处多分布有大小不等的洼地。地势平坦，海拔在10米至30米之间，地面坡降小于1‰。该区含市区全部，雄县、高阳、清苑大部，容城、徐水、定兴、高碑店、博野、蠡县的一部分。洼淀区位于平原东部，为白洋淀和周边低洼易涝区，海拔7米至10米。含安新全部，高阳、清苑部分地区。境内河流主要为海河流域大清河水系。永定河流经东北部边界。大清河主要分为南北2支，长10公里以上的山区河道众多，呈扇形分布。南支主要由潴龙河、孟良河、孝义河、唐河、清水河、金线河、界河、府河、漕河、萍河、瀑河等汇入白洋淀。北支拒马河从铁锁崖分为南、北拒马河。北拒马河至涿州市东茨村入白沟河。南拒马河，在白沟镇与白沟河相会，以下称大清河。大清河经白沟引河与白洋淀连通。白洋淀在市辖区东部，东西长39.5公里，南北宽28.5公里，总面积362.8平方公里，为天然积水区。

建置沿革 保定于战国时期始建城池。北宋初年，公元981年升为保州，为当时北方较大城市。元太宗十一年（1239年）改保州为顺天路治所，后于元至元十二年（1275年）改顺天路为保定路，保定始名，寓保卫大都安定天下之意，辖15州县。明洪武元年（1368年）改保定路为保定府。明永乐元年（1403年）国都迁北京后，保定直属京师。清仍设保定府，辖2州15县，属直隶省。康熙八年（1669年）直隶巡抚由正定迁保定，始为省会。1913年直隶省会迁天津。保定改府为道，辖40县。1928年国民政府废直隶省改建河北省，辖区各县直属省。1935年省会迁保定。1948年11月22日，保定解放，建立保定市，为冀中区直辖市。1949年8月1

日建河北省，保定为省会，同年8月9日建立保定专区行政督察专员公署。1958年4月省会迁天津，11月29日，保定专区所属22县1市合并为10县（市）。1960年2月，撤销专区建制，将属保定专区各县划归保定市。1961年5月恢复保定专区建制，市属各县由专区所辖，合并的大县陆续撤销。恢复22县1市建制。1966年省会返迁保定，1968年迁石家庄。1983年11月15日，保定市复为省辖市。经国务院批准，1994年12月，保定地区和保定市合并，建立新保定市。

行政区划 保定市辖4市（定州市、涿州市、安国市、高碑店市），18县（易县、徐水县、涞源县、定兴县、顺平县、唐县、望都县、涞水县、清苑县、满城县、高阳县、安新县、雄县、容城县、曲阳县、阜平县、博野县、蠡县），3区（南市区、北市区、新市区），另设高新技术产业开发区。

2008年人口 全市年末总户数323.6万户，比上年增加7.8万户，其中市区31万户。年末总人口1141.7万人，同比增加18.3万人，其中市区105.5万人。当年出生人口24.6万人，人口出生率21.7‰，当年死亡人口5.4万人，人口死亡率4.8‰，自然增长人口19.2万人，自然增长率16.9‰。

气候概况 全市气候属暖温带半湿润半干旱大陆性季风气候，气候特征：四季分明，冬季寒冷干燥、雨雪稀少；春季冷暖多变、干旱多风；夏季炎热潮湿、雨量集中；秋季风和日丽、凉爽少雨。降水主要集中在夏季，且年际变化大，易出现旱、涝灾害。热量充分，平原市、县年平均气温12℃左右，西北部山区7℃左右，平原市、县年平均气温日较差在10℃以上，西北部山区达14.8℃。日照充足，年日照时数达2500～2800小时，年日照百分率达60%左右，山区日照略多于平原。

年平均气温12.1℃（涿州）～14.0℃（保定）、涞源8.0℃。年降水量525.8毫米（顺平）～846.9毫米（安国），各县（市）降水量比往年偏多，降水比较集中，一日最大降水量126.0毫米（安国13/8）。无霜期日数最长为阜平，259天，最短为涞源，174天。年日照时数最多为涞源，2753.8小时，最少为高碑店，1972.8小时；年平均风速1.1米/秒（易县）～2.2米/秒（阜平）。

全年总趋势：全市各季气温偏高，暖春现象明显，大部分区域年平均气温较常年偏高，属偏暖年份；全市春、夏、秋季降水量偏多，冬季降水偏少，全年降水量较常年基本持平或偏多1～8成；全市年日照时数较常年偏少，冬、春、秋季接近常年，夏季偏少。2008年最长连续无降雨日数较多，出现了较为严重的冬旱。2008年度出现了春季沙尘天气、秋冬季大雾以及连阴雨天气。另外，夏季的雷暴、风雹以及暴雨等极端天气造成多次自然灾害。

注：资料统计不含涞水、清苑、定兴、博野。

环境质量

空气环境　2008年，保定市区全年空气质量二级及以上天数达到312天，比上年同期增加7天。其中一级天数83天，比上年增加35天。空气综合污染指数为2.107，比上年同期下降4.4%。总体空气质量好于上年同期。二氧化硫污染指数为0.856，较上年增加2.2%。二氧化氮污染指数为0.391，较上年增加9.5%。可吸入颗粒物污染指数为0.848，较上年减少15.1%。2008年降尘平均浓度为19.7吨/平方公里·月，同比下降3.4%。

地表水环境　1. 河流。2008年常规地表水监测唐河、潴龙河、拒马河、府河，共15个断面。单月监测。其中海河流域控制断面及跨省界的共5个断面每月监测。唐河、潴龙河在水库上游河段水质均好于Ⅲ类水质，好于功能区划要求。拒马河上游山区干流水质优，下游自落宝滩断面断流，支流北京入境码头断面水质为劣Ⅴ类。主要超标污染指标有总氮、氨氮、生化需氧量等。府河主要接纳市区未入管网的生活污水和达标工业废水及污水处理厂出水。焦庄断面污染较重，下游汇入保定市银定庄污水处理厂出水后水质改善，水质仍劣于Ⅴ类，主要超标污染指标有总氮、氨氮、总磷、化学需氧量等。2. 白洋淀。白洋淀共设9个监测点位，每月监测一次。根据河北省水环境区划要求，水位8.4米时，鸪丁淀为Ⅴ类水质区，南刘庄为Ⅳ类水质区，采蒲台等7个点位为Ⅲ类水质区。2008年年初引黄济淀工程实施后，白洋淀水位达到7.5米。

饮用水源地　保定市市区饮用水源地有三个，即地表水饮用水源地西大洋水库、王快水库，地下水饮用水源地一亩泉。每月监测一次，水质达标率均为100%。

声环境　1. 城市区域环境噪声。保定市区域环境噪声监测点位209个，全年监测点位209个，年均值为53.2dB（A）。2. 交通噪声。保定市交通噪声监测点位为159个，全年监测点位159个，年均值67.6dB（A）。平均车流量为1528辆/小时。

废物处置达标情况　在工业固体废弃物处置方面基本做到减量化、资源化、无害化，处理率达99%，危险废物处置率达99%。

（气候资料由司丽丽提供　环境质量资料由孟月华提供）

今日保定——图片专题目录

环　页：保定市人民政府办公厅

封　面：保定市军校广场

目　　录

特　　载

大事记

中国共产党保定市委员会

保定市人民代表大会

保定市人民政府

政协保定市委员会

纪检·监察

民主党派·工商联

群众团体

军　事

政　法

综合管理

农　业

工　业

商　贸

水利·电力

交通·邮政·电信

城建·环保

财政·税务

金　　融

教　　育

科学技术

文　化

卫生·体育·旅游

社会生活

开发区

县（市、区）概况

人　物

重要文献选编

中共保定市委书记宋太平出席白沟·白洋淀温泉城三大项目奠基仪式，并宣布开工

保定市人民政府市长于群在白沟·白洋淀温泉城三大项目奠基仪式上讲话

保定市人大常务委员会主任　李光耀

政协保定市委员会主席崔启慧在市政协十一届二次会议上作常委会工作报告

1月11日，保定市举行“国家太阳能综合应用科技示范城市”授牌仪式。图为市委书记宋长瑞与科技部高新司、省科技厅领导在仪式上启动“3.0兆瓦海上风电设备研发”项目

2月19日，市委书记宋太平会见中国国电集团公司总经理周大兵

3月13日，娃哈哈落户高碑店市，市委书记宋太平、娃哈哈集团董事长宗庆后出席签约仪式

3月28日，省长郭庚茂，省委常委、副省长杨崇勇等出席保定中国电谷（香港）推介会

重 要

3月28日，省委常委、常务副省长付志方到保定市企业及园区进行调研

4月23日，国务院南水北调办公室主任张基尧在副省长张和陪同下到保定市考察工程建设情况

4月30日，保定市召开“城市面貌三年大变样”暨“蓝天行动”动员大会

6月13日，市委书记宋太平看望来保定考察的蒙牛集团董事长牛根生

7月1日，市委书记宋太平、市长于群等出席保定市东三环建设暨七一路高速引线改造工程启动仪式

8月1日，市委、市政府召开推进全民创业加快民营经济发展广播电视大会

10月1日，国家质检总局局长王勇在省委副书记、代省长胡春华等省市领导陪同下，考察乳制品企业生产和质检部门驻厂监管工作

10月7日，京石铁路客运专线工程在涿州开工

大 爱

2008年5月12日四川汶川大地震发生后，保定市委、市政府立即成立支援地震灾区工作领导小组，发出《关于向四川地震灾区开展社会捐赠活动的通知》，号召全市人民向受灾地区开展捐赠活动，把抗震救灾作为当前最重要最紧迫的工作。“一方有难、八方支援”是中华民族的传统美德，更是社会主义制度优越性的体现。抗震救灾，古城有爱，伸出爱的双手，献出爱的真情。在市委、市政府领导下，捐赠、援建

市委书记宋太平等市委领导带头捐款

市长于群捐款

保定市卫生防疫队即将启程赴平武，图为战前动员

保定市卫生防疫队在火车站举行出发仪式

保定天威集团支援灾区的变压器启运

保定市心理医生在灾区开展心理救援

保定市对口援建平武灾区的施工队伍

保定市红十字会赴川紧急医疗救援队员载誉归来

活动迅速展开。5月15日，保定医疗队即到达灾区，是河北省最早到达灾区开展手术的医疗队。爱的真谛在于奉献，保定市组建的爱心联盟达400多家。各种援建物资源源不断运往灾区，援建队伍赶赴灾区。全市人民通过不同方式，各尽所能，为受灾群众解困，为国家分忧。据统计，全市支援抗震救灾资金物资总额42901.82万元，全市党员缴纳“特殊党费”5554.98万元。

常务副市长李谦捐款

副市长李国英在平武县检查援建项目

保定市各界妇女捐款

在保定博物馆举行的“5·12汶川地震赈灾义卖”现场

灾区学生在保定财贸学校就读

河北建设集团建设的一期过渡安置房交接仪式

河北建设集团建设的过渡安置房

安置房施工队奔赴灾区

在第29届北京奥运会上，保定籍运动员成绩优异，有7名保定籍运动员入选中国体育代表团并取得3枚金牌，参赛人数和运动成绩均列河北省第一位。其中，首次参加奥运会的庞伟获射击男子10米气手枪冠

市领导亲切接见奥运健儿

市领导向奥运冠军颁奖

郭晶晶在表彰大会上发言

跳水奥运冠军郭晶晶

射击奥运冠军庞伟

军，郭晶晶成功卫冕跳水女子3米板单人和双人两项冠军。在北京残奥会上，葛扬获得乒乓球单打和团体两项冠军。显示出保定市扎实的业余体育训练基础和较强的竞技体育综合实力。

保定市参加第 29 届奥运会运动员教练员表彰大会会场

奥运火炬巡游活动在保定

庞伟千钧一发

残奥会乒乓球冠军葛扬

郭晶晶跳水瞬间

风景

保定是兼有平原、湖泊、湿地、丘陵、山地、亚高山草甸的地区，地形地貌齐全。全市拥有3A以上风景区23处（其中国家级风景名胜区1处）：华北地区最大淡水湖白洋淀、白石山景区、狼牙山风景区、百里峡风景区、龙门天关—白草畔

白洋淀 AAAAA级景区

涞源白石山 AAAA 级景区

易县清西陵 AAAA 级景区

涞水百里峡 AAAA 级风景区

涞水白草畔 AAAA 级景区

景区、清西陵、直隶总督署、满城汉墓、晋察冀边区革命纪念馆、阜平天生桥瀑布群、唐县西胜沟、涞源仙人峪、涞源空中草原、灵山聚龙洞、古莲花池、曲阳北岳庙、顺平腰山王氏庄园、白求恩柯棣华纪念馆、冉庄地道战遗址、定州文庙、唐县大石峪、曲阳虎山、定州黄家营葡萄酒庄。2A景区有6 处：满城抱阳山、保定陆军军官学校旧址、留法勤工俭学纪念馆、大慈阁、安国药王庙、涿州三义宫。

古莲花池 AAA级景区

涞源空中草原 AAA级景区

唐县西胜沟 AAA 级风景区

涞源仙人峪 AAA级景区

阜平天生桥瀑布 AAA 级景区

曲阳灵山聚龙洞 AAA 级景区

文　物

易县清西陵之泰陵

保定是全国历史文化名城，河北省文物大市，文物资源丰富、门类齐全、承载价值高，共有不可移动文物点1600余处，文物保护单位651处，馆库藏文物77846件。其中世界文化遗产1处，全国重点文物保护单位47处（位居全省第一，是全国拥有国保单位数量最多的地级市），省级文物保护单位111处，市（县）级文物保护单位504处，三级以上馆库藏文物2996件（包括革命文物），其中一级文物186件，二级文物674件，三级文物2136件。15座博物馆、纪念馆，3处全国爱国主义教育示范基地、6处省级爱国主义教育示范基地和33处市级爱国主义教育示范基地。

曲阳北岳庙德宁之殿

涞源阁院寺文殊阁

大慈阁

安国药王庙

定兴义慈惠石柱

古迹

定州开元寺塔

直隶总督署

清苑冉庄地道战遗址

望都汉墓壁画

阜平城南庄晋察冀边区革命纪念馆

涿州永济桥

满城陵山汉墓

涞源乌龙沟长城

非 物 质

徐水舞狮

非物质文化遗产又称无形文化遗产，是人类以口头或动作行为等方式相传的、具有民族历史积淀和广泛代表性的民族民间文化遗产。它是人类智慧与文明的结晶，是见证历史文化的“活化石”。保定是国家级历史文化名城，自2005年开展非物质文化遗产普查以来，徐水舞狮、曲阳石雕、涞水高洛音乐会、安国药市、清苑哈哈腔、定州秧歌戏6个项目，在首批公示的国家级非物质文化遗产名录中

定州秧歌戏

清苑哈哈腔

易县摆字龙灯

保定老调

易水砚

曲阳定瓷

曲阳石雕

文 化 遗 产

榜上有名：保定老调、雄县鹰爪翻子拳、定瓷烧制技艺、易水砚制作技艺4个项目列入第二批国家级非物质文化遗产名录；雄县古乐、安新县圈头村音乐会、东韩村拾幡古乐、定州子位吹歌、易县摆字龙灯5个项目列入第一批国家级非物质文化遗产扩展项目名录。另有47项和69项分别列入河北省和保定市非物质文化遗产保护名录。

涞水高洛古乐

安国药材交易大厅

定州子位吹歌

雄县鹰爪翻子拳

雄县古音乐会

安新圈头音乐会

易县东韩村拾幡音乐会

保 定 市

2008年4月13日，财政部部长谢旭人在省委副书记胡春华等省市领导陪同下到徐水县、清苑县调研

市委常委、常务副市长李谦到财政局检查指导工作

2008年3月4日，保定市财政暨确保首季开门红工作会议

局党组理论中心组成员集中学习科学发展观理论

市财政局组织机关党员干部到英利新能源有限责任公司参观学习

市财政局在人民广场进行普法宣传

财 政 局

2008 年 7 月 18 日，省财政厅厅长齐守印到雄县调研

局长吕宝生到唐县蹲点调研

局长吕宝生到蠡县走访慰问帮扶对象

2008 年 5 月 27 日，市财政局组织心系地震灾区献爱心活动

全市“小金库”治理工作电视电话会议

市财政局举办交通系统政府采购培训会

保定市总工会

2008年新年前夕，河北省人大常委会副主任、省总工会主席马兰翠到保定市慰问困难职工

2008年7月23日，全总经济部部长常毅民、省总工会副主席袁刚来保定市视察保运集团郭娜陆地航空班

2008年春节前夕，中华全国总工会书记处书记、经费审查委员会主任张秋俭，慰问全国劳动模范、保定市第一中学校长田烈

2008年汶川地震发生后，市人大常委会副主任、市总工会主席陈英杰，市总工会党组书记、常务副主席周文琪到抗震救灾物资生产一线慰问职工

保定市总工会是市委联系广大职工群众的桥梁和纽带，是会员和职工利益的代表者和维护者，基本职责是维护职工合法权益。内设办公室(挂研究室牌子)、组织部、宣教文体部、经济技术部(挂保定市职工技术协会办公室牌子)、法律工作部、财务部、女职工部、民主管理部、老干部处（与机关党委合署办公)等9个行政部室，另设生活保障劳动保护工作部、劳动福利事业管理部、经费审查委员会办公室等3个使用事业编制、行使机关职能的部室，以及教育工会(副县级机构)、建设农林水工会、财贸金融轻纺工会、煤炭石油医药电子工会、市直机关工会、机械冶金建材工会等6个产业工会。下设工人文化宫、第二工人文化宫、职工培训中心等3个直属事业单位。

2008年5月19日，保定市总工会召开第十六届七次全委会，市人大常委会副主任陈英杰当选为市总工会主席，市总党组书记周文琪当选为市总工会常务副主席

2008年全市共有基层工会9115个，涵盖法人单位12554个，会员114.77万人。在市委和省总的正确领导下，全市各级工会面对严峻的形势和艰巨的任务，坚决贯彻中央、省市委重大决策部署，坚持走中国特色社会主义发展道路，充分发挥组织职工、引导职工、服务职工和维护职工合法权益的作用，在夺取抗震救灾斗争胜利、保障北京奥运会顺利举行、应对金融危机冲击挑战中做出了突出贡献，在服务大局中展示了积极作为，“维护农民工合法权益”等4项工作获得全总表彰，“劳动关系和谐企业创建活动”等24项工作获得省表彰，全市党委系统信息工作等8项工作获得市委、市政府表彰，市总工会被市委、市政府授予工作实绩突出单位，市委书记宋太平、市委副书记李剑方、副市长刘宝玲等市委、政府领导多次对工会工作予以批示。

2008年4月29日，市总工会举办“五一红歌会”

保定市人民政府法制办公室

主 任 孙新强

市委常委、常务副市长李谦，市法制办主任孙新强在全省政府法制工作电视电话会议保定分会场

纪念《纲要》颁布三周年座谈会

市法制办领导在全省政府法制工作电视电话会议保定分会场

全省政府法制工作电视电话会议保定分会场

保定市国土资源局

局　长　张德义

2008年7月31日，全市土地置换工作会议经验交流会现场

保定市国土资源局是保定市人民政府国土资源行政执法部门。依照《中华人民共和国土地管理法》、《中华人民共和国矿产资源法》和《中华人民共和国测绘法》规定，承担全市土地、矿产资源、测绘的管理和监督工作。内设办公室、政策法规处、人事教育处、财务审计处、规划科技处、耕地保护处、地籍处、土地利用处、矿产开发管理处、地质勘查处、地环科技处、执法监察处、测绘管理处、机关党委、纪检室、工会等16个处室。辖土地储备中心、土地开发公司、地产管理办公室、国土资源执法监察支队、国土资源规划测量所、地价评估中心、国土资源信息中心等7个事业单位。

局长张德义到清苑调研土地置换工作

2008年国土资源工作会议

保定市地方税务局

2008 年 12 月 4 日，开展全国法制宣传月活动

局　长　马志华

保定市地方税务局是负责保定市地方税收征收管理的职能部门，受河北省地方税务局和保定市人民政府双重管理，以垂直管理为主。市局机关内设16个处室(中心)：办公室、人事处、监察室、教育处、计统处、财装处、征管处、法规处、税政一处、税政二处、税政三处、机关党委、发票处、后勤服务中心、计算机管理中心、干部培训中心。直属单位4个：稽查局、直属一分局、直属二分局、直属三分局。管辖26个县(市、区)地方税务局。共有干部职工2415人。

2008年在省局和市委、市政府的正确领导下，以“三个代表”重要思想为指导，深入学习贯彻党的十七大和十七届三中全会精神，牢固树立科学发展观，紧紧围绕整体跨越和“四化两提高”的总体目标，进一步解放思想、夯实基础、提高素质、狠抓落实、开拓创新，较好地发挥了地税部门职能作用，全面完成了以组织收入为中心的各项工作任务。全市共组织各项收入670553万元，同比增收134811 万元，增长25.16%。其中，税收收入完成415149万元，增长25.29%；社保费收入完成226917万元，增长26.24%，市长于群、常务副市长李谦分别对我局组织收入工作给予了批示肯定。

全市地税系统获得了多项荣誉，市局再次获得“全国文明单位”；创建了机构分设以来首个“国家级青年文明号”、“全国巾帼文明岗”；再次夺得全市“文明执法杯”竞赛第一名；12个基层单位被命名为省级文明单位，21个基层单位被命名为市级文明单位，地税系统的社会形象和地位得到了进一步提升。

2008 年 10 月 14 日，保定市南市区地方税务局征收分局荣获“国家级青年文明号”授牌仪式在南市区地税局举行

2009 年 4 月 7～8 日，省地税局局长邢国辉到保定调研

2009 年 4 月 29 日，市地税局召开“四位一体”互动机制百日大会战动员视频会

2009 年 3 月 17 日，市地税局召开学习实践科学发展观活动动员大会

保定市农业局

局长吕先

市委书记宋太平检查农业生产

保定市农业局是主管全市农业与农村经济发展的市政府工作部门。2008年全市农业系统有33项工作受到农业部、省政府、省农业厅和市委、市政府的表彰。市农科所培育的“保麦9号”获市科技进步一等奖，“红小豆保876-16推广”获市科技进步二等奖，并被命名为保定市引智示范基地。三夏期间，国务院副总理回良玉、农业部部长孙政才到保定考察，对保定市农业农村工作及夏粮生产、机收作业给予充分肯定；市委书记宋太平也对全市农业工作给予高度评价。

市长于群现场查看旱情

农业技术培训

保定市第一医院始建于1904年，现已发展成为集医疗、教学、科研、预防保健、康复为一体的二级甲等综合性医院，正在申请三级医院的审批。编制床位610张，设有23个临床科室，35个临床专业，19个医技科室。年门诊量30余万人次，收住院病人1万余人次，技术幅射25个县(市、区)。

医院位于百花东路966号，占地面积30562平方米，建筑面积41758平方米，固定资产1.85亿元。全院职工1166人，其中在职职工889人。高级专业技术人员170人。医院设备先进、环境优美。拥有西门子1.5T超导核磁、螺旋CT、东芝ECT、惠普高档彩超、德国多尼尔半导体激光系统、眼科准分子激光治疗仪、德国小巨人碎石机以及各种内镜系统等先进仪器设备百余件。

2008年开展新技术项目51项，分别达到国内、省内先进水平，3项填补了市内空白。开展科研项目14项，均达到国内领先水平。10个科研项目获市科技进步一、二等奖。在国家级核心期刊发表论文51篇。被中共河北省委、河北省政府评为“河北省2006-2007年度文明单位”。

院长、书记、市政协委员　万建设

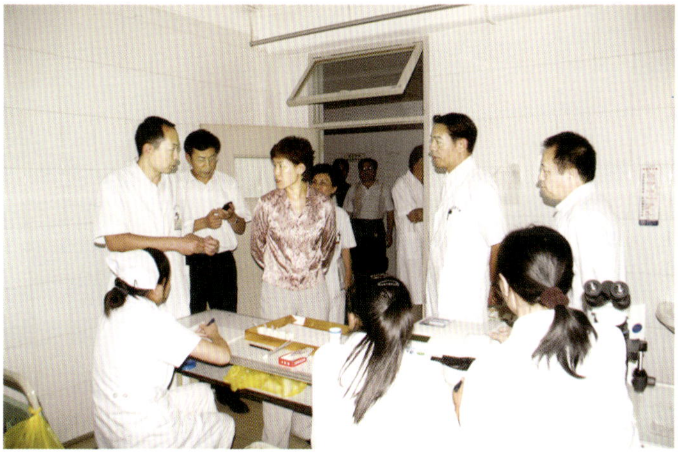

副市长闫立英、市卫生局局长杨运杰到市第一医院检查三鹿奶粉婴儿筛查现场

团结务实的领导班子(左起：白萍、田瑛、吉国庆、万建设、贾廉鹤、柯典斌、卞永生、任慧雅)

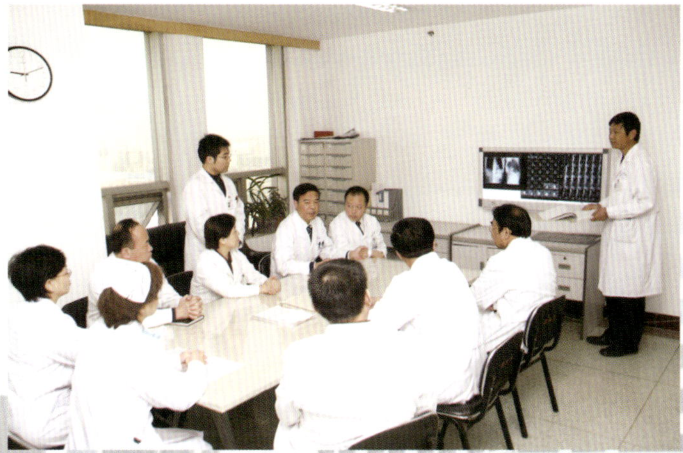

每周四的业务大查房

开展新型农村合作医疗，将党的温暖送到百姓生活中

涞源县委

白石山云海

白石山秋色

县委书记赵志栋（中）、县长高文才（右）、常务副县长张昇（左）参加开工奠基仪式

县政府

涞源县地处保定市西北部，为全山区县。境内山地气候特征明显，盛夏平均气温21.7℃，有“京西夏都，生态凉城”之美誉。矿产种类多、储量大，已探明的矿产有钼、铁、铜等43种，其中钼矿储量居全国第四位。农业产业独特，是“全国无公害谷子种植示范区”，“中国优质核桃之乡”，“全省优质核桃基地”。旅游资源丰富，有位于太行北端的“白石山世界地质公园”，其“雄”“奇”“险”“秀”驰名全国。而连接冀晋二省的“空中草原”登临犹置“云天花海”之间。此外还有蕴藏深厚文化积淀的唐塔、辽寺、明长城等古建古迹，以及标志涞源革命老区丰功伟绩的黄土岭战斗遗址、白求恩手术小庙、抗日小英雄王二小出生、牺牲地等一批红色革命旅游胜地。

近年来，涞源县综合经济实力上升迅猛，8年间在全省上升了19个位次，在全市上升了7个位次。随着世界500强河北钢铁集团、中国500强江苏雨润集团以及河北建投集团、天津富豪集团等一批大型名优企业进入涞源，更加坚实了涞源经济发展的基础，涞源被评为“全国县域经济提升速度最快的百县(市)之一”。2009年，县委、县政府大力实施“抓住一个机遇，实现三个转变，达到一个目标”的宏伟战略。积极应对金融危机带来的挑战，狠抓大项目建设，强力推进城镇面貌三年大变样。全年谋划实施大项目总投资达300亿元以上，全县固定资产投资完成13.7亿元，同比增长176.8%；规模以上工业增加值完成10.7亿元，同比增长17.4%；财政总收入完成7.63亿元。

2009年6月18日，河北钢铁集团涞源有色金属有限公司揭牌仪式
市委书记宋太平（中）、市长于群（右四）、省国资委主任周杰（右五）及相关领导出席

县城夜景

高 炉

奥宇钢铁有限公司成立于2001年12月，是涞源县最大的工业企业，纳税第一大户，已具备年产150万吨钢坯的生产能力

保定市建筑设计院

院长陆峰

保定市建筑设计院为县级事业单位，行业管理隶属市规划局。具有建筑工程勘察、设计、监理、施工图审查甲级资质证书和建筑行业人防设计乙级、市政公用行业(道路)设计乙级、招标代理乙级资质证书及咨询丙级资质证书等。现有职工200人，各类专业技术人员165名，其中教授级高级工程师5名，高级工程师51名，工程师49名。国家一级注册建筑师7名，国家一级注册结构工程师20名，国家注册监理工程师17名，注册岩土工程师7名，国家注册咨询师4名、注册造价工程师2名，注册设备师8名。

生产机构配置有：设计一、二、三、四所、北京办事处、勘察处、监理部、保定全祥工程设计咨询事务所、保定建园建设工程招标有限公司和保定世元工程建设咨询有限责任公司。为专业齐全、配套合理、设备先进，集建筑工程咨询、规划、设计、勘察、监理、施工图审查、造价咨询、招标代理为一体的科技含量高、技术密集型的服务机构。

2008年，转变经营思路，呈现生产安全、管理进步、技术领先、平稳和谐的良好局面，完成

河北胸科医院鸟瞰

涿州金邦房地产开发有限公司 涿州香港豪庭

全年生产任务，产值突破4000万元。严把出图质量,组织评审项目38项，验证项目517项。获省优秀勘察、设计项目3项，其中省优秀设计二等奖2项，省优秀勘察三等奖1项。获市优秀勘察、设计项目4项，其中市级一等奖2项，二等奖1项，三等奖1项。获省市级优秀论文16篇，其中省级一等奖1篇、二等奖2篇、三等奖1篇、优秀奖1篇。论文《建筑结构设计含钢量的控制》发表在《建筑设计管理》杂志上。全国保障性住房设计方案竞赛中，获部级三等奖一项，优秀奖一项。全国城市住宅设计研究网第十次优秀工程评选，获二等奖一项，三等奖一项。

汶川“5.12”大地震发生后，全院踊跃为灾区捐款，捐款3.5万元，缴纳特殊党费7万元。成立抗震援建领导小组和设计小组，承担保定市援建灾区6000套过渡安置房设计任务。5月24日，副院长、副总工赶赴灾区一线进行勘察、选址。先后组织技术人员30余人次飞赴四川平武、街子镇等施工现场进行现场设计，并指导施工，确保过渡安置房顺利交工使用。被河北省抗震救灾指挥部授予“抗震救灾先进集体”称号。

天威大厦

保定市长城居住小区鸟瞰图

中国家具检测鉴定中心

保定市儿童医院

院长　刘跃军

党委书记　冯建民

诚信　和谐　务实　创新

保定市儿童医院始建于1958年7月，其前身为北市区医院，1962年由区级医院升格为市级医院，正式更名为保定市儿童医院。2003年底，儿童医院经上级卫生部门批准，增挂“保定市第六医院”院牌，同年，市卫生局批复成立了保定市儿科研究所，挂靠儿童医院。保定市儿童医院在儿童急、危、重症的抢救，新生儿疾病以及小儿外科方面处于省内领先水平，为集医疗、教学、科研、预防保健、社区服务“五位一体”的儿童综合医院，在全市手足口病防治、儿童疾病救治和预防保健方面发挥着重要作用。

团结务实的领导班子

2009年4月，省卫生厅厅长杨新建、省疾控中心主任朱会宾、市卫生局局长杨运杰一行到儿童医院检查手足口病防治工作

2009年4月17日，副市长闫立英就手足口病防治工作到儿童医院调研指导

2009年5月，市卫生局局长杨运杰到儿童医院检查甲型H1N1流感防控工作

特 载

政 府 工 作 报 告

坚定信心 迎难奋进
努力推动经济社会又好又快发展

——2009年2月5日在保定市第十三届人民代表大会第二次会议上的政府工作报告

保定市人民政府市长 于 群

各位代表：

现在，我代表保定市人民政府向大会报告工作，请予审议，并请市政协各位委员和列席会议的同志提出意见。

一、2008年工作回顾

过去的一年，是极不平凡的一年。面对复杂的经济形势和一系列重大挑战，在省委、省政府和中共保定市委的正确领导下，我们紧紧依靠和团结带领全市人民，全面落实科学发展观，围绕又好又快发展、强市兴县富民这个中心任务，坚持加快发展、安全发展两手抓，力保“经济不下滑、稳定不出事”，较好地完成了市十三届人大一次会议确定的各项任务。

过去的一年，我们与伟大祖国同呼吸、共命运，经受了多方面严峻考验。面对南方罕见的冰雪灾害，我市迅速组织电力职工赶赴灾区支援抢险，捐助的变压器、电缆等物资在第一时间发往灾区。面对震惊世界的汶川特大地震，我们立即组织医疗、抢险、通讯、运输等近千人的队伍前往救援。全市人民情系灾区，踊跃捐款捐物3亿多元，走在全省前列。援建安置房2735套，提前超额完成任务，受到建设部表扬。面对举世瞩目的北京奥运会，我们站在维护国家形象和民族荣誉的高度，全力保障平安奥运、绿色奥运。按照上级要求关停3000多家企业，组织近100万人参与，50多万人上一线昼夜严防死守，各级财政投入资金4亿多元。在历时百天的时间里，全市广大干部群众尽了最大努力，实现了“四个坚决防止”[①]的目标，中央领导给予充分肯定。可以说，奥运会的成功举办，保定人民作出了重要贡献！面对突如其来的三鹿奶粉事件，作为婴幼儿近百万的人口大市、奶牛存栏20多万头的畜牧大市，我们紧急行动，确定近40家定点医院，组织30多支医疗队伍入乡进村，全力筛查救治患儿。出动执法人员4万多人次，检查经营户6万户次，销毁问题乳制品300多吨，整顿奶站近300个。各级财政补贴资金4700多万元，努力把奶农和企业损失降到最低。全省现场会在我市召开，中央和省领导给予高度评价。面对百年不遇的世界金融危机，我们抢抓国家扩大内需机遇，分六条战线对接项目，首批争得2.5亿元资金、近200个项目，在全省名列前茅。同时组织力量深入企业，想方设法“驱寒送暖”过难关。回顾这一年，我们经历了太多的艰辛和感动。至今历历在目的是，抗震救灾中男女老幼排队捐款献血的场面，奥运安保中一线干警深夜排查车辆的身影，三鹿奶粉事件中医护人员废寝忘食为患儿检查的情景……所有这些，无不体现了保定人民顾全大局、无私奉献的精神境界，体现了全市上下团结一心、众志成城的强大力量，让我们由衷地感到自豪和骄傲！

过去的一年，我们面对严峻挑战，全力推动经济平稳较快增长。在国内外经济环境突变、安全稳定压力巨大的情况下，我们始终咬定发展不放松，继续坚持“打基础、增后劲”不动摇，千方百计加快发展。狠抓农业生产和农村基础设施建设，粮食连续6年增产，第一产业增加值增长6.5%，高于全省平均增速近2个百分点。加强经济运行监测和调节，支持重点企业，培育重点产业，规模以上工业增加值增长16.9%，增速全省第一，比上年前移6位。坚持内外贸易一齐抓，社会消费品零售总额增长21.7%，比上年提高6个百分点；出口创汇增长40.5%。努力克服土地、资金等瓶颈制约，集中资源要素，狠抓项目建设，争取项目用地指标是省下达计划的2倍多，居全省前列；省挂账重点项目141个，总投资1996亿元，项目数量全省第二，投资额全省第三，完成投资计划全省第二；全市城镇固定资产投资完成713亿元，增长34.8%，增速全省第三，比上年前移6位。积极推进重点领域改革，依棉等骨干企业战略重组取得新突破。组建了3个专业招商中心，大规模开展招商引资活动，外商直接投资5.3亿美元，增长两倍多，总量、增速全省第二。我市与清华大学合作研究制定了国内外第一个《低碳城市发展规划》，出台了《关于建设低碳城市的意见》。强力推进“双三十”、“8+13”[②]重点工程建设，所有县（市）规划建设的污水处理厂全部开工，万元生产总值综合能耗下降5%，化学需氧量、二氧化硫排放量完成省定目标。全市生产总值完成1581亿元，增长11.7%，高于全省平均水平1.6个百分点。全部财政收入149.5亿元，增长22.6%，其中地方一般预算收入66.6亿元，增长29.4%，增速全省第一，比上年前移9位。城镇居民人均可支配收入12312元、农民人均纯收入4331元，分别增长12.7%和9%。可以说，在国内外经济出现严重困难的情况下，我市经济增长稳健，主要指标在全省排位上升，表现出一定的抗御风险能力。

过去的一年，我们强力推进城镇面貌“三年大变样”，拉开了大规模城市建设序幕。把推进“三年大变样”作为加快城镇化的主要抓手，作为扩内需、保增长的引擎，作为改善民生、改善环境的重要内容，围绕开通大水系、构建大交通、建设大城市，市级领导分包重点项目，各级干部一线指挥参战，广大市民积极配合，取得了阶段性成果。市区累计拆除违、临、破、旧、陋“五拆”建筑近400万平方米、实体围墙239处。启动城中村改造、棚户区改建、旧小区改善“三改”项目28个。实施40项重点工程，其中七一路高速引线改造即将完工，五四路改造、朝阳大街景观整治初见成效，东三环建设全面启动，光园、西大街等古迹修复工程正加紧实施，全省最大的城市互通立交桥——电谷立交桥工程过半。百万市民受益的王快·西大洋两库连通工程开工建设。贯穿山区6县的张石高速一期、廊涿高速保定段竣工通车，张涿高速开工建设。广大市民期盼已久、投资近8亿元的火车站改扩建工程正抓紧设计。完成城市总体规划修编，到2020年城区规划面积将达到180平方公里。各县（市）积极行动，力度前所未有，一个大建设、大变样的局面正在展开。

过去的一年，我们倾力保障和改善民生，推动各项社会事业取得了新进展。高度重视和解决民生问题，投入56亿元，实施了40项惠民工程。新增城镇就业7.29万人，零就业家庭[③]保持动态为零。城镇登记失业率[④]低于省定目标。全年发放养老金、失业保险金32亿元，25万名离退休职工和失业人员的基本生活得到保障。34万人得到城乡最低生活保障。新农合参合率达到82.5%。城镇居民基本医疗保险全面启动，消除了我市医疗保险制度覆盖盲区。竣工101个乡镇卫生院，城市社区卫生服务覆盖面达到91%。城乡义务教育阶段公办学校学生学杂费全部免除。累计发放1.32亿元，资助贫困及优秀学生近10万人。近3000所农村中小学取暖设施全部改造完成，中央电视台焦点访谈给予报道。对5161户低收入住房困难家庭实施了住房保障。在燃煤价格成倍增长、供暖成本大幅提高的情况下，市财政补贴资金近7000万元，保持了供暖价格全省最低，减轻了市民负担。新解决200个村、20万人饮水安全问题，帮助5.1万贫困人口实现脱贫。

市区新增绿地面积230万平方米，取缔、改造燃煤锅炉398台，新增集中供热面积200万平方米，空气质量二级以上天数增加7天，一级以上天数增加35天。深入开展亲民爱民活动，加强社会治安综合治理，促进了社会和谐稳定。“迎奥运、游保定”工作取得好成绩，国内旅游接待人数全省第一。科技、文化、计生、广播电视、民族宗教、妇女儿童、老龄、民兵、预备役等各项工作都取得了新成绩。特别值得提到的是，我省的3枚北京奥运金牌，都是保定籍运动员夺得的，他们为祖国争得了荣誉，为家乡人民争得了光彩！

各位代表，过去的一年，我们遇到的困难比估计的大，取得的成绩比预想的好。这是中共保定市委正确领导的结果，是市人大、市政协监督支持的结果，是全市1100万人民共同奋斗的结果。我代表保定市人民政府，向为保定发展做出无私奉献、付出辛勤劳动的全市人民，致以亲切问候！向给予政府工作大力支持的人大代表、政协委员，向老领导、老同志，向各民主党派、工商联、无党派人士和人民团体，向驻保人民解放军、武警官兵和各驻保单位，向所有关心、支持保定发展的港澳同胞、台湾同胞、海外侨胞、国内外朋友，表示诚挚感谢！在此，还要特别向在抗震救灾、奥运安保、处置三鹿奶粉事件工作中付出艰辛努力的医护人员、电力职工、建筑工人、部队官兵和政法公安干警、广大基层干部和志愿者，致以崇高敬意！

各位代表，需要特别报告的是，为兑现对人民代表的庄严承诺，市政府从2006年起每年都把《政府工作报告》的“话”落实到“事”上，把“事”落实到人上，实行“建账、查账、算账、报账”制度，分解立项，跟踪督办，推动落实。2008年《政府工作报告》共分解为486项具体事项，完成了462项，根据情况变化取消14项，由于主客观原因有10项没有完成。具体情况近日将通过媒体向社会公布。另外，由于奥运安保期间关停了一大批企业，金融危机又对我市汽车、纺织等行业造成冲击，尽管全市生产总值增速高于全省平均水平，但没有完成12.5%的预期目标。

各位代表，我们也清楚地认识到，全市经济社会发展和政府工作中还存在很多问题，还有许多事情应该做好没有做好、应该做到没有做到。从发展的深层次矛盾方面讲，工业化、城镇化发展水平低，经济总量小、人均水平低，发展方式转变不快、产业层次低，中心城市小、县域经济弱的问题依然突出。企业创新能力弱，市场发育水平低，推进改革开放的任务很重。环保压力大，节能减排、生态建设的任务还很艰巨。农村基础设施、社会公益事业方面还有很多欠账。社会保障能力差，就业压力很大。从经济社会管理工作方面讲，城市管理方式粗放，规划执行不严格，房地产市场管理不规范。马路市场、小街巷卫生死角、交通拥堵、“广告污染”、公交车覆盖面窄等问题依然突出。中小学校布局不合理、部分群众冬季取暖问题还没有很好地解决。一些医疗机构“过度医疗”，“小病当大病治”，检查多、药费贵的现象还比较严重。部分群众的合理诉求解决得还不够及时。食品、药品和生产安全监管还存在薄弱环节。社会治安状况还有待改善。从政府自身建设方面讲，思想解放不够，适应新形势、遵循市场经济规律抓发展的办法还不多，科学民主决策的水平还有待提高。职能转变还不到位，管理就是审批、执法就是罚款的现象依然突出。政府行政效能还不高，发展环境还不尽如人意。少数公务员缺乏起码的职业道德，吃拿卡要，不作为、乱作为，企业和群众意见很大。个别工作人员奢侈浪费甚至以权谋私、贪污腐败，影响政府形象。对这些问题，我们一定继续高度重视，积极采取措施，认真加以解决。

二、2009年工作总体安排

今年可能是新世纪以来经济最困难的一年。当前，国际金融危机持续蔓延，世界经济增长明显减速，对我国经济的负面影响日益加深。从影响的广度和深度看，正从出口型城市向资源型城市、从沿海向内地逐步扩散，引发连锁反应，造成很多企业停工停产，就业岗位减少，收入水平降低，消费市场疲软，尤其对消费信心造成很大冲击。危机影响有多深、持续时间有多长，目前还难以估计。从对我市的直接影响看，汽车、纺织服装、房地产等行业受冲击较大，特别是中小企业面临很大困难，就业难问题更为突出。财政减收增支因素增多，收支矛盾加剧。这些新情况，与我市经济社会发展中存在的深层次矛盾叠加交织，加大了经济社会持续稳定发展的难度。面对这些挑战，我们必须把形势估计得严峻一些，把困难考虑得充分一些，把工作做得更扎实一些，做“最坏”的打算，争取最好的结果。

各位代表，我们也清楚地看到，在困难和挑战中蕴含着发展机遇和有利因素。从外部形势看，在经济危机影响下，国际国内资本寻求避风港是一种必然。我国经济加快发展的基本面没有改变，环渤海地区作为中国经济第三增长极加速崛起的态势没有改变，国际资本依然看好我国，尤其看好环渤海地区。我国成为世界制造工厂和南资北移、南企北上的步伐将继续加快。加之目前引进技术、人才的成本都在降低，正是我们打造投资热点的好时机。国家实施积极的财政政策、适度宽松的货币政策和一系列扩大内需政策，以及振兴汽车、纺织等产业的具体措施，为我们借力发展提供了难得机遇。我省把装备制造业作为继钢铁之后第二大产业来培育，也为我们做大“保定制造”创造了有利条件。从自身发展看，经过近年来持续“打基础、增后劲”，一批立市大项目陆续建成并产生效益，具备了较强的内生发展能力。新能源、绿色食品等主导产业在逆境中保持强势增长，以“中国电谷”为代表的新型产业优势开始显现。京石高铁、张石高速等重大基础设施项目相继开工建设，投资基础条件正发生根本性改善。京津冀一体化步伐加快，区位特点开始转化为发展优势。特别要看到，我们国家30年改革开放造就的抵御风险的强大实力和制度活力，我们党在危机面前统揽全局果敢决断的执政能力，我们民族不畏艰难自强不息的凝聚力和创造力。还要看到，在中共保定市委的坚强领导下，我市政治安定，团结和谐，正处在一个能干事、也能干成事的好时期。所有这些，为我们应对挑战、推进又好又快发展提供了有力保证。

历史经验表明，大危机往往蕴含大机遇，“大寒流”中也能做暖“小气候”。以做暖“小气候”应对冷环境，完全有可能逆势而上。只要我们继续咬定发展不放松，善用比较优势，勇抓相对机遇，努力把我们自己的事情办好，就一定能把外部不利影响降到最低，就一定能把好的发展势头保持下去。

今年政府工作的总体要求是：全面贯彻党的十七大和十七届三中全会精神，深入落实科学发展观，坚持加快发展、安全发展两手抓，狠抓项目建设保持经济较快增长，推进产业立市壮大经济实力，加强区域统筹培育发展新优势，深化改革开放增强发展活力和动力，注重社会建设加快解决民生问题，奋起直追、争先进位，努力推动又好又快发展、强市兴县富民，以优异成绩迎接新中国成立60周年。

全市经济社会发展的主要预期目标是：生产总值增长10%以上；万元生产总值综合能耗下降4.8%；主要污染物化学需氧量和二氧化硫排放量分别减少8%和4%；城镇固定资产投资增长22%；全部财政收入可比增长13%以上；地方一般预算收入可比增长13%以上；城镇居民人均可支配收入增长10%；农民人均纯收入增长8%；城镇登记失业率控制在4．6%以内；人口自然增长率控制在7．5‰以内。

今年政府工作的主要着力点是：保增长、保民生、保安全、保“变样”。保增长，就是面对严峻形势，始终把加快发展作为解决一切矛盾的根本，突出抓发展，重点抓项目，全力育产业，努力推进经济平稳较快增长。保民生，就是始终坚持以人为本，尽最大努力保障和改善民生。越是在经济困难的时候，越需要处理好财政拮据和保障民生的关系，越要把群众的冷暖安危放在首位，既做锦上添花的事情，更注重做雪中送炭的工作，集中财力解决就业、社会保障、扶弱济困等民生问题。政府要过紧日子，争取群众生活质量不下降。保安全，就是无论形势怎样变化，都必须把安全发展作为“底线”坚决守住。越是经济形势严峻的时期，越要坚持加快发展、安全发展两手抓，扎扎实实做好安全生产、食品药品安全、节能减排、社会稳定等各项工作，为加快发展创造安全稳定的社会环境。保“变样”，就是无论面临多大困难，都要坚定不移地推进“三年大变样”工作。发挥政府主导作用，遵循市场经济规律，引导全社会共同参与，以更大的决心、更强的力度、更高的水平推进各项建设，集中资源打造亮点，整合力量重点突破，确保城镇面貌取得让群众看得见的变化。

三、千方百计推进经济平稳较快增长

充分利用各种有利条件，发挥比较优势，挖掘增长潜力，集中要素资源，努力做强产业支撑，壮大经济实力。

培育壮大主导产业。抓住国家和省支持发展装备制造业的机遇，制定我市加快发展先进制造业规划，按照“南车北电东纺西绿城文”的产业格局，完善产业体系，放大产业优势，加快工业强市步伐。力促新能源产业快速增长。去年年底通过托管、共建⑤方式，“中国电谷”发展空间由14平方公里扩大到130平方公里。下一步，重点是制定完善发展规划，加快路、水、电、气等基础设施配套，推进六九硅业、中能风电等重大项目建设，继续扩大与兵装、国电等战略合作，加快扩张风电产业，做强光伏产业，壮大输变电、储电、节电等产业，努力建设世界一流的新能源产业基地。力促汽车工业稳步发展。用足用好国家汽车产业调整振兴规划和“微型车下乡”政策，继续坚持“差别竞争、错位发展”，支持企业扩张规模、完善链条、集群发展，推进华北轻型汽车城建设。推动中兴与长安、天马大迪与陕汽合作等项目取得实质性进展。抓好长城40万辆乘用车及零部件、河北长安30万台发动机和市汽车零部件基地等项目建设，千方百计帮助企业开拓市场。力促纺织服装产业转型升级。抓住国家出台纺织工业调整和振兴规划政策及北京建设“世界时装之都”的有利时机，推进与北京纺织服装产业战略合作，加快建设京南纺织服装生产加工基地。抓好园区建设和污染治理，确保中纺依棉精品工业园一期竣工投产，争取京棉公司7万纱锭整体搬迁项目落户宏润，加快高阳纺织印染循环经济园、白沟工业园、容城服装工业园等园区建设。做大绿色农副产品加工业。坚持引名企、育名牌、建基地，把农业生产优势转化为工业加工优势。突出抓好喜之郎、福满多等重点项目建设，争取江苏雨润集团项目落户我市，加快打造京津绿色农副产品加工供应基地。大力发展文化旅游产业。用好国家刺激旅游产业发展的政策机遇，培育一批“专、精、特、新”文化旅游企业，快上一批文化旅游项目，开发一批文化旅游产品，整合一批精品旅游线路，努力把资源优势转化为经济优势。突出抓好河北动漫产业基地、温泉城在水一方等重大项目，推进环京津休闲旅游产业带建设。发展壮大建筑建材业。立足优势，努力开拓国内外建筑市场。上大压小，重点抓好唐县冀东、曲阳金隅等大型干法水泥项目建设，扩大石材、新型建材生产规模，建设京南建材生产基地。鼓励电子信息等高新技术产业发展，努力打造新的产业支撑。

发展壮大县域经济。继续抓好园区经济、县城经济、民营经济和农村经济四个重点，全面提升县域经济发展水平。搞好园区建设。挖掘土地潜力，集中配置资源，推进集约用地。每个县（市）至少规划建设一个有一定规模的工业园区。搞好环评和基础设施建设，引导企业向园区集中，打造县域经济发展平台。做强县城经济。抓好县城规划管理，引导资源要素向县城集中，统筹县城建设和产业布局，尽快把县城这个经济“龙头”做强。发展特色产业。对已经落伍的行业，要勇于放弃，自我革命，转型发展；对安国药业、白沟箱包、容城服装、高蠡纺织、曲阳石雕等传统产业，要调整结构，力促振兴；对涿州新材料、定州煤化工、高碑店食品饮品、安新铜业、徐水吊索具等新兴产业，要鼎力支持，尽快做大。壮大民营经济。以“全民创业活动”为载体，抓好融资担保、人才培训、技术研发、政策支持等公共服务平台建设。各县（市）连续三年每年安排50亩土地，建设一批创业辅导基地。政府要积极营造环境，激发全民创业热情。

大力发展现代农业。越是在经济困难的时候，越要更加重视做好“三农”工作。全面贯彻落实党的十七届三中全会和中央一号文件精神，把各项新的支农惠农政策切实落到实处，夯实农业基础，发展农村经济，促进农民增收。稳定粮食生产，抓好“国家优质粮食产业工程”⑥和大型商品粮基地建设，力争连续第七年获得好收成。以乳品、肉类、粮油、果品、蔬菜五大优势农产品为重点，项目、基地、园区、产业整体推进，着力培育一批区域优势突出、特色鲜明的产业带。加快农业产业化进程，支持203家重点龙头企业加快发展。各县（市）力争每年引进1个投资1000万元以上的农业产业化项目。发展多种形式的农民专业合作组织，两年内覆盖农户60%以上。围绕种养、加工、销售等经营环节和种苗、技术推广、防疫等服务环节，加强政策支持和金融、科技、信息咨询服务，强化现代农业服务体系建设。推行标准化无公害生产，新建7个县级农产品综合质检站和13个动物产品检验检测中心，全面提高农产品质量安全水平。

加快发展服务业。把服务业作为拉动生产、促进消费的关键环节来抓。积极发展现代物流、金融保险、中介咨询、创意设计、服务外包、电子商务等生产性服务业，加快发展商贸、餐饮、娱乐、保健、家政等生活服务业，努力满足多层次消费需求。实施“万村千乡市场”⑦、“双百市场”⑧工程。加快白沟、安国药业、高阳纺织、庞口农机配件等大型市场上档升级步伐。做好“家电下乡”⑨工作，支持大型商业企业触角向农村延伸，积极开拓农村市场。结合“三年大变样”，加快“退二进三”，城镇黄金地段、金角银边优先用于服务业发展，培育一批新的服务业聚集区。把房地产业作为扩大投资、促进消费、保障民生的重要抓手，治理开发环境，提高审批效率，优化供应结构，落实优惠政策，鼓励购房消费，促进房地产业健康有序发展。

努力保持投资较快增长。坚持在快上项目中调优结构、在加大投资中推进增长。抢抓国家政策机遇，千方百计谋划、对接、争取项目。今年，安排市级重点项目250项，其中续建96项，开工74项，前期80项，总投资2400多亿元。积极做好规划、土地、环评等相关工作，更多地用改革的办法和市场机制破解融资、供地等难题，力求项目数量、质量和投资规模都有新突破。

四、统筹推进区域协调发展

把实施“一主三次”、“工业西进”、“对接京津”三大战略作为改变我市“小马拉大车”状况、推进城镇化、统筹区域发展的突破口，以新的城市总体规划为指导，培育发展新优势，活跃经济社会发展全局。

加快建设中心城市。以“三年大变样”为抓手，拆建并重，以点带面，全面推进。继续强力推进“五拆三改”，三年拆迁任务今年全部完成。重点抓好市区12条主干道、铁路沿线、7个出入口的环境治理，塑造城市新形象。开发改造府河、西大园、清真寺街3个片区和19个条件成熟的城中村，加快棚户区改建，建设宜居新区。基本完成光园、古城墙等古建筑修复和西大街、裕华路整治工程。开工建设火车站改扩建、关汉卿大剧院等一批标志性工程，确保电谷立交桥等10项精品工程国庆节前完工。加快建设“两环四廊、五湖十园”⑩城市绿化水系新景观。开放城市规划和建筑设计市场，完善规划设计决策机制，提高对城市景观风貌建设的控制力。发挥城建、土地、交通等五家投融资公司的作用，努力激活城市资源、资产，为城市建设提供有力的资金支撑。把今年作为城市精细化管理年，突出抓好背街小巷、高校、大型企业周边等重点部位环境整治，取缔马路市场，管好交通秩序，把群众身边环境治理好，打造干净有序文明的城市形象，提高市民素质和城市文明程度。

加快建设“一城三星一淀”大保定。按照新的城市总体规划，统筹市区和清苑、满城、徐水、安新四县规划建设。北部，通过扩张“中国电谷”空间，推动城区向北发展，加快与满城、徐水工业区对接；南部，依托长城、中兴和市汽车零部件基地向南拓展，加快与清苑对接；西部，畅通更多接山通道，加快与满城对接；东部，规划建设白洋淀大道和水运通道，快捷联通白洋淀。通过北扩、南拓、西接、东联，构建“南车北电强实力、西山东水映名城”的大城市格局。

加快建设“三次”中心城市。依托白沟·白洋淀温泉城，打造休闲旅游聚集区和京南商埠、陆港物流区。挖掘定州土地资源优势，建设定州唐河工业集中区，壮大产业基地。发挥涿州与北京接壤优势，发展高新技术产业和文化旅游等京郊服务业，建设现代化中等城市。加快发展高碑店·定兴开发区。以“三次”中心城市的率先崛起，打造新的区域经济增长极。

加快“工业西进”。这是改变西部山区贫困面貌、推进城乡统筹发展的重大战略。利用张石、保阜等高速公路交通条件，以工业园区为突破口，加快交通、电力、通讯等配套基础设施建设，引导工业企业向园区集中。发挥资源优势，做好资源对接资本、开发承接开放、产品带动产业三篇文章，谋划建设一批绿色产业、现代工业项目，以项目争取土地，以园区集聚项目。正确处理发展工业与保护环境的关系，严把园区规划环评、新上项目环保、县域节能减排总量控制“三个关口”，既要“金山银山”，更要“绿水青山”。

加快“对接京津”。环京津区位是我市最大的“资源”。在战略层面上，要把京津作为我市发展的参照系，把整个保定作为京津的大卫星城市来规划建设。当前，首先把毗邻京津的涞源、易县、涞水、涿州、高碑店、定兴、容城、安新、雄县、高阳等10个县（市）和白沟·白洋淀温泉城，作为率先融入京津的节点来抓，打造“环京津卫星城市链”。制定对接京津实施意见，统筹推进与京津发展规划、基础设施、产业、市场、人才、技术、文化等多层面对接合作，建设京津产业转移、科技成果转化、农副产品加工、休闲旅游和劳务输出五大基地。推进公交、通讯网络等市场一体化，培育“同城”思维，营造“同城”氛围，扩大“同城”效应，在融入京津中加快发展。

加强基础设施建设。构筑大交通。积极为京石高铁2012年通车创造建设条件，努力为保津城际铁路开工做好前期准备，构建铁路“十字交叉”枢纽。推进保阜、张涿、张石涞水至涞源段等5条（段）高速公路建设，力争荣乌高速保定段、京石高速拓宽工程开工，加快张石高速北延至北京段前期工作。建设全国转体跨度最大的保阜高速跨京广铁路立交桥和华北地区最高的保阜高速黑崖沟特大桥。力争4年内高速公路新增600公里，总里程翻一番，建设“三纵三横一环”⑪京南高速公路枢纽港。抓好环城路建设，建设东三环、西二环，城南连通保阜路至张石段，城北连通徐水至张石段。推进白沟至温泉城快速路等4条（段）干线公路建设。抓好县乡村公路建设，两年内实现村村通客车。打造大水系。全面启动“两库连通、西水东调，引水济市、穿府补淀”工程。明年实现西大洋、王快两库连通。加快建设南水北调配套工程，尽快形成供水网络体系。加快电力设施建设。力争定洲电厂二期机组并网发电，保定南郊电厂、西北郊热电联产项目取得实质性进展。建设、改造220千伏以下电网4668公里，努力满足城乡用电需求。

五、努力保障和改善民生

在经济困难的时候，更要注重保障民生、注重社会建设。深入开展亲民爱民活动，全力帮助群众解决实际问题，让广大群众在和衷共济战胜困难中感受党和政府的关怀、社会大家庭的温暖。今年，重点实施10项民心工程办好62件实事。

扩大“创业型”社会就业。把就业再就业作为保民生的头等大事来抓。全面落实国务院做好高校毕业生就业和当前农民工工作的政策措施。搭建校企对接服务平台，组织举办就业洽谈会和专场招聘会，促进中等职业学校“订单培养”，鼓励大学生面向农村、面向中小企业就业。实施农村劳动力转移培训“阳光工程”⑫，开展回乡农民工大培训“春风行动”⑬，劳务输出45万人（次）以上。鼓励自谋职业、自主创业，从贷款发放、税费减免、工商登记、信息咨询等方面予以支持。积极开辟公共服务性岗位。加强对零就业家庭、失地农民等就业困难群体的重点帮扶。加强失业调控和失业预警，稳定社会就业总量，力争城镇新增就业7.5万人。尽最大努力帮助有就业愿望和就业能力的人找到工作。

加强“共享型”社会保障。健全养老、医疗、失业、工伤、生育等“五大社会保险体系”。抓好各类社会保险扩面。积极吸纳民营企业职工和农民工参保，包括在校大学生在内的城镇居民基本医疗保险参保率达到65%。提高企业退休人员待遇，确保各项社会保险金按时足额支付。完善最低生活保障、农村“五保”供养、大病医疗救助、教育助学、住房保障等“五大社会救助体系”。提高城乡低保对象生活补助标准，实施城乡低保金社会化发放。推进农村五保供养工作，集中供养率达到50%。加大医疗救助基金筹措力度，扩大医疗救助范围。筹集资金救助贫困学生9.43万人。加大住房保障力度，逐步建立以廉租住房为主、经济适用住房为辅的住房保障体系，尽快改善困难群众的居住条件。兴办“优抚”、“扶老”、“助残”、“救孤”、“济困”等“五大社会福利事业”。提高优抚对象生活补助标准。鼓励民间资本参与福利设施建设。探索建设日托式养老站。市儿童福利院竣工投入使用。救助特困残疾人5800名。发展社会慈善事业，抓好救灾救济和扶危济困工作，努力让广大群众共享发展成果。

发展“普惠型”社会事业。坚持教育优先发展。抓好素质教育，努力提高“一比两率”[14]，提高义务教育公用经费保障水平。加强规范化幼儿园和标准化学校建设，全市标准化小学、初中比例达到25%。加快普及高中阶段教育，改扩建25所高中，全市高中阶段毛入学率达到82%。推进中等职业教育和特殊教育学校建设，提高职业教育就业率。继续支持高等教育发展。加快实施农村初中改造工程，完成农村中小学校舍维修改造6.5万平方米，努力把学校建成家长最放心、学生最安心的地方。加强公共卫生服务。认真落实国务院医改方案，促进基本公共卫生服务逐步均等化。加强乡镇卫生院建设，实施一批县、乡、村医疗卫生改扩建项目，实现农村医疗卫生服务全覆盖。新农合人均住院统筹封顶线由2万元提高到3万元。扩大城市社区卫生服务覆盖面，加大医疗惠民力度。深入开展医院管理年活动，严厉查处乱检查、乱加价、乱收费等问题，为群众就医提供更大方便。完善城市公共设施。严格落实国家关于新建住宅小区配套建设幼儿园、学校等公共设施的政策，创造宜居生活环境。市区新增公交车150辆，小型公交车辆进社区，提高公交车覆盖面。加快改造社区支路和便民小路，方便市民出行。在市区繁华地段设置移动公厕，市区主次干道两侧单位厕所向市民免费开放。加快市区一户一表改造。谋划建设一批便民市场。实施“计生惠民”工程。落实农村计划生育家庭奖励扶助、特别扶助和“少生快富”等政策，加大社会抚养费征缴力度，严格人口与计划生育目标管理，稳定低生育水平，提高人口素质。发展文化事业。深入开展社会主义精神文明建设，加强社会公德、职业道德、家庭美德教育，倡树文明新风。加强文物管理与保护，完成全国第三次文物普查。深入开展文化下乡活动。加强文化基础设施建设，抓好乡镇综合文化站和“新农村书屋”[15]建设。开展新农村体育健身工程[16]和“百万农民健身活动”，举办戏剧节、空竹节、篮球节、敬老健身节等群众性文体活动，彰显“保定文化”特色，让群众生活更加丰富多彩。加强国防教育，做好民兵和预备役工作，继续开展双拥模范城创建活动，营造军民共建、和谐发展的浓厚氛围。

进一步改善农民生产生活条件。加大对农村基础设施投入，抓好“路、水、电、气、房”五大工程，推进社会主义新农村建设。新改建农村公路900公里。解决245个村、29万人的饮水安全问题。加快实施西大洋、瀑河水库除险加固工程，启动21座中小水库的除险加固工程，整治行洪河道险工险段。抓好沙河、唐河、易水三大灌区节水改造。治理水土流失面积180平方公里。加强电气化县、乡、村建设和机井“户户持卡”改造。抓好秸秆固化气化试点和农村沼气池建设。深入推进扶贫开发，完成96个村的“整村推进”脱贫任务，稳定解决2.2万贫困人口的温饱问题。在搞好村庄规划的基础上，年内启动110个村的新民居建设，每个县（市、区）都要建设新民居样板村，让广大农民群众的居住条件尽快得到改善。

努力维护社会安全稳定。把今年作为“安全生产攻坚年”，强化政府监管责任，落实企业主体责任，加大执法、排查、整改力度，努力消除安全隐患，坚决遏制重大安全事故。改革健全食品安全监管体制，整治食品生产经营秩序，逐步建立“从农田到餐桌”绿色供应体系和“从餐桌到农田”质量追溯机制，建设全国食品安全城市。加强社会管理，认真抓好矛盾纠纷排查，尽心尽力为群众解决实际问题。高度重视做好民族宗教工作，依法管理民族宗教事务。加强社会治安综合治理，严厉打击各种刑事犯罪活动，努力创造安全稳定的社会环境。

六、全面推进资源节约型、环境友好型社会建设

以建设“世界自然基金会低碳试点城市”[17]为抓手，推进节能减排，加强生态建设，加快形成节约能源和保护生态环境的产业结构、增长方式、消费模式，努力走出一条具有保定特色的生态文明发展之路。

打好节能减排攻坚战。全面推进省“双三十”和市“8+13”重点区域、重点企业节能减排工程进度，确保完成第二个年度任务。强化目标考核，对逾期未完成目标任务的县（市、区）和企业，严格执行问责制和“一票否决制”。开展“两厂（场）建设年和运行管理年”活动，确保7个县级垃圾处理场全部开工，在建的13个污水处理厂全部建成运行，已建成但未达到国家新标准的污水处理厂年内全部达标。加快污水管网收集系统建设，力争用两年时间实现城市（县城）污水全收集、全处理。建立重点河流跨县界断面水污染物排放监测和生态补偿机制，确保入淀河流水质稳定达标，争取国家部委支持，建立白洋淀长效补水机制，保护好“华北明珠”白洋淀。

深入推进“蓝天行动”。启动天然气第二气源建设，加快建设集中供热网点，推行使用清洁能源，科学利用地热资源。加快“煤改气”进度，今年市区改造燃煤锅炉102台，减少燃煤4.78万吨，减排二氧化硫765吨。加快公交及出租车辆“油改气”，切实抓好秸秆禁烧，加强机动车尾气和建筑工地、环卫清扫二次扬尘污染治理，力保市区空气质量二级以上天数达到312天以上。

努力构筑城乡“绿色空间”。推进“太阳能之城”建设。推广绿色照明、新型绿色建筑材料应用，加快太阳能建筑一体化建设步伐。太阳能照明重点向小街巷、生活小区、公共场所和城镇延伸。到2010年，太阳能供热面积占到新增建筑面积的35%以上。实施“森林生态固碳计划”[18]，加快城乡绿化步伐，完成造林50万亩，义务植树1500万株，全市森林覆盖率达到23%。广泛开展生态县（市）、环境优美城镇、环境友好企业等创建活动，争创国家园林城市和国家森林城市。

大力倡导低碳生产生活方式。认真落实《关于建设低碳城市的意见》，以节约能源、资源为核心，加快关键领域低碳技术开发应用，减少煤炭、石油等化石能源消耗。发展低碳产业，倡导低碳生活，建设低碳社会。抓好一批清洁生产试点企业，发展“静脉产业”[19]。广泛开展低碳机关、社区、学校、家庭、宾馆创建活动，引导人们在衣、食、住、行等日常生活中节约能源资源，建设生态文明的绿色保定。

七、大力推进改革开放和科技创新

深化改革、扩大开放、科技创新，是保增长、促发展的三大动力，必须加大力度，突破体制机制障碍，增创发展新优势。

加快推进各项改革。一是抓好市对县、市对区管理体制改革。总的原则是放权松绑、重心下移、激发活力。全面落实《关于向县（市）下放若干管理权限的意见》，把项目、土地、环保等部分管理审批权限下放到县（市）。坚持统放结合，责权利相统一，逐步把城市管理权限下放到区。二是推进国有企业改革。全面完成市县属中小企业改制。推动河北钢铁集团对涞钢、涞铜战略重组。加快亏困企业改制步伐。推进城市公用事业单位改革。三是推进农村综合改革。落实最严格的耕地保护制度和最严格的节约用地制度。以农民增收为目的，推进农村土地依法、自愿、有偿流转。抓好集体林权制度改革。放宽城市、放开县城户口迁移政策，为农民进城打开“绿灯”。四是推进财税体制改革。实施市对县激励性财政体制，壮大县级财政实力。落实增值税转型改革，减轻企业负担。深化预算管理、政府采购、资本收益、财政监管等制度改革，推行政府投资非经营性项目代建制，认真把纳税人的钱管好、用好。五是推进金融体制改革。从优化金融环境、搭建融资平台、引进金融机构入手，努力做强金融支撑。抓好市商业银行二次增资扩股、延伸分支机构工作。推进农村信用社向农村合作银行、商业银行发展，搞好村镇银行、小额贷款公司等新型金融机构试点工作。努力构建政、银、企“零距离”对接的融资机制。

进一步扩大对外开放。密切关注资本流动新趋势，抓好宣传推介，瞄准国内外知名公司和龙头企业，充分发挥三个专业招商中心的作用，大力开展园区招商、产业招商，力争引资质量和规模实现新突破，在全方位开放中提速发展。做好巨力、中航惠腾、味群3家企业的上市培育工作。

实施科技兴贸和品牌兴贸战略，落实国家新能源出口创新基地、国家汽车及零部件出口基地支持政策，积极开拓新兴国际市场，推进出口市场多元化。鼓励企业“走出去”。

努力提高科技创新能力。以建设创新型保定为核心，健全以市场为导向、企业为主体、产学研相结合的技术创新体系。重点支持企业研发中心建设，组织开展新能源、汽车、纺织、中药等行业关键技术攻关，实施一批农村科技支撑项目，加快科技成果转化应用。按市场机制组建保定市科技风险投资公司，促进高科技产业快速发展。深入实施人才强市战略，用好驻保高校资源，抓好校企合作，发展“大学经济”。积极引进一批高层次创新创业人才，培养一批高科技人才，让更多有才之上在保定成长、在保定成功。

八、进一步加强政府自身建设

复杂多变的形势、繁重艰巨的任务，对政府自身建设提出了新的更高要求。特殊时期要有非常作为。各级政府工作人员必须以更高标准履行职责、勤奋工作，以良好的精神状态迎接挑战。

特殊时期，更需要把握大势、科学决策。面对复杂的经济形势，要更加注重学习，加强前瞻性研究，善用“大视野”审视“小环境”，用战略思维研究战术问题，在危机中寻求机遇，在逆境中探索出路，增强在复杂局面下推进工作的能力。面对艰巨的发展任务，要更加注重调查研究，问政于民、问需于民、问计于民，避免走弯路和“建设性浪费”。面对前进中的困难，要更加注重妥善处理好各方面的利益关系，着力解决制约发展与影响稳定的关键问题，把握全局，突出重点，努力掌握加快发展、安全发展的主动权。

特殊时期，更需要转变作风、改善环境。越是经济困难时期，越要改善“软环境”，应对“硬挑战”。今年，在政府系统深入开展“作风建设年”活动。突出治庸、治懒、治梗、治乱，着力解决不尽职责、服务差，不讲标准、效率低，不守纪律、乱作为等问题。对少数危害发展环境的害群之马，一经查实，坚决清理出公务员队伍。加快转变政府职能，努力在服务中创新管理、在管理中体现服务。规范行政审批，压缩审批时限，削减审批事项。严格行政执法，坚决查处乱检查、乱收费行为，切实保障企业合法权益。实行服务承诺制、首问首办责任制、限时办结制，提高行政效能。加快电子政务建设，年内完成电子审批网络和电子监察系统建设，实现行政许可项目在线审批。推进市行政服务中心“二次改革”，按照“两集中、两到位”[20]要求，整合机构设置，加大进厅力度。实行服务评价和工作满意度投票制度。宁可让机关“伤筋动骨”，也不能让群众和企业费力伤神！

特殊时期，更需要埋头苦干、狠抓落实。各级政府工作人员必须紧张起来，把全部心思用在抓发展、保安全上。不讲客观条件、多做主观努力，定下来的事雷厉风行，看准了的事一抓到底。坚持制度管事，管事务必从严。严格落实县域经济省内综合排位、重点项目建设、节能减排、安全生产、“三年大变样”等“红黄牌”警示制度，加强绩效考核，努力增强执行力。对今年的《政府工作报告》，还要继续分解立项制定《落实方案》，向社会公布，接受监督，不折不扣兑现对人民的承诺。

特殊时期，更需要艰苦奋斗、勤政廉洁。面对今年财政困难的局面，必须树立过紧日子的思想。各级政府要带头，勤俭办一切事业，节约办一切活动。严格控制行政开支，强化预算约束。今年公务购车、会议经费、公务接待费用以及出国（境）经费等支出实行“零增长”。深入开展行政监察和审计监督，严厉查处领导干部滥用职权、贪污贿赂、失职渎职案件，对腐败分子坚决依法惩处、绝不容情。

各位代表，我们深知，政府的一切权力都是人民给的，政府工作必须置于广大人民的监督之下。我们一定继续推进权力公开透明运行，自觉接受人大及其常委会法律监督和工作监督，自觉接受政协民主监督、人民群众监督和舆论监督，认真听取各民主党派、工商联、离退休老干部和社会各界人士的建议和意见，主动加强与工会、妇联、共青团等人民团体联系，不断改进政府工作，履行好政府职责，不辜负全市人民的信任和期望。

各位代表，团结凝聚力量，奋斗铸就辉煌。我们坚信，任何困难都改变不了保定人民创造美好生活的强烈愿望，任何挑战都阻挡不了我们加快发展的坚定步伐！让我们更加紧密地团结在以胡锦涛同志为总书记的党中央周围，在省委、省政府和中共保定市委的坚强领导下，深入贯彻落实科学发展观，齐心协力，克难奋进，为推动又好又快发展、强市兴县富民而努力奋斗！

※名词解释※

①四个坚决防止：即坚决防止发生暴力恐怖事件，坚决防止发生危害国家安全和社会稳定的重大政治事件，坚决防止发生大规模群体性事件，坚决防止发生严重刑事案件和重大群死群伤事故。

②“双三十”和“8+13”：2007年，河北省分别确定了30个节能减排重点县和30个节能减排重点企业，其中包括我市高阳、蠡县、安新、满城4县和天鹅股份有限公司1家企业。我市也确定定州、清苑、徐水、涞源、高碑店、南市区、北市区、新市区8个重点县（市、区）和大唐保定热电厂、风帆集团、保定亚新钢铁有限公司、河北长城长电极有限公司、保定太行和益水泥有限公司、涿州亿力达热电有限公司、河北八达集团白合水泥有限公司、河北雄威化工股份有限公司、阜平县化工有限责任公司、河北大发纸品厂有限公司、田原企业集团、保定毅顺化工制品有限公司、保定明珠化工集团有限公司等13家重点企业作为全市节能减排重点单位。

③零就业家庭：即城镇居民家庭成员中在法定劳动年龄内，有劳动能力和就业愿望的人员均处在失业或离岗状态，且月均收入达不到当地最低工资标准的家庭。

④城镇登记失业率：即城镇登记失业人数同城镇从业人数与城镇登记失业人数之和的比，省给我市下达的目标是控制在4．5%以内，2008年我市控制在4．1%以内。

⑤托管、共建：2008年12月，市委、市政府决定，保定高新区托管新市区大马坊乡、韩村乡大边陀村和满城贤台乡，与徐水大王店园区共建“中国电谷”。

⑥国家优质粮食产业工程：自2004年起，国家确定在13个粮食主产省区重点选建9个优势产业带，全面实施优质专用良种育繁项目、标准粮田建设项目、农机装备推进项目、病虫害防控项目和粮食加工转化项目、西部粮食综合生产能力建设项目6大类项目。

⑦万村千乡市场工程：自2005年起，由商务部组织实施，计划在全国70%的乡镇、50%的自然村中培育出25万家农家店，逐步形成以城区店为龙头、乡镇店为骨干、村级店为基础的农村消费经营网络，保障农民方便消费、放心消费。

⑧双百市场工程：自2006年起，国家通过安排财政资金，以补助或贴息的方式，重点改造100家大型农产品批发市场、培育100家大型农产品流通企业，逐步构建与国际市场接轨的农产品现代流通体系，保障农产品消费安全、拓宽农民持续增收渠道。

⑨家电下乡：自2009年2月1日起，河北省正式启动家电下乡工作，执行时间暂定为4年。期间，全省农民购买的彩电、冰箱（冰柜）、洗衣机、手机4类产品，将按产品销售价格的13%给予财政补贴。

⑩两环四廊、五湖十园：两环，即旧城区由护城河水系构成“水内环”，城区外围由南环堤河、一亩泉河、黄花沟等水系构成“水外环”；四廊，即由一亩泉河、侯河、清水河、府河构成四条生态廊道；“五湖”，即沿着“水外环”河系，建设南湖、北湖、西湖、东湖和新湖五个湖；“十园”，即莲池、刘守庙、侯河生态、汽车产业文化、军校广场、竞秀、一亩泉湿地、植物园、黄花沟生态、生态文化等十个公园。

⑪三纵三横一环：三纵，京港澳高速（保定段）、大广高速（保定段）、京昆高速（保定段）；三横，廊涿高速—廊涿张石连接线—张石高速涞水至涞源段、荣乌高速（保定段）、保沧高速—保阜高速；一环，由京石高速、荣乌高速、张石高速、保沧保阜高速在保定周边互通连接，形成高速外环。

⑫阳光工程：由政府公共财政支持开展的农村劳动力转移前的职业技能培训，目的是提高农村劳动力素质和就业技能，促进农村劳动力向非农产业和城镇转移，实现稳定就业和增加农民收入。

⑬春风行动：由国家劳动和社会保障部发起，专门为进城农民工提供就业服务，主要内容包括为农民工提供就业机会、保障农民工的合法权益以及整顿劳动力中介机构等。

⑭一比两率：高中阶段“一比两率”是指高中阶段在校生万人比，普通教育升学率和职业教育就业率；义务教育阶段“一比两率”是指标准化学校比例、在校生巩固率和初中毕业生升入高中阶段学校的入学率。

⑮新农村书屋：从2008年起，由省新闻出版局组织实施，力争在“十一五”末初步建立起覆盖全省广大农村的农民自己管理、自我服务的自助读书场所，以解决农民买书难、借书难、看书难的问题。

⑯新农村体育健身工程：自2007年开始启动，主要内容是加强村级小型公共体育场地设施建设，工程以建设篮球场和室外乒乓球台为主。计划到2010年，全省共建设2万个新农村体育健身工程，其中国家和省共同建设1万个，各市和县（市、区）建设1万个。

⑰世界自然基金会低碳试点城市：低碳城市是指城市在经济高速发展的前提下，保持能源消耗和二氧化碳排放处于较低的水平。全球性保护组织WWF（世界自然基金会）于2008年1月在北京启动“中国低碳城市发展项目”，上海、保定入选首批试点城市。在未来的几年里，WWF将助力上海与保定，在建筑节能、可再生能源和节能产品制造与应用等领域，寻求低碳发展的解决方案，并总结可行模式，陆续向全国推广。

⑱森林生态固碳计划：即充分发挥森林在固碳、减灾、滞尘等方面的生态功能，加强绿化工作和城市森林建设。

⑲静脉产业：如果把工业制造系统比作人体的动脉系统，那么工业制造物的回收利用就如同人体的静脉系统。“动脉产业”是指开发利用自然资源形成的产业，“静脉产业”是指废弃物资源化形成的产业，是循环经济组成部分。

⑳两集中、两到位：即行政许可事项向部门的一个内设机构集中，各部门行政许可事项向行政服务中心集中；所有审批服务项目进中心到位，审批权限授权到位。

大事记

2008 年

1 月

1月1日

市委书记宋长瑞、市长于群在《保定日报》头版发表2008年新年献词。献词回顾了保定一年来的发展变化，号召全市人民更加紧密地团结在以胡锦涛同志为总书记的党中央周围，在党的十七大精神指引下，在省委、省政府的正确领导下，深入贯彻落实科学发展观，以更加饱满的热情、更加有力的举措，奋力开创各项事业蓬勃发展新局面，继续朝着建设京南近海强市名城的宏伟目标阔步前进！

同日

保定市举办第七届“人保杯”新年长跑暨河北省第二届新年长跑。来自各个机关、企事业单位和学校的上万人参加了长跑活动。

1月3日

省政府在石家庄河北会堂举行全省第二批重点产业支撑项目责任书签字仪式。市委常委、常务副市长李谦代表市政府，与保定市省第二批重点产业支撑项目的单位法人代表签订了责任书。此次省第二批重点产业支撑项目共有18个，保定市有5个，分别是：长城汽车有限公司40万辆乘用车及零部件生产能力扩建工程，乐凯胶片集团综合改扩建工程项目，河北奥威服饰集团（股份）有限公司服装产业整合提升、优化升级项目，河北旭阳焦化集团（定州）煤化工项目，保定英利集团有限公司年产1.8万吨太阳能及电子极硅材料项目。目前，全省分两批共确定了28个重点产业支撑项目，保定市有8个项目入列，占1/4强，排名全省第一。

1月4～5日

保定市第十二届人民代表大会第六次会议在百世开利会展中心召开。本次大会应到代表637人，实到602人，符合法定人数。大会通过了保定市第十二届人民代表大会第六次会议选举办法。全体与会代表选举105名同志为保定市出席河北省第十一届人民代表大会代表。

1月4日

全国双拥工作领导小组、民政部、解放军总政治部在北京人民大会堂隆重召开全国双拥模范城（县）命名暨双拥模范单位和个人表彰大会。会上，保定市再次被命名为全国双拥模范城，这是自1991年以来，保定市连续第六次获得该项殊荣，成功实现了“六连冠”。

1月8日

驻保66347部队隆重举行组建20周年庆典。中国人民解放军总参谋部、北京军区、驻保66393部队首长参加庆典。市委副书记王会平，市委常委、保定军分区政委李志华，副市长李国英出席庆典仪式。

1月10日

保定市人民政府办公厅发出《关于加强春节期间食品安全工作的紧急通知》。要求各县（市、区）人民政府，市政府有关部门进一步巩固扩大产品质量和食品安全专项整治成果，做好春节期间食品质量安全，确保人民群众过一个安乐祥和的节日，特别要注意抓好农村的食品安全工作，确保不发生群体性食品中毒事件。

1月11日

科技部审定保定市为“国家太阳能综合应用科技示范城市”，认定高开区为“国家可再生能源产业化基地”，本日在保定举行了授牌仪式。科技部高新司司长冯记春、省科技厅厅长贾红星、市委书记宋长瑞等出席仪式。

同日

由保定天威集团承担的国家科技支撑计划项目——“具有自主知识产权的3.0兆瓦海上风电设备研发”项目启动。这标志着保定市风电产业将进入一个全新领域，开始角逐高端市场。

1月14日

国务院、省、市三级召开保障市场供应加强价格监管电视电话会议，分析市场和物价形势，部署依法加强市场价格监管工作，进一步明确和落实发展生产、保证供应、保障低收入困难群体生活的各项措施。在收看收听全国、全省电视电话会后，保定市立即安排部署工作：进一步完善粮食、生猪、食糖三项重要商品的储备制度，足额筹措粮食风险基金和副食品风险基金，确保三项储备支出需要；适当安排扶持资金，支持农副产品市场、生猪定点屠宰、大型商业零售企业设施改造及大众厨房、放心粮油工程、早餐工程等基础性设施建设；研究建立市级食用植物油储备制度；建立市级小包装成品粮油应急储备；春节前适量动用市级生猪储备，按略低于市场价格投放市场；全力保障春节期间重要生产要素的供应，确保不停水、不停电、不停气、不停热；积极组织货源，保证成品油市场供应。全面落实对困难群体家庭和大中专学校食堂的补贴措施。

1月14～15日

以全国人大环资委委员姜云宝为组长的全国人大环资委调研组一行，在省人大常委会副主任柳宝全等陪同下，来保定市就太阳能、风能等可再生能源产业发展情况进行调研。调研组表示，调研结束后将形成调研报告，为新能源产业发展争取更多政策层面的支持。

1月15日

保定市县级干部学习十七大精神研讨班开班。各县（市、区）党政正职，市直单位一把手和市属企业、院校的主要负责同志参加开班仪式。市委副书记李光耀讲话。市委市政府将利用半年时间，共举办8期县级干部学习十七大精神研讨班，每期3天。

同日

保定市工商联浙江商会在秀兰会馆报告厅举行成立大会。来自浙江籍在保经商的200余名企业家出席。据不完全统计，目前，在保定投资创业的浙商达2万多人，企业有1000多家，注册资金达10多亿元，解决就业和再就业上万人。

同日

定州市人民法院依法公开开庭审理了定州市绳油村牛占宗等人聚众冲击国家机关，刘然秀等人聚众扰乱交通秩序、妨害公务案。在法庭调查过程中，公诉机关当庭出示了相关证据，在法庭辩论过程中，被告人均表示认罪伏法，并请求审判机关予以从轻处罚。个别被告人的辩护律师到庭参加了诉讼，各界群众包括被告人亲属400多人参加了旁听。

1月16日

保定市召开市委九届五次全体（扩大）会议暨全市经济工作会议，深入贯彻党的十七大、省委七届三次全会精神和中央、省经济工作会议精神，全面总结2007年工作，对2008年工作进行安排部署。会上，市委书记宋长瑞作题为《打牢基础、增强后劲、壮大产业、提升水平，奋力开创强市名城建设新局面》的重要讲话。市委副书记、市长于群作题为《以解放思想为动力，推动全市经济社会更好更快发展》的讲话。会上还印发了《中央经济工作会议的主要精神》、《河北省经济工作会议精神传达提纲》和《保定市人民政府关于促进服务业发展的若干意见（征求意见稿）》、《保定市人民政府关于促进服务业发展的若干政策措施（征求意见稿）》等文件。

同日

市委、市政府召开“驻联帮解促”活动结表彰大会，对“驻联帮解促”活动进行全面总结，表彰在第二批活动中作出突出贡献的先进集体和优秀个人。市委书记宋长瑞讲话。2007年8月至2008年1月，保定市抽调近万名机关干部，组成3000余个新农村建设帮扶工作队，集中利用半年左右时间，全面开展了第二批“驻千村、联万户、帮民富、解民忧、促和谐”活动，取得了明显成效。

同日

在全国宗教工作系统表彰大会上，保定市民族宗教事务局荣获“全国宗教工作系统先进集体”称号。此次表彰会上，全国共有32个单位受到表彰，该局是河北省唯一一家受表彰单位。

1月17日

市委召开议军会议，市委书记、军分区党委第一书记宋长瑞，市委副书记、市长、市国防动员委员会主任于群，军分区司令员王亚光，市委常委、军分区政委李志华等出席会议。

同日

保定天威特变电气有限公司、河北华瑞能源集团股份有限公司、安泰科技股份有限公司、保定吉达电力建设集团有限公司、河北峰源实业有限公司共同出资成立河北天威华瑞电气有限公司，生产非晶合金变压器。项目一期总投资约16876万元，生产规模为年产12000台，年产值约8亿元，预计于2008年底投产。据测算，新公司达产后，全部产品每年可节电5256万度，折合标准煤42.46万吨，每年可减排二氧化硫6800吨、氮氧化物4860吨、二氧化碳85万吨。

1月20日

保定市女民营企业家商会成立。据不完全统计，目前，保定市女民营企业经营者达4万多人，约占全市民营企业经营者的20%左右。

1月21日

保定市人民政府发布《关于对我市部分企业商品实行调价备案的公告》。为保持市场价格总水平基本稳定，维护人民群众的切身利益，促进社会和谐、维护社会稳定，根据国家发改委《关于对部分重要商品及服务实行临时价格干预措施的实施办法》（第58号令）和河北省物价局《关于做好实施临时价格干预措施的通知》（冀价管字［2008］2号）精神，经市政府研究，省物价局批准，决定从公告之日起对保定市部分企业重要商品实行调价备案制度。公告公布了实行调价备案的商品品种和企业名单。

1月28日

世界自然基金会开展的“中国低碳城市发展项目”正式启动。保定成为首批入选的全国两个试点城市（另一个是上海）之一。世界自然基金会将通过项目促进保定可再生能源及能效产品的出口和应用，对项目进行国内外宣传和推广，并为项目提供部分资金支持。

1月29日

市文化局、市扫黄办、市文化市场稽查大队对市区网吧进行了大规模检查，保定市市区共有网吧270多家，此次共检查105家。17家接纳未成年人网吧受到严厉处罚：6家一次性接纳3名（包括3人）以上未成年人的网吧受到停业整顿15天、5000～15000元罚款的处罚；11家一次性接纳3名以下未成年人的网吧受到5000～15000元罚款的处罚。

2　月

2月1日

保定市召开领导干部大会，宣布省委关于中共保定市委主要领导调整的决定。会上，省委常委、组织部长车俊宣布了省委决定：宋太平同志任保定市委委员、常委、书记；免去宋长瑞同志保定市委书记、常委、委员职务。宋长瑞同志在刚刚结束的省人代会上，当选为省人大常委会副主任。

2月3日

保定市委办公厅、保定市人民政府办公厅联合发出通知，落实河北省纪委、河北省监察厅《关于重大节假日期间封存党政机关公用车辆的通知》。要求各县市区党委、政府，市直各部门党组（党委），各党工委认真贯彻落实省《通知》精神：从2008年起凡重大节假日期间，各级党政机关的公务用车，除经单位领导批准的公务活动正常用车外，一律由各单位实行封存管理；各级领导干部要率先垂范，带头遵守《通知》规定；各级纪检监察机关和公安交通管理部门，要加强对节假日期间公务用车情况的监督检查，对顶风违纪的，要按照规定追究有关人员的责任。

2月4日

市长于群等在家的市领导和机关工作人员一起踊跃捐款，帮助灾区群众渡过难关。近日，我国南方大部分地区和西北地区东部出现了持续的雨雪和低温冰冻天气，部分地区发生新中国成立以来罕见的雪灾和低温冰冻灾害。为此，市委书记宋太平要求，各级各部门、有关企业要牢固树立大局意识、责任意识，以对国家对人民高度负责的精神，立即行动，积极组织，认真筹备，研究制定具体的工作措施，全力做好支援南方灾区工作。

2月19日

市委书记宋太平会见了到保定市考察国电联合动力技术有限公司项目建设情况的中国国电集团公司总经理周大兵、副总经理朱永芃一行。宋太平表示，发展新能源符合国家产业政策，风电市场前景广阔，市委、市政府将全力支持国电集团在保企业加快发展。

2月20日

中共保定市委、保定市人民政府发出通知，在全市开展向刘均田同志学习的活动。刘均田同志系五四三印刷厂回族退休职工、保定市爱民社区五四三生活区居民，为抢救落井父女英勇献身，终年63岁。刘均田同志牺牲后，他的事迹在社会上引起强烈反响，不少部门单位和市民自发前去慰问吊唁。

2月25日

保定市人民政府发布森林防火戒严令。戒严令规定森林防火期为每年10月1日至翌年5月31日。其中3月1日至5月15日为防火戒严期。戒严令还对戒严期森林防火管理权限、责任、制度等有关问题作出规定。戒严令从发布之日起施行。

2月26日

保定市召开稳定工作会议，贯彻落实全国、全省有关稳定工作的会议精神，总结2007年工作，全面部署2008年维护稳定工作。会议强调，当前，保定市围绕全国“两会”和奥运会安全稳定工作任务十分艰巨，各级各部门一定要进一步增强做好稳定工作的紧迫感和责任感。要进一步加强“护城河”工程建设，全力构筑首都周边安全的坚强屏障。市委副书记王会平到会讲话。

2月29日

市总工会、市劳动和社会保障局、市企业家协会举行保定市工资集体协商月启动仪式，市委副书记李光耀就整体推进企业工资集体协商工作提出要求。《工资集体协商春季行动实施方案》明确，2008年全市实行工资集体协商建制率达到30%；2009年建制率达到75%；到2010年基本实现全覆盖。今后保定市每年3月开展企业工资集体协商月活动，着重解决非公有制企业和国有改制企业、未签集体合同和未开展工资集体协商企业，已获各级劳动关系和谐企业称号企业不能保质、按时实施的问题。

3　月

3月3日

保定市召开全市整顿和规范矿产资源开发秩序“回头看”行动电视电话会，确定即日起全面展开打击无证采矿、以采代探和越层越界采矿等违法违规行为的行动，为期3个月，以进一步巩固整顿规范矿业开发秩序取得的成果。市委常委、常务副市长李谦出席会议。保定市从2005年11月以来，全面开展了整顿和规范矿产资源开发秩序工作，尤其是从2006年12月15日至2007年6月30日集中开展的整顿和规范矿产资源开发秩序“双百日”活动，取得显著成效。但是，全市整顿规范任务仍然艰巨，个别地区开发秩序混乱，小型矿山过多，违法采探矿出现新特点和新形势，联合执法机制有待进一步加强，小选（洗）矿厂过多、过滥问题有待进一步整治，个别县整顿工作还很不扎实。

3月5～7日

省委解放思想大讨论活动督导组来保定，对保定市组织开展解放思想大讨论活动情况进行督查指导。在听取了有关市领导和一些部门汇报后，督导组还深入到定兴、雄县、徐水等地实地检查。检查结束后，督导组对保定市开展解放思想大讨论活动取得的成效给予充分肯定。

3月6日

市委书记宋太平到涿州一线，检查全国“两会”期间安全保卫工作。3月3日、5日，全国政协十一届一次会议和十一届全国人大一次会议先后在北京召开。宋太平检查了距京涿交界处仅700米的涿州市公安局挟河治安检查站、松林店辖区铁路护路大队护路口等地段。宋太平强调，要再接再厉，做好工作，创造更加稳定和谐环境，确保“两会”期间社会稳定安全。

同日

省政府与中国中纺集团公司在北京签署战略合作框架协议。根据协议，双方支持在保定市合作建设“中纺依棉精品纺织服装”项目，形成年产新型纤维纱2.6万吨、布6670万米及服装200万件（套）的生产能力。始建于1951年的中纺集团，2006年名列中国企业500强第205位。上世纪90年代初，中纺集团在保定、邯郸、唐山与地方共同出资建立了保大、邯大等纺织企业。近期，该集团又与依棉集团股东香港亚纺企业签订了合作协议。目前，中纺集团在河北省投资建立的企业资产达到了10多亿元，年营业收入近20亿元。

3月12日

保定市四大班子领导与部队官兵及市直机关工作人员一起，到市区西北部原热电厂储灰场植树。

3月13日

杭州娃哈哈集团有限公司与高碑店市政府在北京签署5.2亿元超净热灌装生产线项目合作协议。市委书记宋太平专程赴北京会见了宗庆后董事长，双方就加快娃哈哈集团在保定的发展进行了交流，并出席项目签约仪式。

3月14日

保定市政府、清华大学人才与科研开发合作协议签字仪式，在清华大学工字厅举行。市委常委、常务副市长李谦和清华大学副校长陈旭，分别代表市校双方在协议上签字。协议内容主要包括：清华大学选派青年干部到我市挂职；我市与清华大学在毕业生招聘就业工作中相互支持、互相提供便利；我市为清华大学提供研究生实习基地，为清华学生到保定开展社会实践活动提供便利；清华大学帮助我市开展科技攻关，科技成果优先在保定实现转化；清华大学帮助我市开展博士后工作站管理工作。市长于群出席签字仪式，并代表市四大班子对清华大学给予保定的大力支持表示感谢。

同日

保定市召开迎奥运空气保障工作领导小组第二次会议，市环保局通报了前阶段保障工作的整体情况。市委常委、副市长曹汝涛出席会议并讲话。会议指出，北京举办奥运会，保定市有特殊的地理位置和环境特征，必须高标准、高质量地做好奥运空气质量保障工作。迎奥运空气质量保障工作是全方位的，不仅是保北各县（市）的工作，全市各县（市）都有责任；《河北省迎奥运空气质量保障工作实施方案》规定治理的项目必须100%落实，同时，只要是影响空气质量的污染源，一定要治理，必要的可以关停；迎奥运空气质量保障工作时间紧迫，必须明确时间，把准备工作做好，各单位要各负其责，协调配合，扎实工作，确保完成各项保障任务，为北京奥运会的成功举办作出应有的贡献。

3月21日

保定市召开宣传思想工作会议，传达贯彻全省宣传思想工作会议精神，总结上年宣传思想工作，安排部署保定市当前和今后一个时期的宣传思想工作。市委书记宋太平出席会议并作重要讲话。他指出，坚持以人为本，凝聚民心力量，这是宣传思想工作的重要政治任务。会议要求：要围绕中心任务，服务发展大局；要提升文化实力，建设文化名城；要营造舆论强势，展示保定形象；要推进改革创新，提升宣传水平。

3月25日

保定市委召开九届六次全体（扩大）会议。会议的主要任务是：深入贯彻党的十七大和刚闭幕的全国两会精神，全面落实省委七届三次全会和市委九届五次全会的决策部署，以科学发展观为指导，细化思路目标，强化工作重点，实化落实措施，奋力开创各项事业新局面。会议听取、讨论并批准了市委书记宋太平作的题为《又好又快发展，强市兴县富民，奋力开创各项事业新局面》的工作报告；审议并原则同意了中共保定市委《关于加强乡镇领导班子建设的意见》和《关于加强农村干部队伍建设的意见》，按讨论意见修改后，下发执行；以举手表决的方式，通过了《中共保定市委九届六次全会决议》。

3月28日

由河北省政府主办、保定市政府承办的“中国电谷·低碳保定”（香港）推介会举行。省长郭庚茂、世界自然基金会香港分会CEO艾瑞克共同为启动仪式揭幕。推介会全方位展示了保定市以培育可再生能源产业体系为核心，致力于发展低碳经济、实现可持续发展道路上的创新理念、发展思路和最新成果，展现了保定区位、资源、投资环境优势，热情邀请海内外企业投身“中国电谷·低碳保定”建设，共建生态文明，实现人与自然和谐发展。

3月30日~4月2日

市政协十一届一次会议在百世开利会展中心召开。会议期间，委员们认真听取并审议通过了政协保定市第十届委员会常务委员会工作报告、提案工作报告和有关决议。列席了市第十三届人民代表大会第一次会议，认真听取并讨论了市政府工作报告及其他报告。会议期间，与会委员对保定市经济社会发展的重大问题，以及人民群众普遍关心的热点、难点问题高度关注，通过委员提案、大会发言、小组讨论、社情民意等形式，就促进优势产业发展，加强节能减排和环境保护，推进新农村建设，打造绿色宜居城乡环境，保障和改善民生，推进改革开放等方面的问题，提出了许多建设性的意见和建议。会议选举了政协保定市第十一届委员会主席、副主席、秘书长、常务委员，崔启慧当选主席。会议强调，广大政协委员要自觉遵守政协章程，不断加强学习，努力提高自身素质；要积极参加政协组织的各种会议和活动，认真履行委员职责；要兢兢业业做好本职工作，在各自岗位上争先进、当模范、作贡献；要珍惜荣誉，牢记使命，倾心为民，坦诚议政，努力在政协大舞台上做出新业绩。

3月31日~4月3日

保定市十三届人大一次会议在百世开利会展中心召开。市长于群代表市政府向大会作题为《建设新保定树立新形象为强市兴县富民而努力奋斗》的政府工作报告。会议讨论并批准了市政府工作报告，通过了关于保定市2007年国民经济和社会发展计划执行情况与2008年国民经济和社会发展计划的决议；通过了关于保定市2007年市本级预算及市总预算执行情况和2008年市本级预算及市总预算的决议；通过了关于保定市人民政府关于全面推进节能减排建设低碳城市决定和8个重点县（市、区）及13家重点企业节能减排目标向代表承诺的专题报告的决议；通过了关于保定市第十二届人民代表大会常务委员会工作报告的决议；通过了关于保定市中级人民法院工作报告的决议；通过了关于保定市人民检察院工作报告的决议。会议还选举了新一届人大常委会主任、副主任、秘书长；选举了市长、副市长，市中级人民法院院长，市人民检察院检察长。于群当选市长，李光耀当选常委会主任。

4 月

4 月 10 日

保定市召开拆除市区违法建设第三战役和建筑垃圾管理调度会。市委常委、副市长曹汝涛要求，各区及相关部门要认识到位，严密组织，协调联动，落实责任，坚决打好拆违第三战役，确保拆得快、拆得好、拆出效果。2006 年、2007 年，保定市连续两年打响了拆除市区违法建设第一、第二战役。通过拆违，市区违法建设大部分被拆除，市区容貌有了较大改观，违法建设得到有效遏制，也使保定市在依法管理城市等方面积累了宝贵经验。即将打响的拆违第三战役以拆除国道、河道、铁路三线沿线违建为重点，进一步优化城市环境。同时，2008 年保定市还将不断完善措施，加强对建筑垃圾的管理力度。会议还就解决“城中村”垃圾问题进行了安排部署。

同日

保定市城市管理行政执法局、保定市工商行政管理局、保定市市场建设服务中心、保定市公安局交通警察支队联合发出通告：根据广大市民呼声和城市管理有关规定，为维护正常的社会秩序，决定取消刘守庙物资交流会，并对刘守庙祭拜活动进行安全监管。希望广大群众，特别是庙区附近居民从大局出发，全力支持和配合市、区有关部门的工作，共同营造良好的生活、工作环境，共创和谐保定。

4 月 12 ~ 13 日

财政部部长谢旭人到保定市调研财政改革和涉农补贴落实工作。他先后考察了清苑县北店乡南辛店村、徐水县东史端乡两处的惠农政策落实情况和农村基层财政所建设情况，并与有关人员进行了座谈。谢旭人对保定市的工作给予了充分肯定。他强调，要不断推进财政体制改革，加大支农力度，确保把各项惠农政策落到实处。省委副书记胡春华，省委常委、常务副省长付志方，市委书记宋太平，市长于群，市委常委、常务副市长李谦等陪同调研。

4 月 17 日

保定市召开奥运安保工作会议，深入贯彻落实省有关会议精神，对保定市奥运会安全保卫工作进行再部署。市委副书记王会平要求，要以对党和人民高度负责的精神，以对北京奥运会高度负责的精神，举全市之力，抓好奥运会安全保卫工作。

4 月 18 日

天威保变（合肥）变压器有限公司（简称天威合变），在安徽省合肥市庐阳区天威合肥工业园区内正式投产。这标志着天威集团变压器产业在国内完成了以河北保定为中心、秦皇岛出海口为基地、安徽合肥为支撑的战略布局。该公司总投资 12 亿元，于 2005 年 10 月开始建设，2007 年 4 月生产试运行。

4 月 20 日

2008 年保定市集中销毁违法音像制品和非法出版物统一行动在河北影剧院门前进行，12 万余张（盒）违法音像制品和 5 万余册非法出版物被集中销毁。

4 月 30 日

市委、市政府召开动员大会，落实省委、省政府关于开展“城镇面貌三年大变样”活动的总体要求，贯彻全省城乡文明生态创建活动工作会议精神，对全市开展“城市面貌三年大变样”活动进行动员和部署，对在市区开展“蓝天行动”进行重点安排。市委书记宋太平主持会议并作重要讲话，于群部署工作。会议提出，保定要在加快发展产业的基础上，重点围绕“绿色生态、古城文化、城市交通、现代商贸、和谐宜居”五个方面，总投资 311.6 亿元，用 3 年左右时间，谋划实施 44 项重点项目，努力实现城市面貌一年一大步、三年大变样。在市区开展“蓝天行动”，主要内容是用 3 到 5 年左右的时间，全部取缔市区建成区范围内分散燃煤设施，全面推广集中供热和清洁能源，切实落实节能减排目标，进一步改善市区大气环境质量。

5 月

5 月 4 日

团市委举行纪念“五四”运动 89 周年表彰座谈会，表彰先进，交流经验。会上，程龙等 119 人被授予“保定市新长征突击手”荣誉称号，葛亮等 91 人被授予“保定市优秀团务工作者”荣誉称号，刘云姬等 115 人被授予“保定市优秀共青团员”荣誉称号，李亚林等 10 人被授予“保定市第十二届十佳大学生”荣誉称号，刘涛等 10 人被授予“保定市杰出青年岗位能手”荣誉称号。会议为受表彰者代表颁奖。市人大常委会主任李光耀出席会议并讲话。

5 月 13 日

市委办公厅、市政府办公厅发出《关于向四川地震灾区开展社会捐赠活动的通知》，号召全市人民向四川受灾地区开展捐赠活动。《通知》要求，各级各部门各单位要因地制宜，精心组织好捐赠活动。各部门各单位之间要注意整体配合，协调联动，为捐赠中的物资车辆开绿灯，确保捐赠资金及时拨付到位。据国家地震台网最新测定，北京时间5月12日14时28分，在四川汶川县（北纬31度，东经103.4度）发生7.8级特别重大地震灾害。

同日

保定市社会各界踊跃为地震灾区捐献款物。截至下午18时30分，据市红十字会统计数字显示，保定市共收到企业、个人等社会各界捐款近170万元。

同日

市长于群到市儿童医院看望入院治疗的手足口病患儿，慰问一线医务工作者，检查手足口病诊治工作。于群要求，市卫生局、疾控中心要做好对全市防治工作的指导、检查，严格实行日报告和零报告制度。各级医疗机构加强对医护人员诊疗技术的指导和培训，坚持“五早”（早发现、早诊断、早报告、早隔离、早治疗）原则，严格诊疗操作规程。

5月14日

中国电谷风电设备产业园二期项目开工奠基。宋太平、于群、崔启慧、李谦等市领导出席开工仪式。产业园二期占地500亩，工业项目总投资10亿元，对我市建设低碳保定，构筑风电产业完整产业链条有重要意义。

5月16日

保定市召开农村工作暨城乡文明生态创建工作会议。市委书记宋太平在会上要求，各级各部门要以强烈的使命感和高度的责任感，围绕“又好又快发展、强市兴县富民”的中心任务，把新农村建设各项工作抓紧抓实，不断开创农业农村工作新局面。市长于群主持会议。

5月19日

在四川汶川大地震发生7天时，全国各地深切哀悼四川汶川大地震遇难同胞。保定市也组织了悼念活动，全市下半旗志哀，停止公共娱乐活动。下午14时28分，全市的机关、学校、企业等组织干部群众默哀3分钟，汽车、火车同时鸣笛3分钟。

5月21日

市政府国资委与新希望集团在秀兰饭店签署重组河北宝硕股份有限公司战略合作协议。在重组中，新希望集团下属全资子公司新希望化工公司为重组宝硕股份主体，通过提升管理和优质资产的注入，将宝硕股份打造成国内领先的以氯碱化工和塑料加工为主业的大型优质上市公司。

同日

美国衣阿华州州长切特·卡尔维率代表团一行27人到保定市访问。市长于群在秀兰饭店会见了美国客人。

5月22日

保定市召开支援四川灾区领导小组紧急会议。会议要求，要做好支援灾区的长期思想准备，当前全市要进行再动员、再发动，再掀募捐新高潮，全力以赴，保质保量按时完成中央、省分配给保定市的援建灾区安置房任务。会议听取市民政局、市红十字会有关负责人关于前一阶段救灾捐赠情况的汇报，传达了省召开支援灾区紧急会议的精神，对下一阶段工作进行了安排部署。据了解，截至5月21日，市民政局、市红十字会共收到捐款9000多万元，捐物累计35万多件。目前，四川地震灾区形势依然非常严峻，急需得到各地支援。根据国家、省统一部署，保定市承担着援建6000套安置房及配套设施的任务，迫切需要资金支持。市委常委、常务副市长李谦主持会议，市长于群做动员讲话。

5月23日

市委书记宋太平主持召开九届五十二次市委常委会议，专题研究部署继续全力支援抗震救灾工作。会议强调，对保定市承担的救灾物资，数量只能多不能少，质量只能好不能差，时间只能提前不能拖后，确保高质量、高标准完成任务。

5月27日

14时28分，保定市在百世开利会展中心举行社会各界抗震救灾大型募捐活动。本次大型募捐活动由市委、市政府主办，市民、机关、单位、团体等各界代表参加了活动。市委书记宋太平、市长于群等四大班子领导、军分区领导、法检两长出席活动并交纳了“特殊党费”。现场共募各类款项1600多万元。

同日

截至今日，保定市各界共为灾区捐赠2.24亿元。

5月29日

由河北农业大学与长城汽车股份有限公司共同创办、经省教育厅批准的河北农业大学长城汽车学院正式揭牌。根据协议，河北农大和长城汽车公司将本着互惠互利原则，共同为国家汽车产业培养高素质、应用型人才。学院实施双师制，即学生理论与实践教学以河北农大教师为主，实习、实训以长城公司专业技术人员为主。学院将从2008年9月开始招生，计划招收3个本科专业，生源为参加全国高考的合格学生，同等条件下优先录取保定范围内边、老、山、穷地区学生，及保定郊县学生和保定市贫困家庭学生。长城公司将为学院特困生和边、老山区学生提供勤工助学机会。

5月30日

中纺依棉精品纺织服装工业园项目在徐水县大王店镇隆重奠基。该项目总投资10.73亿元，一期建成后规模是10万锭、222台无梭织机。全部建成后将形成年产2.6万吨新型纤维纱、6670

万米布及200万件（套）服装的生产能力，年可实现销售收入21.67亿元，利税3.94亿元。5月29日下午，市委书记宋太平在秀兰饭店会见了前来参加工业园奠基仪式的中纺集团总裁赵博雅。

同日

河北省美术研究所美术馆揭牌暨美术作品开展仪式在保定举行。原省人大常委会副主任、省美协名誉主席王加林，市委书记宋太平为美术馆揭牌。新成立的河北美术研究所美术馆位于河北工艺美术学校院内。

同日

保定市委、市政府发布关于在全市领导干部中开展"优化发展环境、激活市场主体"活动的意见。意见是为贯彻落实省委书记张云川同志在率团赴浙江学习考察时的讲话精神，深化解放思想大讨论活动成果，促进又好又快发展、强市兴县富民而做出的。意见要求市级领导干部、市直副县级以上领导干部、县（市、区）副科级以上领导干部，围绕干部转变作风、政府转变职能、创优发展环境开展活动。突出两项重点内容：一是蹲点调研，解决问题；二是创新举措，改善发展环境。活动自6月初开始至8月底结束。

6　月

6月7~8日

为期两天的2008年全国普通高校招生考试举行。保定市共有85988人报名参加考试，其中81590人参加普通高校招生考试，4398人参加对口招生考试，是恢复高考以来报考人数最多的一年。

6月12日

市委书记宋太平主持召开市四大班子联席会议，传达学习全省城镇化工作会议精神，研究通过了"城市面貌三年大变样"重点督办任务和重点项目市级领导责任分包方案，决定建立周调度制度和简报通报制度。宋太平强调，保定市"三年大变样"工作与省委、省政府的要求还有差距。面对这种形势，不进则退，小进亦退。必须变压力为动力，转变工作作风，改变一般化的工作方法，进一步提高认识，加大力度，加快进度，紧紧跟上全省城市建设步伐。

6月13日

截至今日，保定市共收到广大共产党员交纳的"特殊党费"4785.22万元，并已全部按要求汇往中央、省委组织部。据统计，全市共有196万名党员交纳了"特殊党费"，其中交纳1000元以上的1.17万人，交纳10000元以上的36人。

同日

内蒙古蒙牛集团董事长牛根生、总裁杨文俊、党委书记孙玉斌率集团高管团队到保定市考察。市委书记宋太平看望了牛根生一行，市长于群、市人大常委会主任李光耀、市政协主席崔启慧、副市长李国英在秀兰饭店会见了蒙牛集团客人。会见前，蒙牛集团客人现场考察了望都蒙牛液态奶项目。该项目一期工程共12条生产线，达产后预计年销售收入10亿元，2007年年底正式投产。目前，项目日产量达550吨，2008年1~4月试生产期间实现产值1.2亿元。

6月17日

市委、市政府召开动员大会，按照省、市推进"城镇面貌三年大变样"的要求，安排部署市区城中村拆迁改造工作。市委书记宋太平、市长于群作重要讲话。会议强调，进一步统一思想，坚定信心和决心，迅速行动起来，打一场大规模的城中村拆迁改造大会战。会议指出，从2008年开始，力争用3年时间，完成市区建成区内剩余75个城中村的规划改造。推进土地变国有、村庄变社区、农民变市民、村委会变居委会、农村集体经济变城市股份经济，使城中村彻底融入城市、实现城区管理一体化。

6月19日

中共中央政治局委员、国务院副总理回良玉在河北省委书记张云川、副省长张和，保定市委书记宋太平、市长于群等陪同下，在保定市考察"三夏"生产和农业农村工作。回良玉强调，抓好今年的农业生产和农村工作，对稳定经济社会发展大局具有极端重要的意义。当前夏粮基本丰收到手，夏种夏管仍处在关键时期，夺取全年农业丰收的难度很大，绝不能因为夏粮连续五年增产而思想麻痹。各地区、各有关部门要认真学习贯彻省区市和中央部门主要负责同志会议精神，毫不松懈地抓好当前农业生产和各项强农惠农政策措施的落实，毫不动摇地促进粮食稳定发展和农民持续增收，切实保障农产品市场供给。要继续抓好当前的"三夏"生产，落实抢收抢种和田间管理措施，保障农资供应，强化农技服务，搞好夏粮收购，保护和调动农民种粮务农的积极性，千方百计争取今年农业有个好收成，为经济社会又好又快发展和抗灾救灾工作提供有力支撑。

6月20日

保定市"城市面貌三年大变样"重点项目万博广场配套项目与香江好天地商业广场正式开工建设。万博广场项目位于朝阳大街东侧，北至五四路，南临东风路，一期工程建筑面积33万平方米，总投资近15亿元，建成后将成为保定市乃至河北省最大的城市综合体建筑。香江好天地商业广场项目总投资1.2亿元，总面积1.64万平方米，旨在打造保定乃至华北地区规模最大、最具特色和影响力的商业广场。

6月26日

保定市召开奥运安保领导干部电视电话会议，贯彻落实省有关会议精神，对全市奥运安保工作进行再动员、再部署。市委书记宋太平强调，举全市之力，保奥运安全，是当前维护稳定工作的重中之重。要站在政治和全局的高度，全党动员、全民动手，以最高的标准、最严的要求、最大的努力，堵塞漏洞，消除隐患，坚决打赢奥运安保这场硬仗。

7 月

7月1日

保定市东三环建设暨七一路高速引线改造工程正式启动。东三环建设项目规划道路全长13.165公里，规划道路红线70米，需配套建设3座桥梁、4座泵站，项目总投资5.4亿元。市委书记宋太平、市长于群，其他市领导李光耀、崔启慧、曹汝涛、刘颖等出席启动仪式。

7月8日

由中宣部、国务院新闻办、新华社等六单位统一部署，省委宣传部和新华社河北分社主办，保定市具体承办的“抗震救灾·众志成城——2008中国抗震救灾大型新闻图片展”在保定市博物馆开展。市委书记宋太平，市委副书记李剑方，市政协主席崔启慧，市委常委、宣传部长王洪斌，市委常委、组织部长兰保良，副市长李国英等出席开展仪式并观看展览。图片展内容包括《关怀》、《灾情》、《营救》、《援助》、《恢复》、《燕赵情深》6个部分。展出照片200多幅，全景式地展现了这场抗震救灾斗争。

7月9日

上午，市交通局道路开发中心与中远（香港）工贸控股有限公司签署意向，决定合作经营张石高速公路保定段一期项目。市长于群，市委常委、副市长曹汝涛，中远（香港）集团有限公司副总裁陈景德等出席签字仪式。张石高速公路保定段全长288公里，概算总投资190亿元。此次达成的合作意向，合作性质为中外合作的经营性项目，其中中远方面控股占55%。

7月9日

北京金隅集团董事长、党委书记蒋卫平带队来保考察。市长于群在秀兰饭店会见了蒋卫平一行，双方就进在建筑建材、房地产开发等领域的合作进行了交流和探讨。蒋卫平表示，金隅集团把保定作为重要的投资区域，希望在建筑建材、房地产开发等方面与地方展开对接，深化双方合作，谋求共赢。

7月11日

在全省节能工作电视电话会议上，保定市被省政府授予“2007年度节能工作先进市”称号并获30万元奖励，成为获此殊荣和受奖的两市之一。

7月12日

河北冀东水泥集团有限责任公司、唐山冀东水泥股份有限公司董事长、党委书记张增光和唐山冀东水泥股份有限公司总经理于九洲带队来保考察。市委书记宋太平到驻地看望了张增光、于九洲一行。市长于群与冀东集团高层举行会谈，双方就推进建筑、建材领域的合作进行了交流和探讨。

7月18日

保定市首家地方性股份制商业银行——保定市商业银行在秀兰饭店举行开业仪式。市商业银行是在原城市信用社基础上，依照《商业银行法》、《公司法》等法律法规成立的。截至2008年6月末，该行存款达到32亿元，贷款14亿元。2007年，全辖实现利润总额5241万元，净利润3050万元。市领导宋太平、于群等出席仪式。

7月25日

市委书记宋太平、市长于群会见了到保定市考察天威集团项目建设情况的中国兵器装备集团公司党组副书记、副总经理、天威集团董事长尹家绪一行。尹家绪表示，“天威”已被定位为兵装集团未来发展的经济增长极和新的利润贡献中心。2008年兵装集团注入“天威”的资金总量将达百亿元以上。

7月28日

上午，市委、市政府召开“白沟·白洋淀温泉城”领导干部大会，宣布“白沟·白洋淀温泉城”领导班子，正式启动“白沟·白洋淀温泉城”次中心城市建设。市委书记宋太平在会上强调，坚持立足当前、着眼长远、优势互补、加快建设“白沟·白洋淀温泉城”次中心城市。市委常委、组织部长兰保良宣布了市委关于“白沟·白洋淀温泉城”党工委、管委会组成人员的任职决定。

7月31日

上午，全市“城镇面貌三年大变样”重点项目——中国电谷立交桥开工奠基。市委书记宋太平等出席奠基仪式。中国电谷立交桥位于张石高速保定连接线与北三环交叉处，南连乐凯大街，设计为苜蓿叶形互通式立交，主线桥长240米，引道桥两座长

228 米。项目估算投资 1.45 亿元，计划 2009 年竣工通车。

8　月

8 月 1 日

上午，在百世开利会展中心召开全市领导干部大会。市委书记宋太平强调，各级领导干部要再鼓士气、加压叫劲，在已形成的良好发展势头基础上，奋力开创各项工作新局面。于群部署下半年经济工作。大会由市委副书记李剑方主持，市四大班子领导、法检两长出席会议。

8 月 1 日

上午，市委、市政府召开推进全民创业加快民营经济发展广播电视大会，推动全民创业，全面激活市场主体，促进民营经济更好更快发展。市委书记宋太平主持会议。市长于群部署工作。市四大班子领导、法检两长，各县（市、区）、市直各部门、市属企事业单位主要负责人，市民营经济领导小组成员单位有关领导，全市创业标兵企业和部分市级成长型企业代表参加会议。

8 月 7 日

保定市召开奥运安保工作总动员电视电话会议。市委书记宋太平强调，要以决战决胜的信心和勇气，进一步严明要求，砸死责任，举全市之力，坚决打赢奥运安保这场硬仗。市长于群主持会议，并就贯彻落实会议精神提出具体要求。市四大班子领导、法检两长出席会议。

8 月 9 日

下午，保定籍运动员庞伟夺得第 29 届北京奥运会男子 10 米气手枪金牌。副市长闫立英代表市政府第一时间看望了庞伟的父母。

8 月 10 日

省委副书记、代省长胡春华在保定市主持召开重点项目建设调度会。他强调，要抓好项目建设，培育支撑产业，增强发展后劲。省委常委、常务副省长付志方，副省长孙瑞彬参加调度。市委书记宋太平出席调度会，市长于群汇报了全市项目建设工作。

8 月 10 日

中国“跳水公主”、保定籍跳水运动员郭晶晶 10 日下午与搭档吴敏霞在女子双人 3 米板比赛中成功卫冕，在第 29 届北京奥运会上为中国队再添一金。

8 月 12 日

冀东水泥股份有限公司日产 4500 吨熟料水泥生产线项目在涞水签约。市委书记宋太平、副市长刘宝玲出席签约仪式。该项目总投资为 7 亿元，主要建设一条日产 4500 吨熟料带纯低温余热发电的节能环保水泥生产线。其中，纯低温余热发电机组装机功率为 12 兆瓦，其电站电力全部用于水泥生产，使生产线自供电率达到 30% 以上。项目建成后，将形成年 200 万吨的水泥产能，对地方水泥产业升级和经济持续发展起到积极促进作用。

8 月 17 日

保定籍跳水运动员郭晶晶获第 29 届北京奥运会女子 3 米跳板金牌。至此，郭晶晶已获 4 枚奥运金牌，2 枚银牌，获奥运奖牌数跃至榜首。

8 月 17 至 18 日

由河南省副省长史济春、张大卫带队的河南省政府代表团一行 15 人抵保，就中国电谷规划建设情况进行考察。省委常委、常务副省长付志方率省国资委、省发改委、省国土资源厅、省环保局、省交通厅等负责人专程抵保，看望代表团一行。在市长于群，市委常委、常务副市长李谦陪同下，史济春、张大卫等参观考察了风电产业园、国电联合动力技术有限公司、英利三期、电谷锦江国际酒店、中航（保定）惠腾风电设备有限公司等。目前，中国电谷可再生能源企业已超过 160 余家，连续三年增长率超过 50%，已成为中国可再生能源产业创新和发展的战略平台。特别是在光伏发电、风力发电等方面，形成了完整产业链。光电领域龙头企业英利公司，是世界第四家、国内最大的具备完整产业链的太阳能电池生产商，拥有国内唯一太阳能电池研发中心。中国电谷风电领域拥有涵盖风电叶片、整机、控制等关键设备自主研发、制造、检测企业近 50 家，其中龙头企业中航惠腾公司是国内最大且拥有自主知识产权的风电叶片生产企业。

8 月 28 日

保定市在北京举行城建暨城中村改造项目招商会，公开发布 105 个项目，涉及综合开发、基础设施和城中村改造三大领域，引起首都房地产界关注。

9　月

9 月 2 日

青海省委副书记、省长宋秀岩率青海省政府考察团来保考察新能源产业发展。宋秀岩一行先后到中国电谷风电设备产业园、英利绿色能源控股有限公司、电谷锦江国际酒店、中航惠腾风电设备有限公司实地考察。市长于群向考察团简要介绍了近两年中国电谷建设历程、远景规划，太阳能光伏产业、风电产业龙头企业发展现状。河北省委常委、副省长杨崇勇，省政府副秘书长史玉强，市委常委、常务副市长李谦陪同考察。

9月3日

市长于群会见了来保考察的国电集团华北电力有限公司总经理李恩仪。双方就密切合作、全力加快国电保定西北郊热电联产项目建设达成了共识。国电华北公司非常重视西北郊热电联产项目，目前项目已完成可研审查，公司将全力加快项目实施速度。副市长刘宝玲，国电集团华北电力有限公司副总经理杨同贺等参加会见。

9月5日

中国乐凯举行事业发展50周年庆祝大会。50年来，从电影胶片到民用照相材料，从民品到军品，从黑白到彩色，从影像材料到印刷材料、光学膜材料及膜涂层材料等新领域，乐凯集团先后创造了中国感光材料工业发展史上的100多个第一。从2000年至此，乐凯累计申请专利183件，累计授权专利95件，实现了从“中国制造”向“中国创造”转变。国务院国资委监事会主席童安炎、办事处主任李玉萍及市领导宋太平、于群、司存喜、刘宝玲等出席庆祝大会。

9月6日

全省抗震救灾英模事迹报告会在保定市举行。报告团成员为我市卫生系统的1200余名听众做了一场感人至深的事迹报告。在报告中，他们用自己在四川抗震救灾一线的亲身经历，展现出“卫生战士”尽职尽责的操守和甘于奉献的精神，赢得现场一阵阵热烈的掌声。

9月8日

由河北省政府主办、保定市政府承办的2008保定（厦门）投资说明会成功举行。会上，保定市发布农产品深加工、现代物流、汽车零部件、旅游资源开发等方面合作项目近200个，总投资60亿美元，拟利用外资45亿美元。共签约项目11个，总投资1.909亿美元，合同利用外资1.445亿美元。这是近年来保定市参加厦洽会引资成果最多的一年。

9月11日

在北京2008年残疾人奥运会乒乓球男子单打M9－10决赛中，保定籍选手葛杨以3：1战胜队友夺得金牌。

9月17日

保定市召开“优化发展环境激活市场主体”活动总结部署广播电视大会。据统计，自6月6日动员大会以来，全市上下按照市委、市政府统一部署，积极行动起来，全市1546名副县级以上领导干部、近万名科级干部深入企业，仅副县级以上领导干部就协调解决具体问题1394个。各级领导干部共调查、收集各类意见建议3万多条，提出有价值的合理化建议近万条。以活动为载体，大力推进行政审批制度改革，减少审批环节，市本级原有383项行政审批项目减少91项。

9月17日

中国节能投资公司总经理王小康带队到保定市考察新能源产业。市长于群会见了王小康一行，双方就在新能源领域开展合作进行了交流、探讨。考察中，王小康一行先后到英利绿色能源控股公司三期工程、六九硅业有限公司、电谷锦江国际酒店实地参观，并与英利集团管理团队进行座谈，听取了英利的发展历程、生产经营、远景规划等方面情况介绍。

9月17日

保定市委、市政府召开“优化发展环境、激活市场主体”活动总结部署广播电视大会，市委书记宋太平作讲话。他指出，集中开展优化发展环境活动是强市兴县富民的重要举措，应当认真总结、正视差距、不断深化。市委、市人大、市政府、市政协领导，军分区领导及法、检两长出席会议。

9月18日

约旦驻华大使安马尔·哈姆德率能源专家一行5人到保定市考察新能源产业。市长于群在英利公司会见考察团。于群向约旦客人介绍了保定中国电谷建设现状。约方表示约旦王国与中国政府已经签署了一系列合作协议。约旦皇室十分重视新能源开发。希望以此次访问作为良好开端，推进双方合作，实现互惠共赢。

9月20日

中共中央政治局常委、国务院副总理李克强专程来到保定定兴县，深入医院、患儿家庭和商场，代表党中央、国务院看望三鹿婴幼儿奶粉事件中患病儿童，并考察患儿救治工作和奶制品市场情况。他强调，要认真落实党中央、国务院的部署，本着对人民高度负责的精神，全力精心做好患病婴幼儿救治工作，切实保障人民健康，维护群众根本利益。河北省委书记张云川、代省长胡春华和国务院有关部门负责同志陪同考察。

9月20日

省委副书记、代省长胡春华先后到徐水县新世联华超市和保定市区保百购物广场，详细了解问题奶粉的下架、退赔，以及合格奶制品的货源供应和市场销售情况。市委书记宋太平、市长于群等陪同检查。

9月20日

2008年国家司法考试正式开考，保定市共有2696人报名参加，为历年之最。

9月22日

保定市召开婴幼儿奶粉事件处置工作电视电话会。市委书记宋太平强调，要深入学习贯彻中央政治局常委、国务院副总理李克强讲话精神和中央、省有关会议要求，对婴幼儿奶粉事件处置工作认识要强化，态度要坚决，措施要得力，处置要稳妥，继续扎实有效地做好各项工作。市长于群通报了保定市对三鹿婴幼儿奶粉重大安全事故处置工作开展情况。

9月24日

以“我的家园·我的梦想”为主题的全市“城镇面貌三年大变样”大型展览开展。展览共分“五拆”、城中村改造、古城文化、重点项目四部分，运用照片、沙盘模型、多媒体演示等形式，集中展示了市委、市政府关于三年大变样的总体部署，目前工作进展，未来三年城市拆迁、改造、保护和建设的目标任务。市委书记宋太平，市长于群，市人大常委会主任李光耀，市委常委、副市长曹汝涛等为展览开展剪彩。

9月27日

市委、市政府组织召开全市人口和计划生育工作会议，动员全市上下认清形势，统一思想，尽快行动起来，扎扎实实开展人口计生“重点工作落实月”活动，确保实现今年全市人口和计生工作争先创优总体工作目标。市长于群主持会议并强调，各有关部门要迅速行动起来，确保活动成效，努力开创全市人口计生工作新局面。

10　月

10月1日

国家质检总局局长王勇在河北省代省长胡春华，省委常委、副省长杨崇勇，市委书记宋太平等省市领导陪同下先后到蒙牛乳业保定有限责任公司和河北新希望天香乳业有限公司实地考察乳制品企业生产和质检部门驻厂监管工作。省质监局局长郭凤集，省出入境检验检疫局局长程方做了相关情况汇报。

10月7日

京石铁路客运专线在涿州开工。京石铁路客运专线全长281公里，速度目标值350公里/小时，初期运营速度300公里/小时，全线共设北京西、涿州、高碑店、保定、定州、石家庄南等6个车站。建设总工期4年，项目投资估算总额438.7亿元。京石铁路客运专线在河北境内约270公里。铁道部党组书记、部长刘志军，河北省委书记张云川，省委副书记、代省长胡春华等为工程奠基。市委书记宋太平、市长于群参加典礼。

10月9日

保定市召开奥运安保总结表彰大会，总结奥运安保工作成功经验，表彰在奥运安保工作中涌现出的先进集体和个人。市委书记宋太平在讲话时强调，要大力发扬奥运安保工作中形成的好精神、好作风，把焕发出来的政治热情转化为推动工作的强大动力，深入学习实践科学发展观，奋力开创又好又快发展、强市兴县富民的新局面。市长于群主持大会。

10月12日

由河北省政府主办、保定市政府承办的2008“中国电谷·低碳保定”（深圳）推介会在第十届高交会上成功举行。法国液化空气公司独资生产太阳能光伏产业用高纯气体等6个重点项目签约，总投资105.07亿元，涉及非晶薄膜电池生产、多晶硅提纯、光伏配套等领域，标志着保定市新能源产业向光电前沿技术和光伏产业价值链条的高端进军。

10月16日

中国·保定2008首届篮球文化节开幕，此次篮球节由中国CBO组委会和市委、市政府共同主办。节庆期间，将举行第七届街头“三人制”篮球赛（参赛队伍总数将超过200支）等一系列活动，以进一步促进群众体育，丰富文化生活。

10月17日

保定市组织召开全市征兵工作电视电话会。市征兵工作领导小组组长、市长于群要求，要提高一个认识，把好三个关口，做到三个到位，确保一个目标，完成保定市2008年冬季征兵工作任务。

10月18日

上午，国内首座五星级酒店太阳能电站——保定电谷锦江国际酒店太阳能幕墙正式并网发电，成为展示保定谋求“低碳”模式发展的窗口。

10月19日

国家动漫产业发展（保定）基地揭牌暨河北动漫产业发展基地奠基仪式在保定民营科技产业园同时举行。河北动漫产业发展基地，是省2008年重点项目——亚洲影像IT文化观光都市项目的一期工程，是建设华北地区规模最大工厂影像IT动漫基地的起步工程，占地466亩，投资10亿元。省、市领导参加奠基仪式。

10月21日

2008“华北轻型汽车城”保定汽车零部件投资说明会在江苏常州市举行。说明会通过多媒体演示、项目发布、实物展览等方式，展示了保定市汽车零部件产业的基础、规模、实力和合作机遇。市长于群在会上介绍了保定市区位优势、汽车产业现状、未来发展规划。引起了常州舆论的关注。

10月26日

河北省青少年学生阳光体育

运动现场推进会开幕式暨冬季长跑活动起跑仪式在保定外国语学校举行。

10月28日

保定市大水系建设王快、西大洋两大水库连通工程在曲阳开工。两大水库连通工程渠首位于王快水库大坝左坝肩，跨沙河流域到唐河流域，经三会河流入西大洋水库。引水渠段全长14.449公里，隧洞总长5.352公里，渡槽总长1.232公里，设计引水流量每秒10立方米，工程总投资近1.5亿元，施工期2年。两库连通后，不仅能够有效解决大水系建设所需水源问题，还能确保市区百万居民用水安全，同时对护城河还清、白洋淀生态保护、回补沿途地下水、增加沿途农业灌溉面积将发挥重大作用。市领导宋太平、于群、李光耀、李剑方、崔启慧、李国英出席开工典礼。

10月28日

保定天威集团有限公司举行建厂50周年庆典。目前集团资产总额已达到164.1亿元，连续3年跨入中国制造业500强和中国机械工业销售收入百强企业。2001年，“天威保变”在上海证交所成功上市。中共中央政治局常委、全国政协主席贾庆林，全国政协副主席、全国工商联主席黄孟复发来贺信。省人大常委会副主任宋长瑞、副省长龙庄伟，中国兵装集团党组副书记、副总经理尹家绪，市领导宋太平、于群、李光耀、崔启慧、刘颖、闫立英等出席庆祝仪式。

11　月

11月2日

农业部部长孙政才、副部长高鸿宾等到定兴县走访养殖户、养殖企业，调研当前蛋鸡生产。孙政才强调，抓好饲料安全、防疫、产销对接、技术服务等几个关键环节，促进蛋鸡养殖业健康发展，促进农民增收，丰富城市菜篮子。省市领导陪同调研。

11月5日

河北省委副书记、代省长胡春华在保定电谷锦江国际酒店会见了来河北省就“三农”问题和节能减排工作进行调研的国家税务总局副局长解学智一行。市长于群，市委副书记李剑方，市委常委、秘书长刘颖参加会见。

11月7日

《保定日报》创刊60周年庆祝大会在百世开利会展中心举行。60年来，《保定日报》不断发展壮大。从当初单一的党报，发展到拥有《保定日报》、《保定晚报》、《莲池》周刊、“全保定”网络，日发行量20万份的地方强势媒体。特别是近几年来取得了突破性进展，主要经济指标均翻了一番：2007年报社总收入达到1.2亿元；保定日报发行量达到7万5千份；广告收入突破6000万元。

11月10日

中宣部副部长翟卫华一行来保，就宣传思想工作如何更好地贯彻落实科学发展观，进行专题调研。他指出，宣传思想工作要适应新形势，结合自身实际，解放思想，理顺思路，突出特色，创新方式方法，努力践行科学发展观。

11月12日

联手央视《激情广场》栏目举办的“2008‘天威杯’中国保定敬老健身节”在军校广场开幕。中国保定敬老健身节于1998年被国家旅游局定为23个国家级节庆活动之一，也是河北省最大的涉外节庆活动之一，已成功举办17届。

11月13日

保定市政府、国家发改委国际合作中心、IBM（中国）有限公司在电谷锦江国际酒店成功签署《中国城市（保定）国际合作项目全面战略合作框架协议》。根据协议，三方联合建立“ICC－NDRC·IBM中国城市国际合作项目保定联合创新中心”，并以旅游业等课题为例，利用IBM技术和研究成果实现新发展；三方联合建立保定软件工程技术与软件外包平台；三方联合建立保定现代软件服务业基础服务技术平台；三方联合建立IBM保定服务业、软件业人才培训基地；IBM中国投资基金投资保定市企业。

11月14日

保定市组织召开全市“冬季亮剑”严打整治斗争电视电话会，贯彻落实全省会议精神。会议宣读了《保定市严打整治专项行动实施方案》，在全市部署开展为期60天的严打整治专项行动，重点是打击严重暴力犯罪、“两抢一盗”等多发性侵财犯罪、攻克积案、抓捕逃犯，集中整治治安混乱的区域、部位和场所。

11月20日

张石高速公路保定段一期（涞水——曲阳）和密涿支线正式通车。这条线全长161.5公里，概算总投资93.6亿元。其中张石高速公路一期全长135.6公里，概算总投资81.78亿元，途经涞水、易县、定兴、徐水、满城、顺平、唐县、曲阳8县，全线共设互通式立交12座，特大桥3座3858延米，隧道2座827米，设计标准为平原微丘6车道，设计车速120公里/小时。省交通厅副厅长杨国华，市领导宋太平、李剑方、李光耀等出席通车仪式。

11月21日

市委、市政府召开纪念保定解放60周年和改革开放30周年大会暨文艺演出，用特有的文艺形式展示保定解放60年沧桑巨变。省人大常委会副主任宋长瑞、省政协副主席赵文鹤到会祝贺，市委书记宋太平代表市委、市政府讲话，市长于群向与会老领导代致问候并祝大会圆满成功。

11月26日

来自全市机关、企事业单位、驻保部队和大中专院校的社会各界人员，分赴满城富瑞生态园及三区各植树点，开展大规模秋冬季义务植树日活动。在600余亩土地中植树3.2万株，包含火炬、洋槐、速生杨、柳树等多个树种。

11月30日

河北省公安系统集中采购长城汽车暨补助基层派出所警务用车发放仪式在保定长城汽车公司举行。全省公安系统集中采购445辆长城汽车活动，是省委、省政府支持公安机关加强基础建设的具体体现，目的是有效增强基层公安机关的快速反应能力，提升全省公安机关“三基”工程建设水平。也是省政府落实中央扩大内需促进经济增长措施、支持企业发展的一项重要举措。省市领导胡春华、尹亚力、于万魁、于群、李剑方、李谦、刘颖、张峰出席交车仪式。省委政法委书记、省公安厅厅长张越主持仪式。

11月30日

省委副书记、代省长胡春华来保调研，了解地方经济发展和企业生产经营情况。在市委书记宋太平，市长于群等陪同下，先后考察电谷锦江国际酒店的太阳能发电系统，并到白沟·白洋淀温泉城、高阳、定州部分企业调研。他强调，各级各部门要增强服务意识，帮助支持企业发展；企业要坚定信心，抢抓机遇，提升产品质量，推动技术创新，增强市场开拓能力和竞争力。

12 月

12月3日

保定市委书记宋太平等市领导出席保定检察机关恢复重建30周年庆祝大会，并为在检察机关工作满25周年的干警授勋。

12月4日

河北省与北京市在京召开座谈会，就贯彻落实科学发展观、深化两省市经济社会发展合作进行交流，并签署会议纪要。保定市三个重点项目成功签约，总投资17.2亿元。北京市领导刘淇、郭金龙，省领导张云川、胡春华等出席签约仪式，市长于群参加仪式。

12月5日

民政部主办的中国慈善领域最高政府奖项——“中华慈善奖”12月5日揭晓。保定市民营企业家、河北宏润新型面料有限公司董事长王超获“中华慈善奖最具爱心慈善捐赠个人”殊荣并受到胡锦涛总书记会见。

12月6日

截至2008年11月底，保定市全部财政收入累计完成136.1亿元，超出2007年全年14.2亿元，增长20%；全市地方一般预算收入累计完成59.6亿元，超2007年全年8.1亿元，增长29.8%。

12月10日

“心血铸屏障·汗水固长城”保定市奥运安保大型图片展在市博物馆举办。展览共分全民参与、全党动员，厉兵秣马、积极备战，兵临城下、决战决胜，艰难困苦、玉汝于成四个部分，设196块展板，展出490多幅图片，详实地记录了全市各级各部门及广大人民群众誓保奥运平安的历史瞬间。

12月11日

市长于群会见四川新希望集团董事、副总裁王航一行。双方就加快推进宝硕股份有限责任公司重组相关事宜进行了深入探讨。

12月18日

白沟至温泉城快速路和芦乡国际项目在白沟·白洋淀温泉城正式开工建设。白沟至温泉城快速路全长18.7公里，预算总投资4.5亿元，设计标准为平原微丘一级路，双向六车道，起点为温泉城，跨大清河、白沟河，终点位于白沟镇与省道津保北线相交处。芦乡国际项目是白沟·白洋淀温泉城引入的大型旅游休闲项目，总投资23亿元，是集旅游、度假、会议、培训、高科技为一体的具有国际水准的休闲娱乐、商务旅游项目。市领导宋太平、李谦等出席开工仪式。

12月18日

12月18日至19日，中国电子科技集团公司总经理王志刚一行6人，来保考察新能源产业。在省、市领导付志方、宋太平、于群、孟祥伟的陪同下，王志刚先后到电谷锦江国际酒店、天威太阳能薄膜电池项目、英利三期等地参观。

12月24日

全市民主评议群众问卷测评大会在百世开利会展中心召开，社会各界代表对市直122个参评部门进行评判。测评结果将于2009年1月中旬公布。

12月26日

张涿高速公路在涞水奠基。该路起自张家口市涿鹿县单家堡，止于涿州榆林村，与张石高速密涿支线相接。全长156公里，其中保定市境内73公里，估算总投资77亿元。市委书记宋太平与省交通厅副厅长陈永久、张家口市领导出席奠基仪式。

12月28日

由《燕赵都市报》主办的第六届“2008感动河北十大年度人物”评选揭晓，保定市舍己救人的六旬老人刘均田被评为“2008感动河北十大年度人物”。

12月30日

市委书记宋太平、市长于群等市领导与市民主党派及市工商联代表欢聚一堂，听取各界人士对保定来年发展意见和建议，共谋保定来年发展。

中国共产党保定市委员会

【中共保定市委常务委员会组成人员】

书　　记　宋长瑞(1月离任)
　　　　　宋太平(1月任)
副书记　于　群
　　　　　李光耀(5月离任)
　　　　　王会平(5月离任)
　　　　　李剑方(5月任)
常务委员　宋长瑞(1月离任)
　　　　　宋太平(1月任)
　　　　　于　群
　　　　　李光耀(5月离任)
　　　　　王会平(5月离任)
　　　　　李志华(7月离任)
　　　　　王亚光(7月任)
　　　　　李剑方
　　　　　王洪斌(5月任)
　　　　　焦新华(5月离任)
　　　　　崔启慧(5月离任)
　　　　　李　谦
　　　　　曹汝涛(2月任,11月离任)
　　　　　赵常福(11月任)
　　　　　司存喜
　　　　　刘　颖(5月任)
　　　　　王惠欣(女)
　　　　　张　峰(5月任)
　　　　　兰保良(6月任)

【中共保定市委秘书长、副秘书长】

秘书长　崔启慧(5月离任)
　　　　　刘　颖(5月任)
常务副秘书长
　　　　　崔立新(9月离任)
　　　　　王捍东(10月任)
副秘书长　何建业(10月离任)
　　　　　孙俊华(10月离任)
　　　　　马文河
　　　　　槐建国(10月离任)
　　　　　王文涛(3月离任)
　　　　　王捍东(10月离任)
　　　　　王荷丽
　　　　　肖宝元(11月任)
　　　　　李绍祥(6月离任)
　　　　　许秋民
　　　　　王慧燕(10月离任)
　　　　　尤志敬(9月离任)
　　　　　杨增德
　　　　　王永建(11月任)
　　　　　孙晨光(11月任)
　　　　　付卫民
　　　　　李树进(10月任)
　　　　　谢国庆(10月任)
　　　　　田红军(11月任)
　　　　　程　杰(11月任)
　　　　　张建江(7月离任)

【市委工作综述】　2008年，中共保定市委在省委、省政府的正确领导下，团结带领全市各级党组织和广大干部群众，坚持以科学发展观为指导，认真贯彻落实中央、省一系列重大决策部署，从保定实际出发，积极主动地开展工作，完成全年各项任务目标，经济社会发展各项事业都在已有基础上取得新的进展。全市生产总值增长11.7%；全部财政收入149.5亿元，增长22.6%，其中地方一般预算收入66.6亿元，增长29.4%，增速全省第一；规模以上工业增加值增长17%，增速全省第一；社会消费品零售总额增长21.5%，比上年提高6个百分点；城镇固定资产投资710亿元，增长30.7%，增速全省第四；外商直接投资5.3亿美元，增长264%，总量、增速均为全省第二；城镇居民人均可支配收入12200元、农民人均纯收入4330元，分别增长11%和9%。在整体推进各项工作的同时，突出抓了九个方面的工作。

（一）在解放思想中谋划全局，发展思路和目标形成共识并起到积极的统领作用。　按照省委要求，深入开展解放思想大讨论活动，在辩证分析中把握市情、统一思想、明确目标。确定全市中心任务是：又好又快发展、强市兴县富民。“强市”主要是壮大主导产业，做强中心城市，提高城市带动力，倾力打造“中国电谷”、“保定制造”、“低碳保定”城市品牌，增强实力、活力、竞争力；“兴县”主要是发挥优势，打造特色，争先进位，提升县域经济总体实力和对全市经济的贡献度；“富民”主要是增加群众收入，改善民生，让全市人民共享富裕、文明、和谐、安全的新生活。主基调是：突出抓发展、重点抓项目、持续保稳定。主旋律是：奋起直追、争先进位。发展的基本要求是：质量好、数字实、速度快，主要经济指标赶上或超过全省平均增速，人均指标努力追赶全省平均水平。事业发展的根本保障是：建设强有力的领导班子，造就高素质的干部队伍。在发展与实践中，这些思路和目标已经成为全市干部群众的共识，凝聚了人心，激发了动力，形成了加快发展的强大合力。

（二）调整优化产业结构，经济平稳较快增长并呈现健康发展态势。积极应对世界金融危机带来的影响，立足推进科学发展，把项目建设作为经济工作的核心之举，把壮大主导产业作为主攻方向，把振兴县域经济作为重要支撑，把改革开放作为根本动力，把节能减排作为关键环节，全市经济保持平稳较快增长。制定出台市委、市政府《关于加快推进重点项目建设的意见》，列入省重点项目86个，省挂账重点项目141个，总数居全省第三，投资额居全省第二。新能源及能源设备制造业加快发展，英利、兵装天威、风电三大核心园区主攻“电”字号项目，形成光电、风电、节电、储电、输变电与电力自动化六大产业体系，“中国电谷”全年实现销售收入243亿元，增长34%。汽车及汽车零部件产业坚持走差别竞争、错位发展之路，主攻皮卡、微型面包、家用轿车三大车型，新增企业43家，全年出口8.5万辆，增长6.3%，实现销售收入280亿元，增长7.7%。纺织服装产业新上6个亿元项目，采取兼并、挂靠等方式整合中小企业25家，全年实现销售收入178亿元，增长17%。制定出台市委、市政府《关于向县（市）下放若干管理权限的意见》，为县域经济加快发展提供了更加有力的政策支撑。加大节能减排力度，开展“碧水、蓝天、绿荫”行动，建成14个城镇污水处理厂，15个正在加快建设，列入省“双三十”的县和企业各项指标明显好转，万元生产总值综合能耗降低和化学需氧量、二氧化硫排放量削减全面完成省定目标。

（三）谋划实施“两大战略”，统筹城乡区域协调发展的目标、举措更加明确。一是“一主三次”城市发展战略。主要是解决“小马拉大车”和东部地区加快发展问题。制定了《保定市“一主三次”城市发展规划纲要（2008—2020年）》。突出做大做强中心城市，采取托管方式拓展高新区发展空间，从14平方公里扩大到130平方公里。加快发展三个次中心城市，实行领导力量、机构编制、规划指导、用地指标、项目布局、政策支持“六个倾斜”，定州、涿州城市发展规划进一步完善，项目建设和重点工作步伐加快，特别是“白沟·白洋淀温泉城”的建设，突破了行政区划限制，实现优势互补，开工项目总投资213亿元，发展速度明显加快。二是“工业西进”战略。主要是解决以工促农“促”力不足和西部八县加快发展问题。坚持一手抓绿色产业，一手抓现代工业，发挥土地资源优势，在张石、保阜高速所经的县城（中心镇）出口附近，规划建设一批面积不少于3000亩的骨干工业园区。西部八县千万元以上在建项目35个，总投资86.5亿元，千万元以上前期项目38个，总投资513.5亿元。总投资27亿元的冀东、金隅等4个大型水泥项目和总投资300亿元的河北钢铁集团冶金工业园区正在加快建设。通过实施“两大战略”，初步形成了多力驱动、城乡统筹、东西互动的发展格局。

（四）大力推进“城镇面貌三年大变样”活动，各项工作和重点工程初见成效。按照省委、省政府要求，结合保定实际，坚持规划先行，市场运作，注重彰显古城特色和文化内涵，突出“五拆”（违、临、旧、破、陋）、“三改”（城中村改造、棚户区改建、旧小区改善）和40项城建重点工程三大任务，扎实开展三年大变样活动。实行市级领导分包，强化督导调度，坚持一线指挥，动员社会参与，城市建设得到新的进展。多渠道筹措建设资金，组建四家投资公司，融资22亿元。全市完成“五拆”面积538.84万平方米，其中市区346.37万平方米，占总任务的81.28%。启动19个城中村改造、10个棚户区改建，完成7个旧小区改善。40项重点工程总投资516.5亿元，其中新燕赵商务楼、电谷立交桥、东三环等24项已经开工建设。建成全国首座酒店式太阳能电站。王快水库、西大洋水库“两库连通”、市区雨污分流工程开始启动。京石高铁项目进展顺利，张石（保定段）、保沧等高速公路建成通车，“三纵三横一环”高速路网建设取得明显进展。

（五）大力抓好“三农”工作，稳步推进社会主义新农村建设。把新农村建设作为战略任务，把解决“三农”问题作为重中之重，坚持以发展农村经济、增加农民收入为核心，以加强基础设施建设和改善人居环境为重点，突出“四化一统筹”（主攻产业化、促进规模化、坚持多样化、推进城镇化，统筹区域协调发展），因地制宜，量力而行，梯次推进。不折不扣地落实中央惠农政策，累计发放直补资金近7.6亿元，惠及农村群众884万人。农业产业化实现新突破，大力实施“111行动计划”，制定省级农业地方标准10项，建成9个国家级、6个省级农业标准化示范区，新建、续建农业产业化重点项目132个，新增省级重点龙头企业12家，总数达到34家，位居全省第一，农业产业化率达到41.9%，参与农业产业化经营的农户达到167.5万户。结合城乡文明生态创建，全面启动农村新民居建设，作为一把手工程强势组织，强力推进，集中启动67个村，已经完成19个村。

（六）扎实开展“两项活动”，关注民生、创优环境工作不断深化实化。一是亲民爱民活动。立足以人为本、执政为民，从转变干部作风入手，在市直副县级以上干部、县（市、区）副科级以上干部中深入开展亲民爱民活动。实施结对帮扶，切实帮助贫困家庭、贫困学生解决实际困难，做到有部署、有检查、有考核。以亲民爱民活动为载体，认真解决群众最关心、最直接、最现实的利益问题，集中实施了一批民心工程。城市社区卫生覆盖率达到95%。中小学取暖锅炉改造全部完成。新型农村合作医疗实现全覆盖，城镇居民医疗保险全面启动。城镇低保月补助标准从97元提高到120.7元，农村低保月补助标准从32元提高到43.8元。20万人饮水安全问题得到解决。城镇登记失业率控制在4.08%以内，低于省定目标0.42个百分点。二是“优化发展环境、激活市场主体”活动。立足转变政府职能、服务企业发展，深入开展以亲商爱商为主题的“优化发展环境、激活市场主体”活动，帮助企业解决实际问题3726件。深化行政审批制度改革，再造审批流程，市本级行政审批项目减少91项。筛选117个市级企业和项目作为监测点，查处破坏发展环境案件47件。制定十项优化环境政策措施，全面实行“企业生产经营宁静日”制度，企业外部环境进一步优化。尊重纳税人、关爱企业家、支持创业者的社会氛围日益浓厚。

（七）高度重视文化建设，推动社会事业协调发展。立足弘扬保定文化、彰显历史文化魅力，制定出台《保定市建设文化大市规划纲要》。从抓好20件具体实事入手，全面推进文化名城建设，关汉卿大剧院、历史文化名人纪念馆选址、规划等前期工作正在抓紧进行，裕华路、西大街改造已经开工，淮军公所、光园、古莲花池等文物古迹恢复正在抓紧实施。省动漫产业发展基地开工奠基。深入推进文化体制改革，组建了文化市场行政执法大队和古城飞歌艺术团。积极开展特色文化活动，举办了河北梆子艺术节、“中国·白洋淀”旅游文化节、“中国·保定”空竹艺术节、“中国·保定”敬老健身节、“中国·保定”篮球文化节。通过文艺作品弘扬保定主流人文精神，反映保定新农村建设的《棉花盛开》电视剧已在省台首播。深入开展纪念改革开放30周年暨保定解放60周年等大型主题宣传活动，保定市被评为全省奥运宣传工作先进单位。积极支援南方抗击雨雪冰冻灾害和汶川等地抗震救灾，大力弘扬传统美德。科技、教育、文化、卫生、体育事业得到全面发展。计划生育工作扎实推进。双拥共建活动取得新成效。

（八）认真履行维稳责任，实现特殊年份安全稳定。把奥运安保作为重中之重，全党动员，全民发动，各级干部和广大干警全力参战，以最高的标准、最严的要求、最大的努力，圆满完成各项任务，实现涉奥安保零事故。坚持“预防为主、抓早抓小、法情并重、处置得当”的基本要求，落实“关键在县委、重点在部门、根本在基层”的主体责任，深入开展矛盾纠纷排查调处活动，社会稳定的基础进一步夯实。充分发挥政法机关作用，深入开展严打整治斗争，强化社会治安综合治理，全年破获各类刑事案件37882件。民事案件、民转刑案件、越级上访、群体性事件全面下降，人民群众的安全感得到增强。妥善处置“三鹿”奶粉事件，全力救治患儿，没有发生死亡病例，取缔不合格奶站，安排奶牛专项补贴资金3903万元。采取更加严格的监管措施，食品药品安全监管力度不断加大。坚决抵御境外敌对势力渗透活动，保持了民族宗教领域的安全稳定。在全市农村（社区）建立群众工作站，了解社情民意，解决实际问题，代理群众信访，培养锻炼干部，探索出一条密切联系群众、促进社会和谐的新途径。群众工作站为群众办实事29160件，代理群众信访9792件，化解矛盾纠纷26112起，全市信访总量下降36.2%。

（九）加强基层基础工作，各级领导班子的凝聚力、战斗力明显增强。采取突破性措施，加强乡镇领导班子、农村干部队伍、社区工作者队伍建设，有效调动了基层干部的积极性和创造性。特别是探索建立农村干部“一定三有”（定权责立规范，收入有保障、干好有希望、退后有所养）激励关爱机制，受到中央政治局委员、中央书记处书记、中组部长李源潮的充分肯定。提高乡、村干部待遇，建立1.1亿元的市、县“乡镇干部奖励基金”，增加生活补贴，调动工作积极性，为促进农村发展稳定奠定了坚实的组织基础。把加强干部队伍建设作为最大的政治责任，端正政治理念，规范政治秩序，严明政治纪律，营造风清气正的政治环境。坚持以人为本，以德为先，量才适用；坚持人性化操作，多方汇集民意，客观公正评价和使用干部；坚持严格考核，鼓励干事，鼓励创新，鼓励超越，把奋起直追、加快发展变为广大干部的自觉行动。坚持实事求是，大兴务实之风，从看准的、能够做到的事情做起，不提不切实际的大目标、空口号，注重打基础、增后劲、利长远；力行开短会、讲短话、发短文；决定的事情，说到做到，坚决兑现。充分发挥纪检监察机关的作用，对干部严格要求，严格管理，严明纪律，严肃查处典型案件。认真执行党风廉政建设责任制，惩防体系进一步健全，各级领导干部廉洁自律的形象不断得到提升。

中共保定市委办公厅

【中共保定市委办公厅】 中共保定市委办公厅是市委的综合办事机构，正县级单位，内设综合一处、综合二处、综合三处、综合四处（市群众工作协调办公室）、综合五处、综合协调处、信息处（中共保定市委信息中心）、网络管理处、秘书一处、秘书二处、组织干部处、接待处、老干部处、督促检查一处、督促检查二处、督促检查三处、市委机要局（市密码工作领导小组办公室）综合处、技术处、通信报务处、业务处、市委保密委员会办公室（市保密局）综合处、检查处等职能处室，同时根据工作需要，设置了机关党委、工会、妇委会。主要职责是：承担市委、市委领导交办的文件、讲话稿的起草或修改工作；负责市委文件和市委办公厅代市委行文的审核工作；承担为市委制定党内法规和领导政府立法的服务工作；负责党刊编辑工作。围绕省委、市委总体工作部署开展综合调研，收集和处理信息，反映动态。负责市委日常文书处理；负责市委各种会议和市委日常工作活动的组织安排。负责党中央和省委领导、中央和省委机关部门领导、兄弟市地和外省党委领导，以及办公厅系统的接待服务和协调工作；负责全市党政系统密码通信和管理工作。负责全市通信和计算机网络保密技术的监督检查和管理工作。负责市委领导和部分原市级领导，以及本厅离退休干部的生活服务和阅文、参加有关活动的事务服务工作。负责对市委重大决策、重大工作部署以及中央、省、市委及中办、省委办、市委办重要文件落实情况进行督查；对中央、省、市领导批办事项，市级以上新闻单位披露保定市事项及市人大、政府、政协向市委建议事项进行督办和查办。负责汇总、掌握全市优化环境工作总体情况，制定全市优化环境工作的思路、措施。负责优化环境投诉案件的受理、调查、协调和处理。负责检查、督导优化环境重点工作的落实，加强优化环境的舆论监督和社会监督。负责市委、市政府信访局和市委机关事务管理局的管理工作，负责挂靠在市委办公厅的市委处理法轮功问题领导小组办公室（市政府防范和处理邪教问题办公室）和市城市社区工作委员会办公室的有关工作事宜。负责厅机关干部人事管理，厅机关及直属单位的党群工作。

2008年8月，经市编委会批复同意，市委办公厅对综合二处、综合三处、综合四处、综合五处、综合协调处职能进行了调整，撤销秘书一处、秘书二处，成立秘书处、法规处，职能相应调整。调整后，市委办公厅总的职能增加：负责市委重要会议、重大活动、市委常委会议以及市委主要领导调研、现场办公、检查指导工作新闻报道稿件的把关工作；负责市委主要领导署名文章以及在省以上内外刊物上反映市委重要工作部署、经验、措施等稿件的起草把关工作。2008年12月，经市编委会批复同意，市委办公厅设置市群众工作领导小组办公室，为市委群众工作领导小组的常设机构。市委办公厅综合二处不再挂市群众工作协调办公室牌子。主要职责是：对市群众工作领导小组的决策部署、重大安排及责任追究、考核定档、奖励惩处等重大问题进行组织落实。

【概况】 2008年，市委办公厅按照“标定一流、争先创优”的总目标和“严、细、快、慎、实”总要求，围绕市委各项工作部署，立足于当参谋、出主意、搞服务，创新服务理念，改进服务方式，“三服务”水平不断提升，各项工作都取得新成效。被评为市级文明单位，信息、督查、机要工作进入全省前两名，保密、值班等工作被评为全省先进单位，学习实践科学发展观“四个征集”工作全省领先，获优秀组织奖，奥运安保工作被市委、市政府评为先进集体，机关党委被市委评为抗震救灾先进基层党组织。

【注重以文辅政，提高办文质量】

1. 把提高文务服务质量作为参谋服务的首要任务。一是改进文稿起草工作流程，对事关全局的重要文稿，成立领导小组，吸收综合部门参加，加强统一领导，强化衔接配合，形成分工合作，既保证市委、市政府重大决策部署的一致性，又保证宏观思路与具体举措相协调。二是积极适应市委主要领导调整的新变化，细心体会领导风格，准确把握领导意图，全面提高文稿质量。全年起草市委领导在经济、政治、文化、社会和党建方面的讲话、署名文章等各类文稿420余篇，市委领导满意度不断提高。市委主要领导在市委九届六次全会上的讲话、在全市领导干部大会上的讲话、在全省党风廉政建设座谈会上的发言等多篇文稿，得到市委主要领导的肯定与表扬。2. 强化对市委重大决策部署的内外宣传。进一步创新工作机制，增加对市委重大活动、重要工作的新闻稿把关职能。坚持“日常新闻报道把关不出问题，内外宣传重点工作多出精品”。特别是处室职能调整以来，跟随市委主要领导参加重要活动43次，把关新闻稿44篇，做到了围绕中心、突出核心、服务大局。配合市委提出的“奋起直追、争先进位”要求，组织撰写长篇时政评论文章，以“宗吾”名义在《保定日报》刊发，市委主要领导批示肯定。主攻省以上媒体和省委办公厅内刊，共发表市委主要领导长篇署名文章、专访10篇，较好地宣传了市委制定的重大思路、举措，对树立保定形象起到较好作用。3. 调研工作为领导决策提供了重要参考。实行全厅搞调研。制定了市委办公厅《调研工作制度》（试行），加强对调研工作的协调。各处室按照职能分工，经常深入基层、深入一线调查研究，形成一大批有见地、有分量、有价值的调研报告和决策建议。全年共完成调研报告30余篇，在省委办公厅《综合与调研》内刊上稿6篇，多篇被省市领导批示肯定。4. 信息工作全省领先，再创佳绩。一是上报省信息工作在保证数量的同时，注重在质量上下工夫，全年共上报省信息1233条，被省委信息中心采用582条，进入全省前两名。二是“市委书记民情电子信箱”切实发挥了察民情、解民忧、排民难、聚民意的作用。按照市委书记宋长瑞提出的“好事要办好，真正取信于民”的总要求，认真阅处每一封群众来信。全年共受理群众来信290封，帮助群众协调解决实际问题190件，得到群众高度评价。此项工作市委主要领导给予肯定性批示5次。三是加大信息搜集力度，重点加强对全市发展动态、社情民意以及突发事件情况的收集工作，为市委领导决策提供了大量第一手资料。全年共编发《保定重要动态》63期、《网络信息摘报》38期、《保定快报》104期，多次受到市委领导的肯定和表扬。5. 机关刊物办刊水平进一步提高。认真办好市委机关刊物《市委工作通讯》。坚持围绕中心，面向基层，上情下达，传递市委工作信息，指导全市工作；下情上达，反映群众呼声，交流基层经验。全年出刊12期。对厅内刊物《决策研究》进行改版，加强编辑工作，全年编刊19期，办刊质量进一步提高。《学习交流》内刊积极配合办公厅中心工作，发挥了统一思想、凝聚人心、彰先策后的作用，成为厅内交流思想的平台。

【强化协调运转，提高工作效率】

1. 加强对市四大班子特别是市委常委的工作协调。一是建立健全日常沟通协调机制。恢复市四大班子秘书长联席会制度，保证全市工作“一盘棋”。建立市委秘书长周一例会制度，使每项工作、各个环节之间尽可能做到无缝隙衔接，保证各项服务高效、协调、有序运转。二是认真做好市委常委的政务协调工作。注重搞好重要活动、重大事项、重点问题的协调，努力为市委常委当好得力助手。根据市委领导要求，围绕政治、经济、党建、政法、稳定、精神文明、农业农村等方面的重点工作，不断加大协调指导力度，协助领导解决了大量重点、难点问题，确保全市重点工作顺利开展。全年组织召开各类调度会、汇报会、座谈会、现场会及安排领导活动200余次，得到了市委领导的充分肯定。2. 事务性工作严谨细致。一是值班工作确保全天候、不脱岗。按照省委办公厅的要求，严格执行紧急情况重大事件报告制度，全年共向省委报告各类紧急情况重大事件5件，没有发生迟报、漏报、误报等情况。加强对各县（市、区）、市直部门的值班检查，特别是奥运安保期间，加大对值班工作的暗访力度，确保上下联系畅通。二是会务组织周密细致。规范会议程序，制定服务细则，明确服务标准，严肃会风会纪，确保了会议质量。全年直接承办大中型会议26次，协助其他部门承办会议11次，没有出现纰漏和差错。三是接待工作热情周到，领导满意。全年共接待国家级领导7批300余人次，接待省级领导30批500多人次，接待全国各地考察团、兄弟市及上级有关部门领导来保530余批次3300多人次。特别是重点接待任务，规格高、要求严、时间紧、任务重，省市领导高度重视，市委办公厅和有关部门一起，精心准备，周密部署，协调联动，密切配合，圆满完成接待任务，受到中央、省、市领导的充分肯定，市委办公厅被市委、市政府通报表扬。3. 文件运转规范有序。一是公文审核科学规范，准确及时。全年共审核制发公文580余份，代拟公文12篇，均未出现政治性、法规性失误，文字差错率控制在万分之一以内，达到了急件按时限要求印出，普件3天印出的要求，确保了市委决策及时贯彻落实，市委文件的权威性、执行力进一步增强。二是文件收发办理及时保密。改革文件收发流程，明确专门处室、专门人员，建立完善文件登记、收发、查阅、存档等一系列制度规定，有效提高了文件传阅的时效性、准确性。全年共办理各类文件2656件，分发文件、信函30余万份，没有发生文件拖压、丢失、漏传等事故。三是高质量完成文件的立卷归档和查阅工作。全年共立卷804件，整理补充了“6·11”专卷，查阅文件1928次，保证了文书档案的合理利用。4. 信息化建设不断加强。“信息魅力”平台在全市党政系统内网中得到初步应用，全市25个县（市、区）委办公室和高新区管委会实现通过“信息魅力”平台向市委办公厅报送信息，提高了信息采编效率。移动办公平台试行平稳。市委网站建设进一步规范，功能更加完整，栏目设置更趋合理，电子公文和电子期刊应用更加广泛，有力促进了整体工作。5. 老干部工作扎实细致。一是全面落实老干部“两费”待遇，做到无差错、无延误。二是保证老干部因需用车。三是组织老干部外出参观旅游、参加书画展、知识竞赛、游艺等活动，丰富了老干部的业余文化生活。四是坚持走访慰问制度。对副厅以上老干部坚持每月必访、生病必访、重大节日必访，并在老干部生日当天赠送鲜花和蛋糕。五是注重发挥老干部作用，引导他们积极为全市各项事业发展献计献策。得到老干部的高度评价，老干部党支部被评为河北省先进党支部。6. 机要保密工作成绩突出。机要工作按照“两个绝对确保”的要求，及时准确地做好各类电报的传输办理工作，没有发生压误、错办、漏办现象，确保了党委、政府政令传递的安全畅通，确保了密码安全。在全市党政系统机要部门深入开展“精细化”管理活动，内部管理更加科学规范，整体工作在全省名列前茅，连续14年被省委办公厅评为全省党政系统机要工作先进单位，市委主要领导批示肯定，厅内通报表彰。保密工作在抓好保密宣传教育的同时，深入开展“保密管理规范年”活动，加大对国家秘密载体定点印刷单位、定点销毁单位、军工企业以及重要经济活动、国家统一考试的监督检查力度，有效地防止了失泄密事件的发生，被省保密委员会评为全省保密系统先进单位。

【严格督导检查，推进工作落实】 1. 狠抓专项查办工作，确保问题解决。突出抓好《民生直通车》等市委领导所关注问题的解决，市委主要领导批办事项全部落实。全年承办中央、省委领导批办件19件，市委领导批办件25件，办结率100%。2. 突出重大决策督查，确保政令畅通。按照“四明确”的要求，对市委重要会议和重点工作层层分解立项，全年分解落实事项244条，开展全市性督查活动4次，专项督查活动5项，向省反馈决策督查落实事项5期，向市呈报督查专报16期，编发通报15期。切实做到分解立项、责任到人、跟踪督查、及时反馈，确保中央政令畅通和省委、市委决策部署的落实。3. 围绕重点工作督查，确保工作落实。围绕市委中心工作、重点工作开展专项督查，不断拓宽督查领域，加大督查力度，全年共督办市委常委（扩大）会议定事项24项、市委主要领导现场办公确定事项16项。办理市人大代表建议12件、政协委员提案34件，办结率100%。编发《督查通报》47期，上报市委领导《督查专报》112期。在中办督查工作调研座谈会上做了题为《服务中心、创新工作、树牢权威，努力把新时期督查工作推上新水平》的典型发言。

【围绕中心工作，带头落实市委重要工作部署】 1. 积极协调推进“城市面貌三年大变样”重点项目。对市委主要领导分包的万博广场项目，明确专人协助，一些重点、难点问题得到解决。市委秘书长分包的火车站扩建改造及西大园片区整体开发项目进展顺利，其中火车站扩建改造已取得实质性进展。多次参与协调电谷立交桥建设中遇到的困难和问题，保证了工程施工进度，受到工程主管部门及相关单位的称赞。2. 大力度推进亲民爱民活动。一是推动全市活动扎实开展。制订方案，完善制度，深入宣传，积极调度，强化督导，保证了活动效果。市直所有副县级以上干部和25个县（市、区）所有副科级以上干部全部纳入“一对一”帮扶，有的是一帮二、一帮三。河北电视台对保定市的活动进行了专题报道。二是积极参与此项活动。全厅所有县级干部带慰问品分别深入贫困家庭走访慰问，帮助他们解决工作、生活中的实际困难，得到群众一致好评。3. 抓好群众工作站工作。一是成立机构。在市委、市政府主要领导支持下，市委办公厅成立群众工作办公室，定编制、定人员、定职责，完善制度，强化举措，创造性开展工作。同时在全市6205个行政村、364个城市社区建立群众工作站，做到了农村、城市全面覆盖。二是建立健全工作制度。先后制定工作日制度、代理信访制度、责任追究制度等12项规章制度，全面规范了群众工作站的运行机制。三是强化督导检查。加大明察暗访力度，安排市委各副秘书长、市群众工作领导小组成员单位有关领导深入农村、社区进行暗访，发现问题及时解决，使群众工作站工作进一步规范化，成效逐步显现。全市群众工作站在14个工作日中，通过走访群众、召开座谈会等形式，为群众办实事好事，化解了大量矛盾纠纷，全市信访总量比上年同期大幅度下降。中央电视台、新华社、《河北日报》等多家新闻媒体对群众工作站的做法进行了采访报道，省委政法委在涿州召开现场会推广保定市的做法。《河北保定市在农村全面建立群众工作站探索密切联系群众新机制》被中组部《组工信息》刊发。4. 组织协调全市认真开展学习实践科学发展观“四个征集”活动。一是制定了实施办法，对整个活动作出安排；二是从有关部门抽调高素质人员，专门做好这项工作；三是组织了启动仪式；四是在市各新闻媒体开辟专栏进行广泛宣传，征集作品。活动期间，共征集科学发展群众语言65621条、科学发展群众意愿5971条、科学发展先进事例1243条、不符合科学发展现象2108条。五是辑印征集作品文汇，对获奖单位和个人进行了表彰和奖励；六是对征集成果进行了梳理分类，归纳出问题90条，分解到市直31个部门整改和办理，交市委督查室立项督办。由于组织严密、发动广泛、措施得当、工作有力，活动取得圆满成功。保定市的工作措施、工作方法得到省委学习实践科学发展观活动办公室的肯定和表扬。征集作品数量、报省委作品数量和省委采用数量均在全省领先，获优秀组织奖。5. 认真开展“保促迎”活动。一是为市委部署指导工作搞好参谋服务。在调查研究的基础上，起草了市委、市政府《关于保稳定、促发展、迎奥运活动方案》，并协助领导抓好督导落实。二是抽调精干人员深入农村，帮助当地乡镇组织在奥运期间做好基层稳定工作。三是做好市委机关大院的安保工作。制定制度，强化措施，严格管理，确保了市委机关大院的安全。市委办公厅、市委办公厅综合二处、机要局、管理局保卫处被评为奥运安保工作先进集体，14人被记功或嘉奖。6. 积极参与集团扶贫和帮建文明生态村工作。一是积极发挥帮扶集团牵头单位作用，适时召开调度会，协调督导集团内40个单位落实帮扶计划。同时为帮扶的阜平县海沿村协调落实扶贫项目资金50余万元。二是积极帮助雄县李林庄村谋划创建文明生态村，为该村协调“两室”建设资金5万元和部分体育器材。受到当地干部群众普遍称赞。

（金声久）

组织工作

【中共保定市委组织部】 中共保定市委组织部是市委主管组织工作和干部工作的职能部门。主要负责全市各级领导班子、干部队伍、基层组织和党员队伍建设以及知识分子、干部考核等方面的工作。内设20个处室：办公室、机关党委（人事处）、研究室（政策法规处）、干部一处、干部二处、干部三处、干部四处、人才工作处、干部监督处、干部培训处、公务员管理处、考核办公室、农村基层组织处、城市基层组织处、组织指导处、组织员办公室、干部信息管理处（干部信息管理中心）、交流干部服务处（机关老干部处）、组织史资料征编处、党员电化教育处（党员电化教育中心）。

【概况】 2008年，全市组织工作以十七大精神为指导，以科学发展观为统领，围绕实现全市“又好又快发展”和“强市兴县富民”的奋斗目标，全面落实全国、全省组织工作会议精神和市委党建工作部署，大力加强领导班子、干部队伍、人才队伍、基层党组织和党员队伍建设，各项工作都取得新进展、新成绩。在“保稳定、促发展、迎奥运”活动中，充分发挥领导班子和领导干部、基层党组织和广大党员的作用，组织选派11356名干部下基层，为确保奥运会期间全市社会稳定、经济发展奠定了基础。四川汶川发生地震后，安排部署全市组织系统开展抗震救灾活动，并要求广大党员干部认真做好本职工作，以实际行动支援抗震救灾工作。领导班子和干部队伍建设中，完成市人大、政府、政协领导班子的换届选举工作和人大、政协常委的推荐提名工作。通过顺向调整使用干部，合理配置干部资源，优化了班子结构，增强了领导班子的整体合力。通过定期走访、定期分析，全面了解县级领导班子整体运行情况，为市委加强县级领导班子建设提供了参考依据。为配合市委“一主三次”整体规划，及时对高碑店市、白洋淀温泉城的干部进行了优化组合，组建了白沟·白洋淀温泉城管委会领导班子，公开选拔了2名懂经济和城建的高素质领导人才。加强党员领导干部思想作风建设，对25个县（市、区）和104个市直、驻保单位的民主生活会进行了督导检查。干部培训工作中，完成县科级领导干部集中学习党的“十七大”精神轮训任务，全年共培训各类干部106576人次；完成省以上调训任务72项。认真组织实施了对县（市、区）和市直单位2007年度的考核工作。干部考核工作中，进一步修改完善了县（市、区）、市直单位领导班子和领导干部考核评价办法，制定了《保定市乡镇综合考核评价办法（试行）》，对全市312个乡镇2007年度涉及农村社会总产值、财政收入、基层党建等六个方面的内容进行了考评，对前100名的乡镇给予了通报表彰。干部监督管理工作中，严格执行调整科级干部预审备案、事后监督报告和廉政把关、任前公示制度，对各县（市、区）、市直各单位2007年以来的干部选拔任用工作进行了自查，对35个市直单位2003年1月以来贯彻执行《干部任用条例》情况进行了检查。认真落实重大事项报告制度，做好经济责任审计工作。探索实行了对县（市、区）党政正职实行捆绑式任期经济责任审计模式。指导博野县开展了“科学规范和有效监督县（市）委书记用人行为”试点工作。干部宏观管理工作中，由市级领导带队，深入到25个县（市、区），民主推荐产生正县级后备干部25人，副县级后备干部人选50人；充实完善了选调生数据库，加大了选调生的培养和使用力度，完成了70名省选调生的接收安置工作。认真做好援疆、援藏、援坝工作，加大了对援边干部的日常管理和服务工作力度。确定了4名第五批援疆干部人选，派专人对第四批援疆干部进行了考察。积极稳妥地做好公务员法实施工作，完成2007年度全市党群系统10621名非领导成员公务员的考核工作。基层党组织和党员队伍建设中，出台《关于加强乡镇领导班子建设的意见》和《关于加强农村干部队伍建设的意见》，落实乡村干部关爱机制，激发乡村干部工作热情。继续深化党建责任制，形成了有保定特色的理论成果。组织了县（市、区）委、市直党组（委）书记履行党建专项述职会议。推行并完善的基层党建专项述职制度、基层党建考核排位制度、农村干部任期目标承诺管理制度和基层党建工作责任追究等成功做法，引起中央和省委的关注。中央政治局委员、书记处书记、中央组织部部长李源潮专门批示转发保定市党建经验做法。进一步提高农村基层干部队伍素质，对符合省委组织部拟定考录条件的村党组织书记进行摸底汇总，按照省考录简章和实施方案的要求，组织笔试面试，从优秀村党组织书记中考录25名乡镇公务员，选聘646名大学生到村任职。加大了对农村党组织书记和村委会主任专业素质培训工作力度，举办两期农村基层干部专业素质培训班。认真抓好农村后进基层党组织治理整顿工作，在全市排查出六种类型的355个后进基层党组织，实行“四明确”责任制，坚持“一村一策”治理整顿。配合“保稳定、促发展、迎奥运”活动，全市各级共选派11356名机关干部下基层。以加强社区和非公有制企业党建为重点，进一步加强城市社区党建工作。以市委名义出台《关于加强城市社区工作者队伍建设的实施意见》，对全市360多名社区党组织书记、居委会主任进行了社区服务、和谐社区建设等内容的培训。以扩大覆盖面为重点，进一步加强非公有制企业党组织建设。采取多种方式单独建立党组织1143个，建立联合党组织206个。在全市企业基层党组织中继续深入开展了以“争创五好企业党组织、争做优秀共产党员、争当优秀企业经营管理者”为主要内容的“三争”活动。中央领导习近平、贺国强和省委常委、组织部长梁滨到保定市调研时，都对保定市城市社区和非公有制企业党建工作给予充分肯定。组织全市党员开展以学习党的十七大报告、学习新党章为主要内容的“双学”活动，深入开展党员先锋工程。在全省率先出台《流动党员管理工作办法（试行）》，建立了城乡一体的流动党员管理机制。抗震救灾工作中，认真做好一线发展党员工作，发展入党24人；积极组织广大党员缴纳特殊党费，设置了交纳“特殊党费”快速通道，全市党员共交纳5500余万元。北京奥运会、残奥会期间，号召各级党组织、广大党员干部在奥运安保工作中积极发挥宣传员、信息员、协调员、管控员作用。人才工作中，加强组织协调，强化宏观指导，明确了各成员单位承担的人才工作任务，落实人才工作责任制。组织开展了“人才工作宣传月”活动。赴清华大学对拟到保定市挂职的5名人选进行了考核考察，按照“专业对口”的原则分别为他们履行了挂职手续。在全市民营企业中组织开展“百千万人才培养工程”，在全市农村中谋划开展以加强农村实用人才队伍建设、充分发挥实用人才联系、引领、帮扶广大群众共同致富为主要内容的“实用人才创业示范活动”，组织专门力量对“百名专家扶百企”、“百名专家富百村”活动进行了督导。推进大中专毕业生就业工作，协调有关单位组织举办2008年度大中专毕业生双选就业洽谈会和多场专题人才招聘会。督导县（市、区）落实《经常性组织史资料征集工作规范》、《征编工作暂行办法》。组织开展“学史用史”活动。建立了征编工作人员备案制度。干部信息管理、党员电教、交流干部服务、组工信息、信访、调研、宣传等工作也都取得了很好的成绩。2008年，市委组织部被中组部授予《党建研究》工作奖，被省委、省政府评为扶贫开发工作先进集体，被市委、市政府授予奥运安保工作先进集体、档案工作先进单位。

【全市组织工作会议】 1月31日召开各县（市、区）常委、组织部长，市直各部门党委（党组）主管领导，市委组织部处长以上人员参加。会议印发全省组织部长会议精神传达提纲，对2007年组织工作进行了全面总结，对2008年组织工作进行了全面部署。市委领导焦新华到会并讲话。对2007年度全市组织系统创新性工作、信息、信访、宣传、调研、党费收缴和党费统计工作先进单位和先进个人进行了表彰。

【“解放思想大讨论”活动】 采取由部务会成员带队赴组织工作先进地市学习考察，广泛征求市直单位、基层组织部门和党员干部对部务会工作及成员的意见和建议等方式，深入开展解放思想大讨论活动。共撰写交流体会文章80多篇、征求意见建议580余条，经汇总，形成有价值的意见和建议22条。对这些意见和建议，逐一制定并落实了整改措施。

【“讲党性、重品行、作表率，树组工干部新形象”活动】 将抓好中组部《组工干部“十严禁”纪律要求》的落实工作作为活动的重要内容之一，按照“解决能力素质提高、解决工作热情持久、解决整体形象提升”的要求，建立并坚持了学习考勤、调阅笔记等制度，设立了学习宣传、交流专栏，部务会成员带头抓学习、抓整改，对征求到的意见、建议和查摆出的问题逐一制定了整改措施并认真抓好落实。

【抗震救灾工作】 四川汶川地区发生强烈地震后，积极组织机关干部及时收听、收看抗震救灾的有关报道，大力倡导“一方有难、八方支援”的抗震救灾精神，迅速组织机关干部开展“献爱心”活动。对全市组织系统抗震救灾工作进行安排部署，要求广大党员干部在积极捐款捐物的同时，认真做好本职工作，以实际行动支援抗震救灾工作。部机关向地震灾区捐款2万元，并先后采取交纳特殊党费、工会会员捐款等形式，分三次累计捐款13.46万元支援抗震救灾工作。组织开展向灾区群众送温暖活动，共捐赠过冬衣物150余件，慰问金900元。

【市人大、政府、政协领导班子换届工作】 严格按照规定要求确定市人大、政协常委人选，在参考省本届和保定市上届人大、政协常委人选提名情况的基础上，按照德才兼备的原则，从有利于工作连续性的角度出发，提出了45名市人大常委会委员和90名市政协常委推荐人选名单。根据市委有关文件精神，认真审核、严格把关，有效地保证了635名市人大代表的素质，代表的年龄、知识、文化知识结构较上届均有了明显改善。为确保各次会议的顺利召开和选举工作的成功，成立大会组织组，并组织召开培训会，明确要求、细化分工，确保了换届工作有序进行，市人大、政府和政协的各职候选人均全票或高票当选。

【县科级领导干部学习“十七大”精神轮训工作】 组织举办了8期“县级干部学习党的十七大精神”专题研讨班，轮训干部1498人。同时，指导各县（市、区）和市直部门采取集中授课与研讨交流相结合的形式抓好所管干部的“十七大”精神轮训工作，共举办专题班205期，培训科级以下干部46580人次。

【大规模培训干部工作】 围绕“又好又快发展、强市兴县富民”战略目标提供高素质的干部队伍，谋划了全市2008～2012年大规模培训干部工作规划；制发了区委党校与市委党校合校办学意见，并督导落实；落实“一审二派三审”制度，举办县级干部理论进修班和优秀中青年干部培训班各11期；通过举办特色专题培训班、开展“名家讲堂”等方式，进一步加强了培训的针对性、实效性。全年共培训各类干部106576人次，其中县级干部1658

人次，乡科级干部10427人次。完成省以上调训任务72项，抽调各级干部387人次，其中，市（厅）级干部57人次，县（处）级干部228人次。

【各级领导班子建设】 通过顺向调整使用干部，合理配置干部资源，优化了班子结构，增强了领导班子的整体合力。通过定期走访、定期分析，全面了解县级领导班子整体运行情况，为市委加强县级领导班子建设提供了参考依据。配合市委“一主三次”整体规划，及时对高碑店市、白洋淀温泉城的干部进行了优化组合，组建了白沟·白洋淀温泉城管委会领导班子，并通过公开选拔的方式配备了2名懂经济和城建的高素质领导人才。此外，完成市商业银行董事长和行长的选拔工作，保证了市商业银行在规定时限内顺利挂牌；积极做好对驻保单位领导班子的协管工作，为21个驻保单位的50名领导干部履行了调整程序；进一步加强了市属国企和学校领导班子建设，天威集团代表保定市出席了省企业创“四好”班子表彰会。

【组织召开年度民主生活会】 就开好市委常委专题民主生活会提出了工作安排意见，从市纪委、市委组织部抽调50人组成25个督导检查组，分别对25个县（市、区）和104个市直、驻保单位的民主生活会进行了督导检查。通过深入开展批评与自我批评，使党员领导干部认识到自身在坚持科学发展观、求真务实、联系群众等方面存在的问题，强化了从人民群众的根本利益出发谋发展、促发展的观念。

【县（市、区）和市直单位2007年度考核工作】 针对部分县（市、区）和市直单位主要领导变动较大的实际，向市委提出“只对县级干部进行考核定档，县级班子不再定档”的建议，认真组织实施了考核工作。修改完善了县（市、区）、市直单位领导班子和领导干部考核评价办法，在考核内容上，精干指标体系，突出重点，注重了与省考核市指标的衔接；在考核方法上，避繁从简，更易于操作，坚持定量与定性考核相结合，实施分类考核，增加了可比性；在考核结果的运用上，注重与干部使用挂钩，严明奖惩。两个《办法》得到了市委常委会的充分肯定。

【对全市乡镇的考核工作】 制定了《保定市乡镇综合考核评价办法（试行）》，以市委、市政府文件下发执行。对全市312个乡镇2007年度农村社会总产值、财政收入、基层党建等六个方面的内容进行了考评，对前100名的乡镇给予了通报表彰。

【整治用人上的不正之风】 及时将上级有关文件和讲话精神向各县（市、区）委、市直各单位党组（党委）进行了转发，并提出具体落实意见。进一步强化干部选拔工作政策法规的学习，发放《干部选拔任用工作法规选编》，要求各级党委（党组）、组织部门严格按照有关规定选人用人，并在对新任的党组（党委）主要负责人任职谈话时，对学习干部选拔任用政策法规和执行组织人事纪律提出了明确要求。坚持县（市、区）《干部任用条例》“半年自查，年底检查”制度；转发对邢台市原内邱县委书记违反组织人事纪律的通报和辽宁本溪市违规选拔任用团市委领导干部的通报，加强警示教育。

【加强对干部选拔任用工作的监督】 对各县（市、区）、市直各单位2007年以来的干部选拔任用自查工作进行了安排，对存在问题较多的县（区）委分别下发了《整改通知书》，并分别对主要领导进行了提醒谈话。对市纪委等35个市直单位2003年1月以来贯彻执行《干部任用条例》情况进行了检查，对存在问题的单位提出了针对性整改意见。严格执行调整科级干部预审备案、事后监督报告和廉政把关、任前公示制度，全年共对1091名调整科级干部进行了审核，由部领导对存在问题较多的县（区）委主要领导进行了提醒谈话；按照严格把关、即来即办的原则，认真做好县（市、区）纪检监察派驻机构改革人事方案的预审备案工作，保证了全市纪检派驻机构改革的完成；对拟提拔的9批123人分别征求了市纪委意见；对85名拟提拔人员进行了公示，对有群众反映的10名公示对象的有关问题进行了调查了解，提出了有关建议。认真落实重大事项报告制度，共收集了47名地厅级干部和1823名县级干部2007年度《党员领导干部个人有关事项报告表》并进行了汇总上报。认真做好经济责任审计工作，对52名领导干部进行了经济责任委托审计，对61名同志的审计结果报告进行了审核，对37名存在问题的审计对象进行了谈话。探索实行了对县（市、区）党政正职实行捆绑式任期经济责任审计模式，主要做法在中组部《干部监督工作通讯》刊发。

【选调生工作】 以“一档六制”为载体，对各县（市、区）历年省、市选调生情况进行了摸底，充实完善了选调生数据库，加大了选调生的培养和使用力度，完成70名省选调生的接收安置工作。全市774名选调生中，副科以上的达到299名，有122名被补充到县（市、区）直机关工作，69名补充到市直机关工作。

【公务员登录工作】 对2007年度全市党群系统10621名非领导成员公务员进行了考核。制定了《市党群机关公务员及参照公务员法管理单位工作人员日常登记审批工作规范》，对343人进行了日常登记，组织4243名未予登记人员参加了考试，对4105名上线人员进行了审核，对符合登记条件人员依照有关规定进行了登录。对315名乡镇聘干人员进行了审核，对符合登记条件的192人进行了登记。将20个符合条件的事业单位列入参照管理范围，并对符合公务员登记条件人员进行了登记。

【出台落实乡村干部关爱机制的两个《意见》】 组织力量对乡村两级领导班子和干部队伍建设工作进行调研，充分征求乡村干部意见建议，制定出台了《关于加强乡镇领导班子建设的意见》和《关于加强农村干部队伍建设的意见》。为抓好两个《意见》的落实，《基层组织建设工作情况通报》专门开办了落实市委两个《意见》专刊，并多次进行了专项督导，5月，在雄县组织召开全市加强乡镇领导班子和农村干部队伍建设工作调度会。两个《意见》的出台，有效建立起村干部管理考核和激励关爱机制，使农村干部收入有保障、干好有希望、退后有所养，较好地解决了村干部队伍人心不稳、动力不足和后继乏人的问题，激发了村干部工作的积极性，在基层引起强烈反响。原省委常委、组织部长车俊对保定市做法给予肯定，也得到了中组部的认可和推广。

【中组部组织局调研组来保定调研】 中央组织部组织局副局长周纯杰一行会同省委组织部领导专门到保定就建立农村干部激励关爱机制的情况进行调研，并对保定市落实中央关于建立健全党内激励、关爱、帮扶机制工作给予了充分肯定。

【省委常委、组织部长梁滨来保定调研】 8月20至21日，省委常委、组织部长梁滨一行来保定进行调研，期间，到徐水县留村常保村、北市区东方家园、中航惠腾风电设备股份有限公司、长城汽车股份有限公司、河北大学，分别就农村、社区、企业、学校党建工作进行了调研考察；到机关看望了市委组织部全体干部；召开座谈会，听取市委书记宋太平汇报保定工作情况，市委常委、组织部长兰保良汇报保定市组织工作情况，并就做好保定工作讲了意见。

【深化党建责任制】 组织县（市、区）委、市直党组（委）书记履行党建专项述职会议，进一步强化各级党组织的管党意识。推行并完善基层党建专项述职制度、基层党建考核排位制度、农村干部任期目标承诺管理制度和基层党建工作责任追究等做法，引起了中央和省委的关注。中央政治局委员、书记处书记、中央组织部部长李源潮专门批示，中组部《组工通讯》转发了保定市党建经验做法。

【选聘大学生到村任职】 选聘646名大学生到村任职，按照依据户籍、尊重考生志愿的原则进行了分配。为了使到村任职大学生能够下得去、留得住、干得好，按照依据户籍、尊重考生志愿的原则对他们进行了分配，并专门编写岗前培训教材，制定《培训学员守则》，对所选聘的大学生村官进行了全封闭军事化管理培训。

【农村基层干部专业素质培训班】 着眼于进一步提高农村基层干部“双带”能力，加快培养新农村建设所需要的实用型、技能型人才，使基层干部切实担负起带领党员群众建设社会主义新农村的重任，先后举办了两期农村基层干部专业素质培训班，共直接培训农村支部书记、村主任800人，为培训合格的学员颁发了《农村基层干部专业培训合格证》。

【农村后进基层党组织治理整顿】 在全市进行后进党组织排查，共排查出六种类型的355个后进基层党组织。对排查出的后进村实行“四明确”责任制，即明确包村县级领导干部、明确包村部门、明确任务目标和转化时限、明确奖惩措施，实施“一村一策”治理整顿措施。

【农村两委换届工作】 按照全省村“两委”换届工作会议精神，成立换届工作领导小组，以电视电话会议的形式对全市村“两委”换届工作进行了安排部署。省委、省政府《关于认真做好全省村党组织和第八届村民委员会换届工作的通知》中，在全省推行了保定市“任期目标承诺制”的做法。

【抽调机关干部下基层】 按照市委、市政府“保稳定、促发展、迎奥运”活动方案要求，从市直机关抽调900名素质高、能力强、熟悉群众工作的下基层干部分配到各县（市、区），并对各县（市、区）抽调干部名额进行了分配。组织各县（市、区）选派下基层干部10456人。编印了“保、促、迎”工作和社会主义新农村建设培训教材，对下基层干部进行了统一培训。

【社区工作者队伍建设】 以市委名义出台了《关于加强城市社区工作者队伍建设的实施意见》，对社区工作者的选拔配备、工资待遇、保障措施等方面提出了创新性举措。认真做好党组织换届选举工作，鼓励引导致富带头人、复转军人和大中专毕业生中的优秀党员参加竞选，进一步优化班子结构。对全市360多名社区党组织书记、居委会主任进行了一次社区服务、和谐社区建设等内容的培训。

【集中整顿后进社区党组织】 对年初排查出的44个党建工作比较薄弱的社区逐一制定了整顿方案和转化目标，通过明确三级书记的责任，选派57名副县级以上领导干部和70多个县（市、区）部门分包后进社区，全部实现了转化升级。

【加强非公有制企业党组织建设】 采取开展“党员找组织、组织找党员”活动和单独组建、联合组建、下派组建等多种方式单独建立党组织1143个，建立联合党组织206个。在全市企业基层党组织中继续深入开展了以“争创五好企业党组织、争做优秀共产党员、争当优秀企业经营管理者”为主要内容的“三争”活动。建立健全国企党建有关制度，开展“党员责任区”、“党员联系户”、专题调研等活动，进一步加强了国企党建工作。中央领导习近平、贺国强和省委常委、组织部长梁滨到保定调研时，都对保定市城市社区和非公有制企业党建工作给予了充分肯定。

【发挥党员先锋模范作用】 深入开展党员先锋工程，引导全市党员在农村、企业、社区等各个领域争当先锋。抗震救灾工作中，组织广大党员缴纳特殊党费，全市党员共交纳5500余万元，占全省党员交纳总数的六分之一。北京奥运会、残奥会期间，在新闻媒体刊登了致各级党组织、广大党员干部的公开信，号召在奥运安保工作中积极发挥宣传员、信息员、协调员、管控员作用。此外，广大基层党组织和党员干部在“三年大变样”和处置“三鹿奶粉”事件中都发挥了较好的模范带头作用。

【进一步加强人才工作】 将省委人才工作协调小组2008年人才工作要点，以目标任务分解表的形式进行了细化分解，印发市人才工作协调小组成员单位、各县（市、区）人才工作协调小组办公室和市直有关部门。加大对中小企业信息发布的支持力度，在新闻媒体刊登了400多家中小企业的人才需求信息。组织开展了“人才工作宣传月”活动，对60个优秀人才和人才工作先进单位的典型事迹进行广泛宣传。联系接收5名清华大学研究生到保定市挂任市政府办公厅、规划局等单位副职。在全市民营企业中组织开展了“百千万人才培养工程”，共组织200多人参加了清华大学“企业管理高级研修班”，1800多人参加了创业辅导、融资担保等方面内容的集中培训，对8万多人次进行了远程培训。组织评选省有突出贡献专家、优秀科技工作者。在全市农村中谋划开展了以加强农村实用人才队伍建设、充分发挥实用人才联系、引领、帮扶广大群众共同致富为主要内容的“实用人才创业示范活动”。组织力量对“百名专家扶百企”、“百名专家富百村”活动进行督导，共组织专家教授为58家企业解决难题109项，到130多个村进行了帮扶。

【推进大中专毕业生就业】 协调有关单位组织举办2008年度大中专毕业生双选就业洽谈会和多场专题人才招聘会。在河北大学举办的第二届省中小企业招聘会上，来自全省365家企业和用人单位提供就业岗位近5千个，近3万余名毕业生到会应聘，达成就业意向3776份。协调有关单位组织了2008年高校毕业生“三支一扶”工作，88名应届毕业生分赴保定市12个县（市、区）和1个社区开展志愿服务工作。

【干部信息管理工作】 继续做好档案日常管理工作，共收集档案材料11600余份，提供档案利用3900余卷次；加强对全市干部人事档案工作的指导力度，在全省率先实现所有县（市、区）委组织部全部达到干部人事档案国家一级标准。举办了全市干部人事档案工作业务培训班。

【党员电教工作】 进行农村党员干部现代远程教育终端站点建设，建设完成终端接收站点5297个，完成建点任务的103%。整合开发了一批适合农村党员干部和群众学习需求的教学资源，向省远程教育资料库提供专题片88部。建点数量和供片数量均列全省第一位。组建6755人的专兼职远程教育教学、管理和技术服务队伍并进行了业务培训。开展了全市党员电化教育电视片观摩评比活动。

【交流干部服务工作】 更新完善了交流干部基础台账；举办了交流干部子女高考志愿填报咨询辅导会、“合理膳食、防治糖尿病”健康讲座和免费体检等活动。落实部机关机老干部“两个待遇”，组织老干部参加“城镇面貌三年大变样”参观活动，得到老干部好评。

【调研宣传工作】 扎实做好组工舆论宣传和调研工作，加强对全市各级组织部门宣传工作的指导，全年共在市级以上新闻媒体刊发宣传稿件3200余篇（项），其中国家级刊物76篇。承担的省下达调研课题《改进民主推荐和干部考察工作，防止简单以票取人问题研究》被评为一等奖。

【信息信访工作】 充分发挥信息工作的服务领导、传播经验、指导工作的作用，被中组部《组工信息》采用21篇（条），在全省保持较高水平，在市委信息中心信息采用量继续保持党委部门第一位次。下大力做好奥运会前的信访工作，继续保持了平稳的态势。

领导班子成员

部　　长　焦新华(5月离任)
　　　　　兰保良(6月任)
常务副部长　王恒国(6月离任)
　　　　　张志奎(6月任)
副　部　长　张　莹(人事局长、党委书记)
　　　　　王振民(9月离任)
　　　　　周文琪(考核办主任,5月离任)
　　　　　乔玉忠　赵忠明
　　　　　贾永山(正县级,援坝)
　　　　　范增振(11月任)
　　　　　李习谦(11月任)
　　　　　(成月军　张志敏)

宣传工作

【中共保定市委宣传部】 中共保定市委宣传部是市委主管意识形态工作的综合职能部门。负责协调指导全市理论武装、新闻舆论、文化艺术、精神文明创建、思想政治、国防教育等方面的工作。机构设置：办公室、研究室、干部处、理论处、新闻处、宣传教育处、舆情信息处、文化艺术处、出版处（市扫黄打非协调督查办公室）、市文化体制改革与发展办公室、机关党委，市委外宣局（市政府新闻办公室）：综合联络处、事业处，市精神文明建设委员会办公室：调研处、协调处、未成年人思想道德教育处，国防教育领导小组办公室，市思想政治工作研究会。

【概况】 2008年，按照“高举旗帜，围绕大局，服务人民，改革创新”的总要求，深入贯彻落实党的十七届三中全会、省委七届三次全会和市委九届六次全会精神，围绕中心，服务大局，务实创新，扎实工作，为加快实现全市“又好又快发展、强市兴县富民”中心任务提供了有力的思想保证、舆论支持、精神动力和文化条件。主要做了七个方面的工作。1. 围绕深化普及党的最新创新理论成果，扎实开展理论武装工作。2. 围绕中心，服务大局，营造良好的舆论氛围。3. 围绕文化名城建设提升文化软实力，大力推动文化体制改革和文化产业发展。4. 围绕提高全社会文明素质，深入推进思想道德建设和精神文明创建工作。5. 围绕做好奥运期间境外媒体记者采访接待工作，大力加强对外宣传。6. 围绕提高宣传思想工作整体水平，大力加强人才队伍教育、培养和使用工作。市委主要领导评价2008年的宣传工作：在服务大局中开拓前进，在改革创新中焕发活力，始终保持了积极健康向上的发展态势，理论武装、舆论引导、思想道德建设、文化精品生产、精神文明创建、文化事业和文化产业发展等方面的工作，都取得了可喜的成绩。特别是认真学习宣传贯彻党的十七届三中全会、省委七届三次全会和市委九届六次全会精神，积极组织开展科学发展观和干部作风建设年活动，广泛开展以推动改革开放、实现科学发展、促进社会和谐为主要内容的主题宣传，为顺利推进保定改革发展稳定各项工作作出了贡献。市委宣传部连续第十三年被市委、市政府评为“工作实绩突出单位”。

【理论武装工作】 围绕深入学习宣传贯彻党的十七大、十七届三中全会，省委七届三次、四次全会和市委九届六次全会精神，把学习宣传贯彻“三个代表”重要思想和科学发展观继续引向深入。组织市委中心组专题学习，抓住树立和落实科学发展观、实现“又好又快发展、强市兴县富民”等重点问题，联系保定实际，真学、真联、真用。通过加强对县级理论学习中心组的指导和督查、改进与完善考核考评机制，带动全社会形成学习实践科学发展观的良好态势。制发了《关于做好今年理论工作有关问题的通知》，推动了理论学习的规范化、制度化。精心组织纪念改革开放30周年暨保定解放60周年座谈会和学术研讨会，开展改革开放30周年理论研讨和专题讲座。组织全市社科、理论界积极参加全省纪念改革开放30周年理论研讨会论文征集工作，共收集论文160多篇。广泛开展中国特色社会主义理论体系宣传普及活动，组织社科理论工作者开展“理论面对面”和“理论下基层”活动，有针对性地解答干部群众关心的热点难点问题。市新闻媒体开辟专栏、专题，多层次、多角度深入阐述科学发展观，充分反映各县（市、区）、市直各部门贯彻落实的实际行动。适时推出一系列评论文章，播发一批综述、专访、通讯等有深度的报道，刊发一批党委中心组成员的学习体会文章，在全市营造了学习贯彻“三个代表”重要思想和科学发展观的浓厚氛围。

【新闻宣传工作】 紧密结合市委、市政府的工作主题、重大部署和工作重点，深入开展了“六大主题宣传战役”。一是以实现“又好又快发展、强市兴县富民”中心任务为主题的经济宣传战役。二是以实现“城镇面貌三年大变样”为主题的城镇建设宣传战役。三是加快推进“一主三次”战略为主题的区域发展宣传战役。四是以落实两个《意见》（《关于加强乡镇领导班子建设的意见》、《关于加强农村干部队伍建设的意见》）为主题的基层组织建设宣传战役。五是以举办“绿色奥运、科技奥运、人文奥运、平安奥运”为主题的奥运宣传战役。六是以“纪念改革开放30周年暨保定解放60周年”为主题的成就经验宣传战役。宣传成效明显。全年省以上媒体刊播保定市稿件约3950篇（条），其中主要媒体刊播约2130篇（条）。据省电视台新闻中心报表统计，保定市在省电视台新闻栏目独立头条播稿量在全省各市排名第一，在《河北日报》头版发稿量位居全省前列，为推动经济社会发展提供了有力的舆论支持。积极配合全市经济工作，特别是重大经贸招商活动，组织召开新闻发布会，邀请媒体进行系列宣传报道，在境内外媒体开展集中宣传活动，高深度、大密度地宣传保定。全年集中开展大型经贸宣传活动18次。在香港“中国电谷·低碳保定”推介会、深圳第十届中国国际高交会和在北京、厦门、常州、宁波等地举行的招商会上，成功组织了一系列形象宣传，有力地促进了全市的招商引资，同时也提高了保定市的影响力和美誉度。另外，还认真组织了抗击南方雨雪冰冻灾害和汶川“5·12”大地震宣传报道工作。

【文化建设工作】 认真落实中央、省、市关于文化建设、文化体制改革工作的总体部署，扎实推进文化体制改革综合试点的各项工作，深入贯彻落实《关于建设文化名城的实施意见》。主要抓了四方面工作：一是扎实推动文化基础设施建设和文化产业发展。历史文化名人苑、关汉卿大剧院和文化体育中心建设项目按预定计划稳步推进。关汉卿大剧院、保定历代文化名人苑选址工作和设计方案已经完成，经中国名人研究会专家评审，遴选出40位保定历史名人（古代25名，近现代15名）。文化体育中心选址及两项建设方案已拟定完成。国家动漫产业发展（保定）基地揭牌，河北动漫产业发展基地开工奠基。二是精心组织开展系列文化活动。举办了首届“中国·保定”篮球文化节、敬老健身节，组织了纪念改革开放30周年暨保定解放60周年大型文艺演出及书画展、图片展等。市电视台开办了《周末大戏台》和《保定文化访谈》专栏，推介保定文化底蕴，展示群众参与风采。开办了《唱响保定》、《保定饮食》等一系列群众喜闻乐见的文化节目。市电台开办了《新闻进行时》专栏，邀请保定市文化名人走进直播间畅谈保定文化。为营造两节期间欢乐祥和的文化氛围，丰富群众文化生活，认真组织安排了九场系列文化活动。源于保定市素材的电视连续剧《紫荆花盛开的地方》、《离开男人的女人》正在拍摄，反映保定市新农村建设的21集电视连续剧《棉花盛开》在省台已首播。三是深入推进文化体制改革。保定市作为全省两个文化体制改革综合试点市之一，扎实推进了文化体制改革的各项任务。保定日报社成立了报业总公司，实行了编采与经营分离。调整成立了保定市文化市场管理领导小组。组建了保定市文化市场行政执法大队。组建了保定市古城飞歌艺术团，精心打造了大型实景剧目《印象·野三坡》，9月下旬已面向观众演出，收到了良好效果。借力社会资金推进了市老调剧团、艺术学校等单位的改制。四是加强文化市场管理。坚持一手抓管理，一手抓繁荣，加强监管，严格执法，开展了系列扫黄打非专项行动，共出动执法人员5200人次，收缴各类非法出版物3.46万册、非法音像制品8.5万张（盒），取缔无证书摊点252个，净化了文化环境，促进了文化市场健康有序地发展。省扫黄打非领导小组授予保定市“迎奥运、保稳定、促发展”先进集体6个，先进个人12名。10月，中央文化体制改革督查组到保定市检查指导工作时，对保定市文化体制改革工作给予了充分肯定。在12月27日召开的全省文化产业发展和文化体制改革工作会议上，保定市作了典型经验发言。

【精神文明建设工作】 坚持以人为本，活化载体，深入推进思想道德建设和精神文明创建工作。一是开展迎奥运系列活动。以北京举办奥运会为契机，深入开展了“迎奥运、讲文明、树新风”、“奥运在北京，旅游在保定”、“做文明保定人”志愿者服务和“新奥运新保定”奥运祥云火炬巡游等系列活动。以“迎奥运，促和谐”为主题，组织全市60多万中小学生开展了演讲、绘画、网上知识竞赛等社会实践活动。二是谋划开展纪念保定解放60周年和改革开放30周年主题宣传活动。代市委、市政府制发了《关于举行保定解放60周年和改革开放30周年纪念活动的安排意见》，11月21日成功举办了“纪念保定解放60周年和改革开放30周年纪念大会暨文艺演出”，开展了“锦绣保定”大型书法美术摄影展，组织参加了“影像河北——改革开放30年图片网上征集展示”活动，在全市范围内征集、上展反映保定市发展成就的图片1792张。三是开展创建文明城市活动。研究出台了《保定市提高市民文明素质工程实施方案》，在全市深入开展了“绿色机关”、“绿色学校”、“绿色社区”、“绿色医院”、“绿色饭店”活动，组织了创建文明行业“三杯”竞赛活动，接受了省文明委组织的全省文明城市测评。在中国文明网创建文明城市大看台制作了专题网页，集中展示了保定市文明创建的成果。四是推进公民道德建设。大力宣传“见义勇为模范”——刘均田，在全市广泛开展了“向刘均田同志学习，掀起精神文明建设新热潮”系列活动。刘均田被评为“2008感动河北十大年度人物”，起到了较好的宣传效果。组织了“十大道德模范”评选活动。开展了尊老敬老“十佳家庭”、“十佳好儿女”评选活动，以独自一人赡养80位鳏寡孤独的张胜利为代表的一批先进人物榜上有名，在社会上引起了强烈反响，中央电视台《激情广场》栏目对保定市的活动进行了转播。以未成年人思想道德建设为重点，在全市青少年中广泛开展了“知荣辱、树新风、我行动”活动和“争做一个有道德的人”网上签名活动。组织召开了抗震救灾先进事迹报告会，大力弘扬抗震救灾精神。五是强化宣传教育工作。制定和实施《关于加强文化科技卫生“三下乡”活动长效机制建设的实施意见》，对47个成员单位进行目标任务分解，完善考核机制，动态监控工作运行情况，进一步规范和推动了全市“三下乡”工作。据不完全统计，全年组织各种形式、不同规模的“三下乡”活动共230次，受益农民群众达125万人次。深入开展了“百城万店无假货”示范街、示范店创建活动，进一步深化“专业技术人员进万村兴百业”活动，组织开展了全市思想政治工作“双先”评选表彰活动，有10个单位获“河北省思想政治工作先进集体”称号，有10人获“河北省思想政治工作先进个人”称号。六是加强企业文化建设。贯彻落实《关于加强企业文化建设的实施意见》，深入开展思想政治建设专题调研活动，推出了一批高水平的调研成果，其中有10篇在省以上媒体发表，“河北政工网”采用60多篇，有3篇在省委宣传部获奖，全年发稿量位居全省各市前列。保定市在全国思想政治工作和企业文化建设经验交流会上作了书面经验交流。在中外企业文化2008南宁峰会上，保定市有5家企业获“全国企业文化建设优秀单位”、有2人获“全国企业文化建设先进个人”称号。七是不断深化爱国主义教育。充分利用国防教育日、八一建军节等重大节日，大力宣传《国防教育法》，有力地提高了全社会的国防意识。11月，中宣部副部长翟卫华，省委常委、宣传部长聂辰席到保定市调研时，对保定市贯彻落实科学发展观，加强宣传思想文化工作和思想道德建设工作给予了充分肯定。

【新闻外宣工作】 以北京奥运会为契机，加强对外宣传，主要抓了四方面工作：一是积极推进“采访线工程”建设。认真落实《北京奥运会及其筹备期间外国记者来华采访规定》等有关制度，积极推进“采访线工程”建设。精心设计和培育市级采访线2条、采访点9个，县级采访线31条、采访点68个，乡镇采访点391个，加强对有关人员的培训，实施“一站式服务”，扎实做好境外媒体记者采访工作。奥运会期间，有效地引领49批次61家境外媒体170多名记者对保定市的采访报道，为“北京奥运”营造了良好环境，较好地起到了宣传河北、宣传保定的作用。保定市被评为“河北省奥运宣传工作先进单位”。二是精心组织大型综合性系列外宣活动。以“服务北京奥运、展示保定形象”为目的，以文化、旅游为主题，通过大型图片展览、精品剧目展演、民间艺术展演、媒体联动宣传等形式，开展面向京津的综合性、规模化、系列化和多层次的形象宣传，树立了保定良好形象。三是进一步推动新闻发布工作和新闻发言人制度建设。精心设置政府新闻议程，加强新闻发布议题策划，组织了“大奥运”外宣和介绍保定市改革开放30周年成就的新闻发布会。四是提高外宣品制作水平。加强同中国国际广播电台、中央电视台4频道等涉外媒体的合作，精心制作招商引资电视宣传片、市情电视片、企业专题宣传片、图片类小册子、折页等外宣品，加大了保定市在涉外媒体的宣传力度。

【干部队伍建设】 坚持党管干部、党管人才和德才兼备的原则，不断加强宣传文化系统领导班子和干部队伍建设，宣传干部的政治素质、思想素质和业务素质进一步提高。认真开展了“解放思想大讨论”、“亲民爱民”和“优化发展环境、激活市场主体”等活动，着力解决宣传干部队伍在思想、作风、精神状态等方面存在的突出问题。积极参加了“保稳定、促发展、迎奥运”活动，市委宣传部机关、市外宣局、市委“奥采办”和下乡工作队4个集体受到表彰，2人荣立二等功，3人荣立三等功，8人次受到省市奖励。全面实施“四个一批”人才培养工程，做好政工职称评定工作，组织完成了全市企事业单位政工专业人员业务培训和聘任审批工作，各级各类优秀人才培养力度不断加大。认真抓好调查研究和舆情信息工作，推出一批有分量的调研成果，及时向上级报送大量舆情信息，截至10月底，已被省委宣传部采用629篇、被中宣部采用185篇，被中央领导、中宣部领导批示2次，保持了在全省、全国的先进位次。

领导班子成员

部　　长　司存喜(5月离任)
　　　　　王洪斌(5月任)
常务副部长　张刚强
副 部 长　王福友　李成果
　　　　　赵其国　王淑彦
对外宣传局局长　(空缺)
文明办主任　(空缺)

(杨胜利　刘立宝)

统战工作

【中共保定市委统战部】 保定市委统战部是市委主管统一战线工作的职能部门。内设办公室、研究室（宣传办）、一处（民主党派、工商经济）、二处（民族宗教）、三处（港、澳、台，海外联络）、四处（干部、知识分子）、综合处、交流交往处、经贸处。主要职能是了解情况、掌握政策、调整关系、安排人事。2008年完成10项市目标和58项部目标，被市委、市政府评为“工作实绩突出单位”，被省委、省政府评为“维护稳定工作先进集体”。

【概况】 2008年，围绕又好又快发展、强市兴县富民中心任务，扎实工作，锐意进取，全市统一战线呈现出团结、稳定、开拓、活跃的新局面。进一步完善了多党合作制度。举办了市民主党派、无党派人士纪念“五一口号”发布六十周年座谈会；举办了全市民主党派政治交接学习教育活动专题报告会，邀请中央社会主义学院教授李金河作了题为《多党合作的优良传统与政治交接》的专题报告；协助保定市民主党派编印《开展中国特色社会主义主题学习教育活动经验材料汇编》共6册；组织召开民主党派座谈会、协商会、通报会；各民主党派充分发挥自身优势和特点，为全市的发展建言献策，共提交提案178件、议案10件；推荐民主党派1名驻会副主委到定州市政府挂职锻炼；全市民主党派发展新成员140名，培训成员400余人次，深入学习新时期统一战线理论。进一步维护了民族宗教领域的稳定。加大了少数民族干部安排使用力度，全市11个少数民族工作重点县和3个民族乡均按有关规定配备了少数民族干部，现有县级少数民族干部27名；协助市宗教工作领导小组召开全市天主教工作会议，加强了对宗教工作的组织协调力度；全市共举办宣传教育活动134场，开展“三下乡”活动96场，农业科技培训115场，为信教群众办实事好事142件。进一步促进了民营经济健康发展。协助工商联组织民营经济人士出国（境）考察25次，举办各类培训40多期，发布经济信息1100余条，为民营企业排忧解难80余起，协调项目资金8000多万元，引进项目6个，引进人才463名，组织民营企业参加各类展销经贸洽谈会13次；搭建银企对接平台，组织18家民营企业、省市12家银行参会，7家企业与华夏、民生、中信等银行签订了贷款意向；联合市劳动和社会保障局、教育局、工会等单位举办了“民营企业招聘周”活动，设立了“政策解答服务台”，组织636家民营企业进入市场招聘，提供岗位7008个（次），签订就业意向6528人次；结合纪念改革开放三十周年，组织5家企业参加了廊坊“省民营企业经济发展论坛”，组织7家企业参加了石家庄市民营企业思想政治工作经验交流会；组织2家民营企业负责人（张振堂、王超）随国家领导人温家宝、习近平出国考察；深入开展“民企系三农，共建新农村”活动，确定了涿州市松林店镇上念疃村和高阳县邢南乡六合屯村等25个村为共建村，为新农村建设投资3.4亿元。进一步扩大了对外交流。在全市范围内，对新增的港澳台侨及外资重点企业、重点人进行了重点了解，对投资规模较大、经营情况良好、有发展潜力的企业进行了登记，形成了《港澳台侨企业人物档案》；对全市定居台胞及遗孀的生活情况进行了摸底调查，为7户生活困难的台胞争取慰问补助专款9520元，走访台胞20人次，办实事11件；继续保持了与南京爱德基金会及国际防盲协会中国办公室的经常性联系，引进捐款47.43万元，在市新视眼科、易县、唐县、安国、容城五家医院继续实施防盲复明项目，为2298名贫困白内障患者实施了复明手术；充分利用乡情友情亲情，加强对台交流，服务经济发展，推动祖国统一大业，先后接待台商考察团7批、54人次，组织赴台交流团组7个，走访“三胞”及外资企业50家（次），为港澳台同胞及外资企业解决实际问题30余件，走访台胞台属重点工作对象20户；新增台资项目2家，总投资160多万元，另外，台资企业河北德胜莲众包装容器有限公司增资200万美元，共引进台资360万美元；引进建校资金720万元，其中台资和省配套资金各360万元，建“明德小学”8所；望都莲众农业开发有限公司引进200万元建一所生态小学。进一步加强了党外人士工作力度。在市人大、政协换届工作中，经过广泛征求意见、多次协商和综合平衡，推荐安排市十三届人大常委15名，安排市十一届政协委员656名，完成了市级人大、政协换届任务；市发改委一名科级党外干部经过公开招考被提拔为白沟·白洋淀温泉城管理委员会副主任（副县级），成为保定市在党外干部实职安排工作上的突破；新物色优秀科级党外干部5名，使科级优秀党外干部队伍人数保持在100名左右；坚持与党外人士的谈心交心、走访慰问、日常接待等制度，全年走访党外代表人士390余名。

【支援汶川抗震救灾】 四川汶川“5·12”特大地震发生后，组织社会各界人士伸援手、做贡献，支援抗震救灾。部58名党员交纳特殊党费共计58793元，捐献衣物150多件，机关向灾区捐献2万元；市各民主党派机关捐款3800元，市各民主党派企业家及成员累计捐款284万多元；市各宗教团体开展向灾区献爱心和祈祷活动，共募集款物256万元，使宗教界受到了一次特殊的爱国主义教育；在保台胞为灾区捐款1.121万元；市工商联（总商会）不驻会副主席（副会长）累计捐款2158.7277万元，全市工商联会员累计捐款6339.2439万元。

【扎实做好奥运安保工作】 广泛开展“保稳定、促发展、迎奥运”活动，制定了《统一战线“保、促、迎”活动方案》，成立了活动领导小组，建立了相应的领导机构；重点做好民族宗教领域的奥运安保工作，指导爱国宗教团体和重点活动场所组建了安全组织，制定了安保措施，保持了宗教领域的安全稳定；重点做好民营经济领域的奥运安保工作，指导市工商联深入民营企业调查了解情况，引导民营企业处理好内部劳资关系，营造良好的工作环境，确保全市统一战线领域的持续稳定，为实现“安全奥运、和谐奥运”做出了积极贡献，被省委、市委评为奥运安保工作先进单位。

【开展三项活动】 深入开展“解放思想大讨论”、“亲民爱民”、“优化发展环境、激活市场主体”活动，进一步激发了机关干部的工作热情，增强了服务意识，部领导深入民营企业写调研报告共7篇，其中《“荣毅”的现状及做大做强的建议》调研报告被市活动简报采用；走访慰问帮扶对象和贫困生，送慰问金共计3400元，帮助1名贫困生到一中宏志班上学，解决了其上中学学费的问题；积极做好帮扶集团的牵头工作，受到省委、省政府的表彰，部被评为全省扶贫开发工作先进集体。

【调研宣传信息】 深化调研宣传信息工作。完成调研文章8篇，其中5篇获奖，被省委统战部评为调研工作优秀组织奖。利用内部刊物搞好宣传，编发《保定统战》四期、《统战信息》24期、《民主党派、工商联简讯》4期、《台联简讯》16期、《台情参考》10期、《台办简讯》10期（包括《台属专刊》3期、《台协通讯》4期），上报统战信息300多条。利用市新闻媒体宣传，在市电台、报社发稿30多篇（条）。在科学发展观“四个征集”活动中，上报群众性语言321条，先进事迹材料18篇，群众意愿和要求42条，不符合科学发展观现象13篇，先后被《保定日报》、《保定晚报》、市委活动办简报合计采用32条。

领导班子成员

部　　长　崔启慧(5月离任)
　　　　　王惠欣(5月任)
常务副部长　王二铁(7月离任
　　　　　周　刚(7月任)
副 部 长　董桂武(市工商联党组书记)
　　　　　储建增
　　　　　王连水(8月任)

（魏金生）

农村工作

【中共保定市委农村工作委员会】

中共保定市委农村工作委员会是市委主管农业和农村工作的综合职能部门。在市委领导下，对全市农业、农村工作实施宏观谋划、综合协调、政策研究、组织指导、督促检查。内设办公室、综合处、农村经济处、社会发展处、农村改革处、政策调研处、机关党委、干部人事处、监察室、机关事务所。

【概况】 2008年全市农村工作总体思路是：以党的十七大精神为指导，全面贯彻落实中央农业农村工作的方针政策，坚持科学发展观，紧紧围绕市委“又好又快发展，强市兴县富民”的中心任务，以保持农业农村经济平稳较快发展为首要任务，坚持“四化一统筹”的发展战略（主攻产业化，促进规模化，坚持多样化，推进城镇化，统筹区域协调发展），全面强化农业基础，大力促进农民增收，农村经济运行平稳健康，农民人均纯收入（不含市区）达到4331元，较上年增长9%，粮食生产连续六年获得丰收。倾力保障和改善民生、推动各项社会事业发展。着眼规范提高，扎实推进农村基层民主政治建设，村务公开、农村民主议政、干部培训等工作取得了良好效果，全市6249个行政村全部实行了村务公开，公开率达到97%，群众满意率达到96%以上。突出项目，全力提升农业产业化水平，2008年新增国家级重点龙头企业一家（安国药都制药集团股份有限公司），新增省级重点龙头企业12家，全市省级龙头企业达到34家；“草牛奶”工程不断深化，新认定市级标准化小区10个，总计达到55个。争取省农业产业化项目财政贴息1475万元，居全省第一。符合农业部一村一品专业村标准的村发展到349个，较上年增加33个，在省确定的100个一村一品专业示范村中保定市12个村名列其中，居全省第一位。深入开展了农村文明清洁活动，全面启动农村新民居建设，扎实推进了新农村建设。2008年市委农工委被省委、省政府农村工作领导小组办公室评为全省农工委（部）系统优秀单位，被省政府农业产业化办公室评为全省农业产业化工作优秀单位，被省村务公开和民主管理领导小组办公室评为全省村务公开民主管理工作成绩突出单位。被市委、市政府评为奥运安保工作先进集体和联系共建社区先进单位，被市社会治安综合治理委员会评为社会治安综合治理先进单位，被市直机关工委评为先进基层党组织。

【农村工作暨城乡文明生态创建工作会议】 5月16日，在保定市政府玉兰会堂召开。各县（市、区）委书记或县（市、区）长，主管农业农村工作的常委、农工委书记、宣传部长，副县（市、区）长及市直有关部门主要负责人共220余人参加。会议的主要议题是传达贯彻中央和省农村工作会议精神，围绕“又好又快发展、强市兴县富民”的中心任务，研究发展农村经济、建设新农村与城乡文明生态创建相结合问题，对农业生产、农村工作和城乡文明生态创建工作进行了具体安排部署。市领导宋太平、于群、崔启慧、司存喜、王惠欣、李国英出席会议。

【认真抓好强农惠农政策落实】

年初，采取多种形式宣传贯彻中央一号文件精神，5月初对各县（市、区）落实强农惠农政策情况进行了督导检查。10月28日，组织召开市直有关部门调度会，就落实十七届三中全会和省委七届四次全会精神进行了任务分解。在深入调研，广泛征求意见的基础上，代市委、市政府起草了《关于进一步推进农村改革发展的意见》、《关于进一步推进农村城镇化进程的意见》和《关于推进农村新民居建设的指导意见》。

【扎实推进社会主义新农村建设】

深入开展了新农村建设“五十乡镇和百村”试点活动，6月25日至7月25日开展了新农村建设工作督导检查，筛选确立了一批新农村建设样板村。对“四个一批”进行了调查摸底，筛选了100个试点村。出台了《关于对乡镇新农村基础设施建设考核评价指标的具体考核实施细则》（保农［2008］7号），将市直部门2008年的新农村建设任务目标进行统一备案管理，把明责、履责、问责结合起来，对新农村建设各项工作建账、查账、算账，年底评优。从6月25日开始，在全市农村广泛开展以“人人动手、清洁环境、美化家园”为主题的文明清洁活动，制定下发了活动方案，明确提出了“四建”和“五无”要求。同时，把每月6日、16日、26日定为集中宣传清扫日。9月23日在博野县组织召开了现场观摩会，对博野县的好经验和做法予以推广，推动了全市文明清洁活动的开展。通过抓典型、定政策、提目标、教方法，全面启动农村新民居建设。11月25日，在雄县组织召开了全市农村新民居建设现场交流会议，对这项工作进行了全面安排部署。

【提高农业产业化经营水平】 实施“111”行动计划，全年市、县（市、区）两级确定项目248项，总投资107.6亿元，当年完成投资40.3亿元。认真贯彻落实《关于加强农业产业化项目招商引资工作的意见》（保市政［2008］120号），积极参加省、市组织的各种形式的招商会、交易会、展销会和洽谈会，全市共完成农业产业化招商大项目37个，协议引进资金53.8亿元。新评选认定62家市级重点龙头企业，全市龙头企业总数达到203家。安国药都制药集团股份有限公司被新认定为国家级重点龙头企业，保定德谊食品公司等12家企业被新认定为省级龙头企业，全市省级龙头企业达到34家。全年为农业产业化企业争取省级贷款贴息项目28个，资金总额1475万元，比上年增加712万元，同比增长93%，居全省第一。全市共有80个重点龙头企业获得了贷款支持，总金额达9.2亿元。经过积极培育，全市符合农业部一村一品专业村标准的村发展到349个，专业村从业农户12.2万户，专业村农民人均纯收入达到5153元。在2008年河北省确定的100个一村一品示范村中，保定市有12个专业村名列其中，居全省第一位。为易县石家统村争取农业部一村一品示范项目资金15万元。加强省级农产品加工示范基地县（市）建设，涿州市、高碑店市、顺平县被确定为省级农产品加工基地示范县（市），定州农产品加工园区被列为全省十大农产品加工园区之一。

【稳步推进“草牛奶”工程】 年初，制定出台了《关于促进“草牛奶”工程快速健康发展的指导意见》（保字［2008］24号），10月17日，对全市45个市级标准化奶牛养殖小区负责人和各县（市、区）“草牛奶”办公室主任进行了集中培训，全年新建奶牛小区75个，投入使用48个，进区奶牛1.5万头；改扩建小区99个，进区奶牛4.6万头；全市奶牛小区存栏近11万头。新认定市级标准化奶牛养殖小区10个，总数达到55个。

【扎实推进农村基层民主政治建设】 全市6249个行政村全部实行了村务公开，公开率达到97%，群众满意率达到96%以上。年初，制发了《2008年保定市农村基层民主政治建设工作意见》，将村务公开纳入年度考核，作为综合评价每个县（市、区）工作的重要内容。充实完善村务公开内容，村务公开内容全部达到23项以上，版面统一为2×5米，公开阵地建设进一步得到规范。11月7日在易县召开了全市农村基层民主政治建设经验交流会，推广了先进县（市、区）的经验。着力提高村民自治规范化，重点抓了农村“两会”（村民会议、村民代表会议）制度的健全与完善，规范了村级民主决策机制，落实农民的四项民主权利。全市96%的村已建立了比较完善的两会制度，其中“两会”作用发挥比较好的村达75%以上。组织开展了两次全市统一的民主议政日活动，有近40万人次参加，提各类意见、建议8万多条，采纳4万多条。采取分级负责、分期分批的办法，对农村基层干部进行基本政策和民主政治建设的专题培训。12月1日至5日，对各县（市、区）委常委、农工委书记，主管农业农村工作的副县（市、区）长和全市323个乡镇党委书记进行了集中培训。利用集中培训、外出学习等多种形式共培训乡、村干部达23280人。

领导班子成员

书　　记　王惠欣
常务副书记　刘会恩
副 书 记　孙贵杰　李国星
　　　　　霍　林
副调研员　段　军

（孙盛林）

政策研究工作

【中共保定市委研究室】 是隶属于中共保定市委的决策参谋机构，基本职能是根据市委部署，围绕全市中心工作，通过调查研究和文稿起草，就经济、政治、文化和党建等方面的重大问题提出意见和建议，供市委决策参考。内设秘书处、综合处、经济处、政社处、内刊处5个处室和资料室、信息研究所2个科级事业单位。

【概况】 2008年，市委研究室紧紧围绕市委中心工作和市领导决策需求搞服务；紧紧围绕经济社会发展的焦点问题和群众关注的热点、难点问题开展调查研究，全年共完成各类文稿60余篇，其中起草或参与起草市委文件、领导汇报、市委领导署名文章和市领导讲话等重要文稿20余篇，一次成功率70%以上；完成大型调研课题8个，市领导批示5篇，省以上刊发3篇。全年共完成《调研与决策》8期、《调查研究报告》7期，获得市领导批示5期。完成市委决策咨询组的协调服务工作，组织各类活动近20次，就环境保护、城市交通、高等教育、名城建设等工作进行了前瞻性调研，共编发《咨询简报》5期，充分发挥了市委市政府决策咨询组的作用。2008年市委研究室分别被中央政策研究室评为“通联信息先进单位”，省委研究室评为“全省党委系统优秀调研单位”。

【围绕市委中心工作开展调研】

2008年市委研究室在工作部署和安排上提出集中主要调研力量、围绕市委主要工作、服务好市委主要领导的工作思路，进一步贴近中心、服务实际，努力为市委中心工作服务。9月，就全市开展城镇面貌三年大变样活动以来全市的一些基本情况，市委研究室从把提高城市化进程作为解决全市经济发展的突破口和切入点入手，组织了多个调研组，深入县（市、区）开展调研，撰写了《关于我市城镇面貌三年大变样活动开展情况的调查与建议》，得到多位市领导的肯定。市委书记宋太平批示：此类调研很有意义，研究室的工作就是要贴近中心、服务中心。市长于群批示：这个报告很有价值。指挥部办公室要认真研究，逐一抓出解决办法或“说法”。请汝涛市长落实好。市委常委、秘书长刘颖批示：请太平、于群、汝涛同志参阅。这是研究室主动贴近市委、政府中心工作，围绕三年大变样工作展开调研起草的调研报告，此报告有一定的参考价值。11月，围绕中央科学发展观实践活动的开展，市委研究室与市委办公厅共同调研并撰写了题为《由29位到93位的沉痛反思》的市委主要领导署名文章，通过蠡县看全市县域经济如何科学发展，从蠡县的发展轨迹来剖析其成功经验，总结其惨痛教训，为全市县域经济科学发展指出了路径和选择。此调研报告得到省委常委、省纪委书记臧胜业的批示：太平同志的这篇调研报告总结分析得十分深刻，看后深受启发和教育。先进和落后都是动态的，可能相互转变，我们的责任是研究透相互转变的根源，并全力做好由后进变先进的工作。太平同志带了个好头。12月，市委研究室又围绕市委九届七次全会召开做了大量准备工作，分别参与起草了市委书记宋太平在市委九届七次全会上的讲话和市委、市政府2009年工作要点，并以办公厅通报形式下发。

【围绕激活市场主体　优化发展环境活动开展调研】　6～8月，全市开展激活市场主体优化发展环境活动，市委研究室组织调研人员深入机关、厂矿、金融、学校进行广泛深入的调研，围绕企业反映的突出问题撰写了《关于进一步优化驻保单位环境的建议》，此报告引起了较大的社会反响。市委书记宋太平批示：这个调研报告很好。请启慧同志牵头召集有关领导和部门，研究提出若干条支持驻保单位发展的具体措施。随后，就领导的批示意见，市委研究室又召开了优化环境座谈会，与市纪委共同谋划草拟了关于进一步优化企业发展环境的意见，在很大程度上支持了全市企业发展，最大限度的帮助企业解决了制约发展的瓶颈，为更好地服务全市经济和社会发展起到了积极作用。此外，研究室还围绕如何壮大市场主体，提高企业家经营素质等问题，深入徐水、蠡县、高阳等地进行调研，在深入分析的基础上，撰写了《关于发展民营企业和优化企业家队伍结构的建议》。市委常委、秘书长刘颖批示：研究室要进一步搞深度调研，为领导提供决策依据的价值更高。

【加强城市基层组织建设的调研】

城市基层组织建设是基层党组织建设的重要内容，10月，研究室结合市委关于加强城市基层组织建设的意见，组织专门人员对全市社区建设情况进行了调研，撰写了《解决好社区自身建设的几个问题》，对社区所存在的问题进行了剖析。市委书记宋太平批示：请荷丽同志认真阅研此报告，社区建设是一项崭新的工作，缺乏成熟经验，对社区中存在的问题要不断总结及时研究，逐步完善提高。市委副书记李剑方批示：这个调研报告写得很好，对问题分析的深刻透彻，对策建议提得明确实在。请社区办进一步调研，提出具体工作意见，解决突出问题，进一步提高社区工作水平。此调研在一定程度上对市委年初制定的《关于进一步加强基层组织若干意见》的落实起到了积极推动作用。

【河北省首届中等城市（涿州）发展论坛】　年初，研究室抓住省委将举办河北省首届中等城市科学发展论坛的信息，通过与省有关部门积极磋商，于11月12～13日，适时引进并成功承办了“河北省首届中等城市（涿州）发展论坛”。全国政协副主席白立忱，原河北省副省长、省委省政府决策咨询委员会主任郭世昌，保定市市长于群，市委常委、秘书长刘颖，市政协副主席姚秀珍参加了论坛。全省11个县市中等城市的书记、市长、全省研究室主任和5个国家级城建专家也云集涿州，分别围绕中等城市的产业和人口集聚、发展与管理模式、空间布局和优化、建设品位与生态环境保护、体制与政策创新等问题献计献策，全国各主要媒体和网站争相报道。这次论坛在全省属首次且规格较高。论坛的成功举办对提高保定的外在影响，宣传保定、发展保定、扩大保定的知名度起到了积极作用。

领导班子成员

主　　任　彭玉臣
副 主 任　谢国庆(10月离任)
　　　　　侯朝辉
　　　　　赵永忠(10月任)

（倪　剑）

保密工作

【保定市保密局】　保定市保密局是市委、市政府管理保密工作的部门。主要负责对党的保密工作方针政策，法律法规进行宣传；对保密工作法律法规贯彻落实情况进行执法检查；对国家秘密的确定工作进行指导、管理；经管涉密网络、涉密计算机的建设审批和管理；泄密案件查处。内设综合处、检查技术处。

【概况】　按照《中共保定市委保密委员会2008年工作要点》提出的总体要求，紧紧围绕市委、市政府的中心工作，强化职能、严格管理，突出党政机关保密管理、国防军工科研生产单位保密管理、涉密信息系统保密管理、涉密载体保密管理四项重点工作，积极开展了宣传教育、保密管理、执法检查、保密技术防范等项工作，努力加强保密队伍建设和机关内部建设，充分发挥了保密部门的职能作用，在全省保密系统考核评比中评为优秀等次。

【保密宣传教育工作】　按照“将保密宣传教育工作有机融入各项保密重点工作中，突出各级领导干部、重要涉密人员和专兼职保密干部的教育与管理，力求把保密宣传教育工作做深、做细、做实，充分发挥保密宣传教育工作的先导、引导、指导作用”的基本思想，组织开展了7项活动。全面部署年度保密法制宣传教育工作。制定了《保定市2008年保密法制宣传教育工作计划》，明确了2008年宣传教育工作的方向、要求、任务。充分发挥党干校阵地作用，加强对党政机关领导干部的教育。全年市、县两级党校接受保密教育的干部近6000人。抓好军工科研生产单位的保密宣传教育。对现有6家和正在审批中的一家军工企业涉密人员进行了培训。注重抓好重点人员的管理和教育。按照省保密局开展“培训年活动”的要求，结合奥运安保、《保密法》颁布20周年纪念活动等，在前两年培训的基础上，又对6个县、8个市直单位的重点人员进行了系统培训。积极开展《中华人民共和国保守国家秘密法》颁布20周年宣传教育活动。紧紧围绕“平安奥运会、维护社会稳定、保障国家安全”这一主题深入学习《保密法》、《保密法实施办法》及配套法律法规，大力普及保密知识，不断强化保密意识。通过保密知识讲座、观看保密警示教育片《警钟长鸣》、《信息化条件下的主要技术窃密手段及其防范》等加强对保密人员及各级领导干部的培训教育。通过政府信息公开加强保密宣传教育。在实施《中华人民共和国政府信息公开条例》过程中，在完善工作制度、编制政府信息公开指南和目录、梳理政府信息、开展宣传培训、政府网络建设等工作中，做出积极贡献。在《条例》落实当中，市保密局分管领导带队对9个县（市、区）、24个市直部门进行了督导，对有关人员讲解有关保密法律法规、保密知识，使有关人员接受了一次针对性强、效果明显的保密教育。充分利用三级刊报，宣传推动工作。首先是做好《保密工作》杂志的“学、用、订”工作。市保密局在年度考核工作中，把学刊、用刊、订刊情况作为一项重点内容，宣传刊物的重要作用，促进了《保密工作》杂志“学、用、订”的开展。其次是利用省、市两级简报，宣传交流工作。

【保密管理工作】　以开展“保密管理规范年”活动为抓手，抓好市直党政机关保密工作。在市直党政机关开展了“保密管理规范年”活动。基本目标是：强管理、重规范、上水平、促发展。活动内容包括规范定密工作、规范党政机关保密分类管理工作、规范涉密人员的教育培训、规范制度建设、规范涉密计算机及其信息系统的保密管理、规范政府信息公开的保密审查程序，共7大项，34小项。全力做好奥运会期间信息网络安全保密工作。召开了全市奥运会期间信息网络安全保密工作会议。会上，市委常委、常务副市长、市保密委副主任李谦代表市委保密委员会与各县（市、区）委保密委员会，市直各单位保密委员会（保密领导小组）签订了保密责任书。市委副书记、保密委主任王会平在会上讲话。5月至7月，结合开展“保密管理规范年”活动，对各地各部门进行了一次全面彻底的保密大检查。健全完善保密规章制度、规范工作程序。做到了办文制度、会议制度、内部事务管理制度等基本制度健全，工作程序规范。其中对基础性、规律性、程序性的工作制定了工作流程，各过程、各岗位的职责明确。继续做好定密日常管理工作。积极推进党政机关保密分类管理工作。

认真做好域内军工企业保密资格审查认证工作。对已经取得认证的企业进一步加强检查指导。对保定三金公司进行了三级军工资质认证审核，并对全体涉密人员进行培训。做好国家统一考试保密工作。配合有关部门做好密级认定工作。开展涉及国家秘密信息系统分级保护管理工作。完善系统内网建设。

【保密执法检查】 奥运安保期间，结合开展“保密管理规范年”活动，对各地各部门贯彻落实《关于加强中央和国家机关保密工作的意见》（中办发〔2007〕23号）进行了一次全面彻底的保密大检查。开展对国家秘密载体定点印刷复制单位的保密检查，对国家秘密载体定点销毁单位的保密检查，对国家统一考试试卷定点印刷单位的保密检查。开展了对全市市直单位、军工企业涉密载体统一清理工作，对各单位在岗和近3年离岗人员个人持有的涉密载体进行了集中清理，在各单位自查的基础上，市保密局对部分单位进行了抽查。

【保密技术工作】 实施保密科学技术“十一五”发展规划。开展经常性的互联网检查工作，并于每月底向省保密局上报检查情况。对5个县、8个系统的计算机操作人员进行计算机保密技术知识培训，培训800多人，全部实现持证上岗。对全市党政机关一级涉密单位进行全面检查。着力抓了保密技术防范设施和检查设备的配置工作。

领导班子成员

局　　长　何建业

副 局 长　曹德生　杜振洲

（曹艳平）

信访工作

【保定市信访局】 保定市信访局隶属市委、市政府领导，县级行政单位。内设办公室、综合信息处、接待处、办信处、办案处。

【概况】 2008年，市信访局围绕奥运安保这一中心任务，强化信访工作举措，扎实推进各项工作，有效地化解了大量的人民内部矛盾，维护了全市社会和谐稳定。全年接待群众来市访1921户次，其中集体访265批5212人次；办理群众来信3980件次；处理群众进京、赴省上访1051户次；处置非正常进京上访352户次；办理省交办要结果案件727件。奥运会期间，没有发生影响首都和省会稳定的信访案件，完成了奥运安保任务，充分发挥了维护首都稳定的“护城河”作用。保定市信访局分获省奥运工作先进集体和市奥运安保工作先进集体；进京值班工作受到省驻京指挥部表彰。

【完成奥运安保任务】 自年初开始，全市以奥运安保为核心开展信访工作。一是超前排查化解矛盾纠纷。全市三次集中开展矛盾纠纷排查化解活动。奥运会期间，实行信访苗头日排查日报告制度。对排查出的苗头隐患问题，逐件落实“四明确”，由市联席办统一建立台账，挂账督办。全市累计排查化解矛盾纠纷问题1537件。二是下大力治理非正常进京访问题。对2007年下半年后发生的非正常进京上访案件全面进行清理，逐案进行核查处理，确保有理访依法按政策解决到位，一时难以解决的解释疏导到位，确有困难的扶持到位。对屡教不改、有违法行为的非正常上访人员，依法做出处理。对仍不稳定的人员，逐人明确了包案领导和责任人员，进行24小时稳控。同时，加大法制教育、政策解释、思想疏导工作力度，促其转变认识。三是加大对重点疑难案件解决和稳控力度。对重点难点问题，逐案认真分析，提出解决对策，及时报请市领导调度解决。奥运会期间，市级共筛选出重点案件37件，召开调度会4次。320多个集体访重点苗头和老上访户，全部得到稳控，6户“人事分离”的案件协调落实了稳控责任和解决责任。四是全面开展县委书记大接访活动。按照中央和省联席会议关于开展县委书记大接访活动的要求，自7月1日开始，市、县、乡三级全面开展大接访活动，市、县两级领导带头破解信访难题，各地各部门不断创新工作举措。通过这项活动，使大量社会矛盾化解在基层，人员稳控在当地。据统计，市、县、乡三级党政领导和市、县直部门领导共接待处理群众来访7351案14938人次，约访和带案下访共1039案1759人次。五是周密部署，完成驻京值班工作任务。按照省联席会议通知要求和市委、市政府的安排部署，由市委、市政府副秘书长、市信访局长槐建国任组长、市信访局副局长杨东升任副组长，成立保定市驻京指挥部，自7月10日至残奥会结束，组织各县（市、区）和市直有关部门100余名精干力量奋战在值班一线，完成奥运期间驻京值班工作任务。

【建立新的信访工作激励机制】 经过市联席会议研究，制定出台对县（市、区）2008年信访工作“以奖代补”支持的实施办法。市委、市政府专门从全市稳定经费中拿出104万元作为信访工作奖励资金，对2008年度信访工作成效显著和进步明显的12个县（市、区）予以奖励。对激励各县（市、区）扎实做好信访工作，控制越级集体访和非正常进京访的发生，发挥了重要作用。

领导班子成员

局　　长　槐建国（10月离任）
　　　　　肖宝元（10月任）
副 局 长　肖余利　王再兴
　　　　　杨东升

（王再兴）

工委工作

【中共保定市直属机关工作委员会】　为市委派出机构，内设办公室、组织部、宣传部、市直纪工委、市直团工委、市直妇工委、市直武装部和市直机关工会。其中市直纪工委、市直团工委、市直妇工委、市直武装部分别为市纪检委、团市委、市妇联、保定军分区派出单位，实行双重领导，以市直工委为主；市直机关工会为市总工会派驻单位。主要职责是统一领导市直机关党的工作和群团、民兵工作。2008年7月，经市委研究，工委书记由市委常委、秘书长兼任，设常务副书记。

【概况】　2008年，市直工委围绕市委、市政府中心工作和“又好又快发展，强市兴县富民”宏伟目标，创新工作思路和工作方法，创造性地开展了一系列活动，机关党建工作呈献出全面进步、协调发展、整体提高的良好态势，全年共有17项工作获得市级以上荣誉，保定市直工委获全省机关党建综合评价第一名。深入学习贯彻科学发展观，强化理论学习，党员干部整体素质得到进一步提高。市直机关各单位以领导干部理论学习中心组为重点，通过集中学习、报告会、座谈会、专题讲座、学习讨论会、专题心得体会、组织答题等形式，有计划、有步骤、多形式地组织班子成员中心组学习，营造了学习宣传贯彻科学发展观的浓厚氛围。对市直机关理论学习从学习目的、阅读书目、组学方式、专题步骤等方面，进行了统一的布置和安排，保证了市直机关中心组学习的计划性和规范化。以“优化发展环境、激活市场主体”和亲民爱民两项活动为契机，通过网络、信息、文件、通知等，全面反映市直机关两项活动开展好的做法和有益经验，实现了理论学习结合市委大项工作的密切结合，并向纵深开展。不断拓展“保定机关党建网”[www.bdjgdjw.com]的职能作用，把机关党建工作与网络技术有机结合，新设时政要闻等12个栏目，全年共上新闻稿件1400篇左右，万余人次登录网站，点击次数达229000余次，开辟了市直机关党建工作新的方式，增强了机关党建的辐射力和影响力，搭建了教育和管理市直机关党员的新平台。进一步开展精神文明创建活动，4月16日、17日组织召开创建文明单位汇报会，采取互评、征求有关部门意见等程序，评选出市级文明单位60个。12月16日，召开市直机关创建绿色单位汇报会，择优选出29个绿色单位。夯实党建基础，加大对机关党员干部的管理力度，基层党组织活力得到不断增强。督促指导保定海关等17个基层党组织按要求和规定程序进行换届选举。搞好党务干部调整，先后对市人大等26个单位党组织成员进行调整和补充，充实专兼职党务干部38名，调整专职副书记15名。完成了党组织改建和组建工作，市农联社机关党支部改建机关党委，新组建市行政服务中心机关党委、国家统计局保定调查队机关党总支。组织市直机关93个单位按要求完成了民主评议党员工作，占应参评单位的93%；实参评党员12666名，占应参评党员的93%。为迎接建党87周年，评选表彰先进基层党组织56个、优秀共产党员160名、优秀党务工作者58名，并在《保定日报》刊发了表彰通报和表彰名单。认真做好党员发展工作，对市直机关191名入党积极分子进行了为期4天的集中培训。继续推行发展党员“公示制”、“票决制”和“预审制”，按照党章和发展党员工作细则规定的标准和程序，积极稳妥地做好党员发展工作。全年共发展新党员270名，预备党员转正259名。加大监督力度，筑牢反腐防线，党员干部廉洁自律意识不断增强。为了拓展源头治理腐败工作领域，积极开展廉政文化进机关活动，积极推选市直机关参加市级廉政文化建设示范点评选活动。通过创新活动形式，整合资源，运用正面典型进行宣传引导，不断改进反腐倡廉宣传教育方式方法，增强了党风廉政文化建设的有效性和针对性。组织市直机关88个单位7345名党员干部（领导干部739名）参加了《建立健全惩治和预防腐败体系2008－2012年工作规划》知识答题活动，突出了惩治和预防腐败的主题，达到了学习提高、警钟长鸣的效果。两节期间组成三个工作组对30多个单位贯彻市纪委节日期间有关要求的情况进行了明察暗访，狠刹了“五股歪风”。配合市纪委、监察局对市直各单位2003年至2007年调查处理案件的执行情况进行了检查。

全年受理效能投诉件8起，均依照有关程序做了转交和办理。坚决贯彻从严治党方针，认真依法依纪完成对高阳劳教所和市地税局两起党员违纪案的处理，协助省直纪工委对省直机关一宗经济案件进行了调查取证。建设职工之家，活跃文化生活，工会工作稳步发展。组织召开2007年度先进职工之家、优秀工会工作者表彰大会，表彰了先进职工之家40个、优秀工会工作者106名。以先进职工之家为载体，形成学先进、超先进，找差距、比贡献，争一流、促发展的良好风尚。组织开展“庆七一、迎奥运”市直机关征文评比活动，有17篇征文获奖。组织机关工会干部钓鱼比赛、“迎元旦”市直机关第二届保龄球比赛等群众体育活动，活跃了机关气氛，增强了机关干部履职尽责的工作热情。抓好工会基础管理工作，及时发放全国劳模慰问金、困难劳模救济金，并完成省部级以上劳模统计摸底工作和劳模体检；完成市直机关工会财务预决算和基层财务决算汇兑；组织工会会员向灾区献爱心捐款活动；为市直机关部分单位办理了工会会员重大疾病医疗互助保险。创新活动形式，激发青年热情，团的工作全面推进。深入开展“真情助困进万家”活动，走访慰问特困户58户，送去生活用品和慰问金万余元。组织开展以“学习英雄事迹，志愿促进和谐”为主题的帮扶困难群众志愿服务活动。对106个市直机关各级“青年文明号”进行了年度考核，推荐省级“青年文明号”3个，市级“青年文明号”5个，市直机关“青年文明号”12个。结合纪念“五四”运动89周年，组织市直机关各级团组织广泛开展了素质拓展培训、演讲比赛、野战训练、爱国主义教育、参观学习、义务劳动等多种形式的活动，对逐级评选出来的15个五四红旗团组织、42名新长征突击手、64名优秀共青团员、35名优秀团务工作者进行了表彰。团的基层组织建设进一步加强，对农业局团委换届选举、保定市行政服务中心组建团委和市安监局组建团支部工作进行了督促和指导。充分利用《市直机关青年网》这一有效载体，上传、更新各类文章400余篇，对机关团内建设发挥了重要的指导作用。培树妇女典型，广泛开展活动，妇女组织建设水平全面提高。组织开展了“优质服务迎奥运、巾帼建功创新业”主题活动。继续开展巾帼文明示范岗星创建，培育优秀典型，结合纪念“三八”国际劳动妇女节98周年，评选表彰市直机关“巾帼文明示范岗”、“巾帼明星”等先进集体和个人，起到了较好的示范带动作用。组织开展“新女性、新形象、新家园”大行动，确定重点单位，并对争创活动做出阶段性、针对性的工作安排。组织市直机关百余幅摄影作品参加省“我眼中的‘三新’”摄影大赛，组织市直机关妇女干部参加了女性修养讲座、女性健康讲座。组织妇女干部、先进典型及巾帼志愿者，在满城坨南乡为东赵庄中心小学的孩子免费体检、义诊，捐赠部分图书、文具、体育用品和衣物60件；向当地巾帼典型李花琴赠送技术资料30册，听取创业事迹报告并现场进行了参观与交流。推动“法律进家庭”，组织开展“法律进家庭”答卷活动；开展“创平安家庭，护奥运平安”行动，发放《平安和谐家庭手册》、《法律进家庭手册》，组织市直机关维权志愿者队伍，走上街头，深入社区，发放宣传资料，开展多种形式的普法宣传咨询活动。做好民兵整组，加强国防教育，市直机关民兵建设不断加强。制定下发了《关于组织民兵预备役登记工作的通知》，对68个所辖单位民兵组织进行了整组，为民兵预备役工作的开展奠定了坚实的组织基础。市直机关民兵预备役组织建设，受到了保定军分区的表彰。积极协调相关部门，按照军分区要求，选好配齐了专、兼职人武干部74人，把懂军事、会管理、业务精的急需人才吸收到专武干部队伍中来，切实提高了专武干部队伍的整体素质。

【组织党员交纳抗震救灾特殊党费活动】 四川汶川地震发生后，按照中央、省委、市委组织部要求，认真组织机关党员交纳“特殊党费”，市直机关13415名党员（占党员总数的96.8%）交纳特殊党费873万余元。根据保定市支援四川地震灾区工作领导小组第二次（扩大）会议精神，通过广泛深入的动员发动、进行督导、建立捐献台账等措施，组织93个市直党政机关和省垂直部门捐款527万余元。

【扎实开展“优化市场环境、激活市场主体”和亲民爱民活动】 两项活动均由“一把手”任组长，制定了翔实的活动方案。县级干部到一线了解企业所思、所盼、所想，认真查找发展中存在的突出问题，深刻剖析其原因，并努力协调解决。班子成员经常深入困难群众联系点，分步骤、有计划、按时限帮助困难群众解决实际问题。

【开展“文明迎奥运、建设新保定”系列文明健身活动】 以迎接2008年北京奥运会为契机，举办了“文明迎奥运、建设新保定”知识竞赛，市直机关73个单位的8299人参加活动；选派代表队赴省参加“迎奥运、讲文明、树新风”礼仪知识竞赛，获得优秀奖。积极组织市直机关党员干部参加保定市迎元旦长跑、保定市首届篮球节、中国保定敬老健身节等群众性体育活动，展现了机关党员干部的精神风采，营造了喜迎奥运的浓厚氛围。

【做好政工职务评审工作】 严格召开评审会、单位公示等程序，完成市直机关企事业单位2008年初级政工职称的评审工作，评审出初级政工职称人员68名（11名政工员、57名助理政工师）、政工师29名和14名高级政工师的组卷、公示工作。

【建立健全党内激励、关怀、帮扶机制】 春节前，对495名生活困难党员和老党员进行了走访慰问，为他们发放了慰问金和慰问品。1月24日，工委领导分别对市政府办公厅王立君、保定日报社张平托、市总工会孙廷华、市公安局刘建英等老党员和生活困难党员进行了走访慰问，送去了慰问品和慰问金。双节期间，工委共为老党员和生活困难党员发放慰问金（含购买慰问品）105500元，充分体现了党组织的温暖与关怀，逐步形成了对市直机关党员帮扶救助的长效机制。

【举办青年摄影比赛】 与保定日报社《莲池周刊》联合举办了“我眼中的保定”青年摄影比赛，征集参赛作品681幅，从不同角度展示了保定市在政治、经济、文化、社会发展等领域取得的巨大成就，进一步激发了广大青年为实现保定又好又快发展做贡献的积极性。

领导班子成员

书　　记　赵志中(7月离任)
　　　　　刘　颖(兼,7月任)
常务副书记　宁洪茂(10月任)
副 书 记　薛宝友
　　　　　王　洋
　　　　　吴月正
纪工委书记　（暂缺）

（安红波）

老干部工作

【中共保定市委老干部局】 负责全市离退休干部（简称老干部）工作的专门机构，归口市委组织部管理。主要职能是贯彻落实中央、省、市有关老干部工作的方针、政策；按照有关规定做好离休干部的安置管理工作；检查指导各级各部门落实老干部的政治、生活待遇；配合有关部门组织老干部发挥作用并及时宣传推广老干部发挥作用的典型；指导全市老年教育工作；组织指导老干部开展健康有益的活动。内设办公室、宣传调研处、组织指导处、安置管理处4个处室，另设机关党委。辖市关心下一代工作委员会办公室、市老年大学、市老干部活动中心、市直机关第一干休所、第二干休所、第三干休所共6个事业单位。

【概况】 截至12月底，全市共有离退休干部67385人，其中离休干部7047人。

2008年，全市各级老干部工作部门围绕市委中心工作，以人为本、服务为先，扎实工作、开拓创新，着力解决改革发展中老干部工作遇到的重点、难点问题，老干部政治、生活待遇得到较好落实，老干部作用得到较好发挥，老干部工作部门自身建设得到进一步加强，全市老干部工作取得新进展。围绕纪念保定解放60周年、改革开放30周年和奥运年举办了一系列活动。5月27日，和市老龄委、市社区办、市妇联、市老年协会联合举办了纪念保定解放60周年知识竞赛活动。各县（市、区）、市直各部门、企事业单位、社区以及驻保部队干休所等单位，共计12284名老年人参加了此项活动。9月24日至26日，参加了河北省老年书画研究会2008年工作会议暨纪念改革开放30周年全省老年书画展览，容城县老年书画研究会在大会上介绍了工作经验。11月20日，组织市直部门离退休干部2000余人次参加了“纪念保定解放60周年暨改革开放30周年文艺演出”活动。为迎接2008奥运年，分别与市老年书画研究会、竹林书画社、老促会共同举办了4次“迎奥运”书画展。广大老干部积极响应市委、市政府的号召和市委老干部局的倡议，踊跃向四川汶川地震灾区捐款，累计捐款314万余元。市委老干部局被省委组织部、省委老干部局评为“老干部工作先进集体”。

【制定下发《定期走访老干部工作实施意见》】 为全面落实老干部政治、生活待遇，3月3日，市委办、市政府办下发《转发市委老干部局<关于定期走访老干部工作的实施意见>的通知》，老干部局每位局长带领1名处长坚持每季度走访老干部，及时了解老干部思想动态，为老干部解决实际问题。市委书记宋太平对每一次走访报告都仔细审阅，并做出“贵在坚持，定要注重成效。老干部工作无小事，件件要办好，使老同志满意”的批示。截至12月底，共走访原地市级实职老干部268人次，征求老同志意见和建议428条，现场解答、解决75条，梳理上报市委82条，采纳21条。

【通报表彰老干部工作先进集体和个人】 7月2日，市委组织部、老干部局对全市老干部工作先进进行了通报表彰。表彰了先进离退休干部党支部9个，老干部先进个人10名，老干部先进集体30个，先进老干部工作者18名。

【召开老干部情况通报会】 9月11日下午，在秀兰饭店召开老干部中秋座谈会，市委书记宋太平、市长于群等四大班子领导与老同志欢聚一堂，于群通报了全市在优化发展环境、奥运安保、项目建设、加速新农村建设等方面的举措和巨大成绩。

【认真落实老干部生活待遇】 2008年，完成了市直第二批改制、破产企业离休干部的上收工作，共计43家企业225人。并及时与财政部门、部分困难企（事）业单位进行协调，解决了23户困难企业2005年医药费拖欠共计119万元。

【推广应用老年远程教育系统】 市老年大学与中国老龄事业发展基金会“东方银龄远程教育中心”协作，在全市推广应用老年远程教育系统。7月25日，召开全市老年教育系统远程教育启动会议，市委常委、组织部长兰保良在会上讲话，省委老干部局副局长、省老年教育办公室主任刘佩华发表了祝词。到年底，已有18个县（市、区）开办了远程教育课程。

领导班子成员

局　　长　张　健

副 局 长　丁海山　许尔强

副调研员　宋秀玲

（李卫科）

对台工作

【中共保定市委台湾工作办公室】 中共保定市委台湾工作办公室，保定市人民政府台湾事务办公室是市委、市政府对台工作的办事机构，主要职责是：贯彻落实党中央、国务院对台方针、政策，坚持“和平统一，一国两制”基本方针，对全市对台工作实行“组织、指导、管理、协调”。内设综合处、经贸处、交流交往处3个处。

【概况】 2008年，市台办深入贯彻“和平统一、一国两制”基本方针，牢牢把握两岸关系和平发展主题，坚持“寄希望于台湾人民”的方针，开展对台经贸、交流、宣传、调研、涉台奥运安保等工作，机关全面建设不断加强，完成省、市下达的年度任务目标，各项工作均取得新成绩。

【对台经济工作取得新进展】 不断加大招商引资力度，对台经济工作成效显著。全年新增台资项目8个，总投资4479万多美元，合同利用台资4311.8万美元，涉及行业有农业、食品、纺织、环保、贸易及服务业等。积极参加全国“9·8”厦门对台招商会，唐山、张家口的冀台招商会，加强与参会客商的联络、沟通项目信息。主动邀请到保定参观考察团组7个，70人次。江苏省台办主任陈尧在省台办主任潘爱良陪同下率领以“台资企业向中西部转移”为目的台商考察团一行16人，到保定·中国电谷、天威集团、长城汽车和保定味群食品有限公司进行考察，与保定市政府部门、有关企业就发展新能源产业、汽车工业等进行了广泛的探讨，达成许多共识。组织赴台考察团组7个，赴台技术交流和培训9人次。

突显服务质量，积极为台企、台商解决生产和生活中的困难，提升台办服务台商的良好形象。开展“优化发展环境、激活市场主体”活动，深入多家台资企业展开调研，为台资企业协调、解决困难事项5件，撰写针对性强、价值大的调研报告3篇。及时协调市工商、国土、发改委、电力等部门解决统一集团保定分公司、金隆机械公司、大润发超市等反映的有关问题，受到了台商好评。

发挥台企协会作用，积极动员台资企业投入抗震救灾、捐资助教等奉献爱心及社会公益事业。在南方冰雪灾害、“5·12”汶川大地震期间，指导市台企协会及时向台商、台企发出倡议，组织台企、台商共向灾区捐款40万元人民币，及时送到灾区人民手中。台企协会向顺平县燕子水村捐助打井经费6万元，经有关部门钻探，打出一眼机井，解决了该村村民一直靠买水生活及农业灌溉的问题。望都莲众农业开发有限公司回馈望都人民对企业多年来的支持和关爱，引进200万资金为当地农村建立一所生态小学，联络台塑集团为保定市部分县捐建8所“明德小学”，引进项目建设资金720万元。

【保台交流、对台“民心工程”日益深化】 发挥优势，整合资源，积极促进保台间的交流交往工作。围绕两岸关系和平发展的主题，开展人员往来和各项交流活动，全年接待来保台湾团组15个258人，组织赴台交流团组11个。重点接待了台湾“中华地母至尊道教总会”一行17人，在涿州市三义宫、泰宁宫进行的参拜活动。台湾“双清文献研究学会"创办人陈进乾先生一行5人，在莲池书画院观摩考察。接待参加河北省冀台经贸洽谈会的台湾"海峡两岸三祖文化交流团"和"冀台旅游观光考察团"两个团组共75人来保参访。同时，还积极谋划了"莲池画院"和"忠义文化研讨会"两个重点交流项目。

贯彻落实党的惠台政策，加强涉台事务管理。积极落实党的惠台政策，根据河北省《关于做好台湾同胞子女在大陆中小学和幼儿园就读工作的若干意见》，协调市教育部门及有关学校妥善安置5名台商子女在保定市中小学校就读。配合有关部门确认了台籍青年身份，稳妥处理了去台人员回乡修坟、社区滞留台胞病故、台属王某车祸的后续赔偿等事宜。

加强对台胞台属的宣传教育和联谊服务工作。充分发挥台胞台属联系网络的重要作用，深入扎实地开展宣传教育、联谊、座谈、走访等活动。顺应台海局势，适时编辑《台属专刊》，向台胞、台属提供对台政策、两岸局势、经贸、交流交往等信息。增强台胞台属参政议政作用，推选台属为市政协委员。

【对台宣传、涉台教育成效显著】

完善网站建设，突出网络宣传阵地。加大网络宣传力度，调整台办网站主页及版面内容10次，更换工作信息25篇，新增媒体聚焦内容125条，介绍党的方针政策及保台交流交往、经贸投资、保定特色产业及旅游、生态环境等情况，为台胞、台属、各界人士搭建交流沟通平台，不断提高保定在台湾的知名度和影响力。挖掘对台宣传潜能，提高各媒体宣传效果。密切与媒体的联系，及时沟通信息，最大限度发挥保定市媒体宣传效能。精心组织全国2008年度两岸新闻交流重点项目之一"台湾记者河北民风民俗文化采访活动"，邀请在台湾颇具影响的台湾中国电视公司节目部"大陆寻奇"栏目组、中天电视台"台湾脚逛大陆"栏目组等台湾记者来保定市拍摄民风民俗、传统文化、人文景观专题电视片。

宣传项目实现突破，入岛宣传成效明显。制作输出各种宣传品5256件，发表宣传稿件、图片、影像资料100余篇。在上级台办支持、指导下，精心谋划制作全国重点宣传项目《保定军校》画册，实现了保定市大型宣传项目零的突破，受到上级台办的表扬。

注重信息报送，结合工作开展调研。采集上报省台办各类信息37篇、向市委办公厅信息处报送信息6篇。认真开展调查研究，撰写出5篇质量比较高、参考作用比较强的调研文章。及时编写参考资料，开展形式多样的涉台宣传教育活动。根据台海局势的发展变化，及时采集有关信息资讯，编辑《台情参考》12期、《台办简讯》6期，举办各种形式的涉台宣传座谈会25场，台情报告会4场，组织举办接待奥运会采访记者培训会2场，联合市政协、市委统战部邀请石家庄陆军指挥学院教授王建华，为160余位政协委员、民主党派人士、台胞台属代表等做台海形势报告，引起与会人员热烈反响，收到了很好的效果。

领导班子成员

主　　任　高　旗
副 主 任　赵彦平
副调研员　张　力

（马焕忠）

市委后勤工作

【中共保定市委机关事务管理局】

中共保定市委机关事务管理局是为市委机关提供后勤管理和服务保障工作的职能部门。是由市委办公厅管理的副县级事业单位。内设办公室、财务处、车辆管理处、总务处、保卫处、经营管理处、生活服务处。主要职责是负责市委办公厅及市委有关部门的经费管理；负责市委机关国有固定资产的管理；负责市委办公厅机关车辆的管理和调配；负责市委机关大院的卫生、绿化、美化、水、电的管理和房屋维修使用；负责办公用品等物资的采购、保管和支出；负责市委机关食堂、医务室的管理；负责市委机关的内部安全保卫工作。

【概况】　2008年，管理局按照"标定一流、争先创优"总目标要求，紧紧围绕市委中心工作，认真贯彻落实科学发展观，讲政治、顾大局，解放思想，开拓创新，不断提高后勤管理水平和服务保障能力，保证了市委机关正常、高效运转。被河北省省直机关事务管理局评为"河北省后勤工作实绩突出单位"。

【积极改善干部职工工作生活条件】　一是更新办公家具。配备办公桌65套，新书橱57套，为副秘书长配置办公家具10套，更新电脑17台；二是更换空调。把老式窗式空调机共计50余台更换为冷暖分体机；三是粉刷部分办公室。粉刷办公室60余间，面积达5000余平方米；四是部分房顶做防水处理。把漏水严重的机关食堂、3号楼房顶做了防水处理；五是维修1号楼电梯。1号楼电梯已投入使用多年，运行很不稳定，为消除事故隐患，筹措资金对两部电梯进行了大修。六是根据工作需要，更新了3台车辆。七是在2号楼添置电子显示屏；八是加强机关食堂管理。增加饭菜品种，提高饭菜质量，在食堂大厅安装电热水器，更换读卡器、碗橱，提供清洗用品。

【高标准完成奥运安保工作】为确保奥运期间市委机关安全稳定，重点加强了安全保卫制度建设，先后制定了《关于加强奥运期间市委机关安全保卫工作的意见》、《关于做好奥运期间安保及值班工作的通知》、《关于奥运期间人员进入市委机关大院有关问题的通知》等多项制度确保奥运期间机关安全。制定具体措施，严加防范。奥运会前，全面检修了技防设备、消火栓，配备了158个消防灭火器；清理机关暂住人口；加强各个门口管理，对人员和车辆实行出入证制度，协调市公安局选派6名公安干警在市委大门口执勤；严格落实24小时值班制度、通讯畅通和情况报告制度，坚持人防、物防和技防相结合，确保了市委机关奥运期间的安全稳定。机关保卫处被评为奥运安保工作先进集体。

【日常服务保障有力】一是加强政治学习，提高大局意识；二是高标准完成了局各类文件、会议纪要、总结、计划等文字材料的起草、上报和下发工作；三是加强人事劳资管理。管理局批准为参照公务员法管理单位，完成了参照公务员法管理人员登记及工资套改工作；四是加强大院绿化管理，除对原有花草、树木加强日常管护外，还改换品种，试种过路黄草500平方米，解决了大树下草皮生长不好的难题；五是加强财务管理。坚持开源与节流并重，积极争取资金，狠抓内部管理，较好地保证了办公厅及管理局工作的正常运转；六是车辆服务保安全。牢固树立安全第一的思想，全年安全行驶100余万公里无重大责任事故。七是提高防范意识，确保大院安全。健全大院综治机构，实行群防群治；八是加强《公共机构节能条例》的宣传、实施工作，继续做好建设节约型机关工作。

领导班子成员

局　　长　孙俊华(10月离任)
副 局 长　齐学增　靳志余
　　　　　尚玉河

（靳玉志）

党史研究工作

【中共保定市委党史研究室】中共保定市委党史研究室是中共保定市委主管党史征集、编纂、研究、宣传工作并对所辖县（市）党史部门进行业务指导的职能部门，正县级机构，直属市委领导，业务上受中共河北省委党史研究室指导。内设秘书处、编研处、宣教处、资料处4个处室。附设保定中共党史学会，负责联系、协调全市党史界的学术研究工作。

【概况】2008年，中共保定市委党史研究室以科学发展观为统领，以保定解放60周年、改革开放30周年和北京奥运会为契机，以党史征编、研究和宣教为支点，深化大局意识、精品意识、服务意识，进一步加强“以史鉴今、资政育人”职能，推动全市党史工作全面协调发展，完成全年各项工作任务。1. 高标准修订《中共保定地方史》（第二卷）(1949.10～1978.12)。2. 高质量完成保定抗战调研资料丛书的编纂工作。组织编纂了抗战时期保定市人口伤亡和财产损失课题调研资料丛书。丛书共6卷，计300万字，由长征出版社出版。3. 社会主义时期保定党史人物资料征编工作全面展开。社会主义时期保定党史人物作为保定党史人物资料库的重要组成部分，是全市党史工作的一项长期任务。2008年，继续加大对市直有关单位和相关县（市）督导和协调力度，市直部门有26个单位报送了人物资料。作为重点工作，完成省党史研究室下达的“孙生禄”人物传记资料征编任务。4. 社会主义改革开放新时期专题资料的征集、整理、研究和编写工作顺利开展。完成了“六·四学潮”、“‘三讲’教育”、“普训党员”、“彻底否定‘文革’教育”等专题资料的撰写任务。5. 完成省党史研究室下达的《河北改革开放30年口述资料》的征集任务。6. 与保定市国防教育办公室联合举办“辉煌六十年——纪念保定解放60周年暨庆祝第八个全民国防教育日图片展”活动。图片展除在市博物馆固定展出一个星期外，还在植物园、直隶总督署等公共场所展出，观看展览的群众达到10万人次，引起社会强烈反响。7. 成功组织了“长城杯”纪念保定解放60周年知识竞赛。党史研究室与保定日报社、长城汽车股份有限公司联合举办了“长城杯”纪念保定解放60周年暨改革开放30周年党史知识竞赛。参加答题的有机关干部、在校学生，也有部队战士、离退休人员，较好地宣传了保定地方党史、普及了党史知识。8. 组织召开纪念保定解放60周年暨改革开放30周年座谈会。部分当年参加保定解放的进城老干部和驻保高校的专家学者以及党史工作者参加了座谈会。9. 与市委宣传部、市委党校和市社科联联合征文并召开纪念保定解放60周年暨改革开放30周年学术研讨会。研讨会共收到论文162篇，经过认真评选，共评出一、二、三等奖和优秀奖136篇。12月29日，研讨会在星光大厦召开。

在认真做好各项业务工作的同时，积极开展各种主题教育活动。一是解放思想大讨论活动进一步引向深入。二是“优化发展环境，激活市场主体”活动卓有成效。在为期三个月的“优化发展环境，激活市场主体”集中活动中，积极为企业解决扩大生产规模、提高产品知名度、企业转型和寻求资金的途径及办法等几方面的问题。党史研究室撰写的《高效新能源的生力军——关于做强做大保定聚能太阳能电池有限公司“平板集热器”的调查》专题调研报告在市委研究室主办的《调研与决策》上予以发表。三是积极为汶川地震灾区捐款。四是认真组织参与奥运安保工作。在全市开展的“保促迎”活动中，派驻4人到清苑县进行奥运安保工作。

【召开纪念改革开放30周年和保定解放60周年理论研讨会】 理论研讨会作为全市纪念保定解放60周年和改革开放30周年十项重要活动之一，是站在十七大的高度，用十七大精神总结历史经验，着重反映保定解放60年来和改革开放30年来社会经济各方面的发展和改革开放带来的深刻变化。研讨会共收到论文162篇，经评选、审议，评出一等奖11篇，二等奖21篇，三等奖32篇，优秀奖72篇。获奖论文在理论上有深度，对实践有启迪，有较高的学术价值和实践意义。12月29日，保定市纪念改革开放30周年和保定解放60周年理论研讨会在星光大厦召开。会议由市委宣传部、市委党史研究室、市委党校、市社科联共同组织。市委常委、宣传部长王洪斌到会并讲话。部分获奖论文作者和有关职能部门在会上发言，从不同领域、不同侧面回顾和总结了保定解放60年来特别是党的十一届三中全会以来各行各业发生的巨大变化。

领导班子成员

主　　任　朱　赤

副 主 任　卢金婷　李　焱

　　　　　郭敬洋

（杨永丽）

党校工作

【中共保定市委党校】 位于保定市区五四东路531号。学校占地100余亩，建筑面积1.8万平方米，拥有教室27个，学员公寓236间。全校有在职教职工171人，教师78名，其中教授8名，副教授39名，教师全部具有本科以上学历；校内设有政经、法学、基础理论、科学社会主义、现代管理5个教研室和15个职能处室。市委党校以科学发展观统领全校各项工作，高扬创新、发展、稳定、和谐的主基调，坚持从严治校、从严施教、从严管理，以打造“三名两一”（出名师、创名品、建名校、省内一流党校、市内一流单位）为目标，奋发进取，开拓创新，又好又快的发展。

【概况】 2008年，市委党校全体教职工围绕市委“又好又快发展，强市兴县富民”的中心任务，立足党校实际，着眼于把党校建设成为名符其实的培训轮训党员领导干部，培养党的理论队伍，学习研究宣传马列主义、毛泽东思想和中国特色社会主义理论重要阵地，组织带领全校教职工解放思想，大胆创新，脚踏实地，勤奋工作，完成了年初制定的各项任务目标，全年有21个方面的工作受到表彰奖励。

【立足出名师，深化教学改革】 2008年，市委党校主动适应新形势对干部培训工作的新要求，自觉强素质、练内功，培训质量和培训规模大幅提升。全年培训县处级干部、优秀中青年干部1626人，高标准完成市委交给的培训任务；另有3791名本专科和在职研究生完成学业，为全市培养造就高素质干部队伍发挥了重要作用。一是在提高培训质量上下工夫。在教学布局上，围绕提高党员领导干部的领导素质和执政能力、夯实学员的理论基础、拓展学员的世界眼光、培养学员的战略思维、加强学员的党性修养的教学框架，完善新的教学课程体系，由过去主要适应学历教育的教学布局扭转到主要适应对党员领导干部的政治理论武装上来。用党的最新理论成果和现代知识武装学员头脑，把科学发展观作为培训的重点内容，注重提高领导科学发展的能力。在教学主体上，把以教师为主体扭转到以学员为根本，树立按需培训的理念上来，根据中央和省、市委的战略部署调整授课内容，力求按照“学马列要精，学理论要深、调研要增强针对性、讨论要突出实践性”的要求，全面系统的安排授课内容和培训计划，深刻解答学员普遍关心、关注的重大理论和现实问题以及社会热点、难点问题。在教学方式方法上，把过去单一的灌输式教学扭转到研究式教学，综合运用讲授式、案例式、模拟式、体验式等教学方法，针对干部队伍学历越来越高的情况，让学员在“学”与“教”之间有机互换，重视调动学员的积极性、主动性。同时，从北京、天津、省委党校和市直有关部门邀请6名专家教授及领导干部到市委党校为学员作专题报告，丰富教学内容，提高教学层次。在提高教师执教能力上，选派10名教师参加中央党校和省委党校“十七大”精神培训班，2名教师到北京大学进修；采取专题竞标、试讲的方式选配主体班授课教师，强化“能者上”的激励机制；坚持学员对教师讲课情况进行满意度测评，将学员的意见和建议及时向教师反馈，督促教师及时进行调整、完善和补充。二是在加强主体班学员的党性锻炼上下工夫。市委党校在通过授课对学员进行党的路线方针政策、党的先进性、党的组织原则、廉洁自律教育的同时，把学员管理作为实现党性培养目标的重要环节。在组织管理上，每期主体班入学时，都进行认真的入学教育，组建班委会和临时党支部，明确纪律要求。每周都安排半天党日活动，并召开班会、党支部会，寓党性教育于严格的组织生活和日常管理之中；在学习管理上，严格学籍、学习和考勤制度；在生活管理上严格校规校纪，把党性锻炼贯穿于学员管理的全过程。三是在转变学历班教学管理上下工夫。中央党校决定，从2008年起，党校不再招收本专科函授学员。针对这一情况，市委党校把学历班工作的重点由招生转移到管理上，更加严格办学标准，加强班主任队伍建设，定期对授课情况跟踪检查，确保教学质量；在职研究生教育重视考生质量，在招生考试中，首次采用全封闭监考和架设监控摄像机的方式，全程、随时监督考场情况，保证考场秩序，严肃考场纪律。同时，严格学员管理，狠抓学员到课率。开辟第二课堂，先后组织学员到河北大学动漫基地考察，到部队进行国防教育，利用业余时间就全市重点和难点问题进行讨论、交流，增强在职研究生理论与实践结合的能力。四是在加强校外宣讲工作上下工夫。在办好主体班教育培训的基础上，市委党校还应邀派出教师到各县（市、区）及市直部门、企事业单位辅导宣讲100多场（次）。接受省、市电视台就深入实践科学发展观活动和纪念改革开放30周年、保定解放60周年等内容的专家访谈，增强了党校主阵地、主渠道作用。

【立足创名品，夯实科研工作基础】 市委党校把科研工作重点定位在“为提高党校教学质量服务，为党委和政府决策服务”上，实现向“两个服务”的倾斜，取得丰厚成果：全年出版专著3部，发表文章60多篇，其中国家级刊物发表4篇，省部级以上刊物发表29篇，论文《WTO法律规则与中国政府改革》获“中国科学发展与人文社会科学优秀创新成果”一等奖，论文《试论我党新时期“发展观”理念创新及历史沿革》入选河北省纪念改革开放30周年理论研讨会，是保定市入选的两篇论文之一，7项科研成果获省级以上奖励。一是围绕教学搞科研，推进教学科研一体化。各教研室根据教学专题需要，围绕重大理论和现实问题以及社会热点、难点问题进行调查研究，形成《我国未成年犯罪社区矫正制度的构建》、《关注领导干部心理健康，提高领导干部自我心理调适能力》、《当代宗教问题与我国的宗教政策研究》、《关于推进我市低保工作的调研报告》等多篇调研报告。这些调研成果的形成，对增强教学的针对性、实效性，提高教学质量，发挥了十分重要的作用。二是围绕市委中心工作搞科研，发挥党校思想库作用。围绕市委提出的“又好又快发展，强市兴县富民”、“城镇面貌三年大变样”等中心任务和战略安排进行调研活动，并主动向市委、市政府提出建议，《关于保定市贯彻落实〈劳动合同法〉情况中存在的问题和建议》的调研报告得到副市长刘宝玲的肯定性批示：“报告中发现和反映的问题应引起我们的高度重视”，“要在此基础上，争取早出台措施，加大落实市委市政府部署的《劳动合同法》的贯彻力度，创建更加和谐的劳动关系，促进保定经济社会更好更快的发展。”为市有关部门出台相关政策提供了有价值的参考，实现了党校的科研成果被市领导批示并采纳的“零”的突破。三是围绕纪念党的十一届三中全会召开30周年搞科研，突出党校理论阵地作用。成功举办了全市党校系统“纪念党的十一届三中全会召开三十周年”理论研讨会，收到论文98篇，评选出一批有较高学术水平和学术价值的优秀论文。与市委宣传部等相关部门共同举办了纪念保定解放60周年和改革开放30周年理论研讨会，较好地发挥党的理论阵地的作用。

【立足建名校，推进精细化管理工程】 一是加强建章立制工作。修订、建立和完善了督查工作制度、固定资产管理制度、物品采购和库存管理制度、教室使用管理制度、公章使用审批制度、奥运期间的安全保卫工作制度、消防工作预案、计算机保密工作规范等。这些制度的建立，进一步规范了管理体制，实现了行政后勤工作的精细化、制度化管理。二是进一步完善财务管理。在函授学员停招、收入锐减的情况下，加大增收节支的力度，科学合理安排收支计划，健全财务制度，严格执行财务规定。加大力度，进一步做好欠款收缴工作。积极向市财政争取资金100万元，确保以教学为中心各项工作的正常运转和教职工福利不减。

【加强对县（市）党校的业务指导】 市委党校在加强自身建设的同时，还肩负着对县（市）党校业务指导的责任。全年多次召开全市党校常务副校长、分管副校长会议，研究布置加强党校教学、科研、师资建设等工作，提出改进意见和建议。积极指导县（市）党校教材编写、科研课题立项等工作，不断沟通信息，总结经验，提高党校整体建设水平；在市委副书记、党校校长李剑方到市委党校调研后，及时把李剑方的调研讲话印发各县（市）委党校学习落实；在市委组织部的统一协调下，实现了市委党校与城区内南、北、新三区党校合校办学，区委党校挂牌市委党校分校，进一步整合了教学资源，实现了资源共享。

领导班子成员

校　　长　李剑方
党委书记
常务副校长　王炳林
副 校 长　张仲才　魏振江
教 育 长　李强勇
秘 书 长　王　纪

（李岳来　张　炜）

社区工作

【保定市城市社区工作委员会办公室】 保定市城市社区工作委员会办公室成立于2001年6月，为副县级单位，挂靠市委办公厅。其主要职责是：贯彻落实中央、省关于社区建设的各项方针政策，负责全市社区建设的组织、协调、督导工作。设综合协调处、调研处、基层指导处。

【概况】 2008年，按照市委、市政府的总体工作要求，社区建设工作以“创建和谐社区、推动社会和谐”为总目标，以科学发展观和以人为本、为民解困、服务居民为核心理念，以居民受益、居民满意为工作标准，以特色创新和示范带动为载体，以推动社区民主自治和完善社区各项管理服务机制为着力点，全面深化社区建设，完成了全年工作目标，实现了社区建设工作的新发展。积极发动街道和社区参与全市各项重点工作。先后承担了“五拆一改”、三年大变样、蓝天行动、军转干部的稳定、安全生产、冬季取暖、为地震灾区捐款、经济普查、全民医保、治理美国白蛾等重大活动，在政策宣传、思想疏导、人员摸底等方面做了大量工作。全年悬挂条幅8736条，发放宣传单35万余份，深入走访居民6万余户，得到了群众的认可和市委、市政府的充分肯定。中共中央政治局常委、中央书记处书记习近平，中共中央政治局常委、中央纪委书记贺国强，中宣部副部长翟卫华等先后到保调研，参观了北市区东方家园社区等，对保定市工作给予了高度评价。保定市社区建设整体工作继续保持全省和全国领先示范，创建和谐社区多项工作举措得到了中央、省、市有关部门和领导的充分肯定，实现了年初制定的全省领先、全国示范的工作目标。其中在加强社区工作者队伍建设上所体现的工作力度和采取的一系列举措，得到了国家民政部的充分肯定。9月，民政部在杭州举办的全国和谐社区建设理论研讨会上，保定市做了典型发言，《中国社会报》头版对保定市的具体措施予以刊登。河北省民政厅对保定市社区建设的显著成效给予高度评价，并将《关于加强社区工作者队伍建设的意见》分别在河北民政专刊和工作简报中进行全文转发。保定市农村社区建设工作、社区奥运安保工作、社区志愿服务工作等也分别被省民政厅、省政法委予以报道推广。此外，全市4个社区受国家级表彰，14个社区及个人受省级表彰。市社区办先后获河北省打击传销工作先进单位，市维护社会稳定工作先进集体、奥运安保先进集体、民主评议工作优秀单位、信访工作好单位、拥军优属拥政爱民先进单位、履行人口和计划生育职责成效突出奖等称号。

【加强队伍建设，巩固社区基层组织】 1. 制定出台《关于加强社区工作者队伍建设的意见》。为进一步提高社区基层组织建设水平，更好的发挥社区工作者在构建和谐社会中的积极作用，上半年，按照市委要求，市社区办在深入调查研究、广泛征求意见、反复修改完善的基础上，历时4个月，起草了《中共保定市委关于加强社区工作者队伍建设的意见》（保发［2008］10号，简称《意见》）。文件从社区“两委”班子建设、社区工作者经济政治待遇、素质建设和优化社区工作环境四个方面，作了硬性量化规定，解决了社区工作者收入有保障、干好有希望、退后有所养的问题，为全市社区建设的全面发展提供了强有力的政策保障。2. 严格督导检查，《意见》落实成效明显。为保证各项要求落到实处，市社区办抽调专门人员，采取社区暗访、调查摸底、座谈讨论、沟通协调、分片调度等形式，对全市25个县（市、区）和高新区进行了督导检查，并以市委办公厅名义下发了《关于全市贯彻落实市委〈关于加强社区工作者队伍建设的意见〉情况的通报》，加快了落实进度，成效明显。一是领导重视程度明显增强。各县（市、区）结合本地实际，全部出台了具体落实意见及社区办公服务用房建设、联系共建、社区工作准入、社区工作考核测评等配套政策，措施硬，办法实。二是经费投入大幅提高。社区办公、社区工作者生活补贴等各项经费最大限度的向社区倾斜，标准高，力度大。社区工作者生活补贴动态增长机制、两委干部职务补贴、离任补贴普遍建立，社区工作者生活补贴全部达到当地最低工资标准，最高的已达800元/月；社区办公活动经费增长计划全面落实，办公经费最高的2300元/月，最低的500元/月；社区工作者培训经费高标准列入财政预算，全市总计18万元；社区建设专项资金最高的达150余万元，低的也有5万元；市区社区工作者在落实基本医疗保险、基本养老保险的基础上，又新增办理了生育保险、工伤保险，达到了“四险”。三是难点问题得到有效解决。部分县（市）对社区办职能设置、领导班子及工作人员配备等进行了调整，理顺了工作关系，运行机制相对滞后的难题得到有效解决；落实“百户三十”、共驻共建、精品建设，开发商与社区签订无偿提供社区办公用房协议，社区办公条件差的难题得到有效解决；各项经费增长机制的建立，社区工作者收入无保障、退后没人管的难题得到有效解决。3. 加大教育培训，社区工作者素质得到提高。在落实《意见》的同时，完成全市社区居委会换届选举，人员结构更趋合理。针对换届后的人员变化，全市各基层单位共举办各种培训94期。10月，市社区办、市民政局依托保定社区工作者培训基地举办了为期4天的社区工作者培训班，全市330名社区居委会书记、主任参加。同时还制定下发了社区工作者行为道德规范，建立社区工作明察暗访制度，增强社区干部的自律意识。在9月举行的全国社会工作师资格考试中，保定市112名社区工作者报考，80人考试合格，通过率达77%，高于全国30%的平均通过率。

【创建精品社区，提升社区建设整体水平】 启动第四批精品社区建设，重点推进老城区散居型社区精品建设，实现全市社区建设整体均衡发展。全年新建、改扩建精品社区80个，投入资金1200余万元，新增办公服务面积近2万平方米，精品社区总数达到300个，其中老城区、散居型精品社区67个，累计投入资金1408.96万元，社区办公和服务用房面积由7646平方米增加到19415平方米，社区管理服务平台更趋完善。强力推进社区服务中心建设，新建、改扩建县（市）社区服务中心15个，街道社区服务中心2个，新增服务面积6373平方米，投入资金760余万元，彻底改变了全市区（市）、街道两级社区服务机构的落后面貌。

【抓社区稳定，筑奥运安保“第一道防线”】 1. 加强组织保障。4月，成立奥运会期间社区安全稳定工作领导小组，下发《关于做好北京奥运会期间社区安全稳定工作的实施方案》、《关于继续做好2008残奥会期间社区安全保卫工作的实施方案》等，全面推动工作开展。2. 开展群防群治。完善社区群防群治体系，全市建立社区群众义务巡逻队近800支。奥运期间社区累计出动人员85162名，入户调查74911次，对1104名重点人员进行盯防监控，清理外来人口62463人，配合相关部门打击传销294次，遣返传销人员15672人，化解和调解各种矛盾纠纷隐患1632件，解决各类上访问题364起，民间纠纷调解率达到100%，调解成功率达到90%以上。3. 加强技防建设。积极开展创建“最安全居住小区”活动，要求没有安装监控报警设施的小区要按照相关文件要求，加快工作进度。全年有199个小区新装社区监控报警设施，投入资金2725.6万元，为公安机关提供破案线索100多条，抓获盗窃分子20余人。安装社区监控报警设施的小区达774个，占全市小区的40%。

【提升服务功能，方便居民生活】 1. 全面启动社区居家养老服务。市社区办与市民政局、老龄委、卫生局、劳动局联合下发《关于开展社区居家养老服务工作的实施意见》，召开全市居家养老工作启动会议，采取上门照料服务和日托服务的形式，为社区老年人提供生活照料、医疗保健、法律维权、文体健身、志愿服务等。在充分调查摸底的基础上，已确定21个社区正式启动社区居家养老服务试点工作。2. 大力推广社区志愿服务。召开全市社区志愿服务工作会议，全面启动社区志愿者注册工作。制定下发《社区志愿者注册管理办法(试行)》、《关于开展社区志愿者注册工作的通知》，建立起市级社区志愿服务工作领导小组、县(市、区)指导办公室、街道指导中心、社区志愿服务站四级网络体系。全市各种社区志愿服务活动覆盖就业、医疗、助学、法律及家政各方面，截至年底，全市注册登记人数达13726人，特色志愿服务队981支，提供各具特色的社区志愿服务活动18万人(次)。3. 深入推进社区文化体育教育服务。积极壮大社区文体队伍，发展社区文化建设，为社区培养体育指导员168名，新建健身指导站10个，建立规范化社区市民学校10所，社区文体队伍1324支，开展各类文化教育、知识讲座890场，举办社区文体活动566次，参与居民达35万人。积极开展"四个征集"活动，共收到社区居民来稿1069条，经筛选上报893条，得到市委"四个征集"活动办公室的充分肯定。此外，按照市政府要求，安装室外健身器材100套。4. 大力推行社区公共服务。新建社区"一站式""一门式"服务大厅124个，投入资金近584.6万元，实现了为民零距离服务；积极开展创建"充分就业社区"和"零就业家庭援助"工作，创建充分就业社区58个，消除"零就业家庭"410户，发展社区就业实体324个，通过社区服务安置下岗失业人员12468人，其中安置"4050"人员4212人；加强社会保障和救助服务，实行社会化管理服务的企业退休人员达172220人，服务率为99%，其中直接纳入社区管理的企业退休人员147870人，服务率为85%，对7万多企业退休人员进行了领取养老金资格认证。积极开展城镇居民医疗保险工作，参保登记人员5.7万，完成任务目标的64%。全市共保障城镇低保对象10.4万人，基本实现动态管理下的应保尽保。发展社区卫生服务，积极开展健康团队进社区服务，建立医、护、防一体化的社区健康团队247支，发放健康宣传资料35万份，服务人次近11万。完善社区卫生服务功能，城市社区卫生服务街道覆盖率达90%。5. 社区群众工作站工作成效明显。社区群众工作站建设是市委做好群众工作，促进社会和谐稳定发展的重大举措。自活动开展以来，全市各社区广泛开展为民帮困解忧工作。社区干部继续开展"进百家门、求百家计、解百家难、连百家心""四百"活动，全年解决居民关心的热点难点问题4840件，化解居民矛盾，排除上访隐患3515件。

【农村社区建设试点工作取得初步成效】 继续加大农村社区建设试点工作的落实力度，强化督导检查。各级共投入342.5万元，初步建成89个农村社区建设实验村，农村社区服务中心、社区图书室、卫生所、警务站和社区养老机构、经济类、文娱类民间组织普遍建立，基层民主和基本建设不断推进，服务农村经济和村民生活的能力明显加强。保定市开展农村社区建设试点工作的经验和做法，得到了民政部基层政权和社区建设司领导和省民政厅的充分肯定，《河北省基层民主政治建设简报》专版予以刊发。

领导班子成员

主　　任　王荷丽

副 主 任　潘　波

（张　蓓）

保定市人民代表大会

【保定市第十二届人民代表大会常务委员会组成人员】

主　　任　李定元

副 主 任　马国权　张知学
　　　　　章永福　李书信
　　　　　刘　飞　郑继庄
　　　　　梁书屏

秘 书 长　张子冬

委　　员　王　武　王宝仓
　　　　　王恒国　王保利
　　　　　王常在　牛建波
　　　　　刘　坡　刘宝燕
　　　　　刘　勇　刘胜利
　　　　　刘　域　孙义杰
　　　　　李小铁　刘志刚
　　　　　李春田　杨洪秀
　　　　　张卫星　张月忠
　　　　　张刚强　陈俊珍
　　　　　郑开军　姚国珍
　　　　　姚忠耿　贺宇良
　　　　　高银龙　高惠泉
　　　　　黄希平　缪淑绢
　　　　　薛振环　魏贵欣

【市人民代表大会专门委员会】

财政经济委员会

主任委员　张月忠

副主任委员　谷小兵

农村经济委员会

主任委员　李春田

副主任委员　李长海

城乡建设环境保护委员会

主任委员　（空缺）

副主任委员　房保光

法制委员会

主任委员　高惠泉

副主任委员　杨玉兰

教育科学文化卫生委员会

主任委员　刘宝燕

副主任委员　刘文中　魏风琴

内务司法委员会

主任委员　刘　域

副主任委员　张邯生

民族宗教侨务外事委员会

主任委员　刘　坡

副主任委员　储耀宏

【市人大常委会办事机构】

常务副秘书长　刘　勇

副秘书长　柴庆和　李继红
　　　　　王志海

研究室

主　　任　黄希平

副 主 任　（空缺）

选举任免代表工作委员会

主　　任　王恒国（兼）

常务副主任　高银龙

副 主 任　董彦超　唐建新

财政经济工作委员会

主　　任　张月忠

副 主 任　谷小兵　李栋梁

农村经济工作委员会

主　　任　李春田

副 主 任　李长海

城乡建设环境保护工作委员会

主　　任　（空缺）

副 主 任　房保光

法制工作委员会

主　　任　高惠泉

副 主 任　李洪林　杨玉兰

教育科学文化卫生工作委员会

主　　任　刘宝燕

副 主 任　刘文中　魏风琴

内务司法工作委员会

主　　任　刘　域

副 主 任　张邯生　庄　平

民族宗教侨务外事工作委员会

主　　任　刘　坡

副 主 任　王　军　储耀宏

【市第十二届人民代表大会第六次会议】 1月4日至5日在百世开利会展中心举行，应出席会议代表637名，因事因病请假35名，实际出席602名。会议选举了保定市出席河北省第十一届人民代表大会代表。

【市十二届人大常委会历次会议】

2008年市十二届人大常委会共召开2次会议。

第二十九次会议　1月2日

在市人大常委会会议室举行。会议听取了市十二届人大六次会议筹备工作情况的报告；听取并通过了市十二届人大常委会代表资格审查委员会关于新补选两名市人大代表的审查的报告；会议还通过了关于召开市十二届人大六次会议的决定、市十二届人大六次会议议程（草案）、市十二届人大六次会议日程（草案）、市十二届人大六次会议主席团会议日程（草案）、市十二届人大六次会议主席团和秘书长建议名单、市十二届人大六次会议常务主席建议名单、市十二届人大六次会议执行主席分组和常务主席主持主席团会议分工建议名单、市十二届人大六次会议副秘书长建议名单、市十二届人大六次会议选举办法（草案）；会议审议了市政府关于《市人大常委会组成人员对市政府关于保定市2006年市本级预算执行和其他财政收支的审计工作报告的审议意见》研究处理情况的书面报告、市中级人民法院关于《市人大常委会组成人员对市中级人民法院关于审判监督工作情况报告的审议意见》研究处理情况的书面报告、市政府关于《市人大常委会组成人员对市政府关于动物防疫法执法检查组检查情况报告的审议意见》研究处理情况的书面报告、市政府关于《市人大常委会组成人员对市政府关于保定市2007年国民经济和社会发展计划上半年执行情况的报告的审议意见》研究处理情况的书面报告、市政府关于《市人大常委会组成人员对市政府关于保定市2007年市本级预算及市总预算上半年执行情况的报告的审议意见》研究处理情况的书面报告和市政府关于《市人大常委会组成人员对市政府关于物业管理条例执行情况情况报告的审议意见》研究处理情况的书面报告。会议采取电子表决器方式表决通过了市人大常委会关于召开市十二届人大六次会议的决定以及人事任免事项。

第三十次会议 3月29日在市人大常委会会议室举行。会议听取和审议了市政府关于提请市十三届人大一次会议审议全面推进节能减排建设低碳城市决定和8个节能减排重点县（市、区）及13家重点企业节能减排目标向代表承诺的专题报告的议案，表决通过了保定市人大常委会对保定市人民政府《关于提请市十三届人民代表大会第一次会议审议全面推进节能减排建设低碳城市决定和8个重点县（市、区）及13家重点企业节能减排目标向代表承诺的专题报告的议案》的决议；审议和通过了市十二届人大常委会代表资格审查委员会关于保定市十三届人民代表大会代表资格审查情况的报告；听取和审议了大会筹备处关于市十三届人大一次会议筹备工作情况的报告；表决通过了关于召开市十三届人大一次会议的决定；通过了保定市人大常委会关于市十三届人大一次会议对市人大常委会和“一府两院”工作报告决议的表决办法（草案）、市十三届人大一次会议议程（草案）、日程（草案）、主席团会议日程（草案）；主席团第一次会议召集人名单（草案）、主席团和秘书长名单（草案）、常务主席名单（草案）、执行主席分组名单（草案）、副秘书长名单（草案）、选举办法（草案）、议案审查委员会名单（草案）、关于提出和办理代表质询案的规定（草案）、关于提出和办理议案及代表建议、批评和意见的规定（草案）、关于设立市十三届人大财政经济委员会的决定（草案）、市十三届人大财政经济委员会组成人员人选表决办法（草案）、列席人员和邀请人员名单；讨论通过了市人大常委会工作报告（草案）。会议用电子表决器表决通过了人事任免事项。

【保定市第十三届人民代表大会常务委员会组成人员】

主　　任　李光耀
副 主 任　高天民　贾体新
　　　　　梁书屏　陈英杰
　　　　　袁振江　王恒国
秘 书 长　朱贺星
委　　员　马文河　王文涛
　　　　　王宝仓　王雁飞
　　　　　闫增爱　刘　勇
　　　　　刘文中　刘会恩
　　　　　刘志刚　刘保生
　　　　　刘宝燕　庄　平
　　　　　江永亮　杨　俊
　　　　　杨文阁　杨玉兰
　　　　　李　娟　李长海
　　　　　李和明　李洪林
　　　　　宋献丰　张卫星
　　　　　张刚强　张树欣
　　　　　陈文增　苑宝义
　　　　　岳素然　单光辉
　　　　　姚忠耿　柴国才
　　　　　贺宇良　高　山
　　　　　高银龙
　　　　　崔立新（12月免）
　　　　　梁连起　董彦超
　　　　　储耀宏　魏建国

【市人民代表大会专门委员会】

财政经济委员会
主任委员　王文涛
副主任委员　谷小兵　李栋梁

【市人大常委会办事机构】

常务副秘书长　庄　平
副 秘 书 长　柴庆和　李继红
　　　　　王志海
研究室
主　　任　刘文中（11月免）

副　主　任　（空缺）
选举任免代表工作委员会
主　　任　张志奎（兼）
常务副主任　储耀宏
副　主　任　唐建新
财政经济工作委员会
主　　任　王文涛
副　主　任　谷小兵　李栋梁
农村经济工作委员会
主　　任　李长海
副　主　任　（空缺）
城乡建设环境保护工作委员会
主　　任　李洪林
副　主　任　房保光（12月免）
法制工作委员会
主　　任　杨玉兰
副　主　任　（空缺）
教育科学文化卫生工作委员会
主　　任　刘宝燕
副　主　任　魏凤琴
内务司法工作委员会
主　　任　高　山
副　主　任　张邯生
民族宗教侨务外事工作委员会
主　　任　董彦超
副　主　任　王　军

【市第十三届人民代表大会第一次会议】　3月31日至4月3日在百世开利会展中心举行，应出席会议代表631名，因事因病请假30名，实际出席601名。会议审议通过了《保定市人民政府工作报告》；审议通过了《保定市2007年国民经济和社会发展计划执行情况与2008年国民经济和社会发展计划草案的报告》；审查批准了《保定市2007年国民经济和社会发展计划执行情况与2008年国民经济和社会发展计划》；审议通过了《关于保定市2007年市本级预算及市总预算执行情况和2008年市本级预算及总预算草案的报告》；审查了《保定市2007年市本级预算及市总预算执行情况和2008年市本级预算及总预算草案》，批准了《2007年市本级预算执行情况的报告和2008年市本级预算》；审议通过了《保定市人大常委会工作报告》、《保定市中级人民法院工作报告》和《保定市人民检察院工作报》告，并作出相应的决议；通过了《关于市政府关于全面推进节能减排建设低碳城市决定》和8个重点县（市、区）及13家重点企业节能减排目标向代表承诺的专题报告的决议；通过了保定市第十三届人民代表大会财政经济委员会组成人员名单。会议选举李光耀为保定市第十三届人大常委会主任，选举高天民、贾体新、梁书屏、陈英杰、袁振江、王恒国为副主任，朱贺星为秘书长，并选举出42名委员；会议选举于群为保定市人民政府市长，李谦、曹汝涛、李国英、闫立英、刘宝玲、孟祥伟为副市长；选举孙盘柱为保定市中级人民法院院长，周庆平为保定市人民检察院检察长。

【市十三届人大常委会历次会议】
2008年市十三届人大常委会共召开5次会议。

第一次会议　4月29日在市人大常委会会议室举行。会议审议并表决通过了市人大常委会关于设立市十三届人大常委会代表资格审查委员会的决定及组成人员人选名单；审议了市政府关于《市十二届人大常委会组成人员对市人大常委会执法检查组关于检查我市贯彻实施〈中华人民共和国环境保护法〉情况报告的审议意见》研究处理情况的书面报告；审议了市政府关于《市十二届人大常委会组成人员对市政府关于我市扶贫开发工作情况报告的审议意见》研究处理情况的书面报告；审议了市人民检察院关于《市十二届人大常委会组成人员对市人民检察院关于渎职侵权检察工作情况报告的审议意见》研究处理情况的书面报告；会议还表决通过了人事任免事项。

第二次会议　6月20日在市人大常委会会议室举行。会议听取和审议了市政府关于保定市七一路西延及北二环项目向中国农业发展银行贷款设立偿还专项资金并列入财政预算的议案，表决通过了市人大常委会关于《保定市人民政府关于保定市七一路西延及北二环项目向中国农业发展银行贷款设立偿还专项资金并列入财政预算的议案》的决议；听取和审议了市政府关于体育工作情况的报告；听取和审议了市政府关于开展“迎奥运，游保定”工作情况的报告。会议还表决通过了人事任免事项。

第三次会议　8月26日在市人大常委会会议室举行。会议听取和审议了市政府关于集体林权制度改革工作情况的报告；听取和审议了市政府关于保定市2008年国民经济和社会发展计划上半年执行情况的报告；听取和审议了市政府关于保定市2008年市本级预算及市总预算上半年执行情况的报告；听取和审议了市政府关于保定市2007年市本级预算执行和其他财政收支有关情况的审计工作报告；听取了市中级人民法院关于规范民事庭审活动情况的报告（书面）；审议并表决通过了《保定市人大常委会关于规范性文件备案审查的规定（修订草案）》。会议还表决通过了人事任免事项。

第四次会议　10月20日～21日在市人大常委会会议室举行。会议听取和审议了市政府关于市十三届人大一次会议代表建议办理情况的报告；审议了市中级人民法院关于市十三届人大一次会议代表建议办理情况的报告

（书面）；审议了市人民检察院关于市十三届人大一次会议代表建议办理情况的报告（书面）；听取了市政府关于提请市人大常委会审议《保定市城市总体规划（2008－2020年）》的报告，审议了《保定市城市总体规划（2008－2020年）》；听取和审议了市政府关于保定市大水系建设两库连通工程规划，并做出相应决议；听取和审议了市政府关于市区住房困难的低收入家庭住房保障有关情况的报告；听取和审议了市政府关于2007年市本级及全市决算的报告，审查和批准了2007年市本级决算；听取和审议了市政府关于2008年市本级及全市预算调整方案的报告，审查和批准了2008年市本级预算调整方案；听取和审议了市人民检察院关于民事行政检察工作情况的报告；听取和审议了市人大常委会执法检查组关于检查《中华人民共和国药品管理法》实施情况的报告；审议通过了《保定市人民代表大会常务委员会议事规则（修订草案）》。会议还表决通过了人事任免事项。

第五次会议 12月18日在市人大常委会会议室举行。会议听取和审议了市政府关于设立保定市东三环新建项目向中国农业发展银行贷款偿还专项资金并列入财政预算的议案，表决通过了保定市人大常委会关于《市政府关于设立保定市东三环新建项目向中国农业发展银行贷款偿还专项资金并列入财政预算的议案》的决议；听取和审议了市政府关于设立王快——西大洋水库综合管理工程项目向中国农业发展银行贷款偿还专项资金并列入财政预算的议案，表决通过了保定市人大常委会关于《市政府关于设立王快——西大洋水库综合管理工程项目向中国农业发展银行贷款偿还专项资金并列入财政预算的议案》的决议；听取和审议了市政府关于将王快水库列为保定市饮用水源地的议案，表决通过了保定市人大常委会关于将王快水库列为保定市饮用水源地和水源地保护区的决议；听取了市政府关于全市8个重点县（市、区）和13家重点企业履行节能减排目标承诺情况的报告；听取了市政府关于全市城乡最低生活保障工作情况的报告；审议了市政府关于《市人大常委会组成人员对市政府〈关于我市体育工作情况的报告〉的审议意见》研究处理情况的书面报告；审议了市政府关于《市人大常委会组成人员对市政府〈关于开展“迎奥运·游保定”工作情况的报告〉的审议意见》研究处理情况的书面报告；审议了市政府关于《市人大常委会组成人员对市政府〈关于集体林权制度改革工作情况报告〉的审议意见》研究处理情况的书面报告；审议了市政府关于《市人大常委会组成人员对市政府关于保定市2008年国民经济和社会发展计划上半年执行情况工作报告的审议意见》研究处理情况的书面报告；审议了市政府关于《市人大常委会组成人员对市政府关于保定市2008年市本级预算及市总预算上半年执行情况工作报告的审议意见》研究处理情况的书面报告；审议了市政府关于《市人大常委会组成人员对市政府关于保定市2007年市本级预算执行和其他财政收支的审计工作报告的审议意见》研究处理情况的书面报告；审议了市政府关于《市人大常委会组成人员对市人大常委会执法检查组关于检查<药品管理法>实施情况的报告的审议意见》研究处理情况的书面报告；审议并表决通过了《保定市人大常委会组成人员守则（修订草案）》；审议并表决通过了保定市人大常委会关于接受刘进昌辞去河北省十一届人大代表职务请求的决定；审议并表决通过了保定市人大常委会关于接受崔立新辞去保定市人大常委会委员职务请求的决定；市政府书面报告了关于稳步推进被征地农民养老保险的有关工作情况汇报。会议还表决通过了人事任免事项。

【人大代表建议交办会】 4月14日下午，市人大常委会选任委组织召开了人大代表建议工作交办会议。在市十三届人大一次会议期间，人大代表提出的146件建议，分别交由市委、市人大及“一府两院”有关职能部门办理。会议对代表建议办理工作提出了四点要求：一是要以贯彻落实十七大精神的高度，正确认识和对待承办工作；二是要严格依法办理，不断提高办理水平；三是要坚持求真务实，切实加大督办力度，提高办理质量；四是加强领导，搞好协调，圆满完成承办任务。各承办单位表示要不断提高办理代表建议工作水平和质量，增强建议办理实效，通过认真负责的工作，向人大代表和全市人民及新一届人大常委会交出一份合格的答卷。

【人大经验交流活动】 6月19日，市人大常委会召开全市各县（市、区）人大常委会主任座谈会。市人大常委会主任李光耀，副主任高天民、贾体新、梁书屏、陈英杰、袁振江、王恒国，秘书长朱贺星出席会议。高天民主持会议。座谈会上，全市各县（市、区）人大常委会主任围绕人大工作的创新、监督法的实施和自身建设等问题进行了广泛交流发言。李光耀在座谈会上讲话，就如何做好市、县两级人大工作提出了四点要求：一要以发展社会主义民主政治为核心，始终坚持“一个方向”。要发展社会主义民主政治，坚持和完善人民代表大会制度，必须坚持一个方向，即围绕全党的工作中心去开展工作。二要以依法履行职权为基础，努力实现监督工作、代表工作“两个突破”，带动其他各项工作有条不紊地向前推进。三要以推进科学发展为动力，着力进行“三个创新，即观念创新、工作创新和制度创新。要进一步增强做好人大工作的责任感和使命感，以崭新的精神风貌，积极开拓创新，争取有新的作为，有大作为。要结合当前形势和实际，着眼发展，在工作实践中敢于创新、善于创新，积极探索做好人大工作的新途径、新措施、新形式，提高人大工作的水平和质量，使之呈现出更加旺盛的生命力。各县（市、区）要结合本地实际建立适合自己的制度，用制度解决工作中遇到的具体程序和细节问题，进一步增强人大工作的针对性和可操作性，不断开创人大工作的新局面。四要以更好地发挥人大职能作用为目的，处理好党的领导和人大工作、人大与“一府两院”、人大常委会与人大常委会机关、上下级人大的“四个关系”，从而保障人大各项工作顺利开展。

7月4日~5日，保定市县（市、区）人大常委会办公室主任工作经验交流会在涞源召开。市人大常委会副主任高天民，秘书长朱贺星出席会议。市人大常委会各位副秘书长、信访办公室主任、机关党委副书记、机关管服中心主任和办公厅各处处长及各县（市、区）人大常委会办公室主任参加会议。会议围绕如何发挥办公厅（室）职能作用、提高整体工作效能和水平进行了充分的研讨，达到了总结交流经验、共同促进提高的目的。高天民就进一步加强办公厅（室）建设讲了四点意见：一是要增强政治敏锐性和鉴别力，提高从全局出发思考处理问题的能力。二是要加强办公厅（室）队伍建设，培养造就一支热爱人大工作的高素质队伍。三是要充分发挥积极性、主动性和创造性，不断提高服务水平和质量。四是要以人为本，重视、支持和关心办公厅（室）工作。

12月30日，市人大常委会在涿州召开全市各县（市、区）人大常委会主任座谈会，征求对市人大工作的意见、建议，征求对市人大常委会提交市十三届人大二次会议的工作报告讨论稿的意见、建议，并委托各县（市、区）人大常委会向驻本县（市、区）的市人大代表征求对市人大工作和工作报告讨论稿的意见、建议。市人大常委会主任李光耀，副主任高天民、贾体新、陈英杰、袁振江、王恒国，秘书长朱贺星出席会议。会议由高天民副主任主持。座谈会上，全市各县（市、区）人大常委会主任结合当前形势要求和全市的工作实际，讲体会、谈经验，对市人大进一步改进工作、修改好常委会工作报告积极建言献策。李光耀在座谈会上讲话

【执法检查、调研】 5月20日~22日，依据市人大常委会“迎奥运·游保定”工作调研方案，在市人大常委会副主任陈英杰带领下，民侨委组织部分市人大常委会委员和市人大代表赴安新县、雄县、白洋淀温泉城、高碑店市和易县进行了“迎奥运·游保定”工作调研。调研采取听取汇报、实地察看和交换意见等方式进行。调研组先后听取了安新县政府、雄县政府、白洋淀温泉城管委会“迎奥运·游保定”工作情况汇报；深入到安新县白洋淀景区，雄县大清河生态景观带建设工地，白洋淀温泉城，高碑店市白沟镇服装城、小商品城、箱包交易城、五金机电灯饰建材城，易县清西陵景区和狼牙山景区进行了实地察看。调研中，调研组成员与市旅游局及相关单位负责人充分交换了意见。市政府办公厅、市旅游局负责人陪同调研。

5月28日~30日，在市人大常委会副主任贾体新的带领下，教科委组织部分常委会委员对全市体育工作情况进行了调研。调研组听取了市体育局、教育局、财政局、规划局、发改委以及唐县县政府的相关工作汇报，先后召开了由部分体校负责人及教练员和部分体育协会负责人参加的座谈会，并深入到体育运动学校、七中等10余所学校以及兴盛羽毛球俱乐部、唐县富华乒乓球训练馆、唐县雪碳工程健身馆实地考察。市政府副市长闫立英、市政府办公厅、市体育局负责人陪同调研。

6月24日，按照市委“优化发展环境、激活市场主体”活动的统一安排部署，市人大常委会副主任高天民到分包联系的保定卷烟厂走访调研。在实地考察了生产车间的卷烟生产流程后，听取了保定卷烟厂的工作汇报，详细了解企业发展的基本情况、工作思路和发展规划，就企业生产经营所面临的外部环境问题与保定卷烟厂领导班子座谈交流。高天民充分肯定了保定卷烟厂领导班子的凝聚力和管理能力，特别指出企业结合“城市面貌三年大变样”活动正在开展的大规模厂区绿化和改造工程，将为城市建设创造新的亮点，做出积极的贡

献。同时要求企业一定要严格管理，安全生产，为经济发展创造更多更好的经济效益。

7月10日，市人大常委会主任李光耀，副主任高天民、梁书屏、袁振江，秘书长朱贺星到高阳县看望市人大机关下乡工作队员并深入企业进行调研。李光耀等领导认真听取了下乡工作队的汇报，仔细询问了下乡工作队员的工作、生活情况，并听取了县委、县政府关于高阳发展思路的汇报。李光耀对下乡工作队提出四点要求：一是要头脑清醒。特别是在北京奥运会即将召开之际，一定要保持高度的政治敏锐性，认清形势，明确责任，对这次下乡工作给予足够的重视，切实加强领导。二是要认真学习。要把下乡工作当作一次很好的学习机会，下得去、蹲得住、塌下心，认真学习农村基层工作经验，丰富知识，开阔视野，增长本领。三是要深入调研。要扑下身子、结合基层实际开展深入细致的调查研究，进一步提高分析问题、判断问题、解决问题的能力和水平。四是要踏实工作。要求实务实，积极工作，有所作为。要紧紧依靠高阳县委、县政府的领导，努力为群众多办实事、多办好事，出色地完成市委交办的各项工作任务，树立人大机关的良好形象。随后，李光耀一行深入到高阳县污水处理厂、于堤项目集中区、蓝波节能灯具有限公司、宏利佳服装股份有限公司进行了实地调研。

7月11日，按照市委“优化发展环境、激活市场主体”活动的统一安排部署，市人大常委会副主任王恒国到分包联系的保定五四三印刷厂走访调研，听取企业的工作汇报，详细了解企业发展的基本情况和工作思路，就企业生产经营所面临的外部环境问题与保定五四三印刷厂领导班子座谈交流。王恒国充分肯定了保定五四三印刷厂为保定经济发展、社会稳定所作出的积极贡献，表示要为支持企业发展、创优发展环境多呼吁、多协调，帮助企业出点子、想办法，积极向市委、市政府提出针对性的建议。根据企业要求，王恒国建议，今后市政府建立完善并落实好符合法律规定的制度措施，对重点企业给予保护，形成激活市场主体、推动企业发展的长效保护机制，为企业做主，改变遇到麻烦临时被动协调的局面。

7月16日上午，按照市委在全市领导干部中开展“优化发展环境、激活市场主体”活动的统一安排部署，市人大常委会副主任梁书屏到分包联系的保定德邦制衣有限责任公司进行了走访调研。该公司董事长张国桢详细介绍了公司的发展历程和目前的情况。梁书屏认真听取了张国桢的汇报，并就目前羽绒服市场的现状和公司生产经营所面临的各种因素和问题以及今后的发展前景与张国桢进行了交流。随后，梁书屏在张国桢的陪同下参观了公司的设计室和制衣车间等部门。梁书屏对公司的发展规模给予了高度肯定。安新县人大有关人员陪同了走访调研活动。

7月24日，市人大常委会副主任袁振江到河北长安汽车有限公司进行现场办公。袁振江一行参观了该公司即将上市的微型客车新产品，听取了企业负责人的工作汇报，并就企业生产经营情况、存在的困难和问题与企业负责人和定州市领导进行了认真交流。袁振江对企业的发展给予了充分肯定，并就企业提出的地产车优惠政策问题、定曲（定州到曲阳）路交通压力过大问题、高新技术企业待遇问题等，与企业和定州市政府一起进行了探讨，议定：一是地产车优惠政策问题。保定市制订了地产车的优惠政策，解决了长安微车在保定市区限行问题，为企业提供了优良的发展环境。但是，在河北省其他城市和北京市等部分城市，仍然限行微车，建议保定市政府积极呼吁河北省政府、北京市政府等，争取河北省内城市、北京市等城市不再限行。二是定曲路交通压力过大问题。定曲路特别是河北长安汽车有限公司厂区大门附近的物流和交通压力过大，每天长安有近650辆车的发动机等零部件需要进厂、近650辆整车需要出厂，再有旭阳焦化厂的运煤车辆和从山西往河北运煤的其他车辆经过定曲路，通行速度缓慢，事故时有发生。定州市政府已经对长安工业园区内道路进行了规划，河龙公路北线建设项目已经列入河北省交通厅2008年计划，定曲路至107国道连接线正在抓紧建设，其建成通车将有效分流定曲路车辆。要求定州市委、市政府抓紧与河北省交通厅的协调联系，积极筹备建设资金，加快河龙公路改线工程建设。三是高新技术企业待遇问题。要求要发挥政府和企业两个积极性，企业要积极研发新产品，搞好工艺和技术改造，政府要组织科技部门积极向省科技部门申请高新技术企业认定，待认定后及时兑现相关优惠政策。再有企业长远规划，弥补产能缺口，需新建厂区一事。定州市政府已经规划唐河改道，将置换大量土地，希望定州市政府与企业多沟通，搞好衔接工作，为企业发展提供有利条件。

7月30日，市人大常委会副主任袁振江到所联系的高碑店市调研。袁振江听取了高碑店市政府关于高碑店市项目建设及奥运安保工作开展情况的汇报，并与高碑店市委主要领导交换了意见。还到高碑店市污水处理厂和康师傅控股河北福满多食品有限公司进行了调研。他指出：高碑店市项目强劲，经济繁荣；形势稳定，社会和谐；作风扎实，措施到位。对该市的项目建设、奥运安保工作及全市抓班子带队伍等各项工作予以肯定。同时希望高碑店市认真落实全省奥运安保决战暨县委书记大接访再动员电视电话会议精神，扎实做好各项工作。

8月12日~13日，市人大常委会城建环保工委对市区房地产市场开发管理与执法情况进行了调研。此次调研是为了进一步规范全市房地产市场开发管理秩序，切实维护城乡规划法律法规的严肃性，保障房地产企业合法经营和广大业主的合法权益。调研组采用实地考察、听取汇报和座谈等方式，深入到部分房地产开发公司和相关住宅小区进行实地调查，分别听取了市建设局、房管局关于房地产市场开发管理与执法情况的报告，并就有关情况进行了座谈。调研中，市人大副主任王恒国对房地产市场开发管理与执法工作给予了充分肯定，同时，就如何进一步做好这方面的工作提出了“三个方面”的意见：一是要解决好历史遗留问题，正确面对房地产市场开发和管理中的实际困难；二是要结合实际，想方设法做好发放职工购房补贴款工作；三是要周密组织，采取有效措施解决好城区低收入家庭住房保障问题。

8月22日，市人大常委会副主任高天民带领市市场建设服务中心主要负责人到分包的贫困村阜平县城南庄镇北工村进行调研。高天民实地考察了北工村的荒山开发情况，听取了阜平县人大、林业局、扶贫办及镇、村领导干部的汇报并进行了座谈。高天民对该村的荒山开发工作给予了充分肯定，对需要帮助解决的问题提出了解决方案。

9月4日，市人大常委会副主任高天民到定州伊利乳业有限公司进行调研。高天民对该公司液态奶生产线进行了实地察看，听取了企业负责人的有关汇报。高天民对项目建设取得的成绩给予了充分肯定，同时提出要求，希望定州市将这一富民项目全面组织好，真正起到龙头带动的作用，从而带动畜牧业、农业等产业的不断发展，真正起到强市富民的成效。最后，高天民对定州市人大基础设施建设进行了视察并提出了建设性意见。

9月9日~11日，为了加强全市药品监督管理，维护人民群众身体健康和用药的合法权益，进一步促进药品管理法的实施，根据监督法等法律法规的规定和市十三届人大常委会第一次主任会议研究通过的《保定市人大常委会2008年执法检查计划》，市人大常委会组织开展了对《中华人民共和国药品管理法》贯彻执行情况的执法检查活动。由市人大常委会副主任袁振江、全国人大代表郭淑芹、部分市人大常委会委员和财经委委员组成的市人大常委会执法检查组，在市人大副主任袁振江带领下，听取了市政府及市食品药品监督局、市工商局、市卫生局、市物价局等部门以及安国市、清苑县政府及有关部门贯彻执行药品管理法及相关法律法规情况的汇报，并进行了座谈。检查组还对保定市区、安国市、清苑县部分药品生产、经营企业和医院进行了检查，抽查了部分行政执法案卷。检查组基本摸清了全市药品质量、价格、广告宣传及药品监管体系建设、依法行政等情况。检查组对各级政府及药品监管相关部门贯彻执行药品管理法取得的成效给予了肯定，同时指出了存在的问题，提出了意见和建议。

9月9日和11日，由市人大常委会主任李光耀、副主任王恒国带队，组织部分驻保省人大代表对保定市主导产业汽车、新能源等进行专题调研。市委常委、市政府常务副市长李谦，市政府副市长刘宝玲陪同调研。代表们先后深入长城汽车集团、中兴汽车集团、天威英利三期、兵装天威风电公司、国电联合动力公司、风电产业园、中航惠腾风电设备有限公司进行了调研，分别听取了市发改委关于汽车工业发展情况的汇报、高新区管委会关于中国电谷发展建设情况的汇报，并进行了认真的讨论座谈。市人大常委会主任李光耀在座谈会上强调指出：一是要高度重视专题调研活动，真正运用好专题调研活动的实际成果。代表们要通过参加专题调研，进一步摸清实际情况，把有关问题研究得更深入一些，把专题调研与提出高质量的代表议案和建议有机地结合起来，为不断提高会议的审议质量和代表参政议政的水平，打下良好的基础。二是要通过参加专题调研活动，积极反映基层的愿望和要求，努力促进事关发展全局问题的解决，更好地为全省、全市的经济发展和社会进步积极建言献策，做出应有的贡献，发挥应起的作用。三是希望代表们要多关心和支持专题调研工作，积极参与专题调研，不断提高专题调研的质量和效果。

9月16日，市人大常委会主任李光耀，副主任高天民、梁书屏，秘书长朱贺星到高阳县看望下乡工作队员并深入乡村调研。李光耀在与下乡工作队员座谈时强调，在奥运安保的最后阶段，要保持高度紧张，不能出现丝毫的懈怠：一是坚持善始善终。要遵守纪律，坚守岗位，深入细致地做好"迎奥运、保稳定、促发展"的各项工作，确保完成市委交给的工作任务。二是切实转变作风。要把下乡工作作为一次学习提高的宝贵机会，充分加以利用，努力向基层、向群众多学习，学习借鉴他们的好作风、好思路、好经验，认真总结，深入思考，运用到今后的人大工作中，不断提高工作能力和水平。三是多搞调查研究。要真正深入下去，多做调查研究，看看群众在想什么、做什么、需要什么，详细做出归纳整理，形成调研素材，以便在未来的工作中想群众之所想、急群众之所急、办群众之所需。四是保持密切联系。要把下基层工作的驻点作为今后人大机关干部学习锻炼的基地，与当地的县、乡、村和群众建立起经常的、密切的、持续的联系，更好地同基层、同群众打成一片，使广大干部接受教育、得到历练。

9月18日~19日，按照市人大常委会关于检察院民事行政检察工作情况调研方案的要求，内司委组织部分市人大常委会委员与人大代表组成的调研组对检察机关民事行政检察工作进行了专项调研。市人大常委会副主任梁书屏参加调研活动。为了搞好这次调研，9月18日上午，调研组在市人民检察院召开全体会议，听取了市人民检察院关于民事行政检察工作情况的汇报，并请河北金融学院法律系主任石东坡就民事行政检察监督的主要内容、法律依据、法律程序等进行了介绍。下午，调研组又到新市区检察院召开了汇报、座谈会议，听取了新市区、北市区、安国市、高碑店市、唐县、高阳县检察院在民事行政检察工作方面有关情况的汇报并进行了座谈交流。9月19日上午调研组在市人大机关三楼二会议室召开了有人大代表、律师、三区（新市区、南市区、北市区）人大常委会的分管主任和法制科长等人员参加的座谈会，详细听取了各方面人员对全市检察机关民事行政检察工作的看法、意见和建议。

9月24日~25日，在市人大常委会副主任贾体新的带领下，教科文卫工委组织部分常委会组成人员对《义务教育法》贯彻执行情况进行了检查。检查组听取了市教育局的相关工作汇报，并与部分县区的教育局长、部分学校校长进行了座谈。随后，检查组深入到满城县、顺平县、定州市、安国市、蠡县，对部分学校和教育局进行了暗访，详细了解了农村义务教育经费保障、义务教育教师队伍建设、提高义务教育质量促进义务教育均衡发展以及学校安全制度建设等方面的情况。

9月25日~26日，根据市人大常委会2008年听取和审议专项工作报告的安排，城建环保工委组织由部分市人大常委会组成人员和部分市人大代表组成的调研组，对保定市区住房困难的低收入家庭住房保障情况进行了调研。市人大常委会副主任袁振江参加了此次调研活动。9月25日调研组在机关三楼第二会议室召开座谈会，上午与部分街道办事处主任（书记）、居委会负责人、低收入家庭代表以及民政局等部门的相关人员进行了广泛交流；下午与市物价局、建设局、民政局和房管局相关部门的人员进行了座谈。26日调研组一行深入到市经济适用房住宅小区进行实地察看，了解房源结构、配套设施建设和工程进度等情况，尔后听取了政府有关部门关于市区低收入家庭住房保障情况的报告，并就相关情况交换了意见。

10月8日，市人大常委会主任李光耀，副主任高天民、贾体新、梁书屏，秘书长朱贺星到定兴县，深入农业科技园区和企业进行调研，并与县委、县人大、县政府有关人员座谈交流，听取对市人大工作的建议和意见。李光耀充分肯定了县委对人大工作的重视和支持，认为大家提出的工作建议和意见难能可贵。就进一步促进和提升人大工作，李光耀提出了明确意见：第一，要和县委在政治上保持一致，自觉接受党的领导。这是我们的体制、职责和任务所决定的，就是要把党的主张变成人民意志，通过人大在法律上使其合法化。第二，人大工作要切实履行好职责。在目前，人大主要是监督职责，监督职责一定要落实好。对"一府两院"的监督是我们的职责所在，这一点做不到、落实不了，我们就无法向人民交代、向代表交代。第三，要在县委的领导下，为全县的发展和环境优化做出人大应有的贡献。定兴县人大准备评议部门工作，监督政府的有关部门，这也是我们为优化环境做出的工作。第四，人大工作要不断发展、不断创新。每一个人大工作人员，都要不断提高素质，提高工作水平，跟上时代和形势的要求，这样我们的人大工作才会有活力，才会有效率。

10月9日~10日，按照年度工作计划，民侨委组织部分市人大常委会委员、市人大代表开展了《中华人民共和国归侨侨眷权益保护法》和《河北省实施〈中华人民共和国归侨侨眷权益保护法〉办法》执法调研。调研采取听取汇报、集中学习、专题座谈等方式进行。调研中先后听取了市政府外事侨务办公室关于宣传贯彻《中华人民共和国归侨侨眷权益保护法》情况的汇报，集中学习了相关法律法规，进行了专题座谈讨论；深入涿州听取了涿州市人民政府关于“一法、一办法”贯彻实施情况的汇报，与归侨、侨眷代表进行了座谈。调研组成员对贯彻落实《侨法》情况提出了有针对性的意见和建议。市政府外事办和市侨联负责人陪同调研。

11 月 20 日～21 日，按照年初工作安排，市人大常委会农经工委对《农业技术推广法》贯彻实施情况进行了调研。调研期间听取了市农业局关于全市《农业技术推广法》实施情况的汇报。在市农业局负责人的陪同下，先后赴徐水和易县听取当地农业部门关于《农业技术推广法》贯彻落实情况的汇报。在了解掌握基本情况的基础上，深入徐水高林村镇、易县高村乡召开了乡村干部、农技人员和农民代表参加的座谈会，听取了基层干部群众对开展农业技术推广工作的意见和建议。通过调研，收集了一些好的经验和做法，同时，也就农业技术推广工作中存在的困难和问题和主管部门交换了意见。

12 月 25 日上午，市人大常委会副主任袁振江到市国税局进行调研。听取了市国税局局长杨树民及有关人员就 2008 年税收完成情况和 2009 税收预测的汇报，并进行了座谈。袁振江指出：市国税局在 2008 年取得了可喜的成绩，被中央文明委授予“全国精神文明建设先进单位”。讲大局，识大体，圆满完成了市委、市政府交给的各项税收任务。创造了一流的班子、一流的队伍、一流的业绩、一流的贡献。

【视察活动】　10 月 16 日，市人大常委会组织部分人大常委会委员和市人大代表视察南水北调保定段工程建设及应急供水工作。市人大常委会主任李光耀，副主任高天民，副市长李国英，市人大代表、市十二届人大常委会副主任李书信，秘书长朱贺星参加视察。视察组一行先后来到顺平县蒲阳河倒虹吸工地和满城县漕河渡槽工地，现场视察了工程建设和通水情况。在随后召开的座谈会上，市南水北调办公室作了关于南水北调工程建设的整体完成情况及目前应急供水情况的汇报。副市长李国英简要介绍了保定市南水北调工作开展情况。南水北调保定段全长 170 公里，南起曲阳县南洼里村，北至涿州市北拒马河，占北京应急供水工程河北段 75%。全段自漕河渡槽 2004 年率先开工后，经 5 年建设完成，现已经实施向北京供水。通过实地调研和听取汇报，视察组成员对南水北调工程有了进一步的了解和认识，充分肯定了各级各部门的工作成绩，并提出了意见和建议。为了进一步推动南水北调各项工作依法有序进行，李光耀要求：一是要进一步统一思想，提高认识，强化领导，扎实推进下一步工作。各级各部门一定要把南水北调工作摆到重要位置，加强领导与协调，及时解决各种困难和问题，全力保证南水北调后续工程建设的顺利进行。二是要继续加大宣传力度，营造良好的社会环境和舆论氛围。要加强对南水北调工程建设重大意义、有关政策的宣传，进一步提高各级领导和广大群众对工程建设重要性的认识。要加强应急供水安全的宣传，提高各级各部门安全输水责任意识，特别要加强对沿线青少年的安全教育。三是要进一步加大执法力度，确保国家各项方针政策落到实处。各级各有关部门要切实按照规划法规定，加强对规划区内的各项标识、用地范围的保护。要严格依法办事，切实处理好新上项目与水源保护的关系，做好总干渠水质的保护工作。参加征迁安置工作的同志要认真学习物权法等法律法规，提高依法行政、依法办事的能力。

10 月 23 日，市人大常委会组织部分人大代表对“城市面貌三年大变样”工作进展情况进行了视察。视察组由市人大常委会副主任高天民带队，成员有市人大常委会副主任、秘书长和部分市人大常委会委员，以及部分全国、省、市人大代表和各县（市、区）人大常委会主任。视察组成员首先听取了市委常委、副市长曹汝涛关于“城市面貌三年大变样”活动开展情况的汇报，深入实地参观了“城市面貌三年大变样”展览，先后到中国电谷立交桥施工现场、中鲁岗村改造现场、府河综合改造项目旧府河市场拆迁现场和东三环路建设施工现场等地进行了视察，并就“城市面貌三年大变样”情况进行了分组讨论，对此项工作建言献策。高天民代表人大常委会视察组讲话，对市政府“城市面貌三年大变样”前期工作给予了充分肯定，并对以后工作的开展提出了要求。他说“城市面貌三年大变样”工作实施以来，领导高度重视，措施配套有力，成效比较明显，全市上下形成了“大拆促大建、大建促大变”的浩大声势，为下一步更大规模地开展工作打下了良好基础。在下一步工作中，人大要充分发挥好地方国家权力机关职能作用，促进“城市面貌三年大变样”活动深入开展。同时，政府要继续加大宣传力度，科学规划，统筹兼顾，巩固并扩大工作成果，逐步把保定建设成为功能完善、交通便捷、环境优美、和谐宜居的生态文化古城。市人大常委会副主任贾体新、梁书屏、陈英杰、袁振江、王恒国参加了此次视察。

11 月 13 日，应市交通局邀请，财经委组织部分市人大常委会委员和市人大代表视察高速公路建设情况。市人大常委会主任李光耀、原市人大常委会主任李定元、市人大常委会副主任袁振江、原市人大常委会副主任李书信、部分市人大常委会委员和财经委委员，视察了电谷立交桥和张石高速保定连接线项目及张石高速公路保定建成段，并听取了市交通局局长李正群关于高速公路建设情况的汇报。市政府副秘书长李洪刚陪同视察，并汇报了有关情况。在视察和听取汇报后，李光耀指出：大家对我市高速公路建设十分重视，定元和书信两位老主任参加视察，增加了视察的分量。通过视察对全市高速公路建设有了较全面了解，印象深刻，对高速公路发展前景也清楚了。一是我市高速路多。“三纵三横”高速公路的建设，使我市百平方公里拥有 4.4 公里的密度，居省内城市先进行列。二是我市高速路修得快。每次出行都有新变化，高速公路的建设对经济发展起了很大促进作用。三是高速路修得好。高速公路修建标准高，行走起来很顺畅。京石高速公路很快就要加宽到上下 8 车道，市政府和市交通局做了大量工作，争取项目的力度大，争取资金的力度也很大，苦干实干，千方百计克服困难，张石高速在我市的努力争取下向东移，经过的县、市比原设计多了很多，对保定的发展很有好处。李光耀和李定元建议：一是高速公路远期规划还是要考虑从保定西部再增加一纵，从涞源县、唐县、曲阳县等直达石家庄，实现“三横四纵”高速公路网，改变西部山区县没有高速公路的状况。二是高速公路和铁路客运专线建设要衔接好，更好地促进“一城三星”建设，进一步加强带动作用，构建更加有利于我市发展的公路大格局。规划要超前，着眼点至少 30 年至 50 年不落后。三是高速公路要管理好。要把制度建好，把队伍带好，管理是一个重要环节，只有管理好，才能保畅通。市人大常委会副主任袁振江主持了汇报会，并指出：这次视察给大家留下了非常深刻的印象，非常振奋，市政府和市交通局对人大的视察非常重视。光耀主任非常忙，但是专门调整工作安排参加我们的视察，这次视察还特别邀请了原人大常委会主任李定元主任和副主任李书信参加。刚才李光耀主任作了讲话，希望市政府和市交通局落实好。光耀主任还对我市高速公路的建设给予了充分的肯定，他指出我市高速公路是修的多、建的快、建的好。以上成绩的取得主要是交通部门在市政府的领导下规划的力度大，争取的力度大，投入的力度大，建设的力度大。我市公路建设的变化非常大，基本实现了我市交通落后状况的根本改变，不仅赶上和超过了国内的先进水平，还达到和超过了世界发达国家的先进水平，对保定市的发展贡献很大。

（米海舰　王明月）

保定市人民政府

【保定市人民政府市长、副市长】

市　　长　于　群

市委常委
常务副市长　李　谦

市委常委
副 市 长　曹汝涛(2月任,11月离任)

赵常福(11月任)

副 市 长　贾体新(4月离任)

高天民(4月离任)

李国英

李江舟(挂职)

闫立英(4月任)

刘宝玲(4月任)

孟祥伟(4月任)

【保定市人民政府秘书长、副秘书长】

秘 书 长　郭　普(4月离任)

李志刚(6月任)

常务副秘书长　张英俊

副秘书长　刘　峰(6月离任)

董晓宇

刘二虎(11月离任)

王立君(至4月)

葛荣亚　李洪刚

陈　伟(7月任,挂职)

李增泉(11月任)

王占永(11月任)

白光明(11月任)

王　涛(11月任)

【市政府工作综述】　2008年,市政府坚持以邓小平理论和"三个代表"重要思想为指导,全面落实科学发展观,认真贯彻执行中央和省的重大决策部署,紧紧围绕"又好又快发展,强市兴县富民"这个中心任务,坚持加快发展、安全发展两手抓,力保"经济不下滑、安全不出事"。在中共保定市委正确领导下,在全市各级政府和政府各部门的共同努力下,较好地完成了全年各项目标任务,在国内外经济出现严重困难的情况下,全市经济增长稳健,表现出一定的抗御风险能力。全市生产总值完成1581亿元,增长11.7%;规模以上工业增加值403.9亿元,增长17%。全社会固定资产投资804.7亿元,增长23.7%;其中城镇固定资产投资712.9亿元,增长34.8%。社会消费品零售总额619.7亿元,增长21.7%。全部财政收入149.5亿元,增长22.6%;其中地方一般预算收入66.6亿元,增长29.4%。城镇居民人均可支配收入12312元、农民人均纯收入4331元,分别增长12.7%和9%。万元生产总值综合能耗下降5%,主要污染物化学需氧量、二氧化硫排放量分别降低6%和2.25%,全面完成了省节能减排各项指标。规模以上工业增加值、一般预算收入增速全省第一,城镇固定资产投资、实际利用外资增速全省第二,其他各项指标均实现争先进位的要求。

集中精力加快发展。在国内外经济环境突变、安全稳定压力很大的情况下,始终咬定发展不放松,继续坚持"打基础、增后劲"不动摇,千方百计加快发展,努力增强实力、活力、竞争力。一是努力做强主导产业。继续坚定不移地实施工业强市、产业立市战略,坚持"零资源"的发展模式和新型工业化道路,大力构筑以先进制造业为代表、多元支撑的产业格局。围绕重点项目建设、招商引资、经济运行等工作出台了一系列政策措施。充分发挥财税、金融等经济部门和驻保单位的职能作用,凝聚服务发展、支持发展的合力。培育现代产业体系,做大做强"保定制造",调整产业结构,培育龙头企业,促进了新能源、汽车、纺织服装三大主导产业和食品、文化旅游等潜势产业的较快稳定增长。特别是新能源产业,实现增加值42.6亿元,增速达到35.4%,分别高于全国和全省规模以上工业增加值增速22.5和21.9个百分点,对全市工业的贡献率达到15.2%,成为全市增长最快、拉动力最强的行业，为全市经济实现平稳较快发展起到了中流砥柱的作用。2008年，三大主导产业增加值占入统工业增加值比重达到39.8%，贡献率达到44.7%，分别比2005年提高4.4个和5.6个百分点。在主导产业带动下，全市经济总体运行质量提高，全部财政收入占生产总值的比重达到9.3%，税收收入占全部财政收入的比重达到87%，分别比2005年提高1.3和3.3个百分点。二是大力推进项目建设。始终把项目建设作为推动发展的核心之举紧抓不放，对省、市重点项目继续实施“听看录帮考”工作机制，完善制度、严明责任、严格考核、要素保证四措并举，激发了各级各有关部门上项目的热情和动力。2008年，全市争取项目用地指标是省下达计划的2倍多，居全省前列。省挂账重点项目141个，总投资1996亿元，完成年度计划投资的143.6%，项目数量全省第二，投资额全省第三，完成投资计划全省第二。另外，抢抓国家扩大内需机遇，各位副市长牵头，市政府各有关部门和县（市、区）共同行动，全力对接项目，首批争得2.5亿元资金、近200个项目，居全省先进位次。三是巩固壮大农业农村经济。始终把解决“三农”问题作为重中之重，坚持以发展农村经济、增加农民收入为核心，以加强基础设施建设和改善人居环境为重点，突出“四化一统筹”（主攻产业化、促进规模化、坚持多样化、推进城镇化，统筹区域协调发展），因地制宜，量力而行，梯次推进新农村建设。坚决落实中央惠农政策，积极促进农业农村经济稳步发展。2008年粮食总产539.2万吨，连续第六年增长。蔬菜、肉、蛋、奶等主要农产品稳定增长。全市区域特色种植基地和芦笋、麻山药等新兴特色产业面积达到329万亩，占全市耕地面积的近30%。建成市级以上农业标准化示范区35个，无公害农产品标准化生产面积126万亩。市级以上龙头企业发展到238家，农业产业化率达到42%。同时，努力激活市场主体，发展壮大民营经济，县域经济发展步伐加快。县域规模以上工业增加值占全市的比重达到68.3%，比上年提高6.6个百分点。四是深入推进改革开放。坚持以改革为动力，着力推进骨干企业战略重组，继2007年成功推动天威与兵装重组之后，2008年又推动了新希望入主宝硕，涞钢、涞铜破产改制也迈出新步伐，河北钢铁集团正式进驻涞源。围绕理顺市县管理体制，制定出台了《向县（市）下放若干管理权限的意见》，把项目、土地、环保等部分管理审批权限下放到县（市），放权松绑、重心下移。坚持以开放增活力，在香港、京津、长三角、珠三角等地开展了大规模招商活动，签约项目24项，合同利用外资6.46亿美元。2008年，全市利用省外资金129.9亿元，增长31.6%；实际利用外资5.36亿美元，增长39%，其中外商直接投资比上年增长2倍；出口创汇34亿美元，增长40.5%。五是统筹区域协调发展。为改变保定市“小马拉大车”状况，加快城镇化步伐，培育区域发展新优势，自2008年下半年以来，市委、市政府相继谋划了“一主三次”、“工业西进”、“对接京津”三大战略，分别制定了发展规划和工作方案，组织力量全面推进。在构筑“一主三次”城市格局上，完成了城市总体规划修编，使城区规划面积由110平方公里扩大到180平方公里，完善了定州、涿州城市发展规划，编制了白沟·白洋淀温泉城发展规划，促成了一批产业和城市建设项目。特别是白沟·白洋淀温泉城，发展建设明显提速，展现出新的生机与活力。在工业西进上，充分挖掘西部交通条件改善、土地资源相对丰富和矿产、特产、绿色农产品生产的优势，坚持一手抓绿色产业，一手抓现代工业，启动了一批工业园区建设，吸引了一批工业项目相继落地。在对接京津上，把保定作为京津的大卫星城市来规划建设，把毗邻京津的易县、涞水、涿州等10个县（市）和白沟·白洋淀温泉城，作为率先融入京津的重要节点来抓，组织开展“五个一”活动，推进与京津发展规划、基础设施、三次产业、人才技术和发展环境“五对接”，着力打造“环京津卫星城市链”。京昆高速公路、保津城际铁路、京石高铁等一批重大基础设施项目进展顺利，与京津政府层面的接触与交流合作也取得积极进展。

毫不松懈狠抓安全发展。2008年，市政府始终把安全发展作为加快发展的前提和基础来抓，作为“底线”坚决守住。在奥运安保工作中，全市组织50多万人上一线，昼夜严防死守，各级财政投入资金4亿多元。实现了“四个坚决防止”的目标，中央领导给予充分肯定。在三鹿奶粉事件处置工作中，市政府紧急行动，确定近40家定点医院，组织30多支医疗队伍入乡进村，全力筛查救治患儿。出动执法人员4万多人次，检查经营户6万户次，销毁问题乳制品300多吨，整顿奶站近300个。各级财政补贴资金4700多万元，努力把奶农和企业损失降到最低。全省现场会在保定市召开，中央和省领导给予高度评价。在安全生产、食品与药品安全、节能减排“三项工作集中行动”中，全市深入排查，全力攻坚，较好地完成了省下达的目标要求，连续第4年实现安全事故起数、死亡人数“双下降”,保持了全市安全生产形势的持续稳定。保定市作为设区市唯一代表,在全省安全生产工作会上作了典型发言。狠抓“双三十”和“8+13”节能减排示范工程建设,重点县和重点企业全部完成了年度承诺目标。所有县(市)规划建设的污水处理厂全部开工,全市13座污水处理厂正常运行。食品药品安全工作也受到上级好评。在支援抗击南方冰雪灾害和汶川特大地震抗震救灾中,各级各部门做了大量工作,为地震灾区捐款捐物走在全省前列,援建安置房提前超额完成任务,受到建设部表扬。

倾心倾力保障民生。坚持把解决民生问题作为政府工作的出发点和落脚点。围绕解决就业、上学、看病和困难群众生活等突出问题,千方百计筹措资金56亿元,实施了40项惠民工程。新增城镇就业7.29万人,零就业家庭保持动态为零。城镇登记失业率超额完成省定目标。全年发放养老金、失业保险金32亿元,25万名离退休职工和失业人员的基本生活得到保障。34万人得到城乡最低生活保障。新农合参合率达到82.5%。城镇居民基本医疗保险全面启动,消除了医疗保险制度覆盖盲区。竣工101个乡镇卫生院,城市社区卫生服务覆盖面达到91%。城乡义务教育阶段公办学校学生学杂费全部免除。资助贫困及优秀学生近10万人。近3000所农村中小学取暖设施全部改造完成,中央电视台《焦点访谈》给予报道。对5161户低收入住房困难家庭实施了住房保障。在供暖成本大幅提高的情况下,市财政补贴资金近7000万元,保持了供暖价格全省最低,减轻了市民负担。修建改造农村公路898公里。新建农村户用沼气池4.8万多座。新解决200个村、20万人饮水安全问题,帮助5.1万贫困人口脱贫。市区新增绿地面积230万平方米,取缔、改造燃煤锅炉398台,新增集中供热面积200万平方米,空气质量二级以上天数增加7天,一级以上天数增加35天。深入开展亲民爱民活动,加强社会治安综合治理,促进了社会和谐稳定。

强力推进“三年大变样”。把推进“三年大变样”作为加快城镇化的主要抓手,作为扩内需、保增长的引擎,作为改善民生、改善环境的重要内容,市级领导分包重点项目,各级干部一线指挥参战,市民积极配合,取得了阶段性成果。市区累计拆除“违、临、破、旧、陋”建筑近400万平方米、实体围墙239处。启动“城中村改造、棚户区改建、旧小区改善”项目28个。实施了40项重点工程,其中关汉卿大剧院、历史文化名人苑等一批标志性文化项目抓紧选址设计,裕华路、西大街改造开工建设,淮军公所、光园、古莲花池等文物古迹恢复抓紧实施,七一路高速引线改造即将完工,五四路改造、朝阳大街景观整治初见成效,东三环建设全面启动,全省最大的城市互通立交桥——电谷立交桥工程过半,贯穿山区6县的张石高速公路一期、廊涿高速公路保定段竣工通车,张涿高速公路开工建设,王快、西大洋两大水库连通工程开工建设,火车站改扩建工程抓紧设计。

切实加强政府自身建设。积极适应新形势、新任务的要求,切实加强团结、廉洁、务实、高效政府建设。一是完善制度建设,狠抓工作落实。坚持把《政府工作报告》的“话”落实到“事”上,把“事”落实到“人”上,继续实行“建账、查账、算账、报账”制度,分解立项,跟踪督办,推动落实。建立了“不作为记录备案”制度和重点项目建设、节能减排、安全生产、“三年大变样”等“红黄牌”警示制度,实现了用制度管人、制度管事。二是改革管理体制,治理发展环境。围绕项目审批环节过多、行政效能不高等突出问题,下大力削减审批事项。到2008年底,全市累计取消行政审批项目1141项,削减率74.5%,削减事项全省最多。对行政服务中心实施“二次改革”,实行了“一个窗口”对外,“一个窗口”服务、“一个窗口”收费“三个一”制度。三是加强廉政建设,树立良好政风。严格遵守和执行党风廉政建设各项规定,注重把抓廉政建设与抓落实结合起来,发挥组织监督、纪律监督、群众监督和舆论监督的作用,积极推进权力公开透明运行。对目标任务、重点工作和事关群众切身利益的民心工程,细化到具体责任领导、责任单位,明示工作目标,明示工作思路,明示工作措施,明示工作时限,明示工作成效,一环一环严督查,一项一项求突破。

市政府办公厅工作

【概况】 2008年,市政府办公厅全面贯彻落实科学发展观,以市委、市政府各项工作部署为中心,进一步解放思想,转变职能,改进作风,着力推进服务型、效能型、廉洁型、学习型机关建设,展现了“团结和谐、风清气正、开拓创新、务实高效”新风貌,开创了各项工作新局面,在谋划全局、文稿起草、推动落实等方面多次受到市委、市政府主要领导的表扬,办公厅领导班子被市委定档为实绩突出。政务信息、政府网站建设和内容保障、提案、督查等工作被评为全省先进单位或优秀等次；政府信息公开和政务接待工作受到省政府办公厅通报表扬；金融办被省金融证券工作领导小组办公室认定为工作实绩突出；办公厅被评为全市奥运安保工作先进集体、全市老干部工作先进集体、市直机关先进职工之家和先进妇女组织。

【转变作风　固本强基】 新一任领导班子着力推行科学规范管理，树立新思维、新理念，坚持高站位、高标准，切实加强办公厅自身建设。调整、理顺内部机构工作职能，修改完善《市政府办公厅工作制度》，促进了机关工作规范、高效运转；理顺办文办会程序，建立了"一口进、一口出"的公文运转新体制，制定了《关于进一步严格公文处理若干制度的通知》和《关于严格市政府常务会议议题审核把关若干制度的通知》，加大了对文件、会议数量的控制力度；建立工作周点评制度，对"三办"（办文、办会、办事）情况及时予以梳理、汇总，表扬先进，督促后进；坚持以人为本理念，树立正确的用人导向，注重"德、能、勤、绩、廉"全方位考察干部，实行"四看四不看"（看党性不看人情，看本事不看关系，看主流不看枝节，看公论不看面子），建立"三聚焦"（实绩突出、群众认可、领导满意）干部选任工作机制，积极向上级组织推荐和提拔使用优秀干部，为干部成长进步、发挥才智搭建了广阔平台。

【科学谋划　主动参谋】 认真落实市委、市政府中心工作和总体安排部署，以实现保定又好又快发展、强市兴县富民为出发点和落脚点，主动谋划、超前谋划，积极为领导当好参谋。组织、协调、参与起草了《关于建设低碳城市的意见（试行）》、《关于加快西部地区工业发展的意见》、《关于加快推进重点项目建设的意见》和《关于建立经济运行监测分析制度的决定》、《进一步加快高新区发展的意见》、《保定市"一主三次"城市发展规划纲要（2008—2020）（试行）》、《保定市汽车工业"十一五"发展规划及2015年发展目标》等一系列重要文件，推动了相关工作开展。全年起草完成政府工作报告、领导讲话、总结汇报、调研报告等重要文稿200多篇约40万字；完成署名文章、专题采访稿等10余篇，被《人民日报》、《河北日报》、香港《大公报》、《文汇报》、凤凰卫视等海内外媒体及省政府《调研信息》采用，为宣传、推介保定发挥了重要作用。

【协调攻坚　狠抓落实】 紧紧抓住影响全局的难点和群众关注的热点问题，集中精力，攻坚克难，着力推动一批大事、要事、实事的协调落实。

积极推进重点项目建设。组织开展"听看录帮考"和"三看一听"活动，围绕省、市重点项目和省挂账项目，落实措施，加强调度，严格督导，确保了京昆高速、保津城际、京石高铁及两厂（场）建设等一大批重大基础设施项目顺利推进；围绕中央"扩大内需"十项政策，主动做好有关对接工作，及时落实项目和资金；积极协调推进英利三期、六九硅业、风电设备产业园、汽车零部件工业基地等项目建设工作；协调组织各级各有关部门圆满完成了西大洋水库除险加固、"两库"连通、水库移民后期帮扶、第二次"引黄济淀"、南水北调总干渠征迁安置扫尾等重点工作。

全力协调做好城市建设管理和"三年大变样"工作。紧紧围绕"5380"工程，认真协调督办重点工程建设中出现的征地、拆迁、资金等方面问题，确保顺利推进。积极协调，真督实查，在实施"蓝天行动"、"6060工程"、东三环项目建设、"五拆三改"和市区冬季供暖中发挥了积极作用，得到市领导的充分肯定。

深入开展安全生产、节能减排、食品药品安全"三项工作"集中行动。在市统一领导下，成立"三项工作"办公室，协调组织6个督导组，全力以赴督导各县（市、区）和有关部门开展工作。通过组织开展安全生产专项整治活动，为全市"安全发展"提供了有力保障。积极协调有关部门狠抓"双百"、"双三十"和"8+13"等节能减排工作，取得显著成效。紧紧围绕问题奶粉追缴、保障患儿健康、维护社会稳定三个重点，认真开展食品药品安全等各项应急处置工作，承办组织了全省现场会，受到省领导的高度评价。

全力做好社会稳控工作。助推全市"保稳定、促发展、迎奥运"活动，组织、协调各部门狠抓矛盾纠纷排查、信访隐患排查、消防安全专项治理、道路交通安全、社会治安综合治理等措施的落实，并选派20名机关干部下乡村，奔赴奥运安保第一线。认真实施"结缘工程"，深入开展对口帮扶，积极协调有关部门为帮扶村解决交通、资金、项目建设等方面问题。组织实施灾区援助，为四川地震灾区捐款20余万元，并捐赠了棉衣棉被等一批生活物品。

认真做好人大代表建议和政协提案承办工作。全年承办全国政协提案1件；省级人大代表建议7件、政协提案11件（主办16件，会办2件），按时办结率、答复函规范化率、走访率均达到100%。承办市级人大建议135件、政协提案275件，各项指标均达到或超过省定目标要求。

【改革创新　加力助推】　着力实施“一主三次”、“工业西进”、“对接京津”三大战略。紧紧围绕做大中心城市，建设次中心城市，带动周边区域发展战略，积极协助推进高新区托管（共建）交接和白沟·白洋淀温泉城规划编制工作，协调解决了一批涉及基础设施和项目建设的具体问题；坚持一手抓绿色产业，一手抓现代工业，助推了一批工业项目和园区建设在西部山区县落地；牵头组织推进与京津发展规划、基础设施、三次产业、人才技术和发展环境“五对接”，着力打造“环京津卫星城市链”。

努力破除思想和体制两大障碍，协调有关部门较好完成了市集体林权制度改革年初目标；积极协调有关部门推进燃气总公司改制和水管理体制改革；协调有关方面全面启动了全市城镇居民基本医疗保险试点；努力创优金融环境，拓宽融资渠道，组织银企对接，协调加大了对中小企业的扶持力度；积极协助市县管理体制改革课题组，在深入调研、借鉴外地经验的基础上，制定了《关于向县（市）下放若干管理权限的意见》，并积极做好推动落实工作；强化政府对招商工作的主导作用，制定出台了《关于加强招商引资工作的意见》，并成功参与组织了一系列大型招商活动，促成一大批项目签约。

【强化服务　提质提速】　加快日常工作运转，进一步完善了值班制度，严格紧急重大事件报告纪律，值班处理各类事项1600余件；参与完成了一些重大安全事故、火灾事故等突发事件的应急处置工作；组织、协助召开各类会议180余次，其中承办省、市级会议30次；处理各类要事要情报告、传递领导批示1300余件；完成机要收发6.2万件。

出色完成重大活动任务。成功组织参与了国家级、省部级领导多次来保调研接待活动，全年接待宾客6700余人次，接待服务工作多次受到省、市领导的肯定和表扬；承办参与了东三环暨七一路高速引线拓宽改造仪式、四川大地震赈灾义演、敬老健身节大型演出、电谷锦江国际酒店试营业暨太阳能幕墙并网发电仪式等多项大型活动。

积极拓展政务信息。突出“四个围绕”（重要情况、重要思路、重要经验、重点问题），及时做好信息反馈工作，年内多条信息被国务院办公厅和省政府采用。全年共编发《信息快报》107期，《工作调研》52期，《政务要情》80期，《网上信息》76期。全年向省报送信息2000多条，被采用270余篇。

认真受理、解决群众反映的问题。充分发挥市长专线电话和短信平台联系面广、反应快的优势，及时协调解决了一批关系群众切身利益的大事、难事、急事。全年共接收群众短信25000多条，受理群众来电2500多个，现场处理问题13次，召开协调会20次，编发情况专报30期。

领导班子成员

纪检组长　闫向阳（11月任）
调研员　王伟华（10月离任）
副调研员　白光明（11月离任）
　　　　张英琪（11月离任）
　　　　李　航（10月任）
　　　　李贺田（11月任）
　　　　金达旺（11月任）
　　　　丰世敬（11月任）
方志办主任　刘宝营

（艾通泉　王国勇　李铁军）

法制建设

【保定市人民政府法制办公室】　保定市人民政府法制办公室是市政府负责政府法制工作的工作部门，属市政府正县级行政单位。负责办理市政府规范性文件审核、行政复议、行政执法监督检查、行政执法人员培训、行政执法证件、罚没许可证件审核管理备案，规范性文件备案，法律、法规执行情况检查，市政府涉法咨询服务等工作。下设综合处、法规处、行政复议处、协调监督处。连续六年被市委、市政府评为“实绩突出单位”。

【概况】　2008年，政府法制工作围绕“又好又快发展，强市兴县富民”主旋律，不断深化“风清、气正、阳光、公正”工作理念，在加强自身建设的基础上，突出抓好行政复议案件的审理，规范性文件的审核把关，健全行政监督等方面的工作，为全市法制环境建设，维护公民、法人和其他组织的合法权益，促进全市政治经济发展做出了突出贡献。

【行政复议】　2008年，共受理各类复议案件50起。涉及劳动教养、工伤认定、土地纠纷、行政处罚以及行政确权等。其中撤销1起，撤销重做4起，维持39起，申请人主动撤回申请，终止审理5起，申请人不符合法律规定依法驳回申请5起，确认行政机关违法1起。均保持了较高的质量，没有因为复议引发行政案件。此外，市政府法制办公室积极创新审查方式，化解矛盾。按照复议实施条例和“三位一体”工作要求，对复议案件调解工作加大了投入力度，经过反复细致的说服教育，先后有5位申请人主动撤回申请，双方当事人握手言和,有效化解了矛盾和纠纷。

【规范性文件审核把关】 2008年,共审查规范性文件70件。在工作中,市政府法制办公室坚持不懈地把规范性文件的高效率高质量审查作为工作核心。一是审查工作中始终坚持严谨、细致的工作作风,把制定合法有效的规范性文件作为提升依法行政的重要举措,通过消除规范性文件设置部门利益的问题,保证了全市规范性文件的统一、协调、合法、有效。二是积极推动规范性文件前置审查工作,保障部门抽象行政行为的合法性。代政府起草了《保定市政府部门规范性文件合法性审查暂行办法》,同时建立制度对文件前置审查的范围、报送程序、审查方式等方面做出详细规定。从源头上保证了国家、集体和广大人民群众切身利益不受侵害。

【行政执法检查及执法证件管理】 为确保法律法规的贯彻落实,2008年,市政府法制办公室进一步加强执法检查工作。一是对贯彻实施《行政许可法》情况进行检查。10月上旬至11月初,市政府法制办与市监察局组成4个检查组,对45个市直部门的行政许可法贯彻执行情况进行了检查。二是指导市安监局对该系统处罚案卷进行了检查;三是《中华人民共和国政府信息公开条例》2008年5月1日正式施行后,市政府法制办会同市监察局组成5个检查组,对25个县(市、区)和12个公共事业单位进行了执法检查。此外,为严格证件审查发放和管理工作,根据省法制办的统一部署,结合保定市行政执法工作实际,市政府法制办完成全市2万余名行政执法人员个人资料的信息采集、新证发放工作,并对全市各行政执法部门的《罚没许可证》进行了年检。

【围绕推进"一主三次"城市发展战略进行调研】 2008年6月,按照市委九届六次全会精神,为进一步加快全市城镇化进程,促进区域经济协调发展,市政府法制办公室起草了《保定市"一主三次"城市发展规划纲要(试行)》。《纲要》得到了市委、市政府领导的充分肯定,按照领导意见,经反复修改,在7月3日召开的市委第七届57次常委扩大会议讨论通过,并在《保定日报》、《保定晚报》头版头条刊登公布。为推进"一主三次"城市发展战略,按照市委、市政府要求,由市政府法制办牵头成立了保定市推进"一主三次"城市发展办公室(简称市推进办)。市推进办先后起草了《关于对三个次中心城市发展情况的调研报告》、《关于进一步促进高碑店市经济社会发展的意见》、《关于促进白沟·白洋淀温泉城次中心城市发展的实施意见》等调研报告和实施意见10余篇,召开专题工作及协调会议20余次,编发《工作信息通报》14篇,对白沟·白洋淀温泉城证照换发、权力移交等工作进行了跟踪催办,并多次赴次中心城市及相关县市进行实地调研考察。市推进办工作得到市委、市政府领导的充分肯定。

领导班子成员

主　　任　孙新强
副 主 任　曲士平　任秀彦
副调研员　李中元　刘双青

（吴国忠）

市政府后勤工作

【市政府机关事务管理局】 保定市人民政府机关事务管理局隶属市政府办公厅。副县级事业单位。内设办公室、总务处、房管处、财务处、经营处、车辆管理处、保卫处、综合管理处8个处室。主要职责是负责市政府办公厅及有关部门和单位的经费管理;负责市政府办公厅机关车辆的管理和调配;负责市政府1号机关院国有资产、办公用房、卫生、绿化、水、暖、电的管理和通讯保障及内部安全保卫工作;负责机关食堂、幼儿园的管理工作;负责市政府2、3号机关院和"五一饭店"办公楼的综合管理工作;负责市直机关5、6号宿舍区及阳光小区的物业管理工作。

【概况】 2008年,进一步坚持"谋实事、干实事、增实力"和"做大后勤、搞大服务、干大事业"的工作指导思想,紧紧围绕市政府和办公厅中心工作,牢固确立解放思想、谋划全局、创新服务的观念,进一步增强优质服务理念,不断加强干部队伍建设,不断创新服务水平,不断提高工作质量和效率,确保各项服务工作再创新业绩。

【严格落实各项规章制度】 进一步完善学习制度、会议制度、人事管理制度、财务管理制度、车辆管理制度、办公用品采购制度、办公用品领取制度等各项规章制度,坚持做到用制度管人、用制度说话、用制度管财、用制度管物。突出抓了六项制度的落实。一是工程招标制度。局专门成立了工程招标小组,凡万元以上工程必须组织招标,公开操作,阳光操作,避免了人情关系的复杂性,减少了工作矛盾。二是办公用品集中采购领取制度。集中采购省钱,集中领取省物,做到了领取及时,服务及时,保障供应。三是财务审批制度。公开花钱审批程序,凡花钱必须先申请、后使用、再报销。报销必须按经办人签字、主管副局长签字、财务处审核、主管财务的副局长审批后方可报销,否则,不予办理。四是车辆加油制度。车管处设两位专职加油员,负责市政府机关的公务用车加油。采取的办法是"车车跟"、"人人签"、"月月核",有效发挥了服务及时、节约油量、管理规范的功能。五是卫生联查制度。每逢重大节日,如"五一"、"十一"、"元旦"、"春节"和大型活动前,都要组织卫生联查,凡联查必通报。有效督促各单位和每位干部职工养成良好的卫生习惯,并对保持市政府机关大院的卫生环境起到了推动作用。六是公正用人制度。打破工人与干部的界限用人,让他们干事有舞台,发展有空间。

【重点工作】 一是严格各项安全措施,有效保证了北京奥运会期间的各项服务工作安全。二是继续加大市政府1、2号机关院绿化、美化工作力度,更换部分乔木树种及草坪,确保环境了优美。三是更新改造了市政府1、2号机关院供电系统,确保了机关正常用电。四是全面检修了市政府1号机关院电话线路,确保通讯畅通。五是检修更新市政府1号机关院1、3号楼上下水管道。六是维修市政府1、2号机关院办公用房。七是完成了市直机关5号宿舍区的供热管网更新工作和五一饭店机关办公院的集中供热改造工作。八是完成了管理局参照公务员管理的申报和审批工作。

【综合服务保障】 一是完成了省直和福建、山东、山西、天津等10多个省市政府管理局来访接待工作。二是绿化、美化工作重质量、讲标准,种植乔木200余棵,花灌木500余棵,增加草坪面积510余平方米,绿化面积达到25458.4平方米,占总面积的45.46%。三是通讯保障工作快捷、高效。四是完成了市政府1、2号机关院办公用房维修及水、电、暖的保障工作。五是组织实施了市政府1号机关院1、3号办公楼的安评工作,邀请了专家论证,为领导决策提供了依据。六是不断完善财务制度,强化监督机制,增加经费使用的透明度,保证了领导和机关工作高效运转。七是组织完成了办公厅、管理局300余人次干部职工体检。八是积极探索宿舍区物业管理新路子,成效明显。阳光小区服务到位,保障及时,受到住户一致好评。九是市直机关6号宿舍区完成了维修8栋宿舍楼楼顶防漏工作。十是车辆管理严格,安全及时。全年安全行车250万余公里,无重大责任事故;保障全市大型活动用车20余次;高标准完成"319工作站"工作,年检车辆260余台,审核驾照300余人次,确保了领导机关工作的正常运行。十一是安全保卫工作制度健全,措施得力。严格了值班制度、巡逻制度和出入登记制度,杜绝了刑事治安案件的发生;全力做好信访工作,全年接待妥善处置群众上访530余起,5人以下个别访235起,6人以上集体访295起,管理局保卫处被市委、市政府评为"奥运安保"先进集体,确保了机关院内办公秩序良好。

领导班子成员

局　　长　李志刚

副 局 长　卢进义　陈海滨

（张素梅）

编制工作

【保定市机构编制委员会办公室】 保定市机构编制委员会是中共保定市委的议事协调机构,在市委、市政府领导下负责全市行政管理体制和机构改革以及机构编制工作。市机构编制委员会办公室是保定市机构编制委员会的常设办事机构,在市机构编制委员会领导下负责全市行政管理体制和机构改革以及机构编制的日常管理工作,既是市委的工作机构,又是市政府的工作机构,列市委序列。内设综合处、行政机构编制处和事业机构编制处3个处室。

【概况】 2008年,紧紧围绕全市中心工作,认真贯彻落实科学发展观,进一步转变政府职能,继续深化行政管理体制改革,认真开展乡镇机构改革试点工作,积极推进事业单位机构改革,加大机构编制管理力度,严格控制机构编制增长,同时,还以科学发展观"四个征集"活动为契机,进一步加强思想教育工作,提高了干部队伍素质,进一步开创了全市机构编制工作的新局面,完成了各项职能业务目标及其他日常工作,多项工作受到省和市的表彰。

【完成乡镇机构改革试点工作】 根据省委办公厅、省政府办公厅《关于深化乡镇机构改革试点工作的指导意见》(冀办字[2007]16号)要求和保定市实际,确定徐水县、涞源县、安国市为乡镇机构改革试点县(市)。截至4月底,除徐水县人员分流工作按要求于2009年底前完成外,三县(市)乡镇机构改革试点工作已完成。市编办进一步总结探索乡镇机构改革的经验和途径,为下一步在全市全面开展乡镇机构改革工作做好准备。10月,配合省编办完成了对三个试点县(市)乡镇机构改革的验收工作。

【完成县级纪检监察派驻机构改革工作】 根据中央关于纪检监察机关对派驻机构实行统一管理的决定,和省委办公厅、省政府办公厅《转发省纪委等部门〈关于县级纪检监察派驻机构改革的意见〉的通知》(冀办发[2007]20号)以及市委办公厅、市政府办公厅《转发市纪委等部门〈关于县级纪检监察派驻机构改革的方案〉的通知》(保办发[2007]10号)要求,保定市25个县(市、区)的改革方案于9月底前全部完成。

【加强节能环保、安全监察机构建设】 按照《〈政府工作报告〉2008年工作落实方案》中分解市编办的落实事项:"加强一线行政资源配置,充实节能减排、安全生产大县的环保、安监等所站的力量,探索县分权给乡"的有关精神,根据市编委领导意见,市编办与市财政局、人事局、安全生产监督管理局、环境保护局分别起草了《关于在全市各乡镇设立安全生产监督管理机构的通知》、《关于在乡镇设立环境保护机构的通知》,于9月底发各县(市、区),同时市编办配合有关部门,督促各县(市、区)按照通知要求进行落实。

【开展监督检查工作】 为严肃机构编制纪律,规范机构编制管理行为,对机构编制的执行情况进行了认真监督检查。按照省编办《关于开展机构编制工作督促检查的通知》(冀机编办[2008]29号)要求,市编办成立了4个机构编制工作督查工作组,对市本级和所属25个县(市、区)机构编制管理工作进行了自查和督查,对发现的一些问题及时指出纠正,进一步严肃了机构编制纪律,强化了乡镇机构编制和实有人员管理措施。同时,为了进一步加强编制"实名制"管理,对《机构编制管理证》进行了年审,经过认真审核,全市共年审《机构编制管理证》476个,其中机关71个、事业单位405个,共涉及机关、事业单位工作人员31000多人,完成率达99%。

【推进事业单位体制改革】 为贯彻落实《国务院办公厅关于推进种子管理体制改革加强市场监管的意见》(国办发[2006]40号)和省政府办公厅《关于贯彻〈中华人民共和国道路交通安全法〉有关问题的通知》(冀政办函[2007]33号),经调查研究,分别起草并向市编委领导上报了《关于市种子公司改制有关情况的拟办意见》和《关于保定市农机安全监理所职能调整的拟办意见》,待市编委会研究后组织实施。积极参与推进基层农业技术推广体系改革和水利体制改革工作。上半年,由政府办公厅牵头,市编办组织市直有关部门,审核了各县(市、区)的《基层农业技术推广体系改革方案》和《保定市市属水管单位体制改革实施方案》,以市政府的文件向省政府上报,待省政府批准后参与组织落实。按照市领导的指示精神,多次组织协调并修改5个国有投资公司实施方案,进一步为全市经济发展做好体制机制保障。

【完成事业单位法人登记管理】 按照《事业单位登记管理暂行条例》和《实施细则》规定,审查年度报告310个,合格300个,暂缓年检10个,对未及时参加年度报告的22个单位法人证书进行了废止。办理设立登记13个、变更登记51个。进一步加强了市县两级登记机关软硬件建设,重点抓了行政许可的法律文书管理、监督管理,协助新市区、博野县、清苑县完成了法人培训,保定市登记工作继续走在全省前列。

领导班子成员

主　任　张清田

副 主 任　吕继志　赵彦宗

（何　华）

国有资产监督管理

【国有资产监督管理委员会】 保定市人民政府国有资产监督管理委员会成立于2004年1月,为市政府直属正县级特设机构,行政编制。市政府授权国有资产监督管理委员会代表市政府履行出资人职责。保定市国有资产监督管理委员会的监管范围是市属企业的国有资产。内设17个职能处室:办公室、企业体制处、综合改革处、产权管理处、统计评价和业绩考核处、政策法规处、企业领导人管理处、人事教育处、党建工作处、稳定工作处、机关党委、工会、妇委会、纪检监察室、老干部处。

【概况】 2008年,国资委紧紧围绕市委、市政府"又好又快发展,强市兴县富民"总体目标开展工作,积极探索国企改革有效途径,组织精干力量强力攻坚,国企改革扎实稳步推进;创新监管举措,加强基础管理,国资监管水平明显提高;大力推动所出资企业战略重组与项目建设,企业发展实力不断增强。

【完善国企改革政策措施】 研究制定了《保定市国有企业改革发

展“十一五”规划纲要》，明确了“十一五”时期保定市国有企业改革发展的主要目标，确定了大力推进经济布局和经济结构战略性调整等五大发展重点。制定出台了《保定市2008年国企改革实施方案》，明确了保定市2008年国企改革指导思想，确定了国企改革具体工作任务目标，为增强可操作性，修订完善了八项保障措施。

【依法处理宝硕问题】 一是宝硕集团破产终结，清偿职工集资款2.1亿元，分批为解除劳动关系的3000余名职工发放经济补偿金1.1亿元，4000余名职工进入等退中心；在资产评估和社会公开询价基础上，根据询价结果和专家组评审意见，11月13日，市国资委与管理人签署协议，以4.3亿元的价格受让了宝硕集团破产财产资产包，后续相关工作正有条不紊进行。二是完成宝硕股份公司股权重组，资产重组加紧推进。经规范运作，2008年5月，市国资委与四川新希望集团签署了重组宝硕股份公司战略合作协议，并完成股权过户，确立了新希望集团在宝硕股份公司的第一大股东地位。股权重组完成后，指导宝硕股份如期偿还了第一期重整债务，并积极推进宝硕股份的环保核查、产业整合等工作。

【加强对涞钢涞铜破产工作协调指导】 会同涞源县政府积极推进涞钢、涞铜破产进程，完成了资产处置、职工安置测算等前期基础工作。经积极争取，河北钢铁集团明确表达了重组的意向，并开始着手进行前期准备工作。根据省政府关于涞钢、涞铜破产重组暨涞源矿产资源整合专题会议精神和市委、市政府安排部署，牵头组织市有关职能部门，对两企业破产安置费用进行了联审，形成《联审报告》并上报市政府和省国资委。同时积极指导两企业研究制定资产处置方案，经市政府同意后上报省国资委。

【加强对各县(市、区)国企改革协调指导】 按照《2008年国企改革实施方案》([2008]保市府办66号)要求，指导有关县(市、区)切实加快改制进度，多次组织召开调度会，协调解决存在的问题；对土地变性、土地出让、产权转让、房产过户等有关政策问题进行了深入研讨，形成了解决意见，以市政府纪要形式印发执行，使这些难点问题的解决有章可循；加强了对三区国企改革进展情况的调研督导，分析存在的问题，有针对性地指导三区积极稳妥推进。

【中央企业公安机构分离工作扎实推进】 按照中央、省、市部署，2户驻保中央企业的8个公安机构需移交地方管理，涉及移交人员58名。经深入调研，市国资委研究制定了《驻保公安机构接收意见》，并以[2008]保市府18号文件下发，对移交具体办法做了原则规定，提出可操作性意见，待省有关政策进一步明确后，即可组织交接。

【推进省属军工企业改革破产工作】 积极参与定州建华医药厂、高碑店长城化工厂、胜利汽车集团等企业的改革破产工作，完成了所承担工作任务，被河北省国防科学技术工业委员会和河北省省属军工企业破产工作办公室授予“推进省属军工企业改革破产工作先进单位”称号。

【初步建立国有资本经营预算制度】 2008年8月，经市政府批准，市国资委与财政局联合下发《关于印发〈保定市市属企业国有资本收益收取暂行办法〉的通知》等政策性文件，在全市国有企业中建立了国有资本经营预算制度，并组织有关企业贯彻落实。

【完善落实薪酬管理制度】 根据国资委所出资人企业负责人《薪酬管理暂行办法》，制定了薪酬管理手册，完成了企业年度经营审计报告的审核工作。针对年初与天鹅集团、保运集团签订的《经营业绩考核责任书》，完成了对2家企业负责人2007年度薪酬的测算和兑现。

【监事会派驻制度取得新进展】 修订完善了《关于向监管企业派驻监事会的实施方案》，对派驻范围、工作职责、任职条件、工作程序及对企业的要求等方面提出了具体实施意见。12月19日，市编委下达了《关于市国有资产监督管理委员会向监管企业派驻监事会试点工作的批复》，正抓紧研究组织实施。

【市发投公司资本运作成绩显著】 一是积极争取市财政资金1.52亿元，向市商业银行贷款6780万元，为加快国企改革步伐、保持破产企业和谐稳定提供了有力的资金支持。二是为加快商业银行组建步伐，市发投公司受让了原市城市信用社对宝硕股份公司债权，降低了城市信用社不良贷款额度，保障了商业银行组建工作的顺利完成。三是为地方经济建设提供投融资支持。在完成2007年增资目标任务的基础上，作为承贷主体，以财政收入做担保，利用积极的财政政策争取国家开发银行贷款2980万元，用于蠡县医院改建、安新县医院迁建和博野县城路网建设等地方城市建设与经营，有力地促进了工程建设的顺利进行。

【天鹅集团熔纺氨纶改扩建工程完工】 4月，天鹅集团氨纶公司项目总投资1095万元的熔纺氨纶改扩建工程如期顺利完工并投入试生产，可实现年产20D熔纺氨纶900吨，氨纶公司将成为国内最大的熔纺氨纶生产厂家之一。

领导班子成员

主任 党委书记	张彦儒
副主任 党委副书记	王东江
	肖明旺(11月离任)
副主任	魏垣生　申俊岭 张英琪
纪检书记	李学智
调研员	杨　乐(7月离任) 王鹏光(7月离任) 张玉鉴(12月离任) 段喜录(7月离任) 李　强(12月离任) 顾振军(10月离任)
副调研员	张庆丰　齐占生 武伟光　许胜尧

（韩红旗　刘　祁）

经济研究工作

【保定市人民政府研究室】 市政府研究室是承担市政府研究任务的办事机构，为市政府直属行政单位。内设办公室、综合处、工财处、农村处、社会处。

【概况】 2008年，市政府研究室紧紧围绕全市中心工作，着力提高政策研究水平，认真开展调查研究工作，较好地发挥了参谋部、智囊团的职能作用。全室共完成调研成果60多篇，其中参与市委、市政府重大战略性谋划3篇，均以市委文件形式下发；完成重点调研课题8篇，市领导批示率达70%以上；全年完成内刊《保市调研》、《专报》24期，完成《政府决策参考》4期；完成了一批综合性文稿、市领导讲话、市领导专题调研文章的起草工作，受到好评。

【主动参与市委、市政府重大决策】 围绕市委、市政府中心工作出主意、搞调研，是政府研究室工作的基本主题。参与市委、市政府重大决策有三项：一是参与市委加强农村基层组织调研，起草了《关于加强乡镇领导班子建设的意见》，以市委文件形式下发。二是参与“一主三次”战略的文件起草和实施。作为责任单位，积极配合市政府法制办探索行政管理体制改革，完成的主要文稿有：《关于进一步推进行政体制改革工作的建议》，市长于群、常务副市长李谦听取了汇报；《保定市一主三次区域经济发展规划纲要（试行）》，保定市常委会汇报材料；《关于打造一主三次区域发展新格局，促进我市经济又好又快发展的初步意见》，市重大事项议事会议采用；《保定市新市区城市管理体制改革试点方案》，报市长于群；《关于组建“白沟·白洋淀温泉城”管委会的实施意见》；《关于对三个“次中心城市”发展情况的调研报告》，市委书记宋太平批示：“此报告很有价值，请继续加大推进力度”；《关于白沟·白洋淀温泉城各类证照更名核发工作情况的汇报》；《关于进一步促进高碑店市经济社会发展的意见》；《关于促进白沟·白洋淀温泉城次中心城市发展的实施意见》；《关于将白沟镇由白洋淀温泉城托管意义和作用的汇报》。同时，在行政体制改革谋划上，参与起草了《关于成立高新区托管（共建）工作领导小组的通知》、《关于向县（市）下放若干管理权限的意见》，均以市委、市政府文件下发。三是参与“工业西进”战略调研及文件起草工作，参与起草的《关于加快保定西部地区工业发展的意见》以市委、市政府文件下发，同时起草有关贯彻落实会议讲话2篇。

【积极完成重点调研课题】 年初，研究室围绕主导产业、支撑行业以及优化环境、激活市场主体等方面确定了8个重点研究课题，实行课题目标责任制，把任务分解到人头，明确完成质量、完成时限。《政府应大力扶持的一个产业——对聚能公司产品的调研与建议》、《白洋淀温泉城开发区建设的调查与思考》、《关于保定市餐饮业发展的调查》、《加快我市物流业发展的思考》、《对我市“空心村”问题的研究与建议》、《农村宅基地浪费严重现象亟待扭转》、《激活低收入家庭住房保障市场》、《如何破解我市城建资金短缺难题》等8个重点调研课题全部完成，其中5篇分别被市长于群、常务副市长李谦、副市长曹汝涛、孟祥伟批示，1篇在《中国改革报》上刊发。

【努力发挥参谋助手作用】 研究室在调查研究中注重管用、有效的原则，在完成好重点调研课题的基础上，主动围绕全市“又好又快发展，强市兴县富民”的中心任务深入开展调查研究，努力发挥参谋助手作用，出了一批有价值的调研成果，有的被市领导批示，有的进入决策程序，有的在市级报刊发表。一是完成的《安徽争夺中央投资的做法值得借鉴》、《关于设立国家级（或省级）“民营汽车及零部件产业开发试验区”的建议》、《中国电谷一个新的增长点》、《关于设立保定自驾游服务站的建议》等被市政府领导给以肯定性批示；《关于环京津贫困带与区域发展的调查与思考》、《政府在欠发达地区县域经济发展中的主导作用问题的研究》、《优化市场环境，激活市场主体》等文稿被市领导采用；《山东的市场主体为什么能活》、《关于利用千里堤发展白洋淀周边体育旅游的建议》、《关于推进我市产业园区又好又快发展的调查与建议》、《关于优化我市环境的思考与建议》等，编发在内刊《保市调研》或《专报》上呈市领导参阅；《保定发展休闲旅游产业需要大手笔》在《保定视界》上刊发。二是完成了市领导交办的一系列讲话材料及综合文稿的起草工作，如原副市长高天民在新一届政府及开局年征求意见座谈会上的讲话、常务副市长李谦在省行政体制改革情况汇报会上的汇报、保定市县域经济发展情况汇报、省政府研究室来保调研汇报材料等。三是编发《保市调研》8篇，包括《关于加快我市乡镇机构建设的调研报告》、《保定市科技工作者思想状况调查》（李国英副市长批示）、《望都县大力推广测土配方施肥的调查》、《关键在于优化环境——江苏省宿迁市学习考察的感悟》、《打造安国物流新优势的几点思考》（《保定日报》发表）、《发挥税收作用，推动全民创业》、《用科学发展观指导地税事业发展之浅探》、《制约保定市地税增长的因素分析及对策》（市委副书记李剑方批示）。

领导班子成员

主　　任　张智惠

副 主 任　郑建华（10月离任）

　　　　　王凤柱　李树礼

纪检组长　彭彦岭

（刘　兢）

外事侨务工作

【保定市人民政府外事办公室】　保定市人民政府外事办公室为市政府组成部门，是全市外事侨务港澳工作的归口管理职能部门。主要负责贯彻执行外事侨务工作的方针政策和法律、法规、规章，研究制订本市外事侨务工作规章制度和工作规划，并负责组织实施；负责本市与国外友好城市交往活动的组织工作，指导全市民间对外交往；组织接待来保访问的国宾、党宾和其他重要外宾，指导本市外事礼宾接待工作；归口管理全市因公出国和赴港澳地区的工作，办理应邀来保的外国人员的签证通知函电，统筹安排市领导公务出访活动；组织、指导来保采访的外国记者接待工作，负责协调处理全市重大涉外事件；协助有关部门做好各项侨务政策的落实，负责归侨侨眷合法权益维护工作和对华侨华人、港澳同胞的宣传联络工作。内设秘书处、机关党总支、出国人员管理处、友好城市处（礼宾处）、涉外新闻处、侨务处。

【概况】　2008年，市外办坚持外事为中央总体外交服务、为保定经济建设服务不动摇，紧紧围绕“又好又快发展，强市兴县富民”的中心任务开展外事侨务港澳工作。认真做好礼宾接待工作，全年共接待各类团组22批430人次。服从并服务于中央总体外交的需要，完成冰岛驻华大使馆、美国衣阿华州州长、尼日利亚国家政策与战略研究所、罗马尼亚奥运代表团、约旦大使、朝鲜外务省等重要团组接待任务。积极为地方经济建设发展服务，着力推动全市开放型经济的发展，邀请亚洲开发银行、荷兰应用技术研究院、美国衣阿华州法摩康公司、美国爱伊斯公司、泰国泰山友集团等国际知名组织和企业高层领导来保考察访问，考察投资环境，洽谈合作事宜。大力拓展民间交往，积极促成荷兰南荷兰省阿尔贝学院与保定女子职业中专开展教育交流与合作、“保定低碳城市发展国际研讨会”召开、中印联合医疗队来保义诊、日本长野县代表团启动中日友好林二期工程。

积极推动友城间实质性交往。大力倡导捐资助学活动，开展了日本西条市中国亲善协会以资助保定市贫困儿童为宗旨的“彩虹桥”助学活动，促成了原冰岛驻华大使埃德尔·古纳松先生倡导的资助保定市贫困孤儿的爱心资助活动，使更多贫困儿童得到资助。积极开展文化教育交流，做好保定市美术中学与夏洛特市中学生摄影作品交流展览项目的联络、协调和指导工作，美方组派中学生代表团来保定市交流访问。“5·12”四川汶川大地震后，努力争取抗震救灾捐助，美国夏洛特市捐赠价值100万美元的救灾物资，日本西条市市民、团体通过外办向灾区捐赠28万日元现金，冰岛海港市捐赠50万克朗，日本米子市和其他友城的友好团体、人士都通过当地红十字会向灾区奉献了爱心。

加强因公出国（境）管理工作，全年共审批、办理因公出国（境）团组99批251人次。一方面，坚持为经贸团组、企业人员出访提供优质、高效的服务，为对外经贸活动、出国招商提供有力的保障，保证重要出国招商团组按时成行。另一方面，严格按照廉政建设相关规定，加强对因公出国（境）团组的审批和管理，开展了制止党政干部公款出国（境）旅游专项工作，拒批不必要公务出访和没有具体出访目的变相出国旅游，全年因公出国（境）团组批次和人次与2007年相比分别减少48%、43%。

加强涉外管理，全年共接待外国记者23批100人次。认真贯彻落实国务院第477号令和外交部〔2008〕1号文件精神，会同有关部门做好外国记者来保采访协调指导和服务管理工作，并通过外国记者对保定市的报道，提高了保定的国际影响力。以讲政治和高度负责的精神，与有关部门积极协调，妥善处理了以色列商人瓦西里与合伙人经济纠纷、美国公民Jason Le Sam交通事故死亡、万国公司13名赴赤道几内亚劳务人员劳资纠纷罢工事件、印度PARAM公司与保定神运焊接材料有限公司经济合同纠纷等4起涉外事件，保障了对外交往的正常秩序。为长城汽车、英利集团等多家企业邀请外国技术人员33批78人次，受到企业好评。

认真贯彻落实各项侨务政策，积极维护归侨、侨眷的合法权益。为从美国、加拿大申请回国定居的3批6人办理了审核报批手续；为28名“四侨考生”办理了中考、高考加分身份认证；与高百电脑城联合创办了“保定市归侨侨眷青年创业培训基地”，为侨界青年提供就业培训、创业指导。全年共接待办理侨务来信、来访160多件次，并做到件件有着落、事事有回音，稳定了侨心，信访结案率100%。积极开展扶贫，各县（市、区）基本实现将贫困归侨纳入当地最低社会保障救济对象。在春节期间走访慰问贫困归侨、侨眷81户130人次，送去慰问品和生活困难补助金4.2万余元；对重病特困归侨家庭，视情况给予一次500元至2000元的困难补助。扩大侨务交流合作，共接待国侨办、港澳办、海外重点华侨华人社团及重点人士9批、80余人次，促成捐资项目、太阳能产品贸易合作、汽车零配件合作意向5个。

【外事往来】

1. 1月17～19日，中印联合医疗队一行20人来访，在唐县举行了义诊活动。

2. 1月10～16日，应南非国家电力公司邀请，市委副书记王会平率项目洽谈代表团访问南非。

3. 1月25～26日，亚洲开发银行白洋淀生态综合治理项目专家组来保工作访问。

4. 2月19～21日，泰国泰山友集团一行7人来访，就该集团与河北龙帝集团汽车零部件合资合作事宜达成协议。

5. 3月7～11日，常务副市长李谦率团赴泰国考察泰山友集团，河北龙帝集团和泰山友集团进行项目签约。

6. 3月11日，冰岛驻华大使馆率领的冰岛大学MBA学员代表团一行50人来访，参观了长城汽车、英利新能源等企业，并就双方开展经济和贸易合作进行探讨。

7. 3月26～29日，市长于群率投资贸易代表团参加2008年河北省（香港）投资贸易洽谈会。

8. 4月6～8日，意大利意中交流协会执行主席朱裕华一行6人来保考察，与保定英利新能源设备有限公司、中航（保定）惠腾风力设备有限公司、电谷大厦等进行洽谈，达成合作意向。

9. 4月16日，美国爱伊斯（AES）公司北亚区副总裁唐昆德率代表团来访，与市畜牧水产局就收集甲烷气体用于发电或供热，减少温室气体排放项目进行洽谈。

10. 4月18日，“保定低碳城市发展国际研讨会”在保召开，英国、丹麦等6个国家的驻华使馆官员、世界自然基金会等国际组织、机构代表、专家、学者共42余人参加研讨会。

11. 4月22～25日，荷兰应用技术研究院代表团来访，分别与白洋淀温泉城、河北农大、河北软件职业学院就温室控制技术、在保建立人才培训中心、软件技术合作等事项达成合作意向。

12. 5月18～21日，以日本长野县知事村井仁为团长的长野县代表团来访，与保定市有关部门共同完成由日方无偿援助的中日友好林项目一期工程的验收和二期工程的启动工作。

13. 5月21日，美国衣阿华州州长率代表团33人来访，参观了英利新能源、惠腾风力发电、长城汽车等企业；代表团成员、衣阿华州摩康公司总裁王小村与英利新能源公司就共同开发东欧太阳能电池板市场事宜达成合作意向。

14. 5月31日，尼日利亚国家政策与战略研究所代表团一行26人来访，参观了白洋淀温泉城和白沟箱包市场。

15. 6月22日，美国慈心慈善基金会创始人谢政达一行4人来保访问，向涞水县明义乡和曲阳县晓林乡捐款30余万元，出席了乡镇卫生院竣工剪彩活动。

16. 8月25日，罗马尼亚奥运代表团一行40人访问长城汽车公司，参加长城汽车罗马尼亚经销商向罗马尼亚奥运冠军的赠车仪式。

17. 9月18日，约旦驻华大使、约旦能源部专家和王宫官员一行5人来保定市英利新能源公司考察访问。

18. 9月23日，朝鲜外务省中国局局长金光勋一行5人访问保定。

19. 10月17日，荷兰南荷兰省副省长达惠丝女士率经贸代表团一行24人来访，参加南荷兰省阿尔贝达学院与保定女子职业中专开展教育交流与合作庆祝仪式。

20. 11月15~22日，应丹麦特兰斯福生态环境科技公司、SSP风电科技公司、希腊国际太阳能光伏及新能源展览会邀请，保定市新能源代表团访问丹麦、希腊。

领导班子成员

主　　任　刘志强
副 主 任　鹿建芳　刘国建
　　　　　冯　真
纪检组长　王惠娟
副调研员　李　刚

（张兆强）

民族宗教工作

【保定市民族宗教事务局】 市民族宗教事务局为保定市政府的组成部门。主要职能是贯彻执行党的民族宗教政策，依法对民族宗教事务进行管理，发展少数民族经济、教育、文化、科技、体育、卫生等各项事业，维护少数民族、宗教团体的合法权益，促进民族团结、宗教和睦与社会和谐。市民族宗教事务局为正县级行政机关，内设办公室、政策法规宣传处、民族处、经济处、宗教一处、宗教二处。

【概况】 2008年，市民族宗教事务局以科学发展观为统揽，以奥运安保工作为重点，坚持依法管理，促进民族团结，维护宗教和睦，完成年度工作目标任务。着力做好民族宗教领域的稳控工作，保持了各民族的团结和宗教形势的稳定。抓好“4·13”、“5·24”、“12·12”、“12·21”、“圣诞平安夜”及奥运安保等重大敏感期的平稳过渡，实现了连续13年宗教形势稳定的良好局面。2月，被人事部、国家宗教局授予“全国宗教工作系统先进集体”称号，在河北省是唯一获奖单位；9月，被市委、市政府评为保定市奥运安保工作先进集体。依法制止东闾非法朝圣和制定应对境外记者采访答复口径等工作经验被国家宗教事务局增刊第134期《宗教工作简报》刊登，并报送中央领导和中央政法委、中央统战部、中央维稳办、北京奥运安保宗教办公室等部门，受到上级的充分肯定。

【加强政策法规宣传，做好奥运安保】 广泛宣传党和国家民族宗教政策法规，进一步规范民族宗教工作，坚持“三手抓”不放松，即抓培训、抓规范、抓普及，使党和国家的各项民族宗教政策法规深入人心。积极做好奥运安保工作，抓重点、制预案、控全局，对每个重点领域分别制定了工作方案，确立了“二三二一”工作方略。采取集中学习、理论讲授、分类实施的方法，分别举办了全市民族宗教局长、全市民族宗教工作系统奥运新闻发言人、信息员、市级宗教团体负责人和负责网站工作人员培训，共计培训5批，约300余人参加了培训。年终，市民族宗教事务局召开了五大宗教团体工作汇报会，通过五大宗教团体负责人对各自全年工作的汇报，体现了党和政府对宗教工作的坚强领导，加强了宗教团体对政府依法管理宗教事务的认同感，激发了全市宗教界投身经济社会建设的热情。进一步规范了行政许可项目，对目前实施的4项行政许可项目，制定了审批流程和操作程序，积极发挥行政服务窗口作用，严格管理和科学规范全市民族宗教行政许可项目。

【加强民族团结促进经济发展】 2008年，市民族宗教事务局全面贯彻党的民族工作政策，促进各民族共同繁荣进步。坚持以人为本，积极为少数民族群众服务，促进少数民族定点企业发展，维护民族团结，主要下力量做好一项监管，组织指导好三项活动，妥善解决了三起敏感事宜，民族经济完成四件实事。一是完成了少数民族发展资金项目申报和资金下达工作。在深入调研的基础上，收集少数民族发展资金申请20个，经市县两级筛选上报18个，争取项目资金153万元，涉及11个县（市、区），为18个民族村解决了行路、饮水、种植和养殖等问题。二是完成了“十一五”期间保定市少数民族用品定点生产企业的调整工作。经考察、筛选、上报，7家民族用品定点生产企业得到批准，与“十五”期间相比新增了3家，真正体现了党和政府对少数民族经济工作的重视和支持。三是完成了2007年度少数民族基本情况统计工作。对全市25个县（市、区）50个民族成分，20.9万人、3个民族乡、199个民族村和全市少数民族干部情况进行了统计审核，按时按要求上报省民族宗教厅，受到了好评。四是积极配合有关部门完成了对落实少数民族专项资金综合治理检查验收工作。对涉及的县（市、区）的少数民族专项资金使用情况制定了督导检查方案，逐县（市、区）逐项目检查验收，此项工作受到省专项资金检查组的表扬。

【信息工作再上新台阶】 为了做好2008年度信息工作，市民族宗教事务局采取“建一个中心，强两个抓手”的工作方法，瞄准更高标准，整合信息资源，优化工作环境，加强人才培养，创新激励机制，努力做到更快、更好、更高、更优，再创省民宗系统信息工作先进单位。一是建立信息资料中心。二是强化两个抓手。抓制度，创新激励机制。在2007年度制定《保定市民族宗教事务局信息工作奖励管理办法》的基础上，组织部分人员对此办法进行了修改和完善，主要是在奖励金额上给予再倾斜、本级采用的方式上给予再添加、省市两级奖励的关系上给予再明晰。为了提高信息质量，真正做到及时、真实，贴近基层，反映基层，市民族宗教事务局制定了工作联系点制度，对全市25个县（市、区）进行了分配，分别由局领导坚持定期或不定期调研，并要求领导下乡调研由相关处（室）信息员随同，了解基层，真实感触基层工作，提高信息的真实性与科学性，切实保证及时捕捉最可靠、最直接、最及时、最真实、最基层的信息，确实提高信息工作的质量。

领导班子成员

党组书记 局长	李同聚	
副局长	平克军	李丰岐
	马文福	李正如
	闫克军	
纪检组长	李世友	

（任　海）

档案工作

【保定市档案局】 保定市档案局（馆）隶属保定市政府领导，实行局（馆）合一，一套机构，两个牌子，为全额拨款事业单位，参照公务员法管理，内设办公室、法规处、业务指导处、科教处、编研处、保管利用处。主要职能是：对全市档案事业实行宏观管理，依据有关法律、法规进行档案行政执法、监督、指导、检查、协调档案业务工作；负责集中统一管理市直机关的重要档案资料，保守党和国家机密，维护档案的完整，确保档案资料的安全，负责调查、收集散存在外的本市档案资料和与本市有关史料；组织档案科学技术和理论研究，推进本市档案工作的科学化管理和现代化建设；制定本市档案工作人员队伍建设规划，组织档案专业教育和档案干部培训工作，协助做好档案专业技术职务评聘的有关工作；负责全市档案宣传工作，统一管理全市档案资料的对外交流，协调全市档案工作的外事活动；负责全市档案信息开发、开放规划与管理，发挥档案信息资源作用，为社会各方面提供服务。

【概况】 2008年，切实加强档案法制建设、基础建设、业务管理及干部队伍建设。1. 馆库建设。市馆馆库建设：为了档案馆的管理更加安全便利，在档案馆库房安装了智能门禁系统；重视发挥档案馆的社会功能，在原“现行文件查阅中心”的基础上，开辟专门场地，配备专人和设备，设立了政府信息公开查阅场所；根据《档案馆建设标准》并结合保定市实际，按照一级馆的标准规划新馆建设方案，方案已报市政府领导和市发改委等待批准。县级馆库建设：容城县档案馆迁入新馆舍，新馆建筑面积3500平方米；定州市1万平方米新馆建设已立项；涿州市为建设6000平方米新馆拨付20万元启动资金；定兴县500平方米的新馆建设已立项。2. 馆藏建设。截至2008年底，全市馆藏档案798086卷册，资料347616卷册；其中市档案馆馆藏247586卷册，资料61322卷册。全市共接收档案96000卷册，10万余件，其中市档案馆接收档案2万余卷册。全市开放档案209741卷，接待档案利用者16110人次，提供利用档案资料28202卷册；市档案馆开放档案25105卷，接待档案利用者3715人次，提供档案资料3528卷册。3. 教育培训工作。按照上级要求，对档案业务人员进行岗位培训和继续教育培训。全市共举办“应知应会”培训班33期，培训档案人员2100人；举办岗位培训班10期，培训档案人员400人。4. 档案业务工作。市档案馆数字化建设被列入市政府2008年《政府工作报告》工作落实方案之中，总投资420万元，完成扫描任务380万页，县级馆完成扫描任务12万页。机关、团体、企事业档案工作得到进一步规范和提高，市直单位归档合格率保持在95%以上，县直单位归档合格率保持在90%以上。《保定大事记》一书已定稿并送交印刷厂，全书40万字；编写了《河北档案志》保定部分；与河北大学合作汇编《保定商会档案》。

【家庭建档工作发展迅速】 保定市制定了10万家庭建档计划。首先，市档案局将家庭建档任务分解到25个县（市、区），各县（市、区）分解到社区和乡镇。其次，通过电台、电视台、报纸和印发倡议书、明白纸等方式，积极宣传家庭建档作用和意义。第三，树立典型。市局抓了东方家园社区试点，各县（市、区）

也都确定了自己的试点。第四，搞好服务。对有建档积极性的家庭进行上门服务，提供业务指导和部分装具材料。第五，加强协调。积极主动与社区、民政、教育、工青妇等部门协调，争取他们的支持与配合。截至年底，全市已有10.9万户家庭建立了档案。

【抓好农业农村档案工作】　在原有基础上把农业农村档案工作不断往深里做、实里做。1. 做好文明生态村规范档案室建设工作。市政府将"建设300个文明生态村规范档案室"列入《政府工作报告》落实方案，市档案局制定了文明生态村规范档案室标准，与市创建文明生态村领导小组办公室联合下发了《关于进一步加强文明生态村档案工作的通知》，将任务分解到各县（市、区），对这项工作进行了监督、检查与指导。经验收，2008年有310个文明生态村的档案室达到了规范化标准，超额完成市政府下达的任务。2. 抓好林业确权档案工作。保定市是林业确权工作试点，市档案局与市林业局联合出台了《关于加强林权制度改革档案工作的通知》，对林业确权档案工作进行了监督指导，确定了46个示范乡镇和570个示范村。截至年底，全市323个乡镇档案工作全部达到了"四有一能"标准，6186个行政村有5359个村建档，建档率达到85%以上。

【政府信息公开工作】　4月，档案馆被指定为政府信息公开查阅场所。市档案局成立了领导小组及办公室，在市档案馆开辟场地，设立了"保定市政府信息公开查阅中心"，选配了专职人员，制定了信息征集制度、接待查阅制度、服务承诺制度和意见箱，配备了电脑、触摸屏、打印机、传真机、复印机等，并通过报纸、电视台等进行广泛宣传，共接待上千人次前来查阅政府公开信息。各县（市、区）档案馆也都设立了政府信息公开查阅场所，在健全制度、收集信息、购置设备、提供利用等方面做了大量工作。

【把民生档案工作提到重要位置】

按照国家档案局和省档案局要求的档案工作要重点实现"两个转变"，建立"两个体系"的要求，坚持档案工作以人为本的理念，使档案工作更好地为民生服务，市档案局制定了《关于加强民生档案工作的通知》，制定了《民生档案标准》，对涉及民生的低保、医保、住房、教育、卫生、劳动、婚姻、公证等方面的档案，给予重点监督和指导，在档案信息化建设中，对以上方面的内容优先考虑，把建立家庭档案提升到服务民生、促进和谐社会建设的高度来认识和落实。

领导班子成员

党组书记 局　　长	许平洲
副 局 长	张维清　辛书田
纪检组长	李变巧
调 研 员	崔彤启
副调研员	李根来

（白雅冰）

无线电管理工作

【河北省信息产业厅保定无线电管理分局】　河北省信息产业厅保定无线电管理分局（以下简称"保定分局"）隶属河北省信息产业厅，负责全市无线电管理工作。正县级单位。内设综合科、业务科、监督检查科、监测站。

【概况】　2008年，保定市无线电管理工作围绕"加强管理、保护资源、保障安全、健康发展"的工作方针，认真贯彻《中华人民共和国无线电管理条例》和《河北省无线电管理规定》，按照依法行政、规范程序、把握重点、搞好服务的工作思路，不断加大无线电管理工作力度。在深入学习贯彻"十七届三中全会"精神、加强廉政建设的基础上，认真落实了保障奥运会、残奥会期间通信安全为重点的各项工作。全年，保定辖区共设无线电台站14487座（部），其中移动基站（包括GSM和CDMA网）4176座，直放站972座，各类无线接入基站（含PHS、SCDMA及其他系统）5262座，扩频台站90座，超短波台（含移动台）1065座（部），短波台4座，集群台站586座，公检法专用频段台站1245座，广播电视台站80座，MMDS台站6座，校园调频发射台15座，民航导航台站1座，卫星地球站13座，各类微波台站418座，雷达站1座，业余电台553部。共审批频率16个，审批、新增台站3248台；撤销频率7个，撤销、停用台站989台；共发放电台执照2318张。

【奥运会及残奥会无线电通信安全保障】　根据省无线电管理局《2008北京奥运会河北省无线电管理工作预案》（以下简称《省局预案》）的部署，保定分局结合保定无线电管理工作实际，制定预案，精心组织，加强协调，狠抓落实，严格执法，团结协作，克服了地域广、人员少、时间紧、任务重等不利条件，积极开展台站数据清理、无线电执法检查和监听监测工作，保障了北京周边良好的电磁环境。1. 领导重视　积极部署。按照《省局预案》的部署，保定分局在学习领会精神的基础上，研究制定了分局的《2008北京奥运会无线电管理保障工作预案》，成立了以市政府主管副秘书长张英琪和分局局长宋宗勋（第一责任人）为组长、分局副局长吴庆华、赵强为副组长，各科站长为成员的保定2008北京奥运会无线电安全保障工作领导小组及办公室。按照省局部署，建立了“保定分局奥运无线电安保涿州前沿指挥部”。于8月7日进住涿州“前指”，设立了临时监测点，开展了监听监测和执法巡查工作，做好随时应对突发事件和支援其他地区的准备。河北省无线电管理局局长部建华多次到涿州“前指”进行巡视、慰问，并对保定分局工作给予高度评价。省局副局长袁俭、副调研员王栋书等也长期驻“前指”进行督导。2. 提早布局　精心准备。一是积极开展《无线电台站执照》年检和换发工作。3~4月，保定分局在巩固台站数据清理成果的基础上，积极开展无线电台站执照年检工作，并换发新版《无线电电台执照》，为加强对车载电台的管理，摸清了全市无线电台站的底数。二是积极开展重点区域无线电执法检查工作。保定分局组织联合执法检查组，对重点区域和高山设台开展了不间断的无线电执法检查，对非法设置使用的无线电台站加大执法查处力度。在3月对涿州市区及所辖5个乡镇设置的无线电台站进行的地毯式搜查中就查处非法设台6起，查扣中继台2部、对讲机2部、卫星地球站路由器一部。另外，还对高山设台进行清理，保证了重点区域良好的无线电通信秩序。三是积极开展广播电视台站摸底检查工作。7月，保定分局利用16个工作日，累计行程近5000公里，采取暗测与明查相结合等措施，对辖区22个县（市）广电局以及保定电台、保定电视台、省广电发射中心、白沟镇转播台共计26个单位进行了检查，共采集广播电视台站频谱130余份，现场检查广播电视发射设备129部，对擅自改变技术参数的46座台站下达了限期整改通知书，对未办理设台手续的35座台站现场责令关停，并与26个单位的第一责任人签订了确保奥运期间严格按审批技术参数发射的《责任书》。通过此项工作的落实，摸清了全市广电台站的底数、清理了违章台站，消除干扰隐患，为奥运无线电保障工作奠定了良好的基础。四是积极开展固定站建设和无线电监听监测工作。为做好奥运会无线电安全保障工作，切实摸清保定重点区域频谱占用情况，保定分局一方面加紧二期固定监测站的建设，在奥运会前夕完成了保定市区和涿州固定站设备的安装调试，保证了固定站在奥运会期间发挥作用。另一方面加强了对重点区域的监听监测，先后三次赴涿州等重点区域对奥运使用频段进行保护性监测，对各频段频谱图进行分析、存档、记录，对不明信号进行定位、追查、排除。做到遇有无线电干扰能够按照预案要求，快速出击、准确定位、迅速排除。据统计，奥运会及残奥会期间，各固定监测站点及监测车累计监测时间超过2395余小时，积累了重要的台站数据和资料。3. 奥运会期间的几项无线电安全保障工作。一是排查一起广播电视杂波干扰信号。7月中旬，保定分局在广播电视台站摸底检查过程中发现，涿州市广播电视局占用DS－12和DS－31两个电视频道，发射同一套电视节目（涿州电视台－1）。经与涿州市广播电视局核实，DS－12频道为其正常发射频道，且有相关设台审批手续，而DS－31频道不是其发射频道。此不明电视信号强度很大，且与涿州一台同步播出，涿州广电局人员怀疑有人非法设置广播电视发射台，伺机进行干扰破坏，并迅速向市委汇报了情况。保定分局通过对前期测得的信号场强进行分析、多点反复监测，并对其主备机进行开关机实验后发现，涿州广播电视局备机发射过涿州一台的信号的同时，其产生的杂波信号正好落在DS－31频道上。此次成功排查不明广播电视信号，及时排除了无线电干扰隐患，得到了涿州市广播电视局的高度赞扬。二是排除一起干扰石家庄奥运火炬传递通信安全隐患。7月27日10:30左右，保定分局分别收到石家庄分局及省无线电管理局电话：石家庄监测站在对奥运火炬传递通信频率进行监测中，监听到466.925MHz受到来自保定方向的干扰，要求帮助查找干扰源。保定分局接到任务后，迅速组织有关人员核对台站资料，经查询数据库与保定市城市行政执法局超短波通信网使用的合法频率相同，在与石家庄分局提供的监听信息比对，并经反复通话确认后，确定为保定市城市行政执法局设置的调度网造成的同频干扰。干扰源确定后，立即电话通知保定市城市行政执法局有关领导，要求立即采取有效措施，降低天线高度消除干扰。业务科和监测站工作人员到中继台设置地点监督实施。当天线高度降至距地面30米后，经石家庄分局监测站反复监测，低噪电平仍然较高，为确保奥运火炬在石家庄市传递中通信畅通，保定分局按照省局领导指示立即责成保定市城市行政执法局暂时关停调度网，同时，签订暂停使用无线电调度网的保证书。排除了对石家庄奥运火炬传递中无线电通信干扰隐患。三是排除一起干扰北京奥运火炬传递用频事件。8月4日20时35分，保定分局接到省局转发的“北京奥运会无线电管理联席会议办公室任务下达通知单”传真件。保定分局按照应急预案迅速核实用频单位、启动固定监测站，并派一组人员连夜向涿州方向机动同时对任务单提出的频段和不明信号展开监测。经核对台站资料，保定辖区使用39、40频道的单位有满城、望都、安新广电局，通过组织有关单位进行开关机试验及测试发现，干扰源为安新县广播电视局的40频道，其发射的并非标准DS－40频道，与此前北京所监测的信号特征一致。保定分局立即向安新广电通报了情况，安新广电局领导表示服从大局，马上关机，并责成技术人员迅速维修设备。在安新更换了发射机前端激励器后与北京奥运频率保障监测组核实，723.75MHz和730.25MHz干扰信号消失，消除了北京奥运火炬传递的干扰隐患。四是涿州“前指”积极开展巡查和无线电监测工作。8月7日至25日，保定分局驻涿州“前指”人员组成巡查组，先后多次对涿州市区主要路段和广场进行摸底检查，巡查重点设台单位两家，查看合法无线电台站5座（部），查处非法设置无线电设备案件9起，查扣封存超短波中继台3部、对讲机28部、车载台1部、车载台天线1根、调频发射机1部、手机无线电干扰器3台，待处理卫星地球站系统1套。五是查处民航导航频率受干扰的工作情况。8月13日9点45，保定分局接到省局通知：民航导航频率134.200MHz受大功率无绳电话干扰，根据干扰录音分析，干扰源可能在保定境内，要求进行协查。接到通知后，保定分局立即使用保定及涿州固定监测站对此频率开展监听监测，同时迅速派人到录音中提到的地址调查，未发现有使用大无绳设备的情况，经了解，该住户近期曾与涞水县龙门乡偏道子村亲戚进行过通话，为进一步了解情况，保定分局派留守应急小组和涿州前指应急小组冒雨驱车近200余公里赶往涞水县龙门乡偏道子村到有关村民家中进行调查。经查，该村民家中人员已使用手机，固定电话早已拆除，没有发现大功率无绳电话，到其亲戚朋友家中查找，也未发现有使用大无绳的情况。为扩大查找范围，8月14～25日，保定分局在继续加强监听监测的同时，继续在高碑店、涿州、涞水、涞水野三坡等区域进行了认真细致的巡查。在巡查中，共发现有13个单位或个人安装有大无绳电话天线，除一家接有主机（已长时间未使用），其他天线均已报废没有主机。工作人员没收大无绳电话一部，拆除天线一副。在北京奥运及火炬传递期间，保定分局共协助北京奥组委无线电联席办公室调查排除干扰案件3起，协助省局、石家庄分局及石家庄火组委查处排除干扰案件1起，主动排查处理干扰隐患案件16起。在奥运会和残奥会期间，保定辖区内未出现一起恶意干扰案件，实现了“零案件”目标。由于无线电保障工作成绩突出，保定分局两人获三等功和嘉奖的奖励。

【收取频率占用费情况】 截至12月，保定分局共收取2008年度无线电频率占用费64.1万元，基本完成收费任务。为切实做好收费工作，保定分局提前着手，认真核对收费预算，保证了收费计划的准确性。在省局规定的时间内，及时在报纸刊登了收取频率占用费的公告，以挂号信的形式向设台用户发放了《核收频率占用费通知单》。对未按时缴费的设台用户，采取下发催费通知单、电话、到设台单位上门等多种方式进行催费。催费过程中，门难进、脸难看、费难收的情况时有发生。保定市地域广大，设台用户比较分散，任务比较繁重。收费人员不畏酷暑，克服困难，连续奋战，累计行程2万余公里。在不懈的努力下，完成2008年收费任务。

【执法检查、干扰协调及违章查处】 为加强无线电台站的监管工作，维护空中电波秩序，以国家有关清查无线电台站精神为指导，按照年度工作计划，对出现的违章行为进行及时查处。截至年底，保定分局重点进行执法检查13次、干扰协调10次及违章查处22次，共收缴封存各类无线电发射设备40余部。

【完成全国考试考场无线电通信监测】 在2008年全国高考和司法考试、国家医学类护士资格考试中，保定分局在考场周围进行了无线电监听监测工作，防止利用无线电设备进行作弊活动，完成考试期间查处利用无线电通信手段作弊的专项执法工作。1. 保障高考工作。6月7日、8日，根据省招生委员会《关于进一步加强河北省国家教育考试环境综合整治工作的通知》及省局有关会议精神，保定分局精心谋划，认真实施，完成任务。此次保障，保定分局负责市区6个考点全部设置了监测点，共出动人员14名，车辆4台，监测设备8台，并设置了2台流动监测车，采取固定监测测向和车载移动监测测向相结合的办法，对通知要求的6个频段开展了监听监测工作，累计监测12小时。经过两天认真监听监测，在考试期间未发现作弊信号。2. 完成司法考试无线电保障任务。为贯彻落实国家、省、市有关司法考试的文件及省局局长邵建华来保讲话精神，切实做好司法考试期间的无线电保障工作，保定分局在保定一中考点教学楼楼顶设置了一座固定监测点负责两考场的全面监测，指挥车流动调度，每一个考点设置监测车和执法车各一辆并有两名公安人员配合，充分利用现有的监测设备、器材，合理调配监测部署，最大化的发挥监测人员和设备能效，万无一失的确保监测工作有成效的开展。利用频谱仪、监测接收机共6套设备，将138－167MHz、220－630MHz分成6个频段，开展无缝隙同时进行监听监测。保定分局共出动指挥车1辆，监测车2辆，执法车2辆，人员12名，累计监测13小时，完成了任务。3. 完成国家医学类护士资格考试保障工作。10月11～12日，根据保定市卫生局的请求，保定分局出动11人，监测和执法车辆4辆，设置固定监测点1个，累计监测8小时，成功阻止了不法分子利用无线电发射设备传递考试答案的行为，维护了考试的正常秩序和考生的合法利益。在两天的考试过程中，保定分局采取固定点监测与车载监测相结合的方式，分频段开展监听监测工作。在11日上午10点35分、12日下午15：42分，经监测监听先后发现157.550MHz、613.025MHz两个作弊频率发射考试答案。在监听到作弊信号后，都立即对作弊频率进行了干扰，阻止其继续传递考试答案，并在考试期间重点进行监听。

【继续深入贯彻落实《行政许可法》】 由于保定分局工作涉及行政审批，所以一直对《行政许可法》高度重视。保定分局严格按照《行政许可法》和省局有关规定，本着方便用户申请行政许可事项和转变职能、明确职责、规范行为、提高效率的原则布置安排的工作。在办理行政许可事项过程中，保定分局严格按照程序办事，严把初审、受理、办理、审核、送达等环节，促进了办公效率的提高和服务意识的增强，此举也受到了设台用户的好评。截至12月，保定分局共受理151份设台申请，均在要求办结时限内完成，没有一起延误。在保定市纪检委牵头组织的行政效能联合检查中，检查小组充分肯定了保定分局的工作，认为行政许可工作规范合理、设置完善，单位提供的办事指南种类齐全、内容详尽、时限清楚、收费明白，较好地完成了此项工作。不存在延误时限、违规操作等问题。

领导班子成员

局　　长　宋宗勋

副 局 长　吴庆华　赵　强

（赵　强　张天骄）

驻外办事处工作

【保定市人民政府驻北京联络处】

为正县级单位，下设办公室、信息处、经济协作处、稳定协调处。主要职能是按照“振兴保定，服务首都”的总体工作思路，进行政务联络、稳定协调、招商引资、信息编发、接待服务等。

【概况】 2008年，驻京联络处牢固树立科学发展观，深入贯彻落实党的十七大精神，认真落实市委、市政府的要求，努力履行工作职能，主要完成8个方面的工作。

【项目联络工作】 1. 高碑店市养加加果汁饮料项目。该项目2008年7月2日开始投入生产。为该项目的引进工作，驻京联络处倾注了精力，争取该项目落在高碑店。这一项目具有较高的经济效益和较好的社会效益。2. 联系中企国际建设集团有限公司到涿州考察，谋划建设北方物流基地等项目。邀请中企国际建设集团有限公司董事局主席、副主席两次到涿州经济技术开发区考察。确定由中国农科院规划，中企国际建设集团有限公司投资实施，在涿州经济技术开发区内西侧、京石高速公路涿州出口处，建设环京津大型现代农产品物流中心，同时对开发区内沿鲁村、徐里营村进行城中村改造。驻京联络处委派得力领导一直对该项目进行全程跟踪服务。3. 联系北京金达控股集团到高碑店市开发新凯汽车集团有限公司老厂区房地产项目。4月起，联络处领导先后6次同金达控股集团董事长、总经理前往考察洽谈。4. 联系广东康达科技有限公司，到保定投资开发垃圾秸秆回收环保项目。5. 联系北京竟安成科技有限公司参与保定“城市建设三年大变样”的医疗、生活等垃圾处理项目。6. 密切关注“上一道”方便面集团拟在北方投资建设生产基地的相关信息。

【稳定协调工作】 一是积极支持省信访局在联络处建立省上访人员分流中心。根据市政府领导批示，驻京联络处把省信访局租赁联络处房屋建立省上访人员分流中心作为一项重要政治任务，全力支持，确保在“两会”之前

(2月29日)正式挂牌办公。确保“两会”期间的安全稳定。二是有效整合工作力量，形成合力，提高信访劝返工作整体水平，并为有效处置群体性、突发性事件提供有力保障。保证在最短时间内，将涉及保定市的非正常上访人员和集体上访人员从国家信访分流中心及时接回，并安全有效地做好人员稳控工作。配合市信访局对各级各类在京信访工作组，及时、妥善地将上访人员劝返回家乡，进行有效的监督，并避免上访人员滞留北京，使连续、重复上访得到有效遏制。三是确保“奥运安保”任务完成。联络处取消双休日，实行领导带班，干部24小时值班，不论大事小事从未误过。联络处办公室被评为市先进集体、李花心立个人三等功，许平、李振远受到嘉奖。四是协助有关县、市、区及乡镇处理上访事宜。直接处理集体访、非正常访和突发事件17起，协助参与处理了上访事件多起。

【政务联络工作】　联络处在这项工作中充分发挥了人熟、地熟、关系多的优势，周密组织，积极配合，认真完成了市领导交办的在京公务活动。一是探望保定籍或在保定工作过的省部级领导。联络处在新年、春节期间分别走访慰问保定籍在北京工作的3名部级领导、19名局级领导，以及在保定工作过的1名部级领导、4名局级领导，使其能为保定市经济社会发展献计出力。二是协助保定市所属13个县(市)在北京举办同乡好友新春联谊会，帮助联系会场，协调有关事宜，邀请北京市各界领导和高管170余人次出席会议。协助有关县(市)组织好项目洽谈会、招商会等活动。三是邀请有关部委及北京市有关单位的领导56人次到保定进行指导、考察工作。

【接待服务工作】　先后接待省、市领导等10余人次在京公务活动。为来京开展公务、考察、就医等事宜的机关工作人员和离退休老干部提供了良好的食宿服务保障，累计29批160余人次。

【信息工作】　驻京联络处充分利用在北京的驻地优势和与国家各部委、北京市、各大媒体、科研院所的密切关系，紧紧围绕市领导关注的经济发展、社会发展、稳定大局、“奥运安保”的重点、热点问题，作为信息搜集报送的着力点。报送信息做到有情况、有分析、有建议。

【劳务输出工作】　联络处得知钓鱼台国宾馆2008年计划招收30名高标准、高素质、高水平、高能力服务员的指标任务后，多次到钓鱼台国宾馆管理局积极联系，努力争取。钓鱼台管理局领导已初步同意把30名指标全部放在保定市进行选拔。这是保定市第一次接受完成这项任务。联络处还联系劳务输出及技能培训151名进京务工人员。

【医疗救治和法律援助工作】
一是做好医疗救治服务工作。全年共为老领导、老干部及其家属来北京就医联系医疗专家80多名，为有关县、市、区前来北京看病人员提供医疗救治服务的人数多达180余人次。有效解除了病人的痛苦和家属的忧虑。二是做好法律援助。充分发挥联络处聘请的法律顾问作用，为各类人员提供法律援助服务50余次，解决了保定籍在京经商、务工人员涉法问题10余起。为家乡在京经商、务工人员挽回经济损失近千万元。

【开展救灾捐献活动】　年初，我国南方发生有史以来特大的冰雪自然灾害，5月12日四川汶川发生大地震后，联络处的全体领导、干部、职工带头捐款、捐物，向灾区捐献棉被80床，党员缴纳“特殊党费”23000元，并组织所有在联络处区域内工作、经商、生活的人员为灾区捐款，共计5万余元。

领导班子成员

主　　任　王天义
书　　记　张积熙
副 主 任　李花心　张立洲
　　　　　(张立洲　刘　光)

【保定市人民政府驻天津办事处】
保定市人民政府驻天津办事处是保定市人民政府在天津的窗口。主要有政务接待、经济协作、招商引资、信息工作四大职能。内设办公室、经协处、经贸处、接待处。

【概况】　2008年，保定市人民政府驻天津办事处以解放思想干事创业大讨论活动为载体，按照年初制定的目标，开拓创新，工作稳步推进。信息工作坚持“把握大局，突出重点，服务决策”的方针，以反馈实用性、针对性较强的具有天津及滨海新区开发开放特色信息为重点，较好地为市领导决策提供了信息服务，起到了参谋助手作用。抓好党建工作，在支援汶川抗震救灾期间，驻津办在职职工14人捐款2650元；14名党员缴纳特殊党费1850元；捐赠了部分被褥及衣物。有两名年轻职工主动到天津市血液中心献血800cc，以实际行动向灾区献出一份真诚爱心。按照市委市政府精神深入开展了亲民爱民活动，为帮扶点安新县东地村张伟送去了粮、油和过冬的煤等物资，并帮助解决独生子女证问题。被市委、市政府评为信息工作先进单位，被天津市人民政府经济协作办公室评为“双向服务先进单位”。

【经协工作主打“服务牌”】 服务保定企业融资，第二届国际融资洽谈会在天津举行，驻津办为保定市政府争取10家企业、20人、2个展位的免费名额。服务企业对接，经办事处联系协调，天津市医药集团有限公司与保定市保北医药药材有限责任公司就全面合作项目进行了深入探讨，签署了合作意向书；为天威保变在天津建立销售网络提供帮助；继续跟踪服务康师傅有限公司在高碑店投资项目和容城生物乙醇项目。服务节能减排，将天津发明协会拥有的对废纸造瓦楞纸设备进行简单改造后不排废水这一专利引进到满城造纸业。可以节省资源成本、减少能源消耗和废物排放。服务两地友好往来，为保定市代表团到天津参加“中国·天津第十五届投资贸易洽谈会”做好联络、接待工作；并承办了“保定籍在津同乡联谊会”，为津保两地的交流合作积累了丰富的人脉关系；积极协助市政府在天津举办“迎奥运 游保定 跟着老电影去旅行”新闻发布会，大力宣传保定旅游业。此外，拓宽保定各中等及高等院校毕业生、保定籍军转战士及干部在津就业渠道。

【解决饭店承包纠纷，盘活国有资产】 困扰单位近三年的与承包人的法律纠纷问题是办事处最大的难题和焦点，也是束缚办事处发展的羁绊。几经努力，下半年得到彻底解决。并将办事处大楼整体租赁给汉庭星空酒店管理有限公司，盘活了国有资产。

【奥运安保工作到位】 在迎接北京奥运会及奥运会举办期间，全体职工特别是领导干部切实把办事处各项奥运安保工作落到实处，认真做好“迎奥运，保安全”的各方面工作，保证了办事处在安全、保卫、消防、卫生、防疫等各方面不出问题。此外，与天津市红桥区消防支队在办事处大楼举行了“迎奥运，保平安”消防模拟实战联合演习。通过演习，摸清了办事处大楼消防安全保障全方位技术参数，加强了针对办事处大楼消防安全预防措施，确保实现奥运期间及今后大楼的消防安全，以实际行动夺取奥运安保的最终胜利。

领导班子成员

主　任　李保旗

（韩瑞洁　康　军）

政协保定市委员会

【综述】 政协保定市委员会是中国人民政治协商会议的地方委员会之一，在中共保定市委的领导和河北省政协的指导下开展工作。主要职能是政治协商、民主监督、参政议政。政协保定市委员会设置29个委员界别，2008年十一届一次会议时安排委员656名。

2008年，市政协机关被评为全市工作实绩突出单位、社区建设先进集体、扶贫开发先进集体、帮建文明生态村工作先进单位、奥运安保工作先进单位，并被省政协评为社情民意工作先进单位，获省政协宣传工作组织奖。

【市政协第十一届委员会常务委员会组成人员】

主　　席　崔启慧

副 主 席　陈占国　孙建恒
　　　　　张国立　赵桂良
　　　　　姚秀珍　刘建立
　　　　　郭　普　李小亭
　　　　　许　皞

秘 书 长　陈占国（兼）

常务委员（共81名，以姓氏笔画为序）

万进儒　马会杰
马　河　王士芳
王玉祥　王红艳
王丽华　王连群
王炳刚　王胜利
王　谦　王新利
王福友　王慧燕
冯文堂　冯鹤菁
左　群　田双喜
白红敏　龙苏梅
刘立新　刘伟音
刘利忠　刘国旗
吕玉锦　孙建设
孙树贵　孙新怀
师蕴珩　许红琳
邢彦学　闫克军
吴剑松　张云彩
张文龙　张志民
张志茹　张怀明
张英俊　张荣芳
张敬东　张瑞春
张冀明　李大忠
李旭辉　李连才
李明凯　李荣月
李　晔　李桂琼
李雁鸣　李献强
杜亦大　杜建强
杨坤龙　杨学举
杨益存　狄国良
陈玉忠　周文琪
周连生　范艳艳
郑明慧　宫娜景
赵立柱　赵志国
赵清华　郝春海
贾春顺　崔和平
梁　山　曾　刚
焦冠军　程宝山
葛长青　董桂武
释真广　臧瑞平
颜世民　冀学明
霍占利

【市政协十一届一次会议】 政协保定市第十一届委员会第一次会议于2008年3月30日至4月2日在保定百世开利会展中心举行。会议应到委员656名，实到635名。市委、市人大、市政府、军分区领导和政协历届老领导应邀出席了大会开幕式、闭幕式。市委副书记王会平在开幕式上代表市委讲话，指出，过去的五年是全市改革发展进程中不平凡的五年。在这五年里，第十届市政协团结带领全市各级政协组织和广大政协委员，坚持以邓小平理论和“三个代表”重要思想为指导，牢牢把握团结和民主两大主题，紧紧围绕经济社会发展与和谐稳定大局，认真履行政治协商、民主监督、参政议政职能，在全市经济、政治、文化和社会建设中发挥了不可替代的重要作用。

对第十届市政协五年来的工作，市委是满意的。本次政协全会是一次承前启后、继往开来的换届大会，是一次团结合作、协商议政的献策大会。为此讲了三点意见：一、坚持以科学发展观为统领，紧紧围绕“强市兴县富民”献计出力；二、充分发挥人民政协职能作用，为构建和谐保定贡献力量；三、进一步加强和改进党对政协工作的领导，努力提高全市政协工作水平。

王庆明代表市政协第十届委员会常务委员会向大会作工作报告。报告对过去五年的工作做了回顾，对在新形势下做好政协工作提出几点体会，并结合新的形势和任务提出工作建议。一、深入学习贯彻中共十七大精神，进一步推动全市政协工作再上新台阶；二、认真贯彻落实科学发展观，进一步促进全市经济又好又快发展；三、牢牢把握团结和民主两大主题，进一步维护全市和谐稳定的社会局面；四、主动适应新时期政协工作新要求，进一步加强自身建设。王万族代表政协第十届常务委员会作提案工作报告。

在以后的几天中，与会委员列席了市十三届人大一次会议，听取并讨论了市长于群所作的市政府工作报告，协商讨论了保定市2007年国民经济和社会发展计划执行情况与2008年国民经济和社会发展计划（草案）的报告、保定市2007年市本级预算及市总预算执行情况和2008年市本级预算及市总预算（草案）的报告，协商讨论了保定市中级人民法院和人民检察院的工作报告，完成了各项议程。会议期间，与会委员对全市经济社会发展的重大问题，以及人民群众普遍关心的热点、难点问题高度关注，通过委员提案、大会发言、小组讨论、社情民意等形式，就促进优势产业发展，加强节能减排和环境保护，推进新农村建设，打造绿色宜居城乡环境，保障和改善民生，推进改革开放等方面的问题，提出了许多建设性意见和建议。

【市政协2008年常委会议】 2008年，市政协共召开3次常委会议。

市政协十届二十二次常委会议于3月27日召开，会议审议通过了关于召开政协保定市第十一届委员会第一次会议的决定（草案）、政协保定市第十届委员会常务委员会工作报告及报告人（草案）、政协保定市第十届委员会常务委员会提案工作情况的报告及报告人（草案），听取市委统战部作有关人事安排说明，协商决定了政协保定市第十一届委员会委员名单，审议通过了政协保定市第十一届委员会第一次会议大会主席团、秘书长、大会主席团主持人建议名单（草案）、政协保定市第十一届委员会第一次会议提案审查委员会主任、副主任、委员建议名单（草案）、政协保定市第十一届委员会第一次会议编组办法、委员编组、各组讨论地点及小组召集人建议名单（草案）、政协保定市第十一届委员会第一次会议议程、日程（草案），会议还通过了有关人事事项。

市政协十一届一次常委会议于6月17日召开，此次常委会是十一届政协成立以来召开的第一次常委会议。会议审议通过了政协保定市委员会2008年工作要点、政协保定市第十一届委员会常务委员会组成人员守则、政协保定市第十一届委员会常务委员会关于设置工作机构的决定、政协保定市第十一届委员会副秘书长任命名单、政协保定市第十一届委员会研究室、各专门委员会主任任命名单、政协保定市第十一届委员会各专门委员会副主任名单。

市政协十一届二次常委会议于9月24日召开，会议学习并讨论了《政协保定市委员会关于继续深入开展“两争两为”活动的实施意见》，审议通过了《政协保定市委员会关于建设“白沟·白洋淀温泉城”次中心城市的建议案》（草案）。

【2008年主要工作】 2008年是市政协第十一届委员会组成的第一年。市政协认真贯彻落实中共十七大和十七届三中全会精神，高举中国特色社会主义伟大旗帜，团结带动全市各级政协组织和广大政协委员，牢牢把握团结和民主两大主题，积极履行政治协商、民主监督、参政议政职能，充分发挥协调关系、汇聚力量、建言献策、服务大局的作用，为促进“又好又快发展，强市兴县富民”作出了积极贡献，实现了新一届政协工作的良好开局。

【为促进全市经济社会又好又快发展献计出力】 市政协坚持以科学发展观为指导，服从服务于全市工作大局，紧紧围绕“又好又快发展，强市兴县富民”的中心任务，深入调查研究，积极献计出力。

围绕全市经济建设献策。构建“一主三次”城市发展格局是市委、市政府的重大战略决策。市政协紧紧围绕保定东部次中心城市建设，组织经济界的专家、教授，多次深入白沟镇、白洋淀温泉城及周边县域进行调研，到廊坊的胜芳、浙江的义乌、广东的狮岭和虎门进行针对性考察，经过反复研讨论证，提出了明确阶段发展思路、完善发展规划、做大做强特色产业、注重生态环境保护、创新体制机制等9个方面48条具体建议，经市政协十一届二次常委会审议通过，形成了《关于加快建设“白沟·白洋淀温泉城”次中心城市的建议案》。市委、市政府主要领导对“建议案”给予了高度评价和充分肯定，多条建议被有关部门吸收采纳。《人民政协报》对这项工作进行了深度报道。市政协高度关注全市主导产业发展，配合全国政协、省政协对新能源及能源设备制造产业进行调研视察并提出建议，强力宣传推介“中国电谷”这张保定名片；组织科协、科技界委员到汽车生产骨干企业进行专题座谈，提出加大科技研发投入、提高自主创新能力、打造民族汽车品牌等建议；组织工商联、经济界委员针对纺织服装出口面临的困难进行调研，提出制定扶优促强政策、调整产品结构、打造出口基地、实施品牌战略等建议。围绕振兴县域经济进行调研，就实施“工业西进”战略、发展特色产业、壮大民营经济、鼓励全民创业提出建议；围绕推进节能减排工作进行调研，就加大环保力度、推进“蓝天行动”、建设“低碳保定”提出建议；围绕矿产资源综合开发利用进行视察，就完善规划体系、规范开采秩序、推进清洁生产提出建议。为了有效应对金融危机的影响，市政协多次举办企业家座谈会和经济学家专题讲座，组织经济界委员参加了有关培训和论坛。

围绕全市社会事业发展鼓劲。2008年是奥运之年，为推动“全民健身与奥运同行”活动蓬勃开展，市政协组织委员对群众体育活动情况进行视察，提出健全保障机制、加大宣传力度、加快场所建设等建议。为推进文化名城建设，对重点文化工程进行视察，提出加强文物保护开发利用、彰显保定古城风貌、推进文化体制改革、发展文化创意产业等建议。为促进民办教育发展，对民办院校进行视察，提出认真落实民办教育促进法、加大扶持力度、加强师资队伍建设等建议。开展了《河北文史资料全书·保定卷》、《根治海河》、《省会在保定》的史料征集和纪念改革开放30周年书画作品征集工作，与中央电视台及有关部门共同组织了戏曲进校园活动，进一步激发了广大群众热爱保定、建设保定、奉献保定的热情。

围绕全市重大专项工作出力。推进“城镇面貌三年大变样”，是全市上下关注的一项重点工作。市政协组织省、市政协委员进行专项视察，召开专题座谈会，提出了突出城市特色做好规划、加大管理力度巩固成果、统筹兼顾打造魅力保定等建议，受到了市委、市政府领导的充分肯定。市政协主席、副主席按照全市的总体安排，多次深入分包重点项目施工现场，协调解决难题，推进工程顺利开展。4位副主席分别带队，参与了全市城镇绿化考核工作。全市政协系统中的领导干部，扎实开展“亲民爱民”活动和“优化发展环境、激活市场主体”活动，对困难家庭和困难学生扶贫扶智，到结对企业走访调研，帮助协调解决了大量实际困难和问题。一大批政协机关干部和政协委员，深入基层开展矛盾纠纷排查调处工作，为奥运安保做出了积极贡献。市政协还出色完成学习实践科学发展观“四个征集”工作，获得了“优秀组织奖”。

【为维护全市和谐稳定发挥作用】

市政协坚持在全局中思考，在大局下行动，充分发挥代表性强、联系面广、位置超脱等优势，切实做好团结各界、凝聚人心的工作，为全市的和谐稳定做出了贡献。

积极反映民意诉求。市政协紧紧围绕人民群众最关心、最直接、最现实的问题开展调研视察，积极反映群众的意愿和呼声。“三鹿奶粉”事件发生后，及时对食品安全工作进行了专项视察，提出了迅速做好婴幼儿筛查救治工作、严格市场监管、召回问题产品等意见和建议。组织委员就社区物业管理工作进行调研，提出了进一步加强行业管理、提高物业服务水平、维护业主和物业管理企业合法权益等建议；就《劳动合同法》实施情况和社会保障工作进行调研，提出了广泛宣传劳动保障法律法规、提高中小企业职工参保率、加强劳动监察力度等建议。采取切实措施，不断提高提案和社情民意的办理实效。市政协十一届一次会议以来，共收到委员提案307件，经审查立案296件，通过领导包案、联合办案、调度督办、年度考核等多种形式，进一步加大了提案办理力度。全年反映社情民意18件，促进解决了一些群众关注的问题。如关于“加强旅游景区防汛应未雨绸缪”的社情民意报送后，市政府领导高度重视，责成有关部门和单位迅速落实。市政协还多次派员参加全市供暖、供水价格调整，出租车油运联动机制，以及廊涿、张石高速公路收费听证会，多方听取不同利益群体的呼声，客观公正地反映了各方面意见。

认真开展社会公益活动。汶川特大地震突如其来，市政协紧急响应市委号召，把全力支持抗震救灾作为最重要最紧迫的任务，动员全市各级政协组织、政协各参加单位、驻保各级政协委员和政协机关干部，以各种形式向灾区捐款捐物，共折合人民币近亿元，其中有4位委员捐款超过100万元。医药卫生界委员主动请缨，奔赴灾区一线救治伤员；经济界委员组织企业赶制帐篷板房，紧急运送救援物资；政协委员和政协机关的中共党员，踊跃交纳特殊党费。这些都充分展示了人民政协与党和国家共命运、同人民群众心连心的优秀传统和良好风范。市政协组织委员到基层农村开展“三下乡”和“送温暖、献爱心”活动，发放科普资料，进行法律咨询，捐赠御寒衣物和健身器材，送医送药到农户家中，深受群众欢迎。市政协还向上级政协积极争取专项资金，为顺平和曲阳各帮建了一所小学，改善了1000多名儿童的就学条件。市政协机关作为全市第三帮扶集团牵头单位，积极协调17家单位对口帮扶曲阳县16个贫困村，取得了阶段性成果。

广泛汇聚各界力量。市政协高举爱国主义和社会主义两大旗帜，牢牢把握团结和民主两大主题，多方汇集力量，广泛凝聚人心，努力促进和谐。加强同民主党派、无党派人士合作共事，有计划地邀请民主党派和无党派人士参加政协组织的调研、视察、考察和协商活动，市政协秘书长到民主党派机关走访，就政协工作与党派关注的问题加强协调沟通；加强与民族宗教界委员的联系，增进民族团结和宗教和睦，就新形势下宗教界人士培养以及参与社会公益事业状况进行调查，向上级政协报送了有关情况；广泛联系港澳台侨界人士，大力宣传“和平统一、一国两制”方针，走访部分台资企业，协调解决台胞台属在生产生活中的实际困难，邀请知名专家到保定作了台海形势报告；通过举办茶话会、联谊会、座谈会，引导各界人士增进友谊、共谋发展，凝聚各方面力量，为社会的和谐稳定起到了润滑剂、减压阀、加油站、变速器的作用。

【立足换届实际，加强政协自身建设】 市政协针对换届实际，把加强自身建设作为履行职能的重要基础，努力提升委员履职能力，稳步推进“三化”建设，不断提高政协工作水平。

大力加强学习培训和宣传工作。换届伊始，市政协组织新任委员进行集中辅导培训，重点学习了政协《章程》和提案工作、反映社情民意等政协基本知识，各专门委员会和委员活动小组也都把加强学习融于履行职能的全过程，政协委员坚持中国共产党领导的信念、服务大局的观念和履职为民的意识不断增强。市政协向市政协委员赠阅全国政协编印的《政协委员手册》和省政协主办的《乡音》杂志，为委员了解政协职能、热爱政协工作、提升履职能力创造了条件。同时，不断加强与《保定日报》、保定电视台的联系与合作，继续办好“政协聚焦”等专版专栏，对保定政协网站进行全面改版并及时更新，在中央、省、市多家新闻媒体大力宣传委员先进事迹，为政协工作和委员履行职责营造了良好的舆论环境和社会氛围。

扎实开展“两争两为”活动。在总结以往成功经验的基础上，本届政协继续深入开展“争做优秀政协委员、争创先进活动小组；为保定发展作贡献，为人民政协添光彩”活动，对活动的主要内容、活动方式、组织领导、评比表彰等作了进一步规范和完善。委员是“两争两为”活动的主体，市政协及时将全体委员按界别和地域划分为42个活动小组，专题召开了委员活动小组长会议，对小组活动进行了具体部署。年底，市政协各位主席分别带队，深入到10多个县（市、区），集中开展了看望和走访委员活动，与委员面对面座谈交流，听取大家的意见和建议，了解他们本职工作和参政议政情况，协调解决委员在生产生活中遇到的实际困难和问题，使委员们深切感受到政协组织的温暖与尊重，进一步提高了服务发展、维护稳定的自觉性，增强了实现强市兴县富民的动力和信心。各位委员围绕中心工作履行职责，立足本职岗位建功立业，在积极开展调研视察、咨询论证等活动的同时，还在招商引资、拉动就业、科教服务、帮贫济困、理顺情绪、化解矛盾等方面做了大量卓有成效的工作。“两争两为”活动进一步拓宽了政协履行职能的渠道，为委员建言献策、贡献聪明才智搭建了更广阔的平台，有效增强了政协组织的凝聚力、向心力和影响力。

稳步推进政协工作“三化”建设。相继制定完善了市政协《常委会组成人员守则》、《调研视察工作程序》等文件，对各项规章制度进行了重申和强调，为政协工作的规范运行提供了制度保障。此外，市政协大力加强机关建设，健全工作机构，规范工作程序，严肃工作纪律，优化工作环境，强化机关干部思想作风建设，努力提高了工作效率和服务质量。

【市政协机构及成员】

常务副秘书长　杨坤龙
副 秘 书 长　龙苏梅（6月任）
　　　　　　张金山（6月免）
　　　　　　张　旭

研究室
主　　任　张云彩(6月任)
副 主 任　张云彩(6月免)
　　　　　王　健

经济科技委员会
主　　任　龙苏梅(6月免)
　　　　　赵立柱(6月任)
副 主 任　赵立柱(6月免)

文教体卫委员会
主　　任　崔和平
副 主 任　(空缺)

社会法制委员会
主　　任　马会杰
副 主 任　赵建民

学习宣传委员会
主　　任　范艳艳
副 主 任　(空缺)

提案委员会
主　　任　刘廷乐(6月免)
　　　　　李荣月(6月任)
副 主 任　李荣月(6月免)

台港澳侨委员会
主　　任　曾　刚
副 主 任　王庚申

文史资料委员会
主　　任　王胜利
副 主 任　(空缺)

人口资源环境委员会
主　　任　臧瑞平
副 主 任　张艳彬(3月任)

机关党委
书　　记　(空缺)
副 书 记　杜金榜(7月免)
　　　　　(刘　丽　王　波)

纪检·监察

【中共保定市纪律检查委员会、保定市监察局】 中共保定市纪律检查委员会、保定市监察局履行党的纪律检查和行政监察两项职能，在市委、市政府和中共河北省纪委、省监察厅的领导下开展工作。内设21个室（处），即：办公室、政策法规研究室、监察综合室、第一纪检监察室、第二纪检监察室、第三纪检监察室、第四纪检监察室、第五纪检监察室、干部监督管理室、案件审理室、案件监督管理室、党风廉政建设室、纠风室、执法监察室、行政效能监察室、信访室、宣传教育室、培训管理室、监察信息管理室、机关党委、老干部管理服务室。

【概况】 2008年，全市各级纪检监察机关始终坚持以科学发展观为统领，以建立健全惩防体系为重点，围绕中心，服务大局，突出重点，统筹兼顾，改革创新，全面履行职责，狠抓任务落实，先后被中纪委评为全国纪检监察信访举报工作先进单位、全国纪检监察案件审理工作先进集体、联系点工作先进单位；被省纪委评为案件检查工作先进单位、调研先进单位；被省委组织部、省老干部局评为老干部工作先进集体；被市委、市政府评为奥运安保工作先进集体、创建文明生态村工作先进单位、扶贫开发先进单位和文明单位。

【优化环境工作】 1. 开展“优化发展环境、激活市场主体”活动。按照市委统一部署，从6月开始，以推进干部作风和政府职能转变为重点，在全市县级以上领导干部中深入开展“优化发展环境、激活市场主体”活动。活动期间，仅副县级以上领导干部解决问题1394个，提出合理化建议近万条。9月，召开了百万人参加的优化环境广播电视大会，在全社会掀起了优化发展环境的新高潮。2. 深入推进行政审批制度改革。在市委将原市优化环境办公室整建制划归市纪委，成立行政服务中心管委会后，不断加强对行政服务中心的管理，扎实推进行政审批制度改革工作，出台了《保定市投资项目联合审批实施方案》，实行“关、停、并、转、放”（“关”，就是坚决削减不必要的审批环节；“停”，就是停止一切部门在审批环节上的“自备科目”；“并”，就是对业务相近的环节进行合并，减少审批程序；“转”，就是转变服务方式，建立领办制、帮办制和代办制，实行一站式审批，一条龙服务；“放”，就是下放权力，对凡能通过市场机制调节的，就下放给市场调节；对凡属基层能办的，要坚决下放给基层），减少审批环节，再造审批流程，共取消审批事项19项、叫停“自备课目”10项、合并审批程序26项、转变服务方式20项、向市场和基层下放权力28项，承诺时限提高了5个百分点。3. 严肃查处不作为、乱作为行为。制定出台了《关于机关工作人员不作为、乱作为行为投诉、举报的处理办法》和《关于危害经济发展环境行为的处理办法》等8项制度，在全市筛选了117个工业企业和重点项目，作为发展环境监测点。在全市开展了明察暗访活动，严肃查处不作为、乱作为行为。共查处破坏经济发展环境的案件47件，给予党政纪处分57人，组织处理132人。

【预防腐败工作】 1. 落实中央《工作规划》。根据中共中央《工作规划》和省委《实施办法》，制定出台了中共保定市委《实施办法》，指导全市预防腐败工作。

建立并实行了督促检查、定期汇报、评价考核等制度，加强对任务承办单位的督促检查，教育、制度、监督、改革、纠风、惩处整体推进。2. 加强反腐倡廉制度建设。在财政管理制度改革方面，制定出台了《保定市财政监督办法》，开展以“国库单一账户体系零余额清算”改革试点工作；在加大政府投资项目监管方面，制定出台了《投资项目管理办法》、《专项资金预算管理办法》、《债务管理暂行办法》、《关于进一步加强全市国有资产监督管理工作的通知》等四个文件；在完善工程建设招投标方面，制定出台了招标代理机构管理办法，建立健全了招标代理人市场准入制度和退出制度；在建筑领域，实行了建筑施工的廉政捆绑制度，进一步营造了公开透明竞争的市场环境。针对不同领域、不同岗位、不同环节，在廉政风险评估、程序和权力公开透明、效率评价、评估机制等方面，制定了《关于推进行政权力运行监控机制建设试点工作的意见》，积极探索预防腐败的方法和制度，在3个县（市）和4个市直部门开展试点取得了初步成效。3. 深入开展廉洁从政教育。对全市1800余名县处级干部、15万名党员干部进行了党纪政纪法规知识测试；广泛开展了廉政文化“十进”活动，创建了廉政文化一条街，组织了演讲比赛、廉政晚会、“大篷车”下乡、廉政书画展等活动；先后在高阳、唐县、阜平、易县、南市区建立了5个廉政文化教育基地，评选出保定烟厂、涿州永安社区等5个廉政文化示范点；组织全市领导干部，开展了“四访一听”警示教育活动，不断提升教育的渗透力、亲和力和感染力。

【查办案件工作】 认真执行依纪依法办案的各项规定，实行案件办结点评、违纪违法办案“一票否决”制度，进一步规范了办案行为。转变案件审理理念和方式，总结推广案件审理助辩制度，开展案件公开审理试点工作，提升案件审理水平，保证了查办案件质量。坚持把办结率和办案差错率作为重点，制定了市纪委机关、县市区、市直单位三个查办案件考核奖励办法，调动了查办案件工作的积极性；强化案件监督管理职能，将案件管理科和案件审计室合并，成立案件监督管理室。2008年，全市各级纪检监察机关共查办各类违纪违法案件1676件，其中大要案349件，给予党政纪处分1502人，为国家挽回直接经济损失8864万元。

【领导干部廉洁自律工作】 1. 认真落实党风廉政建设责任制。坚持和完善年初责任分解制度，将2008年党风廉政建设工作任务具体细化为60项，分解到市级领导、牵头单位和协助单位。建立健全了党风廉政建设“提示卡”、“催办卡”、“督办卡”三卡制度，全市各县（市、区）及市直26个牵头单位都签订了责任书。狠抓责任追究，共对38名领导干部进行了责任追究。2. 规范领导干部从政行为。严格落实“封车令”。重大节日期间封存公车6000余辆，节约各种费用200多万元。认真抓好清理“小灵通”工作。清理纠正问题“小灵通”231部，清退资金2.12万元。狠刹党员干部赌博和公款大吃大喝歪风。制定下发了《关于严禁共产党员、国家工作人员参与赌博的通知》、《关于禁止用公款大吃大喝的通知》，实行了党政机关、事业单位定点接待审批备案制度，公布举报电话，加强监督检查。严格三项谈话制度。市县两级纪委领导同下级党政主要负责人谈话768人次、领导干部任前廉政谈话494人次、诫勉谈话163人次，对69名干部进行询问和质询。严格落实领导干部离任经济责任审计制度。2008年共对23名领导干部进行了审计监督。3. 扎实推进农村基层党风廉政建设。深入贯彻落实十七届三中全会精神，出台了《进一步加强农村党风廉政建设的意见》。围绕中央、省、市惠农政策落实，强化监督检查，严肃查办违纪违法案件。围绕加强农村资金、资产、资源管理进行了探索，开展了农村“三资”委托代理服务试点工作，将各村现有的资金、资产、资源管理和使用纳入监管范围，由乡镇代为管理，有效地遏制和消除了引发腐败、造成不稳定的因素。

【执法监察和纠风专项治理工作】 1. 加强对地震救灾款物的监管。制定出台了《关于对抗震救灾捐助款物情况进行监督检查的通知》等文件。会同有关部门对援建灾区的8000套过渡性安置房，从拨款、采购、生产、安装等各个环节实行全程监督，保证了救灾资金、救灾物资及时足额用于受灾群众。2. 认真开展专项治理。牵头组织和配合有关部门，重点开展了治理商业贿赂、清理专项资金和城市住房等专项治理，共查处商业贿赂案件97起，清理各类专项资金1.86亿元，公开处理典型案件14起，责任追究33人；对全市城市住房政策落实情况进行监督检查，对查证属实并有处理结果的案件，适时向社会公布；对教育乱收费、传销、房地产市场、非法用工等进行了集中整治。民主评议活动不断深化，政风行风进一步好转，群众满意度进一步提高。保定市纠风工作在全省排名中名列第一。3. 围绕重点工作开展执法监察。按照全市统一部署，先后参与了城镇面貌三年大变样、蓝天行动、查处问题奶粉等重点工作的执法监察。组成6个督导检查组，对安全生产、节能减排、食品药品安全"三项集中整治行动"进行全面督导检查，发现问题，及时纠正。

【信访工作】 坚持从维护改革发展稳定的大局出发，认真受理和解决群众反映的各类问题，特别是在奥运期间，开展了"无越级访百日活动"，全面排查矛盾隐患，集中攻坚，对重大、复杂、疑难问题，实行首办责任制、"四定一包"责任制、公开办理制度，解决久拖不结信访问题92个，有力维护了群众的合法权益、维护了社会稳定。进一步加强乡镇服务中心和村纪检小组建设，调整充实了党风村风信息员队伍，强化了县乡村三级信访问题防控网络。坚持领导干部定期下访和接访相结合，倾听群众意见，了解群众诉求。全市纪检监察信访连续8年没有发生进京赴省集体访。

【派驻机构改革工作】 在市委、市政府的领导下，市、县两级派驻机构改革稳步推进，县（市、区）派驻机构改革全部完成，全市组建纪工委、监察分局169个，其中面向县直的96个，面向乡镇的73个，核定编制785人。坚持制度建设与纪工委、监察分局的组织机构建设同步，建立了纪工委、监察分局干部管理、依法信访、案件检查、考核奖惩、财务管理、学习培训等21项制度规定，保证了纪工委、监察分局工作有章可循，有规可依。市直双派驻机构统一管理工作已经完成，单派驻统一管理工作正在抓紧实施。通过派驻机构改革，从体制上保证了纪检监察工作的整体性、系统性和独立性，整合了工作力量，增强了队伍活力。

【中共保定市纪委三次全会】 3月7日在百世开利会展中心召开。全会的主要任务是，认真学习贯彻党的十七大精神，按照中纪委十七届二次全会、省纪委七届三次全会和市委九届五次全会的要求，总结2007年工作，部署2008年全市党风廉政建设和反腐败任务。市委书记宋太平出席全会并讲话。全会审议并通过了市委副书记、市纪委书记李光耀代表市纪委常委会所作的《以党的十七大精神为指导，深入推进党风廉政建设和反腐败工作》的工作报告。市纪委委员；不是市纪委委员的县（市、区）纪委书记、各县（市、区）监察局长、办公室主任；市直各单位纪检组长（纪委书记）、监察室主任；未设纪检监察机构的分管副职；各市属企业、驻保单位、大专院校纪委书记、监察室主任；各纪工委书记；市纪委机关全体干部参加了会议。

【全市县级纪检监察派驻机构改革会】 7月3日在省招四楼会议室召开。会议的主要任务是，落实全省县级纪检监察派驻机构改革座谈会精神，对全市县级纪检监察派驻机构改革工作作出部署。会议由市纪委、市委组织部、市人事局、市编办、市监察局共同组织召开。市委常委、市纪委书记司存喜在会上讲话。县级纪检监察派驻机构改革领导小组成员单位负责人，各县市区纪委书记、组织部长、编办主任、人事局长、干部室主任参加了会议。

【全市行政权力运行监控机制建设试点工作座谈会】 10月14日在市行政服务中心召开。会议的主要任务是，贯彻落实省纪委推进行政权力运行监控机制建设试点工作座谈会精神，启动保定市行政权力运行监控机制建设试点工作。市纪委常委钱君杰宣读了《关于推进行政权力运行监控机制试点工作的意见》，涿州、雄县代表试点单位做了表态发言，市纪委副书记、监察局长刘伟音在会上讲话。涿州市、雄县纪委书记和分管预防腐败工作的副书记（试点市、县），其他县（市、区）纪委分管预防腐败工作的纪委副书记和预防腐败工作机构一名负责人；市财政局、市国土资源局、市商务局、市卫生局、市教育局纪检组长和相关机构负责人参会。

领导班子成员

书记	李光耀(3月离任)
	司存喜(5月任)
副书记	陈英杰(7月离任副书记、监察局长)
	刘伟音(7月任监察局长)
	孔祥琨
	王振民(兼任行政服务中心(优化办)主任，9月任)
	钱君杰(10月任，同时离任市监察局副局长)
常委	庞海林(10月离任)
	刘兰柱(10月离任)
	刘娜丽(10月离任)
	赵华(10月兼任监察局副局长)

冯瑞启(10 月任)
李木栓(10 月任)
雷　鸣(10 月任)
李晓峰(兼监察局副局长,10 月任)
张宏升(兼监察局副局长,10 月任)

(李朋朋)

民主党派·工商联

民革保定市委

【中国国民党革命委员会保定市委员会】 中国国民党革命委员会（以下简称“民革市委”）隶属民革河北省委，为县级行政单位，内设办公室。至2008年底，全市民革党员347人，分布在11个基层支部，党员中高级职称84人，中级职称125人，平均年龄50.7岁；保定民革现有省人大代表3人（常委2人），省政协委员1人，市人大代表1人（常委），市政协委员23人（常委4人），区政协委员16人。

【概况】 1. 开展理论学习，加强成员思想政治教育。民革保定市委在2007年7月至2008年底为期一年半的时间里组织开展了以坚持走中国特色社会主义政治发展道路为主题的“政治交接学习教育活动”，将开展学教活动取得的收获与成果形成体会文章37篇，编印了《“坚持走社会主义道路，搞好政治交接”经验材料汇编》。在《民革简讯》上开辟学习十七大精神专栏，加强对中共中央两个“五号文件”、《政党制度白皮书》、民革十一大精神以及民革新党章的学习宣传，开展以“纪念改革开放三十周年”为主题的征文活动，讴歌改革开放和社会主义现代化建设取得的成就。10月，市委会领导参加市委统战部组织的赴重庆考察学习，赴南昌、井冈山革命圣地接受革命传统教育。6月，市委统战部邀请中央社院教授到保定向300多名党派成员作“政治交接学习教育活动专题报告”；11月，民革保定市委邀请全国人大常委、民革中央副主席兼秘书长齐续春为民主党派成员作题为《如何做好党派成员参政议政，为社会主义现代化建设作贡献》的专题报告，民革成员80余人参会。2. 参政议政、民主监督取得成效。2008年“两会”期间，民革成员中的市政协委员、人大代表积极建言献策，个人与集体共提出各类建议、提案16件，其中大会发言1件，集体提案4件，省级提案1件。由民革保定市委提交的大会发言《关注有地市民，建设卫星社区——关于建设环城新型社区的建议》，受到市政府主要领导重视，被列为政协十一届一次会议重点提案。省人大代表、民革副主委、河大总支主委李金善在省人大会议上提出的《关于加快二代身份证办理期限的建议》、《关于恢复重建孙禄堂墓的建议》；民革市政协委员陈玉忠撰写的提案《将白洋淀改为保定市一个行政区》、《关于健全“白沟·白洋淀温泉城”次中心城市建设中几个保障机制的建议》、《关于在我市落实〈中华人民共和国劳动合同法〉的建议》社会反响强烈，受到市委、市政府领导的高度重视。大部分提案、建议已办结。3. 推进自身建设。2008年12月，民革市委基层组织换届工作开始，市委会从实际出发重视支部整合和设置，调优、调适、调好基层领导班子，并加强与广大成员的协商与沟通，从而保证了换届工作平稳、顺利、圆满完成。基层组织由9个发展到11个，新成立了保定学院支部和河大医学院支部，从界别上进一步细化，更加便于支部工作的开展。2008年发展新党员22人，平均年龄34岁，均具有大专以上学历，其中具有中级以上职称15人，女性成员9人，为民革组织注入了新的生机和活力。党员立足本职、发挥优势、在各自的工作岗位上做出了优异的成绩。河大总支李金善主委主持的中国古代文学教学团队，获得首届河北省优秀教学团队；知名书画家赵逢明书法、谷中良绘画作品代表民革市委参加省政协纪念改革开放三十周年书画展；戎宁教授在汶川地震发生后，第一时间组织人员赶制《地震防灾小常识》动画片（10集）寄往灾区，在河北省电视台播出，引起积极反响，被河北省新闻出版局推荐申报全国五个一工程奖；市电视台李曦参与栏目《有事您说话》获省好新闻二等奖，省社教类节目一等奖，获全国社会艺术水平考级优秀考官奖；党员张保来在《扬州大学学报》2008年第4期发表论文《浅谈“零库存”管理在铁路运输站段物资管理中的应用》（国家级）；党员姚茹娟获保定市继续教育先进个人；党员王洪亮在抗震救灾中积极捐款捐物，被共青团市委授予“抗震救灾”先进个人称号。4. 宣传工作取得新进展。2008年，市委会在宣传报道方面着力做了两方面工作，一是动员支部成员向省委简讯及市委简讯投稿。二是进一步加强民革在媒体的宣传力度。2008年，市委会在团结报发稿2篇，市级刊物发稿12篇，电视报道1次，在民革省委刊物上发稿8篇。5. 发挥自身优势，做好社会服务工作。组织卫生支部与中教总支到涞源县黄土岭村进行联合扶贫义诊活动，为当地村民提供了价值1000余元的药品，并携带心电图机和B超等设备为300多村民进行了义诊。组织农大支部成员到易县塘湖镇北界安村开展科技支农活动。向村民捐赠图书300余册，音响设备一套，同村两委班子成员进行座谈，与果农进行技术交流并就生产中的具体问题现场指导。民革副主委、保定学院副教授王炳刚在涞源县黄土岭村扶贫时，向该村每一位村民赠送运动服一套，共计615套，价值3万余元。法律支部发挥参与市信访工作的优势，协助配合信访涉法涉案的接待工作，从法律角度正确处理了百姓生活和工作中出现的涉法问题，从而促进了社会稳定和发展。9月，协助市人大对市检察院进行“民事行政”工作专项调研活动，为政府依法行政处理历史遗留问题提供了法律意见。四川汶川特大地震发生后，民革市委第一时间向全体成员发出“共赴国难、同献爱心、踊跃捐款”的通知，成员累计向地震灾区捐助现金40.2万元，其中民革企业家，保定国际俱乐部董事长王保利捐款20万元；保定利达塑业董事长杨满堂捐款10万元。6. 发挥民革特色，做好祖统和联谊工作。市民革有近10%的党员在台、港澳和海外有亲友，市委会充分发挥这部分党员的优势，整合对台工作优势，使亲情交流成为祖统工作的纽带，鼓励党员加强与海外亲友的书信联系，做好海外亲友的接待工作。市委会多次同现定居台湾的老主委林信平联系，互通信息，交流感情，使其感受到组织的关怀。6月，党员刘林虎接待了台北市来保探亲访友的伯父，借与亲人见面的机会，积极向亲友宣传保定市经济发展的形势。年内，民革党员发往海外信件、贺卡20余件，越洋电话60人次。

领导班子成员

主任委员　李小亭

副主任委员　姚忠耿　赵志国　李金善　王炳刚

（张凌然）

民盟保定市委

【中国民主同盟保定市委员会】 中国民主同盟保定市委员会（以下简称“市民盟”）隶属民盟河北省委。民盟市委机关为县级行政单位。全市有民盟成员650人，其中高级职称393人，中级职称207人；教育工作者350人，科技工作者64人，医药卫生界人士118人。直辖4个总支委员会，14个支部。全市盟员中有2人为省人大代表，3人为市人大代表，10人为区人大代表；3人为省政协委员，29人为市政协委员，38人为区（县）政协委员；7人在政府机构任实职。

【概况】 1. 加强思想建设，巩固多党合作的共同思想政治基础。一是深入开展政治交接学习教育活动，更加坚定走中国特色政治发展道路的信心和决心。组织开展“我为保定作贡献、我为民盟添光彩”评先选优活动，1月，组织召开“2008迎新春暨总结表彰大会”，特别邀请市委统战部领导、盟员所在单位党委统战部领导、政府对口联系单位负责人参加，对活动中涌现出的8个先进基层盟组织、55位优秀盟员进行了表彰。及时搜集整理政治交接活动的最新动态和政治理论文献，编发政治交接学教活动学习专刊，方便盟员学习。组织各基层支部负责人和盟务骨干参加全国“两会”精神报告会、“政治交接学习教育活动”专题报告会、台海形势报告会、民盟河北省委成立50周年纪念大会和赴江西学习考察活动等，组织盟市委机关干部赴唐山、秦皇岛等地学习考察，重温历史，交流经验，激励来者。制定《民盟保定市委员会〈关于深入开展解放思想大讨论活动的实施方案〉》，组织召开座谈会、发放征求意见卡，广泛征求各基层组织盟员对盟务工作的意见和建议，并进行总结梳理，结合实际提出具体整改措施，不断提高盟务工作水平。组织编辑完成《开展中国特色社会主义主题学习教育活动经验材料汇编》，总结和提炼学习教育活动中成功的经验和做法，并于7月31日至8月1日召开十届四次委员（扩大）会议暨政治交接学习教育活动总结大会。2. 以重要纪念活动为契机，不断提高盟员的政治理论和思想水平。举办《中国的政党制度》知识竞答活动，评选出个人一、二、三等奖20名，优秀组织奖4个；参加中央统战部开展的“薪火相传，共创未来——纪念中共发布‘五一’口号60周年征文”活动，收到不同类型纪念文章16篇；组织召开纪念“五一”口号发布60周年座谈会，重温民盟与中国共产党风雨同舟、患难与共的光荣岁月。加强对参政议政骨干的思想教育，利用区、县人大、政协换届之际，盟市委加强对盟员人大代表、政协委员的政治教育引导，组织召开“如何做合格的政协委员”专题座谈会，进一步增强自身社会责任意识。作好北京奥运会安保工作。盟市委下发《关于做好奥运安保工作的通知》，教育引导各基层组织充分认识做好奥运安保和维护社会稳定工作的重要意义，切实增强安保意识，畅通信息报送渠道，为北京奥运会的成功举办创造良好的社会环境。组织召开学习中共十七届三中全会精神座谈会，认真学习、深刻领会中共十七届三中全会精神。积极组织参加中共河北省委、保定市委深入学习贯彻科学发展观“四个征集”活动，收到群众语言185条，群众意愿21条，先进事例5条，不符合科学发展现象6条。积极组织参加盟省委“纪念改革开放30周年”征文活动，组织召开纪念改革开放30年座谈会。3. 发扬民盟优良传统，积极组织开展抗震救灾工作。四川汶川特大地震发生后，民盟市委专门召开主委办公会议3次，研究部署盟市委的抗震救灾工作。第一时间下发《民盟保定市委倡议全市盟员向地震灾区人民献爱心的通知》。在抗震救灾期间，盟市委多次召开机关工作会议，将18个基层组织进行划分，指定专人负责联系，确保上级盟组织和中共保定市委的指示精神能够及时传达到每位盟员，盟员的最新动态也能够及时反馈给上级组织，盟市委还专门编发了抗震救灾专刊，累计发送抗震救灾相关信息20余件（条），被民盟中央采纳10条，盟省委采纳8条。据不完全统计，在震后几天内，全市盟员通过所在单位、社区、红十字会等渠道向灾区捐款91.79万元，捐赠8300元药品，全市盟员还以“特殊盟费”形式为灾区捐款37750元。医务界盟员纷纷向单位党委递交请战书，盟员张立广随保定市首支抗震救灾医疗救护队第一时间奔赴灾区；盟员焦建宝、韩颖随省首支灾后重建对口支援卫生队赶赴四川平武县，帮扶当地医院建章立制和医疗秩序的恢复。由于在抗震救灾活动中的突出表现，盟员张立广荣立三等功，11月30日被民盟中央授予“中国民主同盟抗震救灾先进个人”称号。盟员焦建宝获河北省卫生厅先进工作者称号。4. 贯彻落实科学发展观，履行参政议政民主监督职能。结合保定经济社会发展实际，抓住社会热点、难点问题，集思广益，深入调研，提出许多有价值的意见和建议。《关于尽快恢复古莲池春午坡东西两侧古建碑廊历史原貌的建议》，是盟市委在市政协十届五次全会、十一届一次全会上连续两年提交的集体提案，针对此案，市政协提案委、盟市委、市古莲花池管委会在古莲池共同召开“提案答复现场会”，就落实此提案交换意见，之后，市文物管理局又召开了古莲花池功能（展陈）规划暨东西碑廊改陈研讨会，进一步明确了东西碑廊具体的改陈意见。古莲池春午坡东西两侧古建碑廊原貌已经得到恢复。盟市委在《市政府工作报告》征求意见会上提出的关于健全农业技术推广体系，失地农民的社保问题应予以重点关注，加强敬老院和老年公寓建设以及加强保定市政府网站建设等建议，受到市长于群的充分肯定。在市政协十一届一次全会期间，盟市委及29位盟员政协委员提交大会发言4件，集体提案11件，委员个人提案31件，提案质量和数量明显提高。《关于健全失地农民社会保障问题的建议》、《重视护理人员队伍建设，促进“老有所养”事业健康发展》两个大会发言得到市长于群的批示。两会前，保定电视台还就盟市委《关于完善我市中小学生心理健康保护网的建议》提案的提出及办理情况进行了专访。盟市委先后开展了《加大我省粮食生产科技投入》、《加快推进我市农村劳动力资源开发工作》、《全力应对金融危机　确保我市经济平稳较快增长》、《进一步提升我市大中型企业自主创新能力》、《建立健全我市农村养老保险制度》、《提高农村中小学教育教学质量问题》、《加强民营医院监管，确保人民群众就医安全》、《弱势群体利益的保护问题》、《“三鹿”奶粉事件后提振我市乳业发展问题》等多项调研。多方收集资料、整理、编辑出版《民盟保定市委参政议政文集》，精选了2003～2007年民盟保定市委向十届保定市政协全会提交的大会发言、集体提案、盟员政协委员个人优秀提案及相关部门的答复。比较全面系统地反映了民盟保定市委五年间参政议政的主要情况，为进一步做好调查研究和建言献策工作提供参考作用和资料。5. 加强自身建设，提高盟员队伍整体素质。继续实施“人才强盟”战略。2008年发展新盟员39人，人学以上学历32人、中高级职称的28人，平均年龄37.8岁，盟组织的知识水平和专业结构逐步得到改善，组织活力进一步增强。后备干部及骨干队伍的建设进一步加强。盟市委主动加强与市委统战部的沟通和联系，2008年，1名盟员被纳入中共保定市委后备干部库。盟市委有省人大代表2人，省政协委员3人，市人大代表3人，市政协委员29人，区（县）人大代表10人，区（县）政协委员38人。基层组织建设活力不断增强。建立了《基层组织活动记录手册》。民盟河大总支、华电支部结合政治交接学习教育活动，深入开展调研，积极为盟市委提供提案素材。民盟农大总支认真学习领会中共十七大、十七届三中全会精神，发挥自身优势，为社会主义新农村建设献计出力。民盟各中学支部努力创造条件，丰富活动形式和内容，就教育、教学改革问题进行探讨，适时邀请申请入盟的年轻老师参加盟务活动，强化对盟组织的认识和了解。民盟综合总支坚持编发本支部刊物《盟声》，加强与兄弟支部的联谊，举办《盟声》杯乒乓球比赛；民盟直属总支举办学习中共十七届三中全会精神报告会，组织庆“三八”保龄球友谊赛和“迎奥运”羽毛球比赛；民盟河北金融学院支部密切与单位统战部的关系，发挥自身优势，为金融业发展建言献策；民盟保定学院支部积极开展组织活动，组织发展稳步推进；民盟市二医院支部、一中心医院支部、卫生东支部积极开展抗震救灾、医疗卫生下乡、进社区工作；民盟科技总支积极开展科技卫生咨询服务活动。在盟省委开展的第六次评先选优活动中，盟市委6个支部被评为先进基层盟组织，50位盟员被评为优秀盟员；2008年盟市委6位盟员被盟省委评为社情民意先进个人，2人被评为省宣传报道先进个人；2人被市政协评为优秀通讯员。全年编发《保定盟讯》4期。6. 发挥优势，搞好社会服务工作。制定了《民盟保定市委关于开展“农村烛光行动”的实施方案》。2月26日，在满城神星中学拉开“农村教育烛光行动”序幕，确定北市区东金庄中心校为盟市委对口帮扶学校。盟市委积极组织盟员优秀教师，与神星中学的师生进行教学交流讲座，先后送去教育图书5000多册，光碟80多盘，学生桌椅200多套，受到当地师生的热烈欢迎。承办民盟河北省委社会服务工作暨“农村教育烛光行动”座谈会和盟省委农业委员会年度工作会议。盟员、河北农大教授鹿瑞麟赴广宗县核桃园乡、冯寨乡，参加盟省委农业委员会、科技委员会组织开展的科技讲座活动，受到了当地村民的热烈欢迎。认真开展“亲民爱民”活动，对口帮扶定州一名贫困学生；盟员周连生安置数十名贫困群众就业。民盟卫生东支部组织7个方面的盟员专家先后到南市区二道桥街、新建华路社区进行义诊活动，为160多位社区居民和过往市民检查身体，讲解卫生知识；民盟市二医院支部于7月、10月先后到易县清西岭、顺平县调研义诊，积极为贫困地区群众捐款捐物、送医送药，全年累计捐款万余元。

领导班子成员

主任委员　李和明
副主任委员　李雁鸣　邢彦学
　　　　　　李博文　贾春顺
　　　　　　张小莉

（刘澎涛）

民建保定市委

【中国民主建国会保定市委员会】（以下简称“民建市委”）隶属民建河北省委，为县级行政单位，内设办公室。民建市委有市委委员25人。2008年下设3个总支和13个支部。会员488人，其中经济界361人，占会员总数的74%。具有高级职称的122人，中级职称的214人，全市会员中有省人大代表3人，省政协委员4人，省政协常委1人，市人大代表2人，市人大常委1人，市政协委员31人，市政协常委9人，区人大代表6人，区人大副主任2名，区政协委员39名，常委22名，政协副主席1人。

【概况】 1. 完成政治交接学习教育活动。自2007年政治交接学习教育活动开展以来，民建市委按计划、按步骤完成历时两年的学习教育活动任务。积极参加了两会精神报告会、政治交接学习教育活动专题报告会、纪念“五一”口号60周年座谈会和赴井冈山、南昌等考察交流活动。组织了政治交接学习教育活动专题座谈。编辑了“纪念中共‘五一’口号发布60周年征文活动”

专刊。举办了新会员培训班。编辑印制了《政治交接学习教育活动经验材料汇编》，作为指导今后工作的重要依据。全体会员增强了坚持走中国特色社会主义政治发展道路的信心和决心，推进了保定民建的自身建设。2. 履行参政议政、民主监督职能。在市政协十一届一次会议上，民建集体提案14件，个人提案30件，占提案总数的五分之一。9篇入选大会发言，占大会发言总数的四分之一。其中《利用社会力量统一建造管理我市公共设施》被列为市政协一号提案，得到市长于群的批示，并专门制订方案予以落实。《保定市民营企业外向化发展的问题与对策》也得到了于群等市领导的重视。《做大做强我省县域经济的财政政策》等4篇提案被选为省政协十届一次会议的大会发言。在调研工作中充分发挥民建密切联系经济界的优势，市民建会员积极参与民建中央对农村环境污染与治理、宏观经济运行对策和经济危机对经济的影响分析与对策等课题的调研，参与“河北省现代服务业发展路径分析研究”、“构建河北现代产业结构决策研究”和“河北省动漫产业发展现状分析研究与建议”等课题，形成一批有分量的调研报告。其中《当前河北省民营经济发展面临的制约因素及对策》得到中共河北省委常委、常务副省长付志方的批示。由会员李赶顺牵线搭桥，2008年11月13日，保定市政府与国家发改委国际合作中心、IBM公司签署了《全面战略合作框架协议》。反映社情民意15篇，《针对我国南方地区雪灾导致电网毁坏问题的建议》和《国家农作物良种补贴出现的问题及对策》2篇被民建中央采纳。市委会被民建省委评为2008年度集体提案先进单位和反映社情民意工作优秀组织奖。会员杨学举《关于河北旱情情况的调查报告》被民建中央采纳，本人被省委评为2008年度反映社情民意工作先进个人。3. 开展社会服务工作，为民办实事。民建保定市委充分发挥企业交流平台的作用，加强了与会员企业家的沟通与联系，做好为企业家会员服务工作，引导和教育会员企业家遵守法规、合法经营、提高素质，促进非公有制经济健康发展。据不完全统计，全市有会员企业98家，现有固定资产20.3亿元，年销售额88.6亿元，年利税总额8.3亿元，从业人员2万余人。市委会出面为会员企业电谷大厦邀请民建中央、省委的领导参加开业仪式；组织专家学者到会员企业调研，为企业发展找出路、想办法，促进企业更快、更好发展；组织会员企业家参加了2008非公有制经济发展论坛，了解了非公有制经济发展的新观念、新趋势，开拓了加快非公有制经济发展的新思路。赈灾救灾积极踊跃。汶川地震发生后，民建保定市委迅速行动，号召全体会员为灾区人民踊跃捐款捐物。5月15日，民建市委举行了以企业家为主的捐款活动，现场筹集现金224320元。据不完全统计，全市会员及会员企业通过各种渠道共向灾区捐款1140余万元。会员赵宝刚作为河北省赴川抗震救灾卫生防疫队的一员到绵阳一线工作。会员孙新怀赴四川向汶川县捐赠一面价值18万元的电网调度屏。在抗震救灾活动中，赵宝刚、苗连生、胡雪梅、白红敏、孙新怀、陈根全、王征、曹建等8位会员被评为民建中央抗震救灾优秀会员。民建市委还在年初举行了为南方冰冻灾区送温暖捐赠衣物仪式。百余位会员捐赠防寒衣物1200件，价值人民币约9万元。参与新农村建设，扶贫帮困送温暖。确定唐县西大洋庄村为民建长期扶贫点后，民建市委树立“造血式扶贫”的理念，先后带领企业家会员和农业专家多次对该村进行调研，对其经济发展、扶贫攻坚、基础教育等提出具体指导意见，帮助村委会理清发展思路，根据西大洋庄村的特点制定了十项扶贫措施并送去800多册价值万余元的图书，为村小学建立了小型图书馆。4. 努力提高自身建设。全年发展会员28人，其中享受国务院政府津贴1人；市人大代表1人；市政协常委1人，市政协委员2人，区政协副主席1人，政协委员3人；社会新阶层人士19人，新会员的加入进一步壮大了民建的力量。民建市委向各支部发放了《支部活动手册》，不断提高支部活动质量。全年组织专委会活动3次。为响应民建河北省委开展“思源——温暖工程”活动号召，保定民建在全市民建范围内开展了一系列“以人为本，关爱会员”会内关爱活动。经过4个月的筹划、动员，9月28日，民建保定市委举办了向老会员献爱心捐款仪式，现场捐款达115480元。本次活动募集到的款项将纳入民建省委“思源——温暖工程”基金，由该基金统一拨付使用。首批拨付的捐款用于为30名70岁以上老会员购买了“民建民生九九重阳保险”，并重点照顾其中的12名原工商业者和“三小”会员。继续做好网站工作。继续办好《保定民建》简讯。全年民建市委刊登在各种媒体上的信息95件，其中《人民政协报》采用1篇，《团结报》采用4篇、民建中央采用23篇、《乡音》1篇、民建省委采用32篇，《保定日报》采用7篇。在省内外提高了保定民建的影响力和知名度。

领导班子成员

主任委员　闫立英

副主任委员　梁　山　董金皋

吴剑松

王雁飞（驻会）

（刘　琳）

民进保定市委

【中国民主促进会保定市委员会】（以下简称“民进市委”）隶属中国民主促进会河北省委员会。民进市委机关为县级行政单位，内设办公室，下设学习宣传、组织建设、参政议政、社会服务4个专门委员会，1个总支部委员会，21个基层支部。截至2008年底，共有会员506人，其中具有中高级职称的会员478人，省人大代表2人、省政协委员3人（常委3人）、市人大代表3人（常委1人）、市政协委员24人（副主席1人、常委5人）。主要职责是政治协商、民主监督、参政议政。

【概况】　1. 思想建设工作。为践行政治交接学习教育活动成果，顺利开展中国特色社会主义主题教育活动。领导班子带头学，明确要求。领导班子成员以自主学习为主，坚持定期集体学习，结合中共市委统战部组织的赴延安、重庆、井冈山等地的学习交流活动，巩固学习教育活动成果，交流学习教育活动经验。主委办公会要求向各个支部下发《民进保定市委关于认真学习贯彻胡锦涛同志在各民主党派中央、工商联新老主要领导人座谈会上重要讲话精神的通知》、《民进保定市委关于深入开展中国特色社会主义主题教育活动的通知》等23个通知，明确学习任务和基本要求，统一思想。结合纪念活动重点学，坚定信念。2008年是中共中央“五一”口号发布60周年和改革开放30周年。民进市委深入开展爱国主义、社会主义和多党合作优良传统的教育，组织会员赴冉庄地道战遗址进行参观，体会中国革命胜利的来之不易，增强接受中国共产党领导的自觉性和坚定性。编印汇编引导学。为总结活动收获、交流活动经验、巩固活动成果，民进市委编纂了《保定市民主党派开展中国特色社会主义主题学习教育活动经验材料汇编》一书。借助载体交流学，扩大影响。全年共印发内部刊物《保定民进》5期，全年累计向基层支部及会员发放各类学习宣传读物6500余册。推荐到优秀稿件上级刊物，稿件60余次被《民主》、《乡音》、《河北民进》、《保定日报》、民进中央网站、民进省委网站、保定电视台等多家媒体刊载、转载并播出。通过多渠道、立体化交流。2008年市民进获“保定市政协系统宣传报道工作先进单位”。2. 参政议政工作。一是着力打造一支优秀的参政议政人才队伍。推选65名会员担任各级人大代表、政协委员。召开“两会”会前培训动员大会，使他们更出色地完成使命，提高参政议政质量和效果。推荐28名会员到民进河北省委参政议政人才库。二是确立专项课题调研组组长负责制。年初成立8个专项课题调研组，确立了专项课题调研组组长负责制，组长负责拟定调研方案、落实完善调研成果形成调研论文、转化为提案及大会发言等系列工作。三是巩固“走出去”的意识。民进市委领导参加各级、各部门组织召开的协商会、征求意见会、座谈会等50余次，积极与相关联系部门沟通，了解情况，交流信息，密切合作。四是实现提案建议信息数量和质量的双突破。在年初召开的各级“两会”上，民进会提交建议、提案共40件。其中市政协大会发言4篇，集体提案7件，大会发言《适应新变化、追求新发展，全面完善免费义务教育相关政策》得到市长于群批示：“请市教育局组织专门力量研究对策，提出预见性措施，争取主动。”，其中部分建议意见于年底得到落实和解决。共报送信息150余条，民进市委被民进省委评为参政议政工作一等奖和社情民意信息工作先进单位三等奖。3. 自身建设工作。全年共发展会员23人，平均年龄37.4岁，其中教育界7人，中高级职称20人。领导班子建设坚持原则，团结奋斗。一是坚持集体领导和责任分工的原则。二是领导集体以沟通促团结。基层组织建设整合优势，规范制度。采取了以下举措：一是成立经济支部。二是完善《基层支部工作手册》上报制度。人才队伍素质建设严格要求，加强培养。三是严把新进成员素质关。四是加强后备干部队伍的培养。组织活动形式多样，凝心聚力。利用重大节假日对离退休老会员进行走访慰问，送去组织的关心和温暖；重阳节召开老会员座谈会，三八妇女节、教师节发出慰问信，问候辛勤耕耘在工作一线的广大会员。2008年是保定民进成立50周年。11月16日，民进市委召开了中国民主促进会保定市委员会成立50周年暨总结表彰大会。300多位会员参加大会。中共保定市委书记宋太平向大会发来贺词。贺词写到：“对民进成立50周年表示祝贺！对全体民进会员为保定市经济社会发展事业做出的积极贡献表示衷心感谢。希望再接再厉、争取更大的成绩。”

市民进主委张国立回顾了民进市委50年的历史，并对5个先进支部和50名优秀会员进行颁奖表彰。民进省委主委王刚，副主委兼秘书长解观安，中共保定市委副书记李剑方，保定市人大常委会主任李光耀，保定市政协主席崔启慧，中共保定市委常委、统战部长王惠欣，保定市副市长闫立英及相关联系部门领导到会祝贺。印发了《庆祝保定民进成立50周年征文集》。4. 社会服务工作。一是积极应对重特大自然灾害，验证主题教育学习成果。年初南方的风雪灾害和“5·12”四川汶川大地震发生后，民进市委紧急召开主委会，研究部署救灾方法，指导会内支援救灾工作的开展。第一时间下发《民进保定市委支援四川抗震救灾工作的通知》，号召会员协助党和政府做好抗震救灾工作。向灾区捐款、捐物及“特殊会费”折款36万元；编印抗震救灾特刊《抗震救灾，众志成城、一方有难，八方支援》。二是完成扶贫任务，取得良好社会效益。重点帮扶满城县坨南乡。两次组织优秀教师到坨南乡讲学、进行教师培训，促进坨南乡基础教育水平的快速提升；承借奥运东风，将帮扶学校“手拉手”结对学生接到保定市中华路小学参加阳光体育趣味运动会。对唐县大洋庄小学进行帮扶。为大洋庄小学送去800多册书籍，价值万元，并筹建学校图书室，市民进3名会员教师分别被大洋庄小学聘为名誉校长及名誉教师，对当地教师进行义务培训和教学指导。参与帮扶涞源县西杏花村。捐赠8000元，用以改善当地通信联络设施，加强乡村基础建设工作。三是民进市委领导和基层支部开展形式多样的社会服务工作。民进市委领导积极参与“亲民爱民”活动，全年共看望慰问帮扶对象3次，送去慰问品和慰问金合计2000元。

领导班子成员

主任委员　张国立
副主任委员　张利平　杨　俊
　　　　　　杨敏生　王连群

（白艳平）

农工党保定市委

【中国农工民主党保定市委员会】（以下简称“农工党保定市委”）隶属于农工党河北省委员会，市委机关为县级行政单位。2008年有委员19人，下设2个总支委员会，11个支部委员会，党员254人，其中医药卫生界183人，占党员总数的73%，具有高级职称者183人，占党员总数的72%。

【概况】 1. 思想建设。农工党市委根据农工党河北省委和中共保定市委的统一部署，号召全体党员结合学习全国“两会”以及“十七届三中全会”主要精神继续深入学习贯彻十七大精神，积极参加纪念“五一”口号发表60周年和改革开放30周年等多项活动。农工党创始人之一黄琪翔将军纪念室在保定军校纪念馆揭幕，农工党中央、河北省、保定市以及基层组织多次到军校纪念馆参观。农工党保定市委圆满完成为期两年的政治交接学习教育活动，并编印《保定市民主党派开展中国特色社会主义主题学习教育活动经验材料汇编》一书。通过两年来的组织学习、接受教育和参加活动，使农工党保定市广大成员进一步坚定了走中国特色社会主义政治发展道路的决心和信心，为参政党更好地履行各种职责奠定了政治基础，为参政议政工作提供了积极动力。2. 参政议政。在全市农工党员中有各级人大代表4人，其中省人大代表2人，市人大代表2人；各级政协委员26人，其中省政协常委1人、委员1人，市政协副主席1人、常委2人、委员13人，区政协委员9人。在市政协十一届一次会议上，16名农工党员中的政协委员共提出集体提案1件，个人提案4件，其中集体提案《以奥运为契机、以旅游为依托，整体提升保定形象》得到市长于群批示。据农工党河北省委和中共保定市委统战部关于积极参加深入实践科学发展观“四个征集”活动的总体安排，农工党市委向保定市各基层组织下发“四个征集”活动的通知及深入学习实践科学发展观“四个征集”活动表，广泛征集意见和建议上百条，经过归纳整理后上报农工党省委和中共市委统战部。在农工党省委开展的“我为建设沿海经济社会发展强省献计策”和“我为建设沿海经济社会发展强省作贡献”活动中，保定市委会被评为“两为”活动先进集体，保定市农工党员李娟、刘文仲、赵庆春、申素芳被评为“两为”活动先进个人。3. 组织建设。为贯彻落实农工党十四大精神，全面加强组织建设，农工党中央确定2008年为“基层组织建设年”。农工党市委按照农工党中央和省委的要求，把《关于开展“基层组织建设年”活动的通知》及活动方案下发给保定市各个基层组织，各基层组织结合自身实际情况，组织党员开展学习教育和研讨考察活动，认真落实“基层组织建设年”各项工作的开展，并认真总结。由于表现突出，“农工党保定市第一中心医院支委会”和“农工党保定市第二医院支委会”被授予“农工党河北省先进基层组织”称号。农工党保定市委召开市委会组织市委委员和基层组织负责人认真学习中共省委统战部下发的《河北省民主党派组织发展工作规程（试行）》，在发展成员的过程中严格程序，切实把好质量关，注重政治素质和代表性，认真做好组织发展工作，全年共发展农工党员7名，另从邢台市调入保定市农工党成员1名。4. 社会服务。在抗震救灾过程中，农工党保定市委共筹集农工党员捐款1.292万元、“特殊党费”1.682万元，通过各种渠道向四川灾区捐款、捐物价值超过20万元。此外，省人大代表、农工党保定市委委员、恒兴医院院长闫萍作为保定市第二批医疗救援队队长，率队赴四川灾区进行卫生防疫和医疗救治工作；农工党河北大学附属医院总支成员、河北大学附属医院妇产科副主任梁义捐作为妇产科专家积极参加河北省第一批对口支援医疗队，到重灾区四川省平武县对口医疗支援。在扶贫帮困、医疗咨询服务中，市儿童医院支委会经常组织专家，携带药品到贫困山区医疗专家扶贫义诊，受益群众达上千人次；市二院支委会、省六院支委会等基层组织也多次组织本支部党员下乡进行义诊和医疗咨询等活动。同时工作在医疗卫生战线的广大农工党成员，积极参加各级、各部门组织的医疗三下乡活动，为百姓排忧解难、解除病痛，较好地完成各项任务。

领导班子成员

主任委员　孙建恒

副主任委员　张卫星　尹博英
　　李　娟　李　晔

（赵　涛）

九三学社保定市委

【九三学社保定市委员会】 九三学社保定市委员会（以下简称“九三学社”）隶属九三学社河北省委，九三学社市委机关为县级行政单位，内设办公室。市委会有委员23人，下设3个基层委员会，18个支社。主要职能是参政议政、政治协商。现有社员576人。

【概况】 1. 加强组织建设。全年共召开主委会4次，委员会2次。全年共发展社员22名，新社员均是本科以上学历，高级职称14名，中级职称8名，平均年龄37岁。2. 参政议政、建言献策。全年社市委领导参加市委、市政府召开的通报会、政府工作报告征求意见会、人大政协征求意见会等25人次。全社有4人兼任行风评议监督员和质检特约监督员，参加行风评议、民主测评等各类活动20人次。九三界别的政协委员积极参加政协各委员会的活动110余人次。经统计，全社有各级人大代表和政协委员58人（全国政协委员1人；省人大代表1人，省政协委员6人，其中常委1人；市人大常委1人，市政协委员23人，其中政协副主席2人，常委3人；区人大代表1人，区政协委员25人）。在年初的市政协十一届一次会议上，社市委共提提案29件，其中集体提案7件，个人提案22件。在深入学习实践科学发展观活动中，社市委征集提交科学发展群众性语言50条，科学发展群众意愿14条，不符合科学发展现象7条。汶川地震发生后，全社社员共提交抗震救灾建议8条。全年社市委和广大社员共提信息和社情民意25件。社市委为促进县域经济和城乡平衡发展，积极开展实地调研活动，共完成《发展特色农业　促进县域经济》和《完善金融体系　拓宽限于中小企业融资渠道》2篇可操作性强的报告。调研报告被选入九三中央论坛。3. 科技扶贫、服务社会。3月，社市委牵头与其他民主党派筹资8000余元，帮助涞源县塔崖驿乡西杏花村改善基础设施，在村里安装喇叭，方便全村的联络及信息传播。社市委机关走访慰问了博野县小苑村城镇贫困户宋会军家，送去米、油等生活必需品，使帮扶对象的实际困难得到暂时缓解。汶川地震发生后，广大社员积极响应中共中央、国务院的号召，立即投入抗震救灾工作，捐款、捐物15万余元。社员赵云飞随河北医疗救助队第一时间赶赴德阳等重灾区进行抗震救灾工作，被九三中央评为“抗震救灾先进个人”。社员武红利赴四川绵阳平武县妇幼保健院进行救灾工作两个半月，受到省领导和当地医院的表彰。11月，社市委组织内科、骨科、皮肤科和耳鼻喉科等10余名医务界专家赴唐县齐家佐乡葛公村为山区村民义诊，并送去了价值千元的医药。此次义诊共诊治病患60余例。4. 树立形象，宣传九三。全年共编印《保定社讯》6期，专刊两期，共计8万余字。向各类报刊、杂志和内部刊物投稿40余篇，其中34篇被采用。

领导班子成员

主任委员　许　皞

副主任委员　阎增爱　赵清华
　　张志桐　杜兵建

（王　东）

保定市工商联

【保定市工商业联合会】 保定市工商业联合会是中国共产党领导的工商界组成的人民团体和商会组织，是党和政府联系非公有制经济人士的桥梁纽带，是政府管理非公有制经济的助手。市工商联机关为正县级单位，内设办公室、组宣部、经济部、联络部。截至2008年底，共有会员21697名。2008年市工商联被全国工商联授予全国工商联系统先进单位，1人被授予全国工商联系统先进个人，被省工商联授予河北省工商联系统宣教工作、光彩事业工作先进单位。

【概况】 2008年，市工商联全面贯彻落实科学发展观，深入开展解放思想大讨论活动，紧紧围绕全市中心工作和省联“听、帮、引、促”活动要求，利用自身优势，加大了服务企业力度，为推动非公有制经济健康发展，促进非公有制经济人士健康成长做出努力，为促进全市经济又好又快发展、实现强市兴县富民战略目标做出新贡献。

【围绕中心工作，积极参政议政】 多次出席市委、市政府召开的重大问题协商会和座谈会，对重大事项、重大决策和政府工作报告征求意见稿等重大问题提出决策参考意见，就全市经济社会发展和非公有制经济政策等问题建言献策。在深入调研的基础上，市工商联形成了《关于我市民企参与国企改革的几点建议》，在市政协十一届一次会议上作大会发言，受到市委、市政府主要领导的重视并批转有关部门认真办理；在开展的一系列深入调研中，全系统共撰写各类调研材料20余篇，市工商联撰写的《牢记历史责任，积极做好非公有制经济人士思想政治工作》分别在省委、市委统战刊物上发表；组织撰写了《保定市民营经济发展报告》；认真落实市委“优化发展环境、激活市场主体”活动，帮助化解影响企业发展、制约项目建设等方面的主要问题；配合政协组织开展了“三下乡”和各种调研活动；全程参与接待了省政协民企联谊会特色经济调研组对5个县数十个企业进行的考察调研；参加了省工商联调研团赴福建进行的商务考察活动；接待了全国工商联在保定市进行的学习实践科学发展观调研活动和省人大副主任、省工商联主席黄荣等一行来保进行的工商联基层组织建设调研活动；指导各县（市、区）工商联开展调研活动，为县域经济建设和促进民营经济发展建言献策，发挥了参政议政的功能和作用。

【壮大会员队伍，夯实组织建设基础】 成立10个专门委员会，筹建了保定市女民营企业家商会、浙江商会，指导系统成立各级行业商会、基层组织8个，新增会员1035名；配合党委考察推荐各级人大代表、政协委员628名，向两会提交提案、议案238份；做好纪念改革开放三十周年活动，主办了“2008保定民营经济年度人物·创业精英”评选活动和优秀民营企业家走进高校宣讲活动；认真做好“全省民营企业思想政治工作先进单位”的推荐评选工作；组织参加省委统战部、省工商联举办的“河北省非公有制经济发展论坛”活动；多次联合中小企业局等有关部门组织开展企业业务培训活动，指导全系统培训民营企业家2万多人次。

【加强服务，促进非公有制经济健康发展】 认真贯彻落实省、市推进全民创业加快民营经济发展广播电视大会精神，积极探索银企对接平台和合作机制，促成11家企业与多家银行达成合作意向，贷款额达4500万元；加强与外地商会组织和机构的联系与合作，不断扩展合作渠道和领域；协调运作了中国农业科院一行来保就“三农”领域开展合作的考察，制定了京津对接方案；协调了中企集团与农科院联合在涿州投资近5亿元的农副产品物流中心项目；接待了北京河北商会来保进行的再生资源环保项目实地考察；举办了“民营企业招聘周”的大型招聘活动；年内系统举办各类经济发展培训40多期，培训人员2万多名。发布经济信息1100条，帮助企业协调项目资金8000多万元，协助企业引进项目6个，协助企业引进人才463名，组织参加各类展销经贸洽谈会13次。

【不断深化光彩事业】 深入开展“亲民爱民”活动和“民企系三农，共建新农村”光彩事业活动，组织为新农村建设、帮建文明生态村建设投资3.4亿元；推荐三家企业为光彩事业重点帮扶项目，申请扶贫贷款额度6200万元；直接组织会员企业向地震灾区捐款234万余元，全系统会员累计捐款达6300多万元；组织系统为光彩事业捐款9000余万元，安置下岗职工、复转军人、毕业生及农民工13000多人，援助贫困学生1250人。

领导班子成员

主　　席　赵桂良
党组书记　董桂武（兼）
副 主 席　董桂武　李西斌

王宝仓　杨建平
葛大壮　魏建军
王　凤　王　超
李晓恩　张振堂
梁连起　孙树贵
臧立根　杨建忠
康玉柱　李小社
魏少军　杨东升
成　燕　李春波
董跃中

秘 书 长　胡铁成

市总商会

会　　长　赵桂良

副 会 长　袁大炳　李建新
杨金庆　杨文革
郭运通　梁　伟
孙占启　李　鹏

秘 书 长　胡铁成

（王树平　袁晨光）

群众团体

工会

【保定市总工会】 保定市总工会是市委联系广大职工群众的桥梁和纽带，是会员和职工利益的代表者和维护者，基本职责是维护职工合法权益。内设办公室（挂研究室牌子）、组织部、宣教文体部、经济技术部（挂保定市职工技术协会办公室牌子）、法律工作部、财务部、女职工部、民主管理部、老干部处（与机关党委合署办公）等9个行政部室，另设生活保障劳动保护工作部、劳动福利事业管理部、经费审查委员会办公室等3个事业编制、行使机关职能的部室，以及教育工会（副县级机构）、建设农林水工会、财贸金融轻纺工会、煤炭石油医药电子工会、市直机关工会、机械冶金建材工会等6个产业工会。下设工人文化宫、第二工人文化宫、职工培训中心等3个直属事业单位。

【概况】 2008年全市共有基层工会9115个，涵盖法人单位12554个，会员114.77万人。全市各级工会坚决贯彻中央、省市委重大决策部署，坚持走中国特色社会主义发展道路，充分发挥组织职工、引导职工、服务职工和维护职工合法权益的作用，在夺取抗震救灾斗争胜利、保障北京奥运会顺利举行、应对金融危机冲击挑战中做出了突出贡献，在服务大局中展示了积极作为，“维护农民工合法权益”等4项工作获得全总表彰，“劳动关系和谐企业创建活动”等24项工作获得省表彰，全市党委系统信息工作等8项工作获得市委、市政府表彰，市总工会被市委、市政府授予工作实绩突出单位，市委书记宋太平、市委副书记李剑方、副市长刘宝玲等市委、政府领导多次对工会工作予以批示。

【十六届七次全委会议】 5月19日召开，会议审议通过了有关人事任免事项，选举市人大常委会副主任陈英杰担任市总工会主席，选举市总工会党组书记周文琪担任市总工会常务副主席。

【工会工作新思路】 市总工会主要领导调整后，市总党组根据形势的发展、上级的要求、工会工作面临的实际问题和广大职工群众的利益诉求，对工作进行整合，确定了“四个服务”（服务中心、服务大局、服务主体、服务职工）的工作目标，提出了“五要”（要始终坚持党的领导、要围绕中心开展工作、要解放思想勇于创新、要转变作风履职尽责、要继续加强自身建设）的总体要求，谋划了“1333”（围绕“又好又快发展、强市兴县富民”这个中心，深化“学技术、争一流、创效益、作贡献”劳动竞赛、劳动关系和谐企业创建和困难职工帮扶三项活动，夯实基层组织、工会经费、干部队伍三个基础，树立新时期工人阶级、工会组织、工会干部三个形象）基本思路。

【重点工作部署会议】 12月11日召开，会议听取了赴厦门、昆明、南宁的考察报告，安排部署了近期的重点工作，对做好当前工作提出了“四个必须”：必须完成全年任务，必须凸现特色工作，必须实现争先创优，必须加大考核力度。

【大工会工作格局】 市总工会建立健全了情况报告、工作月调度、督导查办等制度，逐步建立起工会与市委、市政府以及相关职能部门“上下贯通、协调互动”的工作格局。市委、市政府也把涉及经济发展、项目建设、安全稳定、困难群体救助、应对突发事件等重点工作交由工会去做，工会在这些工作中展示了积极作为和重要作用，赢得了党政高度重视和社会各界的广泛支持，“大工会”的工作格局初步形成。

【职工经济技术活动】 围绕“突出抓发展，重点抓项目”，在中国电谷等45项重点项目中开展了“六比一创”劳动竞赛；围绕推动全民创业，开展了“六比双赢争百强”劳动竞赛；围绕“三年大变样”，开展了“四比一创”劳动竞赛；围绕“两高一低”企业发展，开展了“节能减排”劳动竞赛；面对全球金融危机，启动了“同舟共济，共渡难关”为主题的系列劳动竞赛。保定市“城镇面貌三年大变样”劳动竞赛在全省经济技术工作会议上做了经验介绍，省劳动竞赛委员会办公室推广了保定市的做法。开展了“工人先锋号”创建活动，涌现出50个市级“工人先锋号”，其中2个班组获“全国工人先锋号”，汽车总站售票班的做法在省劳动竞赛简报上进行了推广。据统计，全市6500家企事业的70万人次参加了各种形式的劳动竞赛，提合理化建议3.19万条，实现较大创新成果1298项。

【职工素质工程】 积极推进企业文化建设，培养选树了巨力集团工会等20个先进典型。深入开展“创建学习型组织、争当知识型职工”活动，评选了市级学习型组织20个、知识型职工10名，省级学习型组织2个、知识型职工2名。积极开展“争当金牌工人、争做能工巧匠”活动，评选出市级金牌工人10名、能工巧匠50名。在女职工中开展了“双十佳”评选活动，表彰了十佳女职工标兵和十佳女职工示范岗。职工业余文体活动丰富多彩，举办了庆五一红歌会、纪念改革开放三十周年职工摄影展、“迎奥运”足球、书画、钓鱼系列比赛，全市11.02万多名职工参加了活动。保定市的宣传工作、创争活动、职工教育、文体工作被省总评为先进单位。

【企业民主管理工作】 深入开展劳动关系和谐企业创建活动，全市涌现出1个国家级、46个AAA级、222个AA级、400多个A级劳动关系和谐企业。组织实施工资集体协商春季行动，3月，开展了“协商月”活动，10月，实施了工资协商攻坚行动。制定工资集体协商指导员管理办法，聘任了26名市级工资协商指导员，编印了《工资协商实用手册》，对860名基层工会干部和工资协商指导员进行了培训，评选出77个市级工资协商典型。评选认证了46家企事业单位，获省“职代会星级单位”称号。厂务公开融入企业管理机制的国有企业比例达到92%，民营企业达到一半以上。

【困难职工帮扶工作】 在元旦、春节期间，为在册的3711名特困职工发放了120余万元慰问金；在中秋、国庆期间，为市区1396名特困职工每人发放了260元救助金和2斤月饼；在冬季开展了“冬日阳光”活动，下拨了117.8万元用于解决困难职工过冬遇到的困难；发挥救助超市的作用，为特困职工购买生活必需品提供长期补助；发挥“12351”维权热线和帮扶专车的作用，为临时遇到困难的25名职工发放了4.2万元救助金；高度关注单亲特困女职工生活，积极提供生活救助、婚介、心理咨询等服务，河北人民广播电台《河北新闻》头条和《河北工人报》、《保定日报》、《保定晚报》予以宣传。各级工会充分发挥职业介绍所、培训中心、安置基地的作用，为特困职工中的零就业家庭、下岗失业人员和困难农民工免费提供就业服务。积极开展劳务输出工作，培植高碑店市、博野县为示范点，为每县争取了劳务输出支持资金3万元。市总工会还与有关部门合作，组织大型招聘会、洽谈会、招聘周等活动6次，为8300多人提供了就业服务。

【职工法律援助工作】 制订下发《保定市职工法律援助实施细则》，为713名职工提供了法律援助，其中代书法律文书79件，代理诉讼6件，减免代理费3.2万多元；为职工提供法律咨询628件次，为职工争取养老金、医疗保险、生活费、工资等415万元，使职工能够通过法律途径维护自身合法权益。建立健全了劳动争议调解组织，全市各类企业劳动争议调委会达到6417个。加强了与劳动保障、司法行政等部门的联系与配合，积极探索劳动争议调解与“三位一体”调解工作体系的有机结合，整体推进劳动争议调解工作，全市处理劳动争议案件1975起。

【农民工工作】 组织“双十佳”评选活动，河北建设集团杨京山、市城乡建设集团梁伟建被评为全省“十佳农民工”、全国优秀农民工，受到了党和国家领导人的接见。坚持开展“六送”活动，为农民工提供工作岗位2546个，培训农民工1620人次，放电影50多场次，提供法律服务700多人次。与铁路、交通部门联合开展平安返乡活动，在车站为农民工设立了义务咨询台、优先售票窗口、专门候车区域，确保农民工走得及时、安全、有序。市总工会被评为全总、河北省农民工工作先进单位。

【基层组织建设】 与市委组织部多次召开工作例会，总结通报工作情况，推动各县（市、区）把工建纳入基层党建考核内容，完善了党建带动工建长效机制，全市建立党组织的非公企业都建立了工会组织。驻保的7家500强跨国公司外资企业全部建会并达标，制定规范出租车行业工会工作的实施意见，出租车企业组建工会工作已全面展开。全市新增村级工会500多家，发展农民工会员4.5万人。

【涉及全局工作】 “5·12”四川汶川地震发生后，市总工会在全市工会会员中开展了“一元捐”活动、共收到捐款191万元；与市委组织部等部门联合举办了抗震救灾先进事迹报告会；在生产抗震救灾紧缺物资的企业中开展了劳动竞赛，对战斗在一线的职工进行了慰问。奥运安保期间，选派9名机关干部赴博野县开展“保促迎”活动，并做好工会机关、工会系统和工会娱乐场所及设施的安保工作。在三年大变样活动中，市委把第二工人文化宫作为全市40项重点项目之一，决定筹建关汉卿大剧院，成立了由市总工会牵头的筹备领导小组，经多次研究、参观、学习，先后拿出了10余套设计方案，工作取得了积极进展。

领导班子成员

市总十六届委员会

主　　　席　陈英杰（5月兼任）
常务副主席　张希瑾（5月离任）
　　　　　　周文琪（5月任）
副　主　席　岳素然　宫娜景
　　　　　　王松元
　　　　　　阎立明（2月任）
经审主任　刘爱国

市总党组

党组书记　张希瑾（5月离任）
　　　　　周文琪（5月任）
党组成员　岳素然　宫娜景
　　　　　王松元　阎立明
　　　　　赵金柱

（张占友　李　梽）

共青团

【中国共产主义青年团保定市委员会】 是中共保定市委领导下的先进青年的群众组织，机关设办公室、组织部、宣传部、青工部、青农部、学少部、统战部、机关党总支部和青少年宫、青年服务站两个事业单位。

【概况】 2008年，团市委围绕市委确定的“又好又快发展，强市兴县富民”两大主题，坚持“青年为本、求真务实、统筹协调、和谐发展、争创一流”的工作理念，认真抓好团的各项工作。全力以赴做好奥运安保工作，被评为保定市奥运安保先进集体。积极争取上级支持资金共计408.08万元。积极开展“助力三年大变样活动”，组织“青春照靓新保定”宣传实践活动、“青春照靓新保定”青年志愿者行动等活动。机关下属单位青少年宫积极响应“三年大变样”号召，率先完成青少年宫8间门脸房的拆迁工作，受到市五拆办公室的通报表扬。团市委先后获“全国青年中心建设先进单位”、“河北省服务农村青年增收成才奖先进单位”、“河北省抗震救灾先进团组织”、“河北省农民工工作先进集体”、“河北省少先队工作先进单位”等称号。

【加强青少年思想道德建设，倡导正确价值观】 深入开展“解放思想大讨论活动”。按照市委的统一安排和部署，成立领导小组，制订方案，并提出了创新共青团工作的体制和机制等6个方面的整改措施，为推动共青团工作再上新台阶奠定了坚实的思想基础。大力宣传和弘扬“抗震救灾”精神。四川汶川大地震发生后，迅速组织少先队员行动起来，接受少先队员捐款6889元，慰问信、红领巾、文具等47包，并发往四川地震灾区；向团员青年发出《关于动员全市广大团员青年缴纳特殊团费、捐款向地震灾区献爱心的紧急通知》，共缴纳特殊团费共计60余万元，接受各界青联委员捐款达48万余元，团市委、市青联、市学联联合对在这次抗震救灾工作中有突出表现的单位和个人给予表彰。学习宣传贯彻团的十六大精神。6月，保定市6名团代表赴京参加中国共产主义青年团第十六次全国代表大会。团十六大结束后，团市委迅速召开传达学习贯彻团的十六大精神座谈会，团十六大代表刘志刚传达了团的十六大主要精神，并就如何学习贯彻团的十六大精神进行安排部署。

【积极打造服务平台，努力建设和谐保定】 以服务社会为宗旨，促进和谐社会建设。青年志愿者服务组织网络逐步健全，年内共完成志愿者注册1.3万余名，全市注册志愿者人数已超过10.5万名。深入开展“一帮一”扶老助残活动、“3·5志愿服务日”活动，发放各种宣传资料2万余份。经过严格的层层选拔，全市共有20名志愿者前往北京并在国家体育场为北京奥运会、北京残奥会提供志愿服务，充分展示了保定当代青年的风采；青年文明号活动得到不断深化。评选市级青年文明号61个。对全市近900家青年文明号单位按照《保定市青年文明号考核管理办法》进行了拉网式检查，在奥运期间开展了“迎奥运　游保定”活动；“青春共建和谐社区行动”初见成效。

先后在保定市区的11个社区开展网上“青春互助超市”试点工作。同人民银行保定中心支行联合开展“金融知识进社区”活动，联合河北金融学院建立“金融知识服务站”。以服务青年为己任，助力保定经济又好又快发展。联合市工商联开展“纪念改革开放三十周年·大学生就业创业面对面·优秀民营企业家进校园活动”，联合市学联在河北农业大学举行“纪念改革开放三十周年”演讲比赛，并邀请保定市脑血管病医院院长王介明结合自身创业经历为在校大学生做励志成才报告；制定出台《全民创业工作共青团保定市委工作方案》，并联合北市区就业局在北市区就业服务大厅举办“2009年保定市大型春季招聘会”，有600多人签订就业意向；青春建功新农村，服务农村青年成长成才。建立博野西街村等农村青年中心10个，通过各种途径培训农村青年7000名。联合市农工委等单位评选2008年度服务农村青年增收成才奖先进集体12个，服务农村青年增收成才奖先进个人16人，农村青年创业致富带头人31人。以青年联合会为平台，组织各界青年投身保定市各项重点工作。提出提案100余项，各类建议80多条；组织企业界委员开展互帮、互学、互访活动；召开市青联第十一届委员会第三次常委（扩大）会议，改选刘志刚为市青联第十一届委员会主席；承办团中央、全国青联赴革命老区河北保定清苑开展“送医、送药、送知识”活动，与“保定市十佳尚善小组”共同举办“大学生除夕家宴”。

【加强团基层组织建设，发展团事业】 推进基层团建基础工程，深化“党建带团建”工作。全面铺开县（市、区）、乡两级团委集中换届工作，市委书记宋太平做了批示。组织召开全市县、乡两级团委集中换届培训会，并对换届工作进行了具体辅导。规范团员发展，积极做好推优入党工作。建立安新红日中学等20个团校，全年共新增团员5.3万名。不断壮大团员入党积极分子队伍，全年推优入党人数610名；深化“五四红旗团委”创建工作。全年共表彰“五四红旗团委”80个，“五四红旗团支部”70个，并组织开展第二届保定青年“五四”奖章评选表彰活动。推进团干部素质培养工程。通过各种形式培训团干部2200余人次，县级总辅导员和26名中学团委书记参加了河北省总辅导员、中学团委书记青年马克思主义培训营等培训活动。推进少先队和外围组织建设，实现共青团工作的全覆盖。联合市教育局评选表彰第九届保定市优秀辅导员、少先队员，开展保定市第十一届“十佳”“百优”大学生和第八届“十佳”自强自立大学生的评选活动。召开社团工作研讨会，出台《关于加强我市大学生社团建设的实施意见》，组织开展首届驻保高校优秀学生社团评选活动，河北大学北极星俱乐部等22个学生社团获得保定市首届优秀学生社团称号。

【推进青少年家园建设工程，构建青少年服务体系】 联合全市21家与青少年维权工作密切相关的单位共同开展青少年保护法律法规的宣传工作。组建法制宣传员、报道员、辅导员“三员”队伍，发放各种法律、法规、规章、明白纸7000余份。开展保定市优秀“青少年维权岗”和第六届“保定市杰出（优秀）青年卫士”评选活动，创建市级优秀青少年维权岗20个。以“青少年违法犯罪社区预防计划”为载体，采取有力措施做好青少年教育、管理、服务和环境优化工作。全市社区共制作青少年普法宣传栏76个，发放宣传材料10000余份。建立儿童保护中心救助站活动室，积极协调保定市民政部门在市流浪儿童救助站建立儿保中心活动室，配置了电视、DVD和书籍，使流浪儿童和其他孩子一样可以享受到读书的乐趣。加强12355青少年维权热线的建设和宣传工作，全年共接听投诉、咨询等维权问题85个，其中山西平遥县耿改丽、王敏被黑中介拐骗一案，通过团市委积极协调，高碑店市公安局和雄县公安局连夜排查，仅用20小时便找到了被拐骗的孩子，使两个孩子安全及时回到家中。充分发挥少年宫校外教育阵地的重要作用，服务青少年健康成长。先后举办“为梦想喝彩”保定市首届残疾少儿才艺大赛、“为残疾儿童圆梦”大型书画义卖等活动，全年共培训学员1.3万人次，共有几百名学员在全国和省市级各类大赛中获奖，为全市校外教育的蓬勃发展做出重要贡献。充分发挥希望工程品牌效应，使更多贫困青少年学生从中受益。做好希望小学支教和培训工作，12名支教教师到唐县、顺平、易县的6所希望小学开展为期一年的支教活动。举办真维斯

2008河北省（保定）希望小学教师培训班，全市42所希望小学的60名教师参加此次培训。在8个山区县的8所希望小学举办“加油——2008希望工程快乐体育运动会”，使山区的孩子们用独特方式迎接2008北京奥运会的到来。

领导班子成员

书　　记　刘志刚

副 书 记　许红琳

（王晓明）

妇　　联

【保定市妇女联合会】　保定市妇联是中共保定市委领导下全市各族各界妇女的群众团体组织，正县级单位。内设办公室、组织联络部、宣传部、城乡工作部、权益部、儿童工作部、党总支7个部室，下设保定市妇女儿童活动中心一个事业单位。保定市人民政府妇女儿童工作委员会（以下简称妇儿工委）办公室设在市妇联。妇联的主要职能是代表和维护妇女合法权益，促进男女平等。

【概况】　2008年，市妇联围绕“又好又快发展、强市兴县富民”的工作大局，全面落实科学发展观，以“三新”争创活动为总抓手，突出重点抓特色，奋发有为求突破，完成全年各项工作任务。先后被评为全国“平安家庭”创建活动先进集体、全国妇女“双学双比”活动先进集体、全国少年儿童“双有”主题教育活动优秀组织奖；被河北省妇联评为关爱儿童贡献奖、省妇联系统信息工作先进单位，被省少儿基金会评为“恒爱行动”最佳组织奖；被市委、市政府评为帮建文明生态村工作先进单位、保定市奥运安保工作先进集体、社会治安综合治理先进单位、信访工作先进单位、亲民爱民活动先进单位、民主评议优秀单位、文化科技卫生先进单位，授予履行人口和计划生育职责成效突出奖；被市委宣传部、市文明办评为“三下乡”工作先进集体。市妇联领导班子考核为实绩突出。

【开展“三新”争创活动】　市妇联响应省妇联开展千万妇女争创“新女性、新形象、新家园”大行动（以下简称“三新”行动）的号召，立足保定实际，打造保定特色：1. 思想认识到位，措施保障有力。市妇联党组围绕全市三年大变样和“五拆一改”方案，迅速行动。一是成立组织，制订方案。成立保定市百万妇女争创“三新”活动领导小组，制定出《活动实施方案》，保定市百万妇女争创“三新”活动示范村（社区）、示范组织百分考核办法，并纳入妇联年度重要考核目标。各县（市、区）也分别成立活动领导小组。二是申请经费，提供保障。市妇联申请了活动专款，为活动的顺利开展提供了经费保障。三是召开多次会议，强势推进。5月6日，省争创“三新”行动电视电话大会召开，市妇联组织各界妇女代表80多人参会。市领导王惠欣、闫立英、梁书屏、姚秀珍出席会议，30多名妇女代表做了争创活动的承诺。5月15日，市妇联举行以“凝聚妇女力量，强市兴县富民”为主题的保定市百万妇女争创“三新”大行动启动暨情系灾区各界妇女捐款仪式，各县（市、区）妇联、各界优秀妇女代表60多人参加会议。各县在会后分别举行“三新”启动仪式。为加大推进力度，10月，再次召开再动员大会。市委副书记李剑方在会上讲话，会后，讲话以市委办公厅通报发各县（市、区）委，市直各单位党组。各级妇联还通过座谈会、讨论会、媒体宣传等多种形式，对争创“三新”活动进行宣传动员。2. 积极开展活动，强化培训功能。将保定市女子职业中专作为保定市争创“三新”活动培训基地，陆续举办茶艺、礼仪、形体等培训班；开展节能减排进家庭、廉政文化进家庭活动。3月23日，六部门联合在人民广场表彰节水模范社区、家庭和先进个人；组建“三新”大讲堂讲师团，举办“三新”大讲堂——女性修养讲座，邀请中华女子学院教授罗慧兰做了《自信、健康、美丽——职业女性形象塑造》的报告。携手中华粉红丝带关爱公益网，举办关爱女性健康知识讲座感动2008中华粉红丝带大型沙龙活动，市政协有关领导及各界妇女近800人参加。各县（市、区）也分别举行了“巾帼科技大讲堂”、“法律进家庭”大讲堂、“文明礼仪大讲堂”、“阳光母亲课堂”等，内容涉及女性修养、文明礼仪、农业科技、卫生保健、法律、家庭教育、就业创业。全市共举办培训班200余期，培训妇女13000人次，激发了妇女学本领、促发展、创新业的热情。3. 培树样板，典型引路。确定78个市级争创“三新”活动示范村（社区）。每个县（市、区）确立2个示范村，一个示范社区，做到“三创建四建立”，即：创建“三新”活动阵地，创建“三新”书屋，在家庭创建“三新”图书角；建立“三新”文明劝导队，建立“三新”健身队，建立专家辅导队，建立卫生检查队。市妇联主席蒋兰梅亲自挂帅，亲自抓点，数次到试点村新市区大汲店指导，带动广大妇女参与到创建活动中。

【迎“三八”，表彰各界优秀妇女】 3月5日，隆重举行“凝聚力量，促进发展，关注民生，共享和谐”——保定市妇联纪念“三八”国际劳动妇女节98周年各界妇女代表招待会。市委副书记李光耀宣读市委书记宋太平书面致辞。对广大妇女寄予厚望，希望全市广大妇女传承美德，勤奋学习，顾全大局，爱岗敬业，努力掌握新知识、新本领，在全面建设小康社会的进程中争做时代新女性，在推进全市又好又快发展的实践中创造新业绩，在参与全市和谐社会的进程中树立新风尚。市四大班子领导、部分市直单位女领导干部、各界妇女代表共200余人参加会议。女状元大专班学员张淑芬、国宝莲等20人获得创业成就奖，10名全国、省级“三八”红旗手受到表彰。6名各条战线的先进代表做典型发言。各县（市、区）妇联也组织形式多样的纪念活动。

【“三八”红旗手、“三八”红旗集体表彰活动】 为表彰先进，激励全市妇女为强市兴县富民做出更多贡献，经市妇联推荐：李淑芳等5人被评为全国“三八”红旗手；河北大学附属医院等3个单位被授予全国“三八”红旗集体称号；岳金莉等11人被评为河北省“三八”红旗手；曲阳县国家税务局办税服务厅等2个单位被授予河北省“三八”红旗集体称号；授予刘聪慧等136人保定市“三八”红旗手称号；授予市排水总公司银定庄污水处理厂化验室等30个单位保定市“三八”红旗集体称号。

【实施农村劳动力转移】 采取三项措施。一是以培训促进转移。通过创业培训、订单培训，加快了妇女劳动力由传统农业型向专业型、技术型转变。满城县妇联选送100名农村大龄贫困女童到北京农家女实用技术培训学校参加餐饮、电脑等实用技术培训。二是以项目带动转移。动员有能力的妇女带动周边姐妹致富，如白沟的宋丽萍带动100多名姐妹在箱包市场就业，新市区的刘福珍吸纳300名富余劳动力就业。三是以龙头基地拉动转移。各级“双办”大力扶持科技含量高、竞争能力强、带动力大的“妇”字号龙头企业，带动农村妇女富余劳动力转移。满城县青山绿园荒山开发有限公司总经理吴伟承包了百亩荒山，建立了现代化、高标准的度假村，安置本村剩余劳动力80余人。

【开展迎奥运建功创业活动】 通过主题教育、岗位培训、礼仪展示、观摩交流等系列活动，激发了各行业妇女岗位建功、争先创优、服务奥运的热情，涌现出一批先进集体。保定供电公司联盟路监控中心等5家单位被授予全国巾帼文明岗。河北长城汽车集团总经理王凤英获2007中国十大经济女性年度人物，保定明华投资管理有限公司总经理沈淑华、河北蓝箭橡胶机带有限公司董事长罗小花获2007中国经济女性年度人物创新奖，激发了各行各业妇女岗位建功、岗位创业的积极性。

【提升妇女素质，助推妇女发展】

1. 继续办好第五届女状元大专班。一是在招生范围上有拓展，不仅招收本市的学员，还拓展到其他市。二是在学员组成上，严格选拔，把有一定文化基础，渴求知识，学成之后能带动妇女致富的学员选送大专班。三是在专业设置上，根据妇女的需求和发展实际，科学设置专业。报名学员180余人，11月12日举行第五届大专班开学典礼，市委常委、农工委书记、统战部部长王惠欣出席，并对学员提出殷切希望。2. 针对初高中毕业生，以妇女儿童活动中心为阵地，开设英语、书法、计算机等5个培训项目的订单培训，培训上千人，帮助400多人找到了岗位；针对“4050”下岗失业妇女，开展烹饪、家政、母婴护理、月嫂等各类专业培训，并颁发上岗证书。共举办培训班32期，培训1600人次，帮助1000多人就业。

【构筑社会化维权格局】 市妇联把提高全社会维权意识，拓展多种维权渠道作为工作重点，动员社会各界力量共同做好维权工作。一是加强源头维权。向市人大提出《关于切实维护农村妇女土地权益的建议》提案，并督促问题尽快解决。对《河北省实施<妇女法>办法（草案）》广泛征求意见，并参加了省立法调研组在保召开的研讨会。就市政协165号、190号提案作出答复、写出总结。二是加大妇女法制宣传教育力度。组织收看省“三八”妇女维权周活动启动仪式暨维护妇女劳动权益论坛；开展“三八”妇女维权周、“法律进家庭”、12·4法制宣传日活动。在假日花园社区举办“法律进家庭”授书仪式。三是深化“平安家庭”创建活动。全年接待信访165件，撰写的《创建“平安家庭”促进社会和谐稳定》被编入省妇联维权工作会议材料汇编。参加中国法学会反对家庭暴力网络年会暨国际消除对妇女暴力日纪念会；定州、清苑、徐水等县（市）设立了一批反家庭暴力机构。选树“平安家庭”示范区、示范户、流动妇女平安之家。保定市维权协调组表彰91个维权先进集体、185名维权先进个人。四是落实资金，为妇女维权提供经济支持。争取保定市妇女维权解困资金15万元，救助权益受侵害的妇女儿童29名。

【加强妇联组织建设】 一是抓健全，增强基层妇联组织战斗力。对全市基层组织建设基本情况进行调研，重点抓了基础性建设。对于县级妇联主席空缺的情况，积极向县委及组织部门推荐人选，并提出意见；调整健全村级妇代会组织92个；在机关事业单位建妇女组织32个，在新经济领域建妇女组织9个。开展妇代会直选工作的宣传，为妇代会直选工作的进一步开展营造良好的舆论氛围。广泛开展“先进妇联组织创评活动”，定州、满城等4个县（市）和乡镇妇联被评为省级先进妇联组织，5人被评为省级先进工作者。参加“河北省优秀女村干部”评选活动，徐水县安庄村党支部书记郭立新获“河北省优秀女村干部”称号，南市区西高庄村党支部书记王焕荣获“河北省优秀女村干部”提名奖。二是抓培训，建设高素质的妇联干部队伍。建立妇女干部培训机制，使培训工作规范化、制度化。采取集中培训、以会代训、研讨会、女村官论坛、赴外地学习考察等多种形式，全年共举办培训班219期，培训妇联干部5364人次，优化了妇联干部的知识结构，提高了妇联干部的工作能力。

【积极推荐优秀女性参政】 2008年2月~3月，以全国、省、市人大、政协换届为契机，各级妇联组织积极推荐优秀女性参政。保定市出席全国人大女代表3名；出席省人大女代表28名，占保定代表总数的26.7%；省政协女委员13名，占保定委员总数的18.8%。出席市人大女代表149名，占代表总数的23.5%，出席市政协女委员151名，占委员总数的23%。女性参政比例较上届有了较大提高，参政工作取得显著成效。经报市委常委会议研究同意，并经河北省妇联第十一届六次执委会议选举通过，保定市委常委、农工委书记、统战部部长王惠欣，市政协副主席姚秀珍，定州市东旺镇妇联主席李丹丹3人出席中国妇女“十大”。在广泛听取各级妇联组织、团体会员和有关部门意见的基础上，经过市委组织部、市委审批，推荐产生保定市出席河北省妇女“十二”大109名代表。在大会召开期间，代表们履职尽责、建言献策。

【救助贫困儿童工作】 各级妇联高度关注贫困儿童的生存与发展，努力办实事，做好事。协调慈辉佛教基金会为唐县贫困家庭捐赠价值5万元的米面；招募爱心妈妈，开展“恒爱行动”，为孤残儿童编织爱心毛衣600件；与《保定日报》开展“2008和谐保定困境儿童爱心在行动”，为革命老区捐赠10余万元的款物；联合高新区管委会开展集团帮扶系列活动。市妇联全年共协调企业和个人救助款物36万元。为帮助儿童健康成长，宣传普及科学家教理念和方法，开办了7种形式的家教课堂，举办讲座咨询380场次，20万名家长学习了科学家教知识。争取企业专项资金，开办了100场阳光母亲课堂。

【关爱女性健康】 一是争取“母亲健康快车”项目。中国妇女发展基金会赠予保定市两部“母亲健康快车”、3台TCT机，到山区县巡回义诊，送医送药，免费为1200名妇女做健康检查，中国妇女发展基金会母亲健康快车项目办主任祝燕春代表中国妇女发展基金会“母亲健康快车”项目组到望都县参加授牌仪式。二是与市卫生局联合召开保定市中央转移支付乳腺癌筛查项目动员会，为10000名妇女免费检查。三是动员1000多名妇女加入女性团体安康保险，为患病妇女理赔12万余元。四是向全国妇联争取轮椅250辆，发放给全市250名特困残疾人。五是举办保定市多部门合作结核病健康促进培训班。有效地维护广大妇女的健康权益。

【积极推动妇女儿童规划实施】 一是制定修改完善保定市妇女儿童发展规划，以［2008］保市府19号文件正式印发。二是制定目标责任分解。细化目标责任分解，以保政妇儿工委［2008］1号文件下发到市直40多个成员单位和25个县（市、区）妇儿工委，推动规划目标的顺利实施。三是完善分性别统计数据库硬件设施。重点对2006~2007年妇女儿童规划数字统计及分性别统计工作进行分类统计，加大协调力度，使数字上报工作顺利完成，初步实现了网络直报。并为市政府主管领导掌握全市情况提供了参考依据。四是省督导组两次督导，推动工作扎实开展。1月14~15日，省妇联副主席刘保平带队一行4人到保定市区及高阳、高碑店对分性别统计数据库及妇女儿童规划监测情况进行督导检查，对保定市工作给予肯定。12月4日，省政府妇儿工委办公室副主任郭丽萍带队一行3人到国家级妇女儿童规划示范县清苑进行调研，听取汇报，并实地查看县妇幼保健院、特教学校、乡卫生院及儿童活动场所等落实规划的具体实施情况。五是与卫生部门联合开展预防出生缺陷宣传活动，确定涿州市为免费婚检试点单位，有效地推动了两个《规划》的深入实施。

【为地震灾区积极捐款捐物】 “5·12”汶川特大地震发生后，保定市妇联在第一时间做出反应。5月13日上午，市妇联党组召开会议，部署协调动员，采取有效措施，迅速做出决策。一是在《保定日报》向全市妇女发出“携手与灾区共渡难关，同心与四川共建家园”的倡议。各级妇联纷纷响应，立即组织广大妇女掀起“抗震救灾，奉献爱心”高潮。二是5月15日，市妇联举行“三新”活动启动仪式暨情系灾区各界妇女捐款仪式，市政协副主席、妇联主席姚秀珍带头捐款，离退休老干部也积极加入到捐款行列中，市妇联机关干部职工、部分妇女代表和“三八”红旗手代表捐款2.63万元。三是组织动员党员缴纳“特殊党费”、机关工会会员捐款。四是市妇联通过电话与四川省妇联联系，得知灾区急需一批妇女卫生用品，立即自筹资金7万余元购买4.16万条毛巾和2.21万包卫生巾等灾区急需物资发往灾区，收到四川省妇联的感谢信。五是组织动员女医护人员积极参加“抗震医疗队”奔赴灾区一线，并获“赴川救护队可爱的人”奖牌。六是“六一”期间，市妇联协调市领导以及妇儿工委成员单位慰问五四路小学、南关小学四川灾区来保务工人员子女，并带去5000元的学习、生活慰问品。市妇联单位和个人共捐款10.68万元、捐物（毛巾、卫生巾）价值人民币7万元。全市各级妇联及组织各界妇女共捐款101.85万元、捐物折合人民币115.85万元。另据不完全统计，通过各级妇联倡议，多种形式捐款525.14万元。

领导班子成员

主　　席　姚秀珍（7月离任）
　　　　　蒋兰梅（7月任）
副 主 席　张树欣　张荣芳
　　　　　韩　雅

（杨荣芳）

侨　　联

【保定市归国华侨联合会】 保定市侨联是共产党领导的由全市归侨、侨眷组成的人民团体，是党和政府联系广大归侨、侨眷和海外侨胞的桥梁和纽带。主要职责：贯彻侨法，维护侨眷，充分调动广大归侨、侨眷和海外侨胞的积极性，为全市对外开放和经济建设服务。内设办公室、宣联处。

【概况】 2008年保定市侨联以科学发展观为统领，以“调研创新年”活动为主线，认真履行各项职能，扎实工作，取得了较好的成绩，在河北省侨联工作综合评比中，被评为工作实绩突出单位。

【团结侨界力量，促进经济社会发展】 一是扩大对外宣传，为经济建设牵线搭桥。先后接待河北省侨联海外青年委员考察团、印尼考察团、澳大利亚河北同乡会等，组织参观了中国电谷大厦、英利新能源三期、太阳能产品利用展示以及长城汽车等知名企业，进一步扩大了对外宣传，提高了保定企业在海外的影响力。二是深入调研，引导侨资侨属企业健康发展。以“优化发展环境，激活市场主体”活动为载体，深入企业开展调研，为企业排忧解难。

【以“迎奥运”为契机，营造和谐稳定的侨界局面】 一是开展“和谐侨界，温暖侨心”为主题的扶侨帮困活动。与市外侨办联合走访慰问困难归侨70户150人，发放慰问品和困难补助金近4万元。二是围绕“奥运”，开展联谊活动，做好安保工作。组织侨联委员开展“迎奥运，我参与”保龄球友谊赛。严格机关值班制度，深入基层，摸排隐患，发现问题，及时解决。并要求下乡队员做好包村的安全保卫工作，为“平安奥运”贡献力量。三是向地震灾区捐款捐物，奉献爱心。“5·12”汶川大地震发生后，市侨联立即向全市归侨侨眷、侨资侨属企业及海内外侨联委员发出援助灾区的倡议，号召大家踊跃捐款捐物，以实际行动表达对灾区人民的关爱之情。据不完全统计，侨界群众共向四川灾区捐款捐物60万元。

【宣传侨法，依法维权】 组织归侨侨眷200多人参加“全国侨务法律法规有奖知识竞赛”活动，获“河北省侨联系统组织奖”。“12·4”法制宣传日活动中，在人民广场开展《侨法》宣传活动，发放宣传资料，耐心解答群众咨询，进一步增强了侨务干部和侨界群众以法护侨意识，促进依法护侨工作的贯彻落实。2008年，共接待群众来信来访60件，涉及分配经济适用住房、推荐工作、投资权益受到侵害等。重点解决了保定市一名美国归侨与珠海市某公司的债务纠纷，经侨联多方协调，追回人民币322万元。

领导班子成员

主　　席　张友良

副 主 席　李玉华

（李玉华　林　薇）

社 科 联

【保定市社会科学界联合会】保定市社会科学界联合会（简称保定市社科联），是中共保定市委领导下从事理论研究和理论宣传的学术性人民团体，是保定市社会科学界各学会、协会、研究会的联合组织，负责对全市社会科学学会、协会、研究会进行业务指导、管理、组织、协调，是党和政府密切联系社会科学工作者的桥梁和纽带，正县级全额拨款事业单位。自2005年3月17日，中共保定市委讲师团挂牌在社科联，合署办公。增加干部理论教育和形势政策教育的工作职能。

【概况】　2008年，保定市社科联高举中国特色社会主义理论伟大旗帜，团结和指导全市社科系统，以服务经济社会"又好又快发展，强市兴县富民"中心工作为主线，以"民生课题调研"为抓手，进一步贯彻落实科学发展观，大力开展理论研究、理论宣传，创新社科知识普及等工作，大力宣传党的创新理论成果，弘扬社会主义先进文化，取得了良好的效果。

【开展形势政策和应用对策研究】

1. 积极撰写理论文章。在《人民日报》、《光明日报》等国家、省、市级报刊发表理论文章、调研报告30多篇。2. 《求是》杂志刊登了保定市社科联人员出版专著的评论文章。3. 由保定市社科联人员第二次承担的国家课题《用核心价值体系引领社会思潮》获准国家社科基金立项。4. 承担省社科联民生调研课题《新〈劳动合同法〉下的保定市农民工劳资关系调整》，课题完成后，成果呈送市有关领导。市人大常委会主任李光耀批示："这个报告很好，深刻剖析了我市农民工劳资关系中存在的问题及原因，并提出了很好的对策和建议。请人大财经委、劳动和社会保障局的负责同志参阅。"。5. 指导各社科团体开展调查研究，服务部门工作和领导决策，影响广泛。

【全面搭建社科理论服务平台】

1. 积极参加高规格研讨活动。在省委常委、宣传部长聂辰席召集的"贯彻落实科学发展观，推进理论武装创新"座谈会上，副主席张秀贤应邀参加座谈，这是本次会上唯一地市级代表。张秀贤的发言得到了聂辰席的肯定与赞许。2. 与市委宣传部、市委党校、市党史研究室等部门联合举办"纪念保定解放60周年暨改革开放30周年学术研讨会"。3. 与保定延安精神研究会等部门联合举办"纪念《共产党宣言》发表160周年暨纪念马克思诞辰190周年理论研讨会"、"纪念改革开放30周年研讨会"。4. 利用市级媒体面向全市舆论引导。保定市社科联人员应约参加全市开展"解放思想大讨论"等重大活动的投稿、访谈，产生了良好社会反响。

【广泛开辟社科理论宣传阵地】

1. 组建"特聘宣讲员"队伍。在原有的"社科专家库"基础上，建立了"特聘宣讲员"队伍。全年进行社科理论专题宣传计102场，受众68940多人。2. 以"社科普及周"为重点，巩固和扩大社科普及阵地。2008年，以"环境·民生·发展"为主题，开展了"社科普及周"活动，发出了"节能减排、保护环境、科学发展"倡议；活动期间，在企业、设区、高校等共举办讲座4场，受众8000多人。3. 以开展迎奥运活动为载体，先后组织举办了"迎奥运贺新春保定书画名家邀请展"和"心系灾区、关注奥运、歌颂祖国"书法专题笔会等系列活动。4. 配合全市纪念改革开放30周年及保定解放60周年活动举办书画展，展出作品100余幅，河北社科网、《保定日报》、保定新闻网、保定热线、保定社科网等媒体予以报道。5. 充分发挥《保定社会科学》、机关网站的阵地作用。

【坚持不懈搞好社团管理】　一是做好日常管理工作。适时开展走访、召开联席会议、秘书长协调会、指导学会做好年检、帮助学会更换组织代码证等。二是根据全市经济社会发展需要，坚持从政治和业务上把关，审批成立了"留法勤工俭学运动研究会"、"晋察冀抗日斗争史研究会"等新的社团组织，社团队伍进一步壮大，社团职能进一步丰富。三是组织参加全国大中城市社科联工作会议，宣传扩大保定市社科界良好形象。延安精神研究会、金融学会、财政学会、军校研究会获"全国先进学会"称号，其中延安精神研究会秘书长魏乔记作为河北省唯一代表在大会上发言。

【做好社科规划课题立项和社会科学特别奖评选工作】　1. 利用市规划课题杠杆，有效整合全市理论研究力量，共确定立项97项。加强对课题的结题管理工作，保证工作的严肃性、有效性、针对性。2. 以评奖工作为抓手，充分调动理论工作者的积极性。根据《保定市社会科学奖励办法》，评选《保定市工业结构调整与发展战略研究》为新《奖励办法》出台后的首个特别奖。市政府通报全市进行表彰，颁发奖金、奖杯和获奖证书。

领导班子成员

主　　席　王福友(兼,7月离任)

　　　　　李成果(兼,9月任)

副 主 席　张秀贤　孙彦君

（高继承）

文　联

【保定市文学艺术界联合会】保定市文学艺术界联合会是中国共产党领导下的人民团体，是市委、市政府联系广大文学、艺术工作者的桥梁和纽带，是全市各文艺家协会和各县（市）、区文联和企业（产业）文联的联合组织。内设办公室、组联部、辅导部、艺术精品开发处。下属科级事业单位有保定市文学研究室、保定市文联文化艺术培训部、《青少年文学》杂志社。另辖10个文艺家协会和1个书画院：作家协会、书法家协会、美术家协会、摄影家协会、音乐家协会、舞蹈家协会、戏剧家协会、曲艺家协会、民间文艺家协会、影视家协会；保定市文联书画院。

【概况】　2008年，市文联坚持“二为”方向、“双百”方针和“三贴近”原则，坚持“推动文化大发展大繁荣，建设和谐文化”发展主题，围绕“5·12”汶川大地震抗震救灾、北京奥运会、改革开放30周年、保定解放60周年开展工作，以“壮大文艺家队伍，开创文化产业发展的新路子”为目标，团结广大文艺工作者，完成市委、市政府下达的年度目标任务，为促进“文化大市、强市兴县富民”建设发挥了积极作用。全年编辑出版发行《青少年文学》杂志24期；编辑出版《荷花淀》文学内刊6期。

【文艺活动丰富多彩】　为庆祝北京奥运会成功举办、纪念改革开放30周年和保定解放60周年，先后举办“锦绣保定”——纪念保定解放60周年暨改革开放30周年书法、美术、摄影展；刘素娥《奥运情缘》作品研讨会；“2008迎春诗会”；“振翔杯·中国2008诗歌朗诵会”；“文学影响心灵·感受心灵之美”为主题的文学采访等活动。在“五一”、“七一”、“十一”前后，先后6次组织近百名作家、艺术家深入到革命老区进行采风，创作了反映保定解放60周年和改革开放30周年来巨大变化、时代风貌、人民喜闻乐见的文学艺术作品80多部（篇、件）。

【文艺精品创作和协会工作成绩突出】　以繁荣文艺创作为目标，全年共发展各门类会员180多名，推选省级以上会员102名，共有80多部（件）文学、书法、美术、摄影等作品（节目）获省以上奖项。作协：出版长篇小说8部，中篇小说10部，短篇小说20篇，出版诗歌、散文集10部。刘素娥的长篇传记文学《奥运情缘》获河北省“五个一工程”奖。书协：刘法起等3人书法作品入选全国新人展、刻字展，吴占良等4人出版书法集和论文集5部。美协：何立新创作的《八百里太行迎奥运》百米长卷入展2008奥林匹克美术大会展，王继平在河北美术馆和市博物馆举办“水墨新象——王继平水墨画展”。摄协：王燕兵参加了唐山段的奥运会火炬传递，参加了省摄协“2008·中国正定摄影艺术大展、河北省第十九届摄影艺术展”，黄河获“终生成就奖”，黄利强获“摄影突出贡献奖”。民协：组建编审《中国民间故事全书·县卷本》编审小组，撰写城市新风调研20余篇，满城县的《满城民俗集》出版发行。音协：组织庆祝保定解放60周年和改革开放30周年原创歌曲作品征集活动，尹立武的专著《真情无垠》由中国文联出版社出版。戏剧家协会：参加全国“戏曲小梅花奖”和省“燕赵红梅奖”大赛，焦萌获全国大赛金奖，王建军、王萌、郝艳秀等3人获省大赛金奖。张晓阳创作的剧本《地道战》获河北省2006～2007年度剧本评奖大戏二等奖。舞协：组织保定市“小舞蹈家大赛”暨河北省“小小舞蹈家大赛”选拔赛，舞蹈《我学弟子规》获省一等奖，《梦幻海底》获二等奖。

【丰富农民、农村精神文化生活】
2008年，市文联为普及文学艺术知识，在基层精心组织多次展览，共举办研讨会、文友会和培训班10次。春节前夕，为营造节日氛围，举办了著名书法家为群众义务写春联活动；组织20多位书画家，举办了迎中秋书画联谊笔会；组织编辑了全面反映保定解放60年来各行各业变化的宣传画册——《保定解放六十年》。文友会实现活动的多样化、制度化、规模化，已有12个县（市、区）100余名基层作者加入文友会，有力地促进了基层文化和文学创作队伍建设。

【认真履行“联络、协调、服务”职能】　文联采取有效措施，加强自身建设，提高服务水平，认真履行职能，为文艺工作者安心、静心、专心创作提供了周到的服务。发挥文艺工作的优势，积极参与抗震救灾工作。汶川特大地震发生后，市文联积极倡导机关人员和全市文艺家以实际行动支持灾区抗震救灾建设，共捐款和募集善款20万余元，捐衣被150多件。举办了抗震救灾诗歌朗诵会。摄影家秦德禄用相机记录了解放军抗震救灾和灾区人民自救景象，并举办了“秦德禄抗震救灾大型摄影展”，被中国摄影家协会评为“抗震救灾优秀摄影家”。组织音乐家协会创作抗震救灾组曲《挑战生命极限》在河北人民广播电台播出，中国音乐家协会《歌曲》等报刊、杂志分别给予报道。指导定州市等15个县（市）文联和南市区，在汶川大地震抗震救灾和纪念保定解放60周年暨改革开放30周年等活动期间，举办了20余次书法美术摄影赈灾义卖和文学艺术创作展览活动。指导保定钞票纸厂摄影家协会，编辑印刷了庆祝协会成立10周年《追光逐影》摄影作品集。协调有关出版社为邓玉明等文艺家出版发行个人作品专辑20多部（集）。

领导班子成员

主　　席　郑维康
党组书记　李桂琼
副 主 席　刘素娥

（李永清　陈　伟）

军　事

保定军分区

【概况】 2008年，是保定军分区各项工作创新发展、全面建设整体跃升的一年。全年，军分区在河北省军区和保定市委市政府的正确领导下，坚持科学统筹抓建设，着眼全局抓重点，主动作为抓创新，求真务实抓落实，军分区全面建设实现了整体跃升。

【思想政治建设】 紧紧围绕学习实践科学发展观这条主线，突出中国特色社会主义理论体系这个重点，狠抓中心组和干部战士、民兵预备役人员的理论学习，使科学发展观在广大官兵头脑中深深扎根。组织干部战士参加“党的十七大知识答题竞赛”活动，在省军区组织的“十七大基本知识考核”评比竞赛活动中，获得第一名的好成绩。认真组织学习胡锦涛主席“9·19”重要讲话精神，军分区“坚持把学习成果转化为解放思想、推动工作、解决问题、转变作风的动力”的做法被省军区转发。下大力组织开展“坚定中国特色社会主义信念、有效履行我军历史使命”主题教育和“讲党性、重品行、做表率”、“社会主义荣辱观”专题教育，大力弘扬听党指挥、服务人民、英勇善战的优良传统，确保了干部战士和民兵预备役人员政治坚定和思想纯洁。保定军分区在河北省军区组织的“四会”政治教员等级评定和纪念改革开放30周年演讲比赛活动中取得优异成绩。

【党委班子和干部队伍建设】 4月，以提高领导部队科学发展能力，建设坚强有力、奋发有为的领导班子为主题，组织召开民主生活会，较好地解决了深化理论武装、维护集体领导、发扬创新精神、树立良好形象等方面的问题，领导部队科学发展的能力进一步增强。唐县、曲阳县人武部党委被省军区表彰为先进党委。深入开展基层帮建活动，基层建设得到全面加强，徐水县人武部在省军区基层建设工作会议上介绍了经验，北京军区转发了做法。安新县、定州市、清苑县、唐县、徐水县人武部被省军区评为先进人武部，高阳县人武部荣立集体三等功。9月，组织军分区领导干部，进行以“提高领导干部贯彻落实科学发展观能力，推动军分区、人武部全面建设又好又快发展”为主题的能力集训，省军区转发了其做法，《中国国防报》头版头条作了专题报道。

【军事工作】 认真落实胡锦涛主席关于大抓军事训练的指示精神，按照两级军区的训练部署，坚持党委统揽、科学计划，狠抓军事工作的落实。认真抓了省军区赋予的军事训练教学责任制试点任务，试点成果在省军区进行了汇报演示并在全省推广，做法受到上级的高度评价。严密组织首长机关和民兵训练，遂行多样化军事任务的能力不断提高，代表省军区参加北京军区考核，取得优异成绩。按照省军区统一部署，认真开展学生军训工作，全年共完成8000多人的学生军训任务。认真抓好信息化建设，突出信息资源的优化改造，信息化建设水平进一步提高。

【奥运安保工作】 坚持把做好奥运安保工作放在首要位置，坚持大事大抓，主动作为，奥运安保工作取得了突出成绩。组织12支民兵应急分队1000多人，分北、南、中三片，进行了奥运安保反恐拉动演练，提高了应急分队快速动员和遂行任务的能力。按照省军区和保定市委、市政府统一部署，组织民兵应急力量参加奥运安保任务，对重要民生工程进行重点防护，确保了奥运期间的绝对安全，3名干部立功受奖，3名专武干部受表彰。

【国防动员建设】 认真贯彻落实省国动委会议精神，以国防动员领导干部集训和指挥演练为重点，不断加强软硬件设施建设，有力提升了国防动员建设质量。9月26至28日，在全省率先举行国防动员指挥演练。市、县两级国动委、各职能办公室工作人员，所属民兵应急分队参加，指挥演练取得圆满成功，受到省国动委和省军区首长的好评，中央电视台军事频道进行了专题报道。这次演练，首次通过卫星进行现场直播，全省其他市、县通过视频系统同步观摩。

【征兵工作】 认真贯彻省政府、省军区征兵命令，紧紧围绕确保新兵质量这个核心，加强领导，严密组织，突出抓好宣传教育、审查把关、依法征兵、廉洁征兵四个环节，圆满完成了新兵征集任务。严格贯彻落实廉洁征兵政策规定，在接兵部队成立临时党组织，各县（市、区）征兵办设立纪检组，公布举报电话和信箱，对群众举报进行认真调查，确保了征集兵员质量。

【党管武装工作】 保定市委、市政府大力支持后备力量建设，积极解难题、办实事，长期制约军分区、人武部建设发展的难题得到有效解决。年初，全市召开党管武装工作述职会议，曲阳县、雄县、清苑县、涞源县、满城县人武部党委第一书记进行述职。市委议军会议重点研究了军分区建设、征兵工作经费问题、加大转业干部、退伍军人和随军家属安置力度等方面的问题。南市区、定州市、徐水县被河北省委表彰为党管武装先进单位，北市区区委书记田宝庆、满城县委书记闫志强、涞水县委书记孙金博被河北省委表彰为党管武装工作先进个人。

领导班子成员

司令员	王亚光
政治委员	李志华(7月离任)
	高树义(7月任)
参谋长	江永亮
政治部主任	李大忠
后勤部部长	丁建民
副参谋长	赵明放(2月离任)
	苏文福(2月任)
政治部副主任	
	甄连宝(2月离任)
	赵树奇(2月任)
副政委	李海涛(3月离任)

（张国斌　张　强）

武警保定支队

【概况】 武警河北省总队保定市支队于2005年6月1日由原第四支队和原保定市支队合并组成，行政级别为旅级。主要担负保定、太行、冀中、定州4所监狱的看押、23个县（市）看守所的看守以及保定钞票纸厂、地矿部五四三厂、广电总局七八三台、航天科工集团三二一工程的守卫任务。

2008年，在总队党委的正确领导下，支队坚持以科学发展观为指导，认真贯彻总部、总队党委的指示精神，狠抓各项工作落实，部队全面建设呈现出安全发展、稳步上升的良好态势，圆满完成了以奥运安保为重点，以执勤处突为中心的各项任务。

着眼政治首位，大力加强部队思想政治建设。全年，紧密结合支队实际，着眼从思想上政治上牢牢把握部队，不断夯实部队思想政治基础，为完成各项工作任务提供了强有力的政治保障。重点针对奥运安保时间长、官兵执勤压力大等情况，以“我为奥运作贡献，我为祖国添光彩”为主要内容，大力开展挑应战、表决心、大讨论、征标语等活动，积极营造了浓厚的政治氛围，激发了官兵强烈的国家荣誉感和民族自豪感。5、7、9月份，分别结合“三过”、奥运安保和任务转换工作，先后三次，开展全支队范围内的思想排查活动，对各类人员定性分析、分类指导，把握了思想工作的主动权，确保了每名官兵政治可靠，思想稳定。

着眼科学发展，努力建设过硬党委班子。坚持以科学发展观为统揽，以学习教育为根本，以团结和谐为基础，以作风建设为关键，大力加强党委班子建设。先后两次结合“学习科学发展观，贯彻民主集中制”学习开展党委班子成员理论成果展评比网上交流活动，既展示了支队党委班子的学习成果，又提高了部队政治教育质量。每季度开展“先进大、中队”评选活动，对10个（一、四、七、十一、满城、望都、清苑、安国、车勤和警通中队）连续五年以上未进入过先进中队的，采取带主官、教方法、理思路、解难题的办法，提高建队能力和水平；对新组建和新增勤务的九、十、十一、十二、望都、顺平6个中队，利用半个月的时间，由部门领导带机关司政后联合工作组，深入中队面对面地帮、手把手地教，促进了部队全面建设水平的提升。

着眼职责使命，圆满完成执

勤战备任务。坚持把奥运安保当政治任务来抓，把经常性勤务当攻坚战来打，狠抓部队的执勤战备工作，努力实现了奥运安保和经常性中心任务两不误、双促进。争取反恐装备经费726万元，用于购置反恐装备，并加强了人装结合训练，使新装备在遂行任务中较好地形成战斗力。全年，支队争取地方资金和本级投入隐患治理专项资金共计380余万元，新建改建监墙2050米，改造电网1200米，新建改建执勤岗楼12座，安装监墙防护网489米，拆除连体建筑385平方米，对重点哨位和隐患部位均安装了电子围栏红外报警系统。按照涉奥勤务特别部署，支队担负六个环京检查站的机动增援任务、人工削减雨警卫任务和保北变电站守卫巡逻任务。奥运安保期间，支队累计出动兵力5560人次，动用车辆590余台次，巡逻官兵共抓获小偷3名，协助交警处理交通事故6起，有效制止街头打架滋事10余起，累计为群众做好事370余件。完成了奥运安保期间的各类勤务，实现了“三个确保、一个展示”的目标。5月6日，安国市中队成功处置精神病患者持刀伤人事件。4月4日，5月21日，阜平、涞水中队哨兵先后发现并成功制止了犯罪嫌疑人制作刀具企图制造事端和不明身份人员企图袭击哨兵事件。支队全年共担负押解、押运、城市武装巡逻、临时性警卫勤务321起，累计出动兵力9216人次，动用枪支645支，均圆满完成任务。

【圆满完成唐县“2·12”特大杀人案件搜捕任务】 2月14日凌晨0时13分，保定市公安局110指挥中心来电，请求支队迅速派兵，协助公安干警搜捕特大杀人犯罪嫌疑人柴公敏（杀死9人，重伤1人后逃亡）。接到案情后，立即通知“处突”基指、前指人员迅速到支队作战室集合，并向总队作战值班室请示。凌晨4时，支队80名参战官兵携带警械装具，向唐县川里地区开进，参与搜捕行动。在武警官兵和公安干警的围追堵截下，柴犯被公安干警抓获。任务完成圆满，无一人伤亡。

【保定市支队开展勤务大练兵活动】 根据总队统一部署，保定市支队在全支队广泛开展勤务大练兵活动。支队利用新兵第二适应期下工作组蹲点时机，专门进行了相关内容的培训，司令部制定了具体的活动实施计划，为基层单位科学练兵提供了依据。基层中队广泛开展挑应战活动，充分利用板报、小广播、多媒体教学、每周一话题等形式营造练兵氛围。在勤务研练上，全员参与，人人献计，重点围绕“3·12”押犯冲监事件，就如何增强防范手段，提高复杂情况下的联防联动、快速出击、高效处置等应对能力深入开展大讨论。在专勤专训中，各级干部以身作则、身先士卒，用自身形象感召部队，充分调动战士训练热情，在部队掀起勤务大练兵的热潮。通过练兵活动，提高了官兵执勤能力，为高标准完成“两大任务”，实现“三个确保，一个展示”奠定了坚实基础。

【保定市支队官兵踊跃为灾区捐款】 5月12日，四川省汶川县发生8级特大地震灾害后，保定市支队全体官兵高度关注救灾进展情况，积极投入到全民性的捐助活动中去。在积极做好35名四川地震重灾区籍官兵思想稳定的同时，上到大校小到列兵，积极踊跃为灾区捐款，为抗震救灾出一份微薄之力。与此同时，10名家庭受灾较重的战士，所在中队也开展了本中队家庭受灾战士捐款活动。全支队官兵共捐款97082元。

【保定市支队圆满完成定州监狱进驻上勤工作】 7月20日至22日，保定市支队组织所属十中队进驻定州监狱，担负定州监狱上勤任务。经过两天的熟悉执勤环境，开展针对性执勤教育和勤务训练，十中队官兵以严整的警容，优良的形象和正规的执勤动作展示了武警威武文明的风采。

【保定市支队圆满完成顺平、博野中队押犯分流】 8月5日、6日，为落实坚决不把隐患带入奥运会的要求，通过支队积极协调，顺平、博野两个县看守所将关押的全部犯罪嫌疑人实行异地分流羁押，并计划开始新建监所和中队营房。为解决中队临时住房问题，同时进一步加强支队奥运安保机动备勤力量，按照支队统一部署，保定市支队顺平县中队和博野县中队安全顺利入驻原十中队营房。

领导班子成员

支队长　王亚兵（大校）

第一政治委员

张　峰（公安局局长兼）

政治委员　张玉业（大校6月离任）

刘兴国（大校6月任）

副支队长　徐国俊（上校1月离任）

张志刚（上校1月离任）

徐孟勤（上校）

秦志强（上校）

于东峰（上校1月任）

林　志(上校1月任)

副政治委员　韩永彬(上校1月离任)

程万江(上校1月任3月离任)

郭　群(上校3月任)

参 谋 长　徐国俊(兼上校1月离任)

秦志强(兼上校1月任)

政治部主任　韩永彬(兼上校1月离任)

田志坚(上校1月任)

后勤部部长　付军国(中校)

(何　鑫)

人民防空

【保定市人民防空办公室】 保定市人民防空办公室是市国防动员委员会常设办事机构，是人民防空工作的主管部门，隶属市政府、保定军分区和省人民防空办公室领导，内设秘书处、工程处、指挥通信处、人事宣传处、财务处5个处，下辖市人防通信站、平战结合管理站、人防工程维护队3个事业单位及票证印刷厂、人防开发公司2个直属企业。

【概况】 2008年，全市人防工作在市委、市政府、保定军分区和上级人防部门的正确领导下，深入贯彻落实党的十七大精神，坚持科学发展观，紧紧围绕人民防空应急准备的新要求和应对突发事件、处理公共危机的新要求，以提高人民防空战时应战、平时应急能力为目标，切实加强各项业务建设，圆满完成了全年任务目标。被评为河北省人防工作优秀单位、河北省人防通信警报建设先进单位、河北省人防工程维护管理先进单位、河北省人防机关“准军事化”建设先进单位、河北省人防工程平战结合先进单位、河北省人防筹资和财务管理工作优秀单位。

【人防工程建设】 积极筹划人防指挥中心建设项目，该项目被市政府列入2008年全市落实事项。认真做好行政审批工作，全年共办结审批事项216项，办件准确率达100%。对市区人防工程进行了摸底排查，制定了人防工程平战转换方案。完成了市区人防工程及其他地下空间的电子版标绘工作。对人防工程建设规划初稿进行了专家评审。积极开展人防工程质量监督工作，共出现场600余人次，纠正施工中存在的问题48起。加强人防工程维护管理和安全稳定工作，制定了人防工程安保工作应急预案。

【人防指挥通信建设】 重新修订了市县两级人民防空应急预案。认真组织开展人防专业队建设，与保定军分区联合下发了《关于做好2008年人防专业队整组和训练的通知》。解决了人防专业队队员的重编、混编问题，市政府办公厅、保定军分区司令部联合印发了《关于进一步加强人民防空专业队伍建设的通知》。加强通信警报建设，对全市户外固定警报器进行了检测维护。规范了全市防空警报试鸣工作，市政府办公厅、保定军分区司令部联合下发了《关于统一全市防空警报试鸣日的通知》，在7月7日全省首个防空警报统一试鸣日，市区和20个县（市）成功进行了防空警报试鸣。

【人防宣传教育】 制定下发了《关于进一步加强人防宣传教育工作的实施意见》，创编了《人防工作简报》。全年共刊稿56篇，在电台、电视台播发新闻8条，制作专题片2部，在《保定日报》刊登人防专版2篇，《河北日报》改革开放30年专版刊登了本市人防工作专版。6月30日至7月7日，开展了人防宣传周活动。会同市教育局联合下发了《2008年度防空知识教育安排意见》，为初级中学配发了防空防灾知识读本。完成了全市78所初级中学、29个社区街道办事处、1所党校（行政学院）、124所高中等院校、95家大中型企业的防空知识教育任务。

【财务筹资与管理工作】 依法进行资金筹集工作，征收人防工程建设费270.65万元，落实地方财政预算102万元。严格管理和使用人防建设资金，规范执行财务收支制度，加强资金使用的监督管理，对财政拨付的人防专项资金、行政事业性收费和财务收支情况进行了自查。

【人防法制建设】 组织行政执法人员参加了法律法规培训和考试。对各县（市、区）进行了人防行政执法检查，下达了整改通知，并分片进行了督导落实。加大工程执法力度，对34个长期拖欠人防工程易地建设费的单位下发了催缴通知书，对31个工程建成后长期不进行竣工验收但已投入使用的单位下发了催验通知书。

【防空防灾一体化建设】 积极尝试利用人防工程为城市应急避难提供服务，西苑小区人防工程作为全省首家地震避难场所正式投入使用，10个设施完善、面积较大的人防工程被市政府应急办列入重大突发事件应急避难场所。

购置了人防应急指挥通信车，为战时防空、平时防灾提供了应急指挥场所。加强了人防队伍应急救援能力建设，组建了17人的直属特种应急救援队。组织近百名人防专业队队员进行了管网和反恐课题的拉动演练。

领导班子成员

主　　任：李铁柱

副 主 任：张子泉　冯亚非

纪检组长：段林虎

（赵　颖）

政　法

政法工作

【中共保定市委政法委员会】 中共保定市委政法委员会是市委领导、管理政法工作的职能部门，负责指导、协调、督促和检查全市政法工作和社会治安综合治理工作，部署阶段性政法、综合治理及社会稳定工作任务，协调政法各部门的关系，督办重大疑难案件，协助市委及组织部门管理政法机关的领导班子和领导干部。与市社会治安综合治理委员会合署办公。内设办公室、政治部（组织干部处、教育法纪处、教育培训处）、综合治理处、研究室、执法监督处、矛盾纠纷排查调处办公室、制非处等。

【概况】 2008年，市委政法委以维护社会稳定为己任，承担了多项重大急难任务，高标准完成各项工作目标。一是组织指挥北京奥运会外围安全保卫工作，使本市真正发挥了首都“护城河”作用。二是部署开展“天网”、“金盾”、“冬季亮剑”和反恐防暴等集中统一行动，严厉打击各类刑事犯罪活动，保持了全市社会、政治形势持续稳定。三是认真落实社会治安综合治理各项措施，城乡平安创建、科技防范、群防群治和基层治保队伍建设取得明显成效。四是大力解决涉法涉诉信访问题，化解一大批重复进京赴省访老案，有效控制了敏感时期的涉法涉诉非正常进京访。五是加强执法监督，督办社会反映强烈的重大刑事案件60件，已办结51件，协调调度重大疑难案件25件，收到较好的法律效果和社会效果。六是大力加强政法队伍建设，充分发挥政法干警保稳定促发展的主力军作用，全市共有284人荣立二等功，650人荣立三等功，1359人受嘉奖。市政法委被省委、省政府授予全省奥运工作先进集体称号，被市委、市政府评为工作实绩突出单位。

【开展网吧专项治理】 针对市区及农村大量网吧违规经营和黑网吧泛滥等突出问题，从5月初至7月15日，市综治办组织各级宣传、文化、工商、公安、教育、电信、社区办等部门，在全市开展网吧专项整治行动。共清查网吧1792家次，查处违规经营网吧397家，取缔黑网吧287家，查扣电脑主机等设备1930台，下发行政执法文书395件。通过网吧实名登记系统，公安机关抓获各类网上逃犯40名，并排查整治了大量消防和治安隐患，净化了全市文化市场，维护了社会治安稳定。

【圆满完成奥运会安全保卫工作任务】 8月8日至9月17日，第29届奥运会和残奥会在北京召开。保定地处京畿重地，是北京的“南大门”，担负着首都“护城河”的重要使命。从3月份开始，市委、市政府将保障首都绝对安全，实现中央提出的“平安奥运”目标作为中心任务，举全市之力投入奥运安保工作。成立了市委副书记李剑方任组长的奥运安保工作领导小组和“保（稳定）、促（发展）、迎（奥运）”活动领导小组，办公室设在政法委，统一组织领导全市奥运安保工作。其间，全市先后开展了严打涉恐犯罪、严打刑事犯罪、严管危爆物品、严控复杂场所、排查重点人、排查调处矛盾纠纷等专项活动，共破获涉恐专案10起，抓获16人；破获各类刑事案件25458起，抓获犯罪嫌疑人7244人；收缴炸药19.6万公斤、雷管94万枚；清查旅馆饭店、出租房屋、商场、网吧等场所13.2万家，排除隐患1791处；排查重点人2619名；排查各类矛盾纠纷8777件，成功化解8608件。组织21.5万名志愿者，全面加强途经本市的铁路及输电、输气、输油管线、南水北调工程和国家通信光缆安全保卫工作，确保了重要设施的绝对安全。抽调700名干警和当地群众一起，日夜把守在93个进京路口卡点，劝返不放心人员22126名、车辆6933台，查控各类不法分子120名。政法干警发挥了主力军作用，共出动警力28万人次，28人因公负伤，4人牺牲在工作岗位。在奥运安保工作中，全市各级各部门、武警官兵和广大人民群众付出了艰辛努力，经受了严峻考验，高标准完成了奥运安保工作任务，全市没有发生一起暴力恐怖事件，没有发生一起危害国家安全和社会稳定的政治事件，没有发生一起群体性事件，没有发生一起恶性刑事案件，没有发生一起境外媒体炒作事件，为北京奥运会、残奥会成功举办做出了重要贡献。

【奥运安保志愿者行动誓师大会】 7月15日，市委、市政府在人民广场召开奥运安保志愿者行动誓师大会，全面启动奥运安保志愿者治安巡防、治安守护、重点人稳控、重点部位安全防范等工作，以确保北京奥运会绝对安全。市长于群宣布奥运安保志愿者行动启动命令，李剑方作动员讲话，张峰主持誓师大会。市奥运安保志愿者行动领导小组成员，市内四区及市直部门、市属以上企事业单位千余人代表全市21.5万名奥运安保志愿者参加誓师大会。

【设立涉法涉诉救助资金】 针对涉法涉诉案件出现的新情况，对“法度之外，情理之中”的案件积极探索用经济手段使其息诉罢访的新机制，与市财政局联合制发《建立涉法涉诉救助资金试点工作的实施意见》，年内市本级和25个县（市、区）全部建立起涉法涉诉案件救助资金。市本级共拨付140万元救助资金，息诉罢访38件信访案件。县（市、区）共投入183.8万元，使用156.8万元，化解案件25件。涉法涉诉救助资金的建立和使用，在一定程度上促进了涉法涉诉信访工作的开展。

【对涉法涉诉访案件开展责任倒查】 为从根本上减少涉法涉诉访案件的发生，组织政法部门对2007年9月30日以后新发生的涉法涉诉信访案件逐案进行责任倒查。此次共倒查案件193件，其中公安系统132件，法院系统61件。对77个单位和个人进行了责任追究，其中对48个单位给予通报批评，1人调离执法岗位，2人予以免职，8人予以行政警告处分，16人进行通报批评，2人诫勉谈话，在干警中起到了很好的警示作用，进一步规范了执法行为，促进了执法公正。

【“冬季亮剑”严打整治行动】 奥运安保工作结束后，随着各项超常措施的逐步解除，全市治安形势有所反弹，维护稳定的压力不断加大。市委、市政府从11月中旬到春节前，在全市开展以打击黑恶势力、“两抢一盗”等多发性侵财案件为重点的“冬季亮剑”行动。此次行动共破获刑事案件12424起，抓获犯罪嫌疑人5507人，打掉各类团伙286个，其中涉黑团伙70个，批捕6246人，审结5909案7681人。同时，对治安秩序混乱、群众安全感较差的区域、行业和部位进行集中治理，共整治混乱地区突出治安问题299个，取缔校园周边违规经营网吧120个，查处违法经营案件976起，保持了全市社会治安形势的持续稳定。

【奥运安保大型图片展览】 12月10日至17日，奥运安保工作大型图片展览在市博物馆隆重举行。展览共分4个部分11个章节、500多幅图片，再现了全市党政军民为奥运安保万众一心、众志成城的感人场面。市直61个奥运安保成员单位的干部职工、各界群众两万多人参观展览。

领导班子成员

书记
市委常委　李剑方(5月离任)
　　　　　张　峰(5月任)
常务副书记　刘晓坤(女，正县，3月离任)
　　　　　时　群(正县，7月任)
副书记　张敬东
　　　　　高　山(4月离任)
　　　　　曹彦杰(7月任)
　　　　　高国联(女，市综治办副主任，7月任)

市社会治安综合治理委员会办公室领导成员：
主任　时　群(市委政法委常务副书记兼，正县)
副主任　曹彦杰(7月离任)
　　　　　高国联(女，7月任)

（李素文）

公　安

【保定市公安局】 保定市公安局是保定市人民政府主管全市公

安工作的职能部门（正县级单位），业务上受河北省公安厅监督和指导，担负着领导指挥和组织协调全市公安工作的任务，是维护保定市社会治安稳定和人民生命财产安全的中坚力量。保定市公安局内设20个职能处（室）、13个直属单位，管辖28个县（市、区）公安（分）局。

【概况】 2008年，全市公安机关以奥运安保为主线，全警动员，深入开展严打整治专项斗争，强力推进“三基”工程建设，全面加强和改进公安工作，各条战线都取得了明显成效，创造了和谐稳定的社会环境、公平公正的法制环境，促进了全市经济又好又快发展。

【圆满完成奥运安保任务】 奥运安保是本市公安历史上承担的时间最长、责任最大、标准最高的一次保卫工作，全市公安机关和广大民警紧紧围绕“平安奥运”的总目标开展工作。一是始终突出反恐防暴，有效防范了恐怖活动。严打涉恐犯罪、严管危爆物品，收缴炸药19.6万公斤、雷管94万枚，死看死守要害部位，确保了电、气、路等重要设施的万无一失，严管严控宾馆旅店、出租房屋，确保了不让非法人员落脚藏身。二是坚持打防结合，确保了社会治安稳定。部署开展了“大巡逻”、“天网”、“金盾”等集中统一行动，设立了6300多个检查点，成立了9000多支巡逻队，出动警力28万人次，破获各类刑事案件25458起，抓获犯罪嫌疑人7244名，打掉犯罪团伙551个，刑事发案同比下降33%。广泛发动群众参与奥运安保，在全市招募21.5万名志愿者，巡防值守涉及国计民生的重要目标。三是筑牢第一道防线，有效发挥了“护城河”作用。涿州、涞水5个环京治安检查站充分发挥“过滤”作用，劝返不放心人员22126名、车辆6933台。抽调300多名民警维护112国道交通秩序，确保了绕行期间安全畅通。全市9000多名民警恪尽职守、无私奉献，受到了党委、政府和上级公安机关的高度评价。

【始终保持严打犯罪的高压态势】 深入开展了“打盗抢、抓逃犯”、严打整治、“冬季亮剑”等专项斗争，始终对各类违法犯罪活动保持了凌厉攻势。全年严打工作主要突出了四个方面：一是深挖细查除黑恶。采取公密结合、专案经营，清理个案、挖掘线索等有效措施，打掉涉黑团伙2个、涉恶犯罪团伙67个，抓获团伙人员411人，破获刑事案件383起。二是强力攻坚破大案。对命案积案和新发命案集中攻坚，快侦快破，共破获各类命案223起，其中现行命案214起，成功破获了唐县“2·12”特大杀人案、南市区“11·20”系列入室抢劫杀人案等一批重特大有影响案件。三是突出重点打盗抢。成立打现行专业队，重点打击人民群众反映强烈的“两抢一盗”等多发性侵财犯罪。共破获盗抢案件25531起，打掉涉案团伙417个。四是多措并举抓逃犯。运用清查比对、集中追捕、敦促自首等措施开展追逃，抓获网上逃犯3910名，投案自首1025名。成功抓获了冲监越狱逃犯谢万礼、部督B级逃犯冉老虎。五是综合施策严整治。积极配合有关部门整治治安混乱区域和突出的治安问题，全年查处涉危涉爆案件393起，收缴炸药221423.5公斤、雷管930179枚、导火索712508米。对火车站周边和歌舞娱乐场所、治安混乱部位开展专项治理，共查处“黄赌毒”案件513起，抓获涉案人员179名。

【强力推进“三基”工程建设】 一是圆满完成公安部确定的三年建设任务。90个无房派出所全部新建完毕，消除了无房、无车、无电脑、无电话派出所；配发单警装备6332套，基层一线全部配发到位；26个县级公安机关公用经费全部达到省定标准。完成了规范县级公安机关机构设置工作，基层一线警力达到5465名，占总警力的90.3%；强力推进社区和农村警务战略，建成社区警务室388个、农村警务室773个，配备社区、驻村民警1409人，全部达到公安部建设标准。二是积极推动落实《河北省公安机关基础设施及装备建设规划》，按照此要求，市政府常务会进行了专题研究，出台了《保定市公安机关基础设施及装备建设规划》，计划总投资5.5亿元改善公安机关基础设施和装备建设。对照《市规划》，各县（市、区）都结合本地实际制定了落实意见。三是大力推行实效警务。在市区、县市城关派出所实行了社区警务队、治安工作队和综合信息室“两队一室”机制改革；构建了“点线块”治安防控体系，启动了“321”巡控机制，不定期在市区外围设卡，有效遏制了发案。四是强力推进科技强警建设。投资1000余万元为市局国保支队和技侦支队购置了先进技术装备，打造了国保“国家队”，技侦装备、业务水平也均达到国家一级标准；投资800余万元建成了DNA实验室和痕迹检验实验室，刑事技术已达到了全省一流水平；投入2000余万元完成了全市公安三、四级网络线路置换、升级、改造工作；投资900余万元，建成了标准版人口信息管理系统，户口迁移实现“一站式”办公；2684家旅馆安装了旅店业信息系统，信息上传率达到97%，位列全省第一，通过该系统抓获网上逃犯218名，比去年提升四倍。

【服务经济发展能力进一步增强】 全市公安机关实行严格、规范、文明管理，最大限度服务经济发展。一是严格规范特行管理。对危爆物品、二手车、废旧物品收购、典当等实行严格规范管理，堵塞漏洞，剔除隐患。对宾馆旅店、出租房屋等严管严控，逐一登记、逐人核对，通过清查，共查破各类案件2543起，查处违法犯罪嫌疑人1739名。二是优化公安行政管理。开通换发二代证“绿色通道”，全年换发二代证360余万张，户籍管理实现了网上审批、网上迁移；市局出入境管理处完成了全国一级文明窗口达标建设，8个县、市争创了“省级文明窗口”，圆满完成按需申领报备工作，明年1月起实行公民办理护照按需申领；交管部门主动为大型企业办理证照业务，提供交管服务，积极消除道路交通事故隐患，全年交通事故死亡人数、受伤人数、财产损失同比分别下降14.5%、0.79%和47.6%；消防部门制定出台了“消防行政许可一次告知、公示消防行政许可项目、建立重点审核验收项目跟踪服务制度”等十项便民、利民措施，开通了消防便民服务网站，大大提高了审批、验收效率。火灾事故四项指标分别比去年同期下降58.9%、40%、71.4%和48.1%；三是严打妨碍经济发展犯罪。破获各类经济犯罪案件420起，挽回经济损失3783余万元；破获“三电”案件132起，抓获涉案犯罪嫌疑人68名。

【队伍正规化建设水平进一步提升】 全市公安机关坚持教育民警牢固树立正确大局观、稳定观和群众观，走职业化强警之路，大力加强公安队伍正规化建设。一是严格规范执法。真正把以人为本、执法为民的理念根植到每一名民警的头脑中，落实到行动上，办理的每一起案件，都让群众感受到公平正义；出台了《严格规范执法四条禁令》，下大力解决执法不规范问题；进一步改进执法方式，做到了“理性、平和、文明、规范”执法；相继开展了岗位大练兵、应对媒体教育培训等一系列专业培训，既保证了实体公正、程序合法，又确保了民警严格按照法定权限、法定程序行使权力、履行职责。2008年，中央政法委、省政法委、公安部、省公安厅挂账督办的148起信访案件全部办结。二是坚持依法从严治警。深入开展了社会主义法治理念教育，坚决杜绝发生伤害群众感情、漠视群众疾苦、侵犯群众利益的行为。狠抓各项局规禁令的贯彻执行，各级纪检、督察部门不断加大明察暗访力度，全年共查处民警违法违纪案件16起25人，树立了公安机关良好形象。三是树立正风正气。提拔重用了111名科级干部，破格提拔了勇斗歹徒光荣负伤的北市区分局民警孟祥君、扎根社区工作的“全国十佳社区民警”赵甜甜，激发了广大民警的战斗激情。奥运期间，全市公安机关共有2名民警因公牺牲，31名民警光荣负伤，2266名民警带病坚持工作，2人被评为“全国奥运安保先进个人”，涿州市公安局被评为“全国奥运安保先进集体”。

领导班子成员

市委常委
政法委书记 张峰
公安局长

党委副书记
常务副局长 王星亮

党委副书记
副局长 安增奇

党委委员
副局长 王百顺

党委委员
副局长
交警支队长 李振平

党委委员
副局长 张五进

党委委员
副局长 杨东川

党委委员
纪委书记 李金萍

党委委员
政治部主任 王亮

党委委员
市综合执法局局长 刘铁英

党委委员
涿州市公安局长 李栋梁

党委委员
国保支队长 董元

（张继伟）

检察

【保定市人民检察院】 保定市人民检察院是国家的法律监督机关。保定市人民检察院内设两个局（反贪污贿赂局、反渎职侵权局），23个处、室、队。

【概况】 全市检察机关在市委和省检察院的领导下，在市人大及其常委会的监督支持下，以邓小平理论和“三个代表”重要思想为指导，全面落实科学发展观，紧紧围绕奥运安保工作和“又好又快发展、强市兴县富民”两大中心任务，依法正确履行职能，服务科学发展，保障改善民生，促进和谐稳定，维护公平正义，各项工作稳步推进，取得了新的成绩，为保定的社会稳定和谐和经济发展做出了新的贡献。

【维护社会和谐稳定工作】 全力做好奥运安保工作，加大稳控力度。全市检察机关举全力、尽全责，措施到位、履职到位、责任到位，通过强有力的工作和与公安、法院等单位通力合作，为保证全市“四个不发生”做出了应有的贡献。按照市委统一部署，有近80%的干警战斗在一线，有700余名干警深入基层，包村包户包企业促稳定。新市区检察院的王建立同志在奥保工作岗位上付出了宝贵的生命。市检察院等7个单位和部门暨63名干警受到保定市的记功、表彰。

【依法打击严重刑事犯罪，维护社会稳定】 积极参加以“打黑除恶”为龙头的严打整治专项斗争。共审查批准逮捕4092件6246人，审查提起公诉4485件7820人，刑事犯罪上升的势头得以有效遏制。尤其是在“严打整治斗争”中，突出打击重点，对严重刑事犯罪依法快捕快诉，对重大案件坚持提前介入，引导侦查，共参加重大案件讨论775件1468人，提前介入参加现场勘查230件384人。对有重大影响的案件，坚持检察长、副检察长出庭支持公诉，保持了严打声威，体现了法律的威慑力。

【认真做好涉检信访工作，促进社会和谐】 认真研究探索涉检信访的规律特点，坚持分类指导，分类办理。对有理有序访的马上办，着力抓好落实；对有理无序访的热心办，以情感人；对无理有序访的耐心办，辅之疏导教育；对无理无序访的强化管理，强化责任，将问题解决于基层。省委政法委挂账督办的14起案件全部办结，一些多次进京赴省上访近30年的积案息诉罢访。全年保持了涉检进京零上访，受到上级院的充分肯定。

【查处和预防职务犯罪工作】 围绕中心工作履行职能，优化发展环境。在治理商业贿赂专项活动中立案25人，在查办南水北调、张石高速等重大工程建设征地补偿方面的职务犯罪案件专项行动中立案43人。在查办危害能源资源和生态环境渎职犯罪专项行动中立案24人，在查办破坏社会主义新农村建设职务犯罪中立案61人。办案中坚持做到：惩治犯罪者，挽救失误者，教育迷茫者，保护无辜者，体现了法律效果、社会效果、政治效果的有机统一。市委书记宋太平、市长于群分别批示给予肯定，《保定日报》两次头版头条予以报道。

【加大查办职务犯罪工作力度，净化政务环境】 立案查办贪污贿赂等职务犯罪案件172人，侦查终结并移送起诉182人（含积案），法院生效有罪判决208人（含积案），同比上升75%。挽回经济损失2.8亿元。按照上级院的指定管辖，查办外省、市贪污贿赂案件10人，其中厅级干部2人、处级干部3人。以反渎职侵权局成立为标志的反渎职侵权工作取得重大进展，共立案81人，侦查终结并移送起诉66人，同比上升17.3%，法院生效有罪判决55人，同比上升25%。自侦案件侦结率、公诉率、有罪判决率均位全省前列。

【积极开展预防职务犯罪工作，提高服务水平】 认真落实惩治和预防腐败体系建设，成立了由34家企事业单位参加的“保定市预防职务犯罪协会”，实现了职务犯罪预防工作向企事业单位的延伸。与各乡（镇）、县直机关和有关单位建立了预防职务犯罪联络员制度，建立健全了职务犯罪防控体系。立足职能，结合“深入开展查办危害能源资源和生态环境渎职犯罪”、汶川地震社会捐助资金专款、“城市面貌三年大变样”等活动，积极开展专项预防工作，推动了预防职务犯罪工作步步深入。

【诉讼监督工作】 通过立案监督，纠正公安机关应当立案而不立案的373人，不应当立案而立案的36人。通过侦查活动监督，发出纠正违法通知书且已纠正259件。通过刑事审判监督，市院支持抗诉并由审判机关改判5人，提请省检察院抗诉3人。通过刑罚执行监督，纠正脱管失控16人，减刑不当67人。民事行政诉讼监督，通过向同级法院提出抗诉，提请省检察院抗诉及对民事诉讼程序进行监督，向法院发出再审检察建议等，法院对56件案件再审，改变原判决47件，再审改判率达84%。坚持有罪追究，无罪保护，严格依法，客观公正。对应当逮捕而未提请逮捕、应当起诉未移送起诉的，决定纠正漏捕139人，纠正漏诉125人。对犯罪情节轻微、社会危害较小，不符合法定逮捕条件的，依法决定不批准逮捕438人；对不构成犯罪、犯罪情节轻微不需要判处刑罚和证据不足不符合起诉条件的，依法决定不起诉90人。在诉讼监督中，立案侦查涉嫌徇私枉法、民事行政枉法裁判等犯罪的司法人员28人、行政执法人员33人，充分体现了法律监督工作的严肃性。

【加强检察队伍建设工作】 全市共有1032名检察人员在“建言

献策周”就思想政治、检察业务、队伍建设、事务管理、信息化建设等提出了2180条意见和建议。市县两级检察院党组认真研究，切实整改，各项工作有了新进展。将2008年定为“司法考试突破年”，组织170余人参加了为期3个月的脱产培训。有53名检察人员通过国家司法考试（相当于增加一个中等规模基层检察院的办案力量），为前两年之和，通过人数为全省检察系统之最。认真组织检察业务专家评选和优秀公诉人评选活动，广泛开展岗位培训和岗位练兵活动，广大干警的办案能力和业务水平有了新提高。汶川大地震后，广大干警踊跃捐款捐物支援灾区，共计捐款128万元，捐献棉衣、棉被300余套。队伍建设和基层检察院建设成效明显。共有107个集体、321名干警受到市以上表彰和记功，徐水县检察院反贪局长于新峰被评为“河北十大杰出青年”，保定市检察院被评为“省级文明单位”，荣获“全国精神文明建设工作先进单位”。

【推进检察改革工作】 规范执法行为，做到了“三强化一规范”。强化案件质量管理，建立和完善了执法档案。强化案件监督管理，认真落实人民监督员制度，对12件被逮捕的犯罪嫌疑人不服逮捕决定的，拟撤销案件的，拟不起诉的案件实施了监督。强化案件流程管理，在侦监、公诉部门和10个基层检察院进行运行案件微机管理机制试点，实现了案件管理动态监督。规范办案行为，开展了以“一书（申请监督书）、两卡（执行办案和办案程序情况自评卡、个案执法执纪监督卡）”为重点的执行活动监督，提高了诉讼效率，保证了办案质量。队伍管理进一步规范，查处队伍自身违法违纪问题力度不断加大，共受理并查办案件线索40起，2人被诫勉谈话，1人受到纪律处分。

【接受人大监督的工作】 建立联系机制。坚持重要情况、重大活动向人大报告，听取批评、意见和建议，市检察院向市人大常委会专题报告了民事行政检察工作开展情况。办理市人大常委会交办和人大代表转交的案件245件。通过组织座谈、送阅《保定检察》、发征求意见函、个别走访等形式，把向人大代表汇报、接受监督的工作经常化。

领导班子成员

检察长
党组书记　周庆平
副检察长
党组副书记　孙元芳
副检察长
党组副书记　赵大明
副检察长
党组副书记　王启
副检察长
党组成员　王蓬蓬
副检察长
党组成员　彭少勇
反贪局长
党组成员　张华
纪检组长
党组成员　刘章栓
政治部主任
党组成员　周涛
党组成员　郭建新　安军旗

（戬察志）

审　判

【保定市中级人民法院】 保定市中级人民法院在市委领导、市人大监督下，主管全市的审判工作，业务上受河北省高级人民法院的监督和指导，审理法定管辖的第一审案件，基层人民法院移送审判的第一审案件，对基层人民法院的判决、裁定上诉、抗诉案件，以及对本院发生法律效力的判决、裁定、调解提起的再审案件；执行本院受理的第一审案件；监督和指导基层人民法院的审判工作。内部机构28个：立案庭、刑事审判第一庭、刑事审判第二庭、民事审判第一庭、民事审判第二庭、民事审判第三庭、民事审判第四庭、行政审判庭、审判监督庭、执行局、执行一庭、执行二庭、司法技术处、信访督办室、法警支队、政治部、组织人事处、法官管理处、教育培训处、宣传处、办公室、研究室、机关党委、纪检组监察室（合署办公）、计财装备处、老干部处、工会、妇委会。

【概况】 2008年全市法院在市委的正确领导，人大的有力监督，政府、政协的大力支持下，坚持以邓小平理论和“三个代表”重要思想为指导，以科学发展观为统领，贯彻落实“党的事业至上、人民利益至上、宪法法律至上”要求，扎实做好审判执行工作，保障社会和谐发展，全面规范审判管理，提高审判质量效率，综合治理涉诉信访，有效化解矛盾纠纷，大力加强法官队伍建设，提升法院良好形象，各项工作取得了新进展。全年，共审、执结各类案件42720件，结案率98.80%，再居全省第一位，为促进全市经济发展维护社会稳定提供了有力的司法保障。2008年省委政法委、省高级人民法院分别为保定市中院荣记集体三等功。

【刑事审判工作】 坚持严打方针，突出打击重点，大力开展“打黑除恶”和“冬季亮剑”严打整治专项斗争。共审结各类刑事案件5909件，结案率为98.70%，判处罪犯7681人。刑事审判加强了立案审查，严把证据关；建立了联席会议制度，定期与侦查、检察部门沟通协调；重大案件提前介入，做到快审快结。公开宣判了备受关注的“2·12”柴公敏杀人案，张强、李更新等涉及数十名被告人的组织、领导、参加黑社会性质组织案等重大刑事案件，震慑了犯罪，教育了群众。审判中坚持“罪刑法定”和“宽严相济”的刑事政策，惩罚犯罪与保障人权并重。该重判的决不轻判，该判实刑的决不判缓刑，该判死刑的坚决判处死刑，证据不足的依法宣告无罪。积极参与社会治安综合治理，坚持寓教于审，惩教结合，教育挽救青少年犯罪。改进减刑、假释工作，实行听证、公示制度，增强透明度，防止暗箱操作。对符合法定条件的3404名在押犯，予以减刑、假释，促进了罪犯改造自新。

【民事审判工作】 为实现全市“加快发展，争先进位”战略，法院制定实施了《关于为全市“加快发展，争先进位”提供司法保障和法律服务的指导意见》（即“服务发展48条”）和《关于服务和保障金融生态环境和社会诚信体系建设的实施意见》，明确了服务重点，细化了服务措施，提升了服务能力。全年，共审结各类民商事案件28792件，结案率为98.83%。审结国有企业破产、重组、改制案件47件，推进了企业改革，加快了企业破产重组，防止了国有资产的流失。加大了涉及民生案件审理力度，审结婚姻家庭、继承赡养、劳动争议等案件21016件，占民商事案件总数的72.99%。审判中，坚持“能调则调、当判则判、调判结合、案结事了”的原则，加大了调解力度。共调解结案18979件，调解率为65.92%，同比提高2.22%，高出全省平均调解结案率2.4个百分点。

【行政审判工作】 积极探索行政案件管辖和处理机制，加强行政案件协调力度。共审结各类行政案件265件，结案率为99.20%。其中通过协调方式结案137件，占51.69%，同比提高6.75%，保护了行政管理相对人的合法权益，促进了依法行政。

【执行工作】 加大执行力度，穷尽执行手段，实行了债务人限制高消费、限制出境、财产申报、悬赏举报等威慑机制，集中时间，集中人力，集中物力，开展了“迎奥运、系民生、促和谐、清积案”百日专项执行活动和集中清理执行积案会战，全市法院共执结各类案件7754件，执行标的金额64亿元，执结率为96.65%。清理“民生类”执行案件1551件，执结1392件，其中和解结案740件，和解率为53.16%，和解率居全省第一位，最大限度地维护了债权人的合法权益，“执行难”问题得到有效缓解。

【规范审判管理工作】 落实岗位目标量化考评办法，规范政绩考核。按办案多少、质量高低、信访量大小排出名次，半年考核，年终总评。打破了干好干坏、干多干少、干与不干一个样的弊端，激发了法官办案的活力，中院法官人均结案数比去年提高74.19%。保持了结案率、案件质量和涉诉信访等项指标全省先进的水平。将法律文书质量纳入年终考核，开展裁判文书评比，规范法律文书制作。进一步规范审判监督，不断完善《审判委员会规则》、《合议庭工作规定》等管理制度，强化院长、庭长的监督责任，实行案件质量层层负责制。对逻辑混乱、推理不准、裁判不公的案件推倒重来，发现一起，纠正一起，共评查各类案件32276件。强化庭审管理，重新定做和补充了桌牌、桌椅，明确法槌的使用，保证庭审的庄严、程序的合法。定期公布法律文书，接受群众和当事人的监督，增强审判的透明度。实行瑕疵案件责任制，规范办案责任。针对几年中68件被省院发还改判案件和院长检查出的13件假释案件存在的问题，刑事审判庭开展了为期一个月的教育整顿活动，收到预期效果。实行审委会委员评议正确率通报制度，委员参会次数，研究案件次数，发表正确错误意见次数，按正确率高低定期通报，强化了审委会委员的责任意识。司法管理的规范运行，扭转了工作无压力，努力无方向，实干无动力的工作局面，呈现出“三升、二降、一为零”（即审结率、执结率、调撤率上升，发还改判率、上诉申诉率下降，超审限案件为零）的良好态势，得到省高院和市委的充分肯定。

【治理涉诉信访工作】 围绕案结事了、息诉罢访，畅通信访渠道，注重办理效果，开展法院院长大接访和集中处理涉诉信访工作。主要领导亲自挂帅、公开接访，做到“有访必接、有接必果、有果必公”。对接访的案件逐案梳理，本着解决问题的原则，不论历经多少年，错了就纠，部分错部分纠，全部错全部纠，一批历史难案得到了彻底解决。为了防止旧的错案不断纠，新的错案不断出的恶性循环，加大信访案件倒查力度。结案后出现信访，有一件查一件，责任人该检查的检查，该处理的处理，该通报的通报，严格信访责任，强化信访管理。依靠各级党委支持，坚持“三位一体”调解，对重大疑难案件，坚持多元化处理，多起信访难案得到化解。2008 年，中院共接待群众来访 2392 人次，受理申诉案件 135 件，同比下降 45%；立案复查案件 328 件，结案 323 件，结案率 98.20%，同比上升 11.40%，实现了无非正常访、正常访比例大幅下降的目标，圆满完成了奥运安保任务，被市委评为“奥运安保工作先进集体”。

【加强法官队伍建设】 积极开展“人民法院为人民、人民法官为人民”主题教育活动，注重典型引路，大张旗鼓地宣传办案数最多、调解率最高的“全国优秀法官”曹文玓和“感动河北十大人物”、“全省优秀法官”樊德生等个人典型及 08 年被最高法院授予“全国模范法院”满城法院和“集体一等功”徐水法院等先进集体的事迹，召开庆功表彰大会，组织巡回报告团，充分发挥榜样的模范作用，有效调动了干警工作的积极性，焕发了队伍的活力。深化人事改革，实行竞争上岗，经过竞争上岗，6 名中层正职、15 名中层副职脱颖而出。坚持从优待警，在市委、人大领导的关怀支持下，为 13 名审判员解决了副处级待遇，12 名干警解决了正副科级待遇，8 名军转干部解决了职级不配套的问题，18 名挂职干部取得了审判资格。2008 年全市法院通过司法考试 54 名，通过率为 83.13%，居全省中院第一。11 月 11 日，市委在中院组织召开了全市政法队伍建设现场经验交流会。会议以法院“精神状态空前振奋、机关面貌焕然一新、办案质量明显提高、先进典型不断涌现”的结论，对全市法院工作给予了高度评价。《法制日报》头版以《公正高效为法院形象“自动加分”，河北保定中院从末位到一流的启示》、《河北政法报》等多家媒体专题进行报道，推广介绍了保定中院的经验做法。

领导班子成员

党组书记
院　　长　孙盘柱
党组副书记
副 院 长　李　毅　苑三国
党组副书记
纪检组长　徐占军
党组成员
副 院 长　刘文钧
　　　　　靳晓光
副 院 长　刘玉婷
党组成员
政治部主任　殷文胜

（晋层山）

司法行政

【保定市司法局】 保定市司法局是保定市人民政府主管全市司法行政工作的职能部门，业务上受河北省司法厅指导，是担负组织、指导、协调、部署普法依法治理、民间矛盾纠纷调解、安置帮教、法学教育、法律服务、法律保障、法律援助、司法鉴定等工作的行政执法机关。市局机关内设 15 个处室，下辖 25 个县（市、区）司法局。

【概况】 2008 年，全市司法行政机关全面实施“五五”普法规划，积极开展“法律八进”活动，加强各级干部和普法骨干培训，突出宣传奥运法制和事关社会和谐稳定的法律法规。积极开展“法律服务大动员，化解矛盾促和谐”百日专项活动，认真解决基层司法所人员编制、经费保障、基础设施建设方面存在的问题，进一步推进司法行政基层基础工作规范化建设，大力加强基层调解组织、各级各类调解人员的培训，全力维护“两节、两会”、特别是奥运会期间的安全稳定。全市共排查调处民间矛盾纠纷 5016 件，调处成功 5000 件，成功率 99.7%。全市各县（市、区）安置帮教办公室及各级帮教组织，对 2004 年以来的刑释人员进行了全面调查摸底，在此基础上，进一步强化了安置帮教工作，安置率达到 98%，帮教率达到 96%，重新违法犯罪率为 1.2%。全市 365 个社区矫正组织机构共接收各类服刑人员 2826 人，全部建立了监管、矫治教育档案。全市律师、基层法律工作者为 3740 家政府机关、企事业单位、社团组织及公民个人担任常年顾问。全市 79 家律师事务所、685 名执业律师共办理各类法律事务 13780 件。全市公证机构共办理各类公证 13415 件。基层法律服务共办理各类法律事务 8542 件。全市 28 家司法鉴定中心全年共完成鉴定业务 3830 例，90% 被办案机关采信。在做好律师函授和政法函大日常管理工作的基础上，成功组织了 2008 年度国家司法考试工作。

【开展了奥运法制百日集中宣传活动】 从 5 月底至奥运会结束，在全市范围内开展了大规模的百日集中宣传活动。协调市公安局、市检察院、市建设局、市审计局等 25 个市直部门对口 25 个县（市、区）开展送法入户工作。各县（市、区）也组织相关部门包乡、包村、包户开展工作。

活动期间，全市集中制作20块大型反映奥运会及奥运法制知识的大型展板，在全市重点宣传活动区巡回展览，发放奥运法制宣传资料710万份（册），全市27支文艺法制宣传队精心编排奥运法制文艺节目，深入基层进行演出，深受广大干部群众欢迎。16个县（市、区）、40多个市直部门根据自己实际情况，组织了大型集中宣传日活动。

【突出抓好重点普法对象的法律宣传教育工作】 认真落实中央和省《关于进一步加强领导干部学法用法，提高依法执政能力的意见》，完善干部学法用法制度。市司法局会同市委组织部、宣传部和市委办公厅等相关部门，制定下发《关于举办全市县级干部法律知识短期培训班的方案》。聘请河北大学法学院教授主讲，并刻录光盘，下发到各县（市、区）市直部门，全市1100余名副县级以上干部接受了培训。

【积极开展“法律服务大动员，化解矛盾促和谐”百日专项活动】 紧紧围绕全国“两会”和北京奥运会残奥会期间的社会稳定，从2月15日开始开展了“法律服务大动员，化解矛盾促和谐”百日专项活动，根据实际需要将“百日活动”延长到12月10日。从6月3日开始至9月底开展了“保平安奥运民间矛盾纠纷大排查、促化解服务季”活动。全市共排查调处民间矛盾纠纷5016件、其中婚姻家庭1531件、邻里1481件、合同146件、赔偿344件、劳动124件、村务管理20件、土地承包331件、征地拆迁12件、计划生育1件、施工扰民22件、房屋宅基772件、其他纠纷232件。调处成功5000件，16件正在调处中，成功率99.7%，防止民间纠纷引起自杀4件、防止民间纠纷转化为刑事案件9件、群体性事件12件。

【突出衔接环节，加强了安置帮教工作】 组织各县（市、区）安置帮教办公室及各级帮教组织，对2004年以来的刑释人员进行了全面调查摸底，并查找存在的问题，提出了改进措施，进一步加强了刑释解教人员的衔接工作，防止脱管和失控现象发生。在此基础上，进一步强化了安置和帮教工作，从而有效减少了重新违法犯罪。据统计，2004年至今，共接收刑释解教人员8081名，其中刑释7194名，解教887名，安置率达到98%，帮教率达到96%，重新违法犯罪率为1.2%，大大低于5%的控制标准。

【积极做好社区矫正工作】 为确保北京奥运安全稳定，2008年5月20日，组织召开了由市直有关部门领导和各县（市、区）政法书记、主管县长、司法局长参加的“进一步深化社区矫正工作会议”。印发了《关于做好奥运期间社区矫正工作的实施意见》。市委副书记李剑方、副市长李江舟分别对深化社区矫正工作进行了周密部署，提出了具体要求。为检查“5·20”会议精神的落实情况，市社区矫正领导小组于6月份组织了一次全面督导，把社区矫正工作责任分解到市、县各成员单位和乡镇、村（居），变“软任务”为“硬指标”，做到责任到人，层层签订责任状，营造了“党委领导、部门配合、多方参与、形式多样、各负其责、齐抓共管”的社区矫正工作新格局。全市共建有三级社区矫正组织机构365个，有工作人员（含志愿者）2331人。全市共接收各类服刑人员2826人（其中管制234人、缓刑2404人、假释55人、监外执行94人、剥夺政治权利39人），全部建立了监管、矫治教育档案。各级社区矫正组织规章制度健全，工作流程规范，档案材料齐全，目标责任落实。对社区矫正对象底数清、情况明，工作方法适当，效果明显。

【积极做好法律服务工作】 组织骨干法律工作者积极参与和做好市电台《行风热线》直播节目，直接与群众沟通对话，现场接受咨询解答听众法律咨询。并积极为“三农”服务，重点做好订单农业、农资采购的公证工作。组织律师和基层法律服务工作者做好劳务纠纷、经营纠纷的诉讼代理工作，减少或避免经营风险。全市79家律师事务所、685名执业律师共办理各类法律事务13780件。全市公证机构共办理各类公证13415件，其中，国内公事5155件、国内经济2433件、涉港澳台46件、涉外5781件。基层法律服务共办理各类法律事务8542件。举办各类社区大规模法律咨询服务活动3次，接待咨询群众3000余人。

【积极做好司法鉴定工作】 认真贯彻落实了全国人大、省人大关于司法鉴定的有关规定，组织完成了全市28家司法鉴定中心，302名司法鉴定人注册公告工作，组织完成了2期40名司法鉴定人参加省厅业务培训工作。全年各鉴定中心共完成鉴定业务3830例，90%被办案机关采信，为维护当事人合法权益，保证司法公正作出了积极贡献。

【进一步加大法律援助工作力度】

认真贯彻落实国家和省法律援助条例及省、市有关文件精神，进一步加大了法律援助机构建设力度，在市及25个县（市、区）全部成立了“四有”标准（有编制、有人员、有办公场地、有经费）的法律援助中心的基础上，在市直有关部门和驻保监狱建立了法律援助工作站，进一步扩大了援助范围。继续强化软件建设，建立健全了法律援助办案等六项制度，开展了以“法律援助献爱心”为主题的进农村、进社区大规模宣传活动。认真开展了法律援助工作，全年共办理法律援助案件901件，市、县两级法律援助中心和422个法援工作站共接待群众法律援助咨询5000多人次，“12348”共接受电话咨询15888多人次。

领导班子成员

局　　长　张庆增(10月离任)
　　　　　周立光(10月任)
副 局 长　宋三聪(8月离任)
　　　　　刘占博　郝春海
　　　　　师蕴珩
纪检组长　王小洪
政治部主任　杨海明

（王文鹏）

综合管理

宏观经济管理

【保定市发展和改革委员会】 保定市发展和改革委员会为综合研究拟订经济和社会发展政策、指导总体经济体制改革的市政府组成部门。负责研究提出全市国民经济和社会发展战略目标和重大方针政策，组织编制全市国民经济和社会发展中、长期规划和年度发展计划，研究分析经济形势和发展情况，全市经济体制改革和对外开放的重大问题，产业结构战略性调整和升级，区域经济和城镇化发展等方面的工作，承办市政府交办的其他事项。内设26个职能处（室）：办公室、人事教育处、政策法规处、发展规划处、国民经济综合处、经济体制改革处、固定资产投资处、产业政策处、外资利用处、地区经济处、农村经济处、交通能源处、经贸服务业处、高技术产业处、环境和资源综合利用处、社会发展处、就业和收入分配处、财政金融处、经济技术协作处、汽车办公室、重点建设领导小组办公室、重点建设项目稽察特派员办公室、机关党委、纪检监察室、老干部处、保定市工业经济促进局。7个事业单位：保定市交通能源办公室、保定市建设投资公司、保定市支援油田建设办公室、保定市黄金冶金矿山管理办公室、保定市能源监测站、保定市散装水泥办公室、农业区划办公室。2008年，在市委、市政府的正确领导下，市发改委认真贯彻落实党的十七大和十七届三中全会精神及市委九届五次全会精神，全面贯彻落实科学发展观，紧紧围绕全市经济社会发展中的大事、实事，积极谋划新思路，力求新突破，扎实推进各项工作，经济社会稳步发展，圆满完成了年度工作目标和市委、市政府交办的各项任务。我委对2007年设区市节能目标完成情况工作获得省政府通报表彰；在奥运电力安保及电力设施保护、行风评议等项工作中受到省发改委表彰，社会发展处获省发改委实绩突出先进证书；在基层党建、民生评议、落实十项政策、档案管理、奥运安保、人口和计划生育、财政决算、信息、政务督查、落实2008年《政府工作报告》等项工作中受到市级表彰，获先进单位。

【概况】 2008年，结构调整成效显著。规模以上工业增加值完成403.9亿元，增长16.9%；实现利税127.36亿元，增长5.9%。汽车及零部件、新能源及能源设备、纺织服装三大战略支撑产业加快发展，全年完成总产值160.67亿元，同比增长16.7%，占全市规模以上工业的比重为39.8%，对全市工业的贡献率达50.9%；实现利税16.72亿元，占全市规模以上工业的比重为32.4%，同比增长15.7%。其中，汽车及零部件制造业：整车销售34.9万辆，全行业销售收入256.54亿元，分别增长4.6%和10.3%；汽车出口9万辆，同比增长10.8%。新能源及能源设备制造业：销售收入、出口和实现利税分别达到254.21亿元、10亿美元和29.9亿元，同比分别增长48%、72%和41.8%。纺织服装业：全行业销售收入、实现工业增加值分别达到195.69亿元和58亿元，分别增长31.4%和19.6%。重点项目建设进展顺利。省、市重点建设项目均提前超额完成年度目标，其中，86项省重点建设项目完成投资183.9亿元，完成年度计划的131.2%；140项市重点建设项目完成投资234.9

亿元，完成年度计划的143.6%。进展较快的有顺平汇源果汁饮料、高阳宏润污水处理、乐凯集团TAC膜、廊涿高速（保定段）、涿州安泰金属新材料、满城中能风电、徐水巨力索具、大地检波器等15个项目投产；英利集团太阳能及电子级硅材料、河北建投2×9兆瓦垃圾发电、河北喜之郎休闲食品、天威集团年产46兆瓦非晶薄膜光伏电池、中纺集团保定依棉精品纺织服装，京石铁路客运专线（保定段）、涿州高性能碳化硅陶瓷基础复合材料等56个项目开工建设；高碑店奥润顺达节能门窗、定兴汉唐电子信息产品研发基地、清苑金瑞祥10万吨锌锭、河北亿万泰影像IT观光园一期工程等15个项目前期工作进展顺利，已完成备案（核准）手续。农业农村经济稳步发展。农业生产形势较好。粮食生产实现连续六年增长。播种面积1354.65万亩，全年粮食总产539.2万吨，增长4.1%；单产398公斤，增加22公斤。蔬菜种植206.8万亩，总产770.7万吨，增长1.5%。畜牧业平稳发展。肉类总产51.8万吨，同比增长10.1%；禽蛋总产36.5万吨，同比增长7.9%；鲜奶总产62.6万吨，同比增长19.5%；水产品总产5万吨，同比增长19.6%。结构调整顺利推进。实施“21111”调整计划，主要农产品产业带基本形成；全市区域特色种植基地达到55个，面积250万亩，占全市耕地面积的20%；培育芦笋、麻山药、中药材等新兴特色产业，种植面积达到79万亩；义务植树1450万株，完成造林面积52万亩；果品产量达到113万吨，无公害果品生产基地达到20.1万亩。新农村建设扎实推进。投资3.9亿元，修建改造农村公路898公里。新建农村户用沼气池4.8万多座。完成水土流失治理90平方公里、节水灌溉15万亩。解决了200个村、20万人的饮水安全问题。各项惠农政策落实到位。积极落实国家各项惠农政策，共发放粮食补贴和农业综合直补75777万元，良种补贴和农机补贴9949万元。县域经济支撑作用进一步增强。产业化经营水平进一步提升。全市国家级龙头企业1家，省级34家，市级203家，资产总额达100.63亿元，年销售收入达122亿元，产品出口总额达9.12亿元；其中34家省级龙头企业，年销售收入达57亿元，同比增长11.3%。县城基础设施进一步完善。22个县（市）供水、公交、燃气、供热、绿化等方面完成投资260亿元；各县（市）污水处理厂建成8个，在建13个，新开工22个；垃圾处理场在建5个，前期12个。民营经济不断壮大。全年全市民营经济完成增加值858.4亿元，同比增长11.5%；上缴税金77亿元，同比增长19.8%。县域经济加快发展。全年县域城镇固定资产投资占全市的比重达到70.2%，较上年同期提高2.6个百分点；县域规模以上工业增加值占全市的比重达到68.3%，较上年提高6.6个百分点；县域经济总量占全市经济的比重达到71.1%。服务业发展保持平稳。市级消费品零售额增长21%，县及县以下消费品零售额分别增长24.1%和21%。市场建设取得新进展。市场建设共投资1.4亿元，全市新建、改扩建市场13个，其中，瑞祥大街便民市场、高区便民市场已建成正式营业，工农路蔬菜果品批发市场扩建、秀兰小区便民市场等主体已完工，其他项目也在加快推进。“万村千乡市场工程”进一步推进。全市农家店已达到2800多个，农家店县（市）覆盖率达100%。旅游业增长略有下降。全年共接待国内游客1898.9万人次，创收92亿元，同比下降1.2%；接待国际游客7.4万人次，创汇2165.6万美元，同比下降3.2%。金融运行总体平稳。金融机构存款余额1977.8亿元，贷款余额711.5亿元，分别比年初增加353亿元和75.8亿元。改革开放取得新进展。行政管理体制改革加快。出台了《保定市“一主三次”城市发展规划纲要（试行）》，构建“一主三次”城市发展格局；深化行政审批制度改革，进一步减少和规范行政审批程序。全市累计取消行政审批项目1141项，削减率74.5%，削减力度居全省之首。国企改革进展顺利。完成了中纺集团对依棉集团的重组；第一批13户试点企业中，10户已破产终结，3户将进入拍卖程序；涞钢、涞铜破产重组的基础性工作已基本完成；田野、先锋等国企改革扎实推进；宝硕集团职工安置基本完毕，破产基本终结，宝硕股份股权重组顺利完成，资产重组正加快推进。27户列入市区区属国企破产、改制计划的企业，正积极稳妥推进。本市首家地方商业银行正式组建。对外开放水平进一步提高。香港“3·26”、廊坊“5·18”和厦门“9·8”招商洽谈会取得丰硕成果，共签约项目24项，拟利用外资6.46亿美元。与国际性大公司合作取得新进展，本市与国家发改委国际合作中心、IBM公司联合签署全面战略合作框架协议，联合建立中国城市国际合作项目保定联合创新中心、现代软件服务业基地等。全年利用省外资金129.9亿元，同比增长31.6%，引进技术628项，人才8608人。经济与社会、资源、环境协调发展。科技事业。河北立中有色金属、河北晨阳工贸等5家企业技术中心认定为省级企业技术中心，本市省级以上企业技术中心达到32家。全年规模以上高新技术产业增加值111亿元，增长18.6%。文化教育事业。市图书馆向社会免费开放；本市第一座现代化电影城——保定天映影城正式开业；农村电影数字化放映工作进展加快，组建了鑫广天映农村数字和东兴农村数字两家数字电影院线公司。体育事业取得新进步，本市7名运动员参加北京奥运会，其中，河北省获得的三枚金牌全部为本市运动员摘得；开展“农民体育健身工程”活动，为275个行政村配备体育设施。全部完成农村中小学取暖设施改造；全面取消义务教育阶段民办公助学校收费；资助优秀及贫困生近10万人。医疗卫生。新型农村合作医疗以县为单位实现全覆盖，参合率达到82.5%；101所乡镇卫生院建设全部建成投入使用；全市5998个村建有卫生室，覆盖率达96%。实行惠民医疗首诊及双向转诊制度。全年，全市惠民门诊共接诊近3万人次，减免费用120多万元；城镇居民基本医疗保险全面启动，参保率达50%；积极采取措施，有效控制了全市手足口病疫情；针对“三鹿奶粉”突发事件，对婴幼儿泌尿系统结石进行筛查，共筛查32.4万余人，确认3897人，376名住院患儿恢复健康出院。就业和社会保障工作。城镇新增就业7.29万人，城镇登记失业率4.1%；养老保险新增10万人；失业保险新增2万人。城镇低保人数达到10.3万多人，做到了应保尽保，补助标准每人每月增加75元；农村低保人口由上年的16万人增加到23.3万人，低保标准由年补助746元提高到970元。对城市低收入家庭5161户、13759人实施住房保障，共发放廉租住房租赁补贴499.7万元，全市共筹集建筑面积50平方米以下廉租住房374套。积极组织汶川抗震救灾活动，共捐款、捐物3亿多元。为保证灾民温暖过冬，又向四川平武捐赠衣被6.4万多件，捐款36.7万元。节能减排成效显著。万元生产总值综合能耗达到1.073吨标准煤，降低5%；万元工业增加值用水量达到63.7立方米，降低6%；主要污染物化学需氧量和二氧化硫排放量分别达到6.61万吨和8.67万吨，分别降低6%和2.25%。开展节能专项集中行动，8个重点县（市、区）和13家重点企业均能完成年度承诺目标。加强固定资产投资项目节能评估审查，严格执行国家“两高一资”项目禁限批政策。开展“蓝天行动”，市区共拆除烟囱44根、取缔改造燃煤锅炉398台，保定热电厂5、6、7号机组提前一年关停。市区空气质量二级以上天数312天，同比增加7天。实施“碧水计划”。全市13座污水处理厂正常运行，日处理能力达62.7万吨。“太阳能之城”建设加快。电谷锦江大厦并网发电；市区107个居民小区完成太阳能光电、光热应用改造，占总数的52.5%；市区17条路段太阳能路灯应用改造完成，共安装路灯513基；市区101个交通路口完成太阳能交通信号灯应用改造；22处景区完成太阳能应用改造，占2A以上景区的91.7%。

【全面落实科学发展观】 （一）编制《保定低碳城市规划》。我委成立联合课题组，与清华大学公共管理学院联合开展“低碳城市发展规划”研究编制工作，起草完成了《保定市人民政府关于低碳城市建设与发展的实施意见》。（二）加强对区域发展的统筹协调和分类指导。针对西部各县发展滞后问题，出台《加快西部地区工业发展的意见》，缩小区域发展差距，提高全市工业化水平。（三）加大对重点领域的规划指导。充分发挥市委、市政府的参谋助手作用，有针对性地进行专题谋划，完成了《争取列入省政府研究的专项工作》、《关于鼓劲加压力促四季度工作，确保完成全年目标任务的通知》、《关于贯彻落实冀发［2008］7号文，切实做好后几个月经济工作的建议》、《保定市2008年党政领导班子和主要领导干部定量考核目标》、《保定市2008年党政领导班子和主要领导干部非固定设置目标》、《关于人均GDP和非农产业增加值比重上半年完成情况》、《借鉴唐山经验、完善我市考核指标体系的初步意见》、《保定市生态移民规划》、《保定市粮食生产核心区建设指导意见》、《高标准粮田建设实施方案》、《保定市春耕备播情况》、《农民关心的热点问题》、《农业生产中的突出问题》、《保定国家汽车及零部件出口基地规划》（2008－2015）、《关于加快汽车工业发展的优惠政策》、《保定市汽车工业“十一五”发展规划及2015年发展目标》等一系列规划的编研工作。此外，为确保奥运会顺利召开，起草了《北京奥运会筹备及奥运期间对我市经济的影响》、《保定市奥运会后经济有关情况》和《奥运期间及奥运会后努力保持经济平稳较快发展的主要措施》等重要文件。（四）按照《政府工作报告》中所承担的目标任务严格抓好落实。我委承担《〈政府工作报告〉2008年工作落实方案》第一责任目标任务共计35项，其中：监控经济社会发展主要预期目标4项，各项业务工作31项，在所承担的31项业务工作中，提前完成2项，如期完成29项。

【全力推进项目建设】（一）加强项目谋划。一是围绕巩固优势产业上项目，重点围绕三大支撑产业和四大成长性产业安排项目。在省挂账重点项目中，新能源、汽车、绿色食品加工、文化旅游等4个主导产业的项目达到61项，占项目总数的43%。二是围绕培育新兴产业上项目，坚持多安排科技含量高、经济效益好的项目。2008年，省挂账重点项目中新能源、新材料、电子信息等高技术项目达到70个，总投资761亿元，分别占总量的50%和39%，大大提高本市的综合竞争能力。三是围绕促进社会和谐上项目。既注重围绕构建现代产业体系上项目，又注重安排城乡基础设施基础产业项目、富民项目、学校、医院等公共服务项目，提高了基础设施保障能力，促进社会和谐发展。（二）完善各项机制。一是制定《关于加快推进重点项目建设的意见》，建立重点项目建设推进机制，提出要加强项目管理制度、联席会议制度、责任目标制度、考核督导制度等7个方面的制度建设；强化重点项目建设的奖惩措施，对县（市）政府、高新区、白沟·白洋淀温泉城管委会实行百分制分类考核。二是制定《关于对2008年省挂账重点建设项目进行目标分解的通知》，对我市省挂账重点项目的责任主体、责任目标和时间进度提出了明确要求，调动了各级抓项目建设的积极性。三是起草《保定市2007年度重点项目建设工作奖励安排意见》、《保定市2007年度重点产业专项资金项目安排意见》，市政府对2007年项目建设先进单位进行了奖励，进一步激发了上项目、上大项目、快上项目的积极性、主动性。四是与统计局一同起草了《关于加强和规范重点项目建设统计工作的通知》，进一步规范了重点项目统计工作。（三）破解项目建设难题。一是积极争取省在项目、用地、政策等方面的支持。全年争列省重点项目112项，争取用地指标近万亩。二是多次召开项目调度会、联席会，同国土局共同研究确定了2008年用地计划，省分配用地指标优先满足了重点项目建设用地。在全年的全市用地指标中，安排省一二批重点项目4164亩。三是积极引导各县（市、区）挖潜，自行解决项目用地问题，有力地保障了重点项目的建设。四是积极协助市金融办组织银企对接活动，帮助重点建设项目搞好融资，解决资金难。（四）加强项目督导、落实，认真组织开展项目建设“三看一听”活动。积极配合办公厅准备相关材料，提前到项目现场踩点，制定工作方案，保证活动的顺利进行。在李谦常务副市长召开的省挂账新开工项目调度会后，为确保省挂账项目开工任务的完成，我委又分别两次与市政府办公厅、国土局、环保局和规划局联合组织召开了省挂账项目调度会，要求每个新开工项目制定开工方案，并与市政府督查室共同进行了专项督导。开工项目达45项，开工率80.36%。（五）狠抓重点产业支撑项目建设。一是狠抓第一批和第二批重点产业支撑项目的推进。加大对天威集团输变电成套设备及太阳能光伏电池项目、长安汽车定州基地等8个省重点产业支撑项目的协调、调度和督导力度；加强与土地、规划、财政等部门的沟通，确保省重点产业支撑项目建设责任书中有关支持政策的落实。二是狠抓第三批省重点产业支撑项目的申报和争列。先后十余次带领有关企业到省发改委汇报争取，先后5次邀请省发改委主管重点产业支撑项目筛选工作的领导到本市考察指导，使他们对本市申报的项目有了更高的认知度，同时加强对有关县（市、区）及有关企业的督导和指导。经省政府常务会议研究确定了巨力集团索具扩建、中国钢研院涿州新材料产业园等项目为省第三批重点产业支撑项目，截至目前，本市重点产业支撑项目总数为10个，位居全省11个设区市之首，占全省的五分之一。

【工业园区建设初见成效】指导各县（市、区）围绕全市确定的“3+4”产业格局，依托本地资源优势和产业特色，制定、修改和完善县域产业园区发展规划，研究产业园区改造提升、促进集约发展的措施并组织实施；筛选徐水县工业园区、定州唐河循环经济园区、白沟工业园区等10个投资规模大、市场前景广阔的园区上报省发改委，争取列入省重点支持的产业聚焦区，以获得省政府更多政策支持；同时将上述园区做作为全市重点推进的园区，在规划引导、项目布局、资源配置、协调服务等方面给予政策倾斜。并组织专门力量对各县（市、区）产业园区规划建设情况进行了专题督导，促进了县域产业园区的建设和发展。截至目前，全市已建成或基本建成县域产业园区40多个，另有20多个产业园区正在规划建设中。全市重点推进的“中国电谷”、涿州开发区、徐水县工业园区等16个产业园区从基础设施建设、项目投资规模、项目质量、项目建设进度、入驻企业个数、从业人员等各方面都取得了较大进展。

【加大结构调整力度，全力打造支柱产业】 （一）努力做大汽车工业，打造“华北轻型汽车城”。一是加快推进本市汽车工业基地建设。确保一期3个零部件项目（汽车变速器、灯具和压铸件）竣工投产，并加快推进二期2个项目的启动和三期5个项目的谋划建设。二是加快河北汽车基地建设。重点围绕CM10和CM20两个产品进行研发并扩建生产能力，加快推动了河北长安汽车公司2010年实现30万台扩能计划的实现，2008年达到了20万台生产能力。三是积极推进汽车及零部件工业区建设。在发展壮大“保定市汽车零部件工业基地、长城汽车工业园、河北长安汽车工业基地”三大园区的基础上，加快谋划和建设了“清苑、徐水、顺平、定兴、高碑店、中兴”六个园区。四是积极开展招商引资工作。分别在“太湖明珠”无锡市和“中华龙城”常州市举办2008“华北轻型汽车城”保定汽车零部件投资说明会。于群市长亲自率团参加，200余家客商到会，积极与本市参会企业代表商谈，并有多家企业表示要来保定亲自考察参观，谋求合作发展。（二）积极发展能源产业，打造“中国电谷”。2月，本市作为新能源高技术产业化基地获得国家批复，是我省唯一一家国家批复的高技术产业化基地，市政府提出了“中国电谷”发展战略，打造中国可再生能源产业战略发展平台。截至2007年，本市新能源产业基地已经形成光电、风电、节电、储电、输变电与电力自动化六大产业体系，拥有相关企业160家，实现销售收入175亿元，出口创汇5.3亿美元。拥有3个国家级企业技术中心，4个省级技术中心，3个国家及省级研发中心，25个高新区级企业技术中心，取得各种国家行业标准30项，科研成果300多项，专利350多项，多项已经达到国际、国内领先水平。新能源与能源设备产业以龙头企业为核心，带动相关配套产品快速发展，形成了较为完善的产业链和产业基地雏形。（三）推进纺织服装业整合升级。及时与东纺7县和有关企业联系、沟通，结合各县的整合升级工作进展情况，制定了全市纺织服装产业整合方案。组织筹备了2008中国·纺织服装产业宁波推介会，本市参会企业46家。组织纺织服装企业参加清华大学招聘会，发布招聘岗位12个，技术攻关课题4个。

【搞好监测、调度、分析，确保经济工作平稳运行】 一是继续坚持月通报、季分析制度，做好全市工业经济发展走势的预测工作。二是强化工业经济分析调度，积极应对世界金融危机、生产要素供给紧张、价格高涨、国内外市场不确定因素增加等诸多不利影响，努力开展工作。适时召集对全市工业经济影响较大的30户重点企业和有关县（市、区），召开工业经济运行调度会，梳理运行中存在的问题，确保本市工业经济平稳运行。三是加强电力需求管理，进一步完善用电计划管理，确保电力有序供应，保证重点单位和重点企业用电，把因电力供应紧张可能造成的影响和损失降到最低限度。四是进一步搞好要素协调。特别是针对电煤供应紧张的状况，重点协调大唐保定热电厂电煤供应，多次派人与企业一起到有关部门联系煤炭和车皮运输。在特殊阶段，坚持每日汇总分析有关情况，及时向有关领导报告，为领导提供决策依据，确保了春天异常天气下本市企业和居民正常的生产、生活用热。

【搞好资源综合利用，抓好节能降耗工作】 建设“太阳能之城”，为节能降耗开辟新的空间。2008年度全市GDP能耗降低率完成6.3%，作为本市太阳能之城建设的标志性建筑，电谷锦江国际酒店的太阳能幕墙已并网发电。按照省、市“三项工作”集中行动的统一部署，我委牵头成立了市节能工作领导小组，开展为期一个月的节能工作专项集中行动。制定了《保定市节能工作专项集中行动实施方案》，重点检查各县（市、区）政府和“双百”、“双三十”、“8+13”的19家企业，突出年度目标的预考核，督促各级各部门及时发现问题并进行整改。截至目前，生活小区、交通信号灯、市区道路、公共场所、景区、学校、医院、酒店、企业等领域太阳能应用改造工作都在有序进行，全年累计完成投资15872.81万元。

【着力抓好改革工作，为经济发展增添动力和活力】 统筹指导全市经济体制改革工作，完成了《关于深化重点领域体制改革的意见》，对全市经济体制改革七个方面的重点工作做了较细致的安排，提出明确的目标任务、具体要求及责任部门，使全市改革有规划、有目标、有落实，体现了重点突出，做到整体推进。重点抓好对扩权强县各项政策的落实，加强对涿州、定州、安国扩权强县工作的跟踪调研和督促检查，及时协调解决扩权强县政策在具体实施中出现的问题，引导扩权县（市）用足用好政策，促进本地经济更快更好发展。并做好第二批“扩权强县”和“强镇扩权”工作。继续深化投资体制改革。随着国家投资体制改革的不断深入，我委按照国家、省文件精神，提出了下放企业投资项目审批权限的意见，即在已出台的固定资产投资项目核准、备案管理办法的基础上，将各县发改部门的审批权限由3000万元上升到5000万元。转发省发改委《进一步转变职能、深化投资体制改革的实施意见》，进一步扩大了各县（市、区）的审批权限，明确除由省级管理以及跨市域、跨流域的项目外，一律按属地原则，由项目所在县（市、区）投资主管部门备案，市投资主管部门只负责城市规划内和跨县域项目的备案。审批权限的下放，极大地提高了县发改部门工作的积极性，对减少审批环节、降低行政成本、提高工作效率都将起到积极地推动作用。

【积极组织招商，扩大对外开放，搞好经济技术合作】（一）依照市政府与国家发改委国际合作中心（简称“国合中心”）签订的合作框架协议，多次接待、组织国合中心介绍引荐的美国IBM公司、德国MSM公司、瑞士UCIC公司等国际机构来保考察、洽谈，成立了国合中心、IBM、保定市三方联合工作组，并签署了《中国城市（保定）国际合作项目全面战略合作框架协议》。组织参加了“3·26”河北（香港）投资贸易洽谈会、“5·18”东北亚暨环渤海（廊坊）国际商务会、“9·8”厦门投洽会等几次大的招商活动，共签约外资项目24个，取得巨大成效。（二）利用国际金融组织贷款项目取得积极进展。白洋淀流域生态系统综合管理与环境保护项目进展顺利，22个子项目可行性研究报告全部获批，打捆项目环评获省环保局批复，项目资金申请报告获国家发改委批复，项目贷款谈判已完成，大部分子项目年内开工。高碑店市拟利用亚行贷款实施小城镇综合治理项目，亚行已完成项目识别考察。（三）积极搞好区域经济合作。9月20日，在石家庄市召开的“第十三次环渤海地区经济联合市长联席会会议”上，保定作为市长联席会新成员市获得全体成员市的表决通过，为本市融入环渤海地区经济圈、加强区域合作、共同发展提供了平台。

【主动接受工作指导，积极争取上级支持】（一）加大跑办力度，积极争取国家和省资金向本市倾斜。1～10月，共落实城建、农业、社会事业、农村公路、淘汰落后产能和产业贴息、资源节约和节能奖励、物流、经贸流通、社会服务业、高新技术产业化等方面560个项目的中央预算内资金36313万元，省级预算内资金2300万元。（二）抓好“全国发展改革试点镇”争列工作。积极邀请国家和省发改委发展规划处领导以及邀请全国小城镇发展研究中心来本市指导，实地考察调研。做好涿州松林店镇等小城镇争列试点的前期工作，将涿州松林店镇成功列入“第二批全国发展改革试点小城镇”，占全省六分之一。（三）积极与多家大企业集团寻求战略合作。为实现水泥产业结构战略调整，我委多次邀请北京金隅集团、冀东集团等高层领导到本市考察，并多次组织外地集团负责人到有关县实地勘测，经过洽谈、协商和考察，三大水泥项目落户本市。（四）抢抓机遇，争取提高保定客运站站房建设标准。抓住京石客运专线建设机遇，积极跑部进厅，到铁道部及京石客运专线公司汇报本市经济发展需要和城市规划，争取修改铁路部门设计方案，将保定站房面积由5000平方米增加到2万平方米；将涿州、高碑店、定州站房面积由2000平方米增加到5000平方米。目前铁路方面及京石客运专线公司对本市提议均表示支持。（五）国家拉动内需促进增长的政策措施得以落实。本市上报国家2008年底新增1000亿元投资项目381个，总投资828亿元，申请国家投资164亿元，已争取到中央投资2.54亿元，在全省名列前茅。

【围绕经济建设，加强机关内部建设】（一）深入开展学习实践科学发展观“四个征集”活动。根据市委相关文件要求，迅速制订实施方案，利用三周时间共征集到科学发展群众语言32条，科学发展群众意愿8条，科学发展先进事例2个，不符合科学发展现象8条。（二）深化反腐倡廉教育活动。一是组织开展“解放思想大讨论”主题教育活动。通过活动，全体党员全面把握了科学发展观科学内涵及精神实质，主动摒弃与科学发展“不符合”的观念，把推进经济发展的积极性引导到科学发展的轨道上，促进各项工作再上新水平。二是按照市纪委要求，在全委组织了《建立健全惩治和预防腐败体系2008－2012年工作规划》知识问答测试。三是积极开展勤政廉政先进典型教育、反面典型案例警示教育、党纪政纪教育活动，教育广大党员干部牢固树立宗旨观念和服务意识。（三）全面开展政风行风建设。制定《民主评议政风行风建设工作实施方案》，对全年政风行风建设进行了部署，并进行督促检查。通过《政风行风建设承诺书》，向社会公开承诺，请社会各界给予监督。强化系统指导，继续实行政风行风建设联系制度。制定《2008年系统政风行风建设工作包县（市、区）具体分工意见》，委领导和处长按照确定的重点联系县（市、区），采取明察与“暗访”相结合、实地考察与听取汇报相结合等形式，对县（市、区）发改局进行指导与检查。9月份下发《关于加强政风行风建设工作的通知》，再次进行了一次全面督导检查，特别是对政风行风建设近两年排位相对落后的县（市、区）加大了督导力度。（四）积极开展治理商业贿赂工作。继续将开展治理商业贿赂专项工作作为今年反腐倡廉的工作重点，作为党风廉政建设责任制的重要内容，建立有效的工作机制，适时向市纪委报告工作进展情况。建立健全规章制度，加大对重点处室、岗位的监督管理。（五）大力推进行政权力公开透明运行工作。制定《2008年深入开展行政权力公开透明运行工作实施方案》、《关于对行政许可事项（行政职权）办理情况实施效能监督检查的方案》，组织有关主任及处室负责人召开专题会议，对行政许可事项办理情况实施效能监督检查工作进行安排部署。并通过明察暗访等形式，加大行政许可事项（行政职权）办理情况效能监督检查力度。对本委行政权力进行清理和规范，重新制定了职权目录，并对流程图进行必要的修订。采用政务公开栏、办事指南、明白卡、发改委网站等多种形式对行政职权进行公开。（六）深入开展“优化发展环境，激活市场主体”活动。成立了活动领导小组及办公室；制定了本委的落实《方案》；迅速确定县级领导干部结对联系企业名单。在一个月的时间内，各委领导分别利用一至两周的时间，深入到各自联系的结对企业中去，对企业全方位地细致地调查研究，全面摸清企业发展状况和存在的主要问题，积极协调，为企业发展解决难题。我委领导干部针对存在的问题逐一分析，剖析问题的根源，搞清发展的“瓶颈”，归纳、提炼出内容具体、可操作性较强的建议并形成12份调研报告。建立加强机关效能建设、提升服务水平等10项长效工作机制，并以网上公开和公示栏的形式向社会做出承诺，进一步将“创优发展环境、激活市场主体”活动引向深入。

【齐抓共管，积极做好对口援建工作】 作为本市支援四川地震灾区生产过渡安置房生产组牵头单位，积极帮助企业协调联系原材料，并按时间要求组织生产，截止到7月中旬圆满完成了支援灾区过渡安置房生产任务。按照省政府的要求和市政府安排，对口支援四川平武县响岩镇恢复重建工作领导小组办公室设在市发改委。自接到任务后，我委积极与省对口支援办公室取得联系，及时掌握对口支援工作动态，协调各项工作，落实到位。在郝国赤主任亲自调度安排下，对口援建办公室仅用两天时间，为工作队配齐了工作用车、办公用品、御寒衣被、取暖设备等，精心为工作队员创造良好工作、生活条件。作为河北省首个抵达平武县的市，本市对口援建工作队于11月12日下午正式进入响岩镇开展工作，受到省前线指挥部的高度赞扬。

【圆满完成奥运安保工作任务】 根据市委、市政府关于在全市开展“保稳定、促发展、迎奥运”活动的总体部署，我委围绕奥运安保“四个坚决防止发生和一个确保”的总要求和突出抓好维护农村社会稳定、排查化解矛盾纠纷、强化基层基础工作、理清经济发展思路，推进社会主义新农村建设等重点工作，充分依靠各乡镇党委、政府和村党支部、村委会，狠抓各项奥运安保措施的落实，较好地完成了奥运安保工作的目标任务。我委成立了以主任郝国赤为组长、副主任王向明为副组长，办公室、人事处、监察室具体负责的“保、促、迎”活动领导小组，选派了24名政治过硬、业务精通、群众观念好的干部，分为5个小组深入一线。建立“一把手”负总责、分管领导具体负责的责任制，实行责任捆绑连带，将责任落实到人，形成一级抓一级、层层抓落实的良好机制。经过80多天的坚苦工作，我委圆满完成了奥运安保工作，被授予全市“奥运安保工作先进集体”，6名队员受到嘉奖。

领导班子成员

党组书记
主　　任　吕玉锦（6月离任）
　　　　　郝国赤（6月任）
副 主 任　苑丰平　王向明
　　　　　汪立柱　曹继东
　　　　　孙志强
　　　　　杨国庆（11月免）
　　　　　刘建国　李建领
　　　　　杨　军　王建华
　　　　　康　青
纪检组长　孙振军
调 研 员　闫　强（7月免）
　　　　　郭　岩
　　　　　杨国庆（11月任）
副调研员　王志军　尹绪龙
　　　　　李文恒
　　　　　毛苏宇（10月任）
　　　　　陈　隽（10月任）
　　　　　张卫强（10月任）

（张林峰　赵志刚　刘晓宇）

统计管理

【保定市统计局】 保定市统计局是主管全市统计和国民经济核算工作的市政府工作部门，业务上受河北省统计局和市政府双重领导。保定市统计局设10个职能处室。全局干部职工109名。保定市统计局主要职责是：（一）拟定保定市统计工作规章；制定统计改革、统计现代化建设规划和统计调查计划；组织领导和监督检查市内各县（市、区）、各部门统计和国民经济核算工作，监督检查统计法律法规实施情况。（二）贯彻执行国家、省国民经济核算体系、统计指标体系和基本统计制度；管理全市各项核算制度；制定地方统计调查标准和统计调查制度；组织管理、审批各县（市、区）、各部门统计调查项目（包括社会和涉外）、调查计划、调查方案；组织全市统计登记工作。（三）组织完成国家、省部署的普查任务；研究提出重大市情市力普查和抽样调查计划，并组织实施；组织各县（市、区）、各部门社会经济调查，汇总、整理全市基本统计资料；对国民经济、科技进步和社会发展等情况进行统计分析、统计预测和统计监督，向市委、市政府及有关部门提供统计信息和咨询建议。（四）统一核定、管理、公布、出版全市性基本统计资料，定期向社会公众发布全市国民经济和社会情况统计信息。（五）管理全市统计信息自动化系统和统计数据库体系；管理全市统计数据库网络。（六）组织管理统计人员持证上岗，协助组织管理统计专业技术资格考试和专业技术职务评聘工作。（七）承办市委、市政府交办的其他事项。

【概况】 2008年，在市委、市政府和上级统计部门正确的领导下，在市人大的监督指导下，我局以科学发展观为统领，认真贯彻党的十七大和省委、市委一系列精神，围绕市委、市政府工作中心，强化统计服务、扎实推进统计改革，圆满完成了各项任务目标，统计各项事业蓬勃发展，为全市经济社会发展作出了积极的贡献。

【重大普查、调查工作】 经济普查是集工业、建筑业、第三产业和基本单位普查于一体的大型综合性普查，是一项重大的集国情国力、市情市力调查，目的是摸清全国经济状况和经济结构，为更好的指导经济发展，进行经济决策提供信息支持。按照全省统一部署，7月2日，市政府下发《保定市人民政府关于认真做好第二次全国经济普查工作的通知》，组建了保定市第二次经济普查领导小组办公室，以此为标志，本市的经济普查工作全面展开。7月15日前，各级经济普查领导机构和办事机构全部组建完毕，为普查工作的开展提供了组织保障。按照上级要求，普查各项准备工作逐项落实。一是以市政府名义，召开了部门协调会议，建立了联络员制度，明确了部门间的职责分工。二是启动了普查宣传工作，利用各种媒体，广泛开展宣传活动，增强群众参与意识，争取社会各界的理解、支持和配合。三是开展了全市范围的普查工作人员业务培训工作，分批次对全市选调普查员、普查指导员进行了培训，共培训工作人员2万余人。四是全力配合，协助省普查办完成了全省的普查综合试点工作，利用一个多月时间，开展了普查全方位的演练。市政府领导和普查试点单位、清苑县、南市区政府领导亲自指导普查试点开展，普查试点取得圆满成功，为全省普查工作开展积累了经验。五是开展了全市范围的经济活动单位的清查工作，在认真整理清查底册的基础上，对各普查区经济单位个数、行业分布、户数、人口数重新进行汇总整理，形成各普查区清查底册，以此为基础，深入到普查区的每个角落，耐心细致、扎扎实实做好清查工作，基本做到了单位全、行业清、数据准，为下一步普查登记开展创造了条件。

农业普查工作取得圆满成功。经过全市5万余名普查工作人员的不懈努力，完成了普查登记工作。开展了普查质量抽查工作，对普查登记事后质量进行了严格的把关。克服各种困难，圆满完成了普查数据处理工作。分期发布保定市第二次全国农业普查公报，向社会公布了普查的主要结果。圆满完成了上级多次的检查验收，本市的普查工作多次得到上级领导的肯定。全市有56家单位获国务院农普领导小组的表彰，180多名同志荣获国家级农业普查先进个人称号。

圆满完成各种专项调查任务。按照全省统一部署，完成了投入产出调查、人口和劳动力调查、群众安全感调查、组织工作满意度调查、工业企业创新调查等各项调查工作。

【能源统计改革取得突破】 一是全市初步建立了能源统计体系，完成了全市能源平衡表的编制工作，建立了能源考核通报制度。二是加强能源机构及队伍建设。以市两办文件和市编办文件，正式下发了成立能源统计机构的通知，在人员编制方面提出了明确要求，为基层能源统计机构的设立提供了依据，各县（市、区）能源统计力量不同程度得到加强，能源统计工作取得新进展。三是加强能源统计核算工作。适应节能减排工作需要，加强了对能源统计工作的领导，以市政府名义下发了《关于成立保定市能源统计核算工作领导小组的通知》，《保定市单位GDP能耗统计指标体系实施方案》和《保定市单位GDP能耗监测体系实施方案》，制定了本市能源统计指标体系和监测体系，建立、完善适用于各产业、行业特点的能源统计、调查、核算、评估方法与制度。四是圆满完成了省节能减排领导小组对本市2007年度节能目标责任评价考核工作，并得到了省节能减排考核组的充分肯定。

【统计咨询服务工作成绩显著】 一是定期开展经济分析和预测，跟踪全市经济运行态势。建立了城市化发展监测体系，完善民营经济、项目建设、服务业等统计监测评价体系，统计咨询服务工作越来越受到各级领导的高度关注。二是积极参与全市经济综合考核。建立了《县域经济发展综合评价体系》，并经市委同意，对各县（市、区）经济工作进行了综合评价。按月向市政府提供各县（市、区）主要经济指标目标完成排队情况，由市政府通报全市，推动全市经济工作开展。参与全市《百强乡镇评选方案》中经济工作部分评价办法的制订，建立完整的考核方案，并和市考核办一起，对全市乡镇经济工作开展考核。三是按照市政府主要领导指示，为更加科学合理的分解目标任务，本着目标既能鼓劲加压，又能确保实现的原则，由市局各专业业务骨干集体研究，对各县（市、区）全年考核目标重新进行修订，使考核目标更加科学合理。四是参与谋划市政府《重点项目“听、看、录、帮、考”工作机制的实施意见》的制订，并积极参与对各县（市、区）重点项目建设情况进行审查考核评价及录制工作。五是配合“三看一听”活动的开展，局主要领导随于群市长深入20多个县（市、区），检查指导经济发展和项目建设情况，并对20多个县（市、区）经济工作开展情况进行工作点评，对各县经济工作中存在的问题进行分析和指导。六是整理完成了2002～2007年保定市及22个县（市、区）主要经济指标在全省位次的变动情况数据和分析工作，同时定期为市委、市政府主要领导提供全省其他地市主要经济指标完成情况统计数据和社会发展主要数据资料专报，供市委、市政府指导我市经济发展参考。另外，市局撰写了大量的经济分析报告，有10余篇得到市委、市政府领导批示，为市领导指导工作发挥了应有的作用。

【统计数据质量保障措施不断完善，数据质量不断提高】 采取多种措施，确保统计数据的客观准确，使数据准确反映经济发展的趋势。健全完善了数据质量控制制度。实行数据质量分级负责制，修订并不断完善相关评估制度。强化数据监管力度。改进和加强了GDP核算工作，对工业、农业、建筑业、贸易业实施了下管一级，加强和改进GDP核算工作的组织领导，按照“核算综合协调、专业分工负责”的原则，组织开展了全市GDP核算业务工作，对各县（区）GDP数据联审，对主要专业数据下管一级，有效地提高了数据质量。完善贸易统计制度，开展限下及个体户抽样调查工作。实施新开工项目认证统计制度，推进重点贸易企业联网直报，稳步推进大中型工业企业联网直报并轨，加强了基本单位名录库建设。劳动统计范围从目前的城镇单位扩大到全部私营企业，编制了私营企业工资统计数据处理系统，为私营企业工资统计工作的顺利开展奠定了基础。

【统计保障能力大为提高】 一是深入贯彻省《关于进一步改进和加强统计工作的意见》，基层基础工作得到加强。开展统计从业人员资格认定工作和县级统计机构业务工作规范评定工作。完成统计从业人员资格考试和培训及统计专业的职称考试工作，提高了统计人员的业务能力和素质。按照全省统一的基层统计工作规范化标准和县级统计机构业务工作规范评定办法要求，制定《县级统计机构业务工作规范赋分标准》，对统计基层基础工作进行规范，并深入到乡镇对基层基础建设进行指导、帮助和检查，使基层基础工作得到有效加强。开展对基层统计人员业务培训工作。为提高基层统计人员业务素质，先期对涿州、高碑店、涞源、涞水、定兴、容城、雄县、易县8个县（市、区）的主管领导及所属乡镇的140余名专职（兼职）统计员进行了业务培训。市局业务人员对统计法律法规和统计业务知识进行了授课和讲解，对乡镇统计基础和规范化建设提出了要求，基层基础工作和人员素质得到了提高。二是完成了市、县、乡三级联网目标，实现统计信息资源共享。扎实推进县、乡联网建设，在组织模式上提出市、县、乡三级联网工作“一把手”工程，采取包县责任制，对所分包的县三级统计联网工作全程负责督导。每月在局内网重要位置上公布县乡联网工作进度，并将联网工作与年度评比挂钩，未完成市县乡三级联网目标的，取消2008年度先进评比资格。目前全市全部县（市、区）完成联网任务。三是统计法制建设得到加强。以“12·4”全国法制宣传日等重大活动为契机，通过多种形式广泛开展了统计法制宣传工作。严肃查处违法行为，确保数据质量和统计权威，执法力度不断加大。集中开展查处统计违法行为的执法大检查活动，各基层单位广泛开展自查活动，在自查工作期间，共召开各类型各层次动员会50余场，参加人数达1000多人。90%以上统计单位开展了自查自纠。2008年，市、县两级统计部门共检查1100余个单位，立案查处统计违法案件72件，结案72件，罚款处罚21件，通报批评31件，有效保障了统计工作的正常秩序，优化了统计工作的环境，维护了统计法的严肃性。四是统计队伍建设不断加强。坚持以人为本，注重对干部的培养和使用，强化了对统计干部的管理和业务培训工作。一批年轻同志被充实到领导班子岗位，统计力量得到加强。在全系统大力弘扬统计精神，把促进统计干部队伍的全面发展与统计事业的整体发展联系起来，逐步形成有利于统计优秀人才脱颖而出的新机制，激活统计人员的积极性、主动性和创造性。

领导班子成员

局　　长
党组书记　单光辉（7月离任）
　　　　　梁瑞萍（8月任）
党组副书记　梁瑞萍（国家统计局保定调查队队长，7月离任）
　　　　　李凤江（7月任）
副 局 长　李凤江（7月离任）
　　　　　闫国成　李长根
纪检组长　牛力学
调 研 员　陈永华（8月离任）
　　　　　魏朝晖（11月离任）
副调研员　何树新　贺新平

（葛向东　温　薇　沈国清）

人事管理

【保定市人事局】 是市政府下设的综合管理全市人事工作、推进人事改革的职能部门。担负着人才引进、开发、交流，公务员录用、聘用、调配，培训教育、专业技术人员管理、工资福利、非师范类大中专毕业生就业指导和机关事业单位人员岗位结构调整等工作任务。下设10个职能处室：办公室、综合计划处、录用聘用调配处、考核任免奖惩处、培训教育处、工资福利处、专业技术人员管理处、职称管理处、工人培训考核处、军官转业安置处。下设4个事业单位：人才交流服务中心、人事考务中心、自主择业军转干部管理中心和转业军官培训中心。

【概况】 2008年，在市委、市政府的正确领导下，在省人事厅的具体指导下，我们坚持以邓小平理论和“三个代表”重要思想为指导，深入贯彻落实科学发展观，按照市委九届五次、全市经济工作会议和全省人事工作会议的安排部署，进一步解放思想，开拓创新，圆满完成了年度工作任务。

【积极深化“双百工程”】 为了进一步延伸“双百工程”，搭建好校企共融共济平台，重点完成了与清华大学的联姻合作。一是市校合作正式签约。3月14日，市政府与清华大学人才与科研开发合作在清华园成功签约。二是清华校园专场招聘会成功举办。3月22日，以“中国电谷·低碳保定”为主题的“保定市2008清华大学校园专场招聘会”成功举办。本市企事业单位65家前往招聘，现场接待洽谈1900余人次，收到毕业生求职材料800多份，共引进全国重点大学的学士、硕士、博士271人，这是本市首次在全国著名高校举办的专场招聘会。三是清华大学选派赴保挂职青年干部到位。7月29日，清华大学选派本市的首批优秀青年干部正式挂职上任。分别挂任市规划局、市建设局、市卫生局、市政府、市环保局等部门的领导班子副职。四是借助市校合作柔性引才已经展开。4月17日，积极促成了清华大学信研院专家为市建设局的“数字建设稽查项目”的科研攻关，作为首次柔性引进全国著名高校人才智力，清华大学信研院的专家，在亲临保定实地考察基础上，多次召开专家会议，专题为此项目进行专门会诊，目前已经制定出具体解决方案，正在全面实施。五是市校履约机制已经形成。4月1日，我局向市政府专题呈报了《关于与清华大学合作进展及履约的报告》，就今后履约有关事宜提出了具体建议，市委、市政府主要领导给予了重要批示，对今后履约事项按照部门职能进行了明确分解，涉及我局的履约事项目前已经全部完成。另外，2008年的“双百”工程在过去重点为企事业单位引进人才“铺路子”的基础上，又向为企事业单位现有人才进步成长“搭梯子”方面延伸，在人才培训、职称评定等方面为企事业单位提供“无边界服务”。

【军转干部安置和稳控工作】 2008年，全市共接收转业干部547名。其中计划分配499名，自主择业48名，随调家属27名。为了把军转干部安置好，一方面，紧紧围绕“在部队表现优，回地方就安置好”这一导向主线，大力宣传军转安置政策，使全社会都能认识到军转工作的特殊意义。同时，在坚持公平、公正、公开的安置原则上，继续坚定不移地执行“一个导向、六个公开、两个制约”的安置办法，坚持阳光操作，严格按程序办事，圆满完成了安置任务。

【毕业生就业工作】 为促进毕业生就业，3月21日在河北农大举办了全市高校毕业生就业洽谈会，256家单位参加，提供就业岗位4370余个，涉及82个专业，2800余人达成就业意向；同时组织本市长城、天威、河北建设集团、乐凯等主要大型骨干企业参加网上招聘会两次，引进高层次毕业生373名。全年共为13469名高校毕业生办理了就业派遣手续，共接收、整理、转递档案28670多人次，受到毕业生和家长的好评。由于服务到位，政策到位，指导有力，本市毕业生就业工作被评为“河北省非师范类大专毕业生就业工作先进单位”。11月，按照中央部署，经与各部门积极协调，共安排地震灾区高校毕业生14名（安置到市直和5个县市区的事业单位、涉及岗位12个）。

【公务员招录工作】 按照省厅《关于全省公安机关招录公务员（人民警察）工作的实施意见的通知》（冀人字［2008］59号）精神，为充实公安基层力量，确保奥运安全，坚持“公开、平等、竞争、择优”的原则，按照德才兼备的标准，采取笔试、面试与考核相结合的办法，面向社会和近几年来未就业的警校毕业生招录909名警察，圆满完成了招录任务，得到了社会的充分认可。

【严密组织事业单位公开招聘】 按照市政府主要领导的指示精神，为了做好市卫生系统、教育系统工作人员招聘工作，认真规范公开招聘方案，严格操作程序，加大公开监督力度，确保卫生系统公开招聘工作圆满完成。这次招聘共涉及100个职位、501个招聘名额，共有1576人报名，经笔试、面试有391名脱颖而出，此举受到社会的好评。教育系统的招聘工作，待市政府批准招聘计划后进行，目前准备工作已就绪。同时完成了市环保监测站招聘5名高层次专业技术人员工作，指导唐县、易县、涿州、徐水、高新区等县（市、区），完成教育、卫生、农技等部门的公开招聘工作。

【公务员更新知识培训及专业技术人员继续教育培训工作】 认真贯彻落实中央关于大规模培训干部，大幅度提高干部素质的指示精神，紧密结合本市实际，以提高全市公务员和专业技术人员能力素质为核心，深入扎实地开展人事教育培训工作，取得了较好效果。共完成公务员培训17000人次，其中组织公务员MPA核心课程培训班近120期，培训人员16000人次；举办信息化与电子政务培训班3期，培训人员287人次。组织人事干部培训1期，培训人员132名。培训专业技术人员120563人次，其中完成专业技术人员创新能力培训考核32700余人。

【加强高层次高技能人才队伍建设】 一是按照“完善、创新、提高”的工作思路，结合本市实际，进一步规范完善了本市高层次人才培养、考核和选拔“三位一体”的管理机制；二是下发了《关于对全市高层次人才实施培养、考核的通知》；三是培养考核工作重点在培养内容的高端化、考核形式的多样化上下工夫。全市共培养、考核高层次专业技术人才1523人，圆满完成了年度目标任务。

【扎实做好国外智力引进工作】 一是深入基层调研，精心谋划适合全市经济发展的引智项目，使全市区域经济优势和特点得到了进一步显现和发挥；二是创新工作思路，改变以往项目引进只注重“新品种”为“新品种”、“新技术”引进并重。三是拓展外智引进领域。改变了外智引进“重农轻工”和“项目单一”状况，为本市主导产业电谷引进了年产500MW多晶硅太阳纯电池项目。2008年共获批准项目7项，其中国家级引智经费项目2项，省级引智经费项目5项，获引智经费17万元，项目专家30人。

【完成国务院特殊津贴专家、省突出贡献专家、“燕赵友谊奖”的培养、选拔和推荐工作】 按照省厅要求，严格遵循“公开、平等、竞争、择优”原则，做到了选拔标准、条件、程序、结果四公开，认真组织了各类专家的推荐选拔工作。本市有5名同志被河北省人民政府授予2008年度有突出贡献中青年专家称号，4名同志被推荐为国务院特殊津贴专家候选人报国家人社部审批，2名外国专家被评为“燕赵友谊奖”。同时，积极协调，全力配合完成了高新技术区博士后科研工作站审批进站工作。

领导班子成员

党组书记 张 莹
局　　长

副 局 长 张清田 陈克祥
刘英才 李彦英
颜雨田
陶连海（10月任）
付爱国（10月任）

纪检组长 石俊奇

调 研 员 王兰柱 刘要猛
孙庆喜 剧晓哲

助理调研员 梁学军
李光军（10月任）
李荣耀（10月任）

（邹永利 伍昌汉）

劳动和社会保障工作

【保定市劳动和社会保障局】 是市政府管理全市劳动和社会保障工作的职能部门，辖办公室、人事处、法规监察处、养老保险处、医疗保险处、就业处（失业保险处）、仲裁处、职业培训处、规划财务与工资处、农村社会保险处等10个职能处室和机关党委、纪检监察室两个党务部门及保定市就业服务局、小额担保贷款中心、社会保险事业管理所、机关事业单位养老保险所、医疗保险基金管理中心、劳动保障监察支队、职业教研与鉴定指导中心、信息中心、高级技工学校等9个事业单位。

【概况】 在市委、市政府的正确领导下，紧紧围绕市委市政府的中心工作，以开展“优化发展环境，激活市场主体”、“亲民爱民”和“三年大变样”活动为契机，狠抓《就业促进法》、《劳动合同法》和《劳动争议调解仲裁法》的贯彻落实，结合工作职能，解放思想，创新举措，劳动和社会保障工作取得显著成效。

【积极统筹城乡就业显成效】 始终把就业再就业工作放在突出位置，夯实“民生之本”。认真贯彻落实新一轮就业再就业扶持政策，加大资金投入力度，改善就业再就业环境，强力推动城乡就业。全市新增就业7.66万人，下岗失业人员再就业3.96万人，安置就业困难对象1.63万人，分别完成任务目标的125.6%、146.4%和313%；再就业技能培训2.93万人，创业培训3331人，分别完成目标任务的122.1%、119%。新出现的458户“零就业家庭”全部实现当月动态归零。城镇登记失业率4.09%，控制在省定目标4.5%以内；狠抓“阳光工程”培训项目的落实，培训农村劳动力7万人；免费培训620名特困家庭学生，实现了“培训一人，脱贫一户”的目标。

【小额担保贷款促创业创佳绩】 2008年，积极扩大享受范围和贷款数额，由原来只有下岗失业人员扩展到大中专毕业生、复员转退军人、进城创业农村劳动者和完全失去土地的农民等五类人员，个人最高贷款额度从不超过2万元提高到5万元，劳动密集型企业的贷款额度由100万元提高到200万元。当年发放小额担保贷款1665笔，贷款金额6581.5万元，自2003年工作启动以来，累计发放小额担保贷款4297笔，贷款金额达11902.5万元，在全省率先突破亿元，位居全省第一，在全国百个重点联系城市中排名49位。贷款回收率达98%，连续五年居全省首位。

【社会保险覆盖面不断扩大】 以《劳动合同法》的颁布实施为契机，通过多渠道多手段把更多不同的社会群体纳入到社会保障范围内，使全市的劳动保障体系更加健全。为全市16.5万企业离退休职工调整了待遇，调整待遇后企业退休人员养老金人均每月增加142.8元，拿到退休职工手里的养老金平均能够达到每月1010.8元。年内企事业单位基本养老保险分别新增5.7万人和5.8万人，完成任务目标的151.9%和221%；城镇职工基本医疗保险、失业保险、工伤保险和生育保险分别新增3.6万人、2.45万人、2万人和15.3万人，完成全年任务的179.2%、245.1%、286.9%和153.3%；为全市22万名企事业离退休人员发放养老金29.31亿元，按时足额发放率继续保持100%。

【城镇居民医疗保险试点工作取得成功】 以市政府名义制定出台《保定市城镇居民基本医疗保险暂行办法》，于8月15日召开全市城镇居民基本医疗保险工作动员大会，全面启动该项工作，使普通成人居民和学生儿童的医疗保障问题得到妥善解决，填补了本市医疗保险政策的盲区。截至12月31日，全市城镇居民基本医疗保险参保人数达到456022人，占参保基数803625人的56.74%，提前超额完成国家和省下达给本市完成参保人数50%的目标任务。其中城镇低保户、残疾人、老年人等困难人群23246人，中小学生及儿童作为重点参保群体，人数达到324878人。

【维护劳动者合法权益】 进一步完善企业收入分配制度，分别于2月和7月，对企业职工最低工资标准进行了调整，市区由原来的580元增加到750元，企业职工平均工资较2007年同期增长20.92%；继续推进劳动合同制度三年行动计划，督促劳动关系双方签订并履行劳动合同，从源头上建立和谐劳动关系。全市依法签订合同企业29876家，涉及职工765571人，合同签订率为94.1%；通过劳动监察执法、仲裁信访等工作方式有效维护职工权益，督促补签劳动合同8万人，补缴社会保险费206.8万元，追讨劳动者工资780.76万元，涉及劳动者2.35万人。全年接受举报投诉案件520件，结案507件，结案率达97.5%，超额完成省定目标。受理劳动争议案件1510起，立案处理1170起，结案率达90%。

【职业培训教育健康发展】 按照市政府提出的建设"人才强市"的要求，努力创优培训环境、加快培养步伐，大力开展职业培训和技能鉴定工作，为技能人才成长搭建平台。加强对全市技校和民办培训学校的管理，提高办学层次和质量，培养紧俏型技术人才。全年共培训职业技能人员2.1万，技工学校招生13783人，毕业生就业率达98%；稳步推进职业技能鉴定工作，共鉴定各类职业3.98万人，完成任务目标的110.6%；培养新技师1085名，完成任务目标的108.5%；积极组织参加各项人才选拔活动，为高技能人才的培养营造良好环境，8名技师荣获河北省"燕赵金牌技师"荣誉称号。

【农民工工作进展迅速】 农民工管理工作日趋规范，先后制定印发《保定市2008年农民工工作联席会议工作要点》、《保定市2008年农民工工作工作要点》，对农民工的工资支付、劳动管理、培训就业、社会保险、公共服务、权益维护、文化生活和机制建设等方面做出明确部署和规范；农村富余劳动力转移就业工作扎实有效，全市农村剩余劳动力向非农产业转移21万人，农村劳动力跨省输出新增10.4万人，分别完成目标任务的105%和151%；实施农民工参加工伤保险"平安计划"，全市农民工参保达到6.2万人；开展以清理拖欠农民工工资为主要内容的专项执法检查活动，为农民工追讨拖欠工资274.2万元；农民工的地位得到提升，本市有7人被评为"河北省优秀农民工"，3人获得"全国优秀农民工"荣誉称号，并应邀出席了在人民大会堂举行的全国优秀农民工表彰大会。

领导班子成员

党组书记 局长	吕坤力
副局长	田爱军　王德全 王忠选　孙福君
纪检组长	姚学玲
助理调研员	张普霖　王小莉 张建英

（孟照胜　郝　斌）

国土资源管理

【保定市国土资源局】 保定市国土资源局是保定市人民政府国土资源行政执法部门。依照《中华人民共和国土地管理法》、《中华人民共和国矿产资源法》和《中华人民共和国测绘法》规定，承担全市土地、矿产资源、测绘的管理和监督工作。内设办公室、法规综合处、财审处、规划处、耕地保护处、地籍处、土地利用处、矿产开发管理处、地质勘察处、地质环境和科技处、测绘管理处、执法监察处、工会、机关党委、纪检室等15个处室。辖土地储备中心、土地开发整理中心、土地产权管理办公室（征地管理办公室）、国土资源执法监察大队、国土资源规划测量所、地价评估中心、国土资源信息中心等7个事业单位。

【概况】 2008年是深入实施"十一五"规划的关键一年，我局在省厅和市委、市政府的正确领导下，坚持以科学发展观为统领，全面落实党的十七大、省委七届四次全会和全市领导干部大会、全省国土资源工作会议等一系列会议精神，紧紧围绕奥运安保、抗震救灾、扩大内需等主题活动，发挥职能作用，开拓进取、求实创新，圆满完成了年初市委、市政府和省厅下达的目标任务，各项工作取得了新的突破，为"又好又快发展，强市兴县富民"、"城镇面貌三年大变样"做出了积极贡献。2008年，市局被市委、市政府评为"工作实绩突出单位"；被市委、市政府和省厅授予"行风建设优秀单位"；被市委、市政府评为"奥运安保工作先进集体"、"安全生产先进单位"、"帮建文明生态村工作先进单位"、"扶贫开发工作先进集体"；被市纪委、市监察局评为"工作实绩突出单位"；被市直工委授予"绿色机关"称号等。

【经济社会发展用地得到保障】 2008年，在国家严控建设用地总量的形势下，经过不懈努力，全年共争取农用地转用计划2.1万亩（其中工业项目用地1.7万亩），是年初省下达计划指标9810亩的2.14倍，项目用地指标在全省名列前茅。特别是在国家出台扩大内需政策，追加我省2.6万亩用地指标后，抓住机遇，跑部进厅，争取到3764亩用地指标，涉及重点项目17个，有力地保障了全市经济社会平稳较快发展。同时，在供地服务上，开辟绿色通道，简化程序、积极协调，全年共报批建设用地109宗，面积2.4万亩，为项目及早开工奠定了坚实的基础。

【土地节约集约利用取得良好成效】 坚持内涵挖潜，积极推进土地置换，大力盘活存量土地。于7月31日召开了全市土地置换工作经验交流会，于群市长、李谦常务副市长到会并做了重要讲话，有力地推动了全市置换工作的深入开展。据统计，全年共为13个县（市）报批土地置换项目40宗，面积2971亩，共盘活利用存量土地8802亩，有效增强了土地资源的供给。加强用地预审，严格执行定额，促进了全市土地的集约高效利用。同时，在深入调研的基础上，市局撰写了《关于全市工业园区规划建设中有关土地问题的调研报告》，于群市长、李谦常务副市长做了重要批示，市政府办公厅以内情通报形式进行了刊发。2008年，市政府首次对各县（市、区）使用上级下达指标、土地置换、盘活存量等用地情况在全市范围内进行了通报。

【土地市场建设力度进一步加大】

对经营性用地和工业用地全部实行了招拍挂公开出让，严格落实了工业用地最低出让标准，全年共为市区办理土地使用权出让手续75宗，面积3182亩，成交总价款19.64亿元。进一步放开搞活土地二级市场，全年共核准土地使用权转让49宗，面积4670亩，转让总价款12.82亿元，促进了土地市场健康发展。同时，加大土地储备力度，目前市区储备库中共储备土地2100亩，增强了政府调控能力。制定十项措施，充分利用政策，有力地支持了城镇面貌三年大变样。

【耕地保护成效显著】 层层签订耕地保护责任书，耕地保护责任制得到进一步落实。全年共完成开发整理项目15个，总投资1.07亿元，总规模4.83万亩，实现了占补平衡有余。

【深入推进整顿和规范矿产资源秩序工作】 认真开展了整顿和规范矿业秩序“回头看”和集中打击非法采矿专项行动，对无证采矿、越层越界采矿等各类违法行为进行了严厉打击。全年共查处无证勘查、开采案件96起，取缔盗采点192个，封堵非法硐口175个，罚款60.61万元，确保了全市矿产资源开发秩序的基本稳定。

【认真开展第八次卫星执法检查】

在全国开展的第八次卫星遥感土地执法检查中，市区发现并查处违法用地92宗，面积525亩，占用耕地面积471.7亩。土地违法面积占新增建设用地的比例在全省开展此项检查的5个城市中最少，是全省唯一未被国土资源部列为重点检查的城市。

【全力做好信访工作】 继续坚持信访稳定工作例会制和领导分县包干责任制，进一步畅通信访渠道，努力把上访人反映的问题解决在基层，有效维护了社会稳定。全系统共接待群众来访4161次、6966人，其中市局共受理来访442次、830人。部省要结果案件12件、市要结果案件8件、信访复查案件39件，均全部办结。

【高度重视地质灾害防治工作】

向山区9县发放并安装了100台滑坡预警伸缩仪，用以监测地质灾害，此项工作走在了全省前列。调整并完善了各级应急指挥系统，市局安排专项资金285万元用于市、县地灾防治中心及应急指挥系统建设。对全市315处地质灾害隐患点逐一核查，实现了安全度汛。

【全力以赴做好奥运安保工作】

市局印发了《关于加强奥运会期间有关工作的通知》、《关于进一步加强矿山安全生产确保奥运安全的紧急通知》等一系列文件，并召开了全市国土资源系统迎奥运安全保障暨安全生产专题会议。奥运期间实地抽查了涞源县白石口矿区、乌龙沟矿区等数十个矿山，发现隐患41处，全部整改到位。同时，市局派出了20多人组成的奥运安保工作小组，深入到徐水县基层村镇，协助县、乡两级做好安全稳定工作，得到一致好评。奥运期间市局排查化解矛盾纠纷隐患56件，有力维护了社会稳定。

【土地二次调查工作取得新进展】

城镇地籍调查工作稳步推进，市区权属调查完成总工作量的80%，各县（市）城镇地籍调查工作全部启动。农村土地调查工作扎实推进，18县（市）基本完成外业调查任务，雄县、容城县农村土地调查在全省率先完成，并已向国土资源部报检。

【测绘管理工作迈出新步伐】

编制了本市基础测绘“十一五”发展规划，经市政府批准后已下发实施。积极提供测绘保障服务，奥运期间为奥运安保提供了市区和22个县（市）的地图测绘资料，受到市政府的表扬。

【各项基础业务再上新台阶】 坚持市场化配置资源，全年共招拍挂出让采矿权14个，收取采矿权价款1128万元；加强了矿产资源储量管理，完成矿产资源储量备案72个、动态监测147个；地质勘察工作不断加强，共审查探矿权延续49个、审查探矿权转让16个；全面推进了县级电子政务建设，目前已经有18个县（市、区）实现了与市局的联网。财务工作实现收支平衡，加强了预算监管和审批机制建设，实现了经费使用合理高效。此外，积极争取上级支持，全年共争取各类专项资金1.66亿元。

【干部队伍建设实现新突破】 配合省厅完成了部分处级干部的选拔任用工作。同时，在系统内部选拔任用与调整了科级干部102名，其中市局机关晋升职务20名，局属事业单位晋升职务9名，县（市）局晋升职务20名，全市国土资源系统队伍面貌焕然一新。

【全面推进党风廉政和政风行风建设】 印发了《关于集中开展履职尽责到位，预防失职渎职专项活动的实施方案》，与市检察院共同出台了《关于共同开展能源资源和生态环境渎职犯罪工作的实施意见》，并于11月6日举办了预防职务犯罪严格依法行政培训班，增强了系统干部职工党风廉政建设的自觉性和主动性，维护了国土资源队伍的形象。加大了政风行风建设力度，着力打造好"行风热线、行政服务中心、互联网"三个平台。34项进厅项目全部进入市行政服务中心，实现"一门受理、厅内办理、限时办结"，此项工作走在了全市的前列。在年度民主评议行风活动中，市局群众测评名列市直部门执法类第一名。

【进一步加强国土资源法制建设】 与市委组织部等六部门共同对全市326个乡（镇）376名乡（镇）级干部进行了法律培训，增强了基层干部保护耕地和节约集约用地的责任意识。高度重视行政应诉、复议工作，全年办理行政诉讼案件1件，审理因县国土资源局具体行政行为引起的行政复议案件7件，其中，维持5件，撤销1件，驳回1件，既支持了基层依法行政工作，同时又维护了行政相对人的合法权益。

领导班子成员

党组书记 局长　张德义
党组副书记 副局长　刘　杰
党组成员 副局长　刘新社　张彦杰　张民立
党组委员 纪检组长　蔡建会
副调研员　肖秀芬　祁建英
（彭玉英　薛晨光）

物价管理

【保定市物价局】 保定市物价局是市政府价格主管部门，负责对全市价格（收费）进行调控、监管和服务。内设7个处室：办公室（人事处）、机关党委、价格政策协调处、商品价格管理处、价格信息监测处、国家机关及公益事业收费管理处、公用事业价格及经营收费管理处。下辖事业单位4个：价格监督检查分局、价格成本调查队、涉案物品价格鉴证中心、收费许可证审验服务中心。

【概况】 2008年，全市物价系统在各级党委的正确领导下，全面落实科学发展观，求真务实、奋发有为，出色地完成了各项物价工作任务，取得了显著成绩。运用多种手段积极进行价格调控，保持物价基本稳定；认真履行工作职责疏导价格矛盾，促进全市经济健康发展；加强民生价格监管，着力解决关系民生的价格热点问题、难点问题，减轻群众负担。2008年，全市共查处各类价格违法案件2213件，实施经济制裁858万元（其中：退还用户210万元）；下大力清费治乱，优化了发展环境，对2006、2007年度全市主要农产品生产成本收益综合情况汇编成册，撰写了7篇专题调研报告。被国家发改委评为2007～2008年度全国农产品成本调查工作优秀集体；深入学习实践科学发展观，服务科学的能力和水平明显提高；在全省率先实行了"三电两报"价格信息发布制度、城乡最低保障户生活照明电价优惠《明白卡》制度、强化基层群众基本医药价格管理、积极推行商品房"一房一价"明码标价制度，工作效果显著。被评为全省物价系统先进集体。

【精心组织，确保价格干预措施落实到位】 面对上半年严峻的物价形势，坚决贯彻落实上级的价格干预措施，确保市场价格稳定。制定《加强价格监管的实施方案》，成立临时价格干预工作领导小组，及时出台临时价格干预措施，召开临时价格干预措施新闻发布会，停止出台所有政府调价措施。成品油、天然气、电力价格不得调整，供气、供水、供暖、城市公交等公用事业价格以及教育、医疗收费标准不得提高，对申报和备案范围以外的生活必需品进行必要的监管。全市居民消费价格同比上涨5.1左右。

【积极开展抗震救灾物资价格监管专项行动】 根据国家和省通知精神，认真落实抗震救灾相关物资的价格干预措施，按时上报了各项救灾物资的价格动态，对相关的生产企业进行了走访告诫。同时，大力展开抗震救灾物资价格监管专项行动，全力以赴保障了救灾物资的价格稳定。

【强化基层群众基本医药价格管理】 在完善2007年实施的“医药价格监管五项制度”基础上，制定下发了《关于在城市社区和新农合定点卫生服务机构实行收费标准和药品价格公示的通知》，选出30项医疗常用项目，将其收费标准下浮20%后，确定为本市城市社区和新农合定点卫生服务机构的收费标准；选出54种常用药品，公布了国家最高限价，并规定实际零售价格的核定办法。全市共制作医药价格公示牌6650块，覆盖了全市城乡所有基本医疗服务单位，把国家的医药价格政策送到百姓的家门口。此种做法得到了省局的肯定，市局还在全省农村和城市社区医药价格管理会上做了典型发言。

【制定我市冬季供热价格和配套政策】 针对供热成本大幅上涨、供热矛盾突出的特殊情况，以全省最低的价格出台了燃煤锅炉和集中供热的取暖收费标准。考虑到有部分小区采用清洁能源（燃气锅炉）供暖的实际情况，经过成本审核、价格听证等程序，并多方协调，取得市政府的支持，加上财政专款补贴，妥善制定了市区燃气锅炉供热的正式价格，受到了居民的普遍欢迎。同时，对民政部门管理的重点优抚对象、低保户和工会管理的特困职工实行了优惠的热价政策，确保弱势群众能够温暖过冬。在此基础上，保定日报、保定晚报登载了《闫玉疆局长关于供暖价格调整的答记者问》，局领导及时走进保定电视台《政府与民生》阳光演播室，与市民代表、供热企业、煤炭供应商代表进行面对面交流，就供热价格政策进行了现场解答。

【成立价格协会，拓宽服务渠道】 为了探索市场经济条件下物价部门发挥职能作用的有效途径，经过精心筹备，正式成立保定市价格协会。协会秉持“研究价格理论，疏导价格矛盾、服务会员单位、维护价格秩序”的办会宗旨，做了许多有益工作。在保定物价网创办了价格协会子站，开辟会员“供需专栏”、“会员风采”版块；加强沟通，已回访会员单位101个，回访率90%，征求意见18条；出刊《会报》6期，为宣传物价政策、交流价格信息搭建新的平台；经过自荐、推荐、考核验收，评出全市价格诚信单位64家，营造了较好的价格诚信氛围。市价格协会已正式成为中国价格协会团体会员单位，被中国价格协会评为2008年全国价格协会工作先进集体。

领导班子成员

党组书记 局长	闫玉疆
党组成员 副局长	吕跃民　曹大水 齐力军
党组成员 纪检组长	左建立
副调研员	王占河　韩国政

（黄　明）

工商行政管理

【保定市工商行政管理局】 保定市工商行政管理局是河北省工商行政管理局的直属机构，是保定市政府主管市场监管和行政执法工作的职能部门，下辖涿州市工商局、徐水县工商局、新市区工商局等26个县（市、区）局，内设办公室、人教处、信息中心、注册分局等20个行政处室及直属事业单位。全系统共有干部职工5442人。

【概况】 2008年，在省工商局和市委、市政府的领导下，全市工商系统坚持以党的十七大精神为指导，全面贯彻落实科学发展观，尽职尽责加强市场监管，尽心尽力支持经济建设，实现了创新发展，各项工作取得了突出成绩。9月19日，保定市工商局被人力资源和社会保障部、国家工商行政管理总局授予“全国工商系统先进集体”荣誉称号。

【促进各类市场主体健康发展】 制定了《关于优化政务环境支持经济发展的意见》，完善了“一审一核”制度，下放了有限公司注册登记权，采取了绿色通道、现场办公、预约服务、上门走访等举措，极大地方便了企业办事，促进了各类市场主体健康发展。年内，全市共新设立内资企业3988户，注册资（本）金468845.4万元；个体工商户2306户，注册资（本）金82703.2万元；变更企业13367户，注销企业845户；农民专业合作社企业218户，注册资（本）金31262.17万元；新设立外商投资法人企业15户，分支机构33户，投资总额12180万美元，注册资本6578万美元，外方认缴59333万美元。年底，全市实有内资企业44581户，注册资（本）金840.3亿元；其中，私营企业28347户，注册资（本）金396.5亿元。个体工商户14.4万户，资金数额36.9亿元。外商投资企业1505户（其中，法人企业460户、分支机构1044户、其他1户），投资总额201492万美元、注册资本117327万美元，其中外方认缴出资额75211万美元。

【整顿和规范市场经济秩序】 一是强化市场主体监管。认真执行登记法规，严格审查前置许可，规范市场主体资格，依法吊销各类企业营业执照831户；开展了外资企业执法大检查，落实了属地监管；积极参与环保、节能减排、安全生产、矿产资源整顿等工作，检查企业档案资料2068户，清理取缔涉污经营者746户；研究制定了《查处取缔无证无照经营专项整治实施方案》取缔无照经营11833户，补发营业执照7499户。二是加强农资市场监管。推广使用商品质量监控软件，完成了农资商品信息录入和农资主体信息录入，共录入农资商品信息14万条、农资主体信息4708条；加大行政执法力度，查处涉农案件1580起，案值1991.4万元，为农民避免经济损失245万元；强化督导检查，根据违法案件查处情况，有针对性的发布红色预警2期，黄色预警8期；对5种高毒农药的查处情况进行了重点督导。三是巩固打击传销成果。以市区为重点区域，以城中村、社区出租房、城乡结合部、宾馆饭店会议室为重点部位，继续深入开展打击传销专项行动。4月下旬，在市区开展了较大规模的集中清理行动，共取缔传销窝点11个，遣散190人，遣返119人。全年，全市工商系统共出动执法人员5499人次，检查场所886个，取缔涉嫌传销窝点327个，教育遣散6399人次，解救5人。四是加大打击商标侵权力度。以保护驰名商标、著名商标、涉外商标和查处食品、药品、农资产品假冒侵权案件为重点，强化了对生产、流通及商标印制环节的全方位监管，共办理商标一般案件246起，案值108.4万元，罚没款50万元；办理商标侵权假冒案件251起，案值101.25万元，罚没款119.05万元。五是专项整治虚假违法广告。落实整治虚假违法广告联席会议制度，共召开联席会议6次，组织集中行动6次，停播医疗广告65条次、药品广告87条次，拆除、规范户外广告4000多块，查办虚假违法广告案件348起。

【集中清理整顿奶制品市场】 石家庄三鹿奶粉事件发生后，按照省局和市委、市政府的紧急部署，全市工商系统启动了重大食品安全事故应急预案，上下紧密配合、协调联动、全力以赴，共同做好"三鹿"问题奶粉清查及善后处理工作。全系统执法人员集中时间、集中精力、集中力量，深入开展拉网式清查，共出动执法人员231058人次，执法车辆30171台次，检查经营户269431户次，确保辖区所有问题奶粉全部封存，乡镇以下食杂店问题奶粉全部扣留，确保了人民群众生命健康安全。10月4日下午，在市政府的领导下，集中销毁了25461.35公斤三鹿牌婴幼儿配方奶粉及其包装物。同时，根据三鹿、伊利企业对召回的过期、问题液态奶自愿销毁的请求，一并销毁三鹿牌过期液态奶138箱、伊利牌问题液态奶22861.7公斤。11月4日，又对生产厂家积存的大量液态奶进行了监督销毁，共销毁三鹿液态奶200.919吨。

【服务新农村建设】 实施合同帮农，检查涉农合同86份，调解合同纠纷49件，查处合同欺诈案件63起；推进经纪活农，发展农村经纪人15396户，从业人员57497名，促进了活农产品流通；开展"送法律下乡、引服务进村"活动，组织工商干部下乡进村107次，举办农业生产科技培训班13期，参训农民达1780余人次；继续推进"维修服务到农村"活动，免费为农民维修农机具35台（套），散发宣传材料4.5万份，有效解决了农民维修难、维修贵的问题。

【强化消费维权工作】 进一步完善12315申诉举报系统，健全处理消费者申诉举报工作机制，加强对"一会两站"工作的指导，发挥各级消保、消协、基层分局和"一会两站"的作用，提高了消保维权能力。全市12315系统共受理消费者咨询18.4万件，受理申诉467件、举报966件、建议587件，申诉举报办结率分别达96.2%和83%，为消费者挽回经济损失149万元。市、县两级消协受理消费者投诉2787件，解决2723件，为消费者挽回经济损失86万元。

【规范行政执法行为】 一是加强法律培训。邀请省局基层教育中心5名教授，开展了为期3天的工商法律法规和执法办案技能集中教育培训；市局组织力量，对7个县（市、区）局的1000多名执法人员进行了法律培训，收到了良好的效果。二是严把执法主体资格关。组织83名未取得执法资格的人员进行了补考，为

531名执法人员换发了执法证件，对全系统178名参加市政府法制办培训并考试合格的执法人员办理了执法资格证书，提高了执法队伍的综合素质。三是强化执法监督。设立了基层法制员，开展了法制员资格考试。认真执行处罚案件核审、听证和行政复议制度，共核审行政处罚案件412起，案值达357万元；受理复议案件5起，其中维持3起，申请人撤回申请2起；召开听证会1次；对10个县（市、区）局进行了案卷评查，及时提出了整改意见，进一步规范了执法行为。

【积极组织抗震救灾捐款活动】 5·12汶川特大地震发生后，全市工商系统把抗震救灾作为最紧迫的任务，严密组织，深入发动，广大干部职工踊跃捐款，广大党员积极缴纳特殊党费，各级个私协会组织开展捐款献爱心活动。据统计，全系统共组织捐款562.1万元，其中，单位捐款34.8万元，个人捐款72.8万元，组织个体工商户、私营企业捐款435.6万元，市局组织工会会员捐款0.9万元，收缴特殊党费17.97万元。

【认真做好奥运安保工作】 北京奥运会期间，全市各级工商行政管理机关高度重视，精心组织，调配力量，放弃节假日、星期天，全力以赴做好奥运安保工作，出色地完成了各项任务。奥运食品安全监管突出重点旅游线路和重点区域，规范农村食杂店，加强食品定向检测和快速监测，督促奥运食品专营专供流通企业全面建立索证索票、购销台账、食品退市等自律制度，发展农村食品经营示范店2200家，制作悬挂食品安全公示栏3000块。认真开展保护奥运标志专项行动，收缴侵权宣传品5000份，停发侵权户外广告200块。开展“净化荧屏”专项整治，责令停播医疗广告65条次、药品广告87条次，确保了奥运期间广告市场文明健康。高度重视危险物品监管和兴奋剂专项治理，对8201户企业进行了检查，清查化工类企业743户，会同药监部门对369户兴奋剂生产经营企业进行了专项检查。同时，开展了“禁传销、维稳定、保奥运”执法行动，完成了各级交给的护电、护路、护管道、稳定督导、下乡包村等工作任务，做到了认真负责，工作到位，不出问题。保定市工商局被保定市委、市政府评为“奥运安保工作先进集体”，赵树祥、姜翠红等6名同志分别荣立二等功和三等功。

领导班子成员

局　　长　杨建平
副 局 长　梁长顺　郭久森
　　　　　谷庆池　张瑞清
　　　　　苑丙成
纪检组长　翟中申
副调研员　田占军

（杨永红）

审计管理

【保定市审计局】 保定市审计局主要职责是对本级政府各部门和地方人民政府及其各部门的财政收支、国有金融机构和企事业单位组织的财政收支的真实、合法、效益进行审计监督，对党政领导干部，国有及国有控股企业领导人的经济责任进行审计。设有办公室、法制处、人教处、财政审计处、金融审计处、行政事业审计处、经贸审计处、农业与资源环保审计处、社会保障审计处、固定资产投资审计处、外资运用审计处、经济责任审计处、机关党委、监察室、内审处15个职能处室。下设2个事业单位和1个社团组织，经济责任审计办公室、基建审计中心、内部审计协会。

【概况】 2008年，在市委、市政府和上级审计机关的正确领导下，以邓小平理论和“三个代表”重要思想为指导，以科学发展观为统领，加强了审计质量、审计队伍和廉政建设，紧紧围绕全市经济建设的中心开展审计监督。全年共审计单位527个，查处违纪违规行为资金81251万元，管理不规范资金123355万元，对于审计查出的问题，依法进行了处理，督促被审计单位进行认真整改。通过审计，上缴财政资金6145万元，共提交审计工作报告、信息等专题材料812篇，被上级采用307篇（次），向纪检监察部门及司法机关移送事项（案件）1件。《中国审计报》等新闻媒体，85次报道了本局的工作，审计工作得到了市委、市政府的充分肯定。

【财政审计】 对30个部门单位财政预决算审计，重点对市本级财政预算执行情况，地方税务局税收征管情况进行了审计，对8个县（市、区）的财政决算进行了审计，重点查出和揭示了部分县级政府收入不实的问题，并对产生这些问题的原因进行了深入的分析，提出了相应的意见和建议，审计报告通过新闻媒体向社会进行了公开，市人大常委会对审计工作给予了充分肯定，监察机关对预算执行审计中发现的问题进行了责任追究，对相应责任人分别给予了党纪政纪处理。

【专项资金审计】 对汶川地震

灾区捐赠款物进行了审计，对汶川灾区安置房建设项目进行了审计，对援建项目进行了跟踪审计。对老城区供水管网改造工程、地表水厂配套供水管网二期工程、污水二期工程进行了审计，审计中揭示了效率不高、高估冒算、损失浪费等问题。对全市农村义务教育“普九”债务情况进行了专项审计调查。对农村卫生基础设施改造、新型农村合作医疗进行了审计。对2007年度扶贫资金进行了审计。对全市筹集的救灾资金、捐赠物资以及特殊党费的收支使用情况进行了跟踪审计。审计结果向社会进行了公告，对城镇职工基本养老保险、企业基本养老保险、事业保险、抚恤金进行了审计，分析了社会保险基金管理中存在的问题及原因，提出了审计建议。

【经济责任审计】 受市委委托，全年对28名县级领导干部的离任审计，提出了审计结果报告，为党委使用干部提供了依据。加强了对权力运行的监督与制约，促进了领导干部依法行政、依法理财。

【狠抓干部队伍建设】 为提高审计干部综合素质，全市审计机关继续深入开展了创建学习型机关活动，加大了教育培训力度，市局有针对性的组织开展了各类专业培训和计算机应用培训，到年底局机关共有18名审计干部具备了高级审计师资格。

【大力推进信息化建设】 成立了信息化领导小组，建立了信息化运行机制，市局开办了审计内部网络和外部网络，与25个县（市、区）实现了专线连接，资源共享，全市审计系统更新配置电脑80台，有30个审计项目应用了计算机软件，提高了工作效率。

【努力提高审计质量和执法水平】 在审计系统深入开展了“审计质量提高年”活动，对全市审计机关的审计质量进行了四次检查和评比，实施了审计项目工作规范，细化了审计程序，规范了执法行为，坚持审计复核和审计业务会议制度，促进了审计行政权力的公开透明运行，加强了法制管理和教育，组织了“12 · 4”法制宣传日系列活动，认真落实“五五”普法计划安排。市审计局被市政府法制办评为“法制工作先进单位”。

【大力加强审计行风建设】 坚持了强化廉政教育，不断强化措施，打造过硬的审计行风，坚决落实关于廉政建设的各项规定，实行层次管理，一级抓一级，层层负责，一岗双责制度，实行了审前公示制度，审计回访制度，实行审计人员工作日不准饮酒的规定。为强化外部监督，召开了审计监督员座谈会和行风评议，听取代表对审计工作的意见和建议，在行风评议活动中，市局被市委、市政府评为先进单位。

【努力创建和谐机关】 加强了机关建设，完善了各项规章制度，加强了离退休老干部工作，严格落实了《离退休老干部工作规程》，受到老同志们的欢迎，加强了妇女组织建设，市局机关妇委会被评为“先进妇女组织”，加强了机关财务工作，市局被评为“财政决算工作先进单位”，着力解决机关后勤管理的部分遗留问题和现实问题，严格落实了审计干部休假制度。2008年，市局先后有信息宣传工作、档案工作、文明生态创建工作、共建社区工作、驻联帮解促工作、奥运安保工作、承办等各项工作受到了上级单位和有关部门的表彰，有28人次被有关部门评为先进，市局被市委、市政府授予文明单位称号。

领导班子成员

局　　长
党组书记　孙淑花

副 局 长
党组副书记　罗　凯

副 局 长　温丽娜　范国庆
　　　　　张建波　陈仕强

纪检组长　朱春友

总审计师　温丽娜（兼）

（王连军）

技术监督

【保定市质量技术监督局】 保定市质量技术监督局是市政府主管标准化、计量、质量管理、质量监督、食品生产加工环节监管和特种设备安全监察等工作的职能部门，履行综合管理和行政执法两大职能，下辖4个区分局和22个县（市）局。下设5个直属事业单位：保定市产品质量监督检验所、保定市计量测试所、保定市纤维检验所、保定市特种设备监督检验所、保定市标准化所。市局机关内设11个职能处室：办公室、计划财务科学技术处、政策法规宣传教育处、人事劳动处、监察室、质量处、标准化处、计量处、食品质量监督管理处、特种设备安全监察处、监督处，下设稽查队。全系统干部职工有2437名（含离退休人员），其中在职公务员567人，专业技术人员453人，高中级工程师133人。

【概况】 2008年是全市质监工作夯实监管基础、取得成效的一年。全市系统干部职工坚定信念、团结拼搏、攻坚克难，在重大任务面前经受住了锻炼和考验，增强了队伍凝聚力，圆满完成了各项工作任务。

【圆满完成奥运安保任务】 市质监局按照省局和市委、市政府部署，无私奉献，迎难而上，表现了强烈的政治意识、大局意识、责任意识，体现了特别能吃苦、特别能战斗、特别能攻坚的顽强精神。奥运食品、特种设备、危险化学品安全监管工作在奥运期间未发生一起安全事故，圆满完成省局和市委、市政府交给的任务，为北京奥运会、残奥会顺利举行做出了积极贡献。完成对全市90家涉奥企业的督导，获证企业现场核查460家，停产整顿48家，飞行检查15家，对4家不符合条件的企业停产整顿。完成涉奥食品批批备案328次，批批检验183个批次，风险监测147个批次。重点加大了对18686台件设备（其中211台奥运旅游设备）的监督检查力度，严厉查处设备在使用、管理、操作方面的违法行为，共检验特种设备5008台，现场监督检查8565台，消除事故隐患2148处。重点对56家危化品企业进行摸底，逐家进行排查，消除隐患，派驻驻厂监管人员。为确保企业关停落到实处，实行夜间突击抽查，对昼停夜不停的企业暂扣生产许可证，消除擅自开工产生的隐患。

【集中行动成效明显】 针对特殊形势，以查找隐患、确保安全为工作要求，按照省局、市政府部署，在为期一个月的行动中，整改不合格食品企业116家，注销7家乳制品长期停产企业的食品生产许可证，整改小作坊379家，政府取缔81家；整改隐患特种设备1120台，停用查封395台。962家食品生产加工企业、1393个小作坊、18686台特种设备、56家危险化学品生产企业全年实现零事故。

【全力开展乳制品专项整治】 三鹿奶粉事件发生后，全市系统迅速做出反应，通过严格实施24小时驻厂监管、协助企业解决批批检验难题，全市乳制品企业生产平稳进行。在专项整治期间，共监督企业批批检验累计检验原料奶25674个批次，111357.796吨；奶粉177个批次，512.65吨；液态奶3453个批次，80917.012吨，做到了严格质量把关，无一不合格品出厂。特别是望都、定州、北市区、质检所四个奋战在一线的单位，做出了突出贡献，69名驻厂监管员坚守岗位，认真履行职责，确保了各项工作落实。驻厂监管工作得到了国家质检总局王勇局长、省政府胡春华省长和杨崇勇副省长的肯定。

【名牌战略再出新成果】 2008年，重点围绕本市经济发展格局，在汽车、新能源、纺织、服装、机械、食品等行业积极培育并优先推荐名牌。本市天威集团和英利新能源2家企业的产品被列入2008年“全国百家企业争创世界名牌产品目录”，共有35项产品获得省名牌、18项产品获得省优质产品、17家企业获得省服务质量奖、7家企业获得省质量效益型企业称号，名牌数量位居全省第二。市政府出台了名牌产品奖励政策，对三年来所有荣获中国名牌、省名牌产品企业进行了奖励。容城县“容城绿芦笋”获得国家地理标志保护产品称号，蠡县麻山药作为我省唯一地理标志保护产品入选中国和欧盟地理产品互认十个产品之一。

【标准化工作实现新突破】 采用国际标准认可15项，采标标志12项。完成代码初次申办1535家，换证2161家，年检6110家，办理数字证书7650个，确保了国家法人数据库的准确性。办理条码初次申办165家，复审320家。制定河北省地方标准《无公害瓜蒌生产技术规程》、《无公害麻山药生产技术规程》，填补了全省空白。博野无公害黄瓜标准化生产示范区、博野优质梨标准化生产示范区和易县无公害李省级示范区通过验收。安国瓜蒌、定兴果品、蔬菜、涞源无公害谷子3个国家级示范区获得批准，使国家级示范区达到9个，进一步完善了本市宝塔形示范区体系。

【认证认可工作又有新推进】 对全市1491家质量管理体系认证、环境管理体系认证、职业健康安全管理体系认证、食品安全管理体系认证企业进行调查摸底。确定保定绿箭食品有限公司的绿芦笋种植基地为首批GAP认证试点单位。组织7批建筑外窗、验配眼镜企业申报省级证，受理申请和组织验收企业28家，帮助企业建章立制2010条，受到企业欢迎。完成电器开关及保护或连接用电器装置等17类70家强制性认证产品生产企业的建档工作，完成278家获证企业的年度自查、抽查工作。受理计量认证和组织验收28家实验室，检查110家实验室，立案查处40家，吊销计量认证证书3家，促使实验室持续保持了获证条件。

【计量工作又上新台阶】 加大对商用衡器、出租车计价器、医院医疗计量器具等检定工作，共检定计量器具8300余件。开展在用计量器具的监督检查工作，共检查878个单位、8580台件计量器具。在全省系统率先与交通部门联合对汽车修理行业的计量器具进行了检定，对22个县（市）供电公司开展电能表计量建标和授权考核工作，与重点耗能企业签订《共同推进节能降耗工作责任书》，确保了企业节能降耗工作顺利开展。

【食品安全监管又有新加强】 开展食品安全集中行动，检查食品企业962家，小作坊917家，整改不合格企业116家，注销7家乳制品长期停产企业的食品生产许可证，整改小作坊379家，报政府取缔小作坊81家。严格实施食品质量安全市场准入制度，截至11月20日，全市获得食品生产许可证企业达到964家。严格实施《食品召回管理规定》，严格落实索证索票制度、原辅料进厂台账制度、产品销售台账制度和食品添加剂备案管理制度，促进食品加工质量安全追溯体系不断完善。

【特种设备安全监管又有新举措】 在特种设备集中行动中，共检查特种设备使用单位2024家，检查特种设备6974台件，整改隐患设备1120台，停用查封395台。进一步加大现场安全监督检查和技术检验工作力度，共完成问题隐患整改3126处，实现安全监察、行政执法、技术检验工作的责任闭合。截至11月18日，全市共现场监督检查特种设备15045台，定期检验特种设备8985台（件），其中锅炉2679台、压力容器1294台、电梯2087台、起重机械2109台、厂内机动车辆816辆，压力管道检验6.3km，有效保障了全市特种设备和人民群众生命财产安全。全市共举办特种设备作业人员培训班212期，培训8798人，全面提高了操作水平和持证上岗率，为特种设备安全运行提供了保障。

【质监打假再掀新高潮】 抽检6990家企业，完成15012个批次，对国家抽查11家、省抽查31家、市抽查151家不合格企业进行了后处理。四川地震发生后，徐水、北市区、新市区和高新区4个县（区）局严格监管过度安置房原材料生产企业，市纤检所对4万件（套）棉衣、棉被、市质检所对860箱方便面和30吨饼干等抗震救灾物品进行了快速、免费检验，确保了救灾物资的安全。组织开展两节产品、建材、汽车配件农资等专项整治为重点，深入推进打假治劣工作。重点对容城毛绒玩具、服装和博野油漆行业进行了整治。共出动执法检查人员2900人次，执法车辆500余辆次，检查企业400余家，查处案件200余起，其中立案19起，现场查处案件180余起，案值80余万元。

领导班子成员

局　　长　李振林
副 局 长　周立雄（7月任）
　　　　　赵禄勋　焦书建
　　　　　李宝方
调 研 员　张志明
副调研员　宋书合
纪检组长　张好顺（7月任）

（赵　颖）

食品药品管理

【保定市食品药品监督管理局】 保定市食品药品监督管理局为河北省食品药品监督管理局直属机构。在保定市政府的领导下对食品、保健品、化妆品进行综合监督、组织协调和依法组织开展对重大事故查处。在省食品药品监督管理局领导下对药品（包括中药材、中药饮片、中成药、化学原料药及其制剂、抗生素、生化药品、生物制品、诊断药品、放射药品、麻醉药品、毒性药品、精神药品、医疗器械、卫生材料、直接接触药品包装材料和容器等）的研究、生产、流通、使用进行行政监督和技术监督。内设办公室、食品安全协调处、食品安全监察处、药品注册与安全监管处、药品市场监督处、医疗器械处、药品稽查处、人事教育处、财务装备处、法规处、机关党委、纪检监察室等12个处（室）。保定市药品检验所为该局直属单位。

【概况】 2008，全市食品药品监管系统干部职工在市委、市政府的正确领导下，以邓小平理论和“三个代表”重要思想为指导，坚持用科学的发展观统领食品药品监管工作全局，把确保人民群众饮食用药安全作为一切工作的着眼点和落脚点，认真按照宋太平书记、于群市长关于食品药品安全工作的指示精神，凝聚全系统干部职工的整体智慧合力克难攻坚，沉着应对奥运食品药品保障、抗震救灾、“三鹿奶粉”事件处置、食品药品安全集中行动等一系列重要任务，食品药品安全工作取得明显成效。先后被河北省和保定市评为“产品质量和食品安全专项整治行动先进单位”、“奥运安保工作先进集体”、“全省整顿和规范药品医疗器械市场秩序专项行动先进集体”、“全省药品、医疗器械打假工作先进集体”。

【强化综合协调，确保供奥涉奥食品安全】 筑牢食品安全防线，为供奥食品安全提供坚实保障。成立由主管市长为组长、主管副秘书长和食品药品监管局长为副组长，有关部门领导为成员的领导小组，按照“地方政府负总责、企业（基地）是第一责任人、监管部门对本部门工作职责负全责”建立健全工作责任制和责任追究制度。市、县、乡三级层层落实责任制，逐级签订责任状，确保人员、意识、责任、措施环环紧扣。深入组织开展食品安全专项整治行动，突出“种植养殖、生产加工、流通销售、餐饮消费、畜禽屠宰、食品进口”六个重点环节，按照“四个可能的原则”（即：奥运会期间涉外人员可能到的地方、可能吃的食品、可能住的地方、可能用的物品），将环京“两县”（涞水、涿州）、“四路”交通干线（京石高速、107国道、津保高速、津保公路）、“五区”（清西陵、白洋淀、野三坡、狼牙山、地道战遗址）作为重点区域；将供奥、供京食品和传统老字号食品作为重点品种；将“三小”（小作坊、小杂食店、小饭馆）作为重点对象，确保奥运食品安全。以食品安全事故应急演练为载体，全面提高基层应急处置能力。7月份在安新县白洋淀景区举办了食品安全事故应急演练，河北省委常委、副省长杨崇勇，省政府副秘书长宋振华，省直各职能厅、局的主要领导、保定市委书记宋太平、市长于群等200余人观摩了安新演练，杨崇勇等省、市领导对应急演练给予了充分肯定和较高评价。

【加强组织协调，确保“三鹿奶粉”事故处置工作顺利开展】 “三鹿婴幼儿奶粉”重大食品安全事故发生后，市食安办迅速组织相关部门开展市场检查和患者救治工作，紧紧围绕问题奶粉追缴、保障患儿健康、维护社会稳定三个重点，迅速启动各项应急处置工作。一是启动应急机制。迅速成立了由于群市长任组长的整治领导小组，办公室设在食药监局，领导小组下设食品安全协调组、食品安全监察组、食品安全帮扶组、安国中药材专业市场监管组、药品（包材）生产监管组、医疗器械生产监管组等六个专项行动组，实行责任分解上墙，网格化责任落实。二是做好乳制品企业及奶站等摸底调查工作。对全市乳业基本状况、乳制品生产企业及全市奶站、奶牛存栏等基本情况进行摸底调查，及时给市领导提供翔实的数据和信息。三是做好各职能部门的组织协调工作。多次组织召开协调会议研究处置方案和工作措施，对应急处置工作做出及时全面安排部署，围绕生产、加工、流通、消费四个关键环节，全力展开食品安全大检查暨专项整治行动。召集各相关职能部门，认真研究本市食品安全现状，分析食品安全隐患（尤其是特色产品及传统老字号等），力争早发现、早预防，避免类似“三鹿奶粉”事件发生，严防影响本市形象。

【圆满完成迎奥运药品兴奋剂治理工作】 为确保奥运会顺利召开，深入开展规范和治理药品类兴奋剂生产经营专项行动。突出五个重点、将全市药品生产、经营企业和使用单位，划分为七大责任区域，实施无缝隙监管。对全市药械生产企业、医疗机构制剂室的药械生产和质量管理实施“三项硬制度”：即企业质量授权人制度、药品安全监管责任制、药品生产企业（配制单位）有关事项报告制度，促进企业完善质量管理体系，切实保证药品GMP的有效实施，增强企业的责任意识、质量意识和诚信意识，规范药品生产（配制）行为。专项行动实现了对45家药品生产企业、109个注册含兴奋剂类药品（制剂）、2281个药品经营企业324家医疗器械生产经营企业100%全覆盖的检查，全市签署《兴奋剂治理责任承诺书》3565份，查处案件386起，警告、限期责令改正404家，停业整顿45家，有效地震慑了违法违规企业。奥运期间，全市没有发生一起兴奋剂管理突发事件。

【深入整治安国中药材市场见成效】 以“三鹿奶粉”事件为鉴，多次深入安国调研，研究中药材专业市场存在的问题隐患，确定了“以隐患排查确定整治重点，以开展整治消除安全隐患”的工作思路。与安国市政府共同制定《安国市中药材专业市场集中整治实施方案》，深入开展中药材市场专项整治，对安国市保健品市场、重点批发企业、中心交易大厅、药品生产企业等重点部位展开集中检查。以近几年有违法行为的企业和游医药贩为重点对象，以畅销药品、易出现假劣品种的中药饮片为重点品种，以制假售假、无证经营和“走票”等为重点行为，按照“五个不放过”的原则，对假劣药品违法案件一律“顶格”处罚。检查过程中，以中药材仓储管理为突破口，针对中药材专业市场周边租用民居作中药材仓库，储存条件差，药材易潮湿、霉变、污染，及在仓库内制售假劣药品、非法加工中药饮片等问题，进行专项清理整治；以药城内经营散户及旧药市东一街作为重点监管区域，坚决取缔无证经营，加强对小街小巷、中药材经营散户的突击检查，特别加强对重点监管业户、重点监控品种的跟踪巡查，跟踪检查率达100%。同时，联合安国市政府，针对安国中药材专业市场的“顽疾”，利用“上班前、下班后、夜间”三个时段开展行动，取缔非法加工、经营饮片的企业和摊贩；与林业部门配合，严格查处非法经营野生动植物保护品种的行为；与工商、公安部门配合，严查非法经营28种毒性中药材及非法加工中药饮片的违法行为；规范店外摆放、马路晾晒行为。

【药械市场专项整治成效显著】 先后开展了兴奋剂治理、电疗、磁疗、光疗等物理治疗设备和隐形眼镜市场监管、驻保高校医院专项检查、医疗机构使用医用氧气专项抽查、GSP追踪专项检查等专项整治行动，按照以打假治劣为主线，以“五不放过”为原则，严查大案要案为工作方针，始终保持对制假售假违法行为保持高压态势。全年共受理举报案件40件，接受移送案件2起，移送工商举报案件1起；核查函24件，省局转办2件，检验报告书146件，出动执法人员36146人次，查处药品案件2932起，医疗器械案件311起，取缔无证经营27户，查处假冒北京同仁堂制药有限公司生产的“六味地黄丸”系列案等案值万元以上的违法案件17起，有力地震慑了违法犯罪分子的嚣张气焰。

【全力以赴，切实做好抗震救灾工作】 四川汶川地震灾情发生后，食药监局迅速做出反应，立即启动应急预案，成立了以局长为组长的应急指挥领导小组，一方面发动广大干部职工发扬“一方有难，八方支援”的精神，迅速掀起向灾区捐款的热潮。另一方面，火速深入药械生产、经营企业和医疗机构，24小时内摸清药械生产能力和储备情况，组织企业向灾区援助急需药品和医疗器械。全系统干部职工自发捐款77190元，缴纳特殊党费49240元，药械企业自发捐助价值350万元的应急药品。及时开通药品检验“绿色通道”，24小时内抽调最强技术力量完成对第一批捐赠灾区价值350万元的药品的抽检，有效确保了运往灾区的药品质量。还与地震灾区崇州市药监局建立相互沟通平台，多次了解灾区用药需求，并与相关企业进行联系，了解他们所捐药品的生产能力和库存情况，组织企业做好药品的供应准备，随时接受省、市政府的调度，确保灾区药品供应。

【市场准入提质提速】 制定了本市一类医疗器械产品注册现场核查办法，实施了药品市场准入岗位责任制等“行政审批十项制度”，完成了2家药品企业生产范围增项；2家新建中药饮片生产企业许可证现场验收；4家药品生产企业GMP认证，其中，河北康派中药材公司口服中药饮片GMP认证是全省第一家；全年共注册一类医疗器械产品9个，新办一类生产企业1家，受理各类申请351件，核发《药品经营许可证》（零售）143件；同意零售药店变更299件，注销零售药店74家；上报开办医疗器械经营企业24家，上报医疗器械经营企业变更项目39项，换发《医疗器械经营企业许可证》5家；组织对42家零售药店进行GSP认证，现场提出整改意见53条，协助省局认证批发企业7家，GSP换证1家，真正做到了提质提效，对规范市场起到了积极的推动作用。

【监管手段不断创新】 在全省率先推广电子处方系统，有效解决了零售药店销售处方药处方来源问题，确保了患者用药在科学指导下安全、合理，得到了广大消费者的称赞；建立了药品经营企业监管档案，对全市药品经营企业的经营现状、事项变更情况、违法违规情况逐一记录，对企业实行动态监管；推广使用温度记录系统，各经营企业所有冷库（柜）均安装智能温度记录仪；严格落实省局关于销售人员行业清除制度和企业诚信黑名单网上公布制度；制定《保定市食品药品安全集中行动网络责任机制示意图》、《重大监管事项督办卡》，坚持挂图作战，把药械生产经营使用各环节日常监督、专项检查、稽查打假、对外宣传等方面指标全部量化，对各岗位承担的工作内容、数量、质量及完成的程序、标准和时限、应负的责任等均作出明确规定，实现了责任主体明确化、岗位责任具体化、责任层次清晰化，有力提升了监管效能。

【医药经济健康发展势头良好】 不断推动医药科技创新平台建设，鼓励创新药物研发，积极支持药企联优靠强和省外、国外药企落户保定。2008年，全市共新建药品生产企业2家，总投资938万元；改扩建企业3家，固定资产投资1.5亿；新增生产范围企业3家，总投资1950万元。将国家计生委避孕套专供单位的河北安琪乳胶制品有限公司列为“监管示范点”，通过现场参观和经验介绍、互相交流等方法，带动本市避孕套产业健康发展。

【干部作风实现新转变】 制定《保定市食品药品监管局执法规则十条纪律》、《规范执法行为十条禁令》等文件，从基层筑起了党风政风“防火墙”，有效解决和纠正不作为、乱作为、不会作为的问题，形成想干事、能干事、会干事、不出事的良好氛围和优胜劣汰、能者上庸者下的用人导向，打造一支“政治上靠得住、工作上有本事、作风上过得硬”的干部队伍。实行岗位目标责任制，局领导实行分片包县责任制，明确责任处室，明确工作任务，明确具体措施，把工作成效同干部的实绩考核挂钩，进一步增强了工作的责任感。同时围绕工作目标对每项工作都建立起规范的工作流程，以定人员、定岗位、定职责，定时间的“四定”为基础，把全年的各项工作任务分解到每个科室，落实到每个干部，使每个干部职工既有目标又有压力，建立工作调度机制，每月一调度，使每个干部职工的工作积极性得到充分发挥。

领导班子成员

党组书记
局长　徐顺通

党组成员
副局长　黄军来　杨进考

李光平　常顺礼

副调研员　张会亭　曹根来

（臧清芙）

安全生产监督管理

【保定市安全生产监督管理局】 是保定市人民政府主管全市安全生产综合监督管理的直属部门。依法对矿山、危险化学品、烟花爆竹等行业的安全生产工作实施重点监管，从综合监管的角度指导、协调和监督有关部门（行业）和工矿商贸生产经营单位的安全生产管理工作，承担保定市安全生产委员会办公室的日常工作。内设办公室、安全生产协调处、政策法规处、规划科技处、人事培训处、应急救援指挥办公室、非煤矿山监管处（一处）、综合监管处（二处）、危险化学品监管处、职业卫生监管处以及机关党委、纪检监察室、工会等13个处（室），下设执法监察支队、矿山安全生产服务中心。

【概况】 2008年，保定市安监系统广大干部职工在市委、市政府的正确领导和大力关怀下，认真贯彻落实国家、省关于安全生产工作的部署安排，强化举措，主动出击，齐心协力，负重拼搏，圆满完成了以奥运安保为重点的各项年度安全生产工作任务，全市安全生产基础不断加强，安全生产形势保持平稳，全年未发生一次死亡10人以上的重特大安全生产事故，实现了连续4年事故起数、死亡人数“双下降”的目标。全年共发生各类生产安全事故1203起，死亡312人，比省定控制指标少81人，受伤1171人，经济损失1098万元。与2007年相比，事故起数减少93起，下降7.81%，死亡人数减少30人，下降8.77%。其中：工矿商贸企业事故22起，死亡27人（比省定控制指标少6人，占81.8%）；死亡人数减少9人，同比下降27.3%。由于成绩突出，分别被省委、省政府和市委、市政府授予奥运安保先进集体荣誉称号，3个处室被评为市级先进单位，3名同志被市委、市政府记个人二等功，4名同志记三等功，12名同志受到市委、市政府的嘉奖。同时，有28项工作受到了市委、市政府和省以上表彰，如：获得国家安监总局隐患治理高层论坛优秀组织奖；被省公安厅、省安监局等五部门评为全省交通安全宣传工程先进单位；被省总工会、省安监局评为全省职工安全生产电视培训先进单位；被省安监局评为全省尾矿库治理先进单位、中深孔爆破技术推广工作先进单位、全省交通安全宣传教育工作先进单位；职业卫生申报和安全生产风险抵押金存储工作名列全省第一，省安监局予以通报表彰；被市委、市政府评为全市创建文明生态村工作先进单位、思想政治工作先进单位；局机关党委被市直工委评为先进基层党组织等等。

【领导重视，进一步加强安全生产的组织领导】 市委、市政府始终把安全生产工作摆在重要议事日程，对安全生产工作给予了特别关注，多次听取专题汇报并做出重要批示。1月18日，市委主要领导主持召开市委常委会议，对安全生产工作进行安排部署，并多次对安全生产工作做出重要指示，要求全市进一步加强对当前安全生产工作的领导，强化责任，务必把安全生产检查工作做深、做实、做细，及时消除隐患，坚决防止各类事故的发生。于群市长多次主持召开市政府常务会议、市长办公会和全市季度防范安全事故会议，研究部署安全生产工作。市委、市人大、市政府、市政协四大班子领导严格落实“一岗双责”，坚持把安全生产工作作为重点来抓，对分管系统的安全生产工作亲自部署，亲自检查，亲自到重大危险源单位和重点企业督导落实，现场解决存在的问题。“两会”、奥运和专项集中行动期间，市四大班子各位领导分别带队，深入到各自分包的县（市、区）和重点企事业单位进行了安全检查和调研。分管副市长刘宝玲同志多次深入企业，对重大隐患整改工作进行现场办公，召开专门调度会督促整改。为进一步推动安全生产工作，市委、市政府出台了一系列硬性措施：一是把安全生产重点工作列入了《2008年政府工作报告责任落实方案》中，明确了责任分工、完成时限和总体要求，实行"年初建账、年中查账、年底对账"，并通过市委常委会、政府常务会、市长办公会、季度防范安全事故例会等，及时进行了部署、调度、协调和督查，由市委、市政府两个督查室对工作开展情况进行了跟踪督办；二是在上年实行安全生产责任网格化管理的基础上，制定出台了《关于建立长效机制切实加强安全生产工作的意见》（保字［2008］22号）。规定各级党委、政府主要领导对安全生产工作负总责，所有领导干部实行"一岗双责"；三是加大安全生产考核力度。将安全生产列入了市委、市政府对各县（市、区）总体工作考核范围，实施专项考核，加大考核权重，将安全生产与领导干部政绩挂钩。市领导对安全生产工作的高度重视，有力地带动了全市安全生产工作的开展。

【突出重点，扎实推进安全生产"三个年"活动】 围绕全省开展的安全生产"承诺落实年"、"隐患治理年"、"行政执法年"活动，做了大量的艰苦细致的工作。"承诺落实年"：共组织12779家企事业单位签订了安全生产承诺书，完成8364家企业的"三项制度"审核备案工作，对4415家签订承诺书的一般行业小企业进行了登记备案。市、县两级在78家企事业单位召开了承诺建设典型，组织对10779家企事业单位承诺落实情况进行了评估验收，优秀率达到15.7%，合格率在98%以上。"隐患治理年"：制定出台了《保定市安全生产事故隐患排查治理预测预警制度》，对市、县、乡、村、企各层面隐患排查、报告、预测、预警、整改、监督等做出了详细具体的规定，实现了隐患排查治理在时间、空间上的全方位覆盖。全年共出动检查组5662个（次），人员16870人（次），排查企事业单位38650家（次），排查出隐患94670处，已完成整改92776处，整改率占98%；排查出重大事故隐患23处，除6处非煤矿山、尾矿库重大隐患因企业破产重组、主体责任未确定无法进行整改外，其他17处已全部整改完毕。"行政执法年"：组织市安全生产监察支队所有执法人员和业务处室有关人员，逐个县（市、区）进行集中执法，形成了强大声势。全年市安监支队共出动1350人次，先后对25个县（市、区）的冶炼、铸造、机械加工、轻工、纺织、建筑、非煤矿山企业、危险化学品生产、经营、使用企业及烟花爆竹经营单位进行了执法检查，共立案166起，结案160起，罚款201万元。全市安全生产行政执法共计立案1788起，结案1660起，实施行政处罚1727万元。

【强化举措，全力打好奥运安全生产保卫战】 为确保北京奥运会期间安全生产形势的稳定，超前谋划，及早动手，从5月底至9月底，组织开展了"强责任、增忧患、促干劲，全力以赴打好奥运安全保卫战"行动。奥运会期间，按照"五个一批"（停产一批、限产一批、关闭一批、取缔一批、盯防一批）的原则，在全市3268高危行业企业实施了"临时特别管制措施"，其中：停产停业企业2676家，限产危险化学品企业56家，停止使用危险化学品企业251家，取缔、关闭企业285家。在1321家重大危险源单位严格落实了"五个一"监控措施，向5家煤矿派驻了安全监督员，在4家决定复工的烟花爆竹生产企业设立了安监所，对26家剧毒化学品从业单位、276家易制爆从业单位严格落实了"五双"（双人验收、双人保管、双人发货、双把锁、双本账）管理制度，进行严防严控。为确保"临时特别管制措施"落到实处，结合市、县两级领导干部和部门分包负责制，对所涉及的企业，实行专人负责逐企业进行现场督办。同时，会同市监察局组成8个问责督查组进行了不间断地明察暗访和责任倒查，对"停、关、限、盯"措施落实不到位的进行责任追究，先后对3个县（市、区）政府进行了通报批评，对7个县（市、区）政府主管领导、安监局长进行了诫勉谈话；对阜平县4家铁选厂不落实"临时特别管制措施"问题进行了严肃处理，共有18名党政干部受到责任追究，主管副县长受到行政记过处分。由于措施有力，奥运会期间，全市安全生产形势始终保持稳定，没有发生任何问题，市安监局分别被省委、省政府和市委、市政府授予奥运安保先进集体荣誉称号。

【乘势借力，认真组织安全生产专项集中行动】 在全市范围内组织开展了"煤矿、非煤矿山、危险化学品、烟花爆竹、道路交通、民爆器材、人员密集场所、建筑施工、特种设备"等重点行业和领域的专项整治活动，促进全市安全生产秩序进一步好转的基础上，认真组织全国部署的"安全生产专项集中行动"。在10月7日全省、全市"三项工作"

集中行动紧急电视电话会后，连续奋战，连夜组织力量制定了《保定市安全生产专项集中行动实施方案》，对相关工作进行了安排部署。为确保集中行动各项工作达到预期的目标要求，将此次集中行动工作任务量化分解为5大类、12大项、33小项，根据确定的任务目标，制定印发了《保定市安全生产专项集中行动目标任务分解方案》，将各项工作责任进一步细化分解到各县（市、区）和相关职能部门，明确了责任单位、督办部门、完成时限和工作要求，制作了《任务分解表》和《周工作进度表》，实行挂图指挥，及时调度，确保进度。专项集中行动中对全市所有煤矿、尾矿库、危险化学品生产企业、烟花爆竹从业单位、民爆物品生产经营企业等重点单位的执法检查覆盖面达到了100%。组织尾矿库法人代表到山西参观，现场说法，教育尾矿库业主深刻汲取教训，加大整改力度；对人员密集场所、易燃易爆从业单位、建筑施工、交通运输、特种设备进行了大范围的隐患排查。行动中，共检查企事业单位14951家，发现整改隐患8615处。通过此次行动，一大批事故隐患得到及时消除，全市安全生产基础进一步牢固，安全生产秩序进一步好转。

【源头把关，严格落实安全生产保障政策】 严格落实安全生产行政许可制度，全年共对723家危险化学品企业、1866家烟花爆竹企业、95家非煤矿山企业实施了行政许可。认真落实安全生产“三同时”制度，结合安全生产许可证办理，加大安全设施“三同时”审查工作力度，全年共对36家采石场、44家尾矿库企业进行了安全设施设计审查，对16个危险化学品建设项目“三同时”进行了项目设立审查，对6个项目进行了安全设施设计审查，对5个项目进行了安全设施竣工验收工作，查处违法危险化学品建设项目5起。积极落实风险抵押金制度，采取“三个结合”（风险抵押金管理与安全生产日常监管相结合、与安全生产许可证发放相结合、与安全生产年度考核相结合）的工作措施，有力地推动了全市安全生产风险抵押金工作。全市安全生产风险抵押金存储金额达到了1.2亿元，比上年同期增长117%。

【整合资源，加快应急救援体系建设步伐】 进一步健全了应急救援预案体系，制定完善了《保定市安全生产事故灾难应急预案》、《保定市危险化学品事故灾难应急预案》等8部预案，对各县（市、区）政府、市直有关部门、市属以上企业和1321处重大危险源企业的预案进行了审查备案，建立了安全生产应急预案数据库。全市共制定各类预案15896份，预案覆盖率达到了100%。加强应急救援指挥平台建设，在充分考察的基础上，完成了《保定市安全生产应急救援指挥中心建设论证方案》，市级重大危险源监控和应急救援信息平台建设一期503万元资金，已经市立项批复，上半年到位并开工建设。加强应急救护队伍建设，2008年，市政府和各有关部门、相关企业先后投入360多万元为各专业救护队购买了相关装备和器材，全市应急救援队伍的战斗力得到了明显提升。全年共组织较大规模演练480次，接到安全生产事故报警6次，出动专业救护队8队次，救援人员160人次，成功救出伤者10人。

【加大力度，狠抓安全生产宣传和教育培训】 认真组织了“安全生产月”活动，开展了安康杯知识竞赛、安全生产知识培训、执法送法下企业等多种活动；组织了安全生产集中宣传咨询和万人签名行动，有关市领导出席指导，取得了较好效果；印制发放《城乡居民安全知识宣传手册》、《安全生产隐患排查治理暂行规定》、《河北省生产安全事故报告和调查办法》和各类专业宣传资料40余万份，受教育人员达上百万人。加大培训工作力度，完成了高危行业主要负责人和安全管理人员、特种作业人员、年度计划内的一般行业负责人的培训与考核发证工作，共培训32000多人；积极探索企业全员培训的新路子，对自身培训能力较差的企业采取了由培训机构代培训的方法，帮助企业进行全员培训达63000多人。

【积极探索，大力推进安监机构和队伍建设】 为了充实市局领导力量，市委、市政府从局内部提拔了2名副县级领导干部，并为市局选派了1名副局长。机关内部严格按照《领导干部选拔任用条例》完善干部选拔任用机制，全年提拔科级干部8名，协调有关部门增加编制10名，新增军转干部13名，局自身队伍不断壮大。在抓好自身机构和队伍建设的同时，全市乡镇安监所建设取得较大进展。市编委专门下发文件，对在乡镇设立安监所、配置专职安全监管人员做出了具体规定，全市354个乡镇（街道办事处）中，除9个安全监管任务较轻的乡和街道办事处各配置2名以上专职安全监管人员外，其余乡镇已全部成立了安监所，全市新增安全监管人员1500多人，强化了基层安监力量。9月，在全省召开的安监系统机构和队伍建设经验交流会上，我局以“积极探索，创新发展，全面推进我市安监机构和干部队伍建设”为题介绍了经验。

【科技兴安，加快安全技术推广运用的步伐】 一是加强安全生产专家队伍建设。经过各部门、各行业领域把关推荐和县、市两级的选拔培养，市、县两级分别建立了煤矿、非煤矿山、尾矿库、危险化学品、烟花爆竹、民爆器材、建筑施工、特种设备等行业的安全生产专家人才库，储备各类安全专家1100多人，组建了300多人的常备安全生产技术专家队伍，为全市安全监管提供了有力的技术支撑。二是大力推广安全生产新技术。在全市组织推广了“露天非煤矿山中深孔爆破技术”、“危化HAN阻隔防爆技术”、“危化软体强磁堵漏技术”，指导地下矿井推广“机械通风系统改造技术”，指导督促曲阳灵山一矿和阜平炭灰铺煤矿完成了瓦斯监测监控系统的安装使用，实现了非煤矿山、危险化学品重要环节事故预防上新突破。

【较大及以上事故情况】 全市未发生一次死亡10人以上的重特大安全生产事故。工矿商贸企业发生较大事故1起（新市区“10.22”建筑施工高处坠落事故：10月22日河北建设集团安装有限公司在东风西路乐凯B区五号楼进行外墙体保温施工时，发生了吊篮高处坠，死亡3人）；烟花爆竹非法生产较大事故1起（定州市“2.25”爆炸事故：2月25日定州市庞村镇庞村李志建等人在本村一废弃厂房内非法生产烟花爆竹，引发爆炸，死亡3人），道路交通较大事故2起。全市较大事故起数比上年同期下降55.5%。

领导班子成员

党组书记 局长	王宪刚
党组副书记 副局长	刘义和
党组成员 副局长	周福生　刘　军 白宏伟　李铁庆 张占军（10月任）
党组成员 纪检组长	孟贤会
党组成员 监察支队长	薛文龙（10月任）
副调研员	王会义（10月任）

（田永清　赵　路）

农　业

种植业

【保定市农业局】　保定市农业局是主管全市农业与农村经济发展的市政府工作部门。内设办公室、劳动人事处、计划财务处、农业处、科技教育处、农村合作经济管理处、农机管理处、市场信息处8个职能处（室）、16个局属事业单位。全系统干部职工752人，专业技术人员172人，其中正高职13人，副高职61人，中职60人，初职以下38人；技术工人516人，其中技师27人，高级工55人，中级工21人，初级工12人，普工401人。

【概况】　2008年，推进"五个农业"（即安全农业、节约农业、特色农业、循环农业和开放农业），全市有33项工作受到农业部、省政府、省农业厅和市委、市政府的表彰。市农科所培育的"保麦9号"获市科技进步一等奖，"红小豆保876－16推广"获保定市科技进步二等奖，被命名为保定市引智示范基地。国务院回良玉副总理、农业部孙政才部长来市考察，对市农业农村工作及夏粮生产、机收作业给予充分肯定。率先成立市农产品质量监督管理站，成为省内首个市级农产品质量专门管理机构。市种子公司体制改革和市农机监理所职能划转顺利完成。

全市农作物总播种面积1780万亩，其中粮食播种面积1354.66万亩，预计粮食总产536.33万吨，比上年增加18.46万吨，增3.6%，预计平均亩产395.9公斤，比上年增加19.5公斤/亩，增5.2%。粮食生产连续六年获得丰收，粮食总产继去年之后再次跃上100亿斤台阶；全市蔬菜种植面积达到235.1万亩，总产755.3万吨，其中中棚以上设施蔬菜发展到85.4万亩，蔬菜产业已成为农民增收的第一大产业。

【农业种植结构更趋合理】　主要农产品优势产业带基本形成，全市优质专用小麦发展到403万亩、优质玉米发展到540万亩，分别比上年增加23万亩、60万亩。定州、清苑、涿州等蔬菜，满城草莓，容城、定兴芦笋，望都辣椒，徐水西红柿，蠡县、高阳、清苑等麻山药，唐县、顺平、望都、涞水等食用菌，安国中药材等区域特色产业规模扩大，建成17个"河北农业特产之乡"，带动周边地区特色产业发展，成为农民增收新亮点。

【农产品质量安全水平稳步提升】　全市各级农业部门坚持两头抓市场（农资市场监管、农产品市场抽检）、中间抓基地（种植基地）的思路，开展专项整治，加强基地管理，强化质量检测，农产品质量安全水平大幅提升，未发生一起农产品质量安全事件。作为北京主要的农产品供应基地，奥运期间，涿州、容城等6个县（市）的11个基地的供京、供奥农产品全部合格。农资市场开展专项整治，共出动执法人员11418人次，检查企业、经营门店8261个次，立案查处89起；查缴5种高毒农药4588.5公斤、不合格小麦种子4万公斤，净化生产源头，规范农资市场秩序。分别荣获省厅"高毒农药整治工作先进单位"和"农资打假工作先进单位"。推广无公害标准化生产面积125.7万亩，无公害环评面积累计达211.68万亩；新增认定面积3.83万亩，累计认定无公害农产品生产基地51个，认证无公害农产品63个。健全农产品质量安全检测体系，实行定期农产品抽样检测制度，全市共抽检农产品样品2717个，农药残留合格率98.6%。

【农业循环经济快速发展】 坚持“节水、节肥、节药、节能”，提高“节本增效”和资源综合利用，推进农业循环经济和农业可持续发展。全市新建农村户用沼气池48925座，沼气池保有量达到34.6万座，年产沼气10380万立方米，年节能7.27万吨标煤，年实现经济效益4.498亿元。安装太阳能热水器33043.3平方米，太阳能灯130盏，推广太阳灶326个，新建和改建太阳能温室等设施蔬菜3.12万亩。18个县（市）实施测土配方施肥项目，推广测土配方施肥技术346万亩，亩节本增效45.1元，实现节本增效15605万元。完成小麦秸秆还田面积508.89万亩，占小麦总面积的91.7%；完成玉米秸秆还田面积376万亩，占种植面积的55%，秸秆青贮105万吨，创历史新高，秸秆综合利用率达到74%。推广小麦测墒灌溉、耕作保水、窄行密植等小麦节水技术230万亩，实现亩均节水58.3立方米，亩增加效益27.5元；推广蔬菜膜下沟灌和微滴灌节水技术35万亩；与河北海明生态有限公司合作，率先在7个县（市）对小麦、玉米、蔬菜、棉花、谷子、甘薯六种作物进行抗旱保水剂试验、示范。

【农业科技支撑能力进一步增强】 全市农业信息网站栏目400个，信息量15万条，访问量900多万次。农业手机短信用户75万人，农业专家热线话务访问量8千余次。18个“农业科技电波入户”示范县共开播农业栏目40多个，制作播放农业节目1700多期次，实现科技直接传播到户，课堂办到农民家中。农业科技进村服务站1302个，达到“五个一”标准的省级示范站112个。新型农民实用技术培训55万人次，阳光工程农业科技培训2000人。30余次组织专家顾问组进行田间考察，及时提出管理意见。通过报纸、电视、信息网络、手机短信、印发技术明白纸等方式进行宣传，指导农民搞好农作物田间管理。落实玉米晚收412.7万亩，占计划的108.6%，总增产玉米约1.5亿斤；小麦适期晚播403.1万亩，占总播种面积的71%，节水16120万立方米。

【农民专业合作组织迅速发展】 “因地制宜，分类指导”，推进农民专业合作组织发展。多个优质粮食、农机、蔬菜等各具特色的产业带、产业集群初步形成，农民组织化程度提高。全市依法登记的农民专业合作社478家，比上年增长7.1倍。涿州和高碑店两市被评为省级示范县（市），有27家农民专业合作组织被评为省级示范社。

【农民合法权益得到有效维护】 全市争取到国家和省级小麦、玉米、水稻良种补贴688.95万亩，补贴资金6909.25万元，涉及20个县（市）。享受部、省农机购置补贴资金2900.725万元，落实农机具2789台，补贴农机具3180台，受惠农户达3000余户。稳定完善农村土地承包关系，依法处理和协调化解农民土地承包纠纷案件53起，维护农民土地权益和合法权益。落实涉农税收、价格和收费“公示制”，农村义务教育收费“一费制”，乡镇、村级组织和农村中小学公费订阅报刊费用限额制度，涉及农民负担案（事）件“责任追究制”，进一步健全农民负担监测、信访举报、检查监督、案件查处等各项监督管理制度。开展涉农负担专项治理，查处涉农违规收费320万元。全市303个乡镇推行农村会计委托代理服务制，占乡镇总数的93%，其中实行电算化管理的乡镇157个，农村财会人员持证上岗率达到90%。

领导班子成员

局　　长　吕　先

副 局 长　王贺鹏　郑继陆

　　　　　辛喜增　张凤洋

总农艺师　刘洪勋

纪检组长　杜长安

（张志刚）

林　业

【保定市林业局】 保定市林业局是保定市人民政府主管全市林业工作的职能部门，负责全市林业发展规划的制定和组织实施，负责国家林业方针、政策及法律法规的组织实施和监督检查，负责组织指导全市造林绿化工作，负责全市的森林资源和野生动物资源的保护管理及监测工作，负责全市林业科研及技术推广工作。局内部设办公室、植树造林处、果树蚕桑花卉管理处、森林资源管理处、发展计划与资金管理处、林业工程项目综合办公室六个职能处室，局直属事业单位12个。

【概况】 全市完成造林55.8万亩（含封山），占50万亩任务的111.6%，义务植树完成1500万株，占任务1400万株的107.14%。新封山育林30万亩。新育苗木5万亩，农田林网控制率85%以上的县达到4个。退耕还林、三北防护林、太行山绿化等国家重点林业工程均完成或超额完成建设任务。城镇绿化快速发展，新栽植各类乔木128.4万株，新增绿地面积287.4万平方米。森林覆盖率净增量今年首次列入党政领导班子实绩考核内容。先后获得中国国际林业博览会筹展工作先进集体、河北省第二届思想政治工作先进集体、河北省“绿色机关”、林业宣传工作先进单位、林业系统政务信息工作先进单位、林业系统信访工作先进单位、全省集体林权制度改革工作先进集体、全省森林防火目标管理先进单位、全省森林公安系统奥运安保先进集体、第四届河北省林学会科学技术二等奖、全市“驻联帮解促”活动先进单位、全市民主评议工作先进单位、全市社区建设先进集体、全市思想政治工作先进集体、全市党委系统督查工作先进集体、全市党委系统信息工作先进集体、市长专线电话市长短信平台工作先进单位、全市政府系统督查工作先进单位、全市林业工作先进集体、全市纪检监察系统实绩突出单位、科技卫生“三下乡”工作先进集体，完成安全生产责任目标先进单位、市直机关妇女先进集体、全市档案工作先进单位等。在市政府常务会议上提出的创建森林城市的意见被市委、市政府采纳，成为保定林业建设史上又一个里程碑意义的战略决策和宏伟目标。

【林业产业发展态势良好】 建设现代果业体系，由“数量扩张型”向“质量效益型”转变，完成高标准、外向型果品基地建设9.4万亩，投资395万元，完成果树树体改造和树型改良27万亩。果树面积达到234万亩，实现果品产量113万吨，产值22.4亿元。通过全市170个季节性专业市场和8家外向型出口企业销售果品92.6万吨，出口果品1.6万吨，年销售收入突破14.9亿元，创汇6740万美元。全市387家果品加工企业和111座储藏库，年加工储藏果品分别达到26万吨和6.4万吨。重点林果产区已创办果品协会32个，专业经济合作组织89个，农民经济人5000名。全市木材加工规模企业达29家，其中规模上亿元4家，年生产人造板材40多万立方米，产值突破7.6亿元。列为省级龙头企业的林果企业达24家。

【森林资源管护全面加强】 全市经省卫星监测确认森林火警仅2起。发现、举报确认火点17处，较上年同期相比下降51.4%，受害森林面积为零，未出现人员伤亡和“进京火”，取得多年来最好成绩。林业有害生物防控体系建设得到加强，全市共建立监测点600个，投入资金1418万元，累计完成美国白蛾等林业病虫害防治作业面积89.8万亩次。开展打击和治理木材无证经营、加工、收购、非法运输、野生动物非法经营利用和驯养繁殖、违法征占用林地以及违法野外用火“春雷”专项行动，查处木材非法经营摊点93家，非法木材运输车辆101辆，乱砍滥伐案件29起，非法驯养繁殖加工野生动物案件5起，对保定市区各大商场、酒店、医院、医药加工销售网点和安国、蠡县两大市场进行了清查整顿。

【林业改革继续深化】 完成集体林权主体改革扫尾工作，林权登记发证力度加大，持证者达13.4万多户，组织重点县赴浙江、福建等地进行专题调研和参观学习，易县、雄县、涞水、唐县、定兴5个林改配套改革试点县工作进展顺利，在建立森林资源管理平台、推动森林资源资产化、资本化方面进行了积极探索。林业技术推广体系改革取得新进展，25个县（市、区）基层林业技术推广体系改革方案全部获省通过，其中易县、安国两县（市）试点改革已全部完成。8月26日，市人大十三届常委会第三次常务会议专门听取和审议了市政府《全市集体林权制度改革工作报告》，对全市林改工作给予充分肯定。

【科技兴林工作取得新突破】 全市落实林业科技“16推”任务63万亩。满城县国家级磨盘柿标准化示范区项目顺利通过验收，日援二期项目进展顺利。国家级桃和省级苹果两个良繁基地项目分别在满城和望都立项实施。依托河北农大等大专院校人才和技术支撑，开展多领域、全方位的林业技术合作。以现代林业理念统领林业管理，林业信息化和办公自动化步伐加快。

【林业社会影响和地位显著提升】 森林覆盖率净增量考核工作，市委宋太平书记专门批示：“人要精干，程序要简单，重在落实，考出干劲”。于群市长明确要求，要“以抓三年大变样的决心和力度推动绿化工作”。市人大、市政协领导组织部分人大代表、政协委员和专家对22个县级城市绿化净增量进行了考核。投资5万多元，更新改版了保定林业网站，购置新型宣传设备。

领导班子成员

局　　长　刘振昌（7月免）
　　　　　姜明慧（7月任）
副 局 长　荀志惠　卢富强
　　　　　曹听尔　王立加
　　　　　陈　飞
纪检组长
党组成员　臧思良

森林公安局局长　李忠琦
党　组　成　员
森林公安局政委　张建华

（韩忠礼）

畜牧水产业

【保定市畜牧水产局】　保定市畜牧水产局是保定市人民政府主管全市畜牧水产业的直属事业机构。其主要职责是：贯彻国家畜牧水产法律法规并监督执行。拟定并落实全市畜牧水产业发展规划、政策。负责全市重大畜牧水产业建设项目的立项、初审和申报工作。制定全市畜牧水产业科技普及、培训、技术引进、推广规划和年度计划，并监督实施。组织科研课题的技术攻关和科研成果的推广应用。制定全市畜牧水产养殖品种繁育和改良规划。指导生产、繁育和推广畜牧水产良种工作。负责全市动物防疫、检疫、医政、药政、药检和动物卫生监督工作。负责全市草地资源保护、建设、开发、利用的组织实施工作，制定草地资源、农作物秸秆资源开发的中长期规划及年度计划，指导全市草原防火工作。负责《中华人民共和国动物防疫法》、《中华人民共和国畜牧法》、《中华人民共和国草原法》、《中华人民共和国草原法》、《中华人民共和国渔业法》、《中华人民共和国野生动物保护法》《中华人民共和国水污染防治法》、《中华人民共和国传染病防治法》、《中华人民共和国农产品质量安全法》、《国务院种畜禽管理条例》、《国务院兽药管理条例》、《国务院饲料和饲料添加剂管理条例》、《国务院水生野生动物保护法》、《国务院病原微生物实验室生物安全管理条例》、《河北省动物防疫条例》、《河北省种畜禽管理条例》、《河北省渔业管理条例》、《河北省渔业船舶检验条例》、《农业部动物检疫管理办法》等8部法律、9部法规和40多项规章的监督执行。承办市政府交办的其他事项。

【概况】　2008年，全市实现畜牧业产值156.2亿元，同比增长11.0%，肉类总产量达51.83万吨，同比增长10.1%，其中：猪肉产量完成37.5万吨，同比增长10.5%，禽蛋产量完成36.5万吨，同比增长7.9%。牛羊奶产量62.6万吨，同比增长19.5%，年末生猪存栏342.33万头，同比增长20.9%，大牲畜存栏48.13万头，同比增长24.0%，其中：牛存栏40.02万头，同比增长32.6%，羊存栏190.96万只，同比增长11.23%。实现渔业产值5.15亿元，增长18.5%，淡水养殖面积6858公顷，水产品总产量达到4.5万吨，同比增长6.6%。

【积极应对"三鹿奶粉事件"】　市奶业发展逐步走出“三鹿奶粉事件”的阴影，规模养殖比例明显提高，奶农利益得到最大限度的保护，为奶业振兴奠定了基础。20个县（市、区）出台鼓励扶持政策，截至年底，全市动工新建奶牛规模养殖小区78个，改建、扩建的奶牛规模养殖场（区）100个，奶牛规模养殖比例已提高到68%。奶站经营实现许可证制度，生鲜乳收购证陆续发放，取缔奶站110个，正在整治中的奶站74个，整治合格104个，乳品加工企业奶站托管数量达到50个，原料奶质量得到有效保证。饲料整治实现饲料蛋白生产企业现场检查率、饲料生产企业产品抽检率、自配料入场检查率和生产企业持证率4个100%。掌握三聚氰胺高效液相色谱检测技术，检测能力和水平得到提高。完成省检测中心、农业部布置的采样送检任务。

【加强奥运期间动物产品质量安全监管】　“助奥运、保安全，做好动物防疫工作和供京、供奥动物产品质量安全监管，成立“迎奥运动物卫生安全年”活动领导小组，与各县签订责任状和承诺书。全市2个动物产品批发市场、10家兽药生产企业、73家饲料生产企业、569家兽药经营单位、338家饲料经营单位、3982家养殖场均建立质量保障制度，动物食品安全工作实行日报告制度。26个供京（含1个供奥）企业，实行驻场监管、批批检测。市动物产品检验检测中心全年共计完成检测样品4639批次，饲料成分分析14批次，饲料三聚氰胺检测191批次，牛奶三聚氰胺19批次。为省检测中心送样品644批次。配合农业部省检测中心在保定市采样、检测任务，共采样169批次，配合农业部完成检测695批次。

【稳步推进产业结构调整】　发展规模养殖，以猪、牛、羊、鸡四大品种为发展重点，推广杂交改良、冷配合胚胎移植技术，新建改良站点120个，移植高产奶牛胚胎260枚，良种覆盖率明显提高。稳定猪鸡等食粮畜禽生产，发展牛羊等草食家畜生产，重点发展奶牛、改良肉牛、小尾寒羊，向以食草家畜为主体的畜种结构方向发展，发展“草、牛、奶”工程。推广全株玉米青贮，青贮专用玉米种植面积扩大到47万亩。全市青贮玉米240多万吨，其中全株玉米青贮47.22万吨、氨化4.6万多吨、微贮6.5万吨、打包、压块3万多吨，秸秆利用率达35%。培育和扶持加工龙头企业发展，提高畜禽产品的深加工率和附加值。全市规模较大、辐射作用较强的加工龙头企业29家；省级龙头企业8家，国家级龙头企业1家，预计全年龙头企业产值达20亿元。

【推进标准化生产】　农产品市场准入，加快无公害动物产品产地认定和产品认证步伐。全市申报产地认定企业78个，通过产地认定验收的54个，产品认证验收19个，全市通过省级认定、认证的企业分别达到194个和30个。完成养殖业污染源普查和农业部畜禽养殖业污染源产、排污系数测算等各项工作。

【强化重大动物疫病防治】　结合"3341工程"建设，推进兽医管理体制改革，健全完善市县乡村四级防疫网络，全市选拔培训6361名村级防疫协助员。22个县（市）通过全省GSP达标验收，超额完成省局确定的年度任务。农业部在全市开展动物防疫法律、知识进村入户活动。组织基层动物防疫员防疫技术及操作大比武活动，带动全市基层防疫人员学技术、比业务的热潮，兽医工作水平明显提升，有力、有序、有效做好重大动物疫病防控工作，全市全年无大疫。全市畜禽重点疫病强制免疫率100%，合格率全部达到规范标准，耳标佩戴率达100%。全市落实防疫经费1500余万元，其中，市本级动物防疫专项经费593万元。

【积极争取上级项目资金】　全年争取和落实乡镇兽医站基础设施建设项目、生猪标准化规模养殖场项目、动物防疫体系建设项目、奶牛标准化规模养殖小区（场）建设项目等项目资金18290.21万元，其中中央、省财政资金13317.5万元。民间资本也增加了养殖业投入。满城县昊宇万头优质奶牛养殖场，采取集资入股方式，由新西兰进口2000头优质奶牛。望都旺盛敏达建设年出栏10万头猪场，一期工程开工兴建。徐水大午与新希望合资2.25亿元建设年出栏10万头商品猪猪场项目总已签约，项目预计年内动工兴建。

【实施白洋淀增殖放流】　恢复白洋淀水域生态环境及渔业资源，实施渔业资源增殖放流。投入省政府增殖放流资金及保定市政府赔偿资金85.2万元，放流河蟹537.5公斤，约7500万只。鲢、鳙、鲤、草大规格鱼种38636公斤，约42.5万尾，对渔业资源的恢复和渔业生态环境的修复起到作用，促进城市水源地的水域环境的保护及净化。

领导班子成员

局　　长　郝俊愿
副 局 长　贾志清　刘学军
　　　　　李学忠　王连卿
纪检组长　陈殿恒
总工程师　赵东岗

附：保定生物资源　保定养殖品种丰富，养殖种类的发展变化也体现了市场经济的基本规律：奶牛快速发展，蜜蜂、貂、貉、狐狸、野猪、鸵鸟、孔雀、山鸡、鹿、蝎子等特殊养殖品种也相继出现。在养殖品种方面，生产性能和效益更高的品种得到推广，巴克夏、长白猪、杜洛克、大白猪等优良猪种迅速在我市推广，并经杂交产生了生产性能更高的瘦肉猪。荷斯坦（黑白花）奶牛逐步成为全市奶牛养殖的主要品种。海福特、安格斯、利木赞、夏洛来、西门达尔等品种的杂交肉牛出现，改变了传统肉牛生长缓慢，肉产量较低的状况。羊的品种肉山羊逐步取代了绒山羊，其中以小尾寒羊等耐粗饲、抗病品种为主。

保定市渔业资源以内陆水域鱼类为主，共有10目19科57属66个品种，现存和引进的品种有6目15科39属43个品种，1988年以后，又鲁迅引进了斑点叉尾鮰、金鳟、西伯利亚鲟、杂交鲟等。除鲢鱼、鳙鱼、草鱼、青鱼、团头鲂是作为养殖对象，从长江引进，罗非鱼、大银鱼、池召公鱼、斑点叉尾鮰、虹鳟鱼、金鳟鱼、鲟鱼作为科研和推广对象，在20世纪80年代后期引进外，其他鱼类均为本地品种，大多生活在白洋淀等水库水域中。虾类主要分布在白洋淀等大水域中，以个大、味美、皮薄、肉厚等青虾为常见，使保定特色水产品之一。白洋淀河蟹曾以"背壳墨绿、腹部奶白、膏体黄肥、金爪黄毛"享誉全国，历史上的"胜芳蟹"曾与阳澄湖大闸蟹媲美，最高年产曾达到20多万公斤，自枣林庄大闸修建后，阻断了河蟹生殖洄游通道，天然河蟹已绝迹，目前河蟹生产以围栏养殖和增殖放流为主。此外，中华鳖、鄂龟、牛蛙、美蛙等两栖类动物也有养殖，其中保定中华鳖属黄河品系，裙边肥大，具有黄甲、黄板、黄脂"三黄"特征，为鳖中上品，已成为部分地方农民增收致富的主要产业，阜平县中华鳖产业年产值可达2亿多元。

（季晓明　邓登友）

农业机械

【概况】　2008年，全市农机总动力已达1098万千瓦，农机原值57亿元，分别比上年增长了

7.2%、3.6%。小麦机耕、机播、机收水平分别达到了96%、97%、96%，有力促进了全市现代农业的快速发展。

全年争取农机购置补贴资金2939.475万元，其中：部级购置补贴资金2550万元，省级购置补贴资金339.475万元，市级补贴资金50万元，覆盖全市25个县（市、区）。共补贴各类机具3180台，受惠农户达3000余户，直接拉动农民购机投入2.37亿元。

在农机购置补贴惠农政策的有效拉动下，农机总量在大幅增长的同时，农机化新技术被广泛应用推广，农机结构得到了进一步优化，农机具向动力大型化、作业系列化、功能复合化的方向发展。高性能、大马力的田间作业动力机械和配套机具增长幅度较大，与上年相比，2008年大中型拖拉机达到2.76万台，增长51.6%。大中拖配套农具3.66万台，增长20.4%。秸秆还田机1.24万台，增长4.2%。玉米联合收割机724台，增长49.3%。小麦机耕、机播、机收水平分别达到了96%、97%、96%，玉米机播达到85%，小麦生产和玉米播种已基本实现机械化。玉米联合收获技术已逐渐被农民认识，新增玉米联合收割机401台，加上小麦、玉米两用收割机，机具将近翻一番，共完成玉米机收面积63.37万亩，比上年增长了54.56%，又上了一个新台阶。秸秆还田作业稳步推进，全市共完成小麦机械化秸秆还田508.89万亩，玉米机械化秸秆还田315万亩，铁路沿线和高速公路两侧重点区域县秸秆综合利用率达到了75%以上，有效地缓解了焚烧秸秆问题，促进了农业生产的可持续发展。

伴随着农机装备的不断发展，农机作业服务领域逐步拓宽，作业领域由粮食作物向经济作物、大田向设施农业、种植业向养殖业、农产品加工业全面发展，由产中向产前、产后延伸。2008年，全市共组织3000多台小麦收割机赴河南等地进行跨区作业，共作业面积187万亩，为农民创收8000多万元，达到“兴机富民”目的。2008年，市农业局被河北省农业厅评为全省“农机工作先进单位”、被省机收小麦工作领导小组评为“小麦机收和跨区作业先进单位”。

（张志刚）

中小企业

【保定市中小企业局】 是市政府主管中小企业、民营经济的职能部门承担全市民营经济规划、协调、监督、服务职能。设7个处室。

【概况】 2008年，实施“一个战略”，推进“两大工程”，促进民营经济持续快速发展。全年实现增加值1048.2亿元，同比增长14.4%。上缴税金60.7亿元，同比增长16.7%。增加值占全市生产总值的比重达到66.3%。比上年提高1.6个百分点。截至年底，全市民营经济组织已达236690个，企业20383个，规模企业1192个，亿元以上企业159家。

【全民创业扎实推进】 起草《关于推动全民创业工作的若干意见》，8月1日，召开全市推动全民创业广播电视大会，市区设主会场，各县（市、区）和市直部门设分会场，乡镇街道设收视点。会上，评选表彰了30名创业标兵，市委、市政府主要领导对开展全民创业活动进行了全面部署。年底，由29个成员单位抽调人员，分5个组，对38个市直部门和27个县（市、区）进行了考核。26个创业辅导基地逐个明确补项内容和标准，整体建设水平提高。涿州、涞水、顺平、唐县、定兴等县（市）基地建设标准高，服务功能齐全，发挥了较好的示范带头作用。全市创业辅导基地建设共完成资金投入6.4亿元（其中政府投入8037万元、企业投入5.5亿元），建筑面积完成80.24万平方米，新吸纳入驻企业1210户，安置就业人员3.16万人。

【融资担保成效明显】 在市担保中心财政出资800万元基础上，全年市财政再增资4300万元，组建国有控股、产权多元的亿元担保公司方案，得到市政府批准。年底，增资扩股进展顺利，财政增资的4300万元已拨付到位。社会募股资金意向达5000多万元。组织全市第二届银企对接会，全市有180家企业参加对接，达成融资意向29个，共19.7亿元。先后两次与中信银行、华夏银行合作，筛选了一批重点企业进行对接。全市金融机构为32家民营企业投放贷款25.1亿元，形成贷款意向的企业122家，意向贷款金额110亿元。全市已建立只贷不存的小额贷款公司试点9个，总股本5.65亿元，已有6家开展业务，发放贷款396笔，累计发放贷款28.8亿元。

【产业集群发展加快】 邀请河北大学、河北农大10名专家组成评审委员会，对10亿元以上重点产业集群中长期发展规划逐个组织论证。到年底，完成容城服装、博蠡橡胶机带、望都辣椒等产业集群规划论证工作。曲阳雕刻、易水砚等产业集群规划编制工作已经初步完成，促进了优势产业集群的健康科学发展。市级中小企业专项资金安排89万元，重点支持8个产业集群公共服务平台建设。重点产业园区评价，对高阳纺织、容城服装、白沟箱包、定兴汽车等20个园区加强规范建设，发挥产业园区吸纳辐射功能。全市产业集群实现营业收入1000亿元，同比增长20%以上。

【成长型企业帮扶工作成果显著】

开展“双帮扶”活动，制订《关于成长型企业的认定管理办法》，对市级100家成长型企业进行筛选调整。将54个市直部门与成长型企业确定帮扶关系，实行对口帮扶。从大专院校、科研单位聘请101名专家，开展百名专家扶百企活动，实行“一对一”帮扶。共为78家企业解决发展难题169项。筛选51家高成长性企业列入市监察局、优化办环境监测联系点，定期收集对企业乱摊派、乱罚款、乱收费情况，优化了企业的发展环境。与北方技术市场合作，定期发布新技术、新工艺、新项目信息，指导成长型企业谋划项目，建立健全项目档案，制订领办服务方案。全年共向金融机构推介项目80个，解决了30家企业资金缺口问题。全年市级成长性企业完成增加值25.6亿元，同比增长20.4%。超过全市平均水平4个百分点。

【人才服务不断创新】 建立人才供需信息库，利用各种媒体向社会发布，全年发布信息12期。举办专场招聘、网上招聘等方式，为千家企业和高校毕业生搭建双向选择的平台。采取远程教育培训、举办名家讲坛、与清华大学合作开办高级研修班等形式，全年共培训职工32万人，经营者、创业者4300人，引进人才5100人。3月，承办“河北省第二届中小企业高校毕业生人才招聘会暨高校毕业生就业创业论坛”，全市223家中小型企业参加，达成就业意向3070个。

领导班子成员

党组书记 局长	葛大壮
党组成员 副局长	胡家生　张军衔 许西岭　魏海英
纪检组长	魏海英

（党保荣）

工 业

工业运行

【保定市工业经济促进局】 是保定市人民政府负责工业经济运行的宏观调控部门。负责全市工业产业化促进和工业经济运行调节；分析全市工业发展形势，研究拟订全市工业发展战略、行业规划；组织工业项目前期工作，安排大中型及市管以上工业项目；负责电力行业管理、协调调度和行政执法。内设综合运行处、工业处、电力处、行业协调一处、行业协调二处、行业协调三处。并承担市减轻企业负担、三电、春运、治理整顿小水泥、煤炭流通秩序整顿等领导小组办公室工作，担负市加快纺织服装产业发展、加快食品工业发展、加快西部工业发展领导小组办公室工作。

【概况】 2008 年，保定市工业发展围绕“3+4”产业发展定位和“强市兴县富民”发展战略，突出工业在全市经济中的主导地位，坚持“两手抓”和“两提高”，克服了南方冰冻灾害和四川汶川大地震的冲击和不利影响，全市工业经济保持了较好的发展态势。

【构建促进工业经济发展政策框架】 市工业经济促进局在广泛听取各界呼声并反复征求意见的基础上，起草了《关于加快工业经济发展的实施意见》，得到了市四大班子领导的一致好评，并以市委、市政府名义出台，为加快全市工业经济发展提供了强有力的政策支持。与其配套的《实施细则》也在履行发文程序，即将下发。这些文件的出台初步构建了促进工业经济发展的政策框架。

【项目建设和工业园区建设扎实推进】 一是围绕“三大战略支撑产业”和食品加工、电子信息等成长性产业，强力推进工业项目建设。先后筛选了 40 个投资亿元以上的工业项目，重点推进。工作中注重“四抓”，即：谋划项目抓规划。将谋划项目与全市产业结构调整和延长产业链结合起来；前期项目抓服务。积极协助项目单位办理各项前期手续；新开工项目抓进度。及时召开协调会现场解决出现的问题；在建项目抓管理。保证建设质量，早竣工、早投产。二是狠抓重点产业支撑项目建设。一抓天威集团输变电成套设备及太阳能光伏电池项目、长城汽车股份有限公司 40 万辆乘用车及零部件生产能力扩产项目、乐凯胶片集团综合改扩建工程、河北奥威服饰集团（股份）有限公司服装产业整合提升优化升级、河北旭阳集团（邢台、定州）煤化工等省重点产业支撑项目的推进。到年底，全市的省重点产业支撑项目总数已达 10 个，占全省近五分之一（全省产业支撑项目共 50 个），在全省 11 个设区市中排名第一。三是狠抓工业园区建设。在继续推进全市 32 个县域产业园区的同时（另有 20 余个产业园区正在规划建设中），重点推进“中国电谷”、保定工业园、徐水县工业园区等 16 个产业园区建设。

【争取项目建设资金取得新进展】 一是积极争取国家新增 1000 亿元投资项目建设资金。二是抓住省对重点项目给予贷款贴息的有利时机，为立中集团新增 200 万只铝合金轮毂项目争取了 300 万元省工业挖革改贴息资金；力争为保定天威英利新能源有限公司 400MW 多晶硅太阳能电池、河北晨阳工贸集团有限公司3.5万吨/年水性涂料、保定市力达塑业有限公司年产3万吨塑料管材扩建等三个项目申请2009年度省工业挖革改贴息资金。

【工业经济运行质量不断提高】 2008年，我国连续遭受冰雪、地震等自然灾害，又面临通货膨胀、原材料和能源价格居高不下等不利因素，企业外部环境较为严峻。为此，市工业经济促进局早安排早部署，及时分析形势，调整指标，重点抓住年初、年中和年末搞好调控；重点抓住对全市工业经济影响较大的50户重点企业，及时召开调度会，分析研究运行中存在的问题，分类施制：对企业面临的市场性问题进行行业指导、统筹；对企业面临的非市场性问题进行梳理，并报请市政府召开有关部门参加的协调会，协调解决。2008年，全市规模以上工业完成现价增加值403.9亿元，居全省第5位；规模以上工业增速16.9%，居全省第1位；实现利税127.4亿元，实现利润75.8亿元，综合效益指数181.8%，同比提高了1.4个百分点。

【纺织服装产业快速发展】 2008年，全市入统纺织服装企业289家，完成销售收入195.69亿元，同比增长31.4%。完成增加值58亿元，同比增长19.6%。产业在全市的比重日渐突出。一是进一步完善了全市纺织服装产业整合方案，全力打造“华北纺织服装产业基地”，构建“一带四城”、“十园”多龙头的产业格局。二是组织了“东纺”调研，提出了行业发展思路措施和政策建议。三是一批重点项目相继签约、落户保定市。北京铜牛集团与容城奥森集团、中纺集团与依棉集团的两个招商引资合作项目相继开工建设。

【食品产业快速成长】 全市规模以上食品工业企业94家，完成工业增加值26.99亿元，同比增长21.6%；产品销售收入88.89亿元，同比增长40.3%；实现利税13.31亿元，同比增长10.93%。食品行业已经成为继汽车、纺织、新能源三大支柱产业之后的又一重要产业。一是按照《关于加快食品工业发展的实施意见》，及时明确食品工业发展领导小组成员，成立了领导小组办公室，卓有成效地开展工作。二是抓好国家、省有关政策的宣传贯彻工作，积极为食品行业发展提供政策支持。三是按照上级业务部门的要求，制定食品行业发展指导意见，与相关部门一起，为乳制品企业申报贷款贴息。四是完成迎接国家、省对食品生产加工企业的调研督导和检查工作。特别是在“三聚氰胺”事件发生后，先后4次接待国家工业和信息化部、省发改委组织的各专项督导检查，妥善处理了相关问题，减轻了乳制品企业的损失。

【战略合作迈出新步伐】 在继续推进天威集团与兵装集团、中纺集团与依棉合作，加快项目建设的同时，积极谋划和实施其他领域的合作。国内：在前期洽谈、协商、实地勘测、考察的基础上金隅集团与曲阳县签订了战略合作协议，并且投资3.3亿元，年产124万吨的水泥熟料生产线项目已完成核准，正在抓紧做开工前的准备工作；冀东水泥公司与涞水县签订了正式合作协议，年产200万吨水泥生产线项目正在做前期准备工作。这些项目的实施，加快了纺织、水泥等传统产业改造提升和结构调整，增强了相关企业的市场竞争力。国外：参与策划并促成了市人民政府与塞内加尔共和国达喀尔市政府《经济合作意向书》的签约，扩大了保定市工业经济发展空间。

【对外交流、宣传取得新成效】 一是组织企业参加了10月27～29日在石家庄市举办的“2008中国·石家庄纺织服装博览会”和2008年11月4日～8日在上海举办的“中国国际工业博览会”。二是筹备、组织了10月24日“2008中国·纺织服装产业宁波推介会”。三是先后接待了江苏常州经济贸易委员会光电产业参观团，浙江越王集团纺织服装产业参观团。组织召开了由国务院新闻办引荐的留美专家“控流垂直多极风力发电系统”新技术座谈会。

【企业发展环境和氛围进一步改善】 一是再造了工业项目审批程序。对于市级备案工业项目实行“一日备案制”；对于需上报的项目3个工作日内上报；对于材料符合要求的当天办理上报手续；对于材料不齐全或不符合要求的一次性告知项目单位补证补全；对于重大项目可特事特办，完善材料的同时，办理上报手续。二是依据《关于在全市工业企业中开展争创百强和纳税超亿元企业活动的实施办法》，在申报、筛选、评定的基础上对“2007年度保定市纳税超亿元工业企业”、“2007年度保定市工业50强企业”、“2007年度保定市优秀企业家”进行了评比、表彰。

【积极为企业解决实际问题】 一是帮助企业解决现实问题。帮助企业进入工业园区、协调关系完善手续。先后解决企业面临的生死问题约20余件，挽回直接经济损失1.8亿元；二是积极帮助企业解决历史遗留问题。保定市工具厂与保定卷烟厂签订房地产转让合同未履行搬迁义务的问题久拖不决，严重影响烟厂的规划建设及技术升级改造，制约企业的发展壮大。为尽快落实[2002]保市府办65号文件精神，在调查研究的基础上，针对工具厂宿舍搬迁问题，市工业经济促进局提出了建设性的解决方案，有望彻底解决这一历史遗留问题。

【禁化武、电力保障和电网建设】 一是按省禁化武办的要求，完成了向上级必报的各类数据采集、汇总、宣布工作；完成了接待国际核查预案（草稿）编制。二是召开了全市禁化武工作会议，建立起县（市、区）一级监控化学品网络。三是督导有关企业，做好生产特别许可和接受国际核查资料准备工作，并组织全市监控化学品企业参加省禁化武业务培训。四是精心组织、及早谋划，全面落实电力迎峰度夏方案，完成电力迎峰度夏。五是先后多次召开专题调度会，及时协调、解决电网工程建设过程中存在的问题。六是按照市电网建设暨电力设施保护工作会议要求，与各县（市、区）长签订了《奥运电力设施属地管理责任书》，并协同供电公司制定了奥运安保、电力设施保护、电网安全稳定运行、电力抢修应急预案等多项方案及措施，完成奥运期间电网安全稳定运行。

【规模以上工业经济运行】 一是工业生产平稳增长。2008年，全市规模以上1347家工业企业完成现价增加值403.9亿元，居全省第5位；可比价增速16.9%，居全省第1位，高于全省平均增速3.4个百分点。为积极应对宏观经济环境的复杂变化，出台《关于建立经济运行监测分析制度的决定》，加强运行监测分析，工业经济实现了平稳较快增长，规模以上工业增速均保持在14%以上。二是支撑产业稳健发展。新能源及能源设备制造业：完成工业增加值42.6亿元，同比增长35.4%；实现利税29.9亿元，同比增长41.8%；出口10亿元美元，同比增长72%。汽车及零部件制造业：整车销售34.9万辆，同比增长4.6%；出口9万辆，同比增长10.8%；完成增加值60亿元，同比增长7.9%。纺织服装业：实现销售收入195.7亿元；完成增加值58亿元，同比增长19.6%。三是骨干企业迅速发展。2008年，骨干工业企业生产经营规模进一步发展壮大，主营业务收入10亿元以上的企业达23家，较上年增加了4家。其中保定天威集团有限公司实现主营业务收入113亿元，超过100亿元；另有3家企业主营业务收入超过50亿元，分别是：长城汽车股份有限公司76.3亿元，英利新能源公司76亿元，保定供电公司61.1亿元。四是县域工业增势普遍。2008年，25个县（市、区）和2个开发区中，规模以上工业增速在15%以上有23个，占85%，其中达到30%的有6个，白沟·白洋淀温泉城开发区规模以上工业增速为100.9%。

【工业经济运行中存在的主要问题】 一是生产增速放缓。2008年10月以来，市场需求锐减，出口订单下降，各企业普遍销售不畅，开工不足，工业生产增速放缓，规模以上工业增速较2007年下降了2个百分点。二是效益大幅下滑。特别是长城汽车、英利新能源、奥宇钢铁、风帆股份等重点工业企业受国际金融危机的冲击，经济效益迅速下滑，对全市规模以上工业效益指标造成了极大影响。2008年，全市规模以上工业实现利税127.4亿元，同比仅增长1.6%；其中利润75.8亿元，同比降低了2.5%。利润增幅由上半年的50%以上，迅速下滑，全年出现了负增长。亏损企业同比增加了75家，亏损额16.4亿元，同比增加了2倍多。三是原材料价格急剧波动，对企业生产影响较大。受国际金融危机的影响，汽车及零部件、钢铁、纺织服装等企业的主要原材料，钢板、铜、电铅、棉、纱等国内价格随着国际期货市场和国内市场急剧变化，加上部分低端产品市场低迷，部分原料企业大幅减产，严重影响了企业正常的生产组织安排，给企业带来了较大的生存压力。四是企业资金普遍紧张，融资难度加大。光伏产业市场、原料和技术“三头在外”，受国际金融危机的冲击更为直接。欧美国家由于金融危机，政府急于救市，解决民生问题，短期内无暇顾及发展新能源产业，加上全球信贷市场紧缩，国外融资难度加大，国内融资环境也不乐观，造成光伏企业资金日益紧张。仅天威集团缺口流动资金就达5亿元。

领导班子成员

局　　长　苑丰平
副 局 长　闫海清
总调度长　冯跃强

（邱佃河）

部分企业简介

长城汽车股份有限公司

长城汽车股份有限公司是一家大型民营跨国公司，是中国首家在香港H股上市的民营整车汽车企业，是国内规模最大的皮卡、SUV专业厂商。公司下属控股子公司20余家，员工18000多人，拥有4个整车生产基地（皮卡、SUV，轿车、MPV），具备发动机、前后桥等核心零部件自主配套能力，年产能40万辆。在中国自主品牌汽车中，长城汽车经营质量首屈一指。长城汽车连续多年在各大银行，包括民营银行的信誉等级达到3A+级。截至2008年底，实现销售收入110亿元。利税13亿元，没有贷款。2006年4月，长城品牌被中国机电产品进出口商会评为“推荐出口品牌”，长城汽车同年入选《福布斯》中国顶尖企业100榜，同时被中国商务部、发改委授予“国家汽车整车出口基地企业”称号。2007年1月，长城品牌被商务部评为“最具市场竞争力品牌”。2004年以来，长城汽车多次获“民营上市公司十强”、“中国企业500强”、“中国机械500强”、“中国制造500强”、“中国工业企业500强”、“中国汽车工业销售收入三十强”、“河北民营百强之首”等称号。2007年11月，国家发改委（发改工业〔2007〕2934号）文正式核准批复了长城轿车项目及长城工业园三期工程建设规模。长城汽车的产品理念是“定位于全球市场，融汇最新技术，打造高质价比创新技术的精美产品”。在轿车、MPV体系中，长城汽车已成功研发出6个品种，长城“精灵”、长城“炫丽”、长城“酷熊”，“凌傲”、长城“迷你”SUV和“嘉誉”MPV。在皮卡系列中，形成高、中、经济型全系品种；在乘用车系列中，正在开发生产10款0.8～1.5升轿车，两款MPV。在整车生产研发的基础上，长城注重汽车产业链的完善，长城正在规划中的零部件基地占地3600亩，一大批节能、环保的发动机、变速箱、汽车底盘、电器、车身、内外饰、模具制造等主要零部件配套产品在这里落户。

保定卷烟分厂

保定卷烟分厂是一个历史悠久的国有企业，2004年与石家庄卷烟厂联合重组。占地面积近200亩，拥有固定资产原值4.8亿元，在册职工1700多人。企业拥有多台套具有先进技术水平的卷接包、制丝等主要生产设备，生产制造工艺达到国际标准，2001年通过ISO9002质量体系认证，年生产能力近40万箱。主要生产“玉兰”、“白沙”、“新石家庄”等名优品牌。“玉兰”卷烟是河北省名牌产品、全国卷烟优等品，2002年5月，“玉兰”商标被河北省工商行政管理局依法认定为“河北省著名商标”，2004年进入全国卷烟产品百牌号目录。企业先后获中国百佳工业企业形象、中国烟草制造行业企业形象十佳、全国质量·服务诚信示范企业、河北省百强工业企业、河北省质量效益型先进企业、河北省工业行业综合实力优强企业等称号。2008年企业主要经济指标创历史最高水平，全年累计实现销售收入120467万元，实现工业总产值126779万元，实现利税75485万元，其中利润12768万元。根据企业定位，保定卷烟分厂制定了“打造一流的卷烟生产加工企业”的发展战略，大力推行精细化管理，注重提升精益生产水平，使企业步入了健康、快速发展的轨道。

保定天威集团公司

保定天威集团有限公司（前身为保定变压器厂）始建于1958年，1995年成为国务院建立现代企业制度百户试点企业中首家按照《公司法》改制并规范运营的企业集团，2001年在上海沪市发行A股股票（天威保变），2008年正式成为中国兵器装备集团公司全资企业。两次获全国“五一”劳动奖状。天威集团拥有15个控股子公司，9000余名员工。主导产品电力变压器，产能达到1亿KVA，是世界上电压等级覆盖最广、产品品种最多、设备设施最齐全、单厂产量最多的变压器供应商，是世界上唯一一家500kV变压器“零事故”的企业集团。天威集团还加大对硅材料、太阳能电池、风力发电以及系统集成项目的投资，成立了风电公司，还参股天威英利公司和新光硅业公司，具有从硅料、硅片、电池到系统集成完整的光伏产业链。2008年列中国制造业500强第308位，220KV级变压器被评为中国名牌产品。企业综合经济效益连续多年在全国变压器行业居第一位。2008年，天威集团实现营业收入1130204万元，实现利税112998万元，利润总额138530万元。

保定钞票纸厂

是“一五”期间建设的新中国第一家钞票纸厂，新中国第一张钞票纸的诞生地。隶属于中国印钞造币总公司，是中国钞票纸生产的主力军，高级防伪纸张的主要供应商，也是中国钞票纸新工艺、新技术、新材料的研究开发基地，2001 年成为亚洲规模最大的钞票纸专业生产厂家。该厂位列中国工业企业 500 强，多次获“河北省文明单位”称号。全厂有职工 2600 余人，近 500 名工程技术人员；各类机制纸生产能力为 3 万吨。2008 年实现工业总产值 14.7846 亿元，销售收入 157161 万元，年创利税 56448 万元，其中利润 39973 万元。该厂坚持用科学发展观指导企业经营，努力提升“绿色工艺”水平，实行清洁生产，注重污水治理，是河北省唯一一家“国家环境友好企业”。实施“科技兴厂”战略，钞票纸技术研究所 2003 年被确认为省级企业技术中心。致力于研发防伪技术和专有技术，《一种中性钞票纸生产工艺的研究》获 2005 年度国家科学技术进步二等奖；多项研究成果应用于第五套人民币的印制，被中国印钞造币总公司授予一等奖，另有多项技术获国家知识产权局授予的专利证书。

河北旭阳焦化有限公司

河北旭阳焦化有限公司是 2003 年由邢台旭阳焦化有限公司参与国企改革，收购原保定焦化厂后新成立的焦化企业，现有员工 2300 人，占地面积 450 亩。拥有先进的 JNDK43－99D 型单热式捣固焦炉 3 座和 66－5D 型焦炉 2 座以及配套的化产品回收装置，具有年产冶金焦炭 130 万吨、焦油 6.5 万吨、粗苯 1.6 万吨、硫铵 1.5 万吨的生产能力。为加快推进焦化行业结构调整，公司依托现有基础，建立以煤化工产业为主导的煤化工园区，规划占地 5190 亩，分三期建设。投资 2.9 亿元的 20 万吨甲醇项目已竣工投产；总投资 3.1 亿元的 80 万吨焦化项目完成投资 2.6 亿元，2008 年 6 月全部竣工。2008 年，公司实现销售收入 354502 万元、利润 24573 万元、利税总额 42230 万元，同比分别增长 56.09%、74.5% 和 74.32%。2008 年旭阳焦化集团公司投资 18.23 亿元，建设 96 万吨焦化、20 万吨二甲醚、20 万吨甲醇二期工程及铁路、公路专用线等基础设施项目。特别是投资 55 亿元、被确定为河北省重点产业支撑项目的 500 万吨焦化、80 万吨甲醇、40 万吨醋酸和 40 万吨二甲醚等煤化工产业项目将在“十一五”期间完成。项目全部建成后，可实现年销售收入 133.4 亿元、利税 28 亿元，成为全省钢铁原料基地和全国最大的煤化工产业基地。

河北国华定洲发电有限责任公司

河北国华定洲发电有限责任公司由北京国华电力有限责任公司、河北省建设投资公司、河北省电力公司三方按 4∶3∶3 比例共同出资于 1999 年 3 月创始组建。1999 年 6 月 18 日正式成立筹备处，2000 年 8 月 15 日正式注册为“河北国华定曲发电有限责任公司”，2001 年 1 月 16 日更名为“河北国华定洲发电有限责任公司”。经过三次股权转让，公司股东由中国神华能源股份公司（40.5%）、河北省建设投资公司（40.5%）、大唐河北发电有限公司（19%）三方组成。中国神华能源股份有限公司国华电力分公司负责对定洲发电公司执行董事会的决议情况以及董事会闭会期间的基本建设、生产经营等日常工作进行管理。公司设有总经理工作部、人力资源部、财务产权部、经营管理部、企业文化部、生产技术部、安健环部、发电运行部、设备维护部、物资部等 10 个部门。公司一期工程建设 2 台 600MW 国产引进型亚临界火力发电机组，于 2001 年 8 月 18 日开工，1 号机组于 2004 年 4 月 26 日比计划工期提前 5 天投产，2 号机组于 2004 年 9 月 10 日比计划工期提前 81 天高标准通过 168 小时满负荷试运行，两台机组投产后，运行状况良好。一期工程建设按照国华公司“六更一创”的内在要求和贯彻落实“小业主、大监理、大咨询”的基建管理体制，实现了“安全、优质、正点、规范”的目标。获得了“国家优质工程”银奖。整体工程施工建设质量被专家评定为“华北一流水平”。工程总投资决算为 349340 万元，大大低于 465363 万元的工程概算，用投资结余主动上了脱硫工程，做到了“占地小、投资省、用人少、管理新”，为“以国产设备打造国际一流电厂”做出了有益的探索和实践。定洲发电厂二期工程于 2007 年 6 月 15 日经国家发展和改革委员会发改能源［2007］1313 号文核准，于 8 月 16 日开工建设，下设工程部、计划部、基建物资部三个部门。2008 年，公司坚持“创建五型企业，提高核心竞争力”这一战略核心，抓住“确保一期两台机组安全、高效运营，确保二期工程高品质、高速度建设”的两条工作主线，突出“加强设备管理、建立技师机制、推进工程建设”三项重点工作，把握“决策科学、责任明确、机制完善、流程简化、执行高效”五项管理原则，实现一期生产经营、二期工程建设双丰收，开创定电公司“五型企业”建设新局面。2008年公司主营业务收入16.5亿元，同比增长1.02%；利税2.76亿元。

保定供电公司

保定供电公司是隶属河北省电力公司的国家特大型供电企业，担负着保定市26个县（市、区）的供电任务，供电面积22109平方公里。公司系统共有员工2.3万人。110千伏及以上变电站99座，变电总容量11045兆伏安，110千伏及以上输电线路210条4254.67千米，其中500千伏线路6条714千米。2008年公司主营业务收入61.1亿元，同比增长4.6%；利税4.6亿元，同比增长4.6%。公司先后获“全国文明单位”、“全国精神文明建设工作先进单位”、“全国一流供电企业”、全国“五一劳动奖状”、全国实施卓越绩效管理模式先进企业特别奖、全国实施用户满意工程先进单位、全国厂务公开民主管理先进单位、全国企业文化建设优秀单位、“河北省文明单位”、“河北省AAA级劳动关系和谐企业”、“河北省服务质量奖”、“河北省质量管理奖”等称号。公司秉承“四个服务”宗旨，坚持“三抓一创”，大力推进“两个转变”，以安全为基础，以客户为中心，突出“五个强化”与“五个坚持”，着力加强“四化建设”，全面提高“五项水平”，积极构建和谐企业，努力推动公司发展再上新台阶。

巨力集团有限公司

巨力集团经过20多年艰苦创业已发展成为以制造、设计、销售纤维吊装带索具、钢丝绳索具、链条索具及金属索具、梁式索具和滑车、钢拉杆及缆索等为主体的专业化国际制造、销售集团，目前为亚洲最大的拥有核心技术的索具生产基地，行业排名亚洲第一。巨力产品广泛应用于国家重点工程，以“鸟巢”为代表的各地奥运体育场馆建设，嫦娥1号奔月工程、神州6号航天工程、海上石油平台工程、“南海一号”沉船打捞工程、曹妃甸首钢码头工程、深圳会展中心工程、广州新白云机场建设、长江三峡工程、黄河小浪底工程。9项产品添补了国家空白，在产品研发和技改资金投入基础上，研发新产品“合成纤维吊装带”、“900吨水轮发电机定子吊具”、“工程用缆索热铸锚具”、“高强度锚杆的研制与应用”等7项产品获河北省科技厅颁发的科技成果证书。编制多项行业标准已获得国家标准委员会批准，如《索结构技术规程》、《船坞拉杆》、《起重吊具合成纤维吊装带》、《空间格构结构设计规程》等。申报技术专利共49项，已授权35项，如“钢拉杆”、“吊装防伪技术”、“无接头钢丝绳制造设备”、“高压线路牵引绳”等。主导产品获河北省名牌产品证书，著名商标证书，“J&L”品牌获中国驰名商标。2008年总产值23亿元，实现销售收入23.7亿元，利税1.5亿元。

河北长安汽车有限公司

河北长安汽车有限公司注册成立于2002年5月17日，系长安（汽车）集团公司的控股子公司。2002年7月8日，举行了开业挂牌仪式，首辆长安小卡SC1011G下线，河北省政府副省长才利民等省、市领导到会祝贺，标志着长安小型商用车生产基地的正式成立。从2003年产销3000辆，到2007年产销双双突破15万辆，河北长安成为河北省产销量最大的汽车整车生产企业。2008年，汽车生产156506辆，同比增长2%；汽车销售158794辆，同比增长5%；工业总产值376561万元；同比增长－5.1%；工业增加值21077.7万元；同比增长－2.7%；销售收入39.13亿元，同比增长－0.05%；利税总额14066万元，同比增长17%。河北长安已成为长安（汽车）集团小型商用车和出口车的重要生产基地，是长安汽车实施“北上战略”的重要窗口企业，公司现有员工2300余人，注册资本2.65亿元，厂区占地面积300余亩，整车年产能力达到20万辆。其中微型货车的市场占有率为同行业第一。公司产品出口美国、巴基斯坦、叙利亚、阿尔及利亚等50多个国家和地区，深受海内外用户的青睐。公司拥有集冲压、焊装、涂装、总装四大工艺为一体的生产线，具备国内同行业先进水平；公司产品结构以升级换代的微型汽车——“长安星卡”系列和以“长安星光”为代表的小客车系列为核心，基本形成了“两大组群，四大系列”的产品谱系，产品品种达到200多个。总规划面积达5000亩的“河北长安汽车工业基地”，目前已初具规模，现入园企业达到11家。工业基地以集团优势为依托，以市政府优惠政策为纽带，吸引配套企业投资建厂，以降低运输成本，挖潜增效。河北长安公司连年被评为河北省“重质量、守信誉”单位，跻身河北省百强企业，已于2004年初通过ISO9001：2000版质量体系认证、通过了中国3C强制认证，形成了规范、完善的质量管理体系，并实施了ERP信息化管理系统。河北长安一直致力于小型商用车产品的研制，并拥有一支依托长安汽车工程研究院、专业从事小型商用车产品设计、研发的科技队伍，不断推出新产品。公司尊重人才、重视科技、以创新作为发展的动力。

保定惠阳航空螺旋桨制造厂

保定惠阳航空螺旋桨制造厂，是国内唯一航空螺旋桨科研、制造企业和直升机动部件定点科研、制造企业，隶属于中国航空工业第二集团公司，企业性质为国有独资企业，是国家确定的第一批大型二类企业，拥有中航（保定）惠腾风电设备有限公司、保定惠德风电工程有限公司二家合资公司。工厂地处河北省保定市满城县神星镇。占地面积约67万平方米，其中生产经营性土地占地面积约40万平方米。拥有各类机械动力设备2000余台。工厂现有职工2291人，其中从事生产的职工为1286人，管理、技术人员919人，其中高级专业技术职称53人，中级专业技术职称262人。工厂按照国军标、国标、企标等标准建立了一整套适合工厂有效运作的质量保证体系。工厂于1999年，通过了中国新时代认证中心认证的ISO9000质量保证体系认证。2002年通过了2000版换版审核工作。2004年通过了空军装备部组织的“二方审核”的认证工作。被评为空军航空武器装备二级承制单位。2004年通过了河北省国防科工办组织的二级保密单位资格审查认证。2005年通过了海军装备部组织的“二方审核”的认证工作，被海军装备部推荐注册《海军装备合格承制方名录》。2008年公司主营业务收入23.8亿元；利税1.3亿元，同比增长95.4%。

（邱佃河）

商　贸

贸　易

【保定市商务局】　保定市商务局是主管全市国内外贸易和国际经济技术合作的市政府工作部门。内设职能处室24个：办公室、人事教育处、政策法规处、财务处、国际经贸关系处、商业改革发展处、市场体系建设处、对外贸易处、市场运行调节处、外国投资管理处、对外经济合作处、机电产品进出口处、科技发展和技术贸易处、进出口公平贸易和产业损害调查处、信息化处、投资服务处、保定市整顿和规范市场经济秩序领导小组办公室、纪检监察室、老干部处、信访办公室、机关党委、工会委员会、妇女工作委员会、共青团委员会。12月5日，机电产品进出口处、科技发展和技术贸易处合并为机电科技产业处，并设立畜禽定点屠宰管理处。设有酒类监督管理局、保定市畜禽定点屠宰管理办公室（12月5日，更名为保定商务局畜禽定点屠宰稽查大队）、调味品稽查队、贸促会等4个事业单位。

【概况】　2008年全市实际利用外资完成5.36亿美元，其中外商直接投资增长206.5%，总量和增速均居全省第二位；全市外贸进出口总额完成45.8亿美元，其中出口34亿美元，同比分别增长45.9%和40.5%，总量居全省第三。高新技术产品和机电产品出口分别占到全省的二分之一和三分之一；全年境外承包工程额超过6亿美元，在全省名列前茅。完成境外投资办厂4家。全市商务系统和监管企业在支援四川抗震救灾中，捐款共计509.9万元，捐赠衣被1200件，缴纳特殊党费25.65万元。将饼干、棉被、毛巾被等应急救援物资95吨、5400多条及时运往四川灾区。在应对三鹿奶粉事件中，坚持市场情况日监测报告制度。全市奶制品未出现市场供应不足、断档等现象。商务系统应急处置工作受到省商务厅的通报表彰。在奥运安保工作中，全市商务系统投入大量人力、物力、财力，加强整改，严密防控，并选派30名政治素质过硬的机关干部下乡进村，为奥运安保工作做出积极贡献，受到市委、市政府通报表彰。

【重大经贸活动】　成功组织参加香港、厦门等投资贸易洽谈会和深圳“高交会”，共签约项目45项，总投资305亿元人民币和1.909亿美元，高新技术产品贸易交易额350万美元。其中，中德丰泉环保科技有限公司独资在定州建设总投资1750万美元的垃圾处理场项目，台商陈永德独资在高碑店建设总投资2857万美元的今日花卉种植项目，台湾大成不锈钢工业股份有限公司投资1200万美元的大成（博野）机械有限公司增资项目，总投资77亿元的英利集团太阳能薄膜电池装备制造项目，总投资35.36亿元的保定市“十一五”污水处理战略合作项目，总投资21亿元的天威美国风电整机项目，总投资1500万美元的国际焊接自动化设计开发中心项目。成功组织参加华交会、广交会、2008年欧洲精细化工展，第7届（宁波）中国国际日用消费品博览会、2008年中国昆明进出口商品交易会、第七届沙迦中国商品交易会暨工程机械及配件展、中国品牌出口商品美国展、石家庄（正定）国际小商品节、2008年秋季俄罗斯联邦纺织轻工产品及机械展览会、马来西亚中国进出口商品展览会、两岸建筑建材（中国台湾）国际建材商品交易会、烟台国际农产品交易会等国内外展会，通知组织安排企业300家次。

【出口基地和出口品牌建设】 容城服装、高阳纺织、白沟箱包等十几家省级特色产品出口基地建设取得显著成效。利用省商务厅品牌发展资金，免费为市出口名牌企业现场拍摄、编辑、制作多媒体宣传片和宣传资料，对12家出口名牌企业的品牌培育情况、市场开拓情况做策划宣传。作为国家商务部、国家发改委授予的第二批国家汽车及零部件出口基地，年内生产汽车整车35.2万辆。其中：长城汽车12.96万辆，中兴2.9万辆，河北长安15.6万辆。汽车销售34.86万辆。其中：长城汽车公司12.7万辆，中兴汽车3万辆，河北长安15.9万辆。出口整车8.98万辆。其中：长城57622辆，中兴10524辆，河北长安11160辆。全市汽车产品出口金额7.5亿美元，其中整车出口金额5.75亿美元（海关统计：54115万美元，另加河北长安汽车出口金额：3340万美元），同比增长10%，零部件出口金额17510万美元，同比增长135.6%（海关统计数字）。汽车整车出口量居全国同类车的首位，并且连续创造了国内单个城市、单个品种（皮卡）汽车出口量两个全国第一的纪录。全市汽车产品完成销售收入超过280亿元。其中：长城汽车76.3亿元，中兴13.8亿元，河北长安39.1亿元。主要整车企业利税总额实现9.39亿元。其中：长城6.23亿元，河北长安1.4亿元。

【“万村千乡市场工程”和“双百市场工程”取得新进展】 全年共建设、改造“农家店”595家。承办企业23个，为扩大覆盖率起到积极作用，“万村千乡市场工程”县（市）覆盖率达到了100%。“双百市场工程”试点企业河北昌利农业科技开发集团有限公司农产品配送中心建设项目，93万元贴息资金如期到位。该项目总投资为3500万元，建设内容主要包括农产品配送中心改扩建及运输、监测、冷冻装置等设备的购置，使更多的鲜活农产品走进城市。年销售额达到13701万元，利润885万元，同比分别增长68%和33%。取得社会效益和经济效益双丰收。

【实施“减债脱困工程”】 制定《关于解决国有服务业企业历史遗留问题的安排意见》，组成13个协调督导组进企业调研，完成35户企业“减债脱困工程”债权移交工作，采取发动企业千方百计筹集资金、指导帮助企业盘活现有资产、采用法律手段，解除10家企业2.8亿元债务，解除20余家企业3.3亿元的担保连带责任，为企业改制创造了必要条件。

【“放心肉”“放心酒”工程成绩显著】 开展“食品等产品质量安全专项整治行动”、“迎奥运食品安全专项整治行动”、“全市畜禽屠宰集中整治行动”，生猪定点屠宰厂提升了档次，屠宰厂的管理落实了规范化、制度化，确保肉品市场的安全和稳定。全市生猪进点屠宰率县城以上已达到100%，乡镇达到95%。生猪定点屠宰管理工作受到省商务厅表彰。酒类监管严格执行商务部《酒类流通管理办法》，随附单使用率市区达100%，县（市）达到90%；“禁止向未成年人售酒”警示牌发放率市区达到98%，县（市）达到90%；建立酒类管理长效机制，加强放心酒安全体系建设，倡导诚信经营，动态管理“放心酒经营单位”，强化市场监管，严打制假售假。

【餐饮服务业创佳绩】 4月25日，在新加坡举行的FHA2008御厨·国际中餐筵席争霸赛中，来自新加坡、马来西亚和中国以及港台地区的十几支代表队参加了比赛，保定会馆代表中国出征，获得银奖。10月17日，直隶会馆代表河北玉兰香保定会馆饮食有限公司参加了在北京举行的第六届中国烹饪世界大赛，保定会馆所推出的直隶官府宴成为整个展会的亮点，夺得了此次宴席展台最高荣誉——特金奖，与北京饭店、美国烹饪协会、天津狗不理三家国际知名餐饮企业共同成为此次宴席展中的魁首。

领导班子成员

局　　长　王庆龙（9月兼党委书记）
党委书记　王捍东（9月免）
党委副书记
纪检书记　李丙申
副局长　孟荣才　李宝成　梁保生

（唐文兵）

海　关

【中华人民共和国保定海关】 保定海关隶属石家庄海关，于1999年6月正式对外开办业务，依法对保定市（包括22个县）内进出境的运输工具、货物实施监管，征收关税和其他税、费，查缉走私，并编制海关统计和办理其他海关业务。保定海关内设办公室、人事政工科、财务科、征统科、监管和技术科、加工贸易监管科、稽查科，并有石家庄海关缉私局派驻保定海关的缉私科共同开展工作。

【概况】 2008年，贯彻“依法行政，为国把关，服务经济，促进发展”方针，依石家庄海关党组“四三三”工作总体要求，开展“两白人”活动。全年征收关税2854.6万元，增值税9542.2万元，合计征收税款1.24亿元，超额完成全年税收任务并达到历史最高水平。在奥运安保工作中，保定海关办公室被中共保定市委、保定市人民政府评为奥运安保工作先进集体，2名同志被评为奥运安保先进个人并获嘉奖；1名同志被石家庄海关评为先进个人，并荣获三等功，2名同志获得个人嘉奖。在“清清白白做人，明明白白做事”活动中，保定海关被石家庄海关评为先进集体，4名同志获得集体嘉奖。

【加强岗位间配合保证实际监管到位】 推动诚信守法企业采用区域通关模式，实现属地申报口岸验放。审单、查验、放行岗位密切合作，加强审单和选查岗位的风险分析和布控，做到单证审核、货物查验的有机统一，避免出现单货不一甚至物流体外循环的现象。提高风险分析方法在选查岗位的应用水平，落实查验科长带班制度，严格进口转关核销的操作，加大出口货物的查验力度，确保实际监管到位，化解和防范执法风险。

【强化加工贸易监管】 加大对限制类商品、高风险、热门商品及行业的保税核查力度，确保完成30%下厂核查率，加强对加工贸易业务的实际监管，做到程序严密、单证齐备、监控有力，防范涉税金额较大走私违规行为的发生。对辖区内敏感性商品羊毛、羊绒和塑料袋加工企业进行了专项核查和重点监管，对辖区内的塑料加工、衬衣和不锈钢餐具企业开展了单损耗重点核查，在核销环节查获违规线索4起，涉案手册13份，在避免执法风险的同时有效规范了企业行为。推进联网监管、手册电子化工作，完成年初总关下达的电子化手册覆盖率任务。

【提高风险管理和稽查工作水平】 按照“零违规、低风险”要求，调整风险工作思路，将风险布控、风险分析、风险处置及风险成效作为风险工作的重点，发挥风险管理平台对数据质量的监控作用。调整不同形式布控指令比例，将布控率、布控有效率的指标细化至各业务科室，落实到人，按月进行督查并通报。

【企业管理得到加强】 做好新的《企业分类管理办法》实施工作。按照企业类别加强监管，支持守法经营的大中型企业的便利通关，加强《企业分类管理办法》及《企业分类管理措施目录》的宣传工作，制作宣传幻灯片，深入辖区县市进行宣讲。现辖区共有A类企业39家、C类企业3家、D类企业1家。主动为企业办理年审换证手续，提前告知，保证企业的进出口业务的正常运行，避免通关受阻。

【强化廉政基础建设】 开展“清清白白做人，明明白白做事”的“两白人”活动，依托“清白人”小组，加强教育、制度与监督并重的廉政体系建设，关领导与各科室负责人、科级干部与一般关员层层签订廉政建设责任书，落实六项禁令、外勤纪律九不准和红包公布等制度，促进关员廉洁执法，加强对各项廉政规定落实情况的监督检查，“清白人”小组定期不定期抽查各科廉政档案，并在全关进行通报。

结合准军事化管理和督察内审长效机制建设，抓廉政教育学习，各科建立廉政学习记录本，做到廉政学习月月有，每季度由关长主持“清白人”小组召开廉政形势分析会通报廉政情况。

落实外勤廉政监督卡制度，业务部门在下厂核查及监管中使用外勤廉政监督卡，并及时反馈监审部门。在业务现场设置触摸屏、公告栏、举报箱等，畅通电话举报、信箱投诉、来访反映、书面调查等监督和投诉渠道，向社会公开，接受社会监督。设计调查问卷对辖区内主要进出口企业进行廉政和政风行风情况的调查，分析廉政风险，查找广大进出口企业反映强烈的突出问题、热点问题。召集企业报关人员和业务经办人员进行座谈，了解海关廉政和行风建设状况，征询改进工作的意见和建议。

后勤服务保障工作也纳入了“两白人”活动范围，加强后勤管理工作事前、事中、事后的审计监督，防范非执法领域廉政风险。成立由办公室、监审、财务三部门人员组成的采购小组，较大金额的采购项目均由采购小组严格按照采购程序完成，提高了政府采购透明度。建立采购项目监督制度，逐步形成采购项目主管、业务综合复审和程序监督三位一体的采购工作制约监控机制，坚持重大支出事项的外部审计制度。机关服务中心通过加大节约用电、节约用水宣传力度，规范公务接待用餐，规范办公用品采购、配备和领用，推进公务用车综合节约，加强海关后勤的综合管理力度等措施，降低了行政成本。

【促进地方经济发展】 落实总关出台的十项服务举措及海关业务专家服务制度，加大对保定汽车及零部件出口基地、中国电谷等重大建设项目的扶持力度，加大培训和政策宣讲力度，做到“提前介入、跟踪服务”。

“点对点”（针对具体企业具体问题现场办公）和“点对面”（针对一个区域的经济发展特色进行政策宣传）相结合的方式，开展调研走访工作，深入企业了解有关情况，同时进行政策宣讲。召开培训会，对涿州市的近30家进出口企业开展集中政策宣讲活动，涉及企业分类管理办法、区域通关、网上支付等政策，受到了当地政府和企业的好评。对汽车、新能源、输变电等优势产业开展了点对面调研。对天鹅集团技术中心、河北农业大学、河北大学等单位开展专题培训，提高对减免税政策的理解掌握程度。

领导班子成员

关　长　关伟仁
副关长　赵世民

（董　微）

粮油购销

【保定市粮食局】 保定市粮食局是保定市人民政府负责全市粮食流通管理职能部门。内设办公室、党办室、人事劳资处、购销调控处、仓储基建处、行业发展处、财务审计处、纪检监察室、监督检查处、工会、妇委会、老干部处12个处室，工作人员48人。下辖5个事业单位，12个直属企业。

【概况】 2008年，全市入统粮食购销企业完成粮食购销总量150万吨，超额完成政府年度任务的150%，其中国有粮食企业集团化经营量达到36万吨，占国有粮食企业经营总量的72%，国有粮食购销企业预计统算实现利润50万元。腾并仓容14亿斤、校验检测仪器400多台件，认定贷款资质企业56家，确定储存库点54家。因各方面因素影响，小麦托市仅收购1450吨。组织全市粮食库存检查，共检查粮食34.1万吨，其中中储粮7.9吨、省储粮10.5万吨、市储粮3.5万吨、托市粮5.7万吨、商品粮3.2万吨，其他3.3万吨，确保粮食安全。出台《保定市市级储备粮轮换管理办法》，结合夏粮收购，协助省粮食局完成3.9万吨省储粮轮换计划。核发粮食收购资格74户，依法注销76户，服务满意率100%。军供计划完成110%。

【加大行政执法力度】 有12个县（市）建立了执法内设机构，10个县执法机构挂靠业务科室。培训质检人员380名，对120名粮食执法人员进行了业务培训；组织了100名粮食经纪人的政策法规培训，规范了粮食收购行为。抽调400余人，抽样调查1157农户、361居民户、31家粮食转化企业、189家非国有粮食企业、208家国有粮食企业，进行了全市粮食流通统计台账推广工作，完成2007年度粮食供需平衡调查任务。

【粮食储备管理】 继续普及电子测温、粮情检测、环流熏蒸等现代保粮技术，组织县内自查、县间互查和市局集中统一抽查的储粮安全大检查，共检查粮食39.9万吨，未发生任何坏粮事故，储粮化学药剂管理做到了专仓储存、专人负责。安排9个企业开展规范化管理达标活动，在高碑店市召开了现场观摩会，年底检查验收全部达标。

【加强粮食应急体系】 市、县两级全部出台《粮食应急预案》，市级粮食应急供应网络进一步完善，已确定粮食应急加工企业、储运企业、供应网点共35个。投资50万元，加强粮油检验机构的基础设施建设，重点抓了粮食质量会检、品质测报、原粮卫生调查和容重器鉴定等工作，受到省局表扬。

【职工生活保障】 全年帮助零就业家庭和下岗职工76人进行了再就业，协调公益性岗位297个，争取特困救助金3万多元，救助特困职工42户，协调减免企业养老保险金410万元，并协调解决了企业拖欠职工工资等问题。

【安全生产】 全系统实行“一岗双责”和“一票否决”制，每月一调度，一季一排查，加强对重点单位、重点部位、关键环节等检查力度，共排查治理安全隐患198处，避免了安全责任事故发生。集中开展两次安全储粮检查，进行了粮食质量安全专项整治，全市科学储粮率达到了97%，“一符四无”库站达到了98.6%。做好防汛保粮工作，准备防汛苫布1308块、油毡697捆、麻袋20.1万条、水泵188台、砂石2139方、方砖40.8万块，垒筑防水墙996米，疏通下水道1.2万米，组织抢险队167个，抢险队员达1543人，确保粮食安全度汛。

【老干部和军转干部工作】 申报军转干部“四费”100多万元，并及时足额发放，有针对性地解决了实际问题，企业军转干部思想生活稳定，全年无一人上访。为老干部搞好服务，积极争取资金26.6万元、“减一补一”指标5名，保证了老干部各项待遇。

【信访接待工作】 将信访稳定纳入年度考核目标，领导分包企业、处室分工负责制度，重大问题一把手亲自接访，亲自调度，亲自解决。全年接待上访职工460人次，处理信件11封，召开信访协调会16次，解决实际问题33个；全年累计下访100余人次，有效化解不稳定因素26件，没有发生越级集体上访事件。

【奥运安保工作】 严格领导带班、值班制度，各单位一把手坚守岗位，带班领导、值班人员全天候在岗，保证了联络畅通；及时排查安全稳定隐患，共排查各类隐患25个，并实行了领导包案制度；加强了企业军转干部、上访老户等重点人员的管控，组织了系统内部粮油食品安全专项整治，没有出现任何问题。同时选派11名优秀干部进驻定兴县2个乡11个村开展了奥运安保工作，其中三名同志被市委、市政府嘉奖。

【精神文明建设】 “5·12”四川汶川地震发生后，组织直属单位和干部职工赈灾捐款90，135元，党员缴纳“特殊党费”113，240元，累计捐款235，015元、棉被22条，受到市委、市政府的通报表扬。

开展“优化发展环境、激活市场主体”活动，7名局领导分别联系16个企业，每周一、三、五上午与企业领导和职工零距离接触，面对面沟通，现场调研，现场接访，现场解决问题，共为企业解决实际困难31件，办理好事48件，协调资金100多万元。

【国有粮食企业改革】 在完成产权制度改革的基础上，市39家国有独资、67家国有控股粮食企业全部建立了规范的法人治理结构，实行了档案管理，建立了现代企业制度；在直属企业改革扫尾工作中，加快推进康威开发公司与保定市中通泵业公司实施兼并，正在进行职工安置；粮油储运公司破产全部完成职工安置，进入破产终结。

【粮食产业化经营】 经多方考察论证，确定粮食产业化重点项目14个，投资总规模33342.5万元。满城县中天农林商贸公司投资2889万元、占地133.5亩、存栏2万头的规范化养殖场已投入运营，效果良好；望都县益海物流项目已经签约，年内动工；市局第二粮库新库已经开工建设，年内主体完工。加强对金麦郎面粉、博通饼业、涿州贡米、俏馔馒头等品牌企业的指导扶持。利用保定市与清苑县交汇处国储库、省储库、市储库及保定粮油批发交易市场的聚集地，发挥交通便利、粮源充足等优势，整合组建市最大的集粮食储备、加工、购销为一体粮食物流园区。

领导班子成员

党委书记 局长	张文兴
党委委员 副局长	王海良　安增敏 丁进忠　王成娟
纪检书记	李建华

（刘永华）

供销合作

【保定市供销合作社】 是保定市供销合作经济的管理、监督、协调、服务部门。

【概况】 2008年，全市供销社系统年实现商品购进超30亿元，销售超33亿元，重点商品化肥年供应量超65万吨，碘盐销售总量达6万吨以上。

【农副产品经营网络建设作用日渐突出】 全市供销社系统积极围绕区域经济特点，通过领办各类农民合作经济组织，开展系列化服务，搭建现代化流通平台，开拓农副产品营销市场，构建新型经营服务网络，为解决农民卖难和助农增收闯出了新路子。2008年农副产品购进额20亿元，同比增长8.9%，助农增收1600万元。

【再生资源回收网络建设逐渐起步】 通过规范、整合和利用现有再生资源回收渠道，抓住回收网点建设、市场集散交易两个环节，利用闲置场地，兴办交易市场，引导系统内外的回收企业和个人开展合作。同时积极建立行业协会，并以协会为龙头，将社会上闲散的个体回收户纳入到协会中，规范管理。年内，全市共组建废旧物资网络龙头6个，建立回收网点137个。

【烟花爆竹安全经营管理网络不断优化提升】 以市烟花爆竹行业协会为龙头，整合系统烟花爆竹网络资源，引入连锁经营、物流配送等现代流通方式，采取“统一采购、统一配送、统一价格、统一标识、统一管理”的经营模式，打造有实力、经营和管理现代化的烟花爆竹经营龙头企业。严格运输、储存、销售各环节的安全管理，改善仓储设施建设，形成了布局合理、安全便捷、管理有效的烟花爆竹经营网络。全市建成符合安全标准的烟花爆竹A3级库房7226平方米，C级库房24586平方米，物流配送中心22个，烟花爆竹长年固定销售点和临时固定销售点2000余个。

【食盐销售网络日见成熟】 全市供销社系统以市、县盐业专营公司为龙头，打造食盐连锁配送网络，实行统一标识、统一配送、统一价格、统一管理的“四统一”服务方式，规范管理。建立覆盖全市所有行政村庄食盐销售网络，在全市开展创建食盐安全工程活动，净化盐业市场，打击私盐贩销行为，加大监管力度，维护正常的盐业流通秩序，确保了食用碘盐安全。

【促进农业产业化经营】 全市有经营活动的农民全部加入到专业合作社或专业协会，所有专业合作社或专业协会全部加入到农合联。截至年底，全市22个县（市）全部组建了农合联，33个乡镇建立了农合联分会。成立市农合联山区土特产品专业委员会、蔬菜产业专业委员会和平原经济作物专业委员会，在山区土特产品专业委员会进行了跨县域组建专业社的试点。依托最具特色的核桃、大枣、中药材、烟叶等优势产业建立起8个以“保山”命名的跨县域的专业合作社，探索出了实现跨县域联合与合作的成功模式。发展种植、养殖、加工等不同类型的专业合作社。共领办注册专业合作社200个，发展社员20879户，年经营额达8亿元。培育出高碑店市新城鑫益农胡萝卜蔬菜专业合作社、涿州市南荒东升生猪专业合作社等20个“十佳惠民专业合作社”，专业合作社发展呈现出多形式、多领域发展的良好势头，促进了农民增产增收。

【基层社步入发展“快车道”】 制定下发《关于进一步加快基层供销社改造与发展的意见》。基层社建成集基层社、农村社区综合服务中心、专业合作社、农合联乡镇分会“四位一体”的新型为农服务的基层组织。年内，239个基层社已改造重组160个，占基层社总数的67%，改造后新增营业面积5.6万平方米，改变了基层社“弱、小、破”的传统形象。

【开展项目建设】 全系统实施、谋划项目77个，是全系统项目建设数量最多的一年。概算总投资达32205万元，其中1000万元以上的项目达到11个。

领导班子成员

主　　任　杜永昌

副 主 任　高英俊　陈光耀

　　　　　段根栓

纪检书记　张国华

（王　威）

烟草专卖

【保定市烟草专卖局（河北省烟草公司保定分公司）】 成立于1984年12月，直属河北省烟草专卖局（公司）管理，主要职能是贯彻落实《烟草专卖法》、整顿规范保定辖区内的卷烟市场经营秩序、《卷烟零售许可证》的发放与管理，以及卷烟市场的货源调配与供应，集烟草专卖执法和卷烟经营为一体。2006年12月由保定市烟草专卖局（分公司）改制更名为保定市烟草专卖局（公司）。市局（公司）机关设办公室、企业管理办公室、专卖监督管理科、法规科、财务管理科、审计科、人事劳资科、安全保卫科、监察科、思想政治工作科、营销中心、物流中心、信息中心、服务中心、金叶卷烟经营部15个科室（部门）。下辖曲阳、安国、安新、定兴、阜平、博野、满城、蠡县、易县、顺平、徐水、涞水、高阳、唐县、容城、涞源、高碑店、清苑、望都19个县（市）烟草专卖局（营销部），涿州、雄县2个稽查大队（营销部）及定州稽查大队（卷烟经理部）。拥有总资产85961万元，其中固定资产7576万元、流动资产72145万元。共有在岗员工1234名，其中聘用员工94人。

【概况】 2008年，以卷烟销量和结构的同步提升拉动利润增长，保证了卷烟供应科学平稳、规范有序。全年共销售卷烟161.78亿支（32.35万箱），其中低档烟销售80.75亿支（16.15万箱），实现税利5.61亿元，其中实现利润4.37亿元。烟叶种植2490亩，收购8000担，实现税利7.83万元，其中实现利润6.69万元。

【加强公益事业开展】 抗震救灾，向汶川灾区捐助抗震救灾款391195元，上缴特殊党费77600元，捐助部分衣物、棉被、书报等物品；捐资助教、支持体育事业，支持奥运，共捐赠25900元，及电脑和书籍；支援地方建设、资助乡村地方建设、生态文明村修建公路、打井等，共捐款296200元；对口帮扶捐款26980；积极参加亲民爱民活动，资助贫困户共51320元。

【专卖管理成绩突出】 全年共查处各类案件826起，查扣各类违规卷烟6375件，捣毁制假售假窝点15个，查获各类制假机械9台，破获网络案件28起，其中达到国家局标准的4起，达到省、市局标准的24起，拘留60人，其中批捕24人，判刑7人。

【综合管理进一步加强】 开展人力资源整合工作，部分内退人员重新走上了工作岗位，实现了各单位在岗人员工作量的相对平衡。物流项目建设工程进展顺利，于12月10日举行奠基仪式。开展“三项检查”活动，按时完成物资采购、工程投资和广告促销项目的自查和复查工作，严格制度管理、规范运作流程；推行营销负责人拜访制、召开零售户座谈会、发放服务手册、拓展“保烟新时空”信息平台功能等服务，与全市36300个零售户营造公平、互利、和谐的关系，网络建设水平进一步提升。开展科技项目创新工作，“IC卡数字签名在卷烟配送中的研究与应用”和“标准化定额（定量）在全面预算管理中的应用研究”两个项目通过了省烟草公司立项评审。

领导班子成员

党组书记 局长	张书林
党组副书记 经理	王春怀
党组成员 副经理	屈文立
党组成员 纪检组长	耿拴羊
党组成员 副局长	谈家俊

（季体新）

石油购销

【中国石油化工股份有限公司河北保定石油分公司】 保定石油分公司隶属中国石油化工股份有限公司，下辖25个（县）市片区，拥有加油站212座、油库1座。

【概况】 2008年，全系统完成销售46.49万吨，增幅1%。其中轻油销售45.97万吨，增幅2%；润滑油销售3365吨，降幅47%；燃料油销售1811吨，增幅为131%。实现销售收入27713.98万元，差价收入21520万元，吨油差价收入463元；其中轻油差价收入为21089万元，吨油差价收入458元。报表费用10604万元，报表吨油费用228元。实现报表利润8417.62万元。没有发生上报等级的安全事故。推进达标创优和“3156”工程，加强库容库貌建设。落实“管理服务提升年”活动，开展了“八步法”竞赛和规范化服务百日竞赛，以环京津、旅游景点区和107、112国道沿线加油站为重点，开展“迎奥运、树形象、我为石化添光彩”活动。将部分加油站改造为地热取暖和太阳能发电，取得明显的经济效益。全年吨油耗、耗电分别下降22%和38.5%。

【优化网络质量】 年内33座加油站和1座油库进行了油气回收改造，5座加油站进行了形象改造，4座加油站进行了自助加油改造，中心油库进行了隐患治理和老旧电气改造，依法取缔92座社会加油站假冒仿冒中石化标识，增强了网络质量，提升了中石化品牌的影响力。

领导班子成员

经理	赵文勇
书记	胡林
副经理	车正乐 林鹰 谢连君

（李社军 葛茜）

集贸市场

【保定市市场建设服务中心】 是市政府直属正县级事业机构，是全市各类市场的主管部门，编制71人，为全额拨款单位，主要职责是：负责制定全市市场布局规划、市场建设，组织市场论证，负责市场登记工作；负责对所辖市场经营活动的日常管理，调解市场纠纷，管理市场物业，提供有偿服务，收取设施租赁费；配合有关执法部门或有关执法部门委托，对市场经营者违法违章问题进行查处；负责所辖市场的防火、防盗工作，配合公安、消防等部门，对市场的日常安全和消防设施管理使用达标情况进行规范和检查；负责市场培育开发，引进现代化商业业态，推动市场上档升级；组织各类庙会、商品交易会；负责市场统计与分析；组织市场检查评比、验收；指导各县（市）市场建设服务机构的业务工作；发挥好市场管理协会的作用，进一步规范全市各类市场健康有序发展；承办市委、市政府交办的其他事项。内设办公室、党办室、监察室、人事教育处、财务审计处、市场建设处、市场管理处、市场稽查处等8个处室，下辖2个直属经营处、3个区市场建设服务中心，2个直属经营处为东风桥经营处、工农路经营处，3个区市场建设服务中心即南市区中心、北市区中心、新市区中心。直接经营和管理东风桥市场、工农路蔬菜果品批发市场、保府市场、建华路批发市场、南二环农副产品批发市场、化纤市场、中华社区便民市场、农大西等60多个市场，年成交额30亿元。市区建成5个便民市场。

【概况】 2008年，全市各类商品市场发展到920余个，市场建设服务系统采取多种筹资形式，投入市场建设资金2.3亿元，新改建市场16个，其中市区投入资金8560万元，新改扩建市场8个，改造升级3个，市场年成交额460亿元，其中市区市场成交额40亿元（包括鑫丰市场等）。市场年成交额超亿元市场36个，超10亿元市场6个，国家级文明市场6个，全国百强市场3个，省级百强市场19个。涌现安国药材、高阳纺织、庞口农机配件、白沟箱包、留史皮毛、曲阳雕刻、定州蔬菜、保定工农路、阜平大枣、满城草莓等在全国有一定影响的大型专业批发市场和特色市场。形成以国家级、省级大型批发市场为龙头，封闭型永久性市场为骨干，遍布城乡的零售便民市场为基础，连接生产和消费，多层次、多领域、网络化的市场以城乡一体化为纽带，以区专业和特色经济为龙头的市场新格局。抓班子带队伍的做法、经验被《河北日报》、《保定日报》、《保定晚报》等有关新闻媒体、市委、市政府信息均进行刊登宣传。

【强化行风办好提案工作】 先后组织走进直播间7次，解决群众反映的热点难点问题16件，全系统发放征求意见卡5000份，接受评议代表反馈意见7条，逐一落实，实行公开监督制，解决受理群众举报投诉上百次，均得到答复和解决。完成人大建议2件，政协提案9件，建议和提案办结率、走访率、答复率、代表委员满意率均达到100%。

【保证市场安全稳定及食品安全】 建立奥运信访稳定工作领导小组，明确目标，落实责任，深入基层进行矛盾排查工作，按“三位一体”的调处原则，加强督导，把矛盾和问题解决在萌芽状态。开展百日市场销售食品专项检查整治活动，严把食品准入关，健全日巡查制度，上市商品台账制度、索证索票制度和登记统计制度，下发安全生产和食品安全工作应急处理预案，防止过期或不合格食品流入市场，确保食品销售安全。与所属基层单位签订《安全生产责任状》，成立领导机构，责任到人。

【市场规范化管理成效明显】 规范早夜市，净化城市环境。实行市管员责任区域划分管理办法，明确商户入市、收市时间及摊位位置，在早夜市的显著位置设了标牌，专人负责市场卫生清扫、保洁等，不履行责任、违反规定、不按时开闭市的市场管理人员，实行了一经查实给予调离岗位、待岗、下岗等处分。出动600多人次、车辆100余台次，发放《明白纸》6000余份，对群众反映的南关大街早日市占道经营等进行了清理，1000多名商户进入了中华大府河市场和保府市场经营，解决了南关大街、东关大街等5条路街占道经营问题。所属市场开展为期100天的市场销售食品专项检查整治活动，强化对包装食品的生产日期、保质期限，逐户检查，防止过期食品流入市场，开展“限塑”工作，加大对生熟肉制品的检查力度，对入市登记簿、进货发票日期、进行查验，严查经营者“三证”即：《经营许可证》、《健康证》、《营业执照》是否齐全，实行日巡查制。

【采取措施平抑市场物价】 年内市场猪肉、鸡蛋大幅度涨价，组织人员深入市场进行调研，及时掌握猪肉、鸡蛋市场价格动态。防止猪肉、鸡蛋脱销、断档，发动商户组织货源，平抑市场价格上涨。选取中华大府河、化纤、先锋街、双胜街、自立、五一九等6个规模较大的市场确立为价格监测点，及时发布价格信息。

【发挥平台作用促进农民增收】 发挥市场优势，引导农民调整种植结构。工农路蔬菜果品批发市场和南二环市场等市场先后与当地农民签订了3000份购销合同，发展大棚蔬菜等种植面积160万亩，实现农民在种植上的结构调整，有10万农民受益。优化市场环境，帮助农民搞好经营。与公安部门协调加强警力，实行市场昼夜24小时值班和巡逻制，工农路和南二环两个市场的外地商户由原来2000家增加到现在的8000家。筹措资金30万元，建立“保定市工农路市场信息网站”，采集全国农产品市场信息和发布服务农民奠定基础。各市场设立粮食、水果、蔬菜、粉条、副食品、加工业等中介组织30个，在30多市场设立了商品销售量和价格监测网点，为当地农民提供各类市场信息预测2万条，帮助农民按照市场的需求安排进行种植。

【市场建设实现新的突破】 抓好大的重点项目建设，被省列为重点工程项目的安国国际中药材商贸中心升级建设项目，实现投资1亿元，已完成。总投资1.5亿的容城服装商贸城已建成并投入使用。白沟国际商贸城投资8000万元主体已完成，白沟信息综合大厦总投资1.3亿元主体已完成地下1层和地上5层已投入使用，定州鲜活农贸市场三期工程投资5000万元已建成并投入运营。市区市场建设以便民利民、服务民生为目标，新建5个便民市场，是市政府为民办实事之一的项目建设，建筑总面积30000余平方米，总投资8560万元。5个市场是：东部商贸工业品批发市场已建成投入使用，市场摊位占有率达到80%以上，实现了支农路拆迁周边鞋类商品经营摊点120多个进厅经营；中华大府河便民市场已建成启动投入使用，实现中华小区、大慈阁小区周边摊群200余户进厅；农大农副产品便民市场已建成启动投入使用，实现了府河市场部分搬迁商户及其他经营户900余人实现再就业，维护了社会稳定；支农路便民市场改造已启动运营，实现了南关大街早、日市摊点660余个退路进厅目标，净化了周边环境；复兴西路便民市场招商启动运营，实现了周边60多个乱摆摊设点退路进厅，优化了城市环境。

领导班子成员

党委书记 主　　任	陈永华	
副 主 任	贾海江	曹路祥
	李贺田	张亚辉
	孙宪军	李建民
纪委书记	马增凯	

（帅金城）

商　检

【保定出入境检验检疫局】 隶属河北出入境检验检疫局，是国家质检总局在保定设立的涉外行政执法机构。内设9个科室。

【概况】 全年共检验检疫出入境货物19977批，货值16.74亿美元，同比批次减少3.46%、货值增长10.97%（其中出境货物18487批，货值13.67亿美元，同比批次减少4.86%、货值增长7.14%；入境货物1490批，货值3.07亿美元，同比分别增长18.16%和31.93%）。共检出不合格出入境货物199批，货值1881.8万美元，分别采取了退货、索赔等处理措施，有效保证了出入境产品质量与安全。共签发各类单证35478份，其中出境货物换证凭单18353份，检验检疫证书6242份，一般原产地证书1512份，签证金额10527.1万美元，普惠制原产地证书6249份，签证金额56786.24万美元。完成检验检疫规费收入1596.2万元，同比略有增长。

【开展专项整治系列行动】 按照“重点产品整治方案”，对辖区73家列为首批重点整治的家具、服装、玩具等企业建立了档案并进行了质量排查。对7家出口木制品生产企业进行了原辅料及出口成品中甲醛、重金属含量检测，重点对板材类企业加大有毒有害物质的检测，完成了出口木制品生产企业使用油漆、黏合剂供货商的备案管理。

对66家出口服装、玩具类企业的规模特点和风险程度，组织人员对企业进行全面检查，着重检查原辅材料的采购、验收、生产过程以及交付产品的可追溯性，并随机抽取部分样品，送实验室进行偶氮、甲醛、色牢度等安全卫生项目检测。

开展“进口全申报、出口全备案”工作，完成建档企业725家（其中法检企业494家，非法检企业231家）。

推动出口食品原料种植基地备案工作，完成出口食品原料基地备案审核140个，备案面积8.45万亩，GAP认证管理企业2个共4个品种，降低了食品农产品出口风险。

食品包装检验初期，不合格率高达40%，且库存量大，不同时期不同批次的产品混合使用。实施批批检验，合格一批放行一批；严查企业库存量，从企业排产单入手，按照生产时间进行登记，发放批号，确保出口食品包装每批从生产、灌装、使用到运输得到监管。

出口食品卫生注册登记企业专项检查。检查辖区81家卫生注册登记企业。查出不符合项140多个，73家企业限期整改，5家企业停产整顿，2家企业卫生注册登记证书上报“自动失效”，1家企业卫生注册登记证书上报“注销”。3家违法企业下达了行政处罚决定书，其中2家企业施以警告，1家企业施以罚款2668元处罚，三家企业均无异议。

【重帮扶促发展】 采取检企深度合作、资源与技术共享的帮扶措施。与辖区速冻类出口企业合作，由企业提供检测设备，局实验室出人、出技术，专项开展出口产品农残检测，合作项目上马后，实验室检测效率提高了四成，缩短了出口产品农残检测的周期，实现促进外贸企业发展的目的。

推行分类管理工作，力促诚信企业发展。保定工业企业和纺织企业实力较雄厚，企业职工素质高、生产设备先进、管理体系完善、产品质量过硬，推行分类管理可以增强企业出口积极性，扩大出口量，提高经济效益。经对辖区诚信企业进行考核评估，截至11月，有16家企业取得一类企业资质，21家企业取得二类资质。

为企业提供免费培训，范围涉及肠衣、中药材、汽车、手拉葫芦、服装、纺织、食品农产品等行业。年内培训15次，420余家企业、800余人次参加了培训。

对出口企业实施动态管理，及时上报省局对已有注册登记企业进行年度复审，严格把住年审关和准入审核关，年内有26家企业通过了省局的注册登记初审和复审考核，3家新申请注册登记企业通过审核。

【提高实验室技术把关能力】 实验室共检测4186个样品，检测项目16750个，其中检出不合格样品81个。4月，实验室接受CNAS专家评审组的定期监审和扩项评审，申请扩项的7个标准，9个参数检测项目同时获得认可，定期监审及扩项评审一次性全部通过。截至年底，认可检测项目已达60个标准，140个参数。手拉葫芦实验室已建成，安装调后投入使用。

【完成盐渍肠衣检验方法】 3月，承担国家认监委下达的《出口盐渍肠衣检验方法》制标任务，5月，在国家认监委“食品专业国家标准审定会”上通过该标准审定，并作为推荐性国家标准上报。参与由省局技术中心牵头的在研课题“肠衣中硝基呋喃类药物残留原因分析与风险控制体系研究”，承担对兽药使用情况的调查与检测用肠衣样品制备等具体工作。截至年底，各项工作已经完成，即将向总局申请结题鉴定。

【加强三聚氰胺检测】 “三鹿奶粉”事件后，第一时间安排人员收集相关检测标准，做好三聚氰胺检测技术准备。9月19日，技术验证符合要求，试行开展进出口企业和社会委托检测。10月5日，局实验室三聚氰胺检测资质获国家局认可，截至年底，检测样品92批，样品数433个，样品种类涉及液态奶、奶粉、奶制品辅料和添加物、水解蛋白粉、饲料及饲料原料、肠衣、鸡蛋、肉制品等共计30多个品种，其中21个样品检出三聚氰胺。蒙牛（保定）乳业公司就向我局实验室送检170个样品。

领导班子成员

局　　长　续延卿

副 局 长　徐国栋　顾　刚

（丁选亚）

水利·电力

水　利

【保定市水利局】　保定市水利局为市政府组成部门。其主要职责是负责全市防汛抗旱、水利水电建设、农田灌溉、水利工程管理、全市水利水电工程规划设计、山区水土保持、水政水资源管理、水库移民的生产生活、群众饮水安全、水行政执法等项工作。内设办公室、水利水保处、工程管理处、财务处、劳动人事处、规划计划处、水政处、纪检监察室、机关党委等9个处室。

【概况】　2008年汛期，全市平均降雨量564毫米，较2007年同期多50.4%，较多年同期多23.1%。利用现有水利工程，在保证安全的前提下，最大限度利用雨洪资源。汛后，全市10座大中型水库共蓄水9.47亿立方米，白洋淀蓄水1.63亿立方米，是“96·8”大水之后蓄水最多的一年，为去冬今春抗御严重干旱、向北京应急供水提供了宝贵水源。以第四季度中央新增1000亿元投资（水利为200亿元）为契机，跨入大投入、大发展的新阶段。全年共投入水利基础设施建设资金近5亿元，其中争取省以上投资2.2亿元。如期完成总投资680万元的21项应急度汛工程建设。加快本市蓄滞洪区安全建设，全年投入资金568万元，完成了9.1公里撤退路建设任务，确保全市安全度汛。

【应对突发性暴雨洪灾】　8月6~10日，阜平发生局部历史罕见特大暴雨，多数地区山洪暴发，造成交通、电力、通讯等设施中断，直接经济损失达5600万元。市、县两级水利部门启动相关预案，组织涉险群众安全撤离。按照市委宋太平书记、市政府于群市长“要全力做好抗洪救灾和灾后重建工作，确保人民生命安全，财产安全”的重要指示精神，成立以李国英副市长为组长的抗洪救灾工作组到阜平现场办公，安排抗洪救灾和灾后重建等工作。全市共筹集救灾资金2000万元，保证灾区重建工作顺利进行。

【减轻旱灾损失】　面对严重旱情，市、县两级水利部门积极行动，部署抗旱工作。对西大洋水库蓄水严重不足，投资1135万元修建王快水库至西大洋水库应急供水工程，从王快水库成功调水1500万立方米，化解西大洋水库蓄水不足的危机，保障市区百万市民的饮水安全以及唐河灌区、国华定洲电厂用水安全。完成第二次“引黄济淀”生态补水任务，历时144天，向白洋淀补水1.56亿立方米，缓解干淀危机。

【防洪骨干工程建设步伐明显加快】　总投资近2.7亿元的安格庄、龙门、王快水库除险加固工程已经完成，总投资2亿元的西大洋水库除险加固工程累计完成总投资的76%，总投资5600万元的瀑河水库除险加固工程累计完成总投资的50%。列入国家病险水库除险加固专项规划的龙潭、累子、宋各庄、马头4座中型水库和大悲、莲花池等17座小Ⅰ型水库已下达1.4亿元投资计划，其中14座水库正在做开工前的准备工作，近期将全面实施。

【农田水利建设呈现良好发展态势】　推进以管灌为主的节水灌溉工程建设，兴建水池、水窖等小型集雨工程，全市农田水利建设呈现出良好的增长态势。全年累计投入农田水利建设资金近

2.8 亿元，完成工程项目1万余项，新增节水灌溉面积26.7万亩，新增节水能力1867万立方米。参与全省农田水利建设“海河杯”竞赛活动，易县、涞源、安国受到省政府表彰。

【农村饮水安全工程建设取得新突破】 根据全市农村饮水安全工程总体规划，以全国农村饮水安全示范县——容城为重点，采取政府主导、群众参与等措施，推进全市农村饮水安全工程建设，取得显著成效。全年共投入资金8088万元，解决210个村、21万人的饮水不安全问题，比年初确定的任务目标多解决1万人，提高了当地群众的生活质量，兑现了市委、市政府对人民群众的承诺。

【水土保持生态建设稳步推进】

实施国家太行山水土保持重点治理工程——阜平王快水库周边二期项目建设，西大洋水库上游面源污染治理项目和涞源、涞水、易县等省级水土保持重点治理项目。全年投入资金6000余万元，完成水土流失治理面积180平方公里，改善了西部山区的水土和生态条件。

【农村水电建设取得新进展】

总投资3600万元的涞源国家级小水电代燃料试点县建设进一步加快。易县、唐县、涞源、阜平在“十五”建设的基础上再次被国务院批准列入“十一五”期间全国水电农村电气化县项目。该项目总投资1.08亿元，规划建设水电站12座，新增装机容量1.3万千瓦。截至年底，已开工建设水电站9座。全年共计发电8500万千瓦时。

【大水系建设加快实施】 保定市大水系建设项目，是市委、市政府的一项重大决策，是优化水资源配置，推动全市经济社会又好又快发展的德政工程、民心工程，为市城市面貌三年大变样的重点项目。8月始，市大水系建设在决策部署、机构设置、设计报批、资金筹措、占地征迁等方面均取得进展，局负责的王快水库——西大洋水库两库连通工程已于10月28日举行了开工典礼，工程建设正在按计划推进。

【水资源管理和保护得到强化】

实行总量控制、定额管理和计划用水管理、水资源论证和取水许可、水功能区监督管理、核定重点水域纳污能力、城市饮用水水源地水质旬报、城市饮用水水源地保护联席会议和重大水污染事件报告等制度。形成由水行政主管部门牵头，相关部门配合，上下联动，齐抓共管的水资源管理和保护格局。实现了全市水资源的统一管理。全市水资源得到合理开发、优化配置、全面节约和有效保护，市区在管理和保护水资源方面实行更严格的管理制度，全年关停自备井36眼，征收水资源费2200多万元，实现万元工业增加值取水量63.7立方米，同比2007年降低6个百分点。

【节水型社会建设深入推进】

博野、高阳两个省、市节水型社会建设试点县正在按计划推进，各县（市）均设立试点村。各试点单位围绕水权分配、节水激励、用水计量、水权流转和协会建设等关键环节，完善“用水双控、计量到户、节奖超罚、协会自治、市场激励、群众参与”的节水新机制，为全市全面开展节水型社会建设奠定了基础。开展“科学节水进社区、进家庭”活动，市区140个社区推广节水新器具10000余套。

【依法行政能力不断提高】 全市水利系统开展全省“依法行政示范单位”创建活动。调处水事纠纷52起，特别是拒马河跨省市水事纠纷，通过向水利部、水利厅汇报沟通、主动协调，取得预期效果。查处涉水违法案件14起，配合省水利厅依法清理整顿白洋淀违章建筑，组织力量集中查处王快水库内采砂船只，维护正常的水事秩序和当地群众合法权益。加强水行政执法人员的业务素质培训，提高执法水平。规范水行政审批，实行“一个窗口”办理，杜绝体外循环现象。

【水库移民扶持工作力度加大】

编制8个移民重点县的基础设施建设和经济发展五年规划。全年累计向水库移民兑现后扶资金4647万元。确立17个项目扶持试点村，扶持11个龙头产业，增强了移民村的自我发展能力。筹措资金为移民村建设24个交通项目，16个农田水利配套和人畜饮水安全项目，提高移民村的基础设施建设水平。

【水利改革迈出新步伐】 全市城乡水务一体化改革进程加快。水管体制改革工作取得进展，市直属单位（四大水库）改革任务全部完成，县（市）管理的51个水管单位改革方案得到当地政府批复实施。农业技术推广体系涉水改革取得新突破，各县（市、区）水利机构编制、人员全部到位，工作经费正在落实中，全市农业技术推广体系基本形成。

领导班子成员

党委书记
局　　长　张千里
党委副书记
纪委书记　王兰芬

副　局　长　张光伟　郑宝贵
　　　　　　吴剑松　张海波
　　　　　　宋彦斌　朴丽芬
总工程师　郝记栓

（陈吉华　蒋晓丽）

【保定市南水北调办公室】　为保定市南水北调工程建设委员会的办事机构，是保定市人民政府负责指导、协调、督促、检查辖区内南水北调工作的职能部门，是参照公务员管理的正县级全额拨款事业单位。内设综合处、计划财务处、设计环境处、征迁安置处、建设管理处五个处室。主要职责是配合国家和省做好南水北调中线主体工程建设的协调和服务工作；组织实施征地拆迁、移民安置；牵头组织保定市受水区配套工程的规划设计、资金筹措、建设实施等。

【概况】　2008年，开展“四查四解决”、“五倡导五整治”活动，实现“两个提高”。实现奥运安保全面胜利，征迁安置稳步推进，配套前期积极有序，应急供水安全运行等多项成果。被国务院南水北调办公室评为“全国南水北调征地移民工作先进单位”，被市委评为“奥运安保先进单位”。

【总干渠征迁安置稳步推进】　南水北调中线主体工程建成，启动了临时占地复垦、连接路建设和专项设施迁建恢复工作。截至年底，项目部共退还全市临时占地9370亩，其中5904亩需要复垦，已全部完成退垦任务交还群众。沿线连接路建设已全部贯通，能够基本满足当地群众出行。占压的市属以下专项设施420处已全部完成迁建，占压的省属以上大型专项设施10处已全部完成迁建。在总干渠二次征地中电力迁建完成86处、通信线路迁建完成79处。

【配套工程前期工作进展突出】　根据河北省南水北调配套工程规划修改情况对市配套工程规划进行了相应修改。按照省南水北调办公室确定的“分期实施、分级负责”的原则，确定市配套工程分期实施的目标。完成各供水目标输水管线的测量工作和一期建设项目可行性研究阶段的地质勘探及管线建筑物的布置工作，编制可研报告。白洋淀生态补水方案列入全省南水北调配套工程一期建设项目，编制白洋淀生态补水方案设计。完成农村不安全饮水村供水工程规划、永久和临时占地投资、新增加供水目标供水工程规划、水资源联合调度等工作。对总干渠两侧的建设项目进行了改造，化解了总干渠水源保护和当地经济发展之间的矛盾，确保了总干渠水质安全。

【全力做好向北京应急供水】　9月18日始，河北省的黄壁庄水库和王快水库负责向北京应急供水。市南水北调办公室成立临时通水工作领导小组，组成了突发事件应急处置、安全保卫督查、征迁工作督导、后勤保障四个工作组。督促各县（市）加大征迁安置后续工作力度，协调解决沿线各类矛盾，防止各种破坏行为发生。组织472人成立了应急通水安全保卫队伍，统一佩戴“临时通水安全员”红袖标上岗巡视值勤。每三公里配备一顶值勤越冬帐篷，统一购置了救生简易设施。制定并印发了《保定市应急供水期间安全保卫工作方案》和《突发事件应急处置响应预案》，整个供水期间，市170公里渠线基本运行平稳。

【规范管理征迁资金安全】　对征迁安置财务档案的整理保管在全市进行了统一规范要求，确定各县（市）对村后期资金监管的统一工作步骤，规范9县（市）临时占地复垦和连接路建设项目的基础工作。完成9县（市）应急通水资金科目的统一规范设置工作及总干渠征迁安置资金、建设环境协调费、沙河干渠连接段工程资金、配套工程前期工作经费的收拨工作。配合国务院南水北调办、省调办完成了南水北调征迁安置资金的审计检查工作。

【优化南水北调舆论环境】　先后在《中国水利报》刊发专版1期，《保定日报》、《保定晚报》等报道10余篇，编写工作简报20余期，专报1期新闻稿件10余篇；配合省办完成《碧水情深》图册，拍摄南水北调保定段工作纪实影片；印发《南水北调京石段建成通水宣传口径》、《南水北调京石段建成通水宣传提纲》；发放《应急供水安全宣传册》近4000册；宣传单万余份。联合教育部门向学生发放告家长通知书数万份。

领导班子成员

主　　任　朴丽芬（11月任）

（郝红梅）

【西大洋水库管理处】　西大洋水库管理处位于唐县境内。主要任务是防汛、工程管理、水源地管理、城市供水、工业供水及农业灌溉。2008年内设党委办公室、行政办公室、人事科、监察室、工程管理科、财务科、机电科、派出所、老干部组、综合经营科、水源地办公室、水政大队等19个科室。

【概况】　西大洋水库地处海河流域大清河系南支唐河的出山口

处，控制唐河全部山区流域面积4420平方公里，现有防洪标准为两千年一遇。总库容11.37亿立方米，为大（Ⅰ）型水库。唐河发源于山西省浑源县抢风岭，河道全长273公里，经定州市、望都县、清苑县入白洋淀。枢纽工程由一座主坝（全长1799.55米）、4座副坝（全长2794.3米）、正常溢洪道、固定口门式非常溢洪道、泄洪洞、输水洞及电站组成。配套工程有总干渠一条长40.78公里，干支、斗渠共417条，总长523.70公里，建有闸、涵、桥、泵站、水电站等各类建筑物2938座。2008年是连续干旱的第十一个年头，全年入库水量2.47亿立方米，最大入库流量为60.08立方米/秒，年平均入库流量3.263立方米/秒，年最高库水位128.99米，最低库水位120.85米，最大库容2.381亿立方米。

【加固工程进展顺利】 2005年6月，除险加固工程开始，截至2008年底，完成正常溢洪道建设及主坝148.3米高程以下填筑工程。溢洪道液压启闭机、闸门及电气设备安装、泄洪洞进口启闭机室启闭机、闸门安装等工程、泄洪洞出口启闭机出口弧形闸门安装等完成并投入使用。

【加大水源地保护力度】 3月，承担了王快水库——大西洋水库补水抽水泵站管理使用。行水期110天，补水1000多万立方米，水库水质稳定保持在国家二级水平。宣传《水法》、《水污染防治法》、《渔业法》等法律法规，提高库区周边村民护水意识。加强监督、监察力度，对重点任务、重点目标下达责任书，实行全方位跟踪检查、督办。实行水质督查日报制度。遏制在库区旅游、垂钓、游泳、排污、放牧、非法捕捞及污染水质安全行为。全年累计在库区内放流花白鲢鱼苗六千斤，投放公鱼卵二亿多粒。在田家坎、库区周边植树造林，恢复植被。出动劳动力2256工日，栽种、修剪各类树木54800余株。年内向保定市安全供水0.5309亿立方米，向国华定洲电厂年供水0.1242亿立方米。

【节水灌溉效果明显】 年内水资源日益匮乏，供求矛盾突出，调整灌溉管理的指导思想，确定最佳灌溉时机，集中供水，推行总干配水和支斗渠量水制度，实行以量计征的用水管理办法。全年只灌溉2次，渠首引水量4090万立方米，灌溉面积6.2万亩次。最大限度地减少了农业用水量，防止水质恶化，维护水源洁净，确保保定市民饮水安全。

【安全度汛】 做好工程维护、大坝观测工作，把观测资料及时分析整编和归档。对重点部位进行了砌石、灌浆处理，及时消除了工程隐患，确保了工程完好和安全度汛。先后4次组织有关科室对大坝、总干渠工程建筑物进行了检查，发现问题现场制定整改方案，限期进行修复和处理。坚持“4224”防汛值班制度，确保安全度汛。

领导班子成员

主　　任　李士贤

副 主 任　韩同振　刘建国

刘宏楼

（刘宏楼　刘　欣）

【王快水库管理处】 王快水库管理处为副县级差补事业单位，归口保定市水利局领导，管理处内设党办、政办、财务、人事、工管等11个科室，下设曲阳一、二、三，定州、安国、博野、蠡县等7个基层灌溉管理所，现有干部职工415人（包括118名离退休人员）

【概况】 位于海河流域大清河水系南支沙河上游，坝址在曲阳县党城乡郑家庄村西。水库控制流域面积3770平方公里，是一座以防洪为主兼灌溉发电的大（Ⅰ）型水利枢纽工程，包括：拦河坝、溢洪道、泄洪洞及电站。拦河坝系粘土斜墙坝，坝顶高程为215.5米，最大坝高62.5米，坝顶宽7米，长1281米。溢洪道进口段为驼峰堰，共8孔，单孔净宽15米，最大泄水流量21490立方米每秒。泄洪洞长277米，洞径4.5米，最大泄流量311立方米每秒。电站位于河床右岸，洞长255米，最大引水流量59.5立方米每秒，装机三台，总装机容量2.35万千瓦。年内水库蓄水7亿立方米，创历史之最。下设沙河灌区，是全国大Ⅰ型灌区，有效灌溉面积76万亩，灌区在王快水库下游9公里处建有渠首进水闸、退水闸和砼溢流坝等枢纽工程。总干渠全长103.14公里，2000年又修建了“王大”引水工程，全长32公里，上游曲阳段引水流量80～100立方米每秒，中游定州、安国、博野段40～60立方米每秒，下游蠡县及保沧界段引水25立方米每秒。总干渠下设31条干渠，全长364公里，有各类建筑物953座，灌区主要职能是灌溉供水和防洪排涝。

【保证城市促供水】 给西大洋补水，保证保定市区供水安全是2008年王快水库一艰巨任务。从2月13日到5月，近百名职工护水巡渠，调水测流，一丝不苟，苦战百日，完成了市政府下达的4300万立方米补水任务，保障了保定市区用水安全。

【加强管护】 29届奥运会在北京召开，王快水库被确定为北京备用水源地，安保任务艰巨，护水责任重大。水库采取四项措施加强管护。在水库周围，渠道两边，增设安全警示牌98块，出动宣传车沿库区宣传两周，下发宣传材料15000份。在上坝路中游搭设帐篷，设禁上库栏杆，16人昼夜24小时值班；投资5万元，修筑6个上坝围堵墙，架设1200米铁丝网；水政执法大队人员昼夜不间断在水面巡护，阻止乱捞乱捕，配合环保部门每天两次水质监测；由曲、阜两县公安、水利、环保和有关乡、镇、水库80多人协调联动，依法清理采砂船100余艘，同时封闭了库区周围多处采砂、矿厂。在水库方面安排8人对大坝、溢洪道、泄洪洞严防死守、重点看护；组成18人巡逻队对大坝工程昼夜巡护。在灌区方面对100多公里的渠道以所为界，按人分段，昼夜巡护。对担负北京输水的总干渠南水北调31公里的连接段工程的40余座桥、闸、涵，搭设20个帐篷，80余人昼夜看护。水库工程未出任何问题，水质始终保持在一、二类之间。被上级授予奥保先进单位，3人被评为先进个人。

【工程建设得到加强】 配合南水北调完成投资6000余万元的沙河干渠连接段工程施工；完成灌区600万元的四期节水改造工程项目。编制上报了灌区6000多万元的末级渠道更新改造项目。

领导班子成员

党委书记 主任 张大鹏（10月离任）
党委委员 副主任 蔡翔涛（10月主持全面工作）
党委委员 副主任 韩国敏（退二线）
党委委员 副主任 刘正龙

（葛进昌　蔡贵胜）

【安格庄水库管理处】 为副县级差额补贴事业单位，归属保定市水利局。

【概况】 2008年供灌溉用水3681万立方米，灌溉面积8万亩。发电277万度。经营创收86万元。工程设施完好率达到96%以上。

【加强安全生产工作】 对水库、灌区的所有工程设施、生产生活设施进行了多次检查，发现安全隐患及时处理解决。对影响防汛工作的一些工程和生活设施进行了维修，各科、室、所落实责任制，做到一级抓一级、层层抓落实，一年中没有发生一起安全事故。

【加强工程管理】 5月中旬，处领导、防汛委员、工程技术人员对大坝、溢洪道、输水洞、所有闸门启闭设施、备用电源等进行检查和试运行。6月上旬，对供电线路进行检修并对老化线路进行更换、清理了树障，对防汛物料进行了清点，造册登记。落实“三、二、二、四”防汛值班制度，保证了防汛值班24小时不断岗，为信息及时准确传达提供了可靠保障。

领导班子成员

书记 主任 贾亮君
副主任 任嘉祥　李锁成　李玉

（冯亚辉）

【龙门水库管理处】 位于保定市满城县白龙乡东龙门村，隶属于保定市水利局，为副县级差额事业单位，内设办公室、工程科、纪检监察室、财务科、渠道科、治安派出所、水政监察大队、渔政站和多种经营科等9个科室。在职职工64人：管理人员13人，专业技术人员18人，工勤人员33人，其中大专以上学历人员19人，中级职称人员7人，初级职称人员13人；年末离退休总人数为43人。

【概况】 该水利枢纽工程包括主坝一座，长539米，最大坝高40.5米，付坝四座全长2237米，除十八坡付坝高程为131米外，其他坝顶高程均为131.7米，泄洪闸全长96米，设8孔闸门，堰顶高程为120米，净宽80米，百年一遇洪水设计，两千年一遇洪水校核。控制流域面积470平方千米，占漕河总流域面积的59%，总库容1.267亿立方米。

完成了事业单位岗位设置工作，共设岗65个（不含政工系列），其中专业技术岗位17个，工勤技能岗位34个。加强工程监测及洪水预报，落实“4224”值班要求，做好防汛工作。完成全年的坝体位移和水位观测工作，对各种观测数据进行了整理汇编。重点对十八坡泄洪闸、闸门远程监控系统、气象卫星云图系统、防汛网络系统和报汛系统的设备进行了维修养护。更换遭雷击而毁坏的供电变压器。

领导班子成员

党委书记 主任 贾爱成
副主任 李军良　穆文才

（安玉兰）

电　力

【保定供电公司】 保定供电公

司是隶属河北省电力公司的国家特大型供电企业，担负着保定市26个县（市、区）的供电任务，供电面积22109平方公里，服务人口约1100万。公司下设18个职能部门，12个生产工区。公司系统共有员工2.3万人。110千伏及以上变电站105座，变电总容量12306.5兆伏安，其中220千伏变电站20座，主变容量6390兆伏安，110千伏变电站85座，主变容量5956.5兆伏安。110千伏及以上输电线路221条3623.46千米，其中500千伏线路6条714千米，220千伏线路50条1388.15千米，110千伏线路172条2277.48千米。2008年，公司荣获国家电网奥运电力保障先进集体、国家电网公司抗冰抢险功勋集体、河北省、保定市奥运工作先进集体、“全国文明单位”、“全国改革开放30年企业文化建设优秀单位”、“全国企业文化建设优秀单位”、“河北省企业文化建设先进单位”、保定市先进基层党组织、保定市党风廉政教育实绩突出单位等多项荣誉。公司班子被评为省公司“四好班子”，公司荣获省公司“创建四好班子先进集体”称号。在保定市民主评议行风测评中，公司系统全部夺得第一名。

【概况】 2008年，公司售电量完成159.33亿千瓦时，同比增长2.27%。公司系统没有发生人身事故和重大电网、设备、交通、火灾事故，完成了三个“百日安全长周期”。

【完成奥运保电工作】 奥运保电要求之严、标准之高、范围之广、持续时间之长，前所未有。公司直接担负保电任务的6条500千伏线路，输送电量占首都用电量的三分之一以上，且涉及奥运场馆用电。另有6条220千伏线路、2座220千伏变电站担负供电支援任务。上述线路共涉及7个县，共有铁塔2267基，点多、线长、面广，责任县全体动员，其他县公司共出动1500余人，全力支援。出动地方护电人员万余人，看护犬2200条。近百天时间，公司系统2万余名员工坚守岗位，巡视线路累计行程53万公里，清除线下违章树木10万余棵；抢修人员共出动3089人次，处理故障1159次；公司调用车辆307辆，出动31500台次，行驶254万公里。河北省政府、国网公司、市政府、省公司对公司奥运保电工作给予了高度评价。中央电视台、新华社、河北电视台等20家媒体进行了多方位报道。

【安全生产保持良好局面】 主业车间支部书记全部进入安委会，强化“同岗同责”意识。加强安全监督体系建设，推行派驻安全监察师垂直管理机制。全面开展职业安全健康管理体系建设，落实风险控制措施，提高员工的风险辨识和防控能力。开展现场安全审核，规范标准化作业，扎实开展安全日、隐患排查、安全生产月、安全事故回头看等各种专项活动。建立护电长效机制，开展电力设施隐患排查治理活动，确保电网安全稳定运行。克服异常天气多、电网运行外部环境差、老旧设备较多等困难，安全生产保持良好局面。

【电网建设有序推进】 落实市政府《关于加快保定市“十一五”电网建设的实施意见》，市政府与各县市区签订了电网建设责任书，110千伏及以上电网建设项目均纳入了政府重点工程。创新措施，加强与各级政府、各部门的协调配合，加大工作力度，解决一批遗留老大难问题，克服诸多困题，超额完成了电网建设里程碑计划。年内电网建设完成投资8.5亿元，新建、续建110千伏及以上项目33项，投运16项，投运主变容量168万千伏安，线路331.8公里。完成配网建设与改造工程42项，新建、改造架空线路102公里，电缆52.77公里。实施“科技强网”战略，创新型企业建设成果显著，1项科技成果获中国电力科学技术奖二等奖，4项科技成果获省公司2007年度科技成果奖，取得11项专利申请号（其中发明专利1项），获得专利授权8项，填补了公司专利空白。

【标准化建设深入推进】 员工围绕实际工作，提出保障现场和作业安全好方法，涌现创新成果669项，其中29项得到省公司推广。公司标准化工作在省公司系统处于领先水平，蠡祁监控中心被省公司确定为学习实践科学发展观活动实践基地，山西、天津、重庆等地兄弟单位到公司调研学习80场次，共计2200人次。6月4日，国家电网公司基层标准化建设现场经验交流会在公司召开，对公司标准化建设工作给予高度评价。

【优质服务水平进一步提高】 以保定市开展“蓝天行动”为契机，宣传电力绿色能源的优点，推广蓄能、热泵技术；科学组织，周密实施，完成户表改造、一般工商业卡表推广、标准化台区改造及台区集抄系统建设等营销专项工程，提高低压售电比重、营销管理技术手段的应用水平和低压台区的设备运行水平；创建“保供客服标准化管理体系”，制定优质服务十项新措施，持续提升优质服务水平；简化业扩流程，超前了解市重点工程项目用电需求，为重要用户开辟“绿色通道”，组建50个便民服务小分队，建立8个社区流动服务示范站；筹建公司营业收费网点，已建成超市收费网点6个，改造装修营业厅1个，扩展客户缴费渠道。

【农电取得新发展】 加强新农村电气化建设，完成12个电气化乡、221个电气化村建设；加快“户户持卡”改造，新增“户户持卡”机井2.5万眼。

领导班子成员

经　　理　李晓辉
党委书记　闫晓丁
吉达电力集团公司董事长　贾革新
副 经 理　荆　宇　唐　勇　宋天民　周爱国
党委副书记
纪委书记　孙　浩
工会主席　任玉池
总会计师　刘海涛
总工程师　张继刚

（李彦辉　郑　慧）

交通·邮政·电信

铁　　路

【保定火车站】　隶属北京铁路局北京车务段管辖，是全国铁路一等站。按业务性质为客货运站，按技术性质为区段站。有客运、运转、货场、清苑货场和满城站5个运输生产部门。一线生产班组62个。设站长、站党总支书记各1人，副站长3人，站工会主席1人。在职职工968人。

【概况】　保定站管辖北站（客运站）、南站（货物列车技术作业站）、3个货场（南货场、清苑货场、刘守庙东货场）、1条支线（保定—神星）。全站线路189条，总延长181.6公里。担当保定市区及22个县（市）旅客和货物的铁路运输及区段、摘挂列车的编解任务。有站管专用线35条。主要生产设备：各式门桥吊6台、装卸叉式车30台，配属调车机4台、行包牵引车7台。客运站台3个、候车室2个、售票厅和软席候车室各1个。

2008年完成旅客发送458.57万人，货物发送94.07万吨，装车17183车，卸车68365车。运输收入36951.97万元，是年计划的103.64%。实现了第11个安全年。

河北省服务行业评比中，荣获“服务系统文明单位”和“窗口行业三星级单位”等荣誉称号。荣获市环保局命名的“绿色机关”称号。客运和货场保持路局级“文明客运站”和铁道部“星级货场”称号。

（张　翔）

公路交通

【保定市交通局】　保定市交通局是市政府主管全市公路、水路的重要职能部门，担负着交通建设、规费征收、运政管理、运输生产等任务，管辖全市22个县（市）的交通业务工作。交通局机关设10个职能处室，行政编制56名，设局长1名、副局长5名，纪检书记1名，总工程师1名，科级职数19名。下辖事业单位42个、编制4494人，直属企业10个、约1940人。2008年被交通部评为“全国交通行业精神文明建设先进集体”。全系统涌现出国家级精神文明先进单位1个，省级文明单位21个，市级文明单位26个。

【概况】　2008年计划投资63亿元，实际完成68.6亿元，完成年计划的108.9%，其中高速公路建设完成投资53亿元；高速公路连接线完成投资6.5亿元，完成年计划的100%；农村公路完成投资3.9亿元，完成年计划的130%，建设里程898公里，超额完成年度计划。干线公路大中修投资3.5亿元，完成年计划的233%。全年完成客运量9542万人次、客运周转量完成919560万人公里、货运量完成8937万吨、货运周转量完成926649万吨公里，分别为年计划111%、108%、104%、116%；积极推进城乡公共客运发展，新增、调整公交线路5条，新购置68部天然气公交车全部投入运营。交通规费征收突破15亿大关，完成汽车养路费8.7亿元、拖拉机养路费1581万元、通行费5.4亿元、运管费5800万元、客票附加费2309万元、货运附加费3539万元。截至目前，全市通车总里程达到17293公里，其中国道7条1033公里，省道42条1739公里，农村公路14521公里，全市基本实现村村通油（水泥）路，公路密度达到78.2公里/百平方公里。

【组建保定市天合交通发展集团有限公司】 根据市委、市政府组建企业集团的决定，拓宽交通建设投融资渠道，理顺交通系统内部管理体制，整合现有资产、资源、资金、资本，确保国有“四资”保值增值，市交通局组建成立保定市天合交通发展集团有限公司。交通集团的成立，将促进以重点工程带动全局发展，加快市“三纵六横一环”高速公路网建设，促进交通系统在新的历史条件下更好地服务于区域发展，城乡发展，进推动全市经济社会的快速、健康、协调、可持续发展。

【成立保定市出租汽车行业协会】

12月成立保定市出租汽车行业协会。通过协会，将积极引导出租汽车行业健康稳定发展，发挥协会在政府部门和出租汽车企业及经营者之间的桥梁和纽带作用，维护出租汽车行业及经营者的正当权益，切实加强行业人员的规范管理和职业道德教育，自我管理和自我教育达到提高整体形象，提高市场竞争力的作用，发挥“窗口”行业的作用。

【张涿高速公路保定段举行奠基仪式】 张涿高速保定段估算总投资为77.374亿元。主线全长72.382公里，连接线全长54.093公里，采用双向四车道，设计时速为100公里/小时，路基宽度设置为26米标准建设。全线共设置大桥28座，总长10630米；中桥8座，总长586米；小桥15座，总长189米；涵洞48道。全线共设置特长隧道2座，总长6610米；长隧道7座，总长12790米（其中与张家口交界处设1700米长隧道1座，保定段长1520米），中隧道7座，总长5280米。短隧道5座，总长1190米。全线设分离立交2处，与乡村道路交叉设置通道23处。本工程涉及涿州、涞水2个县（市）8个乡（镇）43个行政村，共占用土地470.0399公顷（主线用地413.7066公顷，连接线用地56.3333公顷）。2008年12月开工，计划2011年12月建成通车。

【张石高速公路保定段一期工程（涞水至曲阳段）及密涿支线竣工通车】 张石高速公路保定段一期工程（涞水至曲阳段）及密涿支线全长161.5公里，概算总投资93.6亿元。其中张石高速公路一期（涞水至曲阳段）全长135.6公里，概算总投资81.78亿元，途经涞水、易县、定兴、徐水、满城、顺平、唐县、曲阳8个县，全线共设互通式立交12座，特大桥3座3858延米，大中桥84座10281延米，隧道2座827米，设计标准为平原微丘区六车道，设计车速为120公里/小时，采用整体式路基，路基宽34.5米；密涿支线全长25.9公里，概算总投资11.8亿元，途经涞水、高碑店、涿州3个县（市），设计标准为平原微丘区四车道。

该工程2006年9月开工建设，2008年11月竣工通车。这也是保定市作业主建设的第一条高速公路，项目通车后，通过与张石高速公路石家庄段、张家口段的连接形成河北省中西部地区南北纵向高速通道，并通过与密涿、保阜、荣乌、保沧高速相连接，形成保定市布局合理的高速公路网络，对区域交通运输快速发展、拉动区域经济发展具有十分重要的意义。

【保定电谷立交桥开工建设】

保定电谷立交桥位于张石高速保定连接线与北三环交叉处，南连乐凯大街北延、北接张石高速保定连接线，立交桥为部分定向的苜蓿叶形互通式立交，主线桥长240米，引道桥两座长228米。该项目估算投资1.45亿元，2008年7月开工建设，计划2009年竣工通车。该立交桥的建设，将有助于进一步优化保定路网布局，构建“一环、二线、三立交”城市快捷路网，缓解市区交通压力，提高道路通行能力，完善城市功能，有效提升城市品位，改善城市形象和投资环境。

【全国交通运输系统人才工作座谈会在保定召开】 11月3日至4日，全国交通运输系统人才工作座谈会在保定召开，交通运输部徐祖远副部长、人事劳动司何捷司长，河北省政府曹汝涛副秘书长，保定市政府李国英副市长等有关领导出席会议，各省、自治区、直辖市交通厅（局、委），新疆生产建设兵团交通局，部分中央管理的大型交通企业和交通院校以及部属单位人事处长共计130余人参加会议。会议通报了全国交通行业和部属事业单位岗位设置管理工作情况，并就高层次人才队伍建设和交通人才管理信息系统两个课题研究内容，研讨进一步加强交通行业高层次人才队伍建设的意见和建议。

领导班子成员

党委书记 局长	李正群
党委副书记 副局长	杜小铁
党委委员 副局长	宋海振（10月调入，正县）
	李泉海　刘英杰 张树林

党委委员
纪检书记 方永明
党委委员
总工程师 吴刊峰

（郝 琰）

公路运输

【河北保定交通运输集团】

【概况】 2008年实现客货周转量196945千吨公里，收入总额76310万元，与上年同期相比增加7206万元；上交利税2411万元，与上年同期相比增加290万元。保定汽车总站郭娜陆地航空班，2月获得2007年度河北省交通系统“职工先锋号”称号，3月荣获“河北省十佳巾帼文明岗”荣誉称号、被全国妇联授予“全国三八红旗集体”称号，5月荣获全国总工会“工人先锋号”称号，3月8日和6月30日分别在央视一套和保定市十大道德模范表彰会上一展风采。3月保定汽车总站荣获河北省站务管理工作先进单位。5月保定汽车总站售票班荣获全国总工会“工人先锋号”称号。6月保定汽车总站工会荣获河北省“模范职工之家”称号。9月保运集团荣获“河北省诚信企业”称号、11月荣获改革开放30年全国企业文化优秀单位称号、12月荣获中共河北省委“思想政治工作先进集体”称号、被省企业联合会授予“2008年度河北省明星企业”称号。拾金不昧典型事例40余起，收到表扬信件3000余封（条），锦旗镜匾40余面（块）。

【奥运安保贡献突出】 围绕“平安奥运”的总目标，逐级分工负责，疏控并举，点面结合，重点加强，全力维护稳定。奥运会期间出动警力和社会力量共3440余人次，设出市卡点31个，盘查可疑人员2196人，劝返246人，成功拦截进京上访23起87人，拦截“法轮功”分子5人；盘查可疑车辆296辆，劝返38辆；清理出租房屋46户；收缴仿真枪8支，管制刀具654把；抓获网上逃犯3名，取得“双清”战果。实行每车一名安检员制度，加大乘客上车开包检查力度，有力杜绝了“三品”上车。共安检旅客300多万人次，检查行包327万件，查收鞭炮6000响，查获大量的易燃易爆危险品：燃油69斤，打火机气体罐13579个，酒精256斤、油漆110斤、可疑粉状物1789斤。落实“七防”工作制度，组织消防安全保卫工作联查4次，各基层单位也按要求进行了240多次的隐患排查自查自纠活动。共查客运班车3600部次，检查消防设施、器材达7000余件，查出隐患6起，对2起不能立即纠正的下达了限期整改通知书，并按要求进行了整改后的合格验收。其余4起已当场予以纠正。更新灭火器426具；维修969具；更新消防水带120米，消防设施器材共投资7万多元。消防灭火演练6次。按省交通厅统一部署，集团公司从一、五、九公司、阳光旅游公司抽调车辆，严格筛选人员，组建奥运志愿者服务车队赴京服务奥运。在服务奥运的40多天中，奥运服务车队22部车累计行驶36935公里，发班918个班次，接送学校志愿者41000人次。中国人民大学和北京第二外国语学院分别赠送了锦旗，对保运集团北京奥运服务车队给予表扬。奥运安保工作得到市委、市政府的充分肯定和高度评价，被评为市奥运安保先进集体，6名同志被授予市“奥运安保先进个人”称号。

【为地震灾区献爱心】 5月12日四川汶川大地震后，集团公司领导班子立即召开专门会议，对抗震救灾工作进行紧急动员部署，15个小时中，首批捐款近26万元。缴纳特殊党费20多万元，缴纳特殊团费9480元，工会会员共计捐款4000元，22名市级以上劳模捐款7950元。在市组织的“同一颗心，同一份爱”抗震救灾大型募捐现场捐款200万元。根据市委、市政府指示两次派出车辆赶往灾区。5月16日晚11点，紧急派出两部大型货车，装载1万条棉被、棉衣裤，赶赴灾区。5月27日下午2时8名驾驶员立下军令状，驾驶4部豪华大客车运送200名抗震救灾援建队员赶赴灾区，于28日晚8时安全抵达四川崇州市，圆满完成任务。

【发挥监控系统作用】 利用先进科技手段，采用GPS定位技术和行车记录仪，实时记录并传输车辆所在位置、行驶路线、速度等情况，强化实时跟踪管理，降车速保安全，有效地控制安全“四率”指标。利用GPS监控网络，对运营车辆实行全程服务质量跟踪监控，有效预防兜客、卖客、站外揽客等违法经营行为的发生，规范了客运市场秩序。1264余部车均安装GPS系统，其他车辆继续安装。

【确保“四率”得到有效控制】 “安全第一，预防为主”，齐抓共管强化安全，将安全“四率”指标控制在部颁一级客运经营资质企业的标准范围之内。安全四率分别为：事故率0.7起/百万车公里；伤人率0.3人/百万车公里；亡人率0.05人/百万车公里；经损率1.6万元/百万车公里。省交通厅授予集团公司“河北省交通系统安全生产先进单位”的光荣称号。

【优化汽车站资产配置】 合理利用资金用于县站基础设施建设，优化汽车站资产配置，站容站貌得到彻底改观，站务设备设施不断更新，服务功能得到完善，16个县站被审定为国家二级汽车站。协助解决高阳、博野、安国、蠡县等选址工作。对已建好的白沟、雄县、野北三个站则积极做好站务设施的添置和完善工作，做好新站使用工作。雄县、野北两站将于近期正式启用，白沟站2009年“五一”前启用，高阳站2009年下半年也将动工兴建。为17个县站全部配备了安检机，配备手持售票机36台，7个县站安装监控系统，9个县站实现微机售检票一体化。

【开展质量管理活动】 全省“2008年度质量管理成果发布会”，共有来自交通系统85个“QC小组”现场发布，集团公司7个小组“QC成果”的发布均取得好成绩。保定汽车总站“郭娜陆地航空班”和“开发统计结算微机程序”QC小组双获两个会场第一名，其余5个小组均在前五名之列。小组全部荣获“2008年度河北省交通系统优秀质量管理小组”，九公司“保运快客”、保定总站“郭娜陆地航空班”、五公司“客运管理”QC小组荣获了“全国优秀质量管理小组”称号，集团公司被评为“全国交通行业质量管理优秀企业”。

【开展企业职工劳动竞赛】 开展职工劳动竞赛，促进企业快速发展。企业经济效益得到了提升。工会结合企业生产实际，制订评选先进集体和先进个人的条件和标准，要求基层各级工会组织广泛开展宣传，自下而上层层推荐，最终评选出5个先进单位、5个先进汽车站、55个先进班组、104名先进个人进行了表彰奖励。9月开展首届司、乘、站、修、微机职工岗位技能大赛。九公司、保定汽车总站、三公司分获团体总分前三名。

领导班子成员

董事长
党委书记　张　生
总经理
党委副书记　王陵江
副董事长　魏成华　解绍平
　肖荣彦
纪检书记　张学忠
工会主席　侯泉禄
副总经理　李　力　张　宇
总经理助理　王　冀　刘　俊
　梁玉民　李淑珍

（田梦波）

邮　政

【保定市邮政局】 保定市邮政局于1998年挂牌成立，下辖22个县（市）局。3月28日，中国邮政储蓄银行保定市分行成立。

【概况】 2008年全年完成业务收入3.64亿元。先后获得“省级文明单位”、“思想政治工作先进单位”，“工作实绩突出单位”、“民主评议优秀单位”、“便民利民杯优胜单位”、“全市抗震救灾优秀基层党组织”等多项荣誉称号。到目前，全市邮政系统省级文明单位达到10个，文明单位覆盖率达100%。

【改善环境】 发挥监督监察机构职能作用，企业内外部环境不断优化。强化合同管理、规范企业依法经营。协助省管局严格执法，维护邮政市场秩序，对邮政用品用具生产监制、速递安全生产、邮件安全寄递等问题加大监督检查。全市邮政系统广泛开展“建精品窗口，创优质服务”活动，建立不同层次的示范点，以点带面，提升邮政窗口服务水平。征求意见，接受社会监督，全年受理来电来访146件，其中投诉66件，建议2件，咨询32件，已全部妥善处理，邮政社会满意度达94.54分。全年受理信访举报4件，案件查结率100%。

【深化改革】 推进县（市）支行组建工作，7月11日，全市22个县（市）支行和122个一、二类支行全部组建完毕。推进专业化经营。继速递专业市县一体化经营取得较好成效后，实行函件专业市县一体化经营管理，成立了县（市）局函件业务部，明确发展目标和工作职责，推动了函件业务的发展。实施薪酬体制改革。根据集团公司薪酬制度改革方案和省公司制定的市、县局分类办法，经反复研究论证，建立保定市邮政企业岗位职级体系，按照新的工资标准和套入办法，对在岗职工工资进行了套入和测算。

【科技兴邮】 加大基础设施和通信网络建设，加快科技向生产力的转化，提升窗口服务水平，提高服务能力和运营效率。先后对7处重点营业网点和19处农村网点进行装修改造，新建、扩建营业网点6个，新开电子化支局4个，新增储蓄台席54个，提高营业网点的服务水平。加大邮政投递网的改造力度，完成市区新组建的高新区、北市区、南市区三个投递局和原有两个投递局的改造工程，并对市区180个投递段进行重新组划，减少二次分发作业量，保证投递时限。配合省公司顺利完成了负载均衡系统上线、绿卡通测试上线、储蓄主机切换及事后、会计终端更换以及会计系统上收工作；完成市局航空客票系统上线、速递综合信息处理系统二期工程上线及一、二类储蓄网点的身份证核查设备安装工作；开发速递、储蓄等生产部门特殊业务处理软件和企业信息化管理平台，解决机关、生产部门的实际困难，为企业发展提供了强有力的技术支撑。

附：2008年邮政要事

一、2008年1月23日，保定局召开第十次工作会议。王凤起局长代表市局党委做了工作报告，认真总结了过去一年来的邮政各项工作，全面部署了2008年工作任务。

二、2008年3月12日，保定局荣获“保定市2007年度纪检监察系统实绩突出单位”荣誉称号，并已连续四年获此殊荣。

三、2008年3月20日，在中国邮政集团公司“2007年全国函件业务发展百强县推荐评比”活动中，涿州局函件业务收入位列第55位，成为保定市唯一进入全国函件业务百强的县局。

四、2008年3月21日，保定局保卫部被河北省公安厅授予“全省金融系统安全保卫工作集体三等功”，连续两年获此殊荣；唐县局、安国局保卫科被授予“全省金融系统安全保卫工作先进集体”。

五、2008年3月28日，中国邮政储蓄银行保定市分行成立。河北省邮政公司副总经理米荣珍，中国邮政储蓄银行河北省分行副行长刘存亮，保定市政府副市长李江舟及保定局领导出席揭牌仪式并讲话。

六、2008年4月21日，在《2008中华全国新人新作集邮展览》上，保定邮协选送的《晋察冀边区税票》、《“文”字邮票》、《河北政区沿革》分获一、二、三等奖。

七、2008年5月9日，中国邮政储蓄银行保定分行正式对外开办公司业务，这是邮储银行迈向全功能银行的重要一步。

八、2008年5月14日，市局机关、生产科室全体干部职工自发组织了“众志成城，灾区人民需要我们”的抗震救灾捐款活动，捐款累计28622元。同时，各县局也纷纷组织了向灾区捐款活动。

九、2008年6月11日，保定局召开了全市邮政部门纪检监察工作会议。李怀忠副书记作了《以党的十七大精神为指导，深入推进党风廉政建设和反腐败工作》的报告，回顾了2007年全局党风廉政建设和反腐败工作，重点安排部署2008年主要工作。

十、2008年6月30日，保定局召开了纪念建党87周年暨“两先一优”表彰大会，号召全体党员继承和弘扬光荣革命传统，与时俱进，开拓创新，为全面完成全年各项任务目标做出新的贡献。

十一、2008年7月11日，在保定邮政局和市邮政储蓄分行的共同努力下，全市22个县（市）支行和122个一、二类支行全部组建完毕。

十二、2008年8月24日，保定局销售和预订“第29届奥林匹克运动会闭幕式纪念邮票”收入达7万余元。

十三、2008年9月8日，保定局“家乡包裹”礼品超市开业。通过为古城人民提供“产品销售+免费邮寄”的服务模式，又一次拓宽了邮政服务领域。

十四、2008年10月9日，保定市邮政局、中国邮政储蓄银行保定市分行围绕“世界邮政网，网络连天下”的宣传主题，举办系列活动热烈庆祝第39届世界邮政日，在保定育德会馆和东风西路邮政支局门前分别设置会场，以“纪念第39届世界邮政日暨邮政业务推介会”和现场“邮政业务宣传推介服务监督咨询”活动两种形式来展现现代邮政企业新形象。

十五、2008年11月5日，河北省邮电管理局安贺功副局长一行四人到保定局进行调研，保定市政府副秘书长张瑛琪、市邮政局王凤起局长、李怀忠副局长及相关人员共同参加了调研会并进行了座谈。

十六、2008年11月14日，保定市2009年度重点党报党刊工作会议召开，全面部署全市2009年度重点党报党刊发行工作。

十七、2008年12月11日，保定局和市教育局联合举办的第六届“邮政杯”青少年书信文化和邮票设计大赛活动圆满落下帷幕，全市400余所中小学校踊跃参加，共收到参赛作品58.2万件。

十八、2008年12月29日，在2006－2007年度文明单位评比中，保定邮政系统获得省级文明单位10个、市级11个、县级2个，文明单位覆盖率达到100%。其中市局、涿州、高碑店、徐水和易县5个单位已连续10年保持省级文明单位称号。

领导班子人员名单

党委书记
局　　长　王凤起（12月离任）

王新立（12月任）

副局长　李怀忠

副局长
纪检书记　崔合营

副局长
工会主席　曹力英

（李文彬）

保定联通

【中国联合网络通信有限公司保定市分公司】 根据工业和信息化部等国家三部委《关于深化电信体制改革的通告》精神，10月15日，中国网通和中国联通合并为中国联合网络通信有限公司（以下简称中国联通）。中国联合网络通信有限公司保定市分公司（以下简称保定联通）是中国联通在保定市境内的分支机构，由原中国联合通信有限公司保定分公司（以下简称原保定联通）和原中国网通（集团）有限公司保定市分公司（以下简称原保定网通）合并组成，是保定市具有电信全业务经营资质的宽带通信与综合信息服务运营企业。合并后的保定联通，拥有结构合理、技术先进、功能强大的现代通信网络，主要经营移动电话、固定电话、小灵通、宽带和信息应用、信息内容、系统集成等通信信息服务产品。公司下辖本部和22个县（市）分公司，现有从业人员5130人，通过营业厅、社区经理、客服热线和网上营业厅等多种渠道为客户提供优质便捷的服务。

【原保定联通概况】 2008年，公司在行业重组的关键时刻，深化经营模式转型，加快基础网络建设，服务质量提升，实现持续、健康发展。组织开展了GSM网络2008年一期、二期工程和3G试验网建设，涉及基站520个，新建光缆810公里，高质量完成年度建设任务。开展网络优化和技术创新活动，出台县区全面优化措施，开展掉站时长管理、退服站管理等专项改革创新，整体网络运行指标稳中有升，排在全省前列。截至年底，公司GSM网络交换容量达到142万门，HLR容量达到188万门。落实总部营销转型要求，发挥联通品牌系统优势，为客户提供人性化营销服务。按省分“三个一”的渠道建设目标，加大便利渠道和“一村一店”发展力度，建立农村便民点7000多家，鼓励已有收费网点进行硬件升级，提升农村客户通信业务服务水平。被河北省劳动和社会保障厅命名为“河北省AAA级劳动关系和谐企业”，被省分公司授予“职工之家”称号，定州分公司被联通总部授予“职工小家”称号。全员累计捐款12万元，支援汶川抗震救灾工作，公司党委被保定市委授予“全市抗震救灾先进基层党组织”称号。公司新增“青年文明号”1家，省级“青年文明号”集体达到7个、市级“青年文明号”集体达到12个，安新分公司营业员王宏芳被联通总部授予“巾帼建功先进个人”荣誉称号。根据国家电信行业重组要求，组织完成业务划转和人员融合工作。

【原保定网通概况】 2008年，“以客户满意为标准，以客户感动为目标”为理念，创建“宽带当日通”服务品牌，开展“金牌服务迎奥运，服务社会尽责任”活动，实施“宽带资源匹配”和“宽带进社区、进农村”行动，开展“新农村电话”试点，承建9个“平安城市”项目、3个行政审批中心信息系统项目，完成奥运重保任务，荣获“河北网通奥运保障先进单位”称号。汶川地震发生后，公司迅速派出应急通信分队赶赴灾区，并及时向社会提供“寻亲热线”、“亲情连线”等公益服务，员工累计捐款51.3万元，提供了有力支援和服务。公司网络运营部主管李岩荣获“中国电信运营企业抗震救灾先进个人”荣誉称号（中国网通集团仅5人、河北网通仅1人获此荣誉）。截至年底，公司拥有固定电话程控交换机180万门、无线市话设备90万门、计算机互联网端口33万个，固定电话、无线市话、宽带客户规模均居全省第三位。2008年，公司荣获“全国模范职工之家”称号，被工信部评为“三电”斗争先进集体，连续11届22年保持了省级“文明单位”的荣誉，获得河北省综合治理先进集体、安全生产先进单位称号。8个县（市）荣获省级“文明单位”称号，安新县分公司被集团公司授予“先进集体”荣誉称号，裕西营业厅、东风路营业厅分别荣获河北省“工人先锋号”和“河北网通五一巾帼奖”荣誉。

【圆满完成奥运通信保障任务】 成立奥运通信服务保障领导小组，落实一把手负责制，完善三级管控机制，将工作任务和责任层层分解落实到具体单位和人员，全面建立了“统一指挥、专业处置、反应灵敏、协调联动”的高效保障体系。开展巡检排查、隐患整改等各项准备工作，以政府、金融、税务、驻保部队为重点，全面完善应急保障预案，累计排查整改网络和安防隐患近200处，开展重点客户巡检520次，成功组织本地网应急预案演练。7月，配合河北省公安厅完成全省奥运安防重点项目——奥运安保“护城河”工程建设任务，为2008北京奥运会建起了一道牢不可破的安全屏障，建设成果得到中共中央政治局常委、中央政法委书记周永康高度评价。采取措施加强网络和信息安全防范，完善电视监控、红外报警、有害气体检测等技防措施，增加1倍以上保安力量，强化网络监控和重要设备巡检，关注异常网络流量，专人专岗负责清理网上有害信息。进入7月后，公司所有关键岗位人员主动放弃外出和休假，通信工具24小时开机。奥运期间，市、县公司领导、各级维护和安保部门领导24小时在岗值班，骨干通信网络、重要客户网络、重要机房和办公地点均实现双人双岗值班，每天值班人员超过330名。奥运会、残奥会开闭幕当天，值班人员均突破600人。奥运期间，第一时间发现并处理市委政务网核心系统遭雷击瘫痪等网络异常事件276件，以“零失误”的优异成绩圆满完成奥运保障工作任务，荣获“河北网通奥运保障先进单位”称号。

【全力支援国家抗震救灾工作】

5月12日汶川特大地震发生后，发挥自身优势，组织各种形式的抗震救灾工作。第一时间派出由技术骨干组成的应急通信保障小分队，携带车载VSAT卫星电话系统、海事卫星电话、短波电台，5月13日抵达四川成都，成为全国通信行业中最早一批赶到的抢险救灾队伍。先后在射洪县、都江堰市、绵竹市的汉旺镇和清平乡，为中央电视台、某空降部队、抗震救灾指挥部提供应急通信服务，保证前方灾区与后方指挥部的通信联络，受到当地政府、百姓以及抗震抢险部队的高度评价，队员李岩获得“中国电信运营企业抗震救灾先进个人”（中国网通集团5人、河北网通仅1人获此荣誉）、“河北省抗震救灾优秀党员”荣誉称号，李林获得“保定市抗震救灾优秀党员”荣誉称号。利用“保定热线”网站、116114电话导航和10060客户服务热线等信息平台，开展“情系灾区同胞见行动”系列活动。及时对外发布中国红十字会总会网址、救灾热线号码、汶川地震捐款账号、短信捐款号码和保定市慈善协会号码等相关信息，开展抗震知识、自救措施等公益宣传，2个小时就受理震灾咨询7000余次，通过人性化服务安抚客户的不安情绪，维护了社会稳定。提供本地抗震救灾援助服务，116114平台设置24小时专人值守的“救灾专席”、“寻亲专席”、“孤儿认领专席”，实现与灾区的同步信息传递，“救灾热线”10天受理咨询7076次，“寻亲热线”帮助22位市民与四川亲友取得了联系，“孤儿认领热线”接受登记1049条。“保定热线”网站开设“汶川赈灾专题”、“爱在天地间祝福墙”，及时报道保定网通抗震救灾应急通信小分队的最新消息，配合市民政局、红十字会、市爱卫会、团市委等单位在首页推出“保定各界捐助爱心榜”，在“莲池论坛”以互动方式倡导网民奉献爱心。为民政局免费安装咨询服务热线电话，为保定中心血站免费开通查询转接业务，提高救灾服务效率。同时，全体员工积极响应公司党委号召，大力弘扬“一方有难八方支援”的优良传统，党员干部率先垂范，踊跃捐款，累计捐款63.3万元。公司党委被保定市委授予“全市抗震救灾先进基层党组织”称号。

【创建“宽带当日通”服务品牌】

提高服务质量，满足客户宽带业务需求，6月推出“宽带当日通”服务品牌。主要目标是：具备装移机条件的宽带客户申请业务后，当日接通率不低于70%，次日接通率达到100%。理顺内部操作流程，加强施工单调度管理，严肃前后台各工位时限要求，保障各环节顺利衔接。遇有大批量业务时，组成应急小组，确保按时开通。同时，建立周统计分析和监督考核机制，督导改进工作。针对设备容量不足、线路过长、线路质量较差等影响“宽带当日通”的重点问题，在对市区和22个县（市）全面实地调研的基础上，紧急启动“宽带网络整治、建设突击月”活动，强化资源支撑，消除发展瓶颈，增加宽带提供能力2万户。经过全员努力，年底宽带当日通比例达到78%、次日通比例达到93%，较年初分别提高67个和61个百分点。

【中国联合网络通信有限公司保定市分公司成立】 根据2008年5月24日工业和信息化部、国家发展和改革委员会、财政部三部委发布的《关于深化电信体制改革的通告》精神，中国联合通信有限公司保定分公司和中国网通（集团）有限公司保定市分公司坚持在一个新公司的旗帜下积极推进重组工作。建立周例会沟通和重要工作协同机制，县级公司率先实现同址办公、合并运营。加速推进业务和渠道融合，主要营业厅VI标识更换到位，统一了对外形象，实现了全业务受理。建立资源共享机制，实现投资项目对接，高效配合加快GSM网络建设。到年底基本完成组织机构设立和人员调整，期间员工队伍稳定，各项工作有序开展。

以11月6日中国联合网络通信有限公司保定市分公司完成工商变更登记为标志，企业发展迈入了崭新的历史时期。两公司合并后，固定资产原值达69.92亿元，拥有从业人员5084人、内退及离退休人员1576人。通信网络PSTN（含无线市话）交换容量达212万门，GSM交换容量达142万门，GSM基站达1100个，XD-

SL接入端口容量47.3万个。拥有电话客户258万户，宽带客户35万户。公司拥有世界风、新势力、如意通等移动业务品牌，拥有亲情1+、大众电话等固网业务品牌；还拥有宽带商务—信息魅力、宽视界/神眼、网络商务、数字社区、网络教育等产品和基于语音、互联网和实物载体的电话导航、网站集群、媒景、黄页、定制卡等创新产品，信息魅力在市、县两级政府得到全面应用，宽视界/神眼接入点660个；保定市98%以上的党政军部门的信息化网络系统、95%以上的金融、教育、科研、卫生、企事业单位均选用该公司服务。合并后的新公司实现了全业务经营，渠道进一步拓展，客户规模和网络规模进一步扩大，综合实力得到提高。

领导班子成员

中国联通集团有限公司
保定分公司
（1月1日~9月30日）

总经理
党委书记 刘 波
副总经理 王泽军 吴 燕
马治中
纪检委书记
工会主席 吴 燕

（10月1日~11月27日）

总经理 刘 波
副总经理 马治中

中国网通（集团）有限公司
保定市分公司
（1月1日~4月27日）

总经理
党委书记 崔 杰
副总经理 黄立新 李 军
师学林 刘长山
党委副书记
纪检委书记 李 军
工会主席（代）

（4月28日~11月27日）

总经理
党委书记 崔世君
副总经理 黄立新 师学林
刘长山 郭志杰
党委副书记
纪检委书记 郭志杰
工会主席（代）

中国联合网络通信有限公司保定市分公司筹备组

组长 崔世君（11月任）
副组长 刘 波（11月任）
筹备组成员 黄立新 师学林
刘长山 郭志杰
马治中（12月任）

（裴建英 乔 杰 尚爱丽）

保定移动

【中国移动通信集团河北有限公司保定分公司】 隶属中国移动通信集团河北有限公司，内设10个部室。下设22个县分公司和2个市区营销中心等24个县级分公司单位，现有各类职工2000余人。

【概况】 2008年主要经营第二代（GSM）移动数字电话和第三代移动电话通用号段：139、138、137、136、135、134、150、151、158、159、157、188。现有移动数据业务种类：个人数据业务包括短信、彩信、MO手机上网、G3上网卡、G3上网本、无线音乐、手机报、手机证券、手机钱包、彩铃、来电提醒、手机地图、手机导航、手机视频、百宝箱、号簿管家、139手机邮箱、手机游戏、12580综合信息服务门户等）、139社区、无线宽带（WLan）移动终端（手机销售、短信终端、无线POS、IP公话）等。集团类业务包括企信通、MAS、农信通、农信机、农政通、校讯通、小区短信、无线PDX、专线、语音直连、企业建站、企业邮箱、集团无线座机、集团V网、集团短信、集团彩铃、移动总机、M2M、政府OA、综合信息平台等。

全年客户净增80余万户，纳税2.24亿元。

【多渠道加大市场占有率】 通过多种形式开展市场营销活动，保持市场占有率；牢牢捉住校园市场，提升了动感地带等品牌的市场知晓率；进一步提高客户服务质量，制定多种措施减少客户办理业务所需等待时间，增加建设自动缴费机，提供24小时缴费服务等。

【加强网络建设】 TD－SCDMA网络建设日趋完善，TD－SCDMA技术日渐成熟，已经实现了TD网络的“三不”原则（不换号，不换卡，不登记），使原2G客户轻松享受TD－SCDMA业务。

领导班子成员

总经理
党委书记 杜海锋
副总经理 李 民 王忠武
党委副书记
纪检书记 刘廷臣

（李祺伟）

保定电信

【中国电信集团公司保定市分公司】 中国电信股份有限公司保定分公司是中国电信股份有限公司下属的市级分公司，2003年3月正式挂牌成立，拥有12个职能部门，25个业务单位。

【概况】 秉承中国电信“用户至上，用心服务”企业理念，坚持“与用户共享利益、与竞争者合作发展、与科技共同进步”经营思想，拓展保定通信市场。拥有本地网光缆505公里，管道456管孔公里，网络资源覆盖市区与22个县（市），具备快速接入各类客户的能力。发展语音、光纤、电路、宽带基础业务，推出紧密适应用户需求的新产品——包括一号通、会议通、118114号码百事通、全球眼及ICT系统集成服务。10月，正式承接CDMA业务运营。

截至年底，主营业务用户总量20.3万户，其中固网用户16万户，移动用户14.3万户。

连续三年获得“北方九省电信十强地市”以及河北电信“综合管理优胜单位”荣誉称号。

领导班子成员

总经理 刘永明

党委书记 程亚平

副总经理 王会民 吴燕 王雅璐 杨贵军

（蔡若菁）

城建·环保

城乡规划

【保定市城乡规划管理局】 是组织编制全市城乡规划并实施管理，负责对各县（市）规划局的业务指导和监督管理的市政府正县级部门。内设9个职能处（室）：办公室、人事教育处、总工程师办公室（规委会办公室）、县乡规划管理处、城区规划管理处、建设规划管理处、市政规划管理处、规划监察处，下设南市区、北市区、新市区、高新区4个直属规划分局，下属4个基层单位：市规划编制研究中心、市城建档案馆、市规划设计研究院、市城乡建筑设计院，行业管理单位1个：市建筑设计院。

【概况】 2008年，完成城市总体规划修编，世纪财富广场规划设计，世纪华庭、秀兰锦观城、警盾家园等新建住宅小区周边的医院、学校、公厕、垃圾台站、公交车站点等便民设施的规划和西北郊汽车客运站选址；西苑小区附近小学的规划和选址，保定火车站改扩建和西大园片区整体开发前期开发工作；6座垃圾台站、15座新建标准公厕、6块游园绿地、9个便民市场的沟通选址已完工；完成万博广场规划设计方案、香江好天地商贸广场和新燕赵商务广场项目设计方案；协调督导，推进市区75个城中村规划编制的落实。已审批村庄规划24个，基本审定8个，正在调整和编制的29个，需征求环保部门意见后再编制的6个，建议异地安置或其他情况的8个；拟定了《保定市建筑工程方案设计招标投标管理规定（试行）》，编制完成《户外广告管理技术导则》、《21条道路门店牌匾整治规划》。燕赵商务广场、香江好天地、世纪财富广场规划方案已编制完成，火车站改造工程、关汉卿大剧院取得阶段性进展。组织完成2008年市政工程施工图设计包括朝阳大街改造、康庄路改造、三丰路东延及5条支路等5.81公里道路及天威路与东二环交口的施工设计。完成东三环道路（13.1公里）、雨污水和3座桥梁施工设计及管线综合设计；组织完成五四路道路、雨污水、管线综合施工设计；完成七一路引道道路改造、管线综合设计方案及七一路与东二环路口规划方案；组织完成2008年实施13公里河道等段整治规划完成保衡线、保新路等出入口改造初步方案；完成七一路等65处拆迁房屋的规划整治意见；配合京石高速的扩建，组织完成跨京石高速通道规划方案及立交效果图；组织完成保衡线、保新路等出入口改造初步方案；组织完成富昌路西延及盛兴路东延规划调整方案；完成三丰路六叉口立交桥规划方案。22个县（市）已全部完成总体规划成果修编工作，其中4个县级市总规已经省政府批准，满城、曲阳总规已经市政府批准，另外16个县的总体规划已上报市政府待批。新网站建设调试已开始正式运行。结合新网站的栏目设置收集、整理、更新上传各种信息数据400余条。完成对22县（市）规划局有关人员网站建设的培训工作，现22县规划局网页除容城外全部开通，形成特色，在全省领先；完成城建档案馆管线数据转化系统的的研发工作；完成对四市三县建设规管系统的动员工作，县（市）规划管理信息系统通用版本已与北京建设数字公司已签订合同；完成2007年前所有已批详细规划资料入库工作，共计130余块；组织完成古城修补测和江城乡域村庄测图的验收入库工作，完成漕河南岸32平方公里地形图的验收入库工作；结合建设项目竣工验收测图组织系统内地形图整幅更新100余幅；完成市区21条主要道路共计100公里的巡视工作和修补侧；圆满完成2008廊坊国际城博会会展组织工作，并争得保定市优秀布展奖。制定局政务公开实施方案及政务信息公开目录收集汇总，完成政务信息公开工作。

【“6060”工程】 在2007年全市范围内开展“1360”工程的基础上，年内开展了“6060”工程。全市22个县（市）县城控制性详细规划编制覆盖率达到94.52%，乡镇总体规划编制完成率占乡镇总数的74.46%，村庄规划编制完成率占村庄总数的70.02%

【全市规划局长培训班】 3月24日在保定市华侨宾馆举办“规划局长培训班”，所属26个县（市、区）的城乡规划管理局长及市局部分中层干部参加了全封闭学习。培训内容为《城乡规划法》释义、控制性详细规划编制和“一书三证”的核发程序。对县（市）2007年“1360工程”优秀规划成果进行观摩，全体学员赴山东考察学习。

领导班子成员

局　　长　倪贺营
副 局 长　陈　谦　范跃进
　　　　　张鹤楼
纪检组长　刘少青
总工程师　王宝玉

（徐雅靖）

【保定市规划设计研究院】 保定市城乡规划设计研究院为市属副县级事业单位，归口为保定市城乡规划管理局，主要职能为城乡规划研究及规划设计、市政工程研究与设计、城市测绘与工程测量。设计资质为城市规划甲级、市政设计乙级、城市测绘乙级、工程咨询甲级，其中城市规划设计是全市唯一具有甲级资质的设计单位。规划院现有职工70人，其中正高工4人，高级工程师14人，工程师29人，专业技术人员57人。注册规划师13人，一级注册结构师2人，注册工程咨询师10人。

【概况】 2008年完成的政府工程项目主要有：《保定市区水系建设规划》；《府河两侧旧城改造规划》；《高新区中心区控制性详细规划》；《保定市一城三星基础设施协调规划》；《裕华路、东风路、朝阳路街景整治规划》；《保定市区集中供热规划》；《保定市区东部片区发展研究》；《东三环路新建道路工程》；《恒祥大街地道桥引道工程》；《保定市区排水雨污分流专项规划》；《保定市河道综合整治地形图修补测》；《保定市防洪堤综合整治地形图修补测》。配合市政府三年大变样工程，承担了大部分的规划设计、市政设计及测量工作。

发挥综合院优势，高质量、高水平完成《曲阳县中心区控制性详细规划及城市设计》、《定兴县城控制性详细规划及城市设计》、《蠡县县城控制性规划》、《高阳县城总体规划》、《安新县城控制性详细规划》、《顺平县城集中供水工程》、《涞源给水管网改造专项规划》、《蠡县排水管网测量》等多项设计。

《保定市冯庄村改造规划及住宅设计》、《保定市区水系建设规划》、《保定市一城三星基础设施协调规划》获省优秀城乡规划编制成果一等奖奖；《保定市交通物流中心可行性研究报告》、《保定市近期城市道路建设规划研究》获2008年度工程咨询一等奖；《恒祥大街地道桥引道工程》、《陵园桥改造工程》获省工程勘察二等奖；《河北省易县县城总体规划2006—2020》、《保定中国电谷一期控制性详细规划》、《保定市商业网点发展规划》、《保定市东风路\朝阳大街景观整治规划》、《保定市公用事业专向规划》获省优秀城乡规划编制成果二等奖；《北二环路雨污水泵站工程》获省工程勘察三等奖；《安新县村庄空间布局规划》、《西韩蒋村改造修建性详细规划》、《保定市城市供电规划》获省优秀城乡规划编制成果三等奖；《保定市区污水规划深化研究》、《保定市2007年市区市政工程项目建议书（代可行性研究报告）》获2008年度工程咨询三等奖。

拥有微机100余台，测绘仪器包括GPS各种卫星定位仪在内20余套，各种复印扫描设备10余台。具有多种先进正版设计软件，全院建立了先进的网络系统，计算机出图率100%。年初通过了ISO9000质量管理体系认证。

领导班子成员

院　　长　姜　健
书　　记　张　敏
副 院 长　郭志奇　孙燕明
　　　　　周志强
总　　工　王志仓

（王雅芳）

【保定市建筑设计院】 为县级事业单位，行业管理隶属市规划局。具有建筑工程勘察、设计、监理、施工图审查甲级资质证书和建筑行业人防设计乙级、市政公用行业（道路）设计乙级、招标代理乙级资质证书及咨询丙级资质证书等。

现有职工200人，各类专业技术人员165名，其中教授级高级工程师5名，高级工程师51名，工程师49名。国家一级注册建筑师7名，国家一级注册结构工程师20名，国家注册监理工程师17名，注册岩土工程师7名，国家注册咨询师4名、注册造价工程师2名，注册设备师8名。

生产机构配置有：设计一、二、三、四所、北京办事处、勘察处、监理部、保定全祥工程设计咨询事务所、保定建园建设工程招标有限公司和保定世元工程建设咨询有限责任公司。为专业齐全、配套合理、设备先进、集建筑工程咨询、规划、设计、勘察、监理、施工图审查、造价咨询、招标代理为一体的科技含量高、技术密集型的服务机构。

【概况】 2008年呈现生产安全、管理进步、技术领先、平稳和谐的良好局面，转变经营思路，完成全年生产任务，产值突破4000万元。组织外出培训13次，院内各类技术讲座42次，培训效果较好。组织评审项目38项，验证项目517项，严把出图质量。获省优秀勘察、设计项目3项，其中，省优秀设计二等奖2项，省优秀勘察三等奖1项。获市优秀勘察、设计项目4项，其中市级一等奖2项，二等奖1项，三等奖1项。获省市级优秀论文16篇，其中省级一等奖1篇、二等奖2篇、三等奖1篇、优秀奖1篇。论文《建筑结构设计含钢量的控制》发表在建筑设计管理杂志上。全国保障性住房设计方案竞赛中，获部级三等奖一项，优秀奖一项。全国城市住宅设计研究网第十次优秀工程评选，获二等奖一项，三等奖一项。

【制定制图标准】 总工办、信息办统一编制制图标准，统一文件命名格式、图层、字体、线型、打印样式、图纸编排等标准，为协同设计建立了基础平台。对各专业总图进行完善、修改；制定学校食堂设计技术规定；制定吊车表达深度规定；制定审图问题统一规定等。

【推广实施协同设计】 协同设计是重点工作，2月始着手准备，通过收集资料、考察学习实施的单位、比选各公司产品，走访北京市建筑设计研究院和天津市建筑设计院，了解天正公司、纬衡公司、浩辰公司的协同软件各项功能，组织人员现场观摩探讨，确定实施协同设计，现已完成培训工作。投入200万元，建立协同设计工作平台并进入正式使用。协同设计打破以往的作图习惯，为专业间协同配合，提升设计团队高效合作提供统一工作平台。

【抗震救灾援建工作实绩突出】 汶川“5·12”大地震后第二天，全院踊跃为灾区捐款，捐款数额达3.5万元，缴纳特殊党费7万元。承担保定市援建灾区6000套过渡安置房设计任务，成立抗震援建领导小组和设计小组。5月24日，副院长、副总工赶赴灾区一线进行勘察、选址。先后组织技术人员30余人次飞赴四川平武、街子镇等施工现场进行现场设计，并指导施工，确保过渡安置房顺利交工使用，被河北省抗震救灾指挥部授予“抗震救灾先进集体”称号。

领导班子成员

院　　长　陆　峰
书　　记　贯国禄
副 院 长　李轶凡　张国龙
　　　　　王海鹰
总工程师　张国龙
总建筑师　李轶凡

（郝兵杰）

城乡建设

【保定市建设局】 是负责全市建设行政管理的政府工作部门。负责综合协调、监督、管理和指导全市城乡建设工作。编制58人，内设11个处（室），辖10个事业单位。主要负责贯彻执行国家、省、市有关城乡建设工作的法规、方针、政策，研究拟定全市城市建设、工程建设、村镇建设、建筑业、住宅与房地产业、勘察设计咨询业及县（市）市政公用事业的有关政策及发展规划，并指导实施和进行行业管理。管理、监督全市建筑活动；规范建筑市场，监督、管理建筑市场准入、工程招投标、工程咨询、工程监理、工程质量、工程稽查和安全；组织或参与重大工程质量事故的调查处理；负责工程质量的审核与评定及对工程质量纠纷的仲裁。监督指导全市各类工程建设标准、定额的实施；对工程造价实施管理，研究拟定全市工程建设标准定额和工程造价管理的规章制度，会同有关部门制定、发布工程建设地方标准和建设系统各行业的工程标准化、经济定额、产品标准，并组织实施和监督。负责建筑安装、建筑装饰的行业管理，包括对建筑安装、建筑装饰企业的资质管理；监督检查工程质量及施工安全。参与制定城镇国土规划和区域规划；负责城建科学研究工作；会同文物管理部门对历史文化古迹进行保护和管理；负责拟定各类房屋建筑及其附属设施和城市市政设施建设工程的抗震设计规范；综合管理全市建设工程抗震设防工作；指导城市地下空间开发和利用工作。研究拟定本市建设事业的发展规划、产业政策；会同有关部门编制城建资金使用计划、资金筹措及监督使用。负责城区防洪堤建设维护管理工作；主管全市风景名胜区工作；负责城区内的防汛工作。指导全市住宅与房地产业行业管理；负责本市房地产开发经营活动的监督管理工作，推动住宅产业化；监督指导全市经济适用住房建设；参与城镇土地使用权有偿出让工作。指导全市乡镇和村庄的建设与管理，推动村镇建设的改革与发展。负责全市建筑工程勘察设计工作，规范勘察设计市场；拟定建设系统科技发展规划、计划和技术经济政策，组织科技论证、开发和成果的推广应用；拟定和实施建设系统行业人才培养规划；组织管理建设系统专业经济技术职称的评定工作。负责建设系统的法制宣传教育工作；指导和监督建设行政执法工作。受市政府委托负责管理房屋拆迁及安置工作。

【概况】 全年完成建筑业总产值270亿元，建筑节能、安全生产、文明施工总体水平继续位于全省先进行列。规范了建筑、房地产、建材、勘察设计等四个市场行为。完成多项重点工程建设任务。城镇建设取得了长足进展。因抗震救灾安置房建设工作成绩突出，受到市委、市政府在全市的通报表彰。被住房和城乡建设部、省、市分别评为抗震救灾先进集体。

【抗震救灾工作取得突出成绩】 四川地震发生后，全系统共捐款1200多万元。5月21日接受援建四川灾区过渡安置房任务，至7月29日，在四川崇州市、都江堰市、平武县共援建安置点25个，建成安置房2735套，总建筑面积46745.92平方米，超额完成省委、省政府下达的任务目标。

援建的崇州市街子镇唐公社区是河北省在四川灾区第一个整体移交并投入使用、第一批通过竣工验收的援建项目。新华社为此专门发出通稿，经济日报、河北日报头版、河北电视台、燕赵都市报给予了重点报道；住房和城乡建设部、省援建指挥部将建项目作为样板工程。接到当地政府和灾区群众赠送的锦旗63幅。崇州市街子镇党委、政府向河北省委、省政府和保定市委、市政府致感谢信。

【完成七项重点工作任务】 旧城府河地段综合改造工程取得阶段性进展。拆除住宅、企业等建筑面积2.35万平方米。府河市场闭市，商户全部搬清，并迁进河北农大科技市场新址。莲池后三景恢复工程主体完工。7月初动工，完成蕊幢精舍、绎堂、鹤柴后三景恢复工程及附属设施主体。火车站扩建及西大园片区改造工程启动前期工作。11月，与北京铁路局就车站改造进行磋商。拟定新建火车站建设方案为高架式客运站房，建设费用为7.9亿元，由地方政府出资2亿元，其余建设资金由铁路方负担。12月11日，市委批准成立保定火车站扩建及西大园改造指挥部。实施建筑节能工程。新建民用建筑节能设计备案累计286.74万平方米，其中居住建筑271.65万平方米、公共建筑15.09万平方米；新建民用建筑节能验收累计93.71万平方米，其中居住建筑57.97万平方米、公共建筑35.74万平方米。既有生活小区实施庭院照明太阳能改造。完成107个小区照明太阳能改造工程，占总任务的52.5%。实施建筑业民工统一规范化管理。会同劳动和社会保障局在调查研究的基础上，于8月底前向市政府呈报《关于建立农民工管理办公室的请示》，提出组建方式和职能，已报市编办。完善工程建设招投标制度。拟订《保定市建设工程招标代理机构管理办法》，征求各招标代理机构的意见和建议进行修订、完善后，11月出台并印发实施。

【加强建筑业管理】 以资质管理为手段，优化建筑业行业管理，受理了47家建筑业企业资质申请，进行严格评审。规范进市、进冀备案管理，为37家本省企业办理了进市备案手续，为32家外省企业办理了进冀备案手续。开展安全生产隐患排查治理、“安全生产行政执法年”等活动，落实安全生产责任制，强化安全质量标准化，完善应急救援体系，促进了施工安全监督管理工作。

【规范建设市场秩序】 全年办理建设工程报建项目69个，建筑面积88万平方米；办理施工许可58项，建筑面积142万平方米。完成建设工程施工招标工程126个，总建筑面积162.36万平方米。完成监理工程51个，总建筑面积202.71万平方米。监督市区在建工程1407个，建筑面积2295万平方米，质量监督覆盖率98%，工程质量全部合格。河北大学附属医院病房楼工程荣获国家鲁班奖。全市获得省优工程19项，在省各市中排名第二。

编制2008建筑、装饰、市政、安装定额；对市中低档住宅、经济适用住宅开发成本进行了调查。推行房地产开发项目资本金制度，共对20个项目进行了资本金动态监控，防止发生烂尾楼现象。加强勘察设计市场管理，依法审查，共审查施工图72项、建筑面积261万平方米，查出少报建筑面积12000平方米，补交配套费30余万元。创新稽查方式、方法，发挥数字化稽查新模式的作用，全年检查工程项目294个，总建筑面积835万平方米。查出存在违反建设程序等非法施工行为的工程项目43个并责令限期整改。

【继续清理“双拖欠”】 全年共清偿2003年底前网上拖欠工程2个，清偿工程款金额200万元；2004~2006年网上拖欠工程25个，偿清工程款总额1.15亿元；受理拖欠工程款投诉71件，协调解决工程款1.65亿元；受理农民工投诉193件，为近6000余名农民工追讨拖欠工资3300万元。

【推进建筑节能工作】 加大“禁实”、“禁黏”工作力度，全市365家黏土砖生产企业产量减少到21亿块标砖，同比减少2.5亿块，递减10.6%；普查登记砖窑365座，停产28座，腾地1960亩；新增5条加气砖生产线，新墙材生产能力增加4.1亿块标砖；涿州、阜平等9个县实现了“禁实”；推进新农村新墙材示范房建设，望都、徐水建成318户农村新墙材示范房。强化新建居住小区太阳能光电光热应用，共有36个工程项目18016户采用了太阳能热水系统，共设计太阳能庭院灯、楼梯灯约7130盏。推动粉煤灰综合利用工作，引导5家企业上马生产加气砼砌块，引导墙材、建材、道路方面综合利用粉煤灰100多万吨。促进科研示范工作，电谷大厦、涿州诚信大厦、电谷商务会议中心被列为可再生能源建筑应用示范工程。

【加快城镇建设步伐】 组织两场（厂）和污水管网以奖代补资金申报工作，国家城镇污水处理设施配套管网以奖代补资金1152万元已下拨雄县、易县、清苑县和白沟镇。加强燃气行业安全管理，开展专项整治，对25个县（市、区）108家液化气企业进行了检查，关停取缔31家。

加强村镇建设管理，汇总完成全市312个乡镇、6000余个村庄的基础数据的统计汇总工作；在村镇建设领域推广太阳能应用技术，在白沟镇、留史镇杜庄村开展第一批试点建设。将望都县樊家村、辛街村作为试点，开展农村新民居示范工程建设。

在各县（市）城区、6个省级重点镇及部分村庄，开展2008年城镇容貌综合整治暨“星城杯”竞赛活动综合检查，对优胜单位通报表彰，对存在不足的单位进行了督促整改。

【城建拆迁工作依法进行】 加强依法审批拆迁项目管理，审批房屋拆迁项目5个，动迁居民和单位710户，拆除房屋建筑面积7.1万平方米。注重妥善处理拆迁纠纷，受理房屋拆迁纠纷19起，接待群众来信、来访、来电940余次，保护了拆迁当事人特别是被拆迁人的合法权益。

【加大抗震工作管理力度】 完成282项工程的抗震设计审查备案项目，审出问题220项，督促进行变更。完成162个新建工程主体抗震措施专项检查，查出问题120项，进行了整改。对市城区范围内三个区及市教育局直属的中小学、幼儿园的教学用房开展了一次抗震能力摸底普查，满足现行抗震设防要求的房屋约726189.26平方米，占总建筑面积的68.2%；需要加固或拆除的房屋约338846.77平方米，占总建筑面积的31.8%。向市政府提出加固请示。

【科教工作取得新突破】 组织申报及立项省级科学研究指导性计划项目和示范工程10个；组织申报河北省建工新产品试制计划4个，并获得省级试制费6万元；共有7个项目获年度河北省建设科技进步奖。完成《保定市名城保护五年规划》专项课题。

领导班子成员

局　　长　李英泽
党委书记
副 局 长　焦　龙（11月任）
　　　　　张建宗　刘　虹
　　　　　葛新民　刘长水
　　　　　黄吉欣（7月任）
总工程师　辛　勇
纪委书记　刘长水（兼）

（陈冠群）

市政公用事业

【保定市市政公用事业建设集团】 保定市市政公用事业建设集团主要负责城区道路、桥梁、路灯、供水、排水、燃气等市政公用设施的建设和管理。机关内设办公室、组织人事处、计划财务处、市政管理处、公用事业管理处、工程建设管理处、政策法宣处、安全生产管理处、机关党委、纪检监察室10个处（室）。下辖6个基层单位，其中事业单位4个：市政维护管理处、路灯管理处、市排水总公司、市燃气总公司；国有企业1个：市供水总公司；股份制公司1个：市政公用工程建设监理有限公司。

【概况】 2008年完成市政公用基础设施建设和改造投资36177万元，其中：道路桥涵设施投入29471万元、供水设施投入1126万元、燃气设施投入1689万元、排水设施投入2400万元、路灯设施投入1491多万元。全年修建市政道路10.5公里，面积11.5万平方米（含便道面积1.9万平方米）。优质供水7756万立方米，安全供应天然气5675万立方米（年内累计新增天然气用户14529户）、液化气6244吨。排水管道总长度达到653公里，管道疏通率达100%，全年处理污水6334万吨，处理后排放水质均优于国家标准。路灯线路总长度达1400公里，路灯总数达22000盏，路灯亮灯率达98%以上。

【市区道路桥梁建设维护稳步提高】 依市政府“科学、快速、节约、美观”要求，提前完成天坛街、省府前街、韩村信用社路3条街巷改造，朝阳南大街（东风路至百花路）、保新路口改造，长城大街、莲池大街、三丰路、东风路、天威路等多条道路的维修，富阳街、苑西街、胜利北巷、园南街等道路的补强工作及三丰路的稀浆封层；七一路、百花路、朝阳大街、阳光大街、长城大街、建华大街等7条主干道路的沥青灌缝，朝阳大街地道桥、环西地道桥、五四路地道桥、东风路地道桥、工农桥、红星桥等多处栏杆挡墙整修。维护了19座桥梁的限载牌及32座桥名牌的设置。

【东三环建设工程全力推进】 东三环道路全长13165米。截至年底完成3座桥梁和6.4公里路面征地拆迁工作。完成黄花沟桥、府河桥和环堤河桥水下灌注桩95棵，预制桥板221块；完成雨水管道4042米，污水管道2428米，供水管线1000米，快车道路底基层16000平方米，二灰碎石12800平方米。

【维护市区排水设施】 全年共疏通管道600余公里，清掏检查井10056座次，清掏收水井10025座次，清运污泥5022立方米。为确保城区汛期安全，制定了《2008年防汛工作安排》和《应急防汛抢险预案》，成立了防汛工作领导小组和应急抢险分队，准备了充足的防汛物资。组织专业人员对积水点、入河口启闭闸、泵站抽水设备、发电机组等进行了专项检查。汛期防汛人员共出动15次，总计约3900余人（次），基本实现城区道路中雨无积水，大雨及时排的目标。

【供水管网和户表改造工程稳步推进】 完成隆兴路、五四路等7条道路的供水管道新建和改造任务，完成市府一号院、富昌园小区供水管道改造工程，共铺设各类供水管道13.26公里。按照自愿申请、周密组织、稳步实施的原则，推进老城区供水管道改造。完成居民户表改造5594户，占全年任务的111.9%。

【市区天然气第二气源及压缩天然气项目取得突破性进展】 根据市政府决定天然气第二气源及压缩天然气项目与燃气公司改造工作打捆运作。组织召开“燃气总公司改制工作暨合作项目发布会”、“燃气总公司改制工作暨合作项目投标会”，组织职工代表分批对新奥燃气控股有限公司进行实地考察。召开职工代表大会，通过了新奥燃气控股有限公司作为该公司改制投资合作伙伴，为下一步开展合作改制工作创造了条件。

【5大路口高杆灯安装进展顺利】 完成天威路与东二环交口、东二环与南二环交口、天威路与朝阳大街交口、东风路与乐凯大街交口、东风路与长城大街交口5大路口11基25米高杆灯安装。

【真情服务社会】 全年走进社区541次，发放宣传资料、便民联系卡共计4560余份，发放问卷调查表3300余份，贴近群众提供服务，征求群众意见，群众满意率97.91%。与电台联办的热线坚持全年每天不间断播出，各级领导、工作人员走进直播间达61次，受理群众反映事项225件次，及时办结率100%。参加市行风热线6次，共受理市民反映事项53件次，全部办结并及时对市民进行了回访，在行风热线中进行了答复。坚持24小时值班，热情受理市民群众来电、来函、来访，进行妥善处理，办结率和回访满意率均在99%以上。

领导班子成员

党委书记 总经理	李治安(11月离任) 王勇山(11月任)
副总经理	郭振光(10月任)
副局长	梅建中　薛　凯 杜　伟　张文泽
总工程师	王建勇

（张晓杰）

房产管理

【保定市住房保障和房产管理局】 保定市住房保障和房产管理局是市人民政府领导的、具有行政职能的直属事业机构。是市政府推进落实住房制度改革，组织经济适用房、廉租房建设、物业管理和房产行政管理的职能部门。内设14个处（室），局属事业单位3个。

【概况】 全市通过申请、公示、审批等程序，发放廉租住房租赁补贴499.7万元，对城市低收入家庭5161户、13759人实施了住房保障；市区筹集套型建筑面积

50平方米以下住房290套、筹措保障资金5000余万元用于廉租住房实物配租；开工建设15.89万平方米、1610套经济适用住房开始销售，市区受理申请购买经济适用住房家庭3027户；结合贯彻省、市“城镇面貌三年大变样”的城市建设部署，改善加大旧住宅小区居民居住条件，全年完成市区七个小区共70万平方米的改善任务；改造棚户区危陋住房300万平方米，建设500万平方米，累计63000户198000人搬入新居；通过优化行政审批程序，全年受理新建商品房网上登记备案面积82.27万平方米，备案金额20.14亿元；办理《房屋租赁登记备案证》347份，租赁登记备案面积22.65万平方米；办理房地产抵押手续3353起，抵押登记面积96.86万平方米，抵押登记金额17.82亿元；发证11212本，查档出证8321卷，接受司法协助执行121起，受理委托测绘2444件。全面加强直管公房管理，维修规模不断加大，全年完成中大修130间，做屋面防水8100平方米，污水改造12栋，更换上水管道97栋，更换铝合金门窗1000平方米。

【加大低收入家庭住房保障力度】 将住房保障的范围由住房困难的最低生活保障家庭扩大到住房困难的低收入家庭（人均可支配收入的0.5倍以下），廉租住房保障面大幅度扩大，保障方式由按年度发放租赁补贴改为按季度发放。通过购买、配建、改造等方式，多渠道筹集廉租住房房源。市政府配套出台了《关于在房地产开发项目中配建经济适用住房和廉租住房的实施意见》，同时筹措保障资金5000余万元用于廉租住房实物配租。在市区已开工建设的经济适用住房（复兴苑小区）项目的基础上，又将一批新增经济适用住房项目，列入市政府工作目标。同时，将经济适用住房建设由成片建设、独立成区改由集中建设、项目配建相结合，形成居民共容的建设格局。

【加强房地产市场监控】 加强商品房预售管理。定期在保定日报上刊登公告，对部分开发项目在未取得《预售许可证》的情况下违规售房行为进行曝光。于1月份和8月份在保定日报对办理《预售许可证》的开发企业及项目进行公示，让百姓买放心房、买明白房。全年共接待受理群众投拆40余起，日常检查220余次，检查建设项目60余项。对市民反映强烈的“无证”售楼问题进行了严厉查处，全年共检查房地产开发企业50余家260余次，处罚“无证”售楼违法违规开发企业13家。拓展渠道听取民声。定期走进保定广播电台的“行风热线”栏目，进行普法宣传和现场解答。实施局党委班子成员与市行风评议人员面对面交流，倾听当面批评和建议。利用房地产信息网站和保定市房地产交易中心网站，开辟了网上投票专栏，以了解自身问题。

【加强物业管理】 出台《保定市关于深入贯彻落实<物业管理条例>的实施意见》。10月份为“创优达标月”，要求各企业在合法经营、诚信服务、日常管理、内部培训、办事制度公开、广泛征求意见、处理业主投诉等方面，建立起完整规范的管理体系、工作标准和服务程序，做到物业管理的每一项工作都有章可循、有据可依，使居民生活质量得到提高。加强对物业管理监督检查。定期检查物业服务企业，主要检查企业是否按要求开展物业服务、有无长期无服务项目或超越资质服务范围提供服务等情况，企业是否建立并执行服务质量标准、服务和收费等制度，是否建立企业信用档案等。对不按服务合同约定内容服务、收费不透明或乱收费、业主投诉多等违规企业进行清理、整顿，进一步优化全市物业管理市场经营环境。

领导班子成员

党委书记
局　　长　冯韶华
房改办主任
党委副书记
　　　　　赵五生
纪委书记
副 局 长　赵爱国　任喜峰
　　　　　吴全乐
　　　　　（张占军　韩　林）

住房公积金管理

【保定市住房公积金管理中心】 保定市住房公积金管理中心成立于2002年12月27日，为直属市政府的正县级事业单位。中心机关内设办公室、人事处、财务处、纪检监察处、网络处、审核处、贷款管理部、归集管理部8个处室，下辖23个县（市、区）管理部，2个分中心（涿州市、定州市），实行垂直管理，总编制167人。主要职责是：编制、执行住房公积金的归集、使用计划及编制计划执行情况的报告；负责记载职工住房公积金的缴存、提取、使用等情况；审批住房公积金的提取、使用；负责住房公积金的核算；负责住房公积金的保值和归还；审批职工个人住房公积金贷款，并保证信贷资金的安全；起草住房公积金年度报告，经住房公积金管委会批准后，向社会公示；依据《住房公积金管理条例》规定，对不依法缴交单位进行处罚；承办住房公积金管委会决定的其他事项。

【概况】 2008年，全市新建制单位256个，新增缴存职工1.57万人，覆盖率为84.1%。全市住房公积金累计归集53.44亿元，归集余额37.46亿元；累计发放住房公积金贷款16.99亿元，为16753户职工家庭改善住房条件提供了资金支持，当年实现住房公积金增值收益5290万元。

【公积金制度覆盖率大幅提高】 在《保定晚报》开办公积金专版，发行14期8.4万份，使公积金政策逐步家喻户晓。针对归集模式的创新，完善了归集、支取业务流程，提高了其规范性、科学性、可操作性，分清了职责，明确了目标。对应建未建、应缴欠缴的单位进行了执法检查，查处违规单位31个，通过下达《责令限期缴存通知书》等措施，使110个单位及时建立了公积金制度或进行了补缴。

【公积金贷款业务快速发展】 与受托银行、开发企业召开座谈会，主动征求意见，制定出改进制约贷款工作发展的措施，提高业务办结效率。深入售房小区，主动服务上门，现场办结。全市22个县（市）均已开办了贷款业务。在扩大贷款规模的同时，严格贷款业务审批程序，操作流程，建立并实施了贷款调查、审查、审批和贷后跟踪管理制度，建立贷款发放和资金转账专人网上盯办的风险预警机制，全年逾期率始终控制在省规定范围内。

【增值收益大幅提高】 做好沉淀资金转存定期工作，根据放贷、支取情况，逐月对转存率进行了科学测算，做到安全、及时。调整资金存储结构。分别存储了二、三、五年定期，确保资金的保值、增值。加强住房公积金资金使用规范管理，形成"事前申报审批、事中网上监督和事后跟踪备案制的管理模式"，防范了资金风险，全年实现增值收益达5290万元。

【县市缴存比例和基数进一步规范】 按照省政府95号文件要求，调整规范住房公积金缴存比例和缴存基数。年内在财政供养人员实现制度全覆盖的基础上，全面提高财政供养人员缴交比例。所有22个县（市）全部提高了缴交比例，达到双5%以上，三区也与市区并轨。

【信息化建设逐步提高】 加快信息化建设步伐，公积金管理网络初具规模，系统日趋完善，达到全省一流水平。实现了22个县（市）业务网络互联，实现了统一操作平台，统一业务流程，统一数据管理，统一业务监管。完成贷款系统的数据导入工作。通过协调各住房公积金贷款受托银行，提取各行贷款基础数据，实现在中心住房公积金贷款管理系统上开展贷款工作。启动国际互联网网站改版工作，丰富网站内容，信息更新更加及时。制定实施网络安全管理规定，实现了网络安全、设备维护、微机配备的规范化管理。

【社会形象稳步提升】 走出去广泛征求群众意见。先后走访100多个机关、企事业单位进行广泛宣传政策，听取群众意见，努力改进工作，召开6次座谈会和企业大型咨询宣传会，向社会公开承诺一次办结和告知。聘请监督员请进来座谈。组织社会各界人员来中心进行指导，虚心听取建议。发送《征求意见函》5000余份广泛征求意见。改建了营业厅，改善了管理机构形象。

领导班子成员

党组书记 主任	张清田
党组成员 副主任	李文利　李保成 彭禄江
党组成员 纪检书记	李长江
党组成员 总会计师	许金璋

（安嵩）

环境保护

【保定市环境保护局】 保定市环保局是市政府对全市环境保护工作实施统一监督管理的行政执法部门。内设办公室、人事处、综合计划处、污染控制处、项目管理处、自然保护处、辐射安全管理处、宣教法规处8个处室，环境保护监测站、环境监察大队、环境保护研究所3个科级事业单位，高新技术产业开发区、白沟·白洋淀温泉城2个环保分局。另设纪检监察室、机关党委办公室。

【概况】 2008年，全市污染减排目标如期实现，化学需氧量、二氧化硫两项减排指标超额完成6%和2.25%的年度任务；奥运环保保障任务圆满完成，6、7、8月份，市区空气质量二级以上天数达到了85.5%，一级天数比上年增加了14天，奥运期间全市没有发生任何环境安全事件，兑现了奥运环保保障承诺；城市空气环境质量持续改善，市区全年空气质量二级以上天数达到312天，比上年增加了7天，其中一级天数83天，比上年增加了35天；重点流域水污染治理成效明显，西大洋水库、王快水库和一亩泉三个饮用水源地水质达标率均为100%，白洋淀水质与2007年相比明显好转，全年未发生污染事故。

【水污染防治工程项目进展顺利】 市辖海河流域各河流水环境质量得到明显改善，海河流域污染防治规划重点监控的31个工业企业（唐县罐头厂已破产）污水处理设施稳定运行，出水水质指标达到污水综合排放一级标准。

保定天鹅股份有限公司污水处理厂总投资2100万元、年削减COD 3503吨，于2008年正式运营，出水水质达到行业规定的排放标准。涞源县污水处理厂总投资2966万元、年削减COD 365吨，于2008年正式投入运行。目前涞源县污水处理厂中水回用工程还没有完工，正在建设。

城镇污水处理设施稳步推进，其中保定市市区污水处理厂二期工程，安新县污水处理厂一期、二期工程，涿州市城东、城西污水处理工程，易县、涞源、高阳、安国、容城县污水处理厂于年底前已经正式投入运营，出水水质达到国家污水综合处理一级标准。定州市和满城、蠡县、博野、涞水、雄县、曲阳、顺平、望都、阜平、定兴、徐水11个县的污水处理厂已经开工建设，预计2009年底前全部正式投入运营。

对白洋淀淀区8个国控点位的监测，监测结果显示：5个为Ⅳ类、2个为Ⅴ类、1个为劣Ⅴ类，水质明显改善。对市区内的府河、护城河、百草沟、候河四条河道进行全面清污，共清理淤泥垃圾320多车，约3000多吨，市区河道水环境质量得到明显改善，确保了白洋淀的生态环境安全。

【工业污染防治】 保定钞票纸厂投资7000多万元的污水治理工程通过了国家造币总公司和省环保局的验收，出水水质化学需氧量稳定在30－60毫克/升，优于国家标准；河北长城长电极公司投资1400多万元，实施了窑炉燃料煤改天然气和沥青烟治理工程，已通过环保验收，可形成300多吨的二氧化硫年削减能力。涿州亿立达公司3台热电联产锅炉全部安装了布袋除尘器和高效脱硫设备，可形成近千吨的二氧化硫年削减能力。按照全市年度减排计划，2008年共安排重点工业企业治污工程40多项，治理资金上亿元。

【城市环境综合整治】 实现城镇面貌“三年大变样”空气质量基本目标，治理工业污染源，推进“蓝天行动”，市区内拆除废弃烟筒44根，取缔、拆除、改造分散燃煤设施382台，超额完成年度计划。加大机动车尾气检测治理力度，在7月20日至9月20日，按照进京车辆需办理奥运环保标志的要求，发放奥运环保标志，建立3个检测点，共监测进京车辆90103辆，合格79482辆，合格率为90%。

【自然生态保护】 加强白洋淀上游入淀河流污染控制及淀区水质的保护工作。拒马河源头断面稳定达到二类水质标准，府河水质各类污染物指标明显降低，水质好于上年，孝义河蒲口断面主要污染物较上年均有下降，西大洋水库中心和出口2个监测点位，常年监测结果显示，水质稳定达到《地表水环境质量标准》Ⅱ类水质标准，在白洋淀设立了9个监测点位，冬季进行破冰取样，实现了淀区水质每月监测一次。落实跨县界河流断面水质监测考核制度，在每条河两县交界处设立监测断面进行监测。在白洋淀容易发生死鱼的月份，加大加密监测频次，发现情况及时预警。分级负责、属地管理，对向白洋淀上游河道排放污水的造纸、印染、制革等企业，严格核查验收，对达不到治理要求，不能稳定达标排放的坚决不准恢复生产，对于通过核查允许试生产的企业，全天候进行监控，对擅自恢复生产的依法追究法律责任。

【环保创建】 22个县（市）的生态县规划编制工作已全部完成，并通过省环保局组织的专家论证。开展绿色创建工作和清洁生产审核工作，全市有12个单位被评为省级绿色单位，保定市排水总公司被列为省级环境教育基地，英利新能源有限公司被国家环保部评为国家环境友好企业。开展清洁生产审核工作，全市21家国控、省控重点企业通过了省、市审核验收。

【环境监测】 常规监测及咨询监测完成各类有效监测数据4.8万余个。对涉奥关停的涞水长城电极公司、涿州亿力达电厂、宝硕氯碱分厂等23家重点企业及时完成了验收检测工作，编写了验收检测报告，获得有效数据1975个，并按要求完成了包括中石化、中石油系统的98个加油站及地方29个加油站的油气回收改造工程检测。争取财政资金150万元，提前完成3套空气质量监测设备的采购、安装、调试，保证奥运会期间正常使用。对市区商场、胶片2个点位监测设备实施更新改造，增加了TVOC、CO等检测项目；督促保北10个涉奥重点县（市）进行大气监测点位认证，并对检测人员进行了培训。

【环境影响评价与建设项目环境管理】 依据《环境影响评价法》、国务院《建设项目环境保护条例》，在建设项目审批过程中坚持做到：没有市发改委备案或者联办通知的建设项目不予受理；没有总量指标或者无法完成区域总量削减的项目不予受理；清洁水平属于国内一般水平的建设项目不予受理；污染防治措施经济上不可行的项目不予受理；原有项目未通过环保验收的不受理新项目；未批先建的项目依法给予处罚。全年，共审批项目270个（省批72个，市批198个），验收项目100个（其中省环保厅验收10个），全部严格执行了环境影响评价与“三同时”制度。

【环境监察】 年内确定34家市属重点企业为迎奥运市属重点监管企业，制革、印染、采选、水泥、碳棒、化工、造纸、熔炼、涉铅、污水处理厂等10个行业为重点污染行业。制定《迎奥运环境保障工作方案》，将34家市属重点企业分包到人，从企业的环保手续、“三同时”制度、设施运行、达标排放、排污许可证、环境应急、排污申报、排污缴费、危废处理、排污口规范、落后工艺、规模扩建、工艺改变等13方面内容进行全方位的调查登记，做到了一企一档一方案，均与企业签订了奥运环境保障责任书。市环境监察大队检查督导89次，对市属企业现场监察671家次，处理个案67起，立案19起，实施行政处罚19家，罚款额115万元，对11个典型环境违法案件实施了挂牌督办。

加强应急预案的演练，组织模拟宝硕化工分公司氯气泄露等事故进行了演练。成功处置了两起分别在易县112国道龙泉庄段、保涞公路唐县倒马关乡发生的甲醇罐车和液氨罐车翻车事故。在省环保局将保定天鹅股份有限公司、河北宝硕股份有限公司化二分公司、高碑店市顺新化工有限公司、河北雄威化工股份有限公司、阜平县化工有限公司、河北旭阳焦化有限公司、河北新兴化工有限公司7家企业确定为省级环境安全重点监控企业的基础上，市环保局又将保定市乐凯胶片集团公司、宝硕集团有限公司化工氯碱公司、河北田原化工有限公司、保定大力铜业有限公司等4家企业确定为市级环境安全重点监控企业，这11家企业除宝硕集团化二分公司外（已自然停产），其他均已制定了《环境突发事件应急预案》并通过专家论证。各县（市、区）环保局在省、市已经确定的11家省控、市控环境安全重点监控企业的基础上，还筛选出了91家企业作为县级重点进行监控。

对市区106家排污单位进行了征收，共征缴排污费956.5万元，其中征收污水排污费441.4万元，废气排污费499.8万元，噪声超标排污费15.3万元。对涞源、易县、容城、唐县、曲阳、新市区等6个县（市、区）的排污费征收情况进行了稽查，并督促、协助各县（市、区）环保局建立了排污收费电子档案，实现了对排污费的微机化管理，全市排污收费工作更加规范化、制度化。全市年内累计收费3700万元，超额完成3400万元的年度收费任务。

【专项行动】 围绕环境执法年主题，“严查环境违法行为、严批新建项目环评、严肃追究环境监管失职责任”，开展整治违法排污企业保障群众健康环保专项行动、企业达标排放百日排查行动、污染减排专项集中整治行动。全市出动执法人员12000余人次，检查企业6300余家（次），取缔非法企业（摊点）102家，关停整改企业85家，处罚企业69家，对11个典型环境违法案件实施了市级挂牌督办，处理环境信访案件768件，结案率100%。市环保局被国家环保部等七部委表彰为整治违法排污企业保障群众健康环保专项行动先进集体。

【环保科技】 与省环境科学学会、河北农业大学共同组织了“千乡万村环保科普行动”，由大学生环保志愿者组成12支环保科普团队，设立咨询台、摆放展板，向群众发放环保知识手册、科技光盘和农业科技资料等，进行为期一周的科普宣传及社会实践活动。9月21日“全国科普日”，在居民社区组织开展了以“节约能源资源、保护生态环境、保障安全健康”为主题的系列活动，制作了12块图文并茂、通俗易懂的环保知识展板，设计、印刷了数千份精美的环保知识手册，并在活动现场设立了环保咨询台和宣传台，向居民宣传环保知识，倡导从生活中的一点一滴做起，节约能源，减少污染，保护环境，共同维护美好家园。共有6篇论文在省环境科学刊物上发表。

推广余热回收设备和秸秆综合利用，市第一环保设备厂生产的锅炉全自动脱硫静电除尘余热回收利用设备，在全市已安装100多台，10吨锅炉每天可节约3～4吨煤。11月9日在定兴县召开了全市秸秆综合利用现场会，组织各县（市、区）环保局长、农业局长、监察局长等现场观看了秸秆压块生产和生物质锅炉燃用压块秸秆情况。

【环境宣传教育】 围绕污染源普查、秸秆禁烧、奥运环境保障、"蓝天行动"等重点工作，邀请、接受媒体来访，及时收集、整理并提供相关资料或投稿，组织各县（市、区）进行环境新闻线索报送等形式，开展新闻宣传工作，在《中国环境报》、《河北日报》和《保定日报》等各类媒体刊发（播）稿件170余篇。纪念"六·五"世界环境日，围绕"转变传统观念，推行低碳经济"、"绿色奥运与环境友好型社会"主题，开展环保行动进机关、进学校、进企业和"绿色奥运——环保行动进社区"等活动，6月5日发放环保宣传手册近2万余份、环保购物袋2万余个，展出环境警示教育展板30余块，组织大学生志愿者开展了"治污染脏乱，创生态文明"捡拾垃圾和自行车环保主题骑行活动，收到较好的宣传效果。

【环境信访和环保政务信息】 市、县两级共受理案件2071件，比去年同期降低15.26%，其中市级受理案件1095件，占总受理量的50.22%，比去年同期降低9.60%；重复访25件，占市级受理案件的2.33%。共承办人大代表建议4件，政协委员提案11件，比去年上升了7件。按时办结和直接走访率达100%，人大代表、政协委员对办理结果满意和基本满意率达100%。环保政务信息被省以上单位采用47篇，省网站采用303篇，累计分数在全省环保系统排名第一，被省环保局评为政务信息工作先进单位。

【奥运环境保障】 国家环保部、国家气象局28次遥感卫星监测显示，全市2.2万平方公里范围内没有发现一处火点，受到了国家和省的高度评价。市、县环保局等20多个单位分别被国家环保部、省环保局、保定市委、市政府评为奥运环保保障工作先进集体，全市环保系统及相关单位有100多名同志分别受到国家、省、市的表彰。

领导班子成员

党组书记　颜世民（9月离任）
　　　　　魏凤枝（9月任）
局　　长　魏凤枝
副 局 长　赵晋民　朱宇光
　　　　　王金甫　樊朝宇
纪检组长　鲁红朝

（孟月华）

园林绿化

【保定市园林绿化管理局】 是政府主管全市城镇绿化的职能部门，担负着负责绿化规划设计、养护管理、依法施政等任务，管理全市22个县（市）的城镇绿化业务工作。内设5个处室：办公室、组织人事处、计划财务处、建设管理处、城镇绿化处。下属单位18个：规划设计所、园林技校、医务室、动物园派出所、竞秀公园派出所、绿化工程管理处、基建工程处、动物园、竞秀公园、东风公园、滨河公园、植物园、一亩泉河游园、军校广场、红旗苗圃、第二苗圃、服务公司、电影院。共有干部职工485人。

【概况】 2008年，园林局以城市面貌三年大变样为统揽，以主街道绿化为重点，大型游园为依托，城区街角小游园为点缀，按照"300米见绿、500米建园"的要求，坚持增总量、扩规模、创精品、高标准推进城市园林绿化，全面完成了省、市下达的各项任务目标：社会绿化总计植树226.8万株，超过省定任务64万株。其中市区72.2万株，县（市）城镇154万株，分别占省下达任务的103%和118.3%。城市建成区绿地率增加0.9个百分点达到32.8%；绿化覆盖率增加1个百分点达到37.9%。人均公共绿地面积达到8.6平方米。分别获得保定市文明单位、工作实绩突出单位、安全生产突出单位、共建社区先进单位、督查工作先进集体、信息工作优胜单位、退役士兵安置先进单位、社会治安综合治理先进单位、抗震救灾先进基层组织、五四红旗团委、青年文明号团委、档案工作先进单位等称号。被省建设厅授予城市建设管理先进单位、公用事业服务先进单位、纪检监察先进单位等称号。被省委、省政府命名为"文明单位"。

【全民义务植树】 先后2次召开春季和秋冬季全市城镇植树绿化动员大会。参加会议的有各县（市）区长、主管副书记，各县（市）区林业、城建、综合执法局长及市直各部门负责人、园林局副科级以上干部共1100人。市四大班子领导出席会议。市委常委、副市长赵常福作动员报告。为获得荣誉称号的单位和个人颁奖。3月12日植树节和11月10日秋冬季植树日，市四大班子领导和2000多名机关干部带头参加义务植树活动。园林局与市"两办"督察室和四区密切协同，每日、每周进行抽查通报，在"两报"、"两台"公开曝光，确保全年植树任务圆满完成。

【游园绿地建设】 全年共建成游园绿地9块，分别是：五四路与长城大街交口西北角绿地、永华大街与天威路交口西北角绿地、美校街旁绿地、七一路原保发车饰绿地、新市区粮局门前绿地、香槟小镇游园绿地、龙潭路游园。总面积2.88公顷。

【道路绿化建设】 重点工程是配合路网改造，完成了东二环与天威路交口绿化种植任务，完成了七一路、阳光大街绿化带树种更新，栽植法桐1000棵，花卉7000平方米、蔷薇100万株。完成了七一路高速引线两侧6883株乔、灌木和12544株宿根花卉、5076平方米模纹植物移植任务。完成了长城北大街监狱段、朝阳南大街时代商厦段绿化带建设与改造。完成了恒祥北大街两侧景观绿化，由开发商出资，园林局施工，总面积达12.2万平方米。

【大型公园建设】 1. 滨河公园照明改造工程于国庆节前竣工，共安装太阳能灯607（基、盏）。2. 竞秀公园碑廊重建主题工程完工，竞秀碑廊选址在公园西北角，占地30.4亩，原先为公园旧花房及生产用地。3. 文化大市建设重点项目——大型历史文化名人雕塑，在植物园内落成。4. 西郊万亩森林公园启动实施，位于城区西北部漕河故道，规划面积11500亩，当年完成1100亩滩涂治理改造，种植杨树等乔木8.5万株。

【拆违建绿】 协调四区开展拆违建绿拆墙透绿，新增绿地面积12万平方米，安装绿化护栏5000多延长米，垂直绿化3万平方米。按时启动了护城河水系景观廊建设，旧城府河段综合整治、拆迁等前期工作。

【庭院及小区绿化】 共有24个单位庭院、17个居住小区、8条街道、8个公园，分别被省建设厅命名为省级园林式单位、省级园林式居住区、省级城市绿化样板示范街道、星级公园和优秀游园，其中军校广场、植物园评为四星级公园，在全省11个设区市中，成为申报最多、通过率最高的设区市。

【防治美国白蛾】 制定实施了防治美国白蛾实施方案，印发了美国白蛾防治技术资料。利用春季和秋冬季有利时机，适时打响除治美国白蛾大会战，总计出动2000余人（次）、器械400余台（套），对所有行道树和各公园、游园乔木，普遍喷洒药物3～5次，并结合剪掉网幕深埋、烧毁及冬前绑草把灭卵等有效防治措施，使其蔓延趋势得到有效遏制。局长卜根旺被评为全国防治美国白蛾先进个人。

领导班子成员

党委书记
局　　长　卜根旺
副 局 长　吴义军　唐述全
　　　　　李丙发　许亚平
纪委书记　刘彦昌
总工程师　王　宇
助理调研员　王彦童

（赵彦昌　赵树民）

城市管理

【保定市城市管理行政执法局】

保定市城市管理行政执法局（以下简称市执法局）于2007年2月26日组建，是主管全市城市管理行政执法的市政府组成部门。负责综合协调、监督、管理和指导全市城市管理行政执法以及市容环境卫生管理工作。主要职责：1. 宣传贯彻国家和省、市有关城市管理的政策和法规，拟定和实施城市管理有关规定。2. 拟定和实施城市管理长期规划和年度计划，组织全市性的城市管理综合整治和检查评比。3. 负责全市市容环境卫生方面的行政管理和市区内环境卫生方面的行政审批、行政许可等工作以及对市容环境卫生设施、设备、经费的管理。4. 负责对全市所辖各县（市、区）的城市管理行政执法工作的指导、检查、监督。5. 受理市民和单位有关城市管理方面的投诉和举报，查处违反有关城市管理法规的行为。6. 集中行使市容环境卫生管理方面、城市规划管理方面、市政管理方面、园林绿化方面、环境保护方面、工商行政管理方面、公安交通管理七个方面的行政处罚权。7. 承办省、市人民政府决定调整的城市管理领域的其他职责。市执法局机关设办公室、政治处、计划财务处、规划监察处、督察处、环境卫生管理处、政策法规处、指挥中心、市容亮化管理处、综合业务指导处10个处室，下设直属大队、一大队、二大队、三大队、四大队、规划监察大队、车站综合治理办公室、无害化处理中心、医疗废弃物处理中心等9个所属单位。公安城管警察支队，由市执法局和市公安局双重领导，以市执法局领导为主。

【概况】 2008年，全面做好城镇面貌三年大变样工作任务。（1）“五拆”工作圆满完成。全年累计拆除“违、临、破、旧、陋”建筑346.37万平方米，占总任务量的81.2%。（2）开展市区户外广告集中整治第一战役，历时二个月，完成预期目标任务。（3）拆墙透绿工作任务超前完成。共拆墙透绿245处，2.1万余延长米。（4）既有建筑外观改造和街道景观环境整治顺利推进，完成总任务量的63%，超过了河北省50%的任务要求。(5)组织全市开展城乡环境综合整治，实现全市人民群众观念提升、整治亮点凸现、要求标准提高、建设投资多样四个目标，全市城乡面貌得到极大改善。(6)提高“三清一管”能力，城市卫生继续好转。

创新城市管理举措。坚持“理性、文明、和谐、民生”的执法理念；制定和谐城管“三个十”联系制度；推行文明执法“四步曲”、执法过程中强化“三种意识”（证据意识；程序意识；后发制人意识），依法办事；实行“城管执法五禁令”；城市管理工作做到“四会”（会及时发现问题；会讲法律政策；会依法解决问题；会做群众工作），提高执法水平；实施网格化管理，推行“五三一”工作法；推出每周一次徒步执法日工作制度。

按照《政府工作报告2008年工作落实方案》，涉及我局的第一责任单位的工作任务16项，全部按时、高质量完成。2008年被市委评为实绩突出领导班子，市政府考核市直部门排名第10位，城市面貌三年大变样活动先进集体等16项市级先进集体荣誉。局党委书记、局长刘铁英被评为全国“文明执法、和谐城管”2008城管执法年度人物及市委考核优秀等级领导干部。全局共有22人获市级先进个人荣誉。

【“五拆”工作圆满完成】 年内，“五拆”工作涉及四区全部、三县（清苑、徐水、满城）部分，总任务量为426.15万平方米。市执法局履行牵头、组织、协调、督导、落实职责，累计拆除“违、临、破、旧、陋”建筑346.37万平方米占总任务量的81.2%，按计划圆满完成任务。市执法局作为“五拆”办公室，局长任主任、副局长任副主任。办公室细化分工为6个小组（资料信息组、资料核实认定组、信访接待安全稳定组、资料照片汇总组、外部协调组、手续认定组）。研究解决个案215起，召开调度会7次，编发“五拆”工作简报27期，工作周报24期，下达专项督办单119份。对“三线”（铁路、公路、河道沿线）和市区43条主要干道、7条城市出入口两侧的“五拆”建筑，逐一进行数据测量、照相取证、挂图上墙、存档备案。在“启动、稳步推进、高潮、攻坚、收尾”五个阶段中，明确时限、任务量，倒排进度，由新闻媒体每日通报进度。先后制定“五拆”奖惩办法、黄红牌警示等制度，圆满地完成“五拆”工作任务。

【户外广告管理效果显著】 10月23日至12月31日，开展以整治二环路以内的塔牌广告、楼顶广告、墙体广告和11条路两侧门头牌匾为重点的户外广告集中整治第一次战役。共拆除户外广告（门头牌匾）5971块（平均一天85块），面积14.4万平方米。其中塔牌广告53块，面积1.4万平方米；楼顶广告572块，面积5.1万平方米；墙体广告1277块，面积2.6万平方米；门头牌匾3602块，面积3.9万平方米；灯箱80块，面积758平方米；其他广告385块，面积1.2万平方米。第一战役告捷。

【整治占道经营，还路于民】 开展“整治占道经营 还路于民”专项行动。对市委、市政府确定的迎宾路线及重要街道区域按照“七无一规范”进行管理。即：无店外经营、无店外堆物、无店外加工、无乱贴乱画、无摆摊设点，门头牌匾规范设置。广泛宣传，集中治理；自查自纠，查漏补缺。杜绝占道经营现象出现反弹。对重点部位、重要路段和重要时段强化管理，城市管理水平有了明显的提高。

【“蓝天行动”治理露天烧烤】 先后组织三次大规模的露天烧烤集中整治活动。各基层大队联合局警察支队、环保局等相关部门，每周组织1－2次集中治理活动，以群众反映强烈的门店为治理重点，对市区露天烧烤及大排档进行集中治理。结合早、夜市的治理，取缔露天烧烤，搞好日常管理，优化环境，确保道路通畅。实行弹性管理工作制度，打破正常工作时间，对未经审批设立的早夜市，实施早布控、早宣传、早治理。主动与有关部门联系，规范经审批的早夜市，防止摊点外溢影响环境秩序。全年组织集中销毁露天烧烤炉具5次，销毁炉具688个，有效地遏制了露天烧烤的反弹，专项整治活动取得显著成效。

【违法建设得到有效控制】 全年共受理群众举报499起，办理违反规划案件87起，拆除私搭乱建、改变使用性质等违法建筑1000多平方米。组织力量和辖区大队及区规划分局、区建设局、乡办协调配合对市区进行不间断巡查管控，违法建设及私搭乱建行为得到有效控制。

【整治建筑垃圾的扬撒遗漏】 年内城市建设处在高峰期，建筑垃圾产量与日俱增，为此开展建筑垃圾专项治理月活动。共规范、纠正扬撒遗漏运输车辆480多台次，查扣320多台次。保持了市区街道的整洁和空气质量的优良。

【校园和企业周边环境秩序得到改善】　市局执法与市区内50多所大中专院校、中小学幼儿园和40余家企业建立了沟通联系机制，对管理工作中存在的不足及学校、企业提出的急需帮助的问题给予解决，得到了众多学校和重点企业的认可。放学人流量高峰时段，均落实人员定岗、定责管理。

突击整治与长效管理相结合，整治一处，巩固一处，将校园周边市容秩序的管理列入整个长效管理的重点之中。

【"野广告"专项治理】　集中人员对市区街道两侧的"野广告"进行了彻底清理，共清除市区各类野广告近20万张。市区30条、190余公里街、路由保洁公司承包，每天天亮前对街路两侧的各类野广告进行彻底清理，实现了白天时间市区见不到"野广告"。对造"癣"者从严查处，遏制了"牛皮癣"的蔓延和泛滥，共抓获喷涂各类野广告人员67人，其中行政拘留49人、批评教育18人，缴获张贴广告近10万张。

【治理非法营运人力三轮车见成效】　依"大力度、小振动、保稳定"原则，依法治理取缔非法营运三轮车。保持治理力度，巩固成果。经过摸底调查、广泛宣传、取证留档、重点整治等阶段，共查扣非法营运三轮车133辆，市区内三轮车非法营运现象得到有效遏制，包括社区口、小街巷内的三轮车已基本清除，城市秩序趋于规范，道路交通秩序明显好转，没有出现车主串联上访、越级上访等情况，实现了政治效果、执法效果、社会效果的三统一，依法治理取缔非法营运三轮车工作取得了阶段性成果，营造了和谐畅通的城市环境，提升了城市的品味。

【城市卫生持续优化】　对市区环境卫生工作抽查60余次，组织各区环卫部门检查30余次，督导各区环卫部门清理生活垃圾40余万立方米，清除卫生死角20余处，清除杂草平整场地约20万平方米，做到了市区街道每天"一扫两保"，生活垃圾日产日清。新建垃圾转运站4座。市区140个厕所全部取消收费，并设置明显导向牌和标志牌，新设和维修公厕导向牌140余块，标志牌300余块。组织各区环卫部门，对城中村进行了环境卫生专项治理。并下发《迎奥运城中村环境卫生治理实施方案》，共清除各类积存垃圾7000余立方米。推广垃圾分拣利用，在公共场所、主要街道和生活小区添置3000个分类垃圾箱。

【引入数字化管理技术】　建设城市管理"110"指挥中心，运用GPS卫星定位系统等科技手段，24小时受理群众举报城市管理存在问题、投诉工作人员不作为乱作为现象，处理市委书记、市长信箱交办群众举报的案件。并自主研发、开通了"网上举报"系统，包括网上举报和局长信箱两个功能模块。系统的开通，减少了中间环节，方便了广大群众对执法人员的监督，是全省城管执法系统首创，对强化文明执法、提高城市管理水平产生积极的作用。

【生活垃圾无害化处理】　无害化处理中心严格生产处理工艺，生产运行正规，生活垃圾无害化处理率达到100%，进场垃圾做到当日进场、当日填埋、当日覆盖压实、当日消杀。共接纳清运车辆74471车次，处理生活、生产垃圾29.7万吨。在原有导排系统的基础上，又在填埋区加设了3台污水泵，向外及时抽排，雨水可在最短时间内排出，减少了垃圾渗滤液产生量，做到雨污分流。每天对作业面及其他重点部位喷撒"酶克邦"除臭剂，抑制了臭味。购置多种消杀药物，对填埋区进行消杀作业，防止了蚊蝇鼠等的滋生。

【医废处置中心正式投入运行】　医疗废弃物处置中心采用国内先进的热解气化、高温燃烧处理工艺和自动控制燃烧温度技术，日处理能力为5吨，烟气排放指标完全达到国家《危险废物焚烧污染控制标准》要求，每月节约用水3000吨。全年收运、处置医疗废弃物共计1305吨，同比增长了近一倍。制定快捷的收运路线图，定期对医废焚烧设备进行保养、检修，设备整体刷漆，确保医废焚烧炉的正常运行。该中心已与68家（含7个县的部分医院）医疗机构签订了医废处置合同。

【公安城管警察支队保障有力】　全年出警155起，处理阻碍执法、暴力抗法10起，刑事拘留5人，治安拘留52人，劳动教养1人，治安警告4人，批评教育36人，调解纠纷30起，为市局开展城市管理行政执法工作提供了保障。

领导班子成员

局　　长　刘铁英

副 局 长　马士伟　李　哲　李宝祥

纪委书记　刘　强

副支队长　闫保航

（黄　云）

财政·税务

财政

【保定市财政局】 保定市财政局是主管全市财政收支、财税政策、国有资本金基础工作的市政府工作部门。主要职责是：贯彻执行国家和省财政税收的方针政策，指导全市财政工作；参与全市经济的决策和管理；拟定全市财政税收收入计划，管理市本级财政支出；监督各县（市、区）财政收支和各部门的财务活动；调控和综合平衡全市的社会财力；负责行政事业性收费、国有企业清产核资和农业开发的资金调度等。内设办公室、人事教育处、预算处、监督处、国库处、行政政法处、教科文处、社保处、农业处、经济建设处、涉外处、企业处、综合处、农税处、会计处、法规处等16个职能处室和监察室、老干部处、机关党委、工会、妇委、团委等6个综合处室。下辖预算编审中心、集中支付中心、政府采购办公室、行政事业资产管理办公室、信息中心、政府采购中心、契税征管所、财经稽查办等8个全额事业处室。农业开发办公室和非税收入管理局为财政局管理的副县级事业单位。

【概况】 2008年，在市委、市政府的正确领导和省财政厅的指导下，市财政局坚持以邓小平理论和“三个代表”重要思想为指导，全面贯彻落实科学发展观，认真贯彻十七大精神，在政策性减收因素多，增收难度大，尤其是受国际金融危机的影响，财政收入面临进度放缓、增幅回落、完成任务压力大的严峻形势下，大力组织收入，推进各项改革，优化支出结构，加快支出进度，充分发挥财政职能作用，促进内需拉动、经济平稳较快增长和以民生为重点的社会事业发展，不断增强政府履行社会管理和公共服务职能的能力。2008年全市全部财政收入完成149.5亿元，完成市委、市政府下达目标任务的100.1%，增长22.6%；地方一般预算收入完成66.6亿元，增长29.4%。市财政局被财政部评为2008年“五五”普法法规知识竞赛组织奖，先后获得市级以上集体和个人奖励35项。

【积极调整优化支出结构，财政保障能力显著增强】 一是多方筹集资金25.8亿元，确保了各项惠民政策落实。投入2.8亿元，落实了城乡最低生活保障制度；投入8.8亿元，实施了农村义务教育经费保障机制改革；投入6.6亿元，实施了新型农村合作医疗全覆盖；发放粮食直补和农资综合直补7.6亿元，惠及225.4万户、884.8万种粮农民；充分利用村级一事一议财政奖补政策，推动农村公益事业发展，支持社会主义新农村建设；千方百计筹措资金，全面落实了机关事业单位工资制度改革和规范津贴补贴政策。二是及时拨付资金15.1亿元，保障了大事要事的需要。投入2.9亿元，全力支持奥运安保；投入26亿元，大力推进“城市面貌三年大变样”工作；投入6531万元，对市区区域性燃煤供暖企业，每平方米补助3元。三是适度集中财力7682万元，落实了应急事件所需资金。筹集捐赠资金3.5亿元，财政投入4135万元，全力支持抗震救灾；多方筹资3547万元，全力支持“问题奶粉事件”处置。四是争取上级支持38.1亿元，促进了经济社会的发展。争取国债及基本建设资金5.4亿元，重点支持了市县污水处理、农村卫生、饮水、沼气建设；争取资金480万元，保证了阜平晋察冀边区革命纪念馆、唐县白求恩柯棣华纪念馆、清苑冉庄地道战纪念馆三个首批爱国主义教育基地免费对外开放。

【积极探索推进制度创新，科学理财水平不断提高】 一是继续深化预算改革。加强预算项目库建设，完善项目库管理制度，升级项目库信息系统，深化实施预算项目先评审、后入库试点；推进发展性支出三年滚动预算编制工作；深化绩效预算管理，开展2007年度发展性支出项目绩效评价，并将绩效评价结果作为2009年预算安排的重要依据之一。出台了《乡镇部门预算管理指导意见》，乡镇部门预算编制不断规范，得到省财政厅的充分肯定。二是深化国库管理制度改革。市本级“国库单一账户体系，零余额清算方式”改革试点运行正常，市级财政预算资金全部通过国库支付系统拨付，实现了财政对资金运行的实时监督，支付信息系统进一步完善，保证了资金的安全运行。三是积极探索农业资金整合办法。在唐县、顺平、易县进行了试点，解决了资金使用“散”和“碎”问题，使财政资金的乘数效应明显放大。四是深化政府采购改革。完善政府采购制度，加强采购管理，不断扩大采购规模和范围。政府采购额完成8.9亿元，比上年增加1.8亿元，增长25.2%；节约资金10183万元，节约率为10.3%。五是加强国有资产管理。制定并实施了《保定市行政事业单位国有资产处置管理实施细则》，组织开展了市本级行政事业单位房地产专项检查，摸清了家底，对发现的问题提出了整改意见。完成了市接待中心托管、白沟·白洋淀温泉城合并、高区托管（共建）、人民医院与第一中心医院合并等资产移交工作。六是加强资金监管，推进了依法理财。认真落实《关于向市政府重点资金管理部门派驻财政监察组的意见》，抽调精干力量向9个试点部门首批派驻了13名财政监察员，制定了《驻重点资金管理部门财政监察组管理办法》；对全市教育、林业、农业等15个单位市级专项资金的使用情况、全市交通系统会计信息、两个会计师事务所的执业质量进行了检查。七是加快信息平台建设。开发了支农资金管理系统，并投入使用，使市级财政对全市支农资金管理使用情况有了全面清晰的把握，此项工作在全国起到了示范作用，得到了财政部、省财政厅的高度评价。

【不断加强班子和队伍建设，财政干部整体素质得到提高】 在全市财政系统开展了以“讲科学、求规范、重创新，兴财政、促发展、为人民”为主旨的财政文化建设活动，促进了管理上水平，人员提素质，各项工作再上新台阶；深入推进党风廉政建设，认真落实领导干部廉洁从政各项规定，落实一岗双责，狠抓廉政教育，增强了党员干部廉洁自律意识和依法行政水平；为认真贯彻《实施纲要》，作为第一批试点单位，按照市委要求初步建立了行政权力运行监控机制；扎实开展行风建设，坚持以优化发展环境、提高工作效能为抓手，增强服务意识，强化督导检查，定期开展讲评，及时发现和纠正问题，财政系统的工作效能有了新提升、工作作风有了新转变、综合素质有了新提高。

领导班子成员

党组书记 局长	吕宝生
党组副书记 副局长	康爱民
党组成员 副局长	陈树存　张宗社 李照力
党组成员 纪检组长	翟彦更
党组成员 非税收入管理局局长	赵留强
副调研员	姜　扬
农开办副主任	杨胜伟
正县级待遇	陈景江　游剑虎 康凤琴（二线） 崔义祥（二线）
副县级待遇	臧振生（二线） 闫占平（提前离岗）

（张志伟　田永立）

国家税务

【保定市国家税务局】 保定市国家税务局是主管全市国税税收的管理部门，负责增值税、消费税、所得税、车辆购置税的税收工作。内设14个职能处室，1个直属机构，3个事业单位，下辖26个征收单位。

【概况】 2008年，在保定市委、市政府和省局的正确领导下，以党的十七大精神为指导，全面落实科学发展观，坚持依法治税思想不动摇，紧紧围绕管理提高年的工作任务，以人为本，科学管理，开拓创新，突出特点，狠抓工作落实，经过全系统的共同努力，各项工作均取得辉煌成绩。克服多种因素给组织收入工作带来的困难，加强重点税源监控，在严格组织收入原则的前提下不断加强税收管理，加大组织收入力度，超额提前完成全年税收任务。全年累计完成税收收入87.91亿元（含车购税），占年度计划的104.3%，同比增长18.5%，增收13.73亿元。市局获得全国精神文明建设先进单位荣誉称号，行风建设连续8年名列保定市执法系列第一名，市局及9个单位荣获省级文明单位称号。全市文明执法杯竞赛全系统27个单位全部名列第一名，获得“满堂红”。2008年度全省国税系统绩效考核名列全省第一名。

【坚持以人为本，干部队伍素质有效提高】 市局把提高干部队伍素质作为完成年任务目标的关键，一手抓业务素质，一手抓政治素质，全力突破瓶颈制约。在提高业务素质方面，积极构建“大教育”工作格局，因岗施教、因人施教，依托网络培训考试系统、视频会议系统以及在线考试等多种手段，加大业务技能培训力度，全年共组织各类培训53期，培训干部达4100多人（次），在职干部普遍培训了一遍；注重通过业务督导等实践提升干部业务能力，干部队伍业务水平明显提升，基本达到了干什么、会什么的基本要求，实际操作能力明显增强；积极培养选拔税收业务专业人才，在省局业务能手选拔考试中，市局共有181名同志入选省局人才库，入选总量居全省系统前列。在提高政治素质方面，一是大力加强思想文化建设。通过抓思想教育、抓载体创新、抓文化拓展等一系列措施，不断丰富思想工作、文化建设的内容和形式，使干部队伍的精神状态、思想作风和工作作风发生了明显变化，事业心、责任感明显增强。市局加强思想文化建设的做法和成效得到了省局充分肯定，7个县（市、区）局获全市思想政治工作先进集体，市局作为地市局唯一代表在省局思想文化建设工作会议上介绍了经验，并被国家税务总局《税务简报》专期刊发和《中国税务报》采访报道。广大干部还积极投身救灾捐款、奥运安保等公益活动，自发捐款62.63万元，缴纳特殊党费93.86万元，多名负责扶贫、奥运安保和文明生态村等工作的同志受到上级有关部门的表彰和奖励。二是强力提升精神文明和党建工作层次。深入开展精神文明创建，改进党建管理体系，组织优秀党员演讲报告会等，精神文明建设和党建工作再上新台阶。全系统26个单位全部荣获市级文明单位，9个单位被评为省级文明单位，市局被中央文明委授予“精神文明建设先进单位”，这是市局建局以来取得的最高荣誉。党建工作在全国税务系统党建培训班上介绍了经验。三是积极优化人力资源配置。以省局规范整合机构为契机，将基层税务分局（所）由149个减并为108个，并对基层人力资源进行合理调配，人力资源结构得到优化。四是全面加强班子建设。认真落实班子巡视、民主生活会等各项制度。连续4年开展了“三实”活动，不断深化其活动内涵和提高实际成效，基层班子解决实际问题的能力不断增强。五是扎实推进党风廉政建设。认真开展惩防体系责任机制试点工作；积极开展廉政文化活动，营造了倡廉、尚廉、守廉的良好氛围；深入开展执法监察工作，完成了52个项目的立项执法监察，提出执法监察建议114条，对2名违纪干部给予行政处分；全面加强行风建设，连续7年夺冠之后，以绝对优势再次获得评议第一名。责任机制试点和执法监察工作得到了省局的充分肯定，廉政文化建设成果展荣获全省系统第一名。

【实施科学管理，税收管理水平稳步提高】 按照省局提高年“抓深化、抓细化、抓优化”的要求，抓住管理手段和管理效率“两个重点”不放松，从7个方面扎实有效地推进了科学管理。一是协调联动机制不断深化。在对协调联动机制进行完善、规范的基础上，更加注重协调联动的内在质量。全年共部署联动任务21项，评估纳税人5665户，移交稽查157户，评估、稽查共入库税款（含罚款、滞纳金）7172.25万元。二是管理员平台应用质量稳步提升。在顺利推行管理员平台的基础上，通过加强平台应用考核等措施提高平台应用质量，平台人均登录率、人均完成任务数、逾期任务率降低幅度三项指标均居全省前列。三是税种和发票管理全面加强。增值税方面，重点对利废、新办商贸等7类企业进行了纳税评估，共评估企业2393户，评估入库税款1662.9万元。继续保持了金税工程各系统的高质量运行，存根联采集率达100%；所得税方面，积极宣传落实新的《企业所得税法》，采取多种措施降低所得税亏损面，使亏损面下降了13.7个百分点，所得税贡献率由0.54%增长至1.38%；出口退税方面，加强征退税衔接，对皮毛出口企业开展了专项评估，全年共完成出口退（免）税17.54亿元，创历史新高；国际税收方面，对全市纺织、服装、肠衣行业的财务信息进行采集，进一步完善了反避税基础信息库，并切实加强了对跨国关联交易的监控；车购税方面，运行了车辆购置信息采集系统，加快了办税速度，减少了纳税人排队等候；发票管理方面，积极探索普通发票分类管理方式，完善普通发票稽核比对，有效地控制了“大头小尾”和假发票。

并开展了医药、废旧物资收购等重点行业的发票检查，规范了行业用票。四是税收秩序进一步规范。组织开展了对房地产及建筑安装业、铁矿采选业和大型百货商贸等行业的专项检查。全市稽查系统共检查企业1022户，通过各项稽查工作实现查补收入7449万元，被市政府授予“整顿和规范市场经济秩序先进集体”称号。五是税收执法更加规范。推行了税收执法管理信息系统，并以此为契机，进一步完善了执法岗责保障系统内容及工作流程，实现了两个系统的有机结合，执法手段不断完善；深入开展执法检查，对8个单位进行重点检查，并对发现的11类问题督导整改，用三年时间对所辖单位全部检查了一遍，广大干部规范执法的意识不断增强；加大执法过错责任追究力度，全年共追究过错责任人员979人（次），追究面达40.24%。六是纳税服务不断优化。设立了纳税服务中心，明确专人负责纳税服务工作；选择65项经常性的涉税业务，从办理岗位、工作流程、服务承诺等方面进行了统一和规范；制定了《纳税服务工作评价体系》，为优化纳税服务奠定了基础。

【坚持改革创新，工作效能明显提高】 坚定不移地走改革创新之路，以改革的精神和创新的举措提升工作质量和工作效能。一是对涉税业务进行了优化重组。对126项涉税业务事项进行了调整、取消或合并，使工作流程更趋扁平化和规范化。同时，严格限定各部门、各环节的工作标准和工作时限，纳税人对办理涉税事项的满意度不断提升。二是建立工作规范。按照专业化、流程化、标准化的要求，在分解年初国税工作会议部署任务的基础上，从职责、制度、流程、标准、考核等5个方面对每个工作岗位加以完善、健全、优化，从领导到科员都形成了按规范做工作的局面。三是积极推动管理创新。探索并成功运行了“一窗通办”和“同城通办”，取得了较好效果。另外，不少单位根据本地实际，改革创新了一些提高管理工作质量和管理工作效能的行之有效的办法。

【突出地域特点，防范行业税案的能力不断提高】 市局针对保定市“一县一业”、“几县一业”区域经济特色明显的特点，吸取税案教训，切实加强行业税案预防工作。一是增强防范风险意识。坚持以税案讨论、举办专家讲座、研讨执法案例等多种形式，积极开展防范风险教育，全体干部的风险意识不断增强。二是强化行业分析评估。针对高危行业，通过多层次的税收分析和分行业的纳税评估，发现税收疑点，查找税案苗头，及时有针对性地采取防范措施。三是建立了防范税案组织体系。在市局组建预防行业税案办公室的基础上，建立了全市预防行业税案工作联动体系，在对各县区域内主导行业普遍调研的基础上，对矿业采选、有色金属加工等行业进行了重点调查，并制定了预防性整改办法，有效地避免了行业性税案的发生。为防止虚开运费发票大量流入本市，还及时对运费发票已抵税款进行了专项核查，共查补税款171万元，有效地起到了预防作用。全年未发生行业性税案苗头。

【完善落实机制，各级干部的执行能力进一步提高】 一是建立了抓落实工作机制。制定了《强化工作落实的实施意见》和《工作落实保障体系》，建立了工作“落实—检查—总结—交流—再落实—再检查—再总结—再交流”循环往复抓落实的机制，形成了完整的抓落实工作体系。同时，加强绩效考核，对重点工作年初建账，年中对账，年末算账，并开展了星级单位评比活动，促进了工作的高标准落实。二是实行责任挂钩。推行了工作项目领导分包责任制、机关处室与基层单位责任挂钩、稽查（检查）首查问责等多项措施，使机关和基层紧密联系在一起，强化了各级的责任意识和落实意识。三是强化工作督导。实行工作立项督办制度，促进了工作落实。特别是在省局税收业务巡查结束后，对省局巡察组提出的4类264项问题逐项整改落实。

领导班子成员

党组书记 局长	杨树民
党组副书记 副局长	郭福霖
党组成员 纪检组长	于国荣
党组成员 副局长	张志宏　张惠敏 刘孟延
党组成员 总经济师	王胜军
党组成员 总会计师	吕永强
调研员	孟崇进
副调研员	王山岭　刘文造

（刘明文）

地方税务

【保定市地方税务局】 保定市地方税务局是负责保定市地方税收征收管理的职能部门，受河北省地方税务局和保定市人民政府双重管理，以垂直管理为主。市局机关内设16个处室（中心）：办公室、人事处、监察室、教育处、计统处、财装处、征管处、法规处、税政一处、税政二处、税政三处、机关党委、发票处、后勤服务中心、计算机管理中心、干部培训中心。直属单位4个：稽查局、直属一分局、直属二分局、直属三分局。管辖26个县（市、区）地方税务局。共有干部职工2415人。

【概况】 在省局和市委、市政府的正确领导下，以“三个代表”重要思想为指导，深入学习贯彻党的十七大和十七届三中全会精神，牢固树立科学发展观，紧紧围绕整体跨越和“四化两提高”的总体目标，进一步解放思想、夯实基础、提高素质、狠抓落实、开拓创新，较好地发挥了地税部门职能作用，全面完成了以组织收入为中心的各项工作任务。市局再次获得“全国文明单位”；创建了机构分设以来首个“国家级青年文明号”、“全国巾帼文明岗”；再次夺得全市“文明执法杯”竞赛第一名；12个基层单位被命名为省级文明单位、21个基层单位被命名为市级文明单位，地税系统的社会形象和地位得到了进一步提升。

【税费收入持续稳定增长】 全市共组织各项收入670553万元，同比增收134811万元，增长25.16%。其中，税收收入完成415149万元，增长25.29%；社保费收入完成226917万元，增长26.24%，市长于群、常务副市长李谦分别对我局组织收入工作给予了批示肯定。在组织收入中，一是改革税收计划分配方式。以征管单位自报计划为主，市局进行微调，加强了税收月报、税收分析和收入调控，确保了税款均衡入库。二是加强了重点税源监控。市局对年纳税100万元以上的579户企业、县局对年纳税10万元以上的2963户企业实施重点监控，监控收入占全市税收总量的77.1%。三是规范社保费征缴。在搞好调查摸底的基础上，对缴费单位进行了重新分类和认定，完善了费源档案，加强了对中油东方地球物理公司等重点企业的管理，加大了清欠和对破产企业的催缴力度，全年全系统共清理欠费3699万元、催缴破产企业入库费款7500万元。四是大力开展税务稽查。对房地产、烟草、平安人寿保险、工商银行、移动公司等行业和个税等税种进行了专项检查，全市共检查企业1523户，查处30万元以上大案要案27起，查补入库税款、罚款和加收滞纳金共计25303万元。

【干部队伍建设得到加强】 一是各级领导班子认真加强科学发展观的学习。积极强化民主集中制建设，严格民主决策程序、提高民主生活会质量，进一步提高了基层班子的凝聚力和战斗力。二是积极优化基层班子结构。依据公开、公平、竞争、择优的原则和规范的工作程序，全年提拔科级干部28人、交流19人、考察任职试用期满155人，进一步优化了基层班子结构。三是强化培训考试。分级别分岗位组织了10期、390余人参加的业务培训，在全省征收岗位业务技能竞赛中，有2名同志排名全省第二和第七，有7名同志进入了全省前50名。四是在全系统积极营造敬业爱岗、无私奉献的地税精神。在四川特大地震发生后，全系统干部职工积极奉献爱心，共捐款180.8万元，捐献帐篷115顶，棉被200床，毛毯100条，在社会上树立了良好的地税形象。

【税收管理质量进一步强化】 一是积极构建“四位一体互动机制”。市局成立了纳税评估工作组，制定了《实施方案》，写出了14个分析报告，将变压器、汽车整车制造和汽车零部件等行业确定为评估重点，全年共评估企业1850户，移交稽查处理37户，入库税款、滞纳金、罚款共计5752万元，形成了数据共享、科学互动的链条式管理模式。二是强化分行业、分税种管理。先后出台了加强餐饮业所得税征收管理的通知、娱乐业营业税等征收管理办法。建筑业、房地产业、餐饮业、交通运输业四大行业共计实现税收142562万元，同比增长27.08%。在分税种管理上，针对不同税种采取了不同办法。个税、企业所得税、营业税、城建税、车船税、房产税、土地税、土地增值税、资源税、教育费附加、地方教育费附加全面增收。三是强化发票管理。充分利用发票管理软件，按月分析全市餐饮业、服务业用票量，积极开展餐饮业、服务业“发票双奖”活动，实行发票双奖的餐饮服务业实现税收11356万元，同比增长61%。四是继续加强信息化建设。顺利完成了08版征管应用软件系统升级推广。对征管等十几个应用软件进行了安装、调试、升级和更新；积极搭建“四位一体互动机制”平台；加强了全系统网络安全大检查，确保了“两会”和奥运会、残奥会期间的信息安全。

【税收执法水平进一步提高】 一是积极依托税收执法责任制软件，对近年来全市税收执法责任制数据进行了综合分析，对执法过错和责任追究信息从不同角度、不同侧面进行二次开发，针对问题，跟进措施，提高了工作质量，该做法得到了省局通报表扬；二是加大执法检查力度。全年对5个基层单位进行了执法检查，对6个基层单位进行了复查，对涞源、定州2个单位进行了解剖检查。工作中，大力推行以《税收执法过错责任追究呈报审批卡》和《税收执法检查整改落实卡》为内容的“双卡制”，用《落实卡》监督《呈报卡》。13个被查单位都依据“双卡制”的要求，针对查出的四大类22种问题进行了整改。全年共追究3233人次，经济处理2351人次，罚款78608元；三是加强了重大税务案件审理，共审理案件85件，占稽查立案总数的34.6%。有力地强化了税收执法，在全市文明执法杯竞赛活动中市局再次荣获第一名。

【税收服务进一步优化】 一是与电视台、报社等新闻媒体合作，举办了地税杯征文比赛，开展了税法知识有奖问答、税法进学校、进社区等活动，税法遵从度得到有效提升。二是大力推进简易申报、简并征期和网上申报等多元化申报方式。全市共有17203户企业实现了网上报税，占符合条件的75.4%，累计入库税款140895万元；实现银税联网的双定户达到16182个，占符合条件的56.9%，累计入库税款1458万元，极大方便了纳税人。三是加强办税服务厅管理。统一办税服务厅标识和窗口名称，优化触摸屏服务功能。大力推行“一窗式”服务，并在有条件的办税服务厅增设排队叫号机、自主申报机等硬件设备。充分发挥12366服务热线功能，强化纳税提醒、咨询服务，累计受理纳税人电话3400多个，自动语音受理电话18000余个，赢得了广大纳税人的欢迎。

【行风、党风廉政建设再上新台阶】 严格落实党风廉政建设责任制和领导干部重大事项报告、收入申报、礼品登记等各项廉政制度。加强了行政权力公开透明运行，对职权目录和流程图进行了规范，维护了干部群众和纳税人的知情权。继续做好行风建设和民主评议，积极建立完善行风建设和民主评议工作的长效机制。针对规范执法、公开办税、有责不负、失责不究、推诿扯皮等问题，组织了纳税人评议地税干部活动，对21个基层单位进行了明察暗访，对320名代表发出征求意见书，登门拜访评议代表千余人次，提升了地税部门在社会上的满意度，赢得了纳税人及社会各界的一致好评。

领导班子成员

局　　长　马志华

副 局 长　周　纪　赵树朋　张景然　顾建明

纪检组长　刘立峰

（赵亚民）

金　融

金　融

【综述】　2008 年，全市金融机构认真贯彻执行适度从紧的货币政策，锐意改革、精诚服务，为地方经济发展做出突出贡献。截至年末，保定全辖各项存款余额 1977.80 亿元，比年初增加 353.03 亿元，同比多增 180.26 亿元；存款年增长 21.7%，同比多增 6.1 个百分点。全辖各项贷款余额为 711.52 亿元，比年初增加 75.77 亿元，同比微增 0.29 亿元；贷款年增长 11.9%，同比下降 0.3 个百分点。全年累计现金收入 5082.67 亿元，累计现金支出 5154.90 亿元，收支相抵净投放现金 72.22 亿元。

【金融调控】　人行保定市中心支行认真履行央行职责，综合运用多种调控手段，努力做好金融调控工作，确保当地金融平稳运行。

一、加强“窗口指导”，支持地方经济发展。

（一）加强经济金融运行情况监测分析，建立货币政策落实情况评估制度。积极协同市政府金融办组织召开经济金融形势分析会，深入分析全市金融运行中面临的热点、难点问题，提出解决办法，增强了分析会的影响力。建立货币信贷政策导向评估报告制度，对辖区小额贷款担保、节能减排、助学贷款、房地产等货币信贷政策贯彻落实情况和实施效果进行了评估，并及时向上级行和市政府报送反馈，为地方政府决策发挥了重要作用。

（二）发挥“窗口指导”作用，强化货币政策的传导和实施。引导辖内各金融机构按照国家宏观调控要求，坚持“区别对待、有保有压”的原则，把握信贷投向，优化信贷结构，加大对中小企业和新农村建设的支持力度。指导辖区金融机构对纳入重点支持范围的中小企业，根据其经营特点和金融需求，制定个性化的信贷支持方案，创新信贷品种，支持中小企业发展。加大金融支持新农村建设工作力度，制定《保定市金融机构支持新农村建设工作方案》、《金融支持新农村建设政策效果评估方案》，引导辖区金融机构加大“三农”支持力度，筛选出 4 家资信状况良好的农业产业化龙头企业，优先办理贴现和再贴现。引导推动辖区各商业银行开办下岗失业小额担保贷款业务和助学贷款业务，制定的《小额担保贷款政策导向效果评估实施办法》被人行石家庄中心支行货币信贷处以文件形式转发推广。截至年底，全市发放小额担保贷款 6441 万元，1664 笔；全年累计发放国家助学贷款、生源地助学贷款 1822 万元。

（三）提升工作质量，依托信息调研为上级行和地方党委、政府提供决策服务。进一步完善信息调研工作机制，整合信息资源，围绕经济金融热点问题开展了调研工作，打造了一批高质量的精品信息。2008 年中支的政务信息被中办、国办、上级行及省、市党委、政府采用 82 篇，其中《对农村耕地情况的调查》、《对小麦收购情况的调查》、《社会各界对下调存贷款利率政策的反馈》等 5 篇调研报告被中办、国办采用，《对基层行创新工作开展情况的调查》被总行领导批示，在上级行和地方政府的考核中均取得了较好成绩。在 9 月份天津分行政务信息选题会议上，保定人行作了信息调研工作典型经验介绍。同时，各业务科室的专业信息被上级行对口部门的采用量也有了较大增幅。

二、维护地方金融稳定，推

进地方金融改革

（一）严格存款准备金管理。按照总行要求，督促辖区各金融机构8次调整存款准备金，密切关注存款准备金率调整对辖区金融机构资金流动性的影响，加强反馈，防范风险。强化对辖区城市商业银行、农村信用社等地方法人金融机构的存款准备金日常管理和考核力度，根据石家庄中支抽查面30%的要求，组织对辖区7个县（市）支行的存款准备金监测管理、动用情况进行了专项检查，确保存款准备金管理工作安全。

（二）认真做好利率管理工作。国家先后4次利率下调政策出台后，积极做好政策的传导和宣传解释工作，及时反馈政策实施效应；进一步加强利率定价管理，完善了相关管理制度，完成全辖利率监测报备系统培训和测试工作；做好对民族贸易和民族用品生产贷款优惠利率监测工作，使优惠利率政策执行到位。

（三）加强农村信用社票据兑付预审和监测，积极稳妥地推进农村信用社改革。中支和各支行认真做好农村信用社改革专项票据兑付考核工作，建立了预审工作制度，加强与政府部门的沟通联系，取得了较好成效。第五批申请兑付的3家联社、第六批申请兑付的10家联社审核上报后，全部通过。联合银行监管部门，对提出兑付申请的联社、未取得兑付资金的联社都进行了摸底检查，对存在的问题要求其进行整改，并及时向上级行汇报。认真做好农村信用社日常监测考核和票据兑付后的监测工作，全面了解农村信用社法人治理、内控制度、三会召开等情况，并通过台账监测、现场检查等手段及时掌握经营情况，发现问题，及时提出建议，督促整改。

（四）强化金融市场监管，规范市场操作行为。举办两期银行业金融市场业务培训班，提高了基层支行的监管工作水平。对辖区金融市场业务进行现场检查和非现场检查，促进了业务的规范开展。加强对金融市场的分析监测，及时向上级行反馈宏观调控政策调整对当地金融市场波动的影响。

（五）加大反洗钱宣传和检查工作力度，推进反洗钱工作深入开展。根据人员变动情况，及时调整了中心支行反洗钱工作领导小组，加强对反洗钱工作的领导。大力推动反洗钱宣传工作，印发了《2008年保定市金融系统反洗钱宣传活动方案》，突出“打击洗钱犯罪，维护社会稳定”主题，发放宣传资料2万余份，提高了社会公众的反洗钱意识和知识水平。对工商银行保定分行和部分保险公司开展了反洗钱专项现场检查，针对存在的问题提出了整改意见。

【金融监管】 2008年，保定银监分局围绕银监会和省局提出的各项工作任务，结合自身实际，以提高监管有效性，提高银行业竞争力为总体工作目标，以“抓重点、带一般，定任务、明责任，抓落实、促提高”为基本工作思路，各项工作取得长足进步，促进了银行业金融机构安全稳健高效运行，有力地支持了地方经济的发展。

一、增强监管工作针对性，努力提高监管工作实效。

保定银监分局努力在监管工作有效性上下工夫，取得了一定成效。一是提高了监管政策传导的及时性和针对性。省局年度工作会议后，由分局领导带队组成工作组，深入到辖内银行业金融机构，召集8个由银行业金融机构高管人员监参加管座谈会。对银行业金融机构的年度工作计划与经营发展中存在的问题及2008年监管政策进行互动，增进了相互间的了解。这一做法得到被监管机构好评，同时被省局《工作动态》刊载。二是充分发挥非现场监管的“预警和制导”作用。对非现场监管中发现的个别农联社单户超比例贷款行为，责成省农联社保定办事处对责任人进行了处理，并在全辖进行通报，及时将新发放的超比例贷款全部压回。对此，省局《银行业监管简报》以《保定分局发挥非现场“预警和制导”作用，严查农联社单户超比例贷款》予以反映。三是进一步提高现场检查效果。对2007年现场检查项目进行回头看，促进了查出问题的整改。各家金融机构认真落实分局的监管意见，共对88名责任人进行了不同形式的问责。2008年，先后开展对保定市房地产项目、保定市城市信用社大额贷款及贴现业务、风险隐患排查等11个项目的现场检查。通过实施现场检查，全面深入了解银行业金融机构的经营和风险状况，针对发现的问题，督促被查机构整改，纠正了银行业金融机构经营管理中的问题，促进了金融体系的安全稳健高效运行。

二、强化操作风险监管，推进案件防控工作向纵深发展。

面对2007年全市银行业金融机构，尤其是农村合作金融机构案件高发且金额巨大的严峻形势，分局党委按照“党委负总责，一把手亲自抓，分管领导具体抓，机关各部门、各监管办事处全员参与”的工作思路，明确目标任务，层层落实责任。通过与银行业金融机构召开监管座谈会，督促其切实履行案件防控第一责任人的职责，落实案件防控的各项措施，强化操作风险监管，提高了辖区银行业金融机构的合规和内控能力，案件防控和专项治理工作初显成效。

（一）2008年保定银监分局将农村合作金融机构案件防控作为工作重点，有针对性的采取持续监管措施。一是强化内控执行力。督促农村信用社开展“操作风险隐患排查活动”，“制度执行力大检查活动”和“联社‘三会’及经营班子各项制度、议事规则落实情况”的专项检查。二是推动“合规”文化建设。着重将案件防控与“合规”文化建设相结合，引导农村信用社员工树立正确的经营理念。三是广泛签订案件防控目标责任状，加大责任约束。分局与省农联社保定办事处、监管办事处与县级农联社均签订案件防控目标责任状，明确了省联社保定办事处、县联社在案件防控中的主体责任，以及案发后的责任追究力度。

（二）案件风险隐患清查工作进展顺利。按照省局安排部署，分局及时成立案件风险隐患清查工作领导小组，组织召开银行业金融机构案件风险隐患清查工作会议，对各金融机构清查工作进行了安排，指导各银行业金融机构成立相应组织机构628个，共签订承诺书12117份。在各机构自查阶段，保定银监分局先后派出督导人员106人次，对90家银行业金融机构及网点进行了督导。在抽查阶段，按照“取样均衡，突出重点”的原则，实际抽查46家机构，累计工作量1869天，发现问题2118个，涉及金额115089万元。在督导工作中采取的“集中督导、随机督导、调度督导、重点督导”相互运用，拓宽督导方式的做法得到省局认可，《案件风险隐患清查简报》第26期给予刊发。采取的“以建立动态跟踪监测机制为抓手，以落实整改为目的”的四项措施，得到省局认可，《案件风险隐患清查简报》第44期给予刊发。案件清查工作取得初步效果，在清查过程中严格工作部署和压力传导，及时查处辖区内唐县、雄县等9家联社顶（冒）名贷款问题，有效防范了金融风险。

三、狠抓不良贷款“双降”，促进银行业金融机构经营状况不断改善。

（一）根据辖区银行业金融机构的各自特点，采取针对性措施，努力促进不良贷款“双降”。密切关注4家国有商业银行集团客户风险，将4家国有商业银行集团客户大额不良贷款纳入分局监测范围。采取建立台账、定期召开情况分析通报会、约见高管人员进行监管谈话、督促内审部门加大检查力度等措施，化解集团客户风险。截至12月，4家国有商业银行不良贷款余额为24.32亿元，比年初减少60.71亿元；不良贷款率为6.91%，比年初下降16.29个百分点，完成了年初制定的“双降”目标。

（二）努力促进保定市城市信用社增强经营实力。针对保定市城市信用社不良资产比率偏高、存款下降、流动性出现不足等问题，分局及时督促其采取加大不良资产处置力度、稳定存款、制定流动性风险预案等措施，促使其各项业务稳健运营。

（三）努力促进农村信用社经营状况的持续好转。按照分类监管原则，对辖区农村合作金融机构实行目标化监管，由各监管办事处督促落实。保定市农村信用社资本充足率指标、不良贷款“双降”任务实现年初目标。

【金融服务】 人行保定市中心支行积极改进金融服务，努力优化金融生态环境，全面提升辖区金融服务水平和质量。

一、加强国库、会计规范化管理，努力提高服务水平。

对辖区各支行进行会计财务、同城票据交换及会计制度落实情况工作检查，对检查中发现的问题予以通报，并督促有关支行进行整改。积极推动非现金支付工具的应用和发展，组织召开专题联系会，制定印发《保定市非现金支付工具推广实施方案》，开展“迎奥运、放心用卡、安全支付”和“农民工银行卡特色服务”宣传活动。支付结算业务安全无差错，全年共处理大额联行往账6120笔，金额896亿元，大额来账7101笔，金额663亿元；同城票据清算业务180万笔，金额1646亿元。发挥了现代化支付系统高效、快捷的优势，为地方经济发展提供了优质的支付结算服务；认真做好国库各项基础工作，准确及时地办理各级预算收入的收纳、划分、报解和国债的发行兑付等工作，确保预算收入准确入库和各项拨款及时拨付。2008年，全市共完成各级预算收入308亿元，拨款支出302亿元；认真执行国库与财政、税务、海关等征收机关对账签证制度，确保资金安全；开发运行《国库统计报表审核系统》，缩短了报表审核时间、增加了准确度，石家庄中支国库处在保定召开现场会进行推广；同时，制定了《国库主任（副主任）检查工作手册》，被石家庄中支以文件形式转发。

二、加强金融统计和征信工作

认真抓好金融统计、服务业统计、工业景气调查等基础工作，确保各种金融统计资料的及时、准确和完整性；积极配合上级行做好“金融统计数据集中”工作，采取多项措施确保系统双轨顺利运行；做好贷款卡发放和年审工作，截至年底，共发放贷款卡33520张，年审企业2100多家；加大征信工作宣传力度，开展“征信知识宣传月、征信知识进社区、征信乡村行、征信知识进校园、信用记录关爱日”等特色宣传活动，组织辖内各金融机构采取悬挂条幅、张贴海报、摆放宣传手册、播放宣传片等多种形式，介绍宣传征信知识，提高社会公众的信用意识；积极推进中小企业信用信息采集、更新工作，与中小企业局、国税局、地税局、工商局和各金融机构协调联动，摸清了企业底数，集中力量采集整理转录数据。到年底，全辖累计纳入中小企业信用档案5500户。

【外汇管理】 保定外汇管理分局改进外汇管理与服务水平，做好进出口核销、外债管理、外汇统计等各项工作，为涉外企业创造和谐的金融环境。一是认真做好进、出口核销管理。截至年底，全市累计办理进口付汇8.6亿美元，同比增长62%，出口收汇40.3亿美元，同比增长69%，办理核销34.8亿美元，同比增长71%，核销率99%。二是认真做好“关注企业”的评定工作。对75家待定关注企业逐一进行核实，对60家企业实施重点监测。三是加强外资外汇管理，同时做好外债登记工作。到年底，完成4笔境外投资资金来源审查，核准资金635万美元，同比增长127%，全市外债余额3.3亿美元，同比降低93%。四是制定《个人结售汇业务核查操作规程》，得到省局的认可。五是国际收支统计申报及外汇统计工作准确及时。到年底，保定市涉外收入32.4亿美元，同比增长22.6%，涉外支出10.4亿美元，同比增长86%，国际收支顺差17.3亿美元，同比下降11.5%。六是努力加强金融服务。配合财政税务部门做好出口退税、贴息及对出口企业考核工作，使出口企业及时享受到国家的各种出口优惠政策。加强结合全球金融危机问题，与外汇指定银行联合整理《企业如何规避金融风险》小册子，印发给各涉外企业，帮助企业合理利用避险工具规避金融和汇率风险，受到企业的普遍欢迎。七是加强外汇监管工作。对辖区外汇指定银行12项外汇业务“合规性”进行现场检查，对4家银行分别给予通报批评和罚款处罚，罚款数额共计10万元。

（薛冀峰）

银行业

【中国人民银行保定市中心支行】 中国人民银行保定市中心支行（以下简称“保定中支”）是中国人民银行总行的派出机构。主要职责是传达、贯彻央行货币政策，维护地方金融稳定，组织、管理相关货币发行业务，经理地方国库，履行外汇、外债管理职能等。内设17个科室，现有干部职工229人。

【概况】 2008年，保定中支围绕“严格管理，强化履职，突出创新，和谐高效”的年度工作目标，以抓“内部管理、履行职责、工作创新、队伍建设”为着力点，认真贯彻执行国家各项金融方针、政策，切实履行基层央行各项职责，完成全年工作任务。全年主要工作：由保定中支开发的《国库统计报表审核系统》被石家庄中支以现场会形式在全省推广；河北省金融系统人民币管理及反假币工作交流现场会在保定召开，工作经验被石家庄中心支行政务信息加按语转发；制定的《国库主任（副主任）检查工作手册》、《小额担保贷款政策导向效果评估实施办法》、《个人结售汇业务核查操作规程》、《国际收支统计数据修改审批制度》、《事后监督工作机制建设经验》被石家庄中支以正式文件转发或被领导批示；开发的《事后监督日志信息管理系统》、《应急管理信息系统》、《党风廉政建设责任制非现场监督检查系统》得到天津分行或石家庄中支的肯定或推广，信息工作经验在天津分行信息选题会上作了经验介绍，并被《情况通报》加按语转发。

【加强货币政策传导，支持地方经济发展】 1. 加强经济金融运行情况监测分析，建立货币政策落实情况评估制度。积极协同市政府金融办组织召开经济金融形势分析会，深入分析全市经济金融运行中面临的热点、难点问题，提出解决办法，增强了分析会的影响力。建立货币信贷政策导向评估报告制度，对辖区小额贷款担保、节能减排、助学贷款、房地产等货币信贷政策贯彻落实情况和实施效果进行了评估，并及时向上级行和市政府报送反馈，为地方政府决策发挥了重要作用。2. 发挥“窗口指导”作用，强化货币政策的传导和实施。引导辖内各金融机构按照国家宏观调控的要求，坚持“区别对待、有保有压”的原则，把握信贷投向，优化信贷结构，加大对中小企业和新农村建设的支持力度。加大金融支持新农村建设工作力度，制定《保定市金融机构支持新农村建设工作方案》、《金融支持新农村建设政策效果评估方案》，引导辖区金融机构加大“三农”支持力度，筛选出4家资信状况良好的农业产业化龙头企业，优先办理贴现和再贴现业务。引导推动辖区各商业银行开办下岗失业小额担保贷款业务和助学贷款业务，制定的《小额担保贷款政策导向效果评估实施办法》被石家庄货币信贷处以文件形式转发推广。截至年底，全市发放小额担保贷款6441万元，1664笔；全年累计发放国家助学贷款、生源地助学贷款1822万元。3. 提升工作质量，依托信息调研为上级行和地方党委、政府提供决策服务。进一步完善信息调研工作机制，整合信息资源，围绕经济金融热点问题开展调研工作，打造了一批高质量的精品调研文章和政务信息材料。2008年保定中支的政务信息被中办、国办、上级行及省、市党委、政府采用82篇，其中《对农村耕地情况的调查》、《对小麦收购情况的调查》、《社会各界对下调存贷款利率政策的反馈》等5篇调研报告被中办、国办采用，《对基层行创新工作开展情况的调查》被总行领导批示，在上级行和地方政府的考核中均取得较好成绩。在9月份天津分行政务信息选题会议上，保定中支作了信息调研工作典型经验介绍。同时，各业务科室的专业信息被上级行对口部门的采用量也有较大增幅。

【维护地方金融稳定，推进地方金融改革】 1. 严格存款准备金管理。按照总行要求，督促辖区各金融机构8次调整存款准备金，密切关注存款准备金率调整对辖区金融机构资金流动性的影响，加强反馈，防范风险。强化对辖区城市商业银行、农村信用社等地方法人金融机构的存款准备金日常管理和考核力度，根据石家庄中支抽查面30%的要求，组织对辖区7个县（市）支行的存款准备金监测管理、动用情况进行专项检查，确保存款准备金管理工作安全。2. 认真做好利率管理工作。国家先后4次利率下调政策出台后，积极做好政策的传导和宣传解释工作，及时反馈政策实施效应；进一步加强利率定价管理，完善相关管理制度，完成了全辖利率监测报备系统培训和测试工作；做好对民族贸易和民族用品生产贷款优惠利率监测工作，使优惠利率政策执行到位。3. 加强农村信用社票据兑付预审和监测，积极稳妥地推进农村信用社改革。中支和各支行认真做好农村信用社改革专项票据兑付考核工作，建立了预审工作制度，加强与政府部门的沟通联系。第五批申请兑付的3家联社、第六批申请兑付的10家联社审核上报后，全部通过。4. 强化金融市场监管，规范市场操作行为。举办了两期银行业金融市场业务培训班，提高了基层支行的监管工作水平。对辖区金融市场业务进行现场检查和非现场检查，促进了业务的规范开展。加强对金融市场的分析监测，及时向上级行反馈宏观调控政策调整对当地金融市场波动的影响。5. 加大反洗钱宣传和检查工作力度，推进反洗钱工作深入开展。根据人员变动情况，及时调整中心支行反洗钱工作领导小组，加强对反洗钱工作的领导。大力推动反洗钱宣传工作，印发《2008年保定市金融系统反洗钱宣传活动方案》，突出“打击洗钱犯罪，维护社会稳定”主题，发放宣传资料2万余份，提高了社会公众的反洗钱意识和知识水平。对工商银行保定分行和部分保险公司开展反洗钱专项现场检查，针对存在的问题提出了整改意见。

【优化金融环境，提高金融服务水平】 1. 加强国库、会计规范化管理，努力提高服务水平。对辖区各支行进行会计财务、同城票据交换及会计制度落实情况工作检查，对检查中发现的问题进行了通报，并督促有关支行进行整改。积极推动非现金支付工具的应用和发展，组织召开专题联系会，制定印发《保定市非现金支付工具推广实施方案》，开展“迎奥运、放心用卡、安全支付”和“农民工银行卡特色服务”宣传活动。认真执行国库与财政、税务、海关等征收机关对账签证制度，确保资金安全。开发运行了《国库统计报表审核系统》，缩短了报表审核时间、增加了准确度，石家庄中支国库处在保定召开现场会予以推广。同时，制定了《国库主任（副主任）检查工作手册》，被石家庄中支以文件形式转发。全年共处理大额联行往账6120笔，金额896亿元，大额来账7101笔，金额663亿元；同城票据清算业务180万笔，金额1646亿元；共完成各级预算收入308亿元，拨款支出302亿元。2. 改进外汇管理与服务，为涉外企业创造和谐的金融环境。一是认真做好进、出口业务外汇核销管理工作。全年累计办理进口付汇8.6亿美元，同比增长62%；出口收汇40.3亿美元，同比增长69%；办理核销34.8亿美元，同比增长71%，核销率99%。二是认真做好“关注企业”评定工作，对75家待定关注企业逐一进行核实，对60家企业实施了重点监测。三是加强外资入境外汇管理，做好外债登记工作。全年完成4笔境外投资资金来源审查，核准资金635万美元，同比增长127%；全年入统外债余额3.3亿美元，同比降低93%。四是制定的《国际收支统计数据修改审批制度》，被省外汇管理局副局长李小秋批示。制定的《个人结售汇业务核查操作规程》也得到省局领导的好评。五是国际收支统计申报及外汇统计工作准确及时。全年保定市涉外收入32.4亿美元，同比增长22.6%，涉外支出10.4亿美元，同比增长86%，国际收支顺差17.3亿美元，同比下降11.5%。六是配合财政税务部门做好出口退税、贴息及对出口企业考核工作，使出口企业及时享受到国家的各种出口优惠政策。七是积极应对金融危机，为企业服务提供优质服务。结合全球金融危机问题，与外汇指定银行联合整理了《企业如何规避金融风险》小册子，印发给各涉外企业，帮助企业合理利用避险工具规避金融和汇率风险，受到企业的普遍欢迎。八是加强对辖区金融机构的外汇监管。对辖区外汇指定银行12项外汇业务合规性进行了现场检查，对4家银行分别给予通报批评和罚款处罚，罚款数额共计10万元。3. 加强金融统计和征信工作。认真抓好金融统计、服务业统计、工业景气调查等基础工作，确保各种金融统计资料的及时、准确、完整；积极配合上级行做好“金融统计数据集中”工作，采取多项措施确保系统双轨顺利运行；做好贷款卡发放和年审工作，截至年底，共发放贷款卡33520张，年审企业2100多家；加大征信工作宣传力度，开展“征信知识宣传月、征信知识进社区、征信乡村行、征信知识进校园、信用记录关爱日”等特色宣传活动，组织辖内各金融机构采取悬挂条幅、张贴海报、摆放宣传手册、播放宣传片等多种形式，介绍宣传征信知识，提高了社会公众的信用意识；积极推进中小企业信用信息采集、更新工作，与中小企业局、国税局、地税局、工商局和各金融机构协调联动，摸清了企业底数，集中力量采集整理转录数据。到12月底，全辖累计纳入中小企业信用档案5500户。

领导班子成员

党委书记　行长　李庆
副行长　蒋新巧　霍东升　宋云利
纪委书记　张东生
工会主任　李建设
正处级调研员　王国萍

（薛冀峰）

【中国银行股份有限公司保定分行】 中国银行股份有限公司保定分行是隶属于中国银行股份有限公司河北省分行的二级分行。下辖12个县（市）支行、6个市区支行，2008年底，全系统员工1200余人。是现代化股份制商业银行，主要办理人民币存款、贷款、结算、票据贴现、代理发行兑付政府债券、金融债券，代理收付款项业务；外汇存、贷款、汇款，外币兑换、国际结算、结售汇、外汇票据的承兑、贴现以及资信调查、咨询、见证和经中国银行业监督管理委员会批准的其他业务。

【概况】 2008年，全行认真贯彻省行“力争用3－5年时间，把我行建设成为全省效益最优、服务最佳、形象最好、布局合理、管理规范、内控严密，极具市场竞争力的商业银行”的战略部署，围绕“提速发展、和谐发展”主题，进一步解放思想，转变观念，强化营销，抢占市场，全力推动贷款、存款、中间业务发展，多项指标超额完成任务，并创下历史最高记录。年末各项人民币存款余额196.47亿元，比年初增长42.3亿元。其中储蓄存款增长24.4亿元，企业存款增长18.1亿元，金融机构存款增长9.2亿元。各项外币存款余额1.32亿元，比年初增长4264万美元。人民币公司贷款投放创历史最高水平，公司贷款余额63.26亿元，较年初增加11.88亿元，消费贷款余额12.65亿元。国际结算量完成20.85亿美元，同比增加7.68亿美元。

【发展负债业务，力争市场份额】 储蓄存款方面，一是出台《储蓄网点绩效考核方案》，开展首季“开门红”活动，加大存款奖励力度；二是充分发挥网点营销和服务职能，大堂经理、开放式柜台人员主动开展柜台营销，抓住上门客户宣传网点业务，提供咨询和疏导服务；三是发挥区域负责人职能，完善区域负责制，将区域负责人绩效与网点经营效益挂钩，促进网点业务发展；四是抓住奥运商机。利用奥运存单等特色产品，吸引客户。五是抓住元旦、春节等有利时机，主动到代发工资户、集团授信户及周边企业、个体工商户，积极办理代发、代收款业务；六是抓住网点标准化装修时机，利用VIP客户理财区，提高理财客户对网点存款贡献度。公司存款方面：一是抓大户，明确对公存款十大营销目标。突出系统存款客户的系统效应；密切关注大型企业重组并购、上市融资、土地转让等存款资源；高度关注财政专项资金、公司资产运作平台等体系建设带来的市场机会；充分利用城镇建设“三年大变样”有利时机，高度关注政府招商引资，挖掘新的存款增长点。二是强化源头营销，在全辖开展“增户扩容”活动，抓大户，垒小户，夯实客户基础，增加存款稳定性。三是加强与农联社、证券公司等金融机构的沟通，做大金融机构业务。四是加大公司存款奖励力度，调动支行揽存积极性。

【优化授信结构，发展资产业务】

一是以增加净收入为目标，加大对重点授信客户的营销、投放力度。瞄准大市场，紧盯大项目，提出重点贷款项目营销的“三个一批”，即：投放一批、营销一批、跟踪一批，确定了十大投放目标，按月对项目进展情况进行调度。二是大力发展住房按揭贷款，优化消费贷款业务结构。培养和树立标杆大行和强行，提高重点地区、重点支行的业务支撑度和贡献度。抓住保定市“三年大变样”的城镇化建设商机，开展零售贷款综合营销活动，拉动住房贷款增长。积极开办个人投资经营、循环信用贷款、出国留学贷款等小品种贷款业务，促进业务全面发展。用好省行政策，积极稳妥地发展营运车贷款。强化消费信贷中心的营销和服务职能，推行区域负责人制，组织营销活动，对全市楼盘进行摸排，建立住房贷款营销项目库；实行消费信贷项目审批流程卡，加快审批速度。三是在控制风险、操作集中前提下，做好票据贴现业务。在中后台成立票据业务中心，对票据业务实行集中管理。四是大力发展贸易融资业务。在全辖开展贸易融资宣传推广月活动，向大客户及其上游中小客户重点推广国内保理、应收账款质押业务，增加业务收入。

【发展中间业务，增加收入比重】

一是发挥传统优势，做大做强国际结算业务。加大重点客户营销力度。对前10名重点客户，根据客户需求，逐户制定个性化服务及产品方案。积极推广新产品，以产品带动市场。二是发挥资源优势，将中间业务发展与资产业务结合，充分利用信贷规模这一稀缺资源，对依存度较高的客户提高贷款价格。以财务顾问费等收入为切入点，对符合收费条件的，在确保投放的基础上，做到能收尽收。以城市商业银行、农村信用社和大公司为目标，推广人民币理财业务。三是抓住重点产品，提高个人金融中间业务收入。扩大个人外汇业务收入，在市区所有网点开办即期结售汇业务，县支行专柜开通个人外汇业务专用窗口，开展多种形式的宣传和培训，提高市场份额。大力发展代理保险业务，在全行开展竞赛活动，深入开展“中银汇兑”品牌创建活动，将营业部确定为创建“中银汇兑”品牌的窗口，增设专门窗口，提供一站式服务。抓住机遇销售奥运商品。借助奥运平台，进行全方位、多方式的宣传营销，举行奥运特许商品鉴赏会、巡回路演、重点客户鉴赏沙龙等活动，制定奥运商品分润办法和销售激励办法，增加收入。强势营销“汇划通”业务，参加省行百日竞赛活动，确定重点地区和重点支行，树立中行“汇划通”业务品牌。四是转变发卡模式，提升银行卡市场竞争力。开展首季“开门红”发卡竞赛活动，在广大团员青年中开展“争当发卡明星”、“我与奥运同行——争当业务营销明星”活动。开展形式多样的宣传活动和刷卡抽奖活动，提高刷卡收入。加强重点特约商户维护，加大POS等消费终端投放，组织商户收银员业务培训和联谊活动，提高收单收益。

【实施主动风险管理，狠抓不良资产清收】 一是加强宏观政策研究，准确把握政策走向。加强对调控行业、热点行业、敏感性行业客户监控力度，对风险集中行业实行预警叫停机制。二是加强集团客户及关联企业授信管理。对集团客户实行统一授信，确定集团客户授信限额，防止集中性风险。对成员企业分类实施“区别对待、择优扶持”授信策略。三是开展提质做实贷后管理活动。树立“内控创造价值，贷后产生效益”的观念，重点抓好贷款后评价及授后监督。四是多方努力，清收化解不良贷款。加大考核力度，制定《不良授信资产管理办法》，制定公司、消贷不良清收奖惩办法，明确分、支行清收人员责任，清收工作取得较好效果。

【扎实开展管理达标，有效促进工作规范】 一是加强检查，督促管理达标标准落实。二是做好管理达标标准的学习、培训和考试。三是着眼于解决“三基”和屡查屡犯问题，在全辖基层网点深入开展“落实管理达标，夯实网点基础”活动。四是扎实开展“我是一道关”活动。开展征文评选活动，征文涉及内控思想教育、“我是一道关”活动开展建议、严把自身关口、内控合规建议等多方面。开展警示教育活动，教育大家算好违规“七笔账”（政治账、经济账、名誉账、家庭账、亲情账、自由账、健康账），进一步增强全员合规意识，达到人人“落实一套岗位制度，纠正一个违规习惯，防止一次操作风险，提出一条内控建议”的目的，做到“本岗无违规，违规不过岗”。五是加大检查处罚力度，确保检查效果。

【狠抓内部管理，加强内控体系建设】 一是强化第一道防线

(前台营销和操作人员) 建设，从全辖选聘18名对公业务经理和55名对私业务经理，派驻到支行和网点，实现经营与内控有机结合。强化第二道防线建设，充实分行内控部门力量，制定客户经理管理考核办法。完成市区同城交换集中，成立了业务监督中心，建立内外审整改问题库，全辖所有营业网点实现联网监控。二是自主研发“员工合规档案”，记录员工信息、守纪合规典范、违规问题和个人信用等内容，作为考核领导班子、管理者和个人的重要依据。三是深入扎实开展案件风险隐患清查工作，使全员合规意识进一步增强，主动按章操作。四是加大反洗钱工作力度，对反洗钱漏登漏报采取“零容忍”。分、支行联合开发出大额可疑交易筛选辅助程序，促进了反洗钱工作开展。

【加快网点标准化建设，推进网点转型】 一是成立专门领导小组，制定网点标准化建设三年规划，确定2008年网点标准化建设实施目标。二是在全省率先引入专业咨询公司，进行网点选址，选址18个，储备率达到120%。三是抽调专人负责网点建设，实行承包到人、量化考核，将网点建设进度与网点办人员绩效捆绑考核。四是加强施工管理。对施工队伍优中选优，严把准入关。网点办人员分片包干，加强施工现场调度、监测和检查，保证施工质量。五是组成验收小组，分批进行施工验收。

【加强绩效管理，完善绩效考核体系】 一是加强对分行副行长、支行行长和分行各部门的指标和绩效考核。二是客观评价支行及其高管人员业绩。制定《基层单位及其高管人员绩效管理实施方案》，优化绩效考核方式，实施分组考核，根据考核结果动态调整。三是完善部门或团队考核体系，制定储蓄网点、理财中心、零售不良贷款清收团队、公司不良授信资产清收团队、授信发起客户经理、公司业务拓展与客户关系团队等6个部门、团队的考核方案和目标评价表。四是推进业务条线奖励制度。制定《消费信贷业务营销奖励方案》、《银行卡业务发展奖励方案》、《零售贷款和银行卡不良清收奖罚方案》等单项考核方案。

【推进IT蓝图建设试点工作】 坚持以客户为中心，以市场为导向，以城市为节点，推进组织结构和流程整合改革，转变部门职能，实现扁平化管理，实施“八个集中管理”：票据业务集中、同城票据交换业务的集中、公司授信业务发起集中的配置、对公业务经理集中派驻、业务事后监督集中，对私业务经理的层级管理集中、薪酬发放集中、现金整点管理集中。作为全省IT蓝图建设试点行，全力做好上线准备。一是建立核心银行系统培训专用教室；二是做好数据准备，完成多轮数据迁移演练。三是独家承担培训环境上机前测试和二级行到省行服务器的测试。四是选拔兼职教师参加省行各期培训班，为系统投产后业务运行做好准备。

领导班子成员

行　　长　周彦军
副 行 长　王铁柱　王　红
　　　　　张拥军 (8月离任)
　　　　　孙德忠 (8月任)
　　　　　赵士明　杜雅红
行长助理　朱文龙

(王二宝)

【中国建设银行股份有限公司保定分行】 中国建设银行股份有限公司保定分行隶属于中国建设银行河北省分行，2004年9月17日中国建设银行股份有限公司依法成立后，性质由国有商业银行变为国家控股的股份制商业银行，名称变更为中国建设银行股份有限公司保定分行。至2008年末，内设17个职能部门，辖13个县(市)支行，10个城区单点支行，10个市区网点型支行，31个分理处，12个储蓄所。全行在册员工2066人。业务范围包括本外币存款、贷款、结算及各类中间业务、代理业务。

【概况】 2008年，建行保定分行围绕“夯实基础，从严治行，以人为本，科学发展”的治行方略，开拓进取，扎实工作，实现了各项业务的持续、稳定、健康发展，确保了业务运行安全无事故，为实现三年规划战略目标打下了坚实基础。年末全行实现账面利润3.5亿元，同比增长2722万元，居同业首位。实现中间业务收入1.4亿元。一般性存款余额259.3亿元；非贴现公司类贷款余额49.5亿元，比年初增长9.7亿元，新增额创历史新高，贴现余额13.2亿元，累积贴现34.6亿元，两项指标在同业稳居第一。

【全面提速业务转型】 按照总、分行要求，积极实施战略转型，在公司与机构业务转型方面，进一步扩大上移范围，明确职责定位，调整考核激励机制，按照新的定位和业务经营范围；成立小企业经营中心，理顺流程，建章立制，积极探索“信贷工厂”运作模式。个人业务转型方面，以网点改造为依托，充分调动网点员工工作积极性，积极推进零售网点由核算主导型向销售主导型的转变。全年在营业网点装修、营业办公用房建设改造、自助银行设备、POS及出纳机具等资本性支出项目投入资金总量比上年增加74%，为历年最高。同时在人力资源上予以重点倾斜，通过公开招聘、优化组合、双向选择等方式，实现了人员配置更新和整体素质提升。通过深入提升业务管理层级、挖掘网点销售能力，实现集约化、专业化经营，提高了市场反应能力和业务拓展能力，营销服务能力明显增强。截至年末，全行对公贷款累计投放达27.3亿元，通过融资替代产品间接满足客户的融资需求达17.4亿元。个人筹资总量达85.8亿元，位居同业首位。转型网点客户满意度达到99.7%。

【扎实推进结构调整】 在优化资产结构方面，针对2008年复杂多变的宏观形势，始终坚持信贷项目好中选优，确保有限的信贷资源得到最有价值的利用。尤其加大对交通、电力、风能等基础设施和“绿色信贷”项目的金融支持力度，向张石高速公路、国华定洲电厂、大唐发电、中航惠腾、天威保变等重点企业投放资金达18.77亿元。个人贷款虽然受到政策的影响，但仍保持了较快增长，个贷余额达到12.9亿元，实现累计发放4.4亿元。为进一步提质增效，积极配合省分行抓住不良大户重整重组的有利时机，加强风险跟踪，加大对不良大户的清收处置力度，采取催（实地、电话、短信催收）、挤（捕捉信息适时催收）、压（法律诉讼高压）等多种形式，提高催收处置的实际效果。全年共处置不良资产1.24亿元。在优化负债结构方面，按照年初确定的以财政、武警部队、社保客户为存款增长点，适度发展机构客户资产业务的机构业务经营思路，通过直营和上下联动营销，年末机构类一般性存款实现新增9.6亿元，系统内排名第二；机构业务各项指标在系统内综合排名位居榜首。随着2008年股市大幅震荡调整，利用股民减仓调节的心理，以龙卡通、联名卡为突破口，抢抓低成本存款，实现个人存款新增40.6亿元。在优化收入结构方面，公司条线积极拓展机构客户业务，以财务顾问、代理财政、CTS业务为中间业务增长点，个人条线在资本市场持续低迷的形势下，大力发展代理类和商户收单类业务。年末，全行实现中间业务净收入1.4亿元。

【开拓创新，增加业务发展动力】

在管理机制方面，首次以分行信息网站为平台搭建考核测评系统，进一步健全领导人员考核评价机制。按照上级行要求，完善了人才信息档案和培养档案，建立了综合考核评价制度，进一步加强后备人才、核心人才队伍建设。制定部门包网点联系制度，通过组织开展以“临时大堂经理体验、服务下基层、为基层办实事”为主题的实践活动，进一步改进本部工作作风。建立了城区机构对本部服务保障评价机制，将评价结果与绩效考核挂钩，增强了责任问责力度。在营销机制方面，抓住全市加快产业结构调整的有利时机，在重点区域、重点行业、重点客户、重点产品、优质项目上做文章，建立客户经理、风险经理等共同参加的任务型营销团队，提供专家式、一揽子金融服务，同时注重加大综合营销力度。持续推进创新产品的应用推广力度，成功营销两笔工程项目建设资金监管业务，填补了省内空白；签署全省建行系统第一单“养颐乐”1号年金合同，实现年金业务零的突破后，又在乐凯集团年金基金受托管理资格的竞争中一举中标，进而在中央企业年金业务上实现零的突破。独家签订财政零余额垫款协议，成为全省唯一一家与财政签订零余额垫款收费的银行。与省外兄弟行通力合作，成功办理了全国建行第一单分离式保证业务内部委托业务。福费廷转卖［福费廷(Forfaiting)业务，又称买断，是建设银行根据客户（信用证受益人）的要求，在开证行或保兑行或其他指定银行对信用证项下的款项做出付款承诺后，对该应收款进行无追索权的融资］、海外代付、进口开证、“汇融通”等新业务也相继落地。深入实践“以客户为中心”的经营理念，全面落实“三个服务”的要求，尤其是中后台部门，不断在服务工作中创新工作方法，提高工作质量。为加强对基层机构的业务指导，组织开展“服务基层，送培训上门”活动，及时编制《营运快讯》等业务指导期刊，并结合部门包点联系制度，成立对口服务小组，深入基层，解决业务拓展及产品营销中的实际问题，提高一线柜员的业务水平和营销技巧。为减轻前台工作压力，有效释放营销和服务空间，继续积极推进前后台业务分离事项，调整优化业务流程，还专门设立了物品配送服务中心，有效提高了业务运作效率。

【合规经营，提升风险控制能力】

为强化制度落实、扼制屡查屡犯、彻底消除案件风险隐患，结合贯穿全年的“讲合规、守操守、防风险、促发展”活动，深入推进“案件风险隐患清查和整治违规”活动，认真组织各条线的专项清查、排查工作，进一步优化制度流程，认真落实整改，弥补管理漏洞，并通过召开千人动员大会等方式进行警示教育，切实增强合规经营意识。在平行作业实施过程中风险经理与前台部门和客户经理间相互配合，并通过成立贷后管理团队，建立对公客户跟踪管理例会制度，实行全行信贷档案的集中管理，逐步实现主动风险管理，增强了对预警信号的判断能力和及时反应能力。继续加强内控制度建设和落实。一是加强会计结算管理。充分发挥会计主管和柜员主管的作用，利用会计操作风险控制评价工具，创建点、线、面联动的新型检查体系，加大对日常会计工作的监督检查整改力度。二是强化营运风险管理。建立定期分析制度，并通过完善服务响应机制、优化操作流程等措施，确保各业务系统的安全、稳定、高效运行。三是认真落实安全稳定各项工作。通过健全规章制度、完善防护设施、抓好教育培训、加强应急演练、严格督促检查、全面落实责任制等措施，实现了全年“零事故、零案件”的工作目标。

【以人为本，打造和谐进取的团队】 一是深入开展学习实践科学发展观活动，并注重突出实践特色，各级领导干部共完成调研课题53个，通过调研成果的转化，切实解决了部分热点问题和历史遗留问题。二是继续推进人本管理，关心、关爱每一位员工的工作和生活，坚持把“提高两个满意度”作为衡量各项工作的标准，使和谐文化建设取得显著成效。三是通过演讲、竞赛、评比等多种形式广泛开展员工行为规范、职业操守和合规文化的宣传教育，通过加强员工培训工作，员工队伍思想和业务素质全面提升。四是大力开展“为基层办实事”活动，建立部门包点联系制度，实施城区网点物品集中配送，后台为前台服务的意识和能力显著增强。五是进一步加强工会组织建设，召开职工代表大会，组织首届职工运动会，经常性地组织各类文体活动和为困难职工“送温暖”活动，在全行上下形成强大的凝聚力和强烈的归属感，保持了全行健康、和谐、稳定的发展环境，有效推动了各项业务工作的开展。六是积极开展社会公益活动，履行企业公民责任。在汶川大地震发生后，分行组织“心系四川地震灾区　建行员工奉献爱心”的捐款活动，据不完全统计，通过不同渠道共向灾区捐款24万余元。另外，全行932名党员缴纳“特殊党费”共计14万余元，树立了良好的外部形象，赢得社会各界的好评和支持。

领导班子成员

党委书记 行长	马魁卿
党委委员 副行长	丁建新　宋尚增 刘　冰
纪检委书记	吴辛位
工会主席	崔有芹
风险主管	马敬平

（王笑炎）

【中国工商银行股份有限公司保定分行】 中国工商银行保定分行是隶属于中国工商银行股份有限公司的二级分行，位于保定市东风中路1902号，辖一级支行29个，二级支行51个，分理处11个，储蓄所12个。内设11个部室和7个附属机构，经营经中国人民银行批准的存款、贷款、结算、中间代理业务等本外币业务。

【概况】 2008年以实现系统排名、同业排名、内控管理、员工收入水平“四个进位”为抓手，不断提高金融创新能力，主动跟进国家财政、信贷政策调整，积极应对全球金融危机带来的经营压力，各项业务持续健康发展。多次受到总、省行以及地方党委、政府的表彰和奖励。获总行“学习型组织”等多项荣誉；被市政府授予“支持地方经济建设先进单位”；连续4年获得保定市行风评议先进单位；以维护稳定、保障经营为重点，积极化解各类矛盾，落实信访工作预案和措施；党风廉政建设和案件防范工作扎实推进，安全保卫工作平安稳定；主动履行社会责任，在支援汶川抗震救灾和保障“平安奥运”中，面对巨大压力和考验，强化运行质量，提高工作效率，开辟绿色通道，保障现金调配和押运，实现了社会通过保定工行捐助畅通和“平安奥运”，体现了大行的社会责任意识，维护了工行声誉，社会形象和地位显著提升。年末，人民币贷款余额140.24亿元，剔除剥离核销因素较2005年净增加73亿元，规模总量翻了一番。当年贷款实际增长24.6亿元。其中项目贷款余额71.67亿元，较年初增长13.77亿元；住房消费贷款余额45.53亿元，较年初增长12.57亿元；累计办理票据业务18.26亿元。人民币全部存款余额358.49亿元，较年初增长64.24亿元，比上年多增37.72亿元。其中储蓄存款余额226.65亿元，较年初增长48.42亿元，比上年多增44.44亿元。对公存款增长15.2亿元，其中机构存款增长11.28亿元，比上年多增7.22亿元；同业存款余额11亿元，增长5.6亿元，比上年多增4.48亿元；实现中间业务收入1.54亿元，比上年多增3000万元，是2005年的5倍。销售理财产品497.41亿元，其中对公理财产品75.6亿元；个人理财产品销售421.81亿元，比上年多增372.86亿元。信用卡新增发卡12.5万张，卡总量达24万张，消费交易额12.8亿元，均进入全国二级分行30强。实现拨备前利润5.7亿元，账面利润2.9亿元，分别较上年多增1.6亿元和6.4亿元。

【经营转型加速推进】 资产结构、收入结构、经营结构发生质的变化。在贷款结构中收益相对稳定的项目贷款占全部贷款的比重为51%，风险相对较低的住房和消费贷款占比由2005年的16%上升到32.5%，其中住房按揭贷款占全部贷款的比例为15%。个人消费贷款在调整信贷结构、增加经营效益中发挥了重要支撑作用，个人消费贷款业务收入占总收入的比重由2005年的10%提高18%。

【经营基础逐步夯实】 清收转化不良贷款7.08亿元，不良贷款率由12%下降到8.1%，不良贷款户数由91户减少到36户。按不良贷款形态足额提取了风险拨备，实现了不良资产风险全覆盖，为今后发展减轻了压力、奠定了基础。消化历史财务挂账，解决经济纠纷，基本解决了历史遗留下来的问题，为今后发展扫除了障碍。内控评价上升到二级，业务运行监督管理工作连续三年在全省考核中名列第一。风险管控能力和经营运行质量得到显著提高。

【金融创新能力增强】 以基金为重点的代理业务成为特色。全年销售个人理财产品50亿元，个金产品1+4在省行系统内排名第二。其中代理基金32亿元，同比增加23.7亿元，系统内排名第三；稳得利理财产品销售13.5亿元，同比增加12亿元，在同业及系统内均为首位。办理国际结算量27000万美元，增加7700万美元；办理国际贸易融资1600万美元，完成任务的560%。电子银行业务品牌得到提升。个人网上银行、个人电话银行、企业网上银行、手机银行分别新增客户12.5万户、11万户、2468户和6.5万户，分别是上年的4.2倍、5.2倍、2倍和10倍。

【企业文化建设卓有成效】 坚持以人为本，开展同心工程，加强以员工素质教育为重点的企业文化建设，通过全方位、多角度、多层面的系统培训，将商业银行的经营理念、经营方法以及加快发展的思想传导给员工，建立健康、快速、持续发展的长效机制。以业务技术练功和技术比赛为突破口，提高了全行的综合素质和创新发展能力。在总、省行及系统内外举行的各项业务比赛中，都取得了优异成绩及优秀组织奖等。其中在总行业务技术比赛中，参赛选手分别获结算与现金管理个人单项第一名和“优秀大堂经理”称号等荣誉，展示了应有的素质和独特的风采。

领导班子成员

行　　长	周增文
副 行 长	沈　斌（7月离任）
	刘任扬
	姜遵勇（8月任）
	刘　军
	李跃进（8月任）
纪检书记	李跃进（兼）
行长助理	赵立均（8月任）

（蔡庆哲）

【中国农业银行保定分行】 中国农业银行保定分行（以下简称“保定分行”），辖设32个县级支行、126个分理处，网点遍布城乡。主要业务包括：办理人民币存款、贷款、结算业务；办理票据贴现业务；代理发行金融债券；代理发行、代理兑付、销售政府债券；买卖政府债券、企业债券和其他有价证券业务；代理收付款项及代理保险业务；企业、个人、财物顾问服务；企业年金托管业务；企业年金托管业务；代理开放式基金业务；电话银行、手机银行、网上银行业务；办理外汇存款、外汇贷款、外汇汇款、外汇票据承兑、外汇担保、贸易和非贸易结算、资信调查业务；买卖、代理买卖外汇业务；办理同业拆借、资金融通业务等。

【概况】 2008年，农行保定分行认真贯彻落实科学发展观，内控管理得到加强，股改工作顺利完成，奥运金融服务圆满告捷，业务经营稳步发展，各项工作取得明显进步。截至2008年年末，人民币各项存款余额328.2亿元，较年初增加56.3亿元，市场优势明显；不良资产剥离后各项贷款余额69.4亿元；实现中间业务收入1.34亿元；实现拨备前利润4.68亿元。

【业务经营质量不断提升】 1.资产业务较快发展。大力服务优质客户发展、优质项目建设。重点支持交通基础设施建设项目、电力行业重点客户、“中国电谷”骨干企业、重点项目、县域重点客户等，累计投放贷款23.96亿元。个人信贷业务保持良好发展势头。全年发放个人住房按揭贷款2.9亿元。积极服务“三农”和县域经济发展。推进涉农资金归口管理。着力支持农业产业化龙头企业和优质中小企业发展。2.资金实力不断增强。积极为政府事业类、机构类和优质企业客户提供金融服务。积极推进网点转型，充分发挥产品、网络优势，认真开展“春天行动”、个人金融产品推介会等公关宣传活动，普及金融知识，满足客户金融需求。3. 中间业务进一步发展。深化银行卡服务领域，优化用卡环境，充分发挥银行卡的功能效用。积极拓展国际业务，大力支持企业出口创汇，服务保定外向型经济发展。做好代理保险业务，加强与保险公司合作，为客户提供多品种代理保险服务。提高电子银行服务水平，在网点设立网银客户体验区，并做好跟踪服务，加强ATM、POS等自助机具的维护、巡检力度，提供优质服务，保障交易安全。4. 金融服务科技水平进一步提升。全行自助银行、ATM、POS机、转账电话、特约商户等的数量进一步增加、覆盖面进一步扩大、布局更为合理，金融服务科技含量持续提高。

【内控管理水平有所提高】 扎实开展案件专项治理、内控管理大检查、“安全合规经营专题月”活动、案件风险隐患清查活动，配合完成总行集中审计和省分行网点整体移位检查，组织进行岗位轮换、行为排查，消除了潜在风险隐患，促进了内控水平的提升。集中开展整肃行纪行风行貌工作，员工依法合规经营意识、社会责任意识明显提高。

【加强基础管理，增强发展后劲】

加大安全保卫检查工作力度，完善安防设施。实行名单制管理和差异化信贷政策，提高信用风险管控能力。健全纪检监察组织体系，加强党风廉政建设，落实党风廉政建设责任制、领导干部“一岗双责”制。对支行领导班子、领导干部和市分行机关中层干部进行全面考核、兑现奖惩。加强后备干部队伍建设，提高队伍战斗力。加强企业文化建设，弘扬敬业爱岗、务实创新、精益求精、规范高效的企业精神。加强行风建设，提高服务水平，获“保定市优质服务杯竞赛优胜单位”。

领导班子成员

行　　长　李　军

副 行 长　卢　英　刘海青　李志杰

（王卫平）

【中国农业发展银行保定分行】

中国农业发展银行保定分行（以下简称“保定分行”）成立于1996年11月，隶属于中国农业发展银行河北省分行，是全市唯一一家政策性金融机构。业务范围：2006年下半年，国务院第57次常务会议决定农发行的工作职能重大调整，改变过去单一支持粮棉油收购、储备业务的信贷管理模式。由粮棉油储备、收购业务和农林牧副渔农业产业化龙头企业信贷业务拓宽到农村基础设施建设贷款（农村路网、电网、水网、信息网建设、农村能源和环境设施建设）、农业综合开发贷款（农田水利基本建设和改造、农业生产基地开发与建设、农业生态环境建设、农业技术服务体系和农村流通体系建设）、农业科技贷款、农业生产资料贷款（农业生产资料的流通和销售环节）和农业小企业贷款业务。

【概况】 2008年，全面贯彻省分行“和谐发展年”和“基础管理年”总体要求，紧紧围绕科学发展、和谐发展、可持续发展这个中心，认真履行职能，加大支农力度；加快有效发展，有效防控风险；强化精细管理，加强经营核算；稳步推进人事制度改革，狠抓队伍建设，各项工作在好字优先中稳步推进，经营绩效获省分行年度考评一等奖。一是经营绩效实现大幅度提升。在利率多次下调、粮食风险基金没能足额到位等诸多不利因素影响下，实现利润9122万元，同比增加2116万元。二是干部队伍建设取得新成绩。坚持不懈抓班子、带队伍；坚持凭业绩、品行和公论选人、用人；在发展中出人才、在和谐中出干部，特别是结合业务岗位竞聘，一批干部脱颖而出，为推进各项工作发展打下了坚实的干部队伍基础。三是机制创新取得实质性进展。建立了跨县域存款引存机制，拓宽了存款引存渠道。促使市政府出台《保定市利用农业发展银行贷款支持新农村基础设施建设暂行办法》，突破了保定市非经营性中长期贷款项目运作难的局面。固定资产、财务和人力资源向业务发展快、贡献大的支行倾斜。全面推行财务开支报账制。完善了财务开支审批管理办法，做到事前有签报、事中有制约、事后有监督。建立内部管理动态考评机制，实行基础管理非现场评比。组织对基层行安全保卫、行风行貌和劳动纪律进行了录像突击检查，并在全市行长会上播放点评，提高了各行抓基础管理工作的自觉性。

【推进业务发展】 强化发展意识，把发展作为第一要务。一是突出主体业务，提高其对业务发展拉动力。把支持收购作为业务工作的重中之重，坚决落实总行和省分行的要求，积极做好粮棉收购资金供应管理工作，全年共发放贷款20亿元，其中发放主体业务贷款13.5亿元，占投放总量的67.5%。二是积极开展客户营销，努力增强可持续发展能力。1. 打造政府信用平台。为切实解决全市中长期贷款项目运作难的问题，促使市政府搭建起非经营性中长期建设项目政府信用平台，在此基础上，支持中长期贷款项目两个，发放贷款27000万元。2. 构建银企对接机制。积极开展客户营销，先后促成三次较大规模的银企对接会，逐步形成政府搭台、银企对接的项目沟通机制，为保定分行有效开展客户营销找到一条便捷的工作渠道。3. 建立领导负责制度。建立以行长为组长、主管行长为副组长、业务部门负责人为成员的客户营销领导小组，形成行长亲自抓、主管行长具体抓、其他行长配合抓的工作机制，进一步强化了客户营销力度，有效增强了客户营销的时效性。

【提高经营绩效】 立足“工作早准备，任务早布置，措施早落实”，把提升存款组织水平和中间业务水平，作为缓解计划规模紧张、提高绩效的重要手段，自觉加大工作力度。年末保定分行各项存款余额达到20.8亿元，比年初增加12.2亿元，日均存款完成省分行任务的297.8%；实现中间业务收入187万元，同比增加85万元，其中代理保险费收入162.1万元，共办理国际结算业务166笔，业务结算量2000万美元，超额完成省分行下达的任务(800万美元)，实现手续费收入8.1万元人民币。

【科学稳健发展】 始终把防控信贷风险摆到突出位置，贯穿于经营管理全过程，坚持规模、速度、质量相统一，积极主动防范和化解信贷风险，信贷资产质量不断提高。严把客户准入关。对粮食购销企业，精心选择改制到位，信誉好、与保定分行配合好、发展前景好、抗风险能力强的企业积极给予支持，不求多，但求好。严把贷款调查、审查关。牢牢抓住主调查人、主审查人这个关键环节不放松，坚持不懈地开展好主调查人、主审查人“一放心、一信得过”教育和“三提醒”活动，有效约束主调查人的思想和行为。严把贷款审议、审批关。坚持贷审会跟着项目走，项目成熟一个，审议一个，积极跟上省分行的工作步伐，不但有效克服了项目多、议而不透、审而不精的现象，同时也大大提高了工作质量和效率。严把贷后管理关。认真贯彻执行上级行有关贷后监管的各项制度办法，切实加强贷后监管工作。大力清收不良贷款。累计现金清收不良贷款622万元，有4个县支行不良贷款结零。

【实施精细管理】 全面推行精细化管理，向管理要质量，以管理求发展，向管理要效益。1. 建立有效约束机制，规范经营管理。认真实施业务经营分析例会制度，行务例会制度，行长办公会制度，业务经营调度会制度，行长包片、部室包县制度，部室中层干部管人、管事、管思想“三管责任制”，纪委介入项目调查，进行“三提醒”和清收新增不良贷款责任制等工作制度，以及内部管理动态量化考评制度。这些制度的建立与实施，确保全行经营管理工作有序健康开展。2. 建立有效考核机制，引领经营管理顺利推进。奖优罚劣，充分调动全行上下狠抓业务经营的积极性。进一步完善绩效考核、专项量化指标考核、支行月绩效考核以及财务资源差别化分配办法为主要内容的经营考核体系。树立“以发展论英雄、定成败，以实力论形象、定位次，以业绩论能力、定奖惩，以效益论得失、定收入”的差别化管理导向。三是精细管理，打牢经营管理工作基础。坚持从细处着手，从精细中要效益、从精细中抓落实，努力夯实各项工作基础。一是加强资金计划管理。准确测算资金需求，及时灵活调度，信贷资金运用率不断提高，及时有效地满足各项业务的需要。二是加强财会基础工作。认真落实《财务会计工作暂行考核办法》、《IC卡管理办法》、《综合业务系统运行管理考核办法》等，进一步加强了会计基础工作，核算质量得到提高。三是做好CM2006系统应用工作，发挥系统分析、监测、预警、管理平台的作用。四是加强内控监督。主动搞好各类审计检查，积极介入贷款三查制度落实情况检查，认真抓好审计检查问题的整改，促进了全行工作依法合规开展。五是加强安全保卫和安全生产。以保奥运安全为主线，加大突击检查、随机检查力度和处罚力度，进一步增强全员安全防范观念。

领导班子成员

党委书记
行　　长　荆春行

党委委员
副 行 长　张洪泽

党委委员
副 行 长　马伶俐

（王大力　姜志军）

【保定市商业银行】 保定市商业银行全称为保定市商业银行股份有限公司，是在原保定市城市信用社的基础上成立的，于2008年7月18日正式挂牌开业，为保定市首家地方性股份制城市商业银行。该行现有分支机构20家，员工503人，总行位于保定市朝阳北大街889号。保定市商业银行行将“服务地方经济、服务中小企业、服务市民百姓”作为市场定位，致力于为广大客户提供安全、便捷、优质、高效的金融服务。主要经营范围包括存款、贷款、结算业务和保管箱、代理业务等中间业务及经中国银行业监督管理机构批准的其他业务。保定市商业银行小额贷款业务是全省开办最早、最好的银行，尤其下岗职工再就业小额贷款深受欢迎。目前，保定市商业银行全力向实现跨越式发展的目标迈进，倾力打造便利银行、精品银行。

【概况】 2008 年，保定市商业银行认真贯彻落实科学发展观，积极应对国际国内复杂多变的经济金融形势，将商业银行成立作为第一要务，保开业、保指标、保安全、谋发展，全行团结一心，扎实工作，取得了很大成果。

【集中力量抓筹建，商业银行如期开业】 本着“坚持政策、严格程序、注重质量、高效运作”的原则，把商业银行筹建作为重中之重，把确保商行如期开业作为首要目标，全行集中人力、物力抓筹建。5 月 29 日商行筹建组正式成立，全行多次召开筹建工作会议和单位、部门工作协调会、调度会。6 月 19 日，保定市商业银行创立大会暨第一次股东大会成功召开；6 月 20 日，银监局完成开业现场检查验收；7 月 11 日，省银监局批准保定市商业银行开业；7 月 18 日，保定市商业银行开业仪式在秀兰饭店举行。开业挂牌仪式由市政府主持，保定市主要领导出席，市长于群致辞，市委书记宋太平宣布保定市商业银行开业，省金融办、省人行、河北银监局领导到会祝贺。仪式上，保定市商业银行还与保定“中国电谷”核心企业天威集团、中航惠腾、英利集团当场签订银企战略合作协议，并现场为 20 名下岗职工发放每户 5 万元的小额贷款，博得社会好评。

【精心运作抓经营，较好完成年度计划】 2008 年，全行以商行成立为契机，加大经营管理力度，精心运作，狠抓落实，取得较好成绩。由于受国际金融危机影响，利率、准备金率调整频繁，给业务开展增加了难度。从第三季度的经营情况看，完成全年经营任务存在缺口，尤其是存款、不良贷款率、利润等主要经营指标与计划目标还有很大差距。为确保完成全年的各项经营指标任务，保定市商业银行结合商业银行准入指标达标和本行实际，制定了经营计划，调整经营策略，确保各项业务平稳持续健康发展。并号召全行要把完成全年经营指标任务放到压倒一切的位置，一切工作围绕完成全年经营指标开展，抢抓存款，强化收贷收息，层层落实责任，大干 60 天，较好地完成了全年各项经营指标任务。到年末，全行负债总额 452069 万元，同比增加 21809 万元，增长 5.07%。各项存款余额为 440467 万元，同比增加 22730 元，增长 5.44%；完成全年计划任务 104.87%。各项存款日均余额 313562 万元，同比增加 28525 万元，增长 10.01%。全行资产总额 473994 万元，同比增加 24021 万元，增长 5.34%。各项贷款余额 160845 万元，同比增加 16205 万元，增长 11.20%。中间业务收入 545 万元，同比增加 50 万元，增长 10.10%。贷款不良率为 6.5%，较年初下降 0.36 个百分点。2008 年，全行实现利润总额 5602 万元，同比增加 361 万元；净利润 4142 万元，同比增加 1092 万元。

领导班子成员

党委书记
董事长　张英莉

党委副书记
行长　蔡毅儒

党委委员　王恩东

党委委员
常务副行长　雷俊杰

党委委员
监事长　郑梅玲

党委副书记
工会主席　刘惠仙

党委委员
副行长　赵清哲

党委委员
纪委书记　王宗信

（李建萍　韩亚清）

保险业

【中国人民财产保险股份有限公司保定市分公司】 中国人民财产保险股份有限公司保定市分公司（以下简称“保定市分公司”是中国人民财产保险股份有限公司在保定的派出机构，公司下辖 35 个支公司（营业部），遍及市区和 22 个县（市），有在岗员工 2000 多人，主要经营企事业单位财产保险、家庭财产保险、机动车辆保险、责任保险、货物运输保险和建筑安装工程保险等 7 大门类 200 多个险种的业务。凭借综合实力，公司相继成为北京 2008 年奥运会、2010 年上海世博会保险合作伙伴，为北京奥运会和上海世博会提供全面的保险保障服务。2008 年 6 月 26 日，国际权威评级机构穆迪公司授予公司中国内地企业最高信用评级 A1 级。

【概况】 2008 年，保定市分公司秉承“求实、诚信、拼搏、创新”的企业精神，充分发挥品牌、人才、产品、技术和服务等优势，为保障保定经济发展、稳定社会、造福人民提供了强大的保险保障。全年，保定市分公司为全市提供了1700多亿元的财产保险保障，累计支付各类赔款4.53亿元，上缴各类税金5424万元，代收车船税2668万元，为稳定社会、安定人民生活和促进保定经济建设做出贡献，先后被保定市委、市人民政府评为保定市“奥运安保”先进单位、保定市综合治理“优秀单位”和2008年度“文明单位”。

【扩大业务规模，增强抵御风险能力】 2008年，保定市分公司围绕“促发展、保效益、抓规范、严管控”12字方针，充分发挥主观能动性和创造性，采取多种措施积极应对错综复杂的市场竞争局面，从狠抓各环节管控入手，经营基础不断夯实，业务规模稳步攀升，社会效益和经营效益显著增强。全年，市公司开展了“首季开门红”、“备战奥运、抢占高地——夺城拓县”春夏战役、“奥运百日车险营销活动”、“顾大局保目标 向四季度发起全面冲刺”等多项业务竞赛活动，全市系统员工团结拼搏，业务规模稳步攀升，抵御风险能力不断增强。

【开展抗震救灾支援灾区重建】 “5·12”四川汶川大地震发生后，保定市分公司向全市系统发出向灾区捐款的倡议书，号召员工伸出友爱之手，为灾区群众提供援助。开展了“心系灾区献爱心立足岗位作贡献”活动，积极组织、号召全市系统广大员工发扬有“爱心”、担“责任”、讲“奉献”的精神，以各种形式不断帮助灾区同胞战胜灾难，重建家园。在这次抗震救灾活动中，全市系统累计向市民政局、省公司工会、市财贸工会捐款40多万元，受到市委、市政府的表彰。与此同时，市公司号召全体员工学习“不屈不挠、顽强拼搏”的抗震救灾精神，以优异工作成绩支持灾区重建。

【引领规范保险市场】 2008年，保定市分公司协同市保险行业协会，制定《保定市车险自律实施细则》，引领市场规范。作为财险行业主导企业，保定市公司成立了内控合规部，加强系统内控制度建设，全市系统各基层单位认真开展全方位自查自纠和整改，强化依法合规经营，确保不出现违规事件，带头营造公平、规范、有序竞争的保险市场。

【做好奥运服务，提升公司品牌形象】 中国人保财险作为2008年北京奥运会保险合作伙伴，将珍贵的奥运门票通过开展“携手人保财险，喜看北京奥运”门票抽奖活动，回馈客户。在此次抽奖活动中，保定人保财险的客户获得86张门票；同时，公司组织了2008年客户节活动，通过奥运理赔服务体验季、十一黄金周客户关爱等活动，使客户充分感受到人保公司无微不至的关怀，展示了公司作为2008北京奥运会保险合作伙伴的品牌形象，受到了客户的好评。

领导班子成员

党委书记
总　经　理　武运宝
副总经理　王珏迪　张友林
李彦军

（张　颖　张　涛）

【中国人寿保险股份有限公司保定分公司】 中国人寿保险股份有限公司是国内唯一一家在纽约、香港和上海三地上市的保险公司。总资产突破万亿元，连续六年入选《财富》全球500强，且在2008年排名159位。中国人寿保险股份有限公司保定分公司（以下简称“保定分公司”）是中国人寿保险股份有限公司的（地）市级分支机构。公司下设32个分支机构，覆盖保定市3个区、22个县（市），拥有各类销售人员8000余人，总资产62亿元，市场占有率58%。公司主要经营人寿保险，人身意外伤害保险，健康保险，投资分红保险等业务，保险产品百余种。

【概况】 2008年，保定分公司坚持诚信为本的经营理念，深化改革，强化管理，2008年保费收入突破27亿元，综合指标排名在全国系统跃升至18位；公司连续5年入选甲类AAA级公司。被中国保监会和国家人事部评为“全国保险系统先进集体”；被保定市政府评为“医疗保险贡献突出先进单位”和“保定市劳动关系和谐企业”。总经理王吉山被评为“河北省劳动模范”，被中华全国总工会授予“全国金融系统五一劳动奖章”称号。

【加强内部管理】 在机关内先后开展“责任风暴，效能革命”和“二十二个为什么”主题活动，强化制度的督导与落实；实施并推广6S精细化管理模式，推进了公司“一流队伍、一流服务、一流形象”建设；继续扎实开展404项目遵循日常化工作，强化组织领导，推进了精细化管理水平；加强财务、业务管理；加大客户回访力度，提高核保、理赔管理水平，严把入口、出口关，防范和化解经营风险能力得到明显提高。

【深化企业改革】 为不断适应公司改革和发展，公司始终把打造一支懂经营、善管理、能吃苦、敢创新的干部队伍作为一项重要的基础性工作来抓，从优化结构、强化素质入手，坚持完善干部交流制度，制定了《中层管理干部考核考评办法》和《中层管理管理干部失职责任追究办法》，实行问责制和升降免机制。在后备人才培养上，采取员工上下交流学习和业务经理助理挂职锻炼形式，有效盘活了人力资源。

【承担社会责任】 保定分公司始终秉承“成己为人，成人达己”的企业文化核心理念，坚持企业发展来源于社会，更要回馈于社会的原则，致力于为客户提供“热情、真诚、准确、高效”的服务，取得了公众的信赖与支持。同时，积极捐资助教、捐款捐物、扶贫济困，参加社会公益和大型灾难救助活动，全年捐赠款物合计50余万元，为赴四川地震灾区工作人员和灾区来保就学学生捐赠保险，累计保险金额近300万元。受到地方党委、政府的一致好评。

【加强客户服务】 保定分公司始终以“客户至上，服务第一”为工作信条，为全市500多万人次提供各类保险服务，强化“95519”的客户回访、监督职能，实现“一站式”服务。加强理赔服务，全年总赔付支出7.25亿元（包括死亡给付、伤残给付、医疗给付、满期给付、年金给付和短险赔款支出），起到经济“助推器”和社会“稳定器”的作用。

领导班子成员

总 经 理　王吉山
副总经理　颜世欣　宗　志
　　　　　孙　威　樊福生

（中国人寿保险股份有限公司保定分公司）

教　育

教育工作

【保定市教育局】　保定市教育局是主管全市教育事业和语言文字工作的市政府职能部门。内设15个职能处室：办公室、财务处、人事处、机关党委（党委办公室）、发展规划处、基础教育处、职成教处、思政体卫处、高等教育与师范教育处（市语言文字工作委员会办公室）、纪检监察室、教育督导团办公室、老干部处、教育系统团委、妇工委、教育系统工会委员会。直属事业单位有：市教师进修学校、市教育科学研究所、市教学仪器站、市电化教育馆、市校办产业管理办公室、市教学勘测队、市校办企业总公司。

【概况】　2008年，全市共有各级各类学校4813所，在校生193.87万人，教职工13.22万人（含专任教师10.95万人）。其中基础教育学校4716所，在校生158.37万人，教职工10.92万人（含专任教师9.42万人）。包括：幼儿园1515所，在园幼儿24.61万人，教职工1.41万人（含专任教师1万人）；特教学校23所，在校生1866人，教职工491人（含专任教师364人）；小学2622所，在校生74.32万人，教职工4.91万人（含专任教师4.54万人）；初中468所，在校生39.06万人，专任教师2.72万人；普通高中88所，在校生20.17万人，专任教师1.1万人。中等职业学校86所，在校生15.59万人，教职工9507人（含专任教师6802人）。高等院校11所（其中市属公办院校4所，民办、省、部属院校7所），另有不计校数独立学院4所，在校生19.9万人，教职工1.34万人（含专任教师0.84万人）。

【九年义务教育】　1. 深化义务教育经费保障机制改革。在全面实施农村义务教育经费保障机制改革的基础上，从2008年起免除城市公办义务教育阶段学生杂费。停止市区义务教育阶段“公办民助”学校改制实验，原“公办民助”学校全部恢复公办性质。保师附小、南市区县学街小学、新市区实验小学、保定市第十七中学、保定市第十三中学和保定市联西中学等6所中学，从2008年秋季起，不再按改制政策招生，执行公办学校招生和收费政策。2. 加强标准化学校建设。市教育局起草了《保定市人民政府关于进一步推进义务教育均衡发展的意见》。各县（市）结合中小学布局调整和学区一体化管理，按照“4138”和“1215612”的标准，切实加强标准化学校建设。目前，全市共建成标准化小学587所，初中127所。3. 推进学区建设。在抓好涿州市、望都县和涞源县3个具有不同代表性的试点的基础上，做好学区规划和建设工作，促进县域内义务教育均衡发展。全市共规划建设学区238个。4. 组织了市区部分小学校级领导跨区挂职学习锻炼活动。市内三区每区从6所不同层次的学校选派6名（共18名）校级领导，采取“三区推磨，强弱搭配”的方式，进行跨区挂职学习锻炼。

【普通高中教育】　1. 推行普通高中招生制度改革。2008年实施了各县（市）将省级示范性高中公助生至少50%的招生指标，市区将省级示范性高中公助生30%的招生指标分配到各初中学校的招生办法，促进了初中学校的均衡发展。2. 加强普通高中基础建设。投资5.5亿元，完成了阜平中学、雄县一中、安新中学、涞水祖冲之中学等19个新（扩）建工程。3. 示范性学校建设取得新进展。保定一中、保定三中、清苑中学、徐水一中、徐水综合高中、定州中学、蠡县中学、望都中学、高碑店一中、定兴三中等校基本达到或接近国家级示范性高中标准。市教育局对准备迎接省级示范校验收学校的硬件建设和学校管理进行了重点督查指导。4. 本年共有8.15万人参加普通高考，其中本科一批上线10365人，比2007年增加740人。本科二批以上上线20717人，比2007年增加474人。

【职业教育和成人教育】 职业教育。1. 职教集团作用初显。召开了河北省汽车职业教育集团高端论坛，就"集团"发展进行了深入讨论，对全省汽车业的发展起到了推动作用。2. 实现了职业教育招生、就业目标。中等职业学校共招生7.3万人（其中教育部门5.9万人、劳动部门1.4万人），比上年增加4000人；在校生共计20.6万人，比上年增加2.3万人。协调有关院校、企业，搭建"双向选择"平台，全市中、高等职业院校就业率分别达到97%和85%。3. 组织教师参加各类专业培训，组织师生参加技能比赛。本年，共有300名教师参加了省级骨干教师培训，25人参加了专业带头人培训。联合市劳动局等部门举办了钳工、计算机技能大赛。在全国职业院校技能大赛中，本市9名选手获奖。4. 推进"升级进位工程"。本年，安新县职教中心通过了国家级重点职业学校评估验收；高碑店市第一职业学校、曲阳县雕刻学校、保定机电工程学校通过了河北省重点中等职业学校评估验收。

农村成人教育。实施了"农村实用人才培训工程"、"农村劳动力转移培训工程"和"成人继续教育和再就业培训工程"。组织农民科技培训8000余次，培训农民73万人次，培训回乡青年6.7万人次。

【学前教育和特殊教育】 学前教育。全面推进农村规范化幼儿园和省级示范园建设，印发了《"普三"复查评定标准》、《农村幼儿园分类评定标准》和《城市幼儿园分类评定标准》，对全市"普三"工作进行了复查。望都县、高碑店市通过了省"普三"复查，保定市青年路幼儿园，涿州市第一幼儿园、第二幼儿园通过了省示范园复查，望都县县直幼儿园通过了省示范园验收。

特殊教育。着力加强特教中心建设，市特教中心各功能教室得到充实，学校管理日益规范，教学水平和教育质量明显提高。年内学校获市级金奖35个、银奖24个；在教学基本功大赛中，4名教师获国家级奖励，5名教师获省级奖励。满城、涞水、定兴三县通过了省"普及特殊教育"验收。

【民办教育】 继续规范办学行为。在各县（市、区）检查评估的基础上，市教育局组织了全面验收，评定市级民办教育名校5所、示范性学校7所、规范化学校15所；24所学校被取消办学资格，1所学校停止招生，21所学校限期整改。

【德育与艺术教育】 德育工作做到了"三强化"：强化日常管理，强化基础建设，强化活动育人。举办了首届"保定市中小学德育工作创新奖"评选活动，编写了《德育手册》，开展了"迎奥运、讲文明、强体魄、促和谐"和"讲文明、树新风、我行动"道德实践活动，以及环保节能小论坛、小发明、小创造、小论文"四小"活动。推荐13名德育工作干部参加了国家培训，与市环保局共同组织4所学校接受了生态文明教育工作省级验收。

艺术教育工作依据学校艺术发展方向和特色项目，实施了特长生招考。组织了全市中小学生舞蹈大赛。选拔优秀音乐、美术教师参加教学基本功大赛，1人获全国一等奖，2人获全国二等奖。

【体育与卫生健康教育】 体育工作。1. 出台了《学校体育工作评估标准》和《县级教育行政部门学校体育工作评估标准》，学校体育工作机制更趋完备。2. 组织5000多人参加了奥运火炬巡游和阳光体育成果展示活动。承办了全省阳光体育现场推进会，与会人员参观了本市4所学校及阳光体育运动成果展。3. 764名学生参加了中学生田径锦标赛，其中76人达到二级运动员标准；156人参加了在校高水平运动员测试，122名合格者获得高校特招和加分资格。4. 组织中小学体育教师参加优秀体育光盘课和论文评比活动，2人获全国一等奖，3人获全国二等奖。

卫生与健康教育。进一步健全食品安全制度，要求从业人员必须持证上岗。加大专业培训力度，1200多名从业人员参加了业务培训。严格监管制度，协同市卫生局对市直26所学校（幼儿园）所属食堂、卫生室、小卖部、宿舍的卫生防疫工作进行了检查。落实了手足口病等传染病的疫情报告和病因排查、追查等制度。

【基础教育课程改革与教科研工作】 从2008年开始，各县（市、区）至少选取1所学校作为教学模式改革试点校，全市共确立课堂模式改革试点校55所，涉及447个教学班，涵盖初中、小学全部课程，参与教师749人。教科研工作充分发挥学科中心教研组的作用，全年共组织教研活动92次，同时组织了十几个学科的说课和论文评比活动。年内6名教师获省评优课一等奖，1名教师获国家级一等奖；45项省级“十五”立项课题结题；3名学生在生物奥林匹克竞赛中获全国一等奖。

【教育干部培训与教师队伍建设】 1. 制定了《保定市2008年教育干部培训工作要点》，共举办各类培训8期，培训中小学校长1164人。建立了教育干部档案库，对培训对象基本情况进行了重新统计和登记。2. 加强教师队伍建设：①组织了2007～2008年度教师全员职务考试；②进一步发挥特级教师和省、市级骨干教师的示范和辐射作用；③组织5096人参加各专业高师自考，完成了736人高师本科自考毕业审定工作；④选拔推荐中小学省级骨干教师培训对象425名、省级中小学素质提高培训对象295名，选拔小学、初中、高中市级骨干教师培训对象3500名；⑤招聘全国重点院校毕业生207人，其中本科毕业生89人，硕士116人，博士2人。

【人事制度改革】 完成了市直属29个单位（学校）的岗位设置工作，通过平等竞争、科学考核、择优聘用，重新签订聘用合同，实行岗位合同管理。为了解决临时聘用教师问题，市教育局、市人事局、市编制办公室联合印发了《关于解决中小学临时聘用教师问题的实施意见》，5000多名教师与用人学校签订了《聘用合同》。

【教育信息化建设】 进一步优化“校校通”工程，市区教育城域网接入工作基本完成，全市1000多所中小学接入保定教育城域网，年内增加接入校245所，联网计算机超过计算机总数的80%。完成了全国教育科学“十五”规划课题《校园网环境下教学设计理论与方法》的课题研究。1432名教师参加了信息技术教育培训。

【优化办学条件】 1. 建立了义务教育学校维修改造长效机制。2008年新建、改建、扩建、维修中小学校舍8.6万平方米。市财政安排资金100万元，用于各县（市、区）校舍维修改造。2. 完成了2917所农村中小学（含教学点）的取暖设施改造工程，改造取暖面积332.97万平方米。3. 投资1744万元，对9所农村初中校舍进行了改造，改建面积35641平方米。4. 台塑集团在全市捐建“明德小学”项目7个，4个项目主体工程已完工，2个项目正在施工。5. 市直16所学校和5个直属单位，投资243万元进行了太阳能产品应用改造工程，完成了年度改造任务。

【教育督导】 对接受省政府定期综合性督导评估的北市区、高碑店、安新、容城、雄县、涞源6个县（市、区）进行了过程督导，6个县（市、区）均通过了省评估组验收。年内在全市组织开展了学生素质评价改革和研究优秀论文评选活动，推荐625名教师的论文参加全省评选，其中14篇获一等奖，25篇获二等奖，40篇获三等奖。

【对外合作与交流工作】 1. 保定一中、保定外国语学校、保定十七中、涿州物探中心学校分别与瑞典和英国教育机构建立了友好学校关系，接待了英国10名校长和瑞典16名学生来访；保定女子职业中专与荷兰教育机构合作举办了相关专业，并接受资助200万元。2. 保定一中17名学生参加新加坡项目选拔考试，全部合格；继续实施赴意大利留学项目，9名学生入选留学预科班。3. 保定一中、三中、十七中、外国语学校组织69名师生，赴美国进行了教育交流活动；保定三中校长率13名师生赴新加坡有关学校进行了为期10天的访问。4. 与英国布里斯托大学合作，实施“改善教育评价和质量”项目。5. 保定一中、唐县中学接受香港田家炳基金会捐赠款450万港元。

【依法治教与行风建设】 教育法制工作。望都、安新、安国、唐县、南市区、涿州6个县（市、区），通过了省评估验收，被命名为依法治校达标县，高碑店一中等17所学校被命名为依法治校示范学校；市教育局承办市人大代表建议15件、市政协委员提案17件；受理县（市、区）教职工、群众信访复查14件，接待来人来访40余人次。

推进行风建设。1. 市教育局与市纠风办等7部门联合印发了《关于2008年规范教育收费进一步治理教育乱收费的实施意见》，组织全市3400多所学校对收费工作进行了自查自纠，市、县教育部门检查学校1000多所，51名违规违纪乱收费责任人受到纪律处分或组织处理。2. 1268所中小学的145148名学生、26298名教师、1070名干部、152446名学生家长参加了民主评议中小学活动。3. 市教育局、保定一中、保师附小在全省廉政文化进校园工作会议上介绍了经验。

【学校安全稳定工作】 全市教育系统先后开展了“隐患整治年”活动、奥运安全保卫专项行动、“迎奥运、讲文明、树新风、爱祖国”主题教育活动、迎奥运保安全百日督查专项行动、整治学校危险化学用品专项行动、校园周边交通环境集中整治活动和校园网络安全专项行动。同时，加强督导检查，共督查学校77所，发现问题隐患92处，发出整改通知书27份；检查网吧58家，要求整改27家、关闭2家。对学校安全工作存在问题的单位及时予以通报批评，问题严重的单位实行年度评优“一票否决”。

【语言文字工作】 在全市各级各类学校广泛开展语言文字规范化达标校、示范校创建活动，175所学校被评为市级语言文字工作规范示范校，9所学校被省教育厅、省语委认定为省级语言文字规范化示范校。全市共完成教师普通话水平测试1511人次、职业院校学生普通话水平测试5042人次。

【济困助学工作】 1. 继续开展“山花工程”，年内筹集资金97.27万元，筹集生活、学习用品4230件，1473名学生得到资助。2. 全市60212名学生享受了国家助学金，约占在校生总数的81.6%。3. 利用中央财政安排彩票公益金，资助农村普通高中家庭特困学生3060名，资助金额306.3万元。4. 本年7863名进城务工农民子女在保定就读。在城郊农村中小学入学者，纳入农村保障机制，免费入学；在城区中小学入学者按照“相对就近、划片入学、正常交费”的原则入学。

【赈灾救助工作】 5月12日四川汶川大地震发生后，市教育局在第一时间组织专人，摸清了本市教育系统四川籍工作人员的情况，并积极帮助他们与家人取得联系。为帮助灾区人民渡过难关，全市教育系统于5月23日为灾区捐款1612.98万元，5月26日又捐款158.57万元。为确保灾区学生来保定就学，市教育局发出了《关于积极做好接受地震灾区中小学生就学工作的通知》，决定开通“绿色通道”，就近安排，免费上学，无偿提供书包、教科书，并安排心理教师对灾区学生进行心理疏导。全市共接收灾区学生359名，其中义务教育阶段学生214名，职业学校学生145名。

领导班子成员

党委书记
局　　长　王绍联
副书记
考试院院长　周立峰
副局长　杨书明　张全龙
　　　　刘　恒
纪委书记　赵季秋
副县级督学　张国忠
调研员　郭君阁
助理调研员　王国良　陈志会
　　　　陈良波
（冉志广　侯文生）

河北大学

【概况】 河北大学是河北省唯一一所由国家教育部和河北省人民政府共同建设的重点综合性大学。学校占地2880亩，建筑面积98万平方米；固定资产总值达15.54亿元。建有1个教育部省属高校人文社会科学重点研究基地、1个国家重点（培育）学科、8个省级重点实验室、12个省级重点学科和2个省级文科基础学科人才培养和科学研究基地；拥有6个博士后科研流动站、12个博士点（含1个一级学科博士点）、128个硕士点（含12个一级学科硕士点）、5个专业硕士学位点、85个本科专业。有各类学生5万余人，其中研究生5500余人，全日制本专科生38700余人，外国留学生169人。

【教学工作】 2008年，根据评估整改方案，继续深入贯彻“以评促建、以评促改、以评促管、评建结合、重在建设”的二十字方针，扎实高效地完成各项整改任务。全年学校以本科教学工作水平评估整改为契机，进一步规范教学管理，深化学分制、大学英语教学和实践教学等三大改革，探索人才培养新思路；实施教学名师、精品课程、优秀教学团队、创新高地和特色专业、人才培养模式创新实验区、实验教学中心、国家大学生文化素质教育基地等工程，推动本科教学质量再上新台阶；提高教学信息化管理水平，完善现有的综合教务管理系统、BB教学平台系统、网上评教系统、精品课程开发系统、网络教学平台、大学英语网站等教学信息网络，加快信息化教学环境建设，实现优质教学资源共享。

【师资队伍建设】 共有专任教师1910人：中科院院士1人，“软引进”院士7人，正高职教师417人，副高级职教师722人，博士生导师96人，硕士生导师517人。本校引进高层次人才56人：4人有博士后研究经历，5人具有海外留学背景，985院校及中科院系统毕业生32人，211院校毕业生3人；本校培养且已回校工作的博士研究生26人；获得教育部下达的“长江学者特聘教授”招聘指标1个，拟招收1名特聘教授，已报教育部审批。积极配合学校稳定人才的相关政策，在职称评审中向教学倾斜。

【学科建设和学位授予工作】河北省教育厅专家组对校化学、历史学、生物学、光学工程四个强势特色学科进行检查评估，学校先后组织召开了迎评估专项部署会议、评估预备会、校内自评自查会议等多次专题工作会议，顺利完成各项工作任务；积极谋划全国第十一次博士、硕士学位点申报工作；完善规章制度，做好《河北大学关于实行学位论文预答辩工作的规定》、《河北大学对学位论文抄袭剽窃、弄虚作假行为的处理办法》等文件的起草工作；积极开展艺术硕士、汉语国际教育硕士专业学位培养单位的申报工作；圆满完成对31名博士毕业生、1242名硕士毕业生、9688名本科毕业生和1679名成人高等教育本科、自学考试本科毕业生的学位授予工作。

【科研工作】 社会科学研究取得长足进步，积极组织各类项目申报，共新上项目286项，批准经费540余万元。高级别项目数量大幅度增长，国家级社科项目7项，教育部项目8项，全国教育科学规划项目3项，省社科基金项目36项（含确认课题）；在河北省第十一届社科优秀成果奖中，共获得31项成果奖，其中一等奖4项，二等奖8项，三等奖18项，优秀图书编辑奖1项。文化产业建设取得突破性进展，动漫基地进入实质性产品研制阶段。自然科学方面，共批准立项各级各类科技项目102项（校外），资助经费达1138万元；共承担横向课题22项；积极申报成果奖励，获得河北省科技进步奖自然科学一等奖1项，三等奖5项；已建成的3个生化类省级重点实验室在全省实验室评估中全部达标，分别获得30万元建设经费；三大检索共收录科技论文315篇，其中SCIE收录177篇，EI收录论文100篇，ISTP收录论文38篇，SCIE排名继续在全省高校位居首位；邀请院士、专家作学术报告34场，组织校内学术报告31场；规范项目合同管理，为科研人员提供全方位服务。

【教学基础条件建设】 加强基础设施建设与改造。完成国际合作处办公教学楼建设、成教学院一校区食堂拆除重建、南院兰园公寓拆除及新建停车场、庞国芳院士实验室改造、逸夫楼生科院部分实验室改造、物理学院805实验室电力改造等工作；完成学校日常应急大、小维修改造项目40多项，审核各项维修工程70多项，极大改善了办学环境。

【内部管理体制改革】 学校对部分党政机构和教学单位进行了调整，以营造有利于教学、科研和人才培养的良好环境。制定《河北大学差旅费管理办法》等规章，进一步完善财务制度，加强学校财务管理。后勤集团继续实施第三轮社会化改革，不断完善和健全现代企业制度体系建设；积极拓展校外市场，有效拓展经营项目，不断提高服务层次；引进和开发新的管理软件，开拓信息化建设项目，提高信息化管理程度，推动数字化后勤建设；加强后勤服务专业化建设，提高后勤服务专业化水平。

【校园精神文明与文化建设】充分发挥以“红色战线”、“阳光心情”、“家国天下”为代表的8个学生思想教育专题网站的集群优势，与各部门、各学院网站和网页一起开展网络思想政治教育活动，以提高学生的思想道德素质；制定《公寓住宿管理规定》、《园区学生文明行为规范》、《毕业生离校行为规范》等管理制度；举办了第14届科技文化艺术节、16届周末文化广场、46场周末舞会，有力地推动了校园文化建设；继续以“大学、青春、人生”为主题推行“德育答辩”，组织毕业生认真撰写综合素质总结论文，在互动中增强教育效果。

【抗震救灾与奥运服务】 “5·12地震”发生后，学校开展各种形式的捐款、捐物等爱心捐助活动；派出医生参加河北省首批抗震救灾医疗队，并组建医疗队赶赴重灾区平武执行灾后重建任务；积极联系学校西部计划30余名志愿者投身于抗震救灾工作中；组建大学生抗震救灾暑期实践服务队赴灾区进行支教等支援工作，并在2008年应届毕业生中招募志愿者赴地震灾区参与为期1年的灾后重建工作。学校积极组织实施安全保卫工作，为奥运会的成功举办提供良好的周边治安环境；4名师生圆满完成火炬接力护跑活动，选派73名志愿者参与北京奥运会的接待、礼仪服务等工作；2位教师圆满完成奥运会的执法工作。

【国际交流与合作】 全年共接待国外友好交流院校、友好学术访问团35个，接待外国友人300多人次，聘请美、英、加、日、韩、俄、法、菲律宾等国文教专家41名，日本籍文教专家佐佐木正信先生和韩国籍文教专家朴英淑女士获河北省2008年度“燕赵友谊奖”，这是本校连续第六次获得该项荣誉奖；留学生教育迅猛发展，2008年留学生数量达到

338人，同比增长8.33%，为河北省高校留学生在校人数之首（据国家教育部统计的数据）。受理师生各类出国、赴港澳台手续共计300多人次，其中公派出国、赴港澳台团组为12个，通过学术交流项目派出交换留学生及自费留学生56名；受理本校教师申报教育部公派出国留学人8次；办理外教、留学生出入境手续、JW202表、居留许可等手续800多人次；完成医学部三名教师赴英国威尔士斯旺西大学进修项目；完成日元贷款研修项目；11名师生入选汉语教师志愿者并派往国外任教；完成河北省外办交予的省长合作项目——培训四名日本长野县教师，本校一名教师赴日本长野县进修。

（高新文　苏国伟　陈军平）

河北农业大学

【概况】　河北农业大学始建于1902年（清光绪二十八年），是河北省重点骨干大学。目前有保定校区、秦皇岛校区和定州校区，校园占地193.84万平方米，建筑面积95万平方米。全日制在校生规模41000余人，图书馆藏书151万余册，仪器设备值1.7亿元，固定资产12.75亿元，附属实验农场330余公顷，林场2700余公顷。

现设25个学院。设有2个博士后科研流动站、38个博士点、65个硕士点、72个本科专业。现有1个国家重点（培育）学科、1个农业部重点学科、1个国家林业局重点学科、4个河北省强势特色学科、11个省级重点学科、13个省级重点实验室。另有计算机中心、现代技术教育中心、体育工作部等教学单位。有河北省山区研究所、中国枣研究中心、河北省作物种质研究中心等18个省级研究机构。出版有《河北农业大学学报》（自然科学版）、《河北农业大学学报》（农林教育版）等刊物。

【学科建设工作】　制定了省强势特色学科和重点学科年度建设计划，4个省强势特色学科（群）顺利通过河北省中期建设检查评估，争取到省重点学科建设经费400多万元。依据国家重点学科管理办法和评估指标体系，制定了《作物遗传育种学科2008－2010年建设规划》，创新专业建设，新增本科专业3个，本科专业达到72个。开展了工程硕士新增培养单位申报工作并通过了专家组实地考察。风景园林、兽医专业硕士点通过全国相关专业学位教育指导委员会现场检查评估。新增博士生导师16名，硕士生导师58名，博士生导师达126人，硕士生导师近500人。

【师资队伍建设与教学工作】
派出31名教师攻读博士研究生，另有36名教师取得博士或硕士学位，31名教师获出国培训、访问学者资格，引进博士2人，录用教师59人、科研助手3人、辅导员12人，使具有博士、硕士学位教师分别占到教师总数的17%和33%。开展了青年教职工综合素质培训班、青年教师讲（说）课大赛等活动。2名教师被评为河北省有突出贡献中青年专家。完成了刘孟军同志两院院士后备人才的考察推荐工作。

修订了人才培养方案，制订了加强教学工作的具体措施。加强了师资队伍建设、教风学风建设、精品课程与教材建设、数字化教学资源建设。开展了试题库建设，推进考试方式方法改革。进一步完善了教学监管体系。质量工程项目数量和资助经费位居河北省高校前列。“质量工程”建设方面，建成国家级特色专业2个、教学团队1个、实验教学示范中心1个，省级特色专业4个、本科教育创新高地4个、教学团队3个、人才培养模式创新实验区2个、实验教学示范中心2个、精品课程5门，1人被评为省级教学名师。教育教学研究成果方面，新上河北省教育科学“十一五”规划课题15项，获河北省教学成果奖7项，“地方农林本科院校人才培养模式的研究与实践”、“面向社会主义新农村建设的人才培养模式研究”等课题顺利完成并通过验收，4部教材获全国高等农业院校优秀教材奖。改革了研究生的传统授课模式和考试方式，发挥科研平台和高水平科研项目在高层次人才培养中的作用，提高了教学效果。2篇博士论文、8篇硕士论文获河北省优秀学位论文，其中1篇参加全国优秀博士学位论文评选。拓宽了成人教育办学渠道，开展了河北省职教骨干师资培训班、女能手大专班等灵活多样的非学历教育。

【科研工作】　新增农业部重点实验室1个，省部级重点实验室（工程中心、试验站）达到13个，2个实验室获得省级评估优秀。主持的国家粮食丰产科技工程河北课题，再创河北省小麦、玉米单产最高纪录，累计推广面积8926万亩，增产粮食500万吨，增效83.9亿元。

积极参与国家现代农业产业技术体系建设，在9个产业技术体系中新争取功能研究室1个、科学家岗位7个、综合试验站站长3个、经费2900万元。学校在13个产业技术体系中共争取到功能研究室2个、科学家岗位和综合试验站站长17个，获准资助经费达5150万元，在全国省属高校中名列前茅。

全年共承担各级各类纵向科研项目596项，新上国家“863”项目、国家自然科学基金项目等各级各类项目284项；签订横向合同58项，合同金额达620万元。校外来源经费突破5000万元。鉴定科技成果57项，其中43项达国际先进水平；获省部级以上科技奖励25项，其中教育部科技进步一等奖1项、河北省自然科学一等奖1项、河北省科技进步一等奖1项，获奖等级、数量和获奖率连续八年在全省高校位居前列。

审定植物新品种5个，获国家专利19项。全年发表学术论文1451篇，其中一级学报以上论文570余篇，三大索引论文300余篇。《河北农业大学学报》第五次入编中文核心期刊，被评为中国高校优秀科技期刊和河北省优秀期刊。举办大型学术会议10余次，学术报告200余场，400余人次参加国内外学术交流。

【学生工作】 不断加强学生工作队伍建设，提出了科学配备、控制数量、严格标准、保证质量等具体要求。选拔了12名政治素质高、业务能力强的毕业生充实学生工作队伍，其中保定校区聘用的10名学生辅导员全部为省外重点大学硕士研究生。组织各类校园文化活动1000余场，参与学生50000余人次。稳步推进大学生社会实践工作，暑期以“勇担强国使命，共建和谐家园”为主题组织“三下乡”重点团队20支，与河北省环境科学学会联合打造了12支分别赴河北省各地市的环保科普实践重点团队。继续开展特色活动“万名学生进万家”大型社会调查和返乡实践系列活动。实践活动区域遍布河北省11个地市并辐射到全国24个省、市、自治区，直接参加学生近3万人。被各级各类媒体报道1029次。大学生课外科技创新基金共立项252个，1200余人次直接参与。在“挑战杯”河北省大学生创业计划竞赛中，获特等奖1项、一至三等奖12项，8件作品参加终审决赛作品展示，学校获优秀组织奖。2件作品代表河北省参加第六届“挑战杯”全国决赛，分获银奖和铜奖，学校获优秀组织奖，竞赛成绩列河北省第一名。在大学生英语竞赛、体育比赛等国家级、省级竞赛中，均取得优异成绩。6个班集体被评为省级优秀班集体，53人被评为省级三好学生和优秀学生干部，43名优秀毕业生被省委组织部选调到基层锻炼，27名同学志愿赴西部地区服务，35人被省“三支一扶”办公室录用。

建立了“领导主抓、中心统筹、院系为主、全员参与”的校内就业工作体系，从协调用人单位、推进就业互动平台建设入手，加强对外宣传、职业导航服务和就业指导课程建设，举办职业生涯规划设计大赛等活动，为毕业生提供优质就业指导与服务。在河北省第二届大学生职业生涯规划设计大赛中，2件作品获一等奖，1件作品获三等奖，2名学生获“十佳职业规划之星”称号，学校获优秀组织奖。本科生就业率达93%，专科生就业率达80%，名列全省高校前列，通过了省教育厅就业工作检查评估，全国大学生就业卫星专网对本校就业工作给予专题报道。积极开展贫困学生救助工作，通过设立2200多个勤工助学岗位和设置各种助学金等，共发放资助金1500万元，累计救助贫困学生10000余人次，帮助277名贫困生取得了助学贷款。

【深化“太行山道路”，服务地方经济发展】 制订、实施了《深化“太行山道路”，服务新农村建设“十一五”行动纲要》，明确学校服务农村改革发展的方向。发挥170多个“三结合”基地和科技示范点的辐射带动作用，结合地方政府扶贫工作重点，挖掘地方优势产业潜能，推广七彩椒设施栽培、肉牛养殖等10项集成实用技术，培训农民2400余人次。在陕西省佳县等地建立“三结合”基地，拓展跨区域技术服务与合作。

推进“一县一业一园农业科技示范工程”和“太行山星火产业带”建设，与邢台市签署了市校发展战略合作协议。加强河北新农村建设研究中心工作，开展了新农村建设的探索与研究。规范了“一村一名大学生工程”的实施工作。与长城汽车股份有限公司共同组建了“河北农业大学长城汽车学院”，开创了全省重点骨干大学与省内大型企业合作办学的先河。

学校坚持“太行山道路”，矢志服务“三农”的做法，继续得到广泛关注。全国政协原副主席孙孚凌再次到学校“三结合”基地——易县柴厂村考察新农村建设；教育部副部长陈希就高等农业院校如何为“三农”服务等方面工作，到学校进行专题调研。

【对外交流】 推进国际交流与合作，与荷兰应用科技大学的合作进入实施阶段；邀请来自美国、荷兰、澳大利亚等28个国家的专家学者104人次来校访问、讲学；连续4年承办商务部援外项目培训，共培训来自40多个发展中国家的学员157名。

（吕宏玉）

华北电力大学

【概况】 华北电力大学创建于1958年，是教育部直属的国家"211工程"重点建设高校，是教育部与由国家电网公司等7家特大型电力企业集团组成的校理事会共同建设的全国重点大学。学校在北京、保定两地办学，校部设在北京，两地实行一体化管理。学校专业设置比较齐全，教学、科研条件比较完备，博士、硕士与本科教育层次兼备，基本形成了以工为主，工、理、文、经、管、法等相结合的并具有鲜明特色的学科专业布局。现拥有2个国家级重点学科、13个省部级重点学科、2个教育部重点实验室、7个省部级重点实验室（研究基地）、1个国家级实验教学示范中心、1个国家级工程实验室；设有3个博士后科研流动站、20个博士点专业、52个硕士点专业、54个本科专业、4个二学士学位专业，有MBA和工程硕士专业学位授予权。全校共有各类在校生38376人，教职工2835人，其中有中国工程院院士1人、双聘院士4人、博士生导师108人。学校现占地1609亩，建筑总面积100万平方米，总资产21亿多元，其中教学科研仪器设备达近3亿元，图书馆藏书150万册。

【教学工作】 学校加大"质量工程"实施力度，全面修订了本科人才培养方案，积极推进教育教学改革，获评国家级教学团队1个、国家级精品课程1门、国家级百门双语教学示范课程1门、国家级特色专业建设点3个、国家级精品教材1部，2个专业通过全国工程教育专业认证；获评省部级优秀教学团队2个、精品课程7门、特色专业8个、实验教学示范中心3个、优秀教育教学成果奖11项、本科教育创新高地建设项目1项；学校成为教育部大学生创新性实验计划高校；3篇博士学位论文、7篇硕士学位论文分别获河北省优秀博士、硕士论文奖。

【师资队伍建设】 完成对教师系列和管理系列的定编设岗聘任工作，出台了《华北电力大学推进青年教师"博士化 国际化 工程化"若干规定》等规章制度。1人入选国家"百千万人才工程"，2人获北京市、河北省教学名师奖；新增博士生导师23名，新聘39名专家为学校校外研究生指导教师；引进和接收具有博士学位教师56人，聘任38位国内外知名专家为学校兼职教授、客座教授，进一步优化了结构，提高了水平。

【学科建设】 "211工程"三期项目建设工作正式启动；"生物质发电成套设备国家工程实验室"落户本校，实现学校国家级重点实验研究平台零的突破；"工业过程测控新技术与系统"被批准为北京市重点实验室；"大电网保护与安全防御"获国家学科创新引智基地计划立项资助；电气工程、工程热物理、控制理论与控制工程、清洁能源学、技术经济及管理等5个学科成功列入北京市重点学科，校省部级重点学科增加至13个；获得世界银行124万美元赠款项目，风电学科的建设力度大大加强。

【科学研究】 全年科研经费合同总额达到3.1亿元，比去年增长28.53%；13个项目获得国家高技术发展计划立项，106个项目获国家支撑计划、国家自然基金、教育部重大培育和重点项目等立项，其中杨勇平教授担任首席科学家的研究项目获得"973"项目立项；获省部级科技成果奖励15项，专利授权36项，科技论文三大检索总量与排名稳步上升。

【产学研合作】 新增内蒙古自治区人民政府、新疆维吾尔自治区人民政府为本校战略合作伙伴，与中国原子能科学研究院、大唐电信集团、中国风电集团、首航艾启威（北京）冷却公司等企业签订了战略合作协议。进一步加快与北京昌平区政府建设"能源科技产业基地"、与中关村科技园区管委会共建留学人员创业园、与保定市政府打造"保定·中国电谷"等能源电力产业聚集区的共建步伐，继续推动与福建泉州政府关于福建分园的合作，构建技术创新战略联盟的新模式，加速科技成果转化，促进区域经济快速发展。

【国际交流与合作】 开设中澳合作办学项目，同时增加了英国巴斯大学和澳大利亚昆士兰大学为电气专业合作伙伴学校；2008年度全校留学生总数增至390人，学生来自60个国家和地区，是2007年度的2.2倍；学校成功入选北京市政府外国留学生奖学金单位，学校第一个"111"引智基地正式启动，外专重点项目申报达到17项，为历年之最。

【基本建设】 北京校园西区综合教学楼建设工程进展顺利，一期整体建设工程已全部通过验收，部分楼座已于年内竣工，即将交付使用；保定校区教11楼主体部分等多处施工工程均告竣工。

【招生就业】 共招收本科新生5050人，共招收硕士、博士研究生1647人。本科理科录取分数平均超出当地重点线53分，文科录取分数平均超出当地重点线25分，第一志愿报考华北电力大学的报考率达到95.5%。学校毕业生继续受到社会的关注和认可，本科一次就业率达到96%，名列全国高校前茅。

【建校50周年庆祝活动】 2008年10月25日，学校在国家体育馆隆重举行建校50周年庆祝大会，贾庆林、刘淇、刘延东等领导同志向学校发来贺信表示祝贺，党和国家领导人、有关部委领导、国家电力企业负责人及社会各界知名人士与广大师生校友一万余人共同出席庆典活动。

【党的建设与学生思想政治工作】 学校以优异的成绩顺利通过《北京普通高等学校党建和思想政治工作基本标准》达标检查验收。学校采取多种形式加强学生思想政治工作，其中“循伟人足迹、探求学真谛”主题教育活动被中央电视台《焦点访谈》节目进行专题宣传报道。2008年共有2759名师生圆满完成了北京奥运会、残奥会志愿者工作，赢得奥组委和北京市的高度赞誉。

（水志国　张德安）

保定学院

【概况】 保定学院是一所具有百余年办学历史的地方高校，创建于1904年，始称“保定初级师范学堂”，1928年随省易名为“河北省立第二师范学校”，即历史上著名的“红二师”，新中国成立后定名“保定师范学校”。1978年经国务院批准改建保定师范专科学校。2007年教育部批准保定师范专科学校升格为本科层次的普通高校，定名为“保定学院”。

学院规划用地1194亩，现已征用874亩，另预留320亩。新校区由清华大学建筑学院设计，规划建筑面积31.45万平方米，现已建成27.04万平方米。学院现有本科专业11个，师范专科专业19个，非师范专科专业34个。学院有8个类别的实验室，教学仪器设备总值4712.55万元，馆藏纸质图书86.4万册，数字图书15万余册，期刊1200余种。全院现有教职工890人，专任教师623人，其中教授63人，副教授168人，具有硕士、博士学位的教师263人，全国模范教师2人，全国优秀教师1人，享受省政府津贴的专家3人，省优秀社科专家1人，省优秀教师6人。全年本院共考取定向博士9人，硕士研究生2人，15名教师通过在职进修取得硕士学位，7名教师报考了2009年定向博士研究生。1人被评为“全国模范教师”，1人被评为保定市名师，1人被评为市级师德先进个人。5人被评为“河北省三三三人才第三层次人选”、2人被评为“保定市新世纪学术带头人”。

【教学科研】 新上本科专业5个。全年申报各级各类课题68项，其中省社会科学基金项目课题2项，省教育科学“十一五”规划课题4项，全国基础外语教育与教学课题研究项目1项，省社科联社会发展课题1项。厅、局（市）级研究课题22项，院科研基金项目41项。2项成果获河北省第十一届社会科学优秀成果三等奖。1项成果获河北省优秀教学成果三等奖。在河北省第十五届大学生运动会上，院公体代表队获得乙组团体总分冠军，同时获男子排球冠军、乒乓球团体比赛第二名。体育系代表队获得丙组团体第5名，并有4名队员打破5项、平1项校田径纪录。在全省专接本考试中，共有432名专科毕业生考入本科院校继续深造。

【招生就业】 全年共招收全日制本专科生4525人，招生范围扩大到山西、山东、内蒙古、辽宁、河南等5个省份。目前已与中国高校毕业生就业服务信息网、河北省毕业生就业信息网等多家网站建立合作关系，为毕业生提供了广阔的网络就业平台。成功举办了2008届毕业生双选会，毕业生就业率达到96%。57名学生通过全省村官选拔和“三支一扶”活动，被录用上岗。

【培训工作】 全年共培训各级各类学员8378人，其中培训省市级骨干教师1355人、中学校长602人。中文、数学两专业获得成人本科专业独立招生资格。

【文明校园建设】 一是以主题活动为载体，加强大学生思想政治教育。举办了纪念改革开放三十周年、“中华魂”等主题教育活动，组织了河北省奥运志愿者形象大使选拔赛和文艺演出。二是以提升学生的综合素质为主线，加强校园文化建设。成功举办学院第二届文化艺术节，本院选送的节目《放风筝》在河北省第二届大学生艺术展演活动中获专业组第一名。三是开展以“构建和谐社会、服务就业创业”为主题的社会实践活动。院团委被评为“河北省五四红旗团委标兵”和“河北省暑期‘三下乡’社会实践先进集体”。四是结合当前形势和大学生思想特点，不断探索思想政治工作新方法，一项成果被评为“保定市思想政治工作创新奖一等奖”。

（刘　佳　齐卫东　崔　勇）

科 学 技 术

科技工作

【保定市科学技术局（保定市信息产业局、保定市信息化领导小组办公室）】 该局是主管全市科学技术、信息产业、信息化工作的市政府工作部门。主要职责是编制重大科技攻关和重点实验室建设计划及相关经费安排、制定地方科技政策法规，组织鉴定科技成果，管理技术市场、民营科技企业、专利，组织科技合作与交流等工作；负责全市电子信息产品制造业、软件业、计算机信息服务业并推进国民经济和社会信息化工作。内设办公室、人事处、发展计划处、高新技术发展及产业化处、农村科技处、社会发展处、科技成果与技术市场管理处、政策法规处、国际合作处、经济运行与政策法规处、综合规划与信息化推进处11个处室。下辖9个企（事）业单位：市科学技术信息研究所、市草莓研究所、市山区技术开发办公室、市生产力促进中心、市农业科技传播中心、市自动化研究所、市信息化工作办公室、市信息网络管理中心、市创元科技风险投资有限公司。

【概况】 2008年，保定市科技局在市委、市政府的正确领导下，在省科技厅的大力支持和指导下，坚持以邓小平理论和“三个代表”重要思想为指导，全面贯彻落实科学发展观，紧紧围绕提高企业自主创新能力，实现保定经济社会可持续发展组织谋划科技、信息产业和信息化工作，进一步深化和完善“三个科技服务平台”建设，大力发展高新技术产业，培育新兴特色产业，改造提升传统产业，积极推进“可再生能源产业化基地”、“太阳能综合应用科技示范工程”和“低碳保定”建设，为建设创新型保定提供了强有力的科技支撑。圆满完成了《<政府工作报告>2008年工作落实方案》明确的全年工作任务。经省科技厅推荐，2008年保定市科技局被国家科技部评为“科技管理先进集体”，受到保定市人民政府的通报表彰。在10月份召开的全省科技系统学习实践科学发展观、推进科技创新发展大会上，保定市科技局就保定市科技服务体系建设和创新能力建设、以“有为”争“有位”、不断增强科技工作的显示度为主题，介绍了保定科技工作经验，受到厅领导的高度评价。在2008年度河北省科学技术奖评审中，保定市一等奖获奖总数位居全省第一，获奖总数名列全省第二，取得国先以上科技成果262项，完成技术合同交易额2.16亿元，比上年同期增长5%，名列全省第二位。知识产权工作被省知识产权局、省人事厅授予河北省专利系统先进集体荣誉称号，并荣获全国“专利执法先进集体称号”。

【积极争取国家、省科研项目资金支持】 为确保各项计划顺利实施，市科技局组织力量多次深入企业调研指导，协调解决项目承担单位存在的问题，加强了项目的管理。国家科技支撑计划“具有自主知识产权的3MW海上风电设备研发”项目，进入整体的设计阶段。中国乐凯胶片集团公司承担的国家科技支撑计划项目“超微细精密涂布关键技术研发与应用”，包括“超微细精密湿法涂布技术开发”、“平版显示器用光学功能膜开发”、“热敏涂布材料开发”、“太阳能电池背板开发”四个子课题通过了论证。省重大技术创新项目“特高压输变电技术及设备”和“超薄型TFT移动显示器件及关键材料开发”项目按合同进度要求完成或超额完成，专项经费使用合理，项目的进展按计划进行。定兴县承担的国家“十一五”粮食丰产工程子课题项目取得了阶段性进展，全市共组织筛选18项农业科技项目申报了省级科技项目。2008年保定市科技局积极向国家科技部和省科技厅汇报本市可再生能源产业化基地、太阳能综合应用科技示范城市的进展情况，谋划科技项目向国家和省推荐，获得上级主管部门的支持。全年共争取国家、省各类计划项目57项，争取资金支持3239万元，其中科技项目50项，资金2489万元，信息产业项目7项，资金750万元。

【不断提高企业科技创新能力】 围绕全市主导产业和优势行业发展的技术需求，重点加强了省、市级工程技术研究中心建设。2008年，全市培育推荐的“河北省索吊具工程技术研究中心”、“河北省大型风力发电机组工程技术研究中心”、“河北省针纺织服装工程技术研究中心”均通过了省科技厅组织的专家论证，列入河北省工程技术研究中心序列，入选项目名列全省第一。建立了一批市级工程技术研究中心，其中有5家市级工程技术研究中心验收合格。大力发展高新技术企业，不断增强企业的竞争能力，全市共有49家企业被省科技厅认定为高新技术企业，名列全省第二。2008年4月7日河北省科技厅下发关于开展首批自主创新产品认定工作的通知后，积极组织企业申报自主创新产品44项，经评审长城汽车股份有限公司等11家企业的16项产品被评为省首批自主创新产品，居全省第二位。建立了专利信息检索分析平台，完成了乐凯、风帆2个高标准专利信息检索平台系统建设，并成为全省企业利用信息检索的样板，各获得资金支持5万元，于11月通过了省局组织的验收。高新区新能源、长城汽车、天威集团3个行业专利信息检索平台建设也已起步，分析系统均正常发挥作用，新能源知识产权培训中心的培训计划上升为国家级行业培训。成立了由资深专业人士组成的专利工作专家顾问组，组织专家组定期到企业开展企业专利战略讲座，及时解决企业专利工作遇到的实际问题，免费为省级试点单位赠送了高速专利下载软件“大为PatGet专利下载书快车”，组织开展了“雷雨”、“天网”等知识产权执法专项活动，共受理侵权案件3件，其中2件已调节结案，为企业科技创新创造了良好的环境。

【努力打造京津科技成果转化基地】 农村产业科技专家工作站建设更加完善。按照理顺运行机制、明晰产业链条、狠抓科技项目、推进信息化手段的工作思路，重点推进了8个“精品站”的建设，取得了明显的运行效果。据不完全统计，全市30家农村产业科技专家工作站共解决技术难题56项，研发和引进新工艺、新品种65项，推广先进技术61项，培训农民17.5万人次。生产力促进中心建设稳步发展。目前，全市13家生产力促进中心从业人员发展到132人，全部具有大专以上学历，拥有办公面积2380平方米。各中心根据企业需求，向其提供科技、经济、政策法规、人才等方面的信息服务3600多项；为企业提供技术、管理、政策法规等咨询服务2700多项；为企业导入先进适用的技术，并提供技术支持服务300多项；为企业提供技术、管理等方面的教育与训练的培训服务1200多次。保定市生产力促进中心承担的保定市新能源及能源设备技术服务平台建设项目获得了科技部中小企业公共技术服务机构补助资金60万元的支持。博野橡胶输送带产业通过专家评审，被省科技厅认定为第三批“河北省区域特色产业基地”。博野和雄县两个生产力促进中心参加了省区域特色产业的关键技术招标。保定高新技术创业服务中心获得了国家创新基金管理中心首批创业投资机构的资格审核认定。

【科技合作与交流平台建设空前活跃】 1月26日，国家科技部在保定举行了“国际科技合作基地”授牌仪式，授予国家（保定）新能源与能源设备产业基地为“国际科技合作基地”称号，两个项目列入科技部“国际科技合作基地”计划。组织天威英利、华翼、惠腾、惠德等高新技术企业参加了北京科博会，展示了保定·中国电谷发展规划和高新技术产品。组织参加了廊坊“5·18”高新技术展,围绕“中国电谷·低碳保定”布展主题,精选了17个参展项目和5个招商项目参展，参展实物、模型20余件，由于展览设计新颖、主题突出、展品形象，洽谈踊跃，保定市荣获省科技厅颁发的特等奖，保定天威的1000KV特高压变压器等3个项目荣获优秀项目奖。组织开展了企业家走进京津院校活动，为促进京津地区科研院所和大专院校的成果向本市企业转移，全年重点安排了两次大型对接活动，一是组织纺织行业30多家企业走进中国纺织科学院活动；二是塑纸包装企业走进北京印刷学院开展对接活动，收到良好效果。

【积极推进社会主义新农村建设】“一县一业一园”农业科技示范工程建设成效显著。从壮大龙头企业、提升农业区域特色产业规模及技术水平入手，大力发展草莓、中药材、林果、蔬菜以及奶牛养殖等产业，经过一年的努力，共建设农业科技示范园核心区4万亩、示范区30万亩、辐射区122万亩，承担国家、省级科技项目8项，推广新品种40个，推广新技术60项，培训农民24万人次，提高了农民科技素质和种植、养殖水平，完成了阶段性任务目标。徐水县被列为省级第二批“一县一业一园”示范县，定兴县在被列为市级“一县一业一园”示范县后，成功招标到了国家科技部“国家粮食丰产示范工程”子课题。满城的草莓产业、易县的柿果产业、顺平的桃产业、阜平的大枣产业、涞水县的干果产业的科技水平也有了较大提升。太行山星火产业带建设稳步推进。围绕发展6大优势支柱产业、建设5个星火科技示范基地、培育4个科技示范区、扶持一批科技型龙头企业、完善8个农村产业科技专家工作站的总体要求，深入推进了太行山星火产业带建设，“太行山国际名果产业化技术体系开发示范”等15个项目获得省厅213万元的立项支持。大枣、柿子、草莓、石雕、西伯利亚杏等5个星火科技示范基地核心区面积达到15.6万亩、示范区面积达到22万亩、辐射区面积达到51万亩。核桃、优质桃、食用菌、小杂粮等4个山区科技园区达到10200亩。阜平县十万亩无公害大枣开发示范区被省科技厅认定为“国家太行山星火产业带大枣示范基地”、易县狼牙山生态农业科技示范基地被省厅认定为“国家太行山星火产业带狼牙山生态科技示范基地”。组织申报的“太行山区节水增效技术体系研究与应用”、“卧龙山生态农业示范园区建设”两个项目均获河北省山区创业三等奖。新农村科技示范村建设取得初步成效。试点村共牵动农民19247户8.8万人，涉及草莓、林果、番茄等7个农村区域优势产业，共推广农业新品种、新技术73项，初步调查各个试点村农民增收可达10%以上。农村科技特派员工作扎实开展。据统计，全市下派农村科技特派员505人，其中，中高级职称以上174人，进驻村361个，直接培训农民193985人，发放科普资料275700份，辐射带动998380人，增加效益达3448万元。

【积极做好社会发展领域的科技工作】 大力发展循环经济，建设资源节约型环境友好型社会。从50多个节能减排项目中，精心筛选出3个项目作为重点上报立项。目前，锅炉高效余热回收除硫除尘项目列入省科技厅指令计划，拨款50万元。组织实施了“白洋淀地区生态建设与环境综合治理”专项，由中科院专家组织技术力量在淀区设立了两个无排放环保厕所示范点，谋划菌料当地化生产。组织河北大学、河北农业大学专家对白洋淀水域的水产养殖造成的污染进行了调研，摸清了水质污染的各项技术参量，为白洋淀生态修复提供了可靠的科学依据。重新筛选储备了有关白洋淀污染治理的新攻关项目10项，为进一步治理白洋淀流域的污染问题提供了技术条件。组织实施了河北省创新药物研究及产业化开发专项。一是大力加强中药现代化及中药材规范化种植基地建设。以中药饮片生产新工艺为重点，积极引导安国药都、金木药业等重点企业把科研重点放在中药新工艺的创新上面，进一步降低中药重金属等有害物质的残留，建立了中药材化学有效成分检验中心，设立了真伪中药材化学鉴别档案库，加大了中药材生产标准化的平台建设，带动了中药材产业的发展。二是以大型制药企业为主体，积极组织新药开发。河北大学的“新型抗真菌药物”、“肿瘤化疗增效减毒研究”、药都集团的“三七丹参含片”、保定三九济世生物药业有限公司开发的“注射用蛇毒神经生长因子”项目和河北长天药业有限公司的“曲匹地尔合成工艺”等一批项目申报了市级科研计划。三是积极开展河北省重大疾病和常见病预防治疗关键技术研究。共审查心脑血管、癌症、糖尿病等方面的医疗项目100多项，筛选了102项列入市级指导计划。

【推动信息产业快速发展】 2008年全市信息产业快速发展，年底，全市信息产业主营业收入完成147.5亿元、利税总额完成16.22亿元、工业增加值完成33.42亿元、出口交货值完成12.49亿美元。分别完成省厅下达计划目标的105.36%、110.34%、96.87%、146.94%。按照“抓好重大项目、做大产业规模、加强技术创新、提高企业效益”的总体要求，组织申报了一批国家、省信息产业发展资金项目，已明确国家工业和信息部基金项目3个，支持资金300万元，省配套支持资金150万元。天威英利1.8万吨多晶硅、乐凯液晶显示器（LCD）偏光片膜等4个项目获省信息产业厅专项资金支持300万元。保定中兴汽车公司的ERP管理信息系统应用项目、保定新云达电力设备有限责任公司的基于电能量采集与监控系统统一平台的营销与配电应用集成系统项目被国家电子信息系统推广办公室列为2008年度信息技术应用“倍增计划”。长城汽车电控系统软件开发项目申报了国家工业与信息化部“核高基”重大科技专项。

【推进信息化建设步伐】 完成了县级电子政务网络建设整合工作。到2008年底，全市所有县（市、区）电子政务网络的建设工作以及纵向线路开通工作均已完成。公务内外网覆盖了市直、县直各单位，使本市电子政务网络建设工作走在了全省的前列。随着网络建设工作的完成，市审计专网、国土资源专网到县的应用开通工作已经完成或正在进行当中，其他部分单位的专业网的开通工作也在准备之中。建设开通了“市重点项目动态管理系统”。联合市发改委，共同开发了“市重点项目动态管理应用系统”，此系统已正式开始运行，各级领导、单位可通过图片、视频等方式，实时查看项目的进度、运行情况和存在的问题，提高了本市对重点项目管理的效率。开展了“城市一卡通”建设的前期准备工作。为推进城市信息化的发展，方便群众生活，就推进“城市一卡通”工作进行了进一步的准备工作。分别同供水、供电、燃气、公交公司等多个相关单位进行了多次座谈和交流，初步形成了本市城市一卡通建设方案，就建设资金等问题同有关企业进行沟通、协商。加强了网络与信息安全的管理工作，确保了电子政务网络的正常运行。按照省、市有关领导的要求，在进一步加强市级电子政务网络与信息管理工作的同时，对各县（市、区）的电子政务网络管理人员进行了培训，提高了他们的安全意识和技能。“中国保定”门户网站、“市政府信息公开平台”、“市长短信平台”、“出国人员管理”、“财政结算”等应用系统正常运行，奥运期间网络与信息安全稳定。

领导班子成员

党组书记
局　　长　李山森

党组副书记
副 局 长　张燕飞

副 局 长　贾京生　李明凯
　　　　　徐春齐　刘建良

纪检组长　杨　静

（杨欣艳）

保定市科技进步奖评审等级一览表

序号	项目名称	完成单位	主要完成人	专业组评审等　级
001	超高压特大容量发电机变压器	保定天威集团有限公司	张喜乐、刘强、赵静月、李洪秀、刘东升、王雪刚、赵峰、张冠军、杜振斌、胡如芳、邬建辉、冉庆凯、李强、何丽颖、张丙旭、谢银祥、刘玉芹	
002	圆柱形锂离子电池	保定风帆新能源有限公司	田学军、张伯禹、唐槿、韦小马、高永涛、王凤河、李国辉、田丽、陈丽	
003	高强度锚杆的研制与应用	巨力索具股份有限公司	杨建国、叶建国、祁海珅、王永正、张垣、邵进勇、于彬、卢川、苑军峰、刘建平	
004	乐凯热敏磁票宽片	保定乐凯磁信息材料有限公司	董旭辉、刘彦峰、陈必源、王德胜、高和平、俞新荣、欧阳灶文、张作泉、王子钰、李娜	
005	Φ1146 ㎜超大规格炭电极	河北长城长电极有限公司	王金铎、杨海春、陶国新、唐济革、李海营、许树源、陈丰义、贾永超、李鹏	
006	DZ－40000/1000 电力变压器	保定天威集团有限公司	李洪秀、刘东升、刘强、赵峰、庞哲、高中记、戴普辉、王凯、葛仁坤、范洪涛、张海蛟、张会娣、宋建新、邵晓静	
007	高产、广适小麦新品种保麦9号选育及应用	保定市农业科学研究所	安浩军、张雪花、邢志华、李保佳、何力剑、邵秋红、刘淑尊、李文平、刘丽兵、李亚敏	
008	φ7×397 特大缆索组合索股系统及分叉技术研制	巨力索具股份有限公司	杨建国、杜学国、徐建国、郑国强、叶建国、王雅颉、张成学、禹洪楷、张东、卢东月、王震	

续表1

序号	项目名称	完成单位	主要完成人	专业组评审等 级
009	光电缆	河北荣毅通信有限公司	苑宝义、宋高鹏、高爱荣、张洪彪、薛海龙、高玉好、张志会、郭延启、李俊峰、苑金焕、李薇、陈、马军	
010	P504S、p63、34β－E12抗体混合物在前列腺癌病理诊断中的应用	保定市第一中心医院	张金库、郭淑芹、张新江、王晓春、杨永英、黄秀英、田茶	
011	16层螺旋CT冠脉造影对不稳定性心绞痛患者的诊断价值	保定市第二医院	赵志英、于晓军、刘锦燕、任继媛、侯湘岭、陈伟、石奇松、靳翠彬、王丛魁、杨菁	
012	保定儿童医院2726例肺炎患儿多种病原检测与临床研究	保定市儿童医院	王美英、毕晶、邓洪宇、孙正纤、陈玉芬、陈静、黄加乔	
013	以ADA诊断标准评价妊娠糖尿病患者胰岛？细胞功能	保定市第一中心医院	王君、祖文刚、庞艳梅、李媛媛、张云良、李红星、李志红、程晓东、白广芹、席永昌	
014	弥可保对糖尿病自主神经病变心率变异影响的临床研究	市疾病预防控制中心	刘莉、宗燕军、刘静芹、李伟、张丽娟、张淑芹、齐忠勤、常晓坤、何晓蕊、李庆胜	
015	黄虎痹克颗粒剂治疗类风湿性关节炎的临床研究	保定市第三医院	张建英、张衡、张雯萍、李伟民、张红、芮芳、朱锡真、张静、韩庄、梅金安	
016	中药芩矾汤洗剂治疗下肢感染性筋膜炎临床研究	保定市第一中医院	王玉林、石焕芝、李艳梅、王丽璞、杨新伟、张红、张慧森	
017	保定市社区围产儿出生缺陷监测结果分析及重视预防的对策	保定市第一医院	杨进、米路易、吴喜莲、张嘉庆、徐小英、冀淑芳、温焱、冯菲	
018	阴道唾液酸酶与胎膜早破早产儿预后的关系	保定市妇幼保健院	郭敏、杨志惠、张亦威、李凤艳、刘卫红、王建、杨春红	
019	654－2用于治疗妊娠期高血压疾病的临床研究	保定市第一医院	吴喜莲、杨进、崔雅坤、冀淑芳、刘凯、张嘉庆、冯菲、温焱	
020	健康教育对妇科病人遵医行为影响的研究	保定市妇幼保健院	臧惠珍、张青梅、秦玉花、闫荣、张红茹、李晶	
021	掌指骨螺钉在颈椎前路单开门手术中的应用	保定市第一中心医院	李涛、张培林、张兵、张培军、李伟、牛占岭、孟繁军、张谦、王素玉、崔彦彬、林会芬	
022	症状性良性前列腺增生症患者生活质量研究	保定市第二医院	于忠建、刘爱梅、张巧敏、王宇、王红杰、于春艳、邵强、阴正坤、刘永胜、杜维利	
023	复合式小梁切除术联合透明质酸钠治疗青光眼	保定市第一医院	邹莎莎、温焱、傅绍喜、冯雅茹、孙辉林、崔欣、王勇、唐俊风、何文安、张虎	
024	超声雾化吸入硫酸镁对慢性肺心病急性发作期治疗效果的研究	清苑县妇幼保健院	付会芳、王晓兵、闫同建、王红霞、陈红霞	

续表2

序号	项目名称	完成单位	主要完成人	专业组评审等级
025	中西药联合直肠滴注治疗非特异性直肠炎111例临床分析	人民医院	刘江、张敬国、尤立强、李俊巧、吕律森、刘振永、刘玉琳、尹会格、王香琢、李爱斌	
026	基质金属蛋白酶及其抑制剂在慢性胰腺炎中作用的研究	保定市第一中心医院	张林洁、沈玉妍、张国彦、刘杰、郄俊改、张会芳、张树森、王红、王伟	
027	脑钠肽和心肌肌钙蛋白I等的联合检测对急性肺栓塞预后的评估	保定市第一中心医院	李炳华、王惠阁、马换云、薛金梅、陈春玲、张燕、宋建民、张金卓、勾小华、卢瑞琦	
028	瑞巴派特对慢性活动性胃炎PGE2及IL－8含量的影响及意义	保定市第一中心医院	张金卓、陈玉海、齐红兵、张燕、和惠欣、李炳华、张彦、尹桂荣、杨颖、李攀	
029	银杏叶提取物对大鼠高脂性脂肪肝的实验研究	保定市传染病医院	刘文珍、赵颖、王永奇、程炜、杨燕、茆成祥、付浩然、滕博芳、张敏、黄新菊	
030	递减疗法与持续低剂量疗法吸入丙酸氟替卡松治疗哮喘效果的对比研究	保定市第一医院	戎雪冰、王竞军、王哲、张震、郭晓洁、闫惠芳、温丽霞、范丽芳、苏文颖、孙鲁华	
031	外源性表面活性物质治疗足月儿剖宫产儿呼吸窘迫综合征	保定市妇幼保健院	杨梅、王海娟、史胜平、宋万千、蔺枢勇、李俊玲、赵海珍、高瑞英、孙东瑞、李建玲	
032	直肠癌中MIC－1、P53表达的临床意义	保定市第三医院	王志宇、张衡、栾天燕、韩强、毕雪冰、窦征岳、贾琳、程魏、刘岩、李文芝	
033	洗胃管侧孔不同孔间距洗胃效果研究	保定市第一中心医院	郑红、刘焕巧、杨彩珍、周金娜、毕超熠、刘丽萍、杨桂云	
034	分型辨证糖尿病性便秘的规范化研究	保定市中医院	张会琴、徐敏丽、王改仙、韩晨钟、陈旭梅 毕曙光、张保久、王会芳、崔凤云、王锡波	
035	复方通腑健脏煎剂治疗慢行肾功能衰竭临床研究	保定市中西结合肾病医院	徐子彦、张义锦、尤军、李振江、勾振堂、李振录、高宏宇、石映坤、张绍敏、魏月娥	
036	工业型铅酸蓄电池微孔聚乙烯隔板	保定风帆美新蓄电池隔板制造有限公司	李昕、卢建伟、韩连治、曹纪祥	
037	水泵电机咬口机身PS1162003系列成形工艺研究	河北五洲集团有限公司	马世忠、许国旺、陈晓春、刘胜利、王西慧、党兵茹、付汉兴、王东、薛保利、吴素慧	
038	ODFPS－334000/500变压器	保定天威集团有限公司	宋秀生、王清璞、赵 峰、杜振斌、张冠军、何丽颖、葛仁坤、邵晓静、张会娣、张永刚 秦 伟	
039	TZZF系列变压器风冷系统智能型变频控制柜	保定天威集团有限公司	马双喜、张海霞、高常发、肖海滨、石立新、杨海峰、杨晓博、刘占平、杜 伟	
040	早熟、优质、高产红小豆新品种保876－16选育	保定市农业科学研究所	李彩菊、高义平、柳术杰、赵国顺、胡永宏、李保佳、李文	

续表 3

序号	项目名称	完成单位	主要完成人	专业组评审等级
041	CFRP 加固钢筋混凝土梁仿真模拟系统的开发与应用	保定市保通公路勘测设计有限责任公司	赵志平、孙素荣、王秀册、李跃英、李晓会、袁影辉、常建立、许玉琢、钟运涛、邢世佐、李建强、刘亚静、卢建飞、王海艳	
042	ZJ2－6E 导弹补偿蓄电池	风帆股份有限公司	牛冀辉、刘凡、刘志强、王建刚、李雪松、梁云超、刘建民	
043	细旦天丝床品织物	保定依棉集团有限公司	李永奇、王统杰、陈合义、李洁、王素娟、尹贺平、刘锁箱、赵建奎、谢喜敬、张晓红、李明杰、彭晓、胡梁、郭福三	
044	天然盐渍肠衣漂白方法研究	保定市疾病预防控制中心	贾建茹、肖玮、刘士江、张文清、刘会斌、张翠萍、马晓彤、胡超安、刘喜房、刘来福	
045	健康教育与健康促进对铅作业工人健康保护效果分析	保定市职业病防治所	刘喜房、田玉栓、支绍军、张亚辉、任保印、张翠萍、郝振峰、崔力争、柳洁、妙跃英	
046	运用护理程序对腰椎间盘突出症患者进行健康教育的研究	人民医院	赵瑞征、赵玉文、梁亚军、郑丽华、王新玉、贾向辉、王惠利、李艳先、王云霞	
047	小儿尿布皮炎的舒适护理研究	保定市儿童医院	许艳华、王刃、李英琴、周红莉、秦维娜、黄嘉乔	
048	诗乐氏用于母婴同室空气消毒的效果观察	保定市妇幼保健院	刘晓军、王云双、苏梦琦、闫红霞、彭普丹、石云	
049	强化治疗对冠心病合并糖尿病酮症酸中毒的临床护理研究	保定市第一医院	张林珠、鲁建幸、王芹、刘桂珍、李建英、马继峰、尹贺欣、潘秀芬、杨培培、刘静芹	
050	膝关节僵直松懈术后股骨髁上牵引护理研究	保定市第一医院	张兰芳、郭玉妍、张荣琴、华延素、杨焕起、温丽霞、李兵、魏占惠、陈平、马丽	
051	神经源性肺水肿的诊治探讨	保定市第一中心医院	黄秋芳、张雨、刘永强、郭兴、杨彩珍、卢金玲、何心、唐卉	
052	自制封闭式敷料治疗皮肤开放性创伤的研究	保定市第二医院	路瑞梅、李立春、祖艳红、张桂英、阴正坤、张新蓉、杨蕴琦、赵春清、田李清、陈晰敏、	
053	杏仁水合剂治疗咳嗽的疗效观察	保定市第三医院	程华、刘坤改、催向丽、张建英、付彦梅、王新、李文华、张雯萍、杨菲、王秀娟	
054	人端粒酶逆转录酶启动子调控腺病介导的胸苷激酶基因系统治疗人膀胱癌的动物实验研究	保定市第三医院	连文峰、林向阳、张素英、王春仙、杨永安、于洋、宫香宇、黎伟、陈彦军、张敏	
055	准分子激光上皮下角膜磨镶术治疗超高度近视的远期疗效观察	保定市第一中心医院	王景新、谷保民、张立莉、肖平、王丽英、冯秀洁、刘建茹、孙继英	
056	人眼缺血型视网膜中央静脉阻塞病理机制研究	保定市第一医院	张虎、温实、何文安、张炜、吴立新、孟洁、温焱、冯亚茹、刘力杰、邹莎莎	

续表4

序号	项目名称	完成单位	主要完成人	专业组评审等级
057	重度子痫前期患者产前病程的长短与其预后的关系	保定市妇幼保健院	袁宏涛、李文英、杨金兰、杨春红、梁辉、张群、李凤艳	
058	城乡之间孕妇贫血状况分析	保定市第一中心医院	汪丛敏、刘秀英、杜润青、路保慧、李力、梁秀丽、任重远、于蒙华、刘梦慧、高敬、高桂艳	
059	产后康复治疗仪用于剖宫产手术后促排气治疗的研究	清苑县妇幼保健院	马新茹、杜建芳、朴香淑、石凤霞	
060	MTX、RU486对输卵管妊娠组织表达HB－EGF、NF－kB的影响	保定市妇幼保健院	王红英、刘卫红、王志芳、严凤、杨金兰、李丹、张群	
061	拜糖平联合胰岛素治疗对老年2型糖尿病左心室舒张功能影响的临床研究	保定市第一医院	刘静芹、李丽芳、杨焕起、贯红玉、冀淑芳、高五海、吴永红、梁丽青、戎惠欣、孙雪姗	
062	氯吡格雷、阿斯匹林、低分子肝素钙治疗急性脑梗塞的疗效观察	清苑县人民医院	刘曼、王彦、冯慧玲、王立平、宋会颖、卢会娟	
063	颈内动脉重度狭窄或闭塞后眼动脉的超声表现	保定市第一中心医院	周伟娜、陈妹红、刘欣、李显波、李月明、袁海亮、申素芳、李子志、于青、王冬梅	
064	生物共振治疗仪治疗喘息性支气管炎的研究	保定市妇幼保健院	吕宝华、杨丽红、梁冬芳、孟兆君、赵红艳、刘茜	
065	急性CO中毒与心肌梗塞患者心肌酶、肌红蛋白及心肌肌蛋I的分析研究	保定市第一医院	王卫红、苏春萍、陈爱地、范丽芳、宋惠茹、夏竹梅、张昕、李向农、李庆胜、杨晓红、李丽芳	
066	非选择性B受体阻滞剂治疗充血性心力衰竭对运动耐量的影响	保定市第一医院	赵辉、寇建会、黄秀英、南海燕、董丽萍、吴欣、徐瑾	
067	关于女性充血性心力衰竭患者峰值摄氧量与心衰程度的相关性研究	保定市第一医院	寇建会、黄秀英、赵辉、温实、张林珠、郑岭书、吴欣	
068	保定市人群高血压发病年龄及死亡趋势的研究	保定市疾病控制中心	刘玉荣、张玉玺、马立元、赵宝民、左志平、张进国、杨向方、夏丽娟、李凤云、张冬丽	
069	虾类免疫杀菌因子的研究	新市区卫生监督所	吕亚丽、赵军红、王建民、姚翠鸾、孔鹏、苏亚南	
070	六黄益津丸对糖尿病肾病及代谢多因素干预的临床研究	保定市第一中医院	徐丽、刘瑞云、赵鹏台、刘旭阳、张英泽、张玉璞、贾米山、刘彩霞	
071	监狱信息化集成系统	河北农业大学、中央司法警官学院	张晓茹、滕桂法、王芳、张强、李阅历、王春山、郭彦红、赵洋、马建斌、李鹏亮	
072	太阳能电池组件专用焊带、汇流带	保定市易通光伏科技有限公司	王珂、王程、王玉红、吴丽丽	

续表 5

序号	项目名称	完成单位	主要完成人	专业组评审等级
073	清香核桃新品种及其栽培技术推广	保定市林果技术推广站	李维泉、李瑞平、杨焕金、王阜城、赵、兰、张嘉伟李建华、陈素珍、孙红川、王艳云	
074	金香灵生物制剂制备工艺研究及其抗衰老作用观察	保定市秋实生物技术研究所有限公司	张永健、阳丽、王谦、魏亚新、李志、王淑艳、韩建成	
075	城市河流污染综合整治中的地下排水管网探查及信息管理系统	保定金迪地下管线探测工程有限公司	周京涛、龚慧斌、刘春明、郭根会、刘爱国、张红彦、耿党国、刘保生、陈福明、刘福红、王向坤	
076	智能低压无功补偿装置	河北东润电力电子有限公司	李鹏、王振波、靳强	
077	JNX 消弧消谐选线及过电压保护综合装置	保定博为冀能电气有限公司	曾登攀、刘淑云、赵忠林、薛岩峰、程元、王金胜	
078	HD－JSII 加速度检波器	涿州昌迪石油仪器有限公司	李淑清、马晓武、张中华、李建良、南忠良、薛继涛、李浩森	
079	天然植物精油驱蚊香产品的应用研究	河北古城香业集团股份有限公司	杨兰英、杨雪艳、魏长宇、崔安义、刘卫、徐芳、贾巧宁	
080	快速后熟液态发酵食醋	河北保定槐茂有限公司	王秀清、曹宝忠、苏迎会、马朝辉、许新军	
081	易县碘缺乏病防治十五年成效研究	易县疾病预防控制中心	赵宝军、丁雪梅、王玉华、梁鹏涛、李凤云、杨向方、张进国、李燕广、夏丽娟、赵宝民、郭玉才	
082	护肝散治疗脂肪肝的临床观察	保定市第五医院	张春艳、李美朝、赵卫东、王增欣、刘增柱、原红、高琪	
083	中药封包配合按摩治疗膝关节退行性骨关节病疗效观察	人民医院	王惠利、李艳先、贾向晖、刘英恋、王新玉、赵瑞征、土颖虹、白建梅、张淑香、高胜娟	
084	烤馍片食疗辅助补液治疗妊娠剧吐的临床观察	保定市第五医院	刘红霞、周瑞兰、焦仕娜、石瑜、郑岭书、谷青、刘向红、杨晓红、卜春艳、樊微	
085	山莨菪碱在神经源性肺水肿治疗中的应用	保定市脑血管病医院	刘永强、宋玉波、尹娟、张雨	
086	三联法治疗慢性盆腔炎的临床研究	保定市第一中医院	路臻、付淑秀、王建平、史建辉、季春红、	
087	离子导入消腹汤治疗结核性腹膜炎临床应用研究	保定市第三医院	贾米山、朱锡真、赵鹏台李占英、刘盼丽、张燕芳、宋文革、田彦卿、郭庆儒	
088	黄芪联合低分子肝素钙联合治疗老年性糖尿病肾病Ⅲ—Ⅳ期蛋白尿的疗效观察	保定市第五医院	吴瑞格、蔺枢勇、田素娟、王增欣、谢芳、许红格、邵玉红、贾立敏、张新莉、王锡波	
089	2 型糖尿病大鼠血甘油三酯的动态性变化及红细胞聚集性的相关性	保定市第三医院	杨菲、许进、贾芳、杨迎军、张雪珂、程华、刘亚力、宋文革、齐忠勤、于征	

续表6

序号	项目名称	完成单位	主要完成人	专业组评审等级
090	糖化血红蛋白水平和2型糖尿病并发症关系的研究	安国市医院	尹玉兰、魏彦琴、李强、李俊芝、尹晓丽、沈毅慧、张建华、崔丽嵘、高小敏	
091	认知行为疗法在2型糖尿病中的临床应用	保定市第二医院	张学真、魏新贞、鲍丽新、储耀辉、路保慧、王新福、李保英、陈会然、俞虹、吴亚卿	
092	大面积脑梗死临床研究	徐水县人民医院	楚修林、李建英、崔小村	
093	慢性肝炎患者血清肝纤维化诊断指标与脾脏超声改变的临床研究	保定市传染病医院	刘震霞、张俊芳、牛勇新、董力、韩志钧、魏志敏、杨学刚、王军、王伟、赵振锋	
094	糖尿病患者留置导尿一次性集尿袋更换时间临床观察	人民医院	崔凤英、王云霞、李隽、李艳茹、赵玉文、郭希玲、王继英、吴灵桥、惠艳平、郑丽华	
095	c－met 和 Ki67 在大肠癌中的意义	保定市第一中心医院	刘新良、舒民、王丽英、张彦楼、薛淑英、程金标、胡崇珠、甄江涛、马涛、杜志坚	
096	机采献血反应原因分析及预防的研究	保定中心血站	张曼、马淑香、许素平、李彩凤、齐巧玲	
097	早期应用DA方案与全反式维甲酸联合在治疗APL的研究	保定市第二中心医院	刘建会、吕玉红、薛文明、赵建耀、赵静、马光	
098	γ－synuclein 及 c－erbB－2 表达与乳腺癌预后的关系	保定市第一中心医院	张惠卿、苑国强、张培军、陈兴丽、张晋、毛永贤、张金库	

科协工作

【保定市科学技术协会】 保定市科学技术协会是中共保定市委领导下的人民团体，是科技工作者的群众组织，是党和政府联系科技工作者的桥梁和纽带，是国家推动科技事业发展的重要社会力量。市科协机关内部设办公室、普及部、学会部、宣传部4个部(室)。下属2个事业单位：科学宫、科技活动咨询中心。

【概况】 2008年，在市委、市政府的正确领导下，市科协以科学发展观为指导，按照“三服务一加强”的工作定位，围绕中心、服务大局，充分发挥人才优势，突出科协特色，大力推进科普工作，广泛开展学术交流，积极参与创新体系建设，圆满完成各项工作任务。分别被中国科协授予“中国农村致富技术函授大学先进分校”荣誉称号；被省科协评为“全省科协系统先进单位”、“青少年科技教育先进集体”；被河北省全民科学素质工作领导小组评为“全民科学素质行动典型案例优秀组织单位”；被市委、市政府评为“2008年度实绩突出单位”。

【开展“科普惠农兴业富民”活动】 强化科普示范基地建设，建设市级科普示范基地24个，其中10个被评为省级科普示范基地，2个被评为国家级科普示范基地；评选认定保定市级农民技术能手52名，登报公布，发放证书；争取上级科普惠农专项资金67万元，其中争取中国科协科普惠农和科普示范县项目资金48万元，争取省科协科普车资金补助和项目资金19万元。科普惠农兴业富民活动的开展，推动了全市新农村建设进程，提高了农民收入。

【全面启动“关爱农民工”系列活动】 结合全市农民工现状和自身工作实际，6月，全面启动了“关爱农民工”系列活动。共筹集资金20万元，播放科教光盘27场次，发放科普资料12000份，为农民工义诊7次，举办建筑、木工、电工、焊接、纺织、礼仪等培训班53期，培训农民工4000多人次。《保定快报》、《河北科协》对这一做法给予刊发，中国科协也对这项工作给予了充分肯定。

【摄制《健康科普大课堂》电视光盘】 为提高广大群众的健康生活水平，普及全民科学知识，引导健康生活方式，联系本市第一中心医院、市第一医院、市第二医院等9所重点医院摄制了11集《健康科普大课堂》电视光盘，在居民集中地进行集中播放，并复制光盘400套免费发放到各县(市、区)，惠及民众15000余人。

【成立科协系统专家献策服务团和“三农”专家服务团】 为发挥专家群体优势，促进科学界与政府的沟通与合作，8月，从驻保高校、省市科研院所、政府有关部门、企事业单位、市级学会中筛选出126名专家、学者和科研人员，成立了科协系统专家献策服务团和“三农”专家服务团。“两团”对保定科技建议和信息进行收集、整理和上报，为更好地发挥科协连接科学界与决策层的桥梁作用打下了良好的基础。

【进行保定市科技工作者思想状况调查】 为准确了解科技工作者所思、所想，建立党和科技工作者之间畅通稳定的双向沟通渠道，1～3月，进行了保定市科技工作者思想状况调查。发放调查问卷736份，收回514份，回收率达69.8%，形成了专题报告－－《保定市科技工作者思想动态调查报告》。报告被市政府研究室选用，并上报给了市级领导参阅。

【在企业开展“讲理想、比贡献”活动】 根据中国科协、国家发改委、科技部、国务院国资委联合颁发的《关于在企业深入开展“讲理想、比贡献”活动的意见》文件精神，率先在全省第一个成立了“讲理想、比贡献”活动领导小组，积极开展“讲、比”活动。全年完成100万元以上市级项目12项，实现经济效益4489.8万元。12月，在全国“讲、比”总结表彰会上，本市天威集团科协荣获2007－2008年度全国“讲理想、比贡献”先进集体荣誉称号。

【开展青少年科技教育活动】 青少年科技创新大赛再创新高。在第23届青少年科技创新大赛决赛中，本市45个项目75名学生分别获省一等奖、二等奖、三等奖，团体成绩居全省第二；其中3个项目获国家二等奖。青少年信息学奥赛取得近20年来历史最好成绩。本市4名学生获省一等奖，取得保送上大学资格；2名学生入选省队，代表我省参加全国青少年信息学奥赛。

【开辟宣传新阵地】 开创《科技风》电视专栏，拍摄专题片9期。全面改版“保定科协网”，切实发挥“公众科普之窗”的作用；响应市委、市政府提出的“全民创业”的号召，开设了“科技新成果展示”和“创业项目”两个网络专栏，市电视台《直播保定》栏目对新改版网站的栏目特色和网站创新的宣传模式给予了专题报道。创办《保定科协》(双月刊)内部刊物，在全市科协系统和各行政村免费发放，全年共编辑出版刊物5期，特刊1期，共计发行13000本。

领导班子成员

党组书记
主　　席　张怀明
副 主 席　潘惠彬　刘春生
　　　　　王坤燕　李国旗
（崔宏辰　王　芳）

气象科学

【保定市气象局】 气象事业是科技型、基础性的社会公益事业。保定市气象局为正处级直属事业单位、国家基本站，实行上级气象部门主管、地方人民政府领导的双重领导管理体制和与之相适应的双重计划财务体制。主要负责保定市气象事业发展规划、计划的制定及气象业务建设的组织实施，对所属气象台站进行业务管理、物资供应。组织管理气象探测资料积累、审核、汇总、传输以及气象探测环境的保护；负责管理本行政区域内公众气象预报、灾害性天气预报预警以及农业气象预报、城市空气质量预报、火险气象预报等专业气象预报的制作和发布，为本级人民政府组织防御气象灾害提供决策依据；依法管理和组织实施全市人工影响天气作业以及雷电灾害防御工作。机关内设行政科室4个：办公室、业务发展科、人事教育科、计划财务科；直属事业单位4个：气象台、气象科技服务中心、保定市人工影响天气办公室、保定市防雷中心。市气象局辖涞源、易县、涿州、徐水、高碑店、阜平、曲阳、安国、定州、容城、安新、顺平、高阳、唐县、满城、望都、蠡县、雄县18个县(市)气象局和涞水一个行业站。全局共有363人，其中在职211人(编制215人)，退休143人，离休9人。高级工程师5名，工程师76名。

【概况】 2008年，保定市气象局坚持科学发展观，全面贯彻落实党的十七大、十七届三中全会精神，坚持以防灾减灾、奥运气象服务保障为重点，强化基础能力建设和社会管理职能，努力提升市、县二级公共气象服务水平，面向需求，认真谋划,狠抓落实,重点工作取得突出进展。认真抓好中国气象事业发展新决策的学习宣传,充分体现"公共气象、安全气象、资源气象"的发展理念;加强短时临近预报,提升基层预报服务水平;面向业务需求,加强科技创新,实行业务讲堂制,提高气象业务整体水平;以防灾减灾工作为重点,公共气象服务能力得到提升,决策气象服务更加到位,奥运、汛期、重大活动气象服务保障成功,气象应急保障能力切实加强,购置气象应急车和车载6要素自动站、防化服,为各县配发便携式应急设备;以奥运安保卫中心,人工消(减)雨作业圆满成功;坚定不移地推进"人才强局、科技兴气象、拓展服务领域"三大战略,增强了事业发展后劲;有效贯彻落实气象法律法规,依法履行社会管理职能;优美环境创建整体推进,基层台站建设得到加强;以学习实践科学发展观为主线,精神文明建设取得新成效。

2008年,保定市局、涿州局和易县局被省文明委授予省级文明单位;14个县(市)局被评为市级文明单位。2008年市气象局被省气象局目标考核为优秀达标单位。

【气象业务与现代化建设】 2008年,全市地面测报错情率0.0‰,农气测报错情率0.0‰,未出现重大差错。地面信息化资料质量检查合格率≥95%,创地面测报百班无错情48个,地面测报250班无错情15个。气象台共发布天气预报信息57期,天气周报47期,汛期气象快报43期,有关火险天气分析、雨情分析、节假日天气预报、麦收期、高考期等专题气象服务251起,气候评价14期,农业气象旬月季报46期,发布气象灾害预警信号56期。加强短时临近预报,提升基层预报服务水平。对MICAPS3本地化并投入业务应用;自筹资金,建立了市、县会商系统,实现了省、市、县三级天气会商;建立了县局预报服务队伍,市气象台通过电视会商系统每日指导县局预报;完善了保定市预警信号发布办法,明确了市、县两级的责任,及时发布预警信息;《预警信息发布平台》、《县局决策服务系统》在全市推广使用,提高了县局气象服务的现代化水平,在石家庄、邯郸等部分地区推广使用;首次举办了预报服务培训班,制定了长期培训计划。

【气象服务】 市气象局统一为各县(市)局安装了决策服务平台,为地方党政主要领导安装了服务终端,畅通了决策服务渠道。按照"一年四季不放松,每次过程不放过"的要求做好决策气象服务。"2008年汛期气候趋势预测和意见的报告""关于冬小麦生长前期气象条件分析及后期管理建议的报告"等由领导批示并转发到各县(市、区)政府和相关部门。"6.3""7.14""8.10"三次较大降水过程和"12.4"寒潮天气过程以及春耕、麦收、秋播期间的决策服务,得到了地方领导和相关部门的高度评价,市委市政府7次批示表扬,市气象台被评为城区防汛工作"先进单位"。

成立了监测网络应急保障队伍,全面检查网络通信、仪器设备,确保汛期和奥运期间监测网络工作的稳定可靠运行。设立预报首席领班制,实行汛期气象快报"每日一报"制度。加强培训、监控和检查,确保奥运气象保障加密探测资料的准确完整,全力做好奥运期间空气质量预报。满城"全国滑翔伞俱乐部联赛第一站比赛"、唐县第一届大石峪冰灯节、涿州元宵花灯节、顺平桃花节等重大活动服务成功。

市、县健全了气象应急机制,成立了各级气象灾害防御领导小组;建立了气象灾害应急联系人队伍,全市共有4800多名应急联系人入库备案;购置气象应急车和车载6要素自动站、防化服,为各县配发便携式应急设备;完善了重大气象灾害预警应急预案和流程,参加了保定市"亮剑1号"反恐演习气象应急演练。满城局自筹资金购置应急装备,通过经常性地演练,总结经验,对县级气象应急工作具有很好的示范作用。积极拓展气象预警信息发布渠道。为各级政府和有关部门安装气象灾害预警电子显示屏183块,市局统一为各县局安装了手机短信气象灾害预警信息发送平台。满城局与移动、联通签订了合作备忘录,"12.4"寒潮天气过程发布手机短信预警信息25万户。气象应急服务快速反应。"12.4"寒潮天气过程,全市及时启动级气象应急响应命令,发布预警、跟踪监测和服务;易县112国道龙泉庄路段"3.6"甲醇运输槽罐车侧翻事故和唐县倒马关乡液氨罐车翻车事故中,市、县两级气象局为事故排除提供了及时到位的天气预测和现场应急气象服务。

升级改造了影视制作设备和演播厅,实现了电视节目光纤传输,属全省气象系统首家。聘用动漫制作人员,提高节目制作水平;和注视新媒体合作,实现了数字电视点播天气预报;在公网开设了旅游气象服务,在《保定广播电视报》头版开辟《聊天》专栏,深受市民喜爱;公众气象服务覆盖面逐步扩大,群众满意度逐渐提高。

防雷业务集约化。对移动、联通、中石油、中石化等重点行业和保定周边大的商业开发,实行市、县分工合作、协调联动。市、县二级联合执法,对县局大的违法案件,市局直接立案。集约化运行后,部分县(市)新建防雷装置审核验收13项,在用防雷装置检测1456项,行政执法检查30家。组织全市执法骨干,参加省局组织的行政执法培训班,组织了全市气象执法人员112人的新法规考试和全局干部职工的法律考试。在《保定日报》组织整版宣传《河北省防雷减灾管理办法》;在12121中增设防雷安全知识分信箱,电视天气预报中加大防雷宣传力度。同时通过服务窗口、上街宣传、执法检查、进工地、进农村、进学校等形式,累计发放气象法律法规、防雷安全常识手册、宣传挂图、明白纸、预警信号和防御指南等材料近10万份。

紧紧围绕宣传重点,进一步拓展宣传途径。传统媒体稳开局面。在中国气象报刊登稿件21篇,省级以上媒体8篇,保定日报23篇,保定晚报48篇;网络宣传取得新突破。CMA网21篇,中国新闻网保定新闻15篇,政务信息网更新信息1236条。奥运消(减)雨作业宣传起到很好地社会效果。成功组织了“3.23”气象走进大学校园、安全生产月、“12·4”法制宣传活动。

【自然灾害】 5月3日,易县出现雷雨天气,雷雨时发生雷电灾害,易县网通公司的6台电脑和2台交换机被雷电击坏,直接经济损失6万元;易县电视台的46台放大器和4台光收机也被雷电击损,直接经济损失3.5万元,间接经济损失1万元,总计损失4.5万元。

5月17日,阜平县出现强雷暴天气过程,雷暴强度大,持续时间短,出现阵性降水。据不完全统计,约有30台电视机遭受雷击,经济损失在6000元左右。

6月1日,徐水县范围内出现雷阵雨天气过程,崔庄移动基站载波模块被雷击毁7块,价值约7万元。

7月14日,雄县9个乡镇不同程度的遭受风灾,受灾作物主要是玉米。据统计,受灾面积46000亩,成灾面积18000亩,成片受灾,倒伏严重,造成减产3—5成的13000亩,5—7成的5000亩。受灾人口6万人,成灾人口2万人,农业直接经济损失400万元。

7月28日,雄县大营、雄州等乡镇遭受风雹灾袭击,造成1000余亩果树受灾,成灾面积5000余亩,直接经济损失约200万元。

8月6日,阜平县后庄村出现强暴雨天气过程,降水强度大,降水时间短,降水范围小,造成山洪暴发,冲毁小型水泥桥一座,漫水桥一座,冲毁部分土地和树木。城南庄镇出现强雷暴天气过程,雷暴强度大,降水时间短,范围小,造成晋察冀边区革命纪念馆6个监控探头、1台电视机被雷电击坏,房面13处漏水。

8月9日,阜平县海沿村出现强暴雨天气过程,降水量达172毫米,冲毁漫水桥一座,塌陷水泥桥一座,出现多处塌方、滑坡。

8月25日,涿州市受强对流天气影响,出现雷阵雨,一台免维护变压器被雷击损。

9月7日,涿州市受切变线影响,出现雷阵雨,击坏保定天银机械有限公司冷辗扩设备主板。

9月19日,安新县遭受风雹灾的袭击,安新镇13个行政村、端村镇9个行政村的玉米、水稻、棉花、蔬菜等农作物遭受严重损失。

【人工影响天气】 2008年,全市人影办积极落实河北省气象局和保定市政府领导指示,全力做好奥运会开闭幕式人工消(减)雨工作。在保障奥运消(减)雨的同时,全市强化管理,加强培训,组织了三次规模增雨作业和一次防雹作业。共作业67点次,发射炮弹757发,火箭弹235枚,人工增雨防雹效果受到社会和地方政府的广泛肯定。

北京2008年奥运会开闭幕式举世瞩目,按照北京奥运会气象服务实施方案要求,本市承担了西南、正南三道防线,13个火箭作业点的作业任务。一是从3月份开始调研、勘察,制订了《保定火箭布点作业实施方案》;二是向政府汇报,成立了以主管副市长为组长的领导小组;三是召开领导小组会议,明确任务,研究方案;四是召开调度会,多次演练,确保了实战成功。本市参加演练、实弹演练、奥运作业9次,出动车辆198车次,出动人员达828人次(不包括公安、交警),共作业17点次,发射火箭弹72发。8月8日,在处于有利位置的7号区域白水港等5个作业点成功发射WR型火箭弹33发,取得明显效果,北京指挥中心电话表示:“非常满意,非常感谢,非常圆满!”。2008年北京奥运会开闭幕式人工消(减)雨总结会在保定召开,授予保定“安全高效保障奥运,团结奉献服务首都”的奖牌。

6月3日,市气象台提前预报全市将有一次明显雷阵雨天气过程,市气象局发出紧急通知,全市人影作业炮手提前进入炮点待命。先后有唐县、涞源、蠡县等10个县(市)进行了作业,共发射WR、BL火箭弹60发,三七炮弹80发。在人工增雨和自然降水的共同作用下,全市普降中到大雨,增雨效果显著,有效缓解了本市春季以来的旱情,对水库蓄水、改善土壤墒情、播种夏季作物起到了关键作用,同时降低了森林防火气象等级,有助于改善生态环境。

按照国家标准完成了29部火箭架、26门高炮的年检工作。认真落实上岗证年审制度,对于不符合条件的、人不在的决不年检。年审上岗证110多本。督促阜平、涞源的新建炮点建成标准化炮点。

领导班子成员

党组书记
局　　长　刘玉虎
副局长　王秋仙　卢建立
正处级调研员　王军迎（兼任纪检组长）

（王晓静）

防震减灾

【保定市地震局】 保定市地震局是保定市人民政府管理全市防震减灾工作的直属事业机构。内设3个处室：办公室、监测预报处、震害防御处。主要负责管理本辖区内的防震减灾工作、起草规范性文件；根据有关法律、法规和规章的规定，组织编制防震减灾规划和计划；组织建立地震监测预报、震灾预防和紧急救援工作体系；承担政府抗震救灾指挥机构的办事机关职能；组织开展地震科学研究与成果推广应用；指导各县（市、区）的防震减灾工作；承担上级地震部门和市委、市政府交办的其他事项。全局共有27人，编制12人，其中：在编15人，离休1人，退休11人。

【概况】 深入贯彻落实全国地震局长会议暨地震系统党风廉政建设工作会议和全省防震减灾一系列工作会议精神，牢固树立"震情第一"观念，切实加强"两个能力"建设，不断建立健全"3+1"体系，始终坚持"四个面向"的发展思路，恪尽职守，开拓创新，积极为抗震救灾和北京奥运会、残奥会地震安保作贡献。特别是针对四川汶川"5.12"大地震的经验教训与启示，深入调查研究，不断探索和完善地震灾害防御管理机制，建立了工作落实"年初建账、年中查账、年底算账"目标责任和正规化建设管理机制，基本形成市、县（市、区）、乡（镇）和村（居委会）四级联动、上下贯通的群测群防管理体系，震灾防御综合能力得到全面提升和增强，促进了城乡防震减灾工作协调发展、全面提高。2月保定市防震减灾工作被省地震局评为"先进单位"。市局地震分析预报工作被省地震局评为"优秀单位"。在全省地震系统公文质量评比中市局获得"优秀奖"。联系共建社区工作被市委、市政府评为"先进单位"。安全生产监督管理工作被市政府评为"先进单位"。档案管理工作为全市"先进单位"。在绿色单位创建活动中已连续4年被市直机关工委评为"绿色机关"。

【严格震情监测预报制度，确保奥运安保万无一失】 （一）积极做好地震观测台站网点设施设备保护工作。坚持每月派专业技术人员到实地进行检查指导工作，及时帮助一线人员现场解决在地震观测过程中遇到的实际问题。切实加强计算机通讯网络经常性维护管理，市、县地震网络系统连续7年良好运行率100%，保证了观测资料连续、准确、可靠，地震信息能够在第一时间内有效报送与传递。（二）严格落实震情分析会商制度。认真落实周、月、半年和年度地震会商制度，及时进行震情分析会商，特别是汶川地震后和奥运会、残奥会期间，按照省局要求坚持加密会商，坚持每天向市委、市政府和有关部门发布地震信息简报，对于4级以上或有破坏性的地震，做到了随时上报，为市级主要领导指导抗震救灾决策提供科学依据。11月份，地震分析预报工作被省局评为优秀单位。（三）认真抓好地震宏观异常核实。2008年我们共接到3起宏观异常报告，一是2008年5月21日顺平县腰山镇西韩童村刘彦龙家中水井时常发出咕噜咕噜的响声，怀疑是地震前兆。二是5月22日定州市留早镇高就村张京长家中井水突然发烫。三是5月28日安国市观音堂村的路面当日下午突然隆起，并发出一声巨响，当地群众惊恐不已。对于这三起宏观异常情况，市局立即派专业人员前往现场查看核实，果断排除了地震前兆的可能性，及时向群众进行分析解释，消除了广大民众的恐惧心理和疑虑，有效防止谣言蔓延。（四）严格落实震情值班，积极营造和谐社会环境。牢固树立"震情第一"战备观念，严格落实人员值班和领导带班制度，保证在岗在位、履职尽责。据统计"5.12"大地震后，共接听接待单位和个人咨询电话上万人次。5月19日和5月28日夜里，在曲阳、唐县、阜平和涞源等部分山区村庄，群众电话反映"听亲戚朋友说在当夜4点以前要发生地震，大部分群众和学生都不敢进屋睡觉"。正在值班的两名同志，一方面耐心做好群众的说服解释工作，一方面通过当地政府协助，并采取果断措施，一直持续到第二天早上，地震谣言才得以平息。及时编制了《保定市地震局地震应急新闻发布工作预案》。为特定时期不断规范地震事件新闻发布工作，营造良好的社会舆论环境提供了科学理论依据。四川汶川发生地震后，为了及时有效的消除广大群众地震恐慌情绪，通过保定电视台、广播电台、报刊和有线电视台滚动播放新闻等多种媒体手段，向全市人民发出了"此次地震对我市影响不大，请安心工作和生活，不要听信谣言"的敬告。同时通过走进直播间接受市电视台、市广播电台和报社等新闻媒体的采访,介绍了有关震情和防震减灾自救互救知识,有效消除了地震谣言蔓延,维护了全市广大人民群众正常的工作生产和生活秩序。

【地震宣传工作】 充分利用"3·1"《中华人民共和国防震减灾法》颁布实施日、四川与唐山地震纪念日、"12·4"法制宣传日、科技宣传活动周、安全生产月、科技三下乡和"五五"普法等重要时机,组织专业人员和志愿者队伍,多次走上街头到公园、广场,深入学校、社区等人员密集场所,广泛开展地震法律法规和地震科普知识服务咨询宣传活动。特别是四川汶川大地震后,针对群众迫切心理需求,借势推进,按照"四进"要求,通过采取电视媒体播放宣传片、发表电视讲话,悬挂横幅标语、摆设宣传展板、发放宣传资料、设立咨询台、地震专家深入学校(社区),开展面对面的知识讲座、播放光盘等多种方式,开展了不同规模的群众性地震科技宣传活动。据不完全统计,全市地震系统深入乡村和社区开展宣传人员达3000余人次,举办地震知识讲座40余场,摆放展板170余块,发放宣传资料7万余份,义务咨询服务5.5万人次,利用媒体播放录像片46期。有效消除了四川大地震给广大民众带来的恐惧心理,全市人民群众防震减灾意识和抗御震灾的心理承受能力明显增强。为突出防震减灾宣传工作实效,市局自己动手编印了宣传材料和连环画,同时投入2万余元购买地震科普知识、挂图、自救互救知识等宣传资料,分发给学校和社区。在新市区爱民小学建立起"保定市地震科普教育示范基地",这是保定市第一所被授牌的小学。通过"小手拉大手",一个学生宣传一个家庭,一个家庭影响一个社区,带动整个社会,使防震避震安全知识传遍千家万户,为全面加强社会宣传、提高社会抗御震害能力奠定了良好基础。

【筑牢震害防御工作基础,发挥服务社会职能】 (一)依法行政,注重抓好地震安全性评价关键性工作。四川汶川大地震血的教训再次证明,加强建设工程抗震设防要求的管理,是减轻地震灾害损失的根本途径,也是做好震害防御基础工作的关键。10月份组织全市79名地震行政执法和监督人员,对《河北省行政执法新法规培训教程》等有关内容,进行了集中学习培训。积极探索部门间的行政审批协作机制,努力将建设工程抗震设防管理纳入基建程序,并贯穿于工程建设的全过程,确保地震行政审批规范化、制度化、法制化。(二)加强指导,全面推进群测群防"三网一员"建设。6月,保定市局组织召开有关领导以及技术人员参加的宏观异常观测联席会议,在市动物园率先建立起"保定市地震局动物异常观测站",制定完善了各种制度和措施。市局代市政府起草了《保定市关于落实地震群测群防经费的通知》(〔2008〕保市府办227号),并以市政府办公厅名义印发到各县(市、区)政府,为切实发挥"三网一员"在群测群防、地震短临预报、防御与减轻地震灾害中的作用,建立一支稳定的地震群测群防工作队伍,提供了经费保障。11月7日,市局举办了全市县级地震干部业务培训班,各县(市、区)地震局局长、主管副局长、地震工作人员及市局机关全体人员共80余人参加了培训。12月底前,协助各县(市、区)地震局组织对乡级防震减灾助理员和村级群测群防站站长普遍进行了基本技能培训,达到了预期效果。保证了"县县有网、乡乡有员、村村有站",并建立了"三网一员"数据库,全市基本形成"横向到边、纵向到底"、上下贯通的群测群防宏观异常监测管理体系,有力地促进了全市防震减灾工作协调发展,整体提高。(三)团结协作,共同推动农村民居抗震工程建设。开展"小康住宅村民居地震安全示范工程",以点带面,逐步普及,为减轻地震灾害损失,保护广大农民群众生命财产安全做出了不懈的努力。

【加强地震应急救援体系建设】 (一)不断完善地震应急预案。及时修订完善了市政府和本局《地震应急预案》、编印了《保定市地震自然灾害救援应急预案》,指导各县(市、区)政府和地震部门。9月26日下午,保定市地震局、新市区地震局、新市区文体教育局的有关领导和专业人员,组织保定市爱民小学3至6年级共856名师生举行防震避震应急演练,取得良好效果。保定市电视台进行了跟踪报道。(二)加强应急救援队伍建设。以本市突发公共事件应急指挥中心为依托,按照"一队多用、一专多能、军民结合、平震结合、多灾种结合救援"的战略思想,组建了由公安、武警、消防、军队、民兵、预备役部队、志愿者为主要成员的应急救援队伍。(三)广辟避难场所,逐步满足应急救援需要。5月份,保定市人防办、地震局联合制定印发了《保定市西苑小区人防工程兼作地震避难场所应急预案(试行)》,该应急避难场所具备了安置灾民的功能。

领导班子成员

局　　长　高良友
副 局 长　刘汉东　邢新海
调 研 员　张保国

（朱建颖）

文 化

文化事业

【保定市文化局(新闻出版局)】 保定市文化局(新闻出版局)是市政府主管全市文化、艺术和新闻出版工作的行政职能部门,主要职责是贯彻党和政府关于文化、艺术和新闻出版方面的路线、方针、政策,对全市文化、艺术和新闻出版事业发展提出规划、计划;发展繁荣文艺事业,管理文化市场,发展文化产业,不断满足人民群众的精神文化需求,管理好市属文化事业单位。局机关设有办公室、组织人事处、计财处、监察处、老干部处、文化处、艺术处、新闻出版处、市场管理处等9个处室,直属事业单位14个。

【概况】 2008年,全市文化工作坚持深入贯彻落实科学发展观,围绕建设和谐社会和文化名城建设两个目标,紧紧围绕市委、市政府中心工作,充分发挥职能作用,全面完成了市政府年初确定的各项工作任务指标,全市文化工作取得了可喜成绩,为全市经济发展和社会和谐稳定创造了良好的文化环境。

【社会文化活动丰富多彩】 2008年,全市的文化艺术工作始终坚持面向基层,通过开展文艺会演、调演、比赛等丰富多彩、形式多样的各种文化艺术活动,调动广大群众投身文化活动的积极性和创造性,更好地发挥了服务群众、教育群众、引导群众的作用。一是举办了2008年春节联欢晚会。2月1日,在百世开利会展中心举行了保定市2008年春节联欢晚会。晚会邀请了中国东方歌舞团姜昆、李炳淑、戴志诚、牟玄甫、刘玉婉等多位著名演员现场演出,节目类型丰富多彩,现场欢歌如潮,为广大市民奉献了一台精彩的晚会。二是举办了戏曲戏迷票友演唱会。2月16日,市文化局组织举办了"2008保定市戏曲戏迷票友演唱会",参演人员中既有获得过国家级大赛的选手,也有在票友联谊活动中涌现出的新秀,演出剧种包括京剧、评剧、河北梆子等,表演异彩纷呈,在弘扬戏曲艺术的同时,也活跃了广大群众的业余文化生活。三是举办了2008元宵音乐会。2月19日,在百世开利会展中心隆重举行了2008元宵音乐会。这场保定人自已组织并演出的音乐会为大家奉献了交响乐、民乐合奏、混声合奏,合唱、独唱、二重唱等各类精彩节目,展示了全市近年来群众文化艺术繁荣发展的丰硕成果。四是开展了百名书画家作品赈灾义卖活动。四川省汶川发生特大地震灾害后,5月25日,组织全市书画家开展了百名书画家赈灾义卖活动,广大市民表现出积极的热情,共卖出109幅书画精品,筹得善款80730元,已全部捐助灾区。表达了本市书画家和广大市民对灾区人民的关心和无私的援助。五是举办了抗震救灾大型义演活动。5月27日,在保定市委、市政府的领导下,由市文化局承办了保定市"同一颗心·同一份爱"抗震救灾大型义演活动。在义演现场,来自全市各条战线、各行各业、广大干部群众踊跃捐款,展现了古城保定人民心系灾区、胸怀大局的一片爱心。六是开通了保定文化网站。为了贯彻落实市委、市政府文化名城建设的有关精神,打造宣传、展示全市文化工作的平台,8月10日,保定文化网站正式开通运行。该网站开设了10大栏目和相关电子版块,并与全国各地的文化网站链接。该网站图文并茂、特色鲜明,涵盖了保定文化建设的主要信息,对推动全市文化工作的对外交流和宣传保定将产生积极的影响。七是市图书馆免费向市民开放。市图书馆作为本市主要文化标志,是传播普及科学文化知识的主要途径。自5月20日开始,市图书馆克服经费紧张的困难,面向社会免费开放。读者到图书馆只需交纳100元押金,就可以到图书馆任意一个部室免费阅览、借阅图书报刊。此次免费开放不仅方便了读者,提高了读者的到馆率,而且更大程度地实现了公益性文化资源的全民共享。八是组织承办纪念保定解放60周年和改革开放30周年文艺晚会。11月21日,由市委宣传部和市文化局具体承办的"保定市纪念解放60周年暨改革开放30周年"文艺晚会隆重开幕。晚会由欢庆解放、太行烽火、走向辉煌、意气风发4个篇章23个节目构成,重温了古城保定从抗日战争、解放战争到新中国建设和改革开放30周年所走过的光辉历程。九是举办第七届保定市古城戏剧节暨迎元旦大型文艺演出晚会。2008年12月26日至2009年1月2日,由中共保定市委宣传部、保定市文化局、保定市电视台承办的第七届保定市古城戏剧节暨迎元旦大型文艺演出在保定市百世开利会展中心隆重拉开帷幕。此次活动期间共包括第七届保定市古城戏剧节开幕式暨迎元旦大型文艺晚会、大型话剧《警钟》、大型歌舞剧《保定赞歌》、《新年音乐会》、戏剧节闭幕式暨京剧名家名段演唱会等系列文化活动,推动全市文化的繁荣发展和文化名城的建设。

【文化市场和新闻出版管理工作扎实有效】 1.加大对全市网吧市场的监管力度。一是加强了节日期间网吧市场的监管,以网吧市场为重点,采取分片包干,分区分组,以日常检查和突击检查相结合的方式,严查接纳未成年人入内、超时营业等违规经营行为。年初,在学生放寒假期间,对市区"网吧"进行了拉网式大检查。《燕赵都市报》、市级各新闻媒体记者现场采访并跟踪录像。共检查市区网吧190余家,对发现的违规经营的17家网吧依法给予了行政处罚和曝光。二是加大网吧市场专项整治行动。结合文化市场"奥运保障行动"的开展,5月4日以来在全市范围内组织开展了网吧市场集中整治行动。以校园周边、居民区、农村及城乡结合部为重点区域,以打击接纳未成年人入内、超时经营,配合工商等部门取缔黑网吧为重点内容,全面开展集中整治行动。在专项整治行动中,全市共出动人员2100余人(次),车辆430余台(次),检查网吧2910家(次),查处违规经营网吧80家,协调公安、工商等部门取缔黑网吧70家。三是在详细调查、周密研究的基础上,严格落实文化部、省文化厅通知要求,稳步开展全市网吧监管软件升级及安装工作。2.加强娱乐和演出市场的管理。按照省文化厅《文化市场奥运保障行动方案》的总体要求,在全市范围内开展了以"阳光娱乐,和谐文化"为主题的阳光娱乐宣传活动。全市各级文化行政部门在辖区普遍开展对娱乐场所经营业主的法律法规培训,与各经营单位签订责任书。同时,在去年全市卡拉OK娱乐场所基本情况调查摸底的基础上,首先在市区从选择6家设备设施较好、VOD软件与系统对接、具备互联网环境的卡拉OK场所作为系统示范场所,试点系统安装工作已经完成。3.加强知识产权保护工作,不断规范音像市场。一是为进一步普及和增强全社会保护知识产权意识,各级文化行政管理部门通过报刊、广播、电视等媒体和发放宣传材料等形式,开展了以"保护知识产权,打击侵权盗版"为主题的宣传活动。二是加大全市音像市场的检查执法力度,严厉打击扰乱市场经营秩序的违法经营行为。全市共查缴违法音像制品6400余张(盒),取缔无证经营的音像摊点(游商)147个。4月份,在河北影剧院广场举行了违法音像制品和非法出版物集中公开销毁活动。现场销毁收缴的违法音像制品12万余张(盒),非法出版物5万余册。三是开展了印刷复制业专项整治行动,先后检查印刷复制企业300多家,收缴非法出版物半成品2吨,遏制了侵权盗版活动出现反弹的势头,进一步规范了印刷复制企业的经营行为。

【文化产业开发取得新进展】 一是文华大厦天映影城正式开业。7月1日,保定市第一座现代化电影城——保定天映影城正式开业。该影城是人民影剧院与北京新影联院线共同投资、合作经营的一座现代化影城,也是本市第一家多厅式五星级电影城,享有国内外大片的全球同步首映权。影城共设有5个豪华电影放映厅,采用全新的数码立体声系统,豪华航空坐椅,可同时满足720位观众的观影需求,能够最大限度地满足广大市民的精神文化消费需求,标志着保定文化产业的发展迈上了一个新的台阶。二是举办保定市第十三届古城书市。9月29日至10月3日,举办了以"繁荣文化市场、促进文化大市建设"为主题的图书文化盛会——保定市第十三届古城书市。此次书市在保定军校广场主会场和新华书店图书大厦、保定图书城两个分会场同时举行。近百家国营、民营书店聚集军校广场,展出了近20余万种优秀图书、报刊、电子出版物及音像制品。三是组建了两个数字电影院线公司。

为推进农村电影“2131”工程，探索农村电影放映工程的新路子，加快实施农村电影数字化放映，组建了保定市鑫广天映农村数字院线有限公司和涿州市东兴农村数字院线有限公司两家数字电影院线公司。此举不仅丰富农民群众的精神文化生活，还向实现全市每个农村每月放映一场电影的目标迈进了一步。

【非物质文化遗产保护工作稳步推进】 为了加强对全市非物质文化遗产保护工作，一是对全市非物质文化遗产进行了全面普查，继续完善文化遗产档案和数据库。二是组织申报第二批非物质文化遗产保护项目，经过积极争取，到目前为止，全市被列入非物质文化遗产国家级保护项目名录第一批6个；被列入非物质文化遗产国家级扩展项目第一批5个；被列入非物质文化遗产国家级保护项目名录第二批4个。被列入非物质文化遗产省级保护项目名录第一批的20个；被列入非物质文化遗产省级保护项目名录第二批9个；被列入非物质文化遗产市级保护项目名录第一批69个。被命名为国家级非物质文化遗产代表性传承人第一批2名；被命名为国家级非物质文化遗产代表性传承人第二批5名。被命名为省级非物质文化遗产代表性传承人第一批30名。

【保定市图书馆】 保定市图书馆是由政府设立的，隶属于保定市文化局的公益性文化事业单位，是保定市唯一一所面向社会公众开放的市级公共图书馆。

保定市图书馆是我国最早的图书馆之一。早在元代的万卷楼和清雍正年间的莲池书院就享有盛名，清末的直隶图书馆至今也有近百年的历史。该馆现有各类书刊资料总藏量达70余万册，其中古籍文献13万册，经专家鉴定的古籍善本书有1.2万册，其中收入《中国古籍善本书目》的有近百种。

保定市图书馆新馆于1999年9月28日建成并正式对外开放。新馆建筑面积8000平方米，设计藏书能力100万册，阅览坐席600个，新馆的建成为该馆的发展奠定了良好的基础。近年来，随着电子信息技术的引进及保定市文化信息共享工程中心的建立，以多元化、多层次的服务手段服务于社会，极大地满足了广大读者对文化信息的需求。现该馆主要对外服务部室有：图书外借部、期刊阅览部、少儿阅览部、古籍部、地方文献部、网络阅览室、盲文阅览室。

领导班子成员

党委书记 局长	王福友
副书记	王胜利
副局长	张金华　裴　方 万进儒
纪委书记	郝贵良
调研员	李丽娜
副调研员	孙　闪　高清义

（李建明　刘成刚）

文物工作

【保定市文物管理局】 保定市文物管理局是保定市文化局（新闻出版局、版权局）管理的副县级事业机构，负责全市文物和博物馆方面的管理职能。主要职责：贯彻执行国家、省关于文物、博物馆事业的发展方针、政策和法规；研究拟定全市文物、博物馆事业的发展规划和有关地方性的制度、办法，并监督实施。指导、协调全市文物管理、保护、抢救、发掘、宣传和利用等业务工作。组织申报世界文化遗产、全国重点文物保护单位、省级文物保护单位；组织审核市级文物保护单位；依照有关法律法规申报全市文物发掘、保护、维修项目。指导、协调市级和大型博物馆的建设及博物馆之间的协作、交流。审核申报文物经营单位的设立和撤销；指导、监督文物经营单位的购销活动。研究处理文物保护的重大问题；对查处盗窃、破坏、走私文物的大案要案，提出文物管理方面的专业性意见。负责国拨、省拨、市拨文物保护专项补助经费、事业费和基建经费的计划和管理；研究提出多渠道筹措文物保护经费的措施。管理和指导全市文物、博物馆外事工作，开展对外合作与交流。拟定全市文物利用及相关产业开发规划；统筹规划全市文物、博物馆专门人才的培训；指导文物、博物馆系统科学研究工作。承办市政府和市文化局交办的其他事项。下设办公室（人事财务处）、文物综合处、文物保护处3个职能处（室）。

【概况】 保定是全国历史文化名城，河北文物大市，文物资源丰富、门类齐全、承载价值高，共有不可移动文物点1600余处，文物保护单位651处，馆库藏文物77846件。其中世界文化遗产1处，全国重点文物保护单位47处（位居全省第一，是全国拥有国保单位数量最多的地级市），省级文物保护单位111处，市（县）级文物保护单位504处，三级以上管库藏文物2996件（包括革命文物），一级文物186件，二级文物674件，三级文物2136件。还有15座博物馆、纪念馆、3处全国爱国主义教育基地、6处省级爱国主义教育基地和33处市级爱国主义教育基地。

2008年，在市委、市政府的正确领导下，认真贯彻落实文物保护法律法规,全面落实科学发展观,坚持“保护为主、抢救第一、合理利用、加强管理”的文物工作方针,牢牢把握发展机遇,解放思想,创新突破,狠抓文物基础工作,扎实推进文物重点维修工程,深入落实各项文物安全制度,开创了文物工作新局面。

【大力夯实全市文物安全基础工作】 研究制定《保定市文物安全工作规范及检查标准》并实施,22个县(市)全部签订了文物安全责任状和文物普查责任状。经市政府常务会议研究,制定下发了《保定市馆藏文物保护管理办法实施细则》;在全市文博系统组织开展思想作风纪律整顿活动;组织全市馆藏文物管理人员集中轮训工作;并组织开展了文物安全大排查、大整治活动,对发现的文物安全问题,下发整改通知,督促落实各种安全措施;局领导多次带队对重点文博单位就文物安全工作实地检查,督促当地文物主管部门对安全隐患及时整改;组织总督署、古莲花池、保定军校、大慈阁、留法勤工俭学运动纪念馆、博物馆、文管所安全工作人员在总督署进行实地消防安全演练,并邀请保定消防支队队员对安全工作人员进行手把手培训,确保每一个人熟练使用消防器械,确保每一个人熟悉每一道消防工作程序和相关细节。

【扎实推进第三次全国文物普查工作】 以县(市)为单位全面开展保定市第三次全国文物普查工作,邀请专家对全市文物普查人员进行了2次培训工作;为确保普查质量,市文物局对易县、涿州等县(市)文物普查工作进行了实地督查。22个县(市)全部签订了文物普查政府责任书;全市共到位普查经费97万元;各县(市)全部启动了实地文物调查,调查启动率为100%;全市已调查登记不可移动文物1064处,复查1030处;涿州、满城、雄县、高阳、安新、徐水、蠡县、顺平已经完成实地文物调查。此外还积极督导各县推进文物复查工作,及时向河北省文物局通报复查进度,做好复查过程中新发现文物的保护工作;做好河北省文物普查队进驻本市前的资料准备和普查线索搜集工作;及时推广文物普查先进县(市)的经验,做好新发现文物普查的启动准备工作;市区文物保护以第三次文物普查为基础,以全市29处文物保护单位试点为主线,建立全市文物档案、维修设计方案、重点文物单位保护规划和立项资料等各类项目信息库,该项工作已全面展开。

【全面实施系列文物保护工程】 积极推进总督署西路复建及光园维修工程、淮军公所修缮工程以及莲池后三景恢复工程。已完成莲池后三景复建工程。还重点推进各县重点文物保护工程,易县清西陵昌西陵保护维修项目,已完成三孔石拱桥马槽沟300米清淤,并做好维修前的准备工作;曲阳北岳庙院内整治工程,按实施方案正组织招投标;易县燕下都西城南墙保护工程,维修方案已经国家文物局批准,待资金到位后展开修缮;清苑冉庄地道战新馆搬迁建设工程,新馆主体工程和陈列大纲编写已完成,近期将组织专家论证;涿州永济桥修复工程,南引桥部分修复工程已完成,云居寺塔已完成大部修复;涿州智度寺塔、定州开元寺塔壁画保护,现已完成前期基础工作,下步将编制保护方案。此外,全市完成、在建文物保护项目达到30余项,文物安全基础设施得到了进一步加强,安防、消防等级得到了进一步提高。此外,在南水北调中线干线、天津干渠建设工程中,配合国家、省有关部门完成文物保护工程,和来自全国10多家具有发掘资质的单位一起对保定辖区内的27个文物点进行了发掘,总面积达到7万余平方米,徐水东黑山遗址、唐县北放水遗址等考古发现填补了考古学的空白。

【积极探索遗产保护全民参与模式】 2008年文化遗产日的主题是“文化遗产人人保护,文化成果人人共享”。6月14日上午,在竞秀公园、高开区茗畅园社区举办了保定历史文化遗产图片展,旨在用图片说话,拉近文化遗产和普通老百姓之间的距离。展览期间工作人员向群众派发了300套总督署、古莲花池和保定军校的特效门票、1500余份景点资料和1000余份第三次全国文物普查张贴画,共吸引了3000余人次参观。同时还解答群众关于文化遗产保护的相关问题,通过这种与群众互动性的活动,极大的带动了广大群众参与文物保护的热情。保定市电视台、《保定日报》、《莲池》周刊和中国新闻社保定分社等多家媒体对此次宣传活动进行了采访报道。

【抓准机遇组织奥运讲解志愿者活动】 保定是文物大市,奥运期间将迎来众多国外游客观光游览。为此,文物局积极谋划运作文物景点外语讲解志愿者选拔活动,5月,积极联系燕赵晚报、保定晚报、保定热线、保定频道、保定电视台和保定电台等各种媒体发布招募消息,经过1个月的层层筛选,由河大外语专家和熟悉本市景点文化资深人员组成的评委团共选拔出20名优秀志愿者。奥运会期间,志愿者在保定市直隶总督署、古莲花池、保定军校纪念馆、世界文化遗产——清西陵4个文物景点通过英法俄日韩五个语种对国际游客进行文物讲解和接待。奥运期间,共接待包括法国自驾车旅游团在内的各国游客1000余人次,通过志愿者的讲解和服务,充分展示了保定市文物景点良好的对外接待形象。6月16日,中国新闻网保定新闻栏目对此进行了报道,6月17日,《河北日报》12版报道了本次活动,同时,中青网、保定热线、保定频道、保定电台也进行了报道。

【充分发挥博物馆宣教阵地作用】

组织实施博物馆年检,全市15家博物馆全部年检合格;在"5·18"博物馆日,积极组织全市博物馆实行减免费开放;指导保定市博物馆、保定军校纪念馆、留法勤工俭学纪念馆等6家博物馆完成免费开放前准备工作。以"三贴近"为指导原则,全市各类博物馆共举办各种展览100余个,接待各界群众160余万人次,充分发挥了博物馆宣教阵地作用。其中市区博物馆内引外联,举办画展、影展、抗震救灾义卖展等30余个,接待观众10万余人次;莲池博物馆努力增加看点,在举办《莲池书院》、《莲池名碑拓片》等固定展的基础上,先后引进了《林长庚再现古城记忆纪实摄影艺术展》、《范森油画展》、《任世坤雕塑展》、《刘海虎国画展》等展览。同时积极落实博物馆免费工作,冉庄地道战纪念馆、晋察冀边区革命纪念馆、唐县白求恩柯棣华纪念馆已经顺利完成免费开放工作。

领导班子成员

局　　长　王胜利

副 局 长　董全新　李秋占

　　　　　孟　娜

（王春生）

报　纸

【保定日报社】 保定日报社隶属中共保定市委,是中共保定市委的新闻机构,负责编辑出版发行市委机关报《保定日报》,主办《保定晚报》、《莲池》周刊、《保定内参》,开办"全保定"网站。报社职能是宣传市委、市政府的重大决策,报道各条战线、各行各业在改革开放中涌现出的新人新事、新经验、新气象,反映人民群众的呼声和要求;编辑、报道国际、国内时事新闻。保定日报社下设广告经营中心、保定日报社印刷厂、物业公司。

【概况】 2008年,保定日报社在市委市政府的正确领导下,在市委宣传部的正确指导下,以科学发展观为统领,坚持正确的舆论导向,在办报、经营、管理方面进行体制机制创新,开创各项工作新局面,全面构建和谐报社。

两报一刊2008年度获省以上好新闻稿件60余篇,在省以上媒体刊发稿件170余篇。《保定日报》发行7.15万份,《保定晚报》发行9.15万份;《莲池》周刊发行3.5万份,发行部上缴报款2402万元,比上年增加83万元,增长3.4%。全社经营收入达到1.338亿元。其中,广告经营收入超额完成全年任务,达到6007万元。报业公司完成收入1093万元,比上年增加31万元,增长2.9%。印刷厂累计完成印刷量2.59亿印张,同比增长34.6%,完成产值3880万元,同比增长21%。

报社事业不断壮大,品牌影响力增强,赢得众多荣誉。2008年中国地市报研究会组织综合考核评比,保定日报社从300多家地市报社中脱颖而出,荣膺"中国地市报报业发展50强"、全国精神文明建设先进单位,再次被河北省委命名为省级文明单位。机关党委被评为全省、全市先进基层党组织,连续五年被评为市直机关红旗党组织。广告经营中心被评为全国青年文明号,《莲池》周刊荣获河北省青年文明号,发行公司被评为市直机关工委青年文明号。保定日报社还获得国家和省市级广告行业文明单位、全国自办发行先进集体、"民主评议优秀单位"等38项荣誉称号。

【坚持正确导向,突出中心工作,报刊网水平和质量进一步提高】

汶川地震发生后,日报派出两名记者奔赴灾区,及时发回一批生动、鲜活的稿件及图片,晚报打破常规模式,推出"抗震救灾"系列专版,体现了万众一心支援灾区的精神。为给2008年奥运会营造良好氛围,两报策划了"为平安奥运保驾护航"、"满怀激情迎奥运"等系列专题,反映全市各部门积极备战、支持奥运的情况。奥运会开幕后,两报一刊一网通过开辟专版、专栏,充分表现此次有特色、高水平的体育盛会。其中晚报开辟"奥运特刊",呈现了各项精彩赛事和奥运健儿勇于拼搏的精神风貌。《保定日报》进一步唱响主旋律。紧紧围绕市委"又好又快发展,强市兴县富民"中心任务,针对"一主三次"、"工业西进"两大战略,"优化发展环境、激活市场主体"、"关注民生、亲民爱民"和"城镇面貌三年大变样"三项活动,以及四项基础设施建设等重要工作部署,开辟重点专栏、系列专题,利用各种新闻形式,配合中心工作。尤其是在市委九届六次全会和全市领导干部大会后,在头版开辟"又好又快发展,强市兴县富民"和"突出抓发展,重点抓项目"重点专栏,策划"落实全市领导干部大会精神系列专题报道”，图文并茂地展现各项重点工作、重点项目进展情况，日均发稿3000字以上。同时刊发系列评论员文章，全方位解读会议精神，唱响了“奋起直追，争先进位”主旋律。

此外，《保定日报》还围绕“文化大市”建设、“解放思想大讨论”、纪念“改革开放30周年、保定解放60周年”等内容，进行详细策划，为推动本市又好又快发展营造了良好舆论氛围。在形式内容创新方面，《视点关注》版从大局着眼策划选题，以整版形式推出“出口贸易应对挑战”、“构建和谐劳动关系”等深度报道，受到社会各界广泛关注。B版积极关注百姓身边热点问题，相继推出“农村黑网吧亟须整治”、“狗患亟须整治”等专题报道，引起市委、市政府有关领导关注，赢得社会好评。

《保定晚报》进一步突出民生报道。除重点报道全市各项重点工作外，《保定晚报》开办“市民访谈”、“生活提示”等版面，推出报中报、“特别报道”等新颖形式和重点栏目，使各版承载的信息量进一步增加，报道分量进一步增强。其相继刊发的关于刘均田、涞源三姐妹的重大典型报道《好人刘均田》、《大爱李云峰》等，引起社会强烈反响。尤其抽调骨干编采力量，专办“民生直通车”重点专栏，反映城市建设、管理中的问题，受到市领导关注与好评，市委书记宋太平多次对专栏中反映的问题做出批示，督促问题顺利解决，赢得广大市民极大的关注与支持，进一步提升了报纸的亲和力和影响力。

《莲池》周刊坚持开门办刊思路，扩大自身影响力。在河北大学建立首个校园记者站，有针对性地推出学生理财、招聘就业、试题解析等系列策划，提升了读者关注度。同时举办系列时尚、新颖活动，加强与读者的交流互动。

从形式到内容上的不断创新，提高了两报一刊的亲和力、影响力，进一步赢得了市场。两报继续保持内容质量优秀报纸和十佳优秀报纸称号。在2008年举行的首届“全国城市周报十强”评选活动中，《莲池》周刊在全国数百家报刊中脱颖而出，荣获“最佳社会服务城市周报”称号。

【科学应对，攻坚克难，经营收入、经济效益再创新高】 2008年，以纸张为主的原材料大幅波动、人力成本迅速攀升、全国报刊广告普遍下滑，使报纸全行业形势空前严峻，尤其是下半年，金融危机逐渐波及实体经济领域，使本市房地产市场形势剧变、部分行业市场波动等种种不利因素，给广告市场带来诸多难以预见的困难。广告经营中心对内大力推进公司化改革，强化内部竞争机制，对外积极调整业务结构、创新广告形式、开发广告活动，成功策划了“2008财富保定·首届保定十佳理财明星”、“十大魅力楼盘、十大魅力地产评选”、“市民看医院”等一系列文化、商业活动，有力拉动了广告收入增长。“全保定”网站积极筹备股份制运作，探索新的商业运营模式，通过推广和自采等一系列方式，整合报社资源，并依靠经营中心的统一执行、约束力，进行了强大的市场覆盖活动。

在汶川地震影响、奥运期间安全稳定需要以及全球经济下滑的背景下，报业公司的旅游、培训、分类广告等受到很大影响，但公司全体员工不畏各种困难，千方百计开展业务，使报业公司圆满完成全年任务目标，实现营业收入1093万元，上缴社财务60万元。

印刷厂在报社党委支持下，购买了烤版机和冲片机，保证了时效，节约了纸张。细化原辅料入库制度，实现了新闻纸废品销售竞标制度，进一步治理公物外流。早报率基本实现100%，印刷质量全部达到国家优等质量水平，在省报纸印刷质量评比中荣获十佳。大力开拓外部市场，定期代印业务户发展到32家，尤其是重新恢复《燕赵都市报》的承印业务，每期印量近5万份，外活实现1.13亿印张，同比增长109%。

2008年，报刊成本大幅提升，市外媒体跨区域发行争夺市场份额，给报刊发行工作带来全新挑战，面对这种形势，保定日报社党委进一步统一认识，把发行工作列为报业发展的重中之重，制定一系列诸如全员订报、发行绿色通道、新闻宣传与报刊发行互动等支持发行工作的政策措施。发行部员工实施有效营销策略，确保两报一刊的市场主体地位。较上年提前一个月展开报刊收订，提前收订个人订户1.8万份，稳定和抢占了市区个人订户市场。同时在社党委支持下在市区筹建了100个报刊亭，进一步扩大了零售报刊覆盖范围。实行结对发行包站措施，每月按包站报纸征订情况进行绩效考核，奖优罚劣，提高了员工积极性。三县工作站立足新闻立站思想，工作人员积极努力，在新闻报道、报刊征订、广告承揽方面取得一定成绩，为今后工作开展打下良好基础。

【规范各项规章制度，开源节流、堵漏增收】 按照用制度管人，按制度办事的原则，先后出台完善了提高报刊质量、干部人事、财务经营等方面的管理制度，尤其是面对经营成本不断攀升的态势，千方百计增加收入，从严控制各项费用增长。在人事管理工作上，进一步做好干部调配、考核激励工作,实现人尽其才,才尽其用,调动职工争先创优的积极性。实施竞聘上岗、按岗聘用机制。认真贯彻落实新劳动合同法,加强对下属单位及部门的用工管理,为招聘人员完善了用工手续。在分配制度改革上,坚持向关键岗位倾斜,向优秀人才倾斜,向一线倾斜,提高了报刊质量和编采人员的工作积极性。

【《保定日报》创刊60周年暨报社成立60周年庆典】 《保定日报》从1948年11月25日创刊已60年。60年间,保定日报社从初创时期的手摇铸字、木柴化铅、手工打版、平台印刷的小作坊,发展到现在拥有全自动激光照排设备、全国最先进的晒版、印刷流水线和电脑办公的现代化报社。《保定日报》从初建时的八开两版的黑白小报,发展到现在同时出版彩色的《保定日报》、《保定晚报》、《莲池》周刊的总发行量达20余万份的平面媒体。同时出版同仁刊物《新闻广角》,拥有一个现代化的网络系统和"全保定"网站;干部职工由初建时的十余人发展到现在的千余人,两报一刊一网已经形成了一个地方性的强势媒体。为纪念《保定日报》创刊60周年,出版"御风而行六十年丛书",其中包括《保定日报社发展史》、《保定日报社优秀作品选》和《保定日报60周年》(画册),共3本。报社发展史是以客观、严谨的笔墨记述保定日报各个时期的风采,对各段历史进行了阶段性的记录。优秀作品选荟萃了保定日报社编辑记者60年来,尤其是近年来发表在本报、荣获省和国家级奖励的消息、通讯、言论、报告文学及摄影美术作品等。画册精选60年来各个时期的保定日报社的变化及各个历史阶段的保定市的风貌变迁的图片。

2008年11月7日,在百世开利会展中心隆重举行《保定日报》创刊60周年庆祝大会,并隆重推出《保定晚报》百版增刊。

领导班子成员

社长 党委书记 总编辑	陈永健(10月免总编辑)
总编辑	许顺兰(10月任)
副社长 党委副书记	高群占
副社长	展宁(10月兼任报业公司经理)
副社长	吴江晶(10月离任) 晏文光
副社长 副总编辑 晚报总编	杨国胜
纪委书记	李玉臣
副总编	张英杰(10月离任) 许顺兰(10月离任) 董耀奎

(刘国辉　陈　冬)

广播电视

【保定市广播电视局】 保定市广播电视局是保定市人民政府主管全市广播电视工作的职能部门,是保定市广播电视宣传、事业建设和管理工作的领导机关,又是直接组织和参与对重大活动和重要事件进行宣传的新闻机构。局机关设办公室、宣传管理处、技术事业处、社会管理处、人事教育处、计划财务处、纪检监察室、机关党委等处室。下属保定人民广播电台、保定电视台、保定有线广播电视台、保定广播电视报社4家新闻发布单位。

【概况】 2008年,在市委、市政府及市委宣传部的领导下,保定市广播电视局各项工作始终坚持以邓小平理论和"三个代表"重要思想为指导,深入贯彻学习宣传党的十七大精神、落实省委七届三次全会和市委六次全会精神,牢牢把握舆论导向,坚持以宣传工作为中心,以提质提速为重点,以事业发展为基础,以安全优质播出为保障,坚持依法行政,在宣传工作和事业建设上,都取得新的进展。

【认真贯彻"三贴近"的宣传工作方针,真实、客观、全面反映社会实际】 保定电视台对电视节目进行了改版,将以反映民生、服务大众为主题的《直播保定》节目由原来的30分钟延长至60分钟,一是为了进一步加大新闻媒体的信息量;二是把镜头对准百姓,反映百姓生活,为百姓服务。如《行风热线》、《有事您说话》等栏目,把百姓在生活中遇到的困难,通过媒体协调有关部门为百姓排忧解难;三是为建设文化强市,开办了《周末大戏台》、《文化名人访谈》专题节目,提高广大群众的生活品味,推进全市文化建设。

【推出广播电视精品栏目,进一步加强"净化声频荧屏"工作】 一是广播电视局建立了广播电视节目评议制度,定期组织专家和业务骨干对广播电视节目、栏目进行评议,对评选出优秀栏目、优秀作品予以表彰和奖励。二是市电台、市电视台定期组织优秀宣传稿件评选,进一步鼓励广大新闻工作者争先创优。三是加大投资力度,购置优秀广播电视节目,在市电台、市电视台播出,进一步丰富人民群众的物质文化生活。

在第十三届河北省影视艺术

"奔马奖"作品评选中，保定电视台选送的7件作品全部获奖，5人获荣誉称号。其中，《2008保定春节晚会》获综艺晚会类一等奖；《保定民营经济年度人物颁奖晚会》获社教类专题晚会一等奖；《新星制造》获电视文艺栏目类一等奖；《岁月如歌》获电视纪录片（专题片）类一等奖；《沙漠绿洲》获电视广告片类一等奖；《3·15晚会》获社教类专题晚会二等奖；纪录片《根基》被推荐参加全国金鹰奖入围评选。闫志荣、王静获优秀剪辑师称号；张慧获优秀非线性编辑师称号；刘晓梅获优秀电视播音员称号；孙丽红获优秀电视节目主持人称号。

【外宣工作继续保持良好态势】

2008年，广播电视对外宣传取得了显著成绩，在省级以上媒体播发宣传保定新闻稿件971篇，其中在中央电视台播发42篇，为宣传保定，扩大保定影响力提供了强大舆论支持。从保定的太阳能之城建设、确保奥运安全、设立群众工作站等典型经验，以及具有地方特色的保定老调、河北梆子等文艺专题在中央台的播出，进一步提高了保定在全国的知名度。

【扩大广播电视的有效覆盖，促进事业建设稳步发展】 1. 为贯彻落实全省农村广播电视节目无线覆盖工作会议精神和做好2008年自然村"村村通"工作，今年1月28日，组织召开全市"村村通"工作调度会议。会议下发了全市广播电视"村村通"工程建设任务分解表并签订了责任书。6月初对顺平县、唐县、涞源县"村村通"工作进行了检查督导，就通过直播卫星实施"村村通"广播电视工程方案进行了调研。9月26日，在顺平县召开了有关县广电局主管副局长参加的"村村通"工作调度会议。各县按照市局要求，通过本级有线电视网络统筹和垫资、赊欠等方式解决了部分"村村通"建设器材，设备、器材的安装调试工作正在进行中。2. 在积极推进自然村"村村通"工程的同时，还积极争取国家和省农村广播电视节目无线覆盖（无线"村村通"）项目支持，努力扩大中央一套、中央七套和省一套广播电视节目无线覆盖。今年，组织完成了涞源、阜平、唐县、易县、安国市等9个县（市）广电局14部发射机的部署工作，进一步改善中央和省广播电视节目覆盖效果；按照省局通知要求，完成了全市下一年度农村无线覆盖工程所涉及的高碑店市、涞源县两座转播中央第七套节目广播电视发射台的工程建设调研工作；配合省局完成了河北电视台广播电视节目覆盖情况调研工作。3. 积极推进全市有线电视网络发展。根据省局通知要求，对全市有线电视发展情况进行了汇总，提出了落实省政府"十项民心工程"2007年度有线电视入户率目标任务分解表；按照全省统一部署，完成CCTV高清综合频道在本市有线电视网络落地工作。

【健全制度建设，确保安全优质播出】 1. 建立健全了全市安全播出指挥机构和成立了广播电视防范插播领导小组，市直各台（网）按照要求分别成立了安全播出指挥部和防范无线插播应急处置小组、防范有线插播应急处置小组。2. 进一步完善了安全播出应急预案。根据全市安全播出工作的形势发展和要求，为确保中央一套、省一套广播电视节目的正常播出、传输，制定了相关的应急预案。各单位根据预案要求，制定了具体应急措施，并通过演练，做到了每个工作人员都能够熟悉各种突发事件的应急处理方法，关键时刻切实发挥安全应急作用，严禁不合格人员上岗值班。3. 认真组织全市安全播出检查工作。组织全市广播电视系统各播出传输单位先后开展了"查隐患、堵漏洞，确保广播电视安全播出"、"确保党的十七大召开安全播出"和"迎奥运，保安全，确保广播电视安全播出"等检查活动。重点从管理工作、规章制度、设备运行与设备状况、应急措施等方面，对涉及广播电视安全播出的各个环节，包括供配电系统、信号传输系统、播出系统、天馈系统、接地系统等各种设备、设施，以及关系安全播出的各项操作规范，防火、防盗、防水、防鼠、防触电等方面，都进行了周密细致的排查。针对检查中存在的问题，下发了限期整改通知书。

【以奥运安保为契机，狠抓行业管理工作的落实】 针对奥运年特点，高度重视行业管理工作的落实。提出了深化卫星接收安全保障工作、多举措整治非法卫星电视、净化保定文化阵地的治理建议；启动奥运互联网视听节目安全保障应急机制，对市属网站视听节目实行了为期两个月的24小时值班监控制度。督促视听节目服务网站注意防范有害节目传播，执行24小时值班制度，有效的防范了有害节目传播；高度重视卫星接收安全保障工作，严格落实行业管理职责，明确卫星接收安全保障工作监管责任人，加大对重点部位卫星接收安全的监管力度。坚决杜绝滥播乱放行为，严格供片渠道。确保广播电视节目符合管理规定，所播影视片全部来自省局供片站。同时完成了2008传送许可证年检工作及各县电台恢复申报任务。抓人员素质提高促奥运安保工作的落实。对2008年7月1日~9月30日全局保留的行政许可项目进行了梳理和自查，为奥运创造了和谐稳定的环境。

【进一步深化民主评议工作】 2008年不断加强民主评议工作，做到了基层化、经常化，推动了行风建设不断深入。在《保定广播电视报》上刊登了保定广播电视局2008年民主评议工作公开承诺书。在电台、保定广播电视报、广播电视通讯等媒体，大幅刊载、播出2008年广播电视局工作问答，向全社会公开了广播电视管理法规、政策和全年工作安排等，增强了工作透明度，方便了群众监督。继续精心办好电台《行风热线》、电视台《阳光演播室》等行风建设类栏目节目，为全市的民主评议工作，提供良好的舆论平台。同时全局机关、电台、电视台、网络公司今年首次分别走进电台《行风热线》直播间和广大听众进行交流，虚心听取意见和建议，接受社会的监督。

领导班子成员

党组书记 局长	马世乐
党组副书记 副局长	李华平
副局长	王建立　宋　毅 王义亭
纪检组长 副局长	张守满

（贾莉莉）

【保定人民广播电台】 2008年，保定电台以团结保稳定，以发展求效益，在市委、市政府、市广电局的正确领导和大力支持下，圆满完成了各项任务指标。2008年是中国实行改革开放30周年和本市解放60周年，本台开办了“沧桑巨变30年”专栏，在及时报道各地各部门相关纪念动态的基础上全面反映了30年来全市各行各业以及普通群众生产生活中发生的翻天覆地变化。策划组织了大型系列报道：“30年发展看保定”，播出《高阳纺织30年》、《安国药市：从马路市场到全国药材集散地》等稿件数十篇。新闻宣传紧紧围绕“发展”这一主题，先后开设了“新年新打算”、“解放思想大讨论”、“又好又快发展、强市兴县富民”、“城镇面貌三年大变样”等系列专栏。5月12日汶川发生8.0级强烈地震，根据上级要求电台宣传迅速转到以众志成城、抗震救灾为中心上来，开设了“爱心在行动”专栏，并在第一时间组织相关报道，如《汶川发生强烈地震　我市有明显震感》、《我市医疗队入川》、《我市红十字救援队在绵阳紧张工作》、新闻特写《十分钟的战斗》、《我市首批救援物资运抵四川》、《爱心筑起生命线》、《我市对灾区部分援建房地址确定》等稿件，受到听众欢迎。迅速策划和启动了5月15日的“一方有难，八方支援”大型募捐活动，走在了各媒体的前列。捐赠活动得到了社会各界的广泛响应，古城爱心人士纷纷慷慨解囊，共计捐款24万多元。积极开办奥运宣传栏目，加大奥运宣传报道力度，为奥运在北京的成功举办营造了良好的舆论氛围。4月开办了“我与奥运同行”专栏，报道全市普通市民为迎接奥运会的召开做出的努力。奥运期间开办“保定健儿战奥运”、“奥运快报”两个专栏，及时报道最新消息，如：《体育局领导观看郭晶晶夺冠》、《家人欢庆庞伟夺金》，《我市百姓为运动员突出表现自豪》、《史东鹏撼别决赛》等。在新闻宣传中，注重常规报道出新意，重点报道上规模、重效果。如在两会报道中，更加突出报道代表委员在建设经济强市、推进保定又好又快发展方面的真知灼见，推出了“强市谋略”专栏；强调会内会外的互动，开设了“民生回应”专栏；巧借《政府工作报告》推出了“数字看变化”专栏。三个专栏相互呼应，相辅相成，使“两会”报道变化多端。提高了重大新闻的反映能力，如大年初四，退休工人刘均田为救人而牺牲，与河北电台合作，迅速策划推出了系列报道《穿透灵魂的绝唱》，在省、市台播出后均引起强烈反响。外宣部积极与中央人民广播电台联系，将刘均田事迹发到中央电台中国之声《神州夜航》节目，保定电台与中央电台中国之声联合直播了这期《神州夜航》节目。以1个半小时报道一个人物这在中央电台绝无仅有。新闻综合广播突出新闻性，及时、准确、全面传达政府的声音和百姓的意愿。《行风热线》集行政监督、舆论监督、社会监督、群众监督于一体，每天依次邀请40多个市直职能部门或窗口行业负责人走进直播间，通过热线电话与群众交流对话，实现了一人投诉、万人监督的效果，促进了阳光行政，有效地化解了社会矛盾，推进实力保定、魅力保定、和谐保定的建设。全年共受理听众热线1800多个，为群众解决问题500多件。经济广播以公益活动打造媒体良好形象，组织“送温暖”等大型公益活动5场，有力地提升了频率的知名度、美誉度和影响力。该频率还注重节目包装，对频率形象、栏目、公益广告及节目主持人等都进行了整体策划和创意。

交通广播以伴随性、服务性赢得了移动人群的青睐。该频率在交警支队指挥中心设立“交通直播室”，及时、准确汇收全市交通信息，加大路况播报密度，每天20档路况信息，为路上朋友提供路况资讯，促进了全市交通秩序的好转。该频率在办好“交流热线”的基础上新增“查违热线”、“帮你热线”、“法律热线”，为司机朋友提供多方位的服务，成为广大驾乘朋友真正意义上的“交通伴侣”。全年对外宣传取得突破性进展，发稿数量居11个市级台之首，完成了市委“争第一，扛红旗”的任务。截至10月31日，在中央台播发稿件18篇，在省台发稿362篇，其中录音报道达123篇。

领导班子成员

书记、台长　张永庆

（武顺光）

【保定电视台】 保定电视台隶属保定市广播电视局，是自收自支的副县级事业单位。设有综合办公室、总编室、新闻综合频道、公共频道、生活健康频道、技术播控中心、抱阳山发射站等基础雄厚的实体。全台年自制节目5475小时，年播出时间19710多小时。

2008年，保定电视台在市委、市政府及上级有关部门的正确领导下，围绕中心，强化宣传，提升质量，服务大局，开拓市场，增强实力，创新机制，建好队伍，进一步开创了全市电视事业的新局面，较好地完成了全年的各项工作任务。

保定电视台拥有一套新闻综合频道、二套公共频道、三套生活健康频道，设有《保定新闻联播》、《直播保定》、《有事您说话》、《保定现在时》、《金色演播厅》、《健康食尚》等品牌栏目，节目信号可覆盖北京、天津、山西、沧州、廊坊、石家庄等周边地区，可收视人口达2000多万人。

新闻宣传围绕中心，突出重点，导向正确。在新闻宣传中，以党的十七大、省委七届三次会议、市委九届六次全会、纪念改革开放30周年、保定解放60周年为主线，开展多个宣传战役。坚持“三贴近”原则，民生新闻有了重大突破，不断强化策划意识和品牌意识，组织最强力量，积极参与策划组织大型活动。推出了刘均田、孟祥君等一批英雄模范人物。对上报道取得了优异的成绩，在中央台发稿16篇，在河北台发稿525篇，其中头条18篇，无论从数量到质量较往年都有很大提高。

不断加大设备更新和技术改造，事业建设取得了新进展。一是年初对全台的制播网络进行了调试，实现了播出系统与制作线的网络互通，多数自办节目可以直接由制作线上传至播出服务器，既节省了制作与播出之间上下载等环节、节约了人力物力，也使节目信号质量有了较大提高。二是完成了彩电中心5、6号演播室的技术装修和5楼录音间的设备安装调试，并进行了全台300平方米7号演播室的安装设计等筹备工作。三是在播出系统中又增设了“垫片”系统，确保了遇有突发设备故障时播出信号的不间断。四是结合硬盘播出设备的特性，制定和完善了播出系统维护检修规范。五是利用“时间差”完成设备维护。利用晚上停播后、周二检修日等休息时间完成了对放像机的日常维护、通道视音频指标测试及调整等维护工作，并对硬盘服务器、上载工作站、播出工作站、字幕机等进行定期维护和保养，为整个硬盘播出系统的正常运行提供了有力的保障。

逐步完善内部分配制度，建立“效率优先、兼顾公平、适当拉开收入差距”的分配激励机制，建立了内部分配随岗位变化的机制，做到岗变薪变。积极稳妥地推进全台内部的人事制度改革。全台所有人员通过采取公开、公平、公正的方式，竞争上岗、择优录用。通过全面实行聘用制，由过去身份终身制为现在的聘用合同制，完成了身份管理向岗位管理的转变。

领导班子成员

书记、台长　王庆武

（赵晓波）

卫生·体育·旅游

卫　生

【保定市卫生局】　保定市卫生局是主管全市卫生工作的市政府工作部门，负责研究拟定全市卫生工作地方性规章；研究提出全市卫生事业发展总体规划和战略目标；制定全市技术规范和卫生标准并监督实施；制定城乡社区卫生服务发展规划和服务标准，指导城乡社区卫生规划的实施；制定全市农村卫生、妇幼卫生工作规范和政策措施，指导初级卫生保健规划和母婴保健专项技术的实施；制定对人群健康危害严重疾病的防治规划；组织对重大疾病的综合防治；研究指导医疗机构改革，制定市医疗质量标准和服务规范并监督实施；依法监督管理采供血及临床用血质量；拟定全市重点医学科技、教育发展规划，组织重点医药卫生科研攻关；制定卫生执法监督工作规划并组织实施；制定卫生人才发展规划和卫生人员职业道德规范，实施卫生技术人员资格认定标准；负责卫生外事和援外医疗队工作，促进本市与国际卫生技术交流与合作；组织调度全市卫生技术力量，协助政府有关部门对重大疫情、病情实施紧急处置，防止和控制疫情疾病的发生、蔓延；指导管理全市急慢性传染病、地方病、职业病防治和科教、中医、妇幼、爱国卫生工作。保定市卫生局内设办公室、人事处、党办室、医政科教处、规划财务处、基妇处、中医处、疾控法监处、爱卫办、监察室、老干部处、工会12个处（室）。

【概况】　2008年，保定市卫生工作以努力实现人人享有基本医疗服务为目标，解放思想，开拓创新，突出重点，狠抓落实，各项工作取得了新进展。截至年底，全市拥有医疗机构2487个，开设床位28727张，拥有卫生技术人员42007万，其中执业（助理）医师14280人，注册护士9086人。平均每千人口床位2.52张，每千人口卫生技术人员3.68人。全市卫生机构固定资产达到57.76亿元。其中：省驻保医疗机构4家、市直医疗机构14家、县级综合医院25家、县级中医院22家、县级妇幼保健院（站）25家。

【公共卫生工作】　抓实免疫规划基础工作。五苗报告接种率维持在95%以上，乙肝首针接种及时率达92.22%，脊髓灰质炎常规免疫和强化维持了较高接种率。麻疹疫情继续呈下降趋势，截至10月底，麻疹专报系统共报告麻疹疑似病例339例，比上年同期下降73.3%。生物制品管理进一步规范，将免疫规划业务工作与生物制品经营有机结合，实现优势互补，加强生物制品管理的督导检查力度。5月份承办全省免疫规划工作培训班，协助省疾控中心组织对张家口、廊坊、沧州和保定四个市相关负责人和技术骨干的培训。会后，本单位又分别组织对各县基层接种单位全部进行了培训，共培训接种单位1278个，培训人员2427人，覆盖率100%。专项防控行动。在防治手足口病工作中，组织技术人员加大流行病学调查工作，派出流调人员进入病例高发县、重点学校和托幼机构指导落实防控工作，并建立和启用手足口病病毒核酸检测（PCR）实验室，弥补河北省市级疾病预防控制机构手足口病病原检测的空白，监测咽拭子样品63份，阳性28份，阳性率44.44%，为临床救治提供实验室诊断的技术支持，使临床治疗更具针对性。在备战奥运安保工作中，设计技术练兵方案，下发技术练兵方案和题库，组织针对新发和输入性传染病防治知识、网络直报专业知识、鼠疫防治知识等多项专题培训，并进行鼠疫、霍乱、禽流感疫情处置的现场防护、流行病学调查等的现场演练。

结核病防治工作。继续深化结核病门诊建设和执行国家“五率”各项指标要求，紧紧抓住病人发现、转诊和病人追踪三个关键环节，深入扎实地开展了培训、宣传和督导工作。举办结核病报告转诊追踪、药品管理、痰检质控、统计监测、经费测算和学校结核病筛查等培训班6期，培训380余人次，提高业务人员素质和工作的有效开展。在市人民广场开展第十三个“3·24”世界防治结核病日大型宣传活动，现场义诊咨询300人，并组织专家深入驻保高校对广大师生开展面对面宣传和咨询。

地方病防控工作。一是积极开展鼠疫防控工作，对鼠防装备进行全面更新，完善市县乡村四级鼠疫疫情报告网，加强以蠡县为重点，铁路沿线、旅游区县的鼠疫防控工作，组织两次鼠防应急演练，加强督导检查频次。二是完成改水降氟井枯水期水氟监测620份，完成清苑、容城、高碑店市3个县、市氟病监测点的监测、采样和实验室检测工作，对监测点共计6个村所有8～12岁在校生进行氟病监测。三是开展碘缺乏病和饮水型地方性氟中毒防治健康教育活动，在65个乡镇、117所小学开展健康教育活动，共发放宣传单94360份、宣传画15860张；在项目乡的辖区内播放地方病防治知识科普片和公益广告共138次；组织有关部门在项目乡、村所在地书写针对性的地方病墙体标语共186条；墙报和黑板报70期；利用“赶集日”开展咨询活动186次。

健康教育工作稳步推进。一是在《保定日报》开设“倡导健康生活理念，维护健康生活行为”等专栏，刊登健康科普文章；与网通公司合作在保定热线网站设立健康生活方式专栏，与电视台合作开展电视健康讲堂栏目。二是配合手足口病防控工作，大力开展科普宣传和健康教育工作，及时消除百姓恐慌，有利配合整体防控工作。三是在全省率先启动以健康促进预防为主的“我参与、我健康、我快乐”全民健康生活方式行动，在行动中，编印健康知识手册两本、设计制作盐勺、体重指数计量尺、健康礼包等宣传品，还编写健康生活方式系列丛书——《管理好自己的健康》、《健康知识手册》和《儿童健康生活方式指导手册》，印制5万余册，免费发给市区居民。每月出版一期刊登大容量健康知识的《健康教育》报纸，免费向市民发放。

【执法监督工作】 全力保障奥运安全工作，餐饮业专项整治坚持“五个成效”。一是落实“两项”制度见成效，即从业人员佩戴健康证上岗制度和卫生监督信息警示台公示制度，使市直管单位从业人员佩戴健康证上岗率达到98%以上，直管58个餐饮单位全部在餐饮单位门口树立警示台。二是抓好重要时段、区域，确保“零事故”见成效。在节假日特殊时段，安排执法监督人员，在聚餐消费高峰区域进行巡回监督；在中、高考期间，在学校考点和校园周边，派驻监督员24小时跟踪监督，消除餐饮消费环节、学校食堂安全隐患。三是首次建立餐饮单位“危险单位”档案，把量化分级C级和安全隐患较多的餐饮单位列入重点监管对象，提高监管频次，加大抽检力度，主动上门培训指导，限期整改，实现落后单位“上档进位”，提高餐饮业整体水平。四是唱响卫生监督奥运品牌见成效。组织开展迎奥运“祁州酒业杯”全民和餐饮业单位食品卫生知识竞赛。在《保定晚报》开辟食品安全宣传专栏，撰写科普文章连续刊登25期，收到全民知识答卷6000余份，并有32个餐饮单位组队报名参加有奖竞答比赛，在保定电视台决赛中，对荣获一、二、三等奖的单位进行表彰奖励。组织食品卫生专家到保定市电台《走进直播间》栏目录播现场，与主持人、消费者面对面交流，倡导餐饮健康明白消费，强化社会力量参与监督。

本单位积极探索，在全市建立餐饮业长效监管机制。有八个“亮点”，一是在全省率先实行市县卫生监督捆绑责任制；二是落实执法责任制和责任追究制，实行网络化，责任到人；三是实行“六统一”（两证悬挂佩戴、管理制度上墙、设置卫生监督信息警示牌、台账格式、索证索票内容、食品安全责任承诺书统一），进一步推动餐饮业上档升级。从形式、内容和标准上进一步规范对餐饮业的管理；四是积极推行食品量化分级管理。把食品量化分级管理纳入各级政府考核内容，以中小餐饮单位为重点，提高一批，规范一批，取缔一批；五是落实前馈预警机制；六是实行典型案例和抽检食品定期曝光制度；七是建立协调联动机制，取缔无证经营餐饮单位；八是探索建立农村卫生监督体系，规范农家院管理。

【医教工作】 以高度的政治敏

感性迎接重大应急事件处置工作。一是手足口病工作。按照“各级各类医院初步筛选——定点医院确诊、救治——重症集中到市级定点医院”的流程开展诊疗工作。明确定点收治医院，整合医护专家，配备呼吸机等设备，使重症患儿救治得到保障。及时组织召开培训会，把最新的医疗救治原则和意见传达到相关管理人员和医疗专家组。二是抗震救灾工作。“5·12”四川大地震发生后，组成抗震救灾医疗救治队，派出15名医护人员奔赴前线，在四川德阳驻扎开展医疗救治工作14天，充分表现医务工作者无私奉献的人道主义精神。三是奥运安保工作。制定突发事件应急处置工作预案，对突发重大事件医学救治、突发传染病医学救治等工作进行详细部署，组织应急演练。认真做好麻精药品、含兴奋剂药品的规范管理、合理使用。对近京的县市和107国道沿线县市进行重点检查。出动执法人员170余人次，下架违规使用药品42盒，提出整改意见36条，暂停营业医疗机构2家。四是问题奶粉事件处置工作。采取“广泛筛查、严格诊断、定点收治、关注重症”的方法，充分发挥三级医疗网作用，累计筛查儿童32.4万人次，确诊患儿3897例，收住院治疗373人次，已全部出院。复诊跟踪治疗4850人次。无一例死亡。

以扎实的作风做好卫生支农工作。一是实施“1带X帮扶工程”。由12家市直医院对口帮扶贫困县的36家卫生院，逐步建立起一所二级以上医疗卫生机构帮扶多个乡镇卫生院工作制度。通过“带管理、带技术、带素质、带物资”，支援单位向受院卫生院先后赠送设备价值20.3万元，诊疗人次达26.7万人次，带教手术167例，开展新技术、新项目16项，组织专题讲课62场。二是实施农民健康保健工程。截至年底，定期健康随访60岁以上老年人38420人，建档率达到95.7%；随访育龄妇女62315人；0—6岁儿童29517人；重点管理高血压病人20016例，糖尿病人21978例，肺结核病人237例，肝炎病人343例。流动医院共深入到6260个行政村开展巡回服务，体检人数达到38万人次，免费发放药品达28.3万元。全市各级医疗机构已免费培训基层卫生技术人员4000人次。

以平稳姿态抓好医院管理年的质量管理。一是积极做好医疗纠纷、医疗事故隐患排除和处置工作。全年共接待医疗事故争议咨询890人次，委托鉴定8起，鉴定3起，组织专家尸检5次。二是开展医疗质量安全集中行动。在全市范围内开展医疗质量安全集中行动，针对存在的主要问题，执法人员当场给予指导纠正，集中行动中全市共出动监督执法车辆227台次，监督执法人员2000人次，检查各级各类医疗机构582家，提出整改意见234条。三是组织开展天网行动。全市范围开展“打击非法行医、净化医疗市场天网行动”。重点是审核完善卫生局审批档案，对民营医疗机构、门诊部、个体诊所进行拉网式检查，以及清理违规刊播医疗广告行为。

【社区卫生工作】 一是举行“社区全民健康生活方式行动暨社区卫生健康团队服务活动”启动仪式。全市参加启动仪式的社区卫生服务人员430余名，为群众发放健康礼包500份、1500份健康知识宣传资料，参加群众总数达1000人。社区卫生服务机构建立以全科医生、社区护士和公共卫生保健人员组成的医、护、防一体化的社区健康团队247支。开展健康教育、健康指导、预防保健和基本医疗惠民等服务。服务109646人次，发放健康教育宣传资料357657份，其中按需上门服务的重点人群（孤寡空巢老人、行动不便的患者）6350人，还统一印制《居民家庭健康档案》，对社区居民进行摸底调查，建立以户为单位的社区居民动态健康档案。二是对社区卫生服务机构进行合理设置，新建5个布局合理、功能完善社区的卫生服务机构。形成较为完善的网络体系，使城市社区卫生服务街道覆盖率达到90%，进一步完善“15分钟就医圈”的建设。三是建立和完善具有可持续性的公立医院支持城市社区卫生服务机构的长效机制，使公立医院医疗资源优势辐射广大社区，逐步提高城市社区卫生服务机构的医疗服务能力和管理能力，发挥社区卫生服务的基础性作用。四是组织社区卫生服务有关专家，组成“保定市城市社区卫生服务工作督导检查小组”，对全市社区卫生服务机构进行了二次拉网式检查，并“地毯式”排查社区卫生服务机构中超诊服务、非法执业以及各种潜在的执业行为安全隐患，依法取缔了4家社区卫生服务站，给予10家机构限期整改处理。

【中医工作】 一是发挥中医特色和优势，成功组织“百名名中医进太行”义诊活动。为进一步扩大“中医中药中国行”活动的公众影响力，让全市边远山区广大人民群众进一步感受中医，认知中医，应用中医，受益中医，该市组织近100名老中医先后深入顺平、阜平、涞水、涞源、易县、曲阳6个太行山区县进行大型公益义诊活动，把中医药的

"简、便、廉、验"优势服务送到太行山农民家门口，使中医药作为一种文化渗入山区百姓的日常生活当中。参加义诊活动的医务人员达300人，其中保定首届名中医97人，携带药品500余种，共接诊患者1800人次，对乡镇卫生院、县中医院义务查房160人次，为孤寡老人、军烈属、五保户送医送药50人次，为光荣院老干部、老八路、孤寡老人义务体检4次，共计200人次。发放科普宣传资料2000份，发放"保定中医名人册"5000册，开中医处方1000张，免费发放各种药品价值合计10万元，其中8070元是中草药和中成药。二是在城市中医网络建设方面，重点是提高和完善综合性中医院、中医专科医院、综合医院中医科、社区卫生服务机构及面向社区的中医门诊部和中医诊所为主体的中医服务网络和服务能力；在农村中医网络建设方面，重点是提高和完善以县级中医院、乡镇卫生院中医科、村卫生室为主体的中医药服务网络和服务能力建设，加强中医全科医师医资培训，巩固新市区中医示范区建设。三是做好中医药信息宣传工作。开展"三五"普法宣传，大力宣传卫生、中医药等法律法规知识，制定《全市中医药宣传和信息工作方案》，强化全市中医药行业信息宣传意识，并广泛采取群众喜闻乐见的形式，加大对"名院、名科、名医"和先进典型的宣传力度，扩大中医药的社会影响。四是继续加大中医人才培养及中医重点专科建设力度。全年共为社区、农村乡镇卫生院培养中医骨干523名，并选派60名中医参加了全省全科医师培训。全市311所乡镇卫生院，其中267所设有中医科或中医门诊，占总数的85%，中医药人员4864人，占卫技人员总数的92%。完成全国名老中医药专家学术经验继承项目的保定申报工作。

【行风工作】　班子建设和干部队伍建设。一是学习宣传贯彻党的十七大和市委九届六次全会精神，以及省、市卫生工作会议精神及中央、省、市主要领导的重要讲话作为中心组学习的重要内容，深刻领会其精神实质，指导卫生工作实践。二是召开以"学习和实践科学发展观"为主题的领导干部民主生活会，对自身在思想学习、领导作风、工作生活作风等方面存在的问题进行自我剖析，制定整改措施，通过民主生活会，使班子成员政治更坚定，工作更扎实。三是开展领导干部联系企业和帮扶贫困学生、贫困户活动。局领导深入到所联系的企业进行蹲点调研，为他们办实事、解难题。

基层党组织建设和党员队伍建设。一是组织"庆七一暨纪念改革开放30周年"演讲比赛，通过演讲活动，达到振奋精神，鼓舞士气的积极作用。二是在抗震救灾工作中，本系统职工为灾区捐款530余万元，党员交纳特殊党费40余万元，捐棉衣、棉被5000余件。组织3支医疗救护队和对口支援医疗防疫队奔赴灾区，并成立临时党支部，在一线推荐发展党员28名，保定市卫生局党委被市委授予全市抗震救灾先进基层党组织称号。三是抓好入党积极分子队伍的建设和管理，上半年举办第十五期培训班，有73名入党积极分子顺利完成了学业。组织60名预备党员进行党的基础知识考试。

行风建设和精神文明建设。一是制定政风行风建设承诺并在新闻媒体公布，各县（市、区）卫生局、各基层医疗卫生单位也都结合工作实际制定行风建设承诺。二是组织开展"迎奥运盛会，树文明新风，廉洁行医，文明服务"千名医师签名活动，增强医务人员廉洁自律意识。三是完善行风建设考评标准，并对部分县（市、区）及市直医疗单位进行暗访，对发现问题进行督导整改。四是深入开展医院文化建设，制定下发《关于加强医院文化建设的指导意见》，各单位结合工作实际形成各具特色的医院文化体系。五是组织广大党员、干部、职工踊跃参与"迎奥运、讲文明、树新风"礼仪知识答题活动，认真学习掌握奥运基本知识和文明礼仪常识，倡导文明礼仪规范，提高文明素养。

机关纪律作风建设。一是在局机关和市直医疗卫生单位开展加强执行力建设，倡导"用力做事，用情做事，用心做事"主题实践活动，营造"把心放在工作上，把工作放在心上"的良好氛围，为推进卫生事业又好又快发展奠定了坚实的思想基础。二是开展为期1个月的以"讲原则、讲大局、讲规矩、讲履职、讲效率"为主题的思想作风纪律整顿，认真查摆问题，严肃整改，促进机关作风转变。

【纠风工作】　认真抓好党风廉政建设责任制的落实。一是制发《2008年党风廉政建设和反腐败工作任务责任分工》，明确42项工作任务、目标要求及分管责任领导和责任处室，下达到局班子成员、局机关各处室和各直属单位；二是局党委与市直医疗卫生单位一把手继续签订《2008党风廉政建设责任书》，将党风廉政建设工作责任逐级落实到人；三是制发2008年领导干部廉洁自律工作目标任务统计表，对局、院两级领导干部廉洁自律工作目标进行细化和分解，将各项工作落到实处。

加大治理商业贿赂和纠正行业不正之风工作力度。一是制发《2008年领导干部廉洁自律工作目标任务》、《党风廉政建设责任分工》，将治理商业贿赂专项工作列入党风廉政建设责任目标。召开纠风治贿长效机制经验交流会议，市三中心医院、定州市医院大会发言介绍治理商业贿赂长效机制建设方面的经验，会上还印发防范商业贿赂的相关制度供各单位学习借鉴。二是就基层单位开展治贿专项行动和长效机制建设进行重点督导检查和调研工作。制定《2008年治理医药购销领域商业贿赂督导调研工作方案》，逐级开展督导和调研，共撰写调研文章35篇。三是组织开展医用设备和耗材采购、使用情况专项自查自纠行动，并将行动的范围扩大到全市乡以上各级医疗卫生单位。四是收集各县（市、区）卫生局、各医疗卫生单位成型的、行之有效的长效机制制度，归纳成《保定市卫生系统治理商业贿赂长效机制制度汇编》，将其陆续输入局域网，以电子版的形式，供各基层单位相互借鉴。

在本市医疗机构药品集中招标采购监督委员会的全程监督下，本着公平、公正、公开的原则，经过评标议标，圆满完成药品集中招标工作任务。参加药品集中招标采购的医疗机构104家，评标中标候选药品2546个，议价中标候选药品4460个。此次中标药品的中标价格比国家零售价下降39.5%，比上次又下降10.1%（上次下降了29.4%），按照2007年104家医疗机构全年采购中标药品5亿元计算，一年可再让利患者5000万元。真正实现了保证医疗机构用药、提高药品质量、降低药品价格、让利于民的目标。

对全市的卫生专项资金综合治理工作进行检查验收。一是新型农村合作医疗项目。对11个新农合管理中心和75个定点医疗机构的会计账簿，记账凭证、报表等有关资料进行检查，检查的结果是全市新农合资金的管理使用比较严格、周密、规范，没有发现大的问题，但定点医疗机构尤其是乡卫生院财务管理存在的问题比较多，需加强管理，完善制度，提高水平。二是农村卫生设施建设项目。各县卫生局对项目建设工作组织和实施管理都很重视，对建设项目严格按上级要求办理，全市101个农村卫生设施建设项目除顺平县神南乡卫生院因涉及投资开发旅游项目，迟迟未能确定该卫生院项目未动工外，其余全部按规定完成，没有发现挤占、挪用等违规的问题。

【奥运应急工作】 结合实际确定了确保不发生重大传染病流行；确保不发生重大食物中毒和饮用水污染事件；确保每一位中外朋友均能得到及时、有效、科学的现场救治和快捷、安全的转运诊治服务；确保发生的突发公共卫生事件能够得到及时处置；确保北京奥运紧急用血数量和质量“五个确保”的总体目标．成立一把手任组长的领导小组，制定“迎奥运、保安全”医疗卫生保障工作方案和应急预案21个，并集印成册，下发各县（市、区）和市直医疗卫生单位，进一步明确了目标任务、方法步骤、责任分工；对北京周边县（市）、重点旅游县（市）的食品卫生和省卫生厅在《迎奥运百家饭店名录》中确定的92家定点接待单位先后进行了多次梳理筛查和督导检查；市直各单位都成立了奥运医疗保障应急队伍，组建了应急救治专家组，加强突发事件应急演练。4月19日，国家反恐办在检查反恐工作时，对本市医疗应急救援队伍进行了应急拉动，并给予了高度评价。奥运安保工作被保定市评为先进单位，受到了通报表彰。

【爱国卫生工作】 在农村改厕项目工作中，该市各项目县（市）累计共完成4547座无害化卫生厕所，占全市总数的92%。其中涿州、望都、定兴已经完成，其他县也巳经接近尾声。在无烟日宣传活动工作中，由市爱卫办组织，工商局、教育局等部门配合，围绕“无烟青少年”活动主题和“禁止烟草广告和促销，确保无烟青春好年华”的宣传口号，广泛开展了形式多样的宣传活动，共摆放展牌41块、悬挂条幅10条、发放宣传折页8000份，其他宣传材料12000份，义务咨询2000人次，吸烟有害健康的录音反复播放，26人报名参加了戒烟大赛，直接或间接受益人口达2万人次。在开展卫生创建活动工作中，检查指导审核，确定了62个卫生单位、39个卫生村、镇。

领导班子成员

党委书记 局长	杨运杰
党委副书记 副局长	杨瑛
副局长	郭淑琴　田本善 高连发　金培元 葛长青
调研员	张国生　丁宝忠
副调研员	郝文艺　耿琳
纪检书记	魏增社

（贾世杰　帅飞）

【保定市疾病预防控制中心】 保定市疾病预防控制中心是全市

从事疾病预防控制与公共卫生技术管理的公益性全额事业单位，也是全市疾病预防控制技术服务、培训和指导中心。其前身是原保定市卫生防疫站，根据国家疾病预防控制和卫生监督体制改革的要求，2004年12月10日，在原市卫生防疫站、市人体声学研究所基础上组建成立了保定市疾病预防控制中心。

中心现设有7个职能科室和17个业务科室，现在职人员164人，专业技术人员125人，其中高级职称32人，中级职称55人，初级职称38人。大专以上学历91人，其中博士1人，硕士5人。

保定市疾控中心位于东风东路750号，占地面积12.8亩，拥有实验综合业务办公楼1栋，12层1.5万平方米。建有PCR、PR、百级洁净等五大类别11个实验室，拥有液相色谱、原子吸收、气相色谱、酶标系统、荧光显微镜等先进的大型仪器设备60余台（套）。能够开展传染病病原微生物检验、血清学检验、食物中毒、医院感染病原学检验和食品、食品添加剂、食品包装容器、生活饮用水、涉水产品、卫生用品、医疗用品、公共场所和与健康相关产品的微生物和理化等检验项目。

疾控中心承担着疾病预防与控制、突发公共卫生事件应急处置、疫情及健康相关因素信息管理、健康危害因素监测与干预、实验室检测检验与评价、健康教育与健康促进、技术管理与应用研究指导七大基本职责266项工作任务。业务科室主要包括流行病科、免疫规划科、结核病防治科、艾滋病防治科、地方病科、慢性病科、消毒和病媒生物防治科、公共卫生科、健康教育科、健康体检科、生物制品管理科、理化和微生物检验科。

市疾控中心自成立以来，获得国家疾控中心、河北省卫生厅、河北省疾控中心、保定市政府、保定市总工会表彰30余项，多年来，全市无重大传染病流行，传染病发病率始终控制在国家标准以内。

【保定市卫生监督所】 保定市卫生监督所是在原市卫生防疫站、人体声学研究所合并的基础上，于2004年12月组建成立的全额事业单位，是市卫生局依法在全市行使卫生监督执法职能的执行机构。

保定市卫生监督所现有人数86人，硕士2人，大学本科23人，大学专科28人，中专及以下27人；具有高级职称资格的18人，中级职称31人，初级职称11人。拥有快速检测车、食品快速检测设备、公共场所快速检测等设备。共设9个业务科室和3个职能科室。

卫生监督所负责食品卫生、公共场所卫生（包括宾馆、商场、美容美发、洗浴、游泳池等）、生活饮用水、化妆品、学校卫生、传染病防治、消毒和与健康相关产品的卫生监督工作，并负责相关领域的卫生许可证书发放工作。负责各类公共卫生、健康相关产品等现场监测工作；对新、改、扩建工程的选址、设计进行卫生审查评价和竣工验收；开展卫生监督执法检查，定期向社会公告卫生监督结果，负责对卫生污染、食物中毒事故、传染病疫情等重大、突发事件依法进行调查取证，采取必要的控制措施并提出处理意见；对违反卫生法律、法规、规章的案件，受理立案，进行调查取证，提出行政处罚建议和处理；对群众投诉、举报的卫生违法行为、事件按要求进行受理、核实和查处；开展法律、法规知识的宣传教育和各类从业人员的培训管理。

近年来，市卫生监督所先后被授予了“全国卫生监督先进集体”、“河北省打假工作先进集体”、“河北省卫生监督工作先进集体”、“保定市法制宣传教育先进集体”、“保定市整顿和规范市场经济秩序先进集体”、“保定市思想政治工作先进单位”等称号。荣获国家科学技术进步三等奖二项、省级科学技术进步二等奖一项、市级科学技术进步一等奖三项、二等奖五项、三等奖十项。

【保定市职业病防治所】 保定市职业病防治所坐落于保定市西大园南街76号，是保定市唯一一家经省卫生厅批准的职业病防治机构，具备专业技术人才60人，主任医师2人，副主任医（技）师17人，中级专业技术人员23人，承担全市职业卫生、放射卫生监督执法与技术服务工作，除具备一般性的检测、治疗、诊断仪器设备外，还具有在全省处于领先地位的一流设备，像中通飞燕大型职业健康体检车，具备流动性强、便于开展长线体检的便利特点。全省目前唯一一部电测听体检车。

保定市职业病防治所拥有50张住院病床，对尘肺、铅中毒、苯中毒、汞中毒、乙烷中毒的治疗积累了较为丰富的经验，承担10大类115中法定职业病诊断工作。2002年取得了省卫生厅的职业病诊断资质，2004年取得了省卫生厅职业技术服务资质与职业健康体检资质。

几年来，保定市职业病防治所查处了一批在省内有影响的职业卫生大案、要案，为职工维护正当权益达百万元。

【保定市第一医院】 保定市第一医院始建于1904年，现已发展成为集医疗、教学、科研、预防保健、康复为一体的二级甲等综合性医院，正在申请三级医院的审批。编制床位610张，设有23个临床科室，35个临床专业，19个医技科室。年门诊量30余万人次，收住院病人1万余人次，技术辐射25个县（市）、区。

医院位于百花东路966号，占地面积30562平方米，建筑面积41758平方米，固定资产1.85亿元。全院职工1166人，其中在职职工889人。高级专业技术人员170人，其中正高职68人，副高职102人；中级职称248人；1人攻读博士研究生，硕士研究生34人。

1994年被评为国家二级甲等医院，1997年被省文明委批准为首批"文明服务三星级单位"，1994年被评为国家级爱婴医院，1999年被批准为河北大学教学医院，2000年批准为承德医学院附属保定市第一医院，被中共河北省委、河北省政府评为"河北省2006—2007年度文明单位"。

神经内科、神经外科、肾内科、耳鼻喉科为市级重点学科，心血管内科、内分泌科、血管外科等专业发展迅速。2008年开展新技术项目51项，分别达到国内、省内先进水平，3项填补了市内空白。开展科研项目14项，经鉴定，均达到国内领先水平。10个科研项目获市科技进步奖，其中一等奖4项、二等项6项。在国家级核心期刊发表论文51篇。

近年来成功地开展了如心导管检查诊断治疗技术、冠状动脉球囊扩张术及冠脉支架术、心脏临时或永久起搏器安置术、体外循环心脏直视手术、全脑血管造影术、脑动脉瘤介入栓塞、人工全髋关节置换术、介入气囊扩张法治疗尿道狭窄、血液透析、半肝叶切除术、鼻内窥镜鼻腔/鼻窦肿瘤切除术、YAG激光在喉科的应用等先进技术项目百余种，其中多项达到国内先进水平。

医院拥有西门子1.5T超导核磁、螺旋CT、东芝ECT、惠普高档彩超、德国多尼尔半导体激光系统、眼科准分子激光治疗仪、德国小巨人碎石机以及各种内镜系统等先进仪器设备百余件。

【保定市第二医院】 保定市第二医院始建于1920年。是一所集医疗、教学、科研、康复、社区医疗服务为一体的综合性大型医院。医院总占地面积24200平方米，建筑面积51352平方米，固定资产3.6亿元人民币。医院拥有高标准全封闭净化手术室、ICU、CCU、NCU、特诊等23个现代化病区。有当今世界上最先进的美国GE公司SIGNA HDe 1.5T高场磁共振成像系统、德国西门子VB30E C臂造影系统、16层螺旋CT、口腔CT、多用途X线数字胃肠诊断系统等高、精、尖医疗设备200余台（件）。

医院目前开放病床700张，全院职工人数962人，高级职称医师120人，占全院医师总数的45.8%。博、硕士学位研究生75名，占全院医师总数的28.6%。本科毕业医师253人，占全院医师总数96.6%。医院现设有医疗专业49个。心脏外科为河北省重点发展学科，心脏外科、心脏内科、口腔科为保定市医学重点学科，技术水平在保定市居领先地位。血管外科、骨科、神经内科、神经外科、耳鼻喉科是医院的特色科室。

医院5年来开展新技术项目200余项，完成省、市级科研成果近百项，发表论文数百篇。开展了诸多高难度的新技术，如各种先心病矫治，心脏不停跳冠状动脉搭桥术、射频消融术等；腔—颈静脉人工血管搭桥治疗布—加综合征、人工血管置换治疗胸腹主动脉瘤、腹腔镜的多种微创手术、人工关节置换术、神经显微外科微创清除颅内血肿治疗脑出血等；各部位肿瘤的手术、化疗、生物综合治疗；人工晶体植入术，角膜移植，颌面外科手术和人工牙种植术等高新技术达到国内先进水平。

近年来，医院先后被中共河北省委、省政府评为"河北省先进集体"、河北省"文明单位"，省建设厅"园林式单位"，省精神文明建设委员会、省环保局、省建设厅、省卫生厅、省旅游局"绿色医院"，省精神文明建设委员会"创建文明行业活动窗口示范单位"、"卫生系统文明服务示范单位"、"全省精神文明创建活动示范点"，省文明委、省卫生厅"优质服务三星级单位"，省卫生厅"创建诚信医院活动先进单位"，省卫生厅、人事厅"卫生系统先进单位"，被共青团河北省委命名为"五四红旗团委"，省教育厅、卫生厅命名为"承德医学院附属医院、教学医院"、"华北煤炭医学院教学医院"、"河北大学教学医院"，被河北省人民政府指定为"人身伤害重新鉴定医院"，省司法厅命名为"保定市司法医学鉴定中心"，连续多年被中共保定市委、市政府评为"工作实绩突出单位"。

【保定市第三医院/肿瘤医院】 保定市第三医院/肿瘤医院，坐落于保定东风东路648号。该院创建于解放战争年代，由解放军三个后方医院1953年集体转业合并而成，1964年命名为保定市结核病防治院，1972年改为保定市第三医院，1987年增建保定市肿瘤医院，现已成为集医疗、教学、科研、预防保健、康复、急救为一体，既具有以肿瘤、结核、肾病、肝病为强大专科特色，又具有内、外、妇、儿、五官等综合服务功能齐全的二级甲等医院。医院占地面积214.5亩，建筑面积15万平方米，开放病床538张，在职职工800人，其中高级职称100人，中级职称200人，医学博士2人，硕士36人，硕士生导师5人，新世纪学术技术带头人22人，保定市名医10人。年收治住院病人10000人次，门诊量30万人次。

该院系河北大学附属保定市第三医院、天津肿瘤医院分院、河北医科大学教学医院，承德医学院教学医院设有中国癌症研究基金会保定肿瘤研究所、保定医学会肿瘤学分会、保定市肿瘤介入治疗中心、X－刀放射治疗中心、中西医结合肾病治疗中心。胸外科、腹部肿瘤外科、肿瘤内科、临床病理科为四大市级重点学科，其中胸外科为河北省重点发展学科。

该院拥有国际先进的螺旋CT、ECT、电子直线加速器、X－刀计划治疗系统、近距离后装机、肿瘤射频刀、CR、数字胃肠机、胸腔镜、腹腔镜、椎间盘镜、关节镜、钼铑双靶乳腺X光机、全自动生化分析仪、PCR基因扩增仪、彩色多普勒超声仪、电子内窥镜、血液透析机等一系列高、精、尖医疗设备，固定资产总额1.5亿元。

2001年，以该院为核心医院组建了全省第一家医院集团——保定市医疗集团，已发展到35家成员单位，为实施“农民健康工程”、“社区卫生服务”建造了宝塔式三级医疗保健服务网络。

该院坚持科教兴院方针，完成科研成果百余项，获省级科技进步三等奖3项，市级科技进步一等奖21项，二等奖28项，三等奖32项。采取手术、化疗、放疗、介入治疗、中西医结合等规范化综合手段，治疗肺癌、食管癌、纵隔肿瘤、脑肿瘤、甲状腺癌、颈部肿瘤、乳腺癌、肝癌、胃癌、肠癌、膀胱癌、宫颈癌、骨肿瘤、椎管狭窄、肺结核、肾病综合征、尿毒症等疾病。引进开发新技术新项目80多项。常规开展胸腹腔镜微创手术：腹腔镜行胆囊切除术、治疗肾肿瘤、肾囊肿、子宫肌瘤、卵巢囊肿，胸腔镜治疗肺癌、肺囊肿；常规开展“肺癌袖状切除术”、“食管癌食管胃颈部吻合术”、“食管癌记忆合金支架”、“胰、十二指肠切除术”、“低位直肠癌麦氏切除肛门原位重建术”、“半肝切除术”；在保定市率先应用德国西门子直线加速器和费舍尔X—刀，精确定位、精确计划、精确治疗各种恶性肿瘤；同时开展了“CT引导下射频消融治疗肝癌、肺癌”、“‘百草参茸六联疗法’治疗肾病、尿毒症”等，均达到国内领先水平。

该院先后获得保定市“文明单位”、“爱国卫生先进单位”，“河北省精神文明建设三星级窗口单位”、“河北省深化改革优质服务百佳医院”、“河北省卫生系统先进集体”、“河北省卫生系统抗击非典斗争先进集体”、“河北省思想政治工作先进单位”、“河北省园林式单位”，“全国医疗保健消费者可信单位”、“全国卫生系统先进集体”、“全国诚信单位”等荣誉称号。

【保定市第一中心医院】 保定市第一中心医院，是非隶属关系的河北大学附属医院、承德医学院附属医院。拥有2个院区，总院坐落于保定市长城北大街320号，占地面积5.74万平方米，建筑面积5.80万平方米；东院位于保定市五四东路443号，占地面积4.74万平方米，建筑面积3.1万平方米（东院前身为保定市人民医院）。2008年10月，保定市委、市政府决定将该院并入保定市第一中心医院。资源整合后的市第一中心医院建筑面积增至8.9万平方米，床位增至1600张（其中在建的500张床位的东院住院大楼进入内装修阶段，拟2010年投入使用），届时规模和综合实力在现有基础上将再上一个档次。医院现有总资产4.76亿元，拥有10万元以上医疗设备200余台件，临床科室46个，医技科室14个；在岗职工1466名，其中287名高级专业技术人才，124名博、硕士学位研究生、25位保定市名医。2008年总院年门诊量34万人次，年住院量2.5万人次，年手术量8000余人次，年业务收入3亿多元。

保定市第一中心医院目前有市级重点学科4个，即眼科、骨科、内分泌科、中医骨科。院内重点学科心血管内科、心胸血管外科、神经内科、消化内科、神经外科、导管介入治疗室等学科优势突出。医院开展的数十项高新技术达到国内先进水平。如风湿性心脏病二尖瓣狭窄球囊成形术、先天性心脏病动脉狭窄球囊成形术；心动过速、心房扑动、室性早搏的射频消融术；心脏起搏器植入术；经股动脉及上肢桡动脉途径冠脉造影术及支架植入术、急性心肌梗死的急诊冠脉支架植入术；肾血管性高血压的支架植入术；外周血管造影术等，在河北省率先开展了先天性心脏病动脉导管未闭、房间隔缺损封堵术等。完成的脑内血管球囊扩张及支架植入术治疗脑血管狭窄、自体干细胞移植技术治疗糖尿病足、介入治疗重症下肢血管病变等介入技术填补了保定市空白。各种胰十二指肠切除、肝胆盆式肠吻合术治疗肝胆管结石；各部位肿瘤切除手术、化疗、放疗、生物综合治疗；眼科超声乳化人工晶体植入术、角膜移植；骨科断肢（指）再植术，前后路单、双开门手术治疗颈椎病；各个脏器血管造影及导管介入治疗手术等达到国内先进水平。

医院连续多年主要技术指标、社会效益、经济效益、科研成果、社会满意度调查等综合指标位列保定市卫生系统前茅，连续8年荣获市委市政府领导班子实绩突出单位；2005年医院荣获全国精神文明建设先进单位，河北省文明单位、省精神文明建设“窗口单位”、省百佳医院、省创建诚信医院先进单位等荣誉称号。2008年医院荣获全国卫生系统先进集体、全国医德建设先进集体、全国五四红旗团委创建单位；心内二科荣获全国“工人先锋号”；本院再次荣获河北省文明单位、河北省精神文明建设先进单位、河北省平安建设示范医院、河北省抗震救灾优秀青年志愿服务集体、河北省“敬老文明岗”、“省级优秀护理服务集体”；院团委被团省委授予“河北省抗震救灾优秀团体”；心内二科同时获河北省、保定市“工人先锋号称号”；本院荣获保定市文明单位、保定市“五一劳动奖状”集体称号。党委书记、院长郭淑琴继当选第十届全国人大代表后于2008年再次当选十一届全国人大代表。

【保定市第二中心医院】 保定市第二中心医院（保定市红十字会医院）为保定市卫生局直属医疗单位，地处河北历史文化名城涿州市，是保定市唯一一所驻外医疗机构。始建于1953年，历经河北省第二康复医院、保定地区第四医院、保定地区结核病院，于1995年正式更名为保定市第二中心医院，现已发展成为一所集医疗、科研、教学、预防保健、急诊急救、司法鉴定为一体的现代化综合性医院，为国家二级甲等医院，省级爱婴医院。

目前医院拥有在职职工869人，高级职称医务人员85人，中级职称医务人员144人。医院长期与北京三甲医院开展技术协作与交流，与国内外医学学术前沿接轨。

医院现开放床位709张，2008年门诊量达到33万人次，年住院2.1万人次，年收入约1.2亿元。专业科室设置齐全，有呼吸内科、ICU、心内科、神经内科、消化肿瘤科、内分泌科、骨科、普胸外科、神经泌尿外科、血液肾病科、急诊科、儿科、妇产科、五官科等19个病区，31个科室，41个专业。其中，呼吸内科、神经内科、心内科、ICU、骨科、眼科、耳鼻喉科等多个科室的诊疗水平已达到国内先进水平。

医院现有固定资产2.4亿元，占地面积161.1亩，建筑面积8.6万平方米，业务用房面积4.2万平方米。医院拥有价值百万元以上医疗设备9台件，十万元以上109台件，万元以上295台件。如德国西门子X线造影系统（大C）、西门子螺旋CT、核磁共振、德国数字摄影系统（DR）和数字处理系统（CR）、德国移动式C臂、多功能数字胃肠机、全自动血细胞分析仪、美国惠普彩超、口腔曲面断层全景X光机、钼靶乳腺照相机、导无线蓝牙动态视频脑电诊断仪等高、精、尖医疗设备。尤其层流手术室、ICU病房的医疗设施已达到国内先进水平。新购置的飞利浦64排螺旋CT、飞利浦IU22彩超、可供14人同时使用的医用空气加压氧舱、医用分子筛制氧机近期将投入使用。

2008年，医院独立完成达到国内领先水平的科技项目8项；在全国各级学术期刊发表论文40余篇；临床科室开展新技术、新项目22项，其中达到三级甲等医院水平14项。作为医学生临床实习教学基地，医院承担着河北大学、承德医学院、河北北方学院、石家庄白求恩医学高等专科学校等医学高校的人才培养任务，每年为高校培养合格毕业生近400人。

2006年医院被涿州市确定为首批新型农村合作医疗定点医院，2008年被保定市确定为首批市级新型农村合作医疗定点医院，2008年参合农民住院达到5345人次。

近几年，医院先后荣获了河北省爱婴医院、2007年保定市红十字会工作先进集体、河北省优秀冠名红十字（会）医疗机构等荣誉。

【保定市第三中心医院】 保定市第三中心医院/保定市惠民医院原铁路医院，位于保定市百花路瑞雪巷158号，是一所集医疗、教学、科研、预防、保健为一体的综合性二级甲等医院。

医院现有床位224张，职工320人，其中高级专业技术人员30名，中级医护人员115名。科室设置齐全，设有心血管内科、神经内科、消化内分泌科、肾内科、肛肠普外科、骨科、泌尿外科、妇产科、五官科、中医科、传染科等临床科室，还拥有检验科、放射科、功能科、药剂科等医技科室。

医院拥有大型国内外先进的医疗检查设备，如美国GE公司生产的全身螺旋CT，美国ATL3500数字彩超，日本岛津大型X光机，丹麦产ADL—330血气分析仪。美国惠普产的24小时动态心电及动态血压分析仪，美国TDA遥测心电监护仪，各种日本奥林巴斯纤维内窥镜及国产中型高压氧舱和大力神肛肠治疗仪等。

近年来，医院着力培养专业人才，精心打造肛肠、传染病、不孕症、耳鼻喉等特色专科，先后有10多项科研成果获奖，出版专著四部。2002年与天津滨江医院联合成立了保定肛肠病医院、肛肠病研究所，使医院的整体医疗水平上了一个新台阶。

2006年4月，被市政府指定为保定市惠民医院。2008年以来，共救助特困病人30199人次，其中住院优惠人数1696人次，优惠总金额311万元。通过原则上不做贵重检查，不用贵重药品，不重复用药及检查等措施，两项共计让利606万元。2007年正式挂牌保定市红十字救助医院，2008年经保定市政府批准，原保定市博爱医院整体划归本院，作为保定市第三中心医院东院（简称东院），并增挂保定市慈善医院的牌子。

【保定市儿童医院】 保定市儿童医院始建于1958年7月，其前身为北市区医院，1962年由区级医院升格为市级医院，正式更名为保定市儿童医院。2003年底，儿童医院经上级卫生部门批准，增挂“保定市第六医院”院牌，同年，市卫生局批复成立了保定市儿科研究所，挂靠儿童医院。

儿童医院位于保定市百花东路103号，占地15亩。目前医院开放床位260张，设有小儿内科、小儿外科、哮喘科、心理保健科、耳鼻喉科、口腔科、眼科、中医科、针灸理疗科等门诊科室和急诊科、新生儿科、血液肾病科、感染科、呼吸消化科、外科等住院病区。医院拥有高频摄像机、数字胃肠机、CR－X光摄影计算机成像处理系统、动态脑电监护仪、全自动生化分析仪、微量元素检测仪、婴幼儿高压氧舱、西门子螺旋CT、骨密度检测仪、小儿腹腔镜、高端呼吸机平台、多参数多功能监护仪、多功能除颤仪、床旁X光机等一批现代化的医疗设备。全院在岗人员415人，高级职称44名，中级职称70名，初级职称217名。儿童医院在儿童急、危、重症的抢救，新生儿疾病以及小儿外科方面处于省内领先水平，为集医疗、教学、科研、预防保健、社区服务“五位一体”的儿童综合医院，在全市手足口病防治、儿童疾病救治和预防保健方面发挥着重要作用。

【保定市急救中心】 保定市急救中心建于1987年，位于莲池南大街292号，占地3.5亩，建筑面积3800平方米，设置床位76张，拥有职工212名。急救中心是全市唯一一所集院前急救、院内救治、院间转诊和紧急医疗救援任务为一体的综合性专业医疗机构，是全市突发公共卫生事件、重大灾害事故应急体系的重要组成成员。市政府将“120”急救热线设在急救中心，市急救中心同“110”、“119”一样，履行着一系列政府承诺于和服务于人民群众的社会责任。“120”以有诊必接、有急必救为原则，承担着市区及周边乡村100多万人民群众的急诊急救和包括25个县（市、区）的全市突发公共卫生事件和重大灾害事故的紧急医疗救援和指挥协调任务。

2006年，市急救中心代表河北省参加首届全国急救技能大赛，获优胜奖，2007年河北省急救医学会急诊专业委员会在市急救中心设立，2008年全国社区全科医师远程教育培训基地在市急救中心设立。

急救中心现有人员212人。其中主任医师6人，副主任医师13人，主治医师45人，大专学历占职工总人数97%以上。拥有卫星定位“120”呼救电脑受理系统设备、中心监护一拖八设备、心脏摇测监护仪2台、CT机一台、C型臂一台、血球仪一台、半自动生化一台、电解质分析仪一台、尿液分析仪一台、彩超机一台、X光机一台、麻醉机2台、呼吸机8台、除颤器10台、心电图9台、心肺复苏仪2台、手术双极电凝2台、多参数监护仪4台、奔驰、依维柯等专用急救车12辆。

急救中心以抢救急危病人和应对各种突发事件为己任，平均每日出车40余次，为急危患者赢得了抢救时机，并履行了重要的社会职能。仅2008年接诊无主病人516人次，其中收住院抢救356人次，全年无主病人救治医疗费用达60多万元，安置善后及尸体保存、火化等事宜费用12万多元。另外，还承担着全市突发公共卫生事件的应急医疗救援任务。市急救中心在抢救锅炉爆炸、氧气厂爆炸、毒气泄漏、施工塌方、重大车祸等复杂意外伤害、各种严重创伤、突发心脑血管疾病、各类急性中毒、集体中毒、无主路倒、流浪病人等方面发挥了重要作用。已接诊市区乃至全国各地危急重症患者数万例，并数十次圆满完成全市公共卫生突发事件的紧急医疗救援任务。

【保定市妇幼保健院】 保定市

妇幼保健院始建于1950年，前身为河北省妇幼保健院，1962年移交保定市。医院已发展成为一所医疗设备先进、技术力量雄厚、服务水平优秀、专科特色突出，集医疗、保健、教学、科研于一体的“国家三级甲等专科医院”，1994年被世界卫生组织、联合国儿童基金会、国家卫生部授予“爱婴医院”称号，1998年被卫生部批准为河北省首家“国家三级甲等妇幼保健院”。多次被评为全国卫生系统先进单位，全国三八红旗荣誉集体，河北省妇幼卫生先进单位，河北省巾帼文明示范单位，河北省精神文明建设先进单位，保定市先进单位，保定市医药购销医疗服务十佳诚信单位。医院位于保定市天威中路1号，占地面积18亩，总建筑面积41917平方米。

医院现有在职职工388人，其中专业技术资格人员333人，正高级职称30人，副高级职称37人，中级职称130人。设有职能科室19个，一级业务科室13个，二级业务科室34个，开设包括妇科、高危产科、产科、普儿科、新生儿科在内的病区8个，开放床位238张。年分娩量7000余人，居全市之首。

为适应妇女儿童的健康需求，提高医疗安全质量，医院配备了先进的医疗仪器设备，形成了完整的检查、监护、治疗、抢救体系。其中产科、新生儿科是保定市医学重点学科，其诊断和治疗水平居全市领先。2008年11月“夫精人工授精技术”顺利通过了省卫生厅评审，填补了保定市不孕症诊治的空白，为全市不孕症患者带来了福音。

医院在治病救人的同时还承担着大量诸如妇幼卫生信息管理、妇女和儿童保健服务，指导基层保健机构开展业务并提供业务支持，协助卫生行政部门制定全市妇幼卫生相关政策、技术规范并进行检查、考核等繁重的社会工作，为降低两个死亡率、提高出生人口素质发挥着积极的作用。同时医院承担着河北医科大学、承德医学院、邯郸医学院、河北大学医学部等高等医学院校的教学实习任务，担负着保定市各县区妇幼保健机构的培训工作。

【保定市中医院/市糖尿病医院】

保定市中医院/市糖尿病医院是一所全民所有制、以糖尿病诊治为特色的市级综合性医院，始建于1984年，是在原全国人大常委董建华、卫生部长崔月犁等老一辈中医倡导下，保定市委市政府为纪念金元时期四大名医之首刘守真而建，旨在传承守真学术精髓，弘扬中医优秀文化。

医院现已成为全国中医药文化宣传教育基地，国家、省、市级糖尿病重点医学专科，国家糖尿病二级实验室、全国十佳糖尿病专科医院、全国针灸临床研究中心保定分中心、省级示范中医院、市级糖尿病专病业务技术指导组，荣获全国质量服务信誉AAA级医院、省级园林式单位、市级思想政治工作先进单位、消费者信得过单位等多种荣誉称号。

医院设有急诊、内、外、妇、男、儿、口腔、眼、皮肤等科室，以及市级重点专科康复理疗科、中西医结合生殖医学科，同时开设糖尿病综合门诊、糖尿病合并心脑血管等各种并发症的专科特色诊室。

保定市糖尿病医院/市中医院是本市唯一的全民所有制、以糖尿病诊治为特色的市级中西医结合医院，现已成为国家级糖尿病重点专科医院、全国十佳糖尿病专科医院、全国中医药文化宣传教育基地、世界中医药学会联合会糖尿病专业委员会会员单位、全国糖尿病新技术推广应用示范基地、国家糖尿病二级实验室、全国针灸临床研究中心保定分中心、保定市糖尿病专病管理业务技术指导组、河北省文明单位、保定市参保职工体检定点医院。

医院集20余年糖尿病重点专科研究经验，开设糖尿病综合门诊、糖尿病合并心脑血管病、神经病变、肾病、胃肠病、眼病、足病、口腔病、性功能障碍等专科专病诊室；在全市率先开展了糖尿病肾病早期、下肢血管病变、视网膜病变、周围神经病变等国内领先的检测诊治技术，形成集糖尿病预防、保健、治疗于一体的诊疗特色。市级医学重点专科—康复理疗科（针灸、按摩、推拿、药浴、足疗、火罐、中药熏蒸等）。市级医学重点专科—中西医结合生殖医学科（擅长治疗男女不孕不育，男科与妇科杂症，顽固性瘙痒等皮肤疾患）。

【保定市传染病医院】 保定市传染病医院创建于1950年，是保市唯一一所依照《传染病防治法》收治肝炎、结核、出血热、手足口病、人禽流感、非典型性肺炎、性病等40种法定传染病的专科医院，是保定市突发公共卫生事件救治单位。医院占地面积53360平方米，建筑面积25100平方米，编制床位350张。在职职工262人、其中卫生技术人员174人、正副主任医师32人、主治医师60人。

医院拥有近60年诊治传染病的临床经验，配置了先进的检验、检查、治疗设备，是保定市传染病治疗中心、肝病治疗中心、基因诊断研究中心、性病治疗中心、全国著名传染病专家会诊基地、市肝病专业委员会主任理事单位和市预防医学会副理事单位。近60年来科学研究先后获省级科研成果奖9项、市级科研成果奖15项、国家级省级等刊物发表研究论文530篇，出版专著4部。

医院设有5500平方米的门诊大楼，设12个的科室，并专门设置方便患者的狂犬病疫苗注射室。门诊实行24小时服务，全年无假日门诊。医院住院部总面积13200平方米，分为一号住院楼（六层）和二号住院楼（四层）。一号楼设六个病区，以收治消化道传染病为主；二号楼设有ICU楼层和负压病房，以收治呼吸道传染病及特殊传染病为主。全院可开放床位350张，病房严格按照清洁区、半污染区、污染区建筑要求兴建，严格执行隔离、消毒制度。

近60年来，本院累计诊治病毒性肝炎患者、麻疹、出血热等散发传染病病人达百万人次之多。特别擅长甲、乙、丙、丁、戊、庚型肝炎和急慢性肝炎、重型肝炎、肝硬化合并消化道大出血、肝性脑病、肝源性糖尿病、肝肺综合征、肝肾综合征以及结核病、麻疹、手足口病等疾病的诊治。

【保定市中心血站】 保定市中心血站始建于1985年，1996年7月正式独立，是隶属于保定市卫生局的全民差额事业单位，实行市财政收支两条线管理制度。主要任务是负责辖区25个县（市）区所有医疗卫生单位的临床供血服务。2008年供血量约为19吨。无偿献血率始终保持在100%；成分输血率97%以上；血液质量合格率100%；自愿无偿献血比例100%。

血站占地3.01亩，建筑总面积4363.36平方米，19个科室。血站现有工作人员166名，卫生专业技术人员109人，其中高级职称9人，中级职称23人，初级职称72人。

现有固定资产总值5046万元，仪器设备785台（件），万元以上设备134台（件），其中专业设备328台（件）。

【保定市第一中医院】 保定市第一中医院始建于1952年，是保定市唯一一所集医疗、科研、教学、康复、预防保健为一体的综合性三级甲等中医医院，河北省三星级文明单位，也是本市唯一一所“河北省示范中医院”。是北京中医药大学，河北医科大学附属医院，在全省中医医疗康复保健等领域处于领先地位。

医院现有在职职工356人，卫生技术人员297人，其中教授级职称88人。医院编制310张床位，门诊部设有内科、外科、妇科、儿科、针灸科、骨伤科、皮肤科、眼科、肛肠科、推拿科、经络科、耳鼻喉科、口腔科、肿瘤科、中医美容科、男性病科、中西医结合科等20余个临床一级科室。开设心血管病、脑血管病、糖尿病、高血压病、肾病、肝胆病、肠胃病、咳喘病、风湿病、老年病、内分泌病、结石病、前列腺病、不孕不育症等20余个专病门诊。其中心血管病科为国家级重点专科，肛肠科、消化内科（胃肠）为省级重点专科，糖尿病科、骨伤科为保定市重点专科。

医院设有放射科、检验科、心电图室、CT室、内镜室、B超室、经颅多普勒检查室、脑血流及脑电地形图检查室等医技科室。有CT机、C型臂X光机、彩超、全自动生化仪、红外线乳透仪等，还配有胃镜、结肠镜、喉镜、动态心电图仪、心电监护仪、心电除颤器等临床治疗设备。

医院设有中草药房、中西成药房、煎药室，中草药品种达700多种。有达到GPP标准的中药制剂室，生产院内专科中药制剂几十种。

1993年2月经国家中医药管理局批准成为北京中医药大学附属保定医院。2004年经省中医药管理局批准为河北医科大学附属保定中医院。还承担河北大学医学部、承德医学院、河北工程学院医学部等医学院校的临床教学任务。

体　育

【保定市体育局】 保定市体育局是市政府主管体育工作的行政职能部门。机关内设办公室、人事处、竞技体育处、群众体育处、法规产业处、体育总会秘书处、机关党委、监察室、工会等。下辖7个单位：体育运动学校、第一重点业余体校、第二重点业余体校、人民体育场、游泳馆、体育幼儿园、体育服务公司。2008年国家体育总局授予本市“全民健身活动优秀组织奖”、“全国优秀篮球文化节”和“全国群众篮球运动突出贡献单位”称号。市体育运动学校、第一重点业余体校、第二重点业余体校被国家体育总局命名为2009～2012年度“国家高水平体育后备人才基地”，数量居全国同等规模城市之首。因参加第29届北京奥运会成绩突出，市委、市政府给市体育局记集体二等功。

【概况】 2008年，在市委、市政府的正确领导下，在社会各界的大力支持下，市体育局学习践行科学发展观，按照《政府工作报告》2008年落实方案要求，紧紧围绕“全民健身与奥运同行”，广泛开展全民健身活动，坚持抓好青少年业余体育训练，培养输送优秀后备人才，确保全市体育工作持续发展，体育工作在北京奥运之年，取得了优异成绩。

2008年按照全市开展解放思想大讨论的总体安排，采取梳理问题、征求意见等形式，定出8项切实可行的整改措施，统一思想，强化责任，促进工作。5月至7月，与市直工委联合举办“文明迎奥运、建设新保定”2008奥运知识有奖竞赛活动，广泛宣传奥运知识，进一步弘扬奥运精神。在全市的统一安排下，市体育局积极开展“优化发展环境、激活市场主体”活动和亲民爱民活动。提高思想认识，明确任务目标，求真务实作风进一步树立。四川省汶川地区发生严重地震灾害后，市体育局及时安排抗震救灾工作，广大干部职工以及部分体育协会积极踊跃为灾区捐款，共向灾区捐款50721元，全局党员共交纳特殊党费82120元，以实际行动支援了灾区抗震救灾。积极做好奥运安保工作，按照上级统一部署，6月至8月市体育局开展“保稳定、促发展、迎奥运”安全大检查活动，加强奥运期间射击枪弹库安全保卫工作，建立健全值班制度，加强硬件设施建设，调整训练计划，有效降低了安全隐患。加强对低空慢速小型身穿航空器的管控，保障了奥运期间的空中安全。

【竞技体育】 2008年是全市竞技体育取得丰硕成果的一年，全市的竞技体育综合实力进一步增强。

（一）保定市籍运动员在第29届奥运会上取得突出成绩。在第29届奥林匹克运动会上，跳水运动员郭晶晶，射击运动员任洁、庞伟、田径运动员史冬鹏、陈荣，游泳运动员哈思楠，柔道运动员郭磊等7名保定市籍运动员入选中国体育代表团，并取得了3枚金牌的优异成绩。其中，首次参加奥运会的庞伟获射击男子10米气手枪金牌，郭晶晶成功卫冕跳水女子3米板单人和双人两项冠军。这也是全省取得的全部金牌，保定市参赛人数和运动成绩位居全省首位，居全国同等规模地级市前列，显示出保定扎实的业余体育训练基础和较强的竞技体育综合实力。葛扬获得第十三届残奥会乒乓球M9－10级单打和团体两项冠军。

（二）本市籍运动员多人参加了多项国内外比赛成绩突出。陈荣取得“好运北京”2008年北京马拉松比赛女子组冠军，王佳丽取得2008年中国—郑开（郑州至开封）国际马拉松比赛女子组冠军，杜鹏宇夺得第十届世界大学生羽毛球比赛男子单打冠军，任洁取得国际射击联合会世界杯总决赛女子10米气手枪冠军，张新华取得2008年全国跳水锦标赛男子单人3米跳板冠军，郭磊和刘鹏分别取得2008年全国柔道锦标赛男子81公斤级和90公斤级冠军，牛剑锋/白杨获2008年全国乒乓球锦标赛女子双打亚军，刘亚男获得全国田经锦标赛女子三级跳第三名等。北京奥运会的成功举办和奥运冠军效应的带动影响作用，使得本市参加业余训练的青少年运动员越来越多，优秀体育后备人才不断涌现。2008年度全市新注册运动员1000多人，注册确认运动员人数居全省前列。参加2008年“红双喜·开拓杯”全国少年儿童乒乓球比赛，本市有四支代表队参赛，参赛人数和成绩均列各队之首。参加2008年全国“李宁杯”少年体操锦标赛，获两金三银两铜、一个第五、两个第六的历史最好成绩。目前，保定市培养输送到国家集训队的青少年运动员近百人。

（三）加强青少年业余体育训练。一是强化对各项目的管理。年初，按各项目的实际，公开招聘30多名教练员，与全体教练员签订聘用合同书，明确了任务目标。召开备战河北省第十三届运动会夏训动员大会，督导各项目的开展训练。对成绩较差的拳击、举重、摔跤三个重竞技项目，进行整改，收到预期效果。市青少年排球训练基地落户中华路小学。二是积极参加省第六届青少年运动会，在此次运动会上，游泳、田径、乒乓球、武术、摔跤、自行车、篮球、跳水、柔道等22个大项的比赛，共取得121枚金牌，总分7139多分，金牌总数和团体总分位居全省第二位。网球、游泳、跳水、乒乓球、武术散打、体操、射击等项目保持了本市传统优势项目的地位。三是积极承办多项省以上体育赛事。承办了省第六届青运会田径预赛、武术散打、武术套路、女子篮球乙组、男子足球乙组、射击和2008年“红双喜·开拓杯”全国少年儿童乒乓球比赛等项比赛。市体育场承接了全国篮球俱乐部联赛、全国排球联赛等高水平赛事。培养一级运动员30名，二级运动员360名，一级裁判员25名，二级裁判120名。100余人参加上级体育部门组织的教练员、裁判员培训。

（四）加强国家高水平后备人才基地建设。在新周期“国家高水平后备人才基地”的评定工作中，体育局组织有关单位和人员认真学习文件精神，及时安排部署，全力以赴迎接省、国家体育部门的检查验收。

【群众体育】 全市共组织开展各类大型群体活动及竞赛830次，参与活动人数达200万人次，进一步掀起了全民健身高潮。

（一）围绕建设文化名城，进一步开展品牌体育活动。按照市委、市政府《关于建设文化名城的实施意见》的指示精神，市体育局认真组织中国·保定2008首届空竹艺术节，全国群众登山健身大会狼牙山登山节，中国·保定2008首届篮球文化节，推进文化名城建设，活跃群众体育。首届空竹艺术节吸引了全国15个省35个城市的60支代表队1000名空竹爱好者参加，保定成为了唯一举办全国空竹艺术节的城市。狼牙山登山节已连续举办了三届，每年都吸收来自北京、天津等地的100多个登山队来保，成为本市体育旅游的亮点。10月16日，本市隆重举办首届中国·保定篮球文化节，共有来自上海、深圳、太原等15个篮球城市和本市的120多支代表参加，这是近年来规模最大的单项体育盛会。空竹节、登山节、篮球节的举办促进了全市文化体育的繁荣，展示了保定新形象，扩大了影响力。

在“全民健身与奥运同行”的主题下，精心安排部署，在全市开展了丰富多彩、形式多样的系列群体活动。先后举办了2008年迎新年元旦万人长跑活动、“新奥运·新保定”奥运祥云火炬巡游活动、全国滑翔伞俱乐部联赛、“中国电谷杯”全市第三届CBO男子篮球联赛暨首届女子篮球联赛、全民健身展示月、“三友七匹狼杯”迎奥运体育大会、第七届街头“三人制”篮球赛、“秀兰杯”2008冬季全民健身启动大会等数十项影响大、规格高的群众体育活动，营造浓厚的全民健身氛围，系列群体活动参加人数超过100万。在2008年中国业余篮球公开赛总结表彰大会，本市荣获国家体育总局授予的“最佳组织奖”，并推广本市举办篮球文化节和全市篮球联赛的经验作法。

（二）全力组织参加河北省第一届体育大会。3月5日至5月29日，河北省首届体育大会在邯郸市举行，本市体育代表团选派出261名运动员、教练员参加21个项目的比赛，共取得14金10银9铜的优异成绩，并荣获“优秀组织奖”和“体育道德风尚奖”。代表河北省参加在太原举行的“第十一届全国成人游泳公开赛”，取得了12项冠军和10个亚军、5个季军，总成绩列全国各参赛队第一，展现了保定雄厚的游泳运动基础。

（三）农村体育、社区体育、学校体育等得到加强。依据国家“十一五”期间“农民体育健身工程”和河北省“百县千乡万村”新农村体育健身工程有关要求，结合本市实际，为各县（市、区）275个行政村修建篮球场，配备了乒乓球台等健身设施。加强城市社会体育建设，指导社会开展体育健身活动，为全市部分社区安装了27套健身器材，6月底，为基层社区配发100副乒乓球台。加强社会体育组织建设，发展社会体育指导站20个，培养二级社会体育指导员110人。广泛开展特色阳光体育运动，围绕“阳光体育与祖国同行”，和教育部共同组织开展阳光体育运动冬季长跑活动，进一步掀起阳光体育运动的新高潮。

【体育产业】 一是加强各体育协会建设。市体育总会按照“抓规范、强管理、搞活动、求发展”的工作思路，建立健全规章制度，发挥体育协会的作用，为全民健身服务。新组建成立了保定市杨氏太极拳研究会、驻保高校跆拳道联合会、六合台球俱乐部、飒飒艺术体操俱乐部，单项体育协会达到30个、体育俱乐部达22个。全年，各体育协会先后举办市级比赛20项次，参加省以上比赛8项次，组织市级体育骨干培训班10次。钓鱼协会举办的“古城杯”全国钓鱼大赛，来自全国各地的钓鱼爱好者240人参加了比赛。二是加强民营体育建设。积极探索民营体育发展的新路子，上半年，组织力量对乒乓球、网球、羽毛球等民营体育项目进行调研，整合资源，为培养体育后备人才和体育产业快速发展服务。市正大乒乓球学校、野三坡河北省乒乓球培训基地、涿州京南乡村高尔夫球俱乐部、涿州京都高尔夫球俱乐部等4家优秀民营体育单位和全国登山健身展示大会狼牙山登山活动，参加了2008北京国际旅游博览会展示活动，展现本市体育产业发展水平。认真组织“奥运主题即开型体育彩票”联销活动，承办“体彩燕赵行”走进保定大型公益演出活动，推动全市体育彩票发行和销售工作。三是加强体育设施建设。按照《城市建设面貌三年大变样》实施意见，新建保定市体育中心。2008年完成了体育中心的规划选址，初步编制了项目可行性报告。10月底，位于体育运动学校院内西侧的保定市健身体育中心建成并投入使用。包括田径场、综合训练馆、网球场、篮球场、五人制足球场以及其他辅助设施。利用全市法制宣传周、全国法制宣传日等时机，广泛宣传《宪法》、《中华人民共和国体育法》、《全民健身计划纲要》等法律法规，体育法制意识得到加强。

领导班子成员

局　　长　董路锋

副 局 长　包玉川　王胜利

　　　　　王喜军

纪检组长　刘建新

助理调研员　陈彦华

（张英敏）

旅　　游

【保定市旅游局】　保定市旅游局是市政府主管全市旅游工作的直属事业机构。主要担负着全市旅游发展规划编制、旅游城市形象宣传、旅游市场秩序监督管理等任务，内设7个科级处室，下辖2个事业单位。

【概况】　2008年，旅游业坚持改革创新，统筹协调发展，加强基础设施建设和提升服务质量，全力做好“迎奥运·游保定”工作，旅游产业素质明显提升，产业结构进一步优化。冰雪灾害、四川地震、手足口病疫情等恶性事件给旅游业造成的严重影响；奥运安保工作使京津重要客源市场游客减少；全球金融危机蔓延，旅游市场经济整体下降。在全行业共同努力下，全年共接待国内游客1898.9万人次，旅游总收入92亿元，同比分别下降4.12%和1.21%；接待海外游客7.4万人次，创汇2211.6万美元，同比分别下降1.51%和1.19%，旅游收入和旅游接待量稳居全省第一。全市旅游市场秩序井然，实现了“健康、安全、秩序、质量”四统一的工作目标。2008年与中央电视台“激情广场”栏目合作，“为奥运喝彩”主题歌会被中央电视台文艺中心评为创新奖，省“白洋淀杯”迎奥运展风采旅游文艺会演组织奖，被评为市安全生产监督管理先进单位、市信访工作先进单位、市社会治安综合治理工作先进单位，年度县级领导班子实绩考核被评为实绩突出单位。

【举办节庆活动，加大宣传保定】　由省旅游局、保定市人民政府和国家体育总局登山运动管理中心等举办的“全民健身与奥运同行”——中国狼牙山登山节在狼牙山成功举办，此次登山活动有来自京、津、冀大学生代表队及国家、省登山协会共71个队参加，央视等31家媒体予以报道。第十八届天威杯中国保定敬老健身节在保定市军校广场隆重开幕。中央电视台《激情广场》栏目组以中国保定敬老健身节为主题，进行现场录制，河北电视台转播，旨在弘扬保定孝道之乡的传统美德。中央电视台“跟着老电影去旅行”红色旅游线路评选，通过《激情广场》媒体平台扩大了保定在国内外的知名度和影响力。中央电视台、中国老年报、河北日报、河北经济日报、河北电视台、燕赵都市报、保定日报、保定晚报等多家媒体予以报道。

【借势京津宣传旅游】　市政府在天津津利华大酒店召开“迎奥运　游保定”——跟着老电影去旅行新闻发布会。保定籍在天津工作的各界领导25人、各省市驻津办事处领导28人、天津方面近20家媒体、天津市旅行业界40余家旅行社负责人、保定部分旅游重点县（市）旅游局、重点旅游景区和旅行社40余人出席发布会。

【在北京电视台和中央电视台展示保定形象】　经认真谋划和精心制作，在中央电视台一套、二套、四套的黄金时段（包括奥运前的热身时段、奥运会和残奥会期间、十一黄金周期间）进行了“历史名城、人文保定，京南花园、山水保定，中国电谷、低碳保定”30秒的保定整体形象广告宣传，同时在河北电视台进行为期4个月的展播，这是本市有史以来第一次以广告宣传方式在央视和河北台整合宣传保定，影响深远。

【加大基础设施建设，提升景区档次】　配合北京奥运和自助旅游发展，对所有主干道进行了梳理，在107、207、108、112等国道，242、232、保涞、保阜、河龙、蠡野、保新等省道，新建旅游交通标识牌68块，总投资55万元。自驾车营地确定设在涞水野三坡。位于市区的金荟萃工艺品公司被确定为本市旅游定点商店。10处4A以上景区及重点旅行社旅游咨询服务中心的完善工作全部完成。9月已完成2A级以上自然景区的太阳能应用改造。

【推进标准化建设，开展细微服务活动】　一是在充分调研的基础上，完善旅游景区、旅行社、星级酒店、农家旅馆、旅游汽车、水上游船、乘骑马匹等七大行业《旅游细微服务基本标准》，召开多次旅游细微服务和诚信建设动员大会，引导旅游企业和从业人员强化细微服务意识，改进管理，提高服务质量。二是积极做好奥运旅游教育培训工作。请专家教授多次授课进行培训。培训旅游行业人员5万人次。通过市广播电台在全市旅游行业开展了7期奥运通用知识和奥运用语1000句培训。对旅行社经理进行了迎奥运安全生产培训，并签订责任状。

【深入整治旅游市场秩序】 对全市旅游市场进行了有重点不间断的治理整顿，提出“不让一位游客受委屈”的口号。敦促旅行社全部交纳了旅游质量保证金，全部投保了旅行社责任保险，与所有出行游客签订统一制式的旅游书面合同。全年打掉无证经营旅行社3家，集中查处变相转让经营权旅行社2家，受理并处理旅游投诉29起，群众满意度100%。对全市近170家旅行社建立了诚信管理档案。对景区脏乱差、乱涨价、不合理收费、欺客宰客进行重点检查，取得了明显成效，“十一”黄金周，实现了零投诉。与各县（市）签订了《旅游安全责任书》，完善旅游安全应急预案。形成了层层抓落实的良好局面，全年旅游企业安全生产无事故。

【加大乡村旅游建设力度】 根据国家旅游局提出的大力发展乡村旅游，促进新农村建设精神，对全市乡村旅游工作提出了发展方向和明确建设标准。14个旅游县（市）积极行动，抓住奥运时机加强市场管理，规范经营，提高乡村旅游管理水平。全市农家旅馆总数达到3673家。

领导班子成员

党组书记 局　　长	赵　静
副 局 长	马保茹　李克信 张平义
纪检组长	孙万忠

（赵世忠　严明星）

社会生活

民政

【保定市民政局】 保定市民政局是市政府主管社会行政事务的职能部门，主要承担五个方面的基本职能：一是以城乡低保、五保供养为基础，其他专项救助为辅的社会救助方面的工作；二是以拥军优属、优待抚恤、烈士褒扬、退伍安置、军队离退休干部安置和服务管理、军队无军籍退休职工安置等为主要内容的为军队和国防建设服务方面的工作；三是以城乡基层政权建设和社区建设等为主要内容的基层民主政治建设方面的工作；四是以扶老助残救孤济困等为主要内容的社会福利方面的工作；五是以区划、勘界、地名管理、社团管理、民办非企业单位管理、婚姻管理、殡葬管理、收养管理等为主要内容的专项社会事务管理方面的工作。机关共设行政处室14个，事业处室4个，人员94名，其中行政编制67个，事业处室编制27个。下设直属事业单位15个，包括3个干休所、4个福利院、军休服务中心、军供站、烈士陵园、救助管理站、募捐办、公墓管理所、救灾捐赠中心和殡管所，共有干部职工291人。

【概况】 2008年，在市委、市政府的坚强领导下，在省厅的大力支持下，坚持以科学发展观为指导，以民生工作为主线，以为民解困、为民服务为宗旨，突出重点，开拓创新，狠抓落实，推动整体工作。在服务大局中扎实工作，出色完成了抗震救灾捐赠工作以及奥运安保任务；在解决民生中倾情投入，城乡低保补助水平大幅提高，五保供养机构建设大力度推进；在完善制度中夯实基础，机关各项规章制度全面规范，各项民政业务呈现出整体推进、快速发展的良好态势。市民政局被省委、省政府评为全省抗震救灾先进单位，被民政部授予减灾宣传先进单位，被市委、市政府评为奥运安保工作先进集体等等，全年有8项工作受到省部级表彰，18项工作受到省厅及市委、市政府表彰，充分履行了解决民生、落实民权、维护民利的根本职责，为构建和谐保定发挥了重要作用。

【城乡社会救助力度不断加大】 牢牢抓住民生工作这条主线，下大力抓好城乡困难群众社会救助工作，不断加大资金投入力度，全年共争取上级城乡社会救助资金4.1亿元，比上年度增长145%，在本市财力非常紧张的情况下，市本级配套3759万元，比上年度提高170%，救助标准和救助水平都有了大幅提高，较好的保障了困难群众的基本生活。城乡低保基本实现了动态管理下的应保尽保。全市共保障城镇低保对象10.28万人，保障面达到3.9%，月人均保障标准达到217元，月人均补助水平达到128.7元，比上年度提高了58%。农村低保共保障22.9万人，保障面提高到2.7%，年人均保障标准达到941元，月人均补助水平提高到46.8元，增长幅度达144%。

【医疗救助成效明显】 全年救助城乡困难病患20万人次，救助资金4343万元，比上年度增长102%。救助管理工作规范开展，全年救助流浪乞讨人员5269人，其中救助四川籍灾民56人，为4名灾区孩子安排了学校。

【救灾工作扎实开展】 全市受灾人口176.43万人次，受灾面积9万公顷，直接经济损失7.1亿元。全年下拨救灾款2262万元，下拨救灾衣被12万件，对547户灾民住房进行了重建和修缮。同时，进一步规范了救灾工作各项流程及救灾款物的使用管理，并积极做好减灾防灾宣传工作，被民政部授予“减灾宣传先进单位”。

【优抚政策全面落实】 不断提高优抚对象生活待遇，全年下拨各类抚恤补助经费1.88亿元，比上年度增长21%，农村义务兵家属优待金全部按照当地人均收入的70%以上标准落实，确保了重点优抚对象生活水平不断提高。与卫生部门联合开展了“关爱功臣义诊活动”，建立了市级医院与相关优抚大县、山区贫困县长期对口医疗帮扶关系，缓解了优抚对象“看病难”问题。

【安置力度进一步加大】 全市共接收城镇退役士兵2012人，计划安置1282人，自谋职业830人，自谋职业率41%。大力提高城镇退役士兵就业竞争力，城镇退役士兵培训率达到100%。全年共接收军休干部204人，做到了顺利移交、和谐移交。严格落实军休干部政治和生活待遇，进一步落实了军队退休干部医疗补贴政策，调整了市区1至6级残疾军队退休干部医疗保障渠道。在全省休干满意度问卷调查中，我市休干满意和较满意率达到99%，位居全省前列。

【社区建设扎实推进】 精品社区建设步伐进一步加大，共完成45个精品社区的达标建设任务。社区服务信息网络平台建设不断加强，市社区服务中心全年接听求助电话1万余次，网上求助服务1000多次，为居民提供服务信息2万余条，居民满意率达到95%以上，成功搭建起了一个政府为民服务的平台。各县（市）社区服务中心建设全面展开。圆满完成第六期社区图书室援建任务，共援建农村社区图书室450个，累计完成1516个，超额完成市定目标任务51.6%。探索开展了社区居家养老试点工作和农村社区建设试点工作，受到国家民政部和省民政厅的充分肯定。基层民主建设不断深入。指导开展了全市第三届社区居委会换届选举工作，全面启动了第八届村委会换届选举工作。

【社会福利事业发展迅速】 新建了本市第一所集养护、救治、教育、康复、特教于一体的儿童福利院，计划投资690万元，床位230张，将进一步改善我市孤残儿童生活状况。社会新办养老院两所，新增床位320张。继续开展了“微笑列车”和“明天计划”活动，316例唇腭裂患儿及时得到救治。积极推进各项老年优待政策的落实，并组织开展了形式多样的敬老爱老活动，被省老龄办评为全省老龄工作实绩突出单位。

【福彩销售再创新高】 全市福彩销售总额达到3.65亿元，再一次实现了历史性突破。在金融危机、彩票销售普遍下滑的情况下，本市连续6年保持高位运行，快速发展，为民政事业和社会保障工作做出了新贡献，省民政厅为此专门向市委、市政府发来贺信，给予表彰。

【慈善事业健康发展】 成功组织召开了保定市慈善协会第二届二次理事会，进一步健全和完善了组织机构，形成了政府大力倡导、社会积极主办、群众广泛参与的慈善事业发展新格局。在支援四川灾区抗震救灾工作中，市慈善协会共筹集捐赠资金1.23亿元，全部用于支援灾区工作。

【抗震救灾工作扎实有效】 四川地震灾情发生后，迅速反应，迎难而上，充分发挥民政部门职能作用，捐款捐物支援灾区，出色完成了我市抗震救灾捐赠工作。我市累计接收社会各界捐款2.8亿元，捐物43万件，款物总量在全省排第二位，并在全省第一时间将救灾物资送达灾区，四川省民政厅专门来函予以感谢。市民政局被省委、省政府评为全省抗震救灾先进单位，先后7次受到市委、市政府和省民政厅的表彰，9名同志受到省、市表彰。

【社会事务管理工作健康有序】 民间组织发展步伐加快，市区社团和民办非企业单位总数达到422家，涉及行业管理、教育科技、文化卫生、社会福利等各个领域，对促进我市经济快速发展，维护社会稳定起到了积极作用。地名管理更加规范，与114电话导航台开展了电话问路便民服务热线。省民政厅在全省地名会议上推广了本市经验。县（市）政府驻地门牌和农村户牌的编码工作基本完成，72%的村完成村标设置。立足文化大市建设，编纂完成了《保定千年古县》一书和编制出版了《保定市地图册》。围绕全市“一主三次”城市发展战略做好区划管理工作，起草了《保定市2008－2012年发展建制镇规划》，并在政府第十五次常务会议上通过。婚姻登记等工作进一步规范和完善，全市有10个婚姻登记处经民政部验收合格，位居全省先进行列。

领导班子成员

党委书记
局长　张子冬（3月任）

党委副书记
副　局　长　高淑英
党委委员
副　局　长　张　革　常　良
　　　　　　刘　伟
党委委员
纪检书记　赵永平
副调研员　赵彦生

（苏建辉）

扶贫工作

【保定市扶贫开发领导小组办公室】　主要职责是贯彻执行党和国家的扶贫开发方针、政策、法规；拟定全市扶贫开发工作的意见、办法，协调扶贫开发项目的规划、立项、申报和储备工作，经批准后组织实施。负责全市贫困状况的统计监测；组织拟定扶贫开发工作总体规划、中长期规划和年度计划并组织实施。组织拟定扶贫开发资金的分配意见，负责指导、监督和检查资金的使用。组织协调联络中央和省国家机关、民主党派、群众团体、部队、院校对口帮扶贫困地区工作；协调市行业主管部门扶贫工作；组织协调社会各界参与扶贫开发工作，负责社会各界扶贫捐赠资金、物资的接收和管理。组织扶贫开发重大问题和事项的调查研究、汇总分析，收集和掌握国内外扶贫开发信息；负责产业化扶贫工作；拟定缺乏基本生存条件的极度贫困人口易地开发工作计划。负责扶贫开发的交流与合作工作，规划和管理外资扶贫项目，组织协调有关扶贫开发的出国、出省招商、考察和培训工作。负责扶贫开发宣传报道和科技扶贫，组织实施贫困地区干部科技培训和实用技术推广；负责贫困地区劳动力转移培训工作，组织实施贫困地区劳动力培训和转移输出。承办保定市政府有关扶贫开发工作和市扶贫开发领导小组的日常工作。内设有综合处、项目规划处、社会扶贫处、科技培训处。

【概况】　2008年是第三阶段扶贫开发启动年，我办以科学发展观为指导，以第三批贫困村为主战场，以提高扶贫开发水平为重点，大力实施产业化扶贫、移民搬迁、劳动力转移培训、扶贫开发细胞工程以及社会扶贫等重点工作，实现了资源整合有新突破、产业片区有新进展、社会扶贫有新机制、整村推进有新成效。全年共争取上级财政扶贫资金6590.5万元，解决5.11万贫困人口脱贫问题。

【第三批贫困村启动顺利】　年初对第三批贫困村进行深入细致的调查摸底，并确立第三阶段扶贫开发“认识再深化、重点再突出、措施再具体、队伍再加强”的工作思路，有效地强化了对扶贫开发工作的指导。7月，市委、市政府召开全市扶贫开发工作会议，对第三阶段扶贫开发工作进行全面动员部署。同时，在工作中引入激励竞争机制，做到年初有承诺、年中有督导、年底有奖惩，极大地激发了各级领导抓好扶贫开发的责任感和积极性。市财政用于扶贫开发的资金逐年增加，在财力非常紧张的情况下，配套资金预算达到286万元，比上年增长12%。

【整村推进扎实有效】　一是全年安排财政项目资金2106.3万元实施“两个周转”，其中周转畜1510.8万元，养猪3150头，养牛2500头，养羊5800只，鸡、鸭7.3万只，蜜蜂425箱，甲鱼7.5万只，鱼2万尾；安排周转棚资金189.5万元，种植蔬菜、食用菌大棚462个；安排周转林果资金406万元，种植枣树41.8万株、核桃34.7万株、桃树320亩、苹果100亩，涉及贫困农户1.2万户。二是培育产业片区，努力打造富民强县的产业集群。初步形成涞源核桃、杏扁产业片区，阜平大枣、奶牛及甲鱼产业片区，唐县食用菌产业片区，顺平优质苹果、桃产业片区，易县蜜蜂产业片区，涞水獭兔产业片区，曲阳甲鱼、芦笋产业片区，“连片开发、产业带动、规模效益、区域发展”的产业化发展格局已具雏形。在产业化扶贫工作中，不断探索龙头企业与贫困农民多样化的利益联结形式，增强龙头企业的辐射和带动作用。目前我市已有5个国家级、21个省级、6个市级扶贫龙头企业。全年用于扶贫龙头企业的贷款贴息达到395万元，贷款规模9700万元。三是落实搬迁补助资金1720万元，完成4320人的搬迁任务，重点是协调阜平第一山、照旺台移民小区和涞源县和睦新区、惠安新区等搬迁小区建设搬迁中土地征用、户口迁移、子女入学以及生产生活等问题，切实提高小区建设水平。四是加大转移培训政策的宣传力度，提高培训转移率和办证率，完成了转移培训0.46万人。利用省以上培训基地，开展中长期技能培训，其中向长沙环球职业技术学院输送“腾飞工程”学员51人，承德技师学院27人，承德卫校12人。围绕“两个周转”项目，大力开展实用技术培训，共举办种植业、养殖业培训班150多期，培训贫困群众3.1万人次。

【集团帮扶成效显著】　2008年对各单位帮扶对象重新调整后，

全市236个帮扶单位组成9个帮扶集团，帮扶11个县的218个贫困村，同时还动员15家民营企业参与扶贫活动；大力开展领导干部联系贫困村制度，31名市级领导都确定了扶贫联系点，市直选派135名中青年干部到村挂职扶贫；还积极做好4个中直单位、52个省直单位在本市的定点扶贫工作；各级帮扶单位共到位帮扶资金1360万元（含物资折款）。

【互助金试点有力】 扩大互助金试点范围，放大资金投入。第一批9个村级互助金试点进展顺利，互助金规模达到223.4万元，其中财政投入135万元，群众入股88.4万元，入股农户506个，放贷198万元，发展种养业和农资购销，收到了初步成效。同时，在第二批到县财政扶贫资金中，加大互助金投入规模，安排资金587万元，新增试点村40个，试点村总数达到49个。加大监督检查的力度，继续开展扶贫资金专项治理，对第二批贫困村的资金投入情况进行查账对账，确保每笔资金用得其所、发挥效益。

领导班子成员

主　　任　高　玉（7月任）

副 主 任　韩卫江　李福刚

（侯贵宾）

计划生育

【保定市人口和计划生育委员会】

保定市人口和计划生育委员会是保定市人民政府主管全市人口与计划生育工作的职能部门，业务受河北省人口和计划生育委员会指导，承担控制人口数量、提高出生人口素质、完成人口计划和落实人口与计划生育政策的任务。设有办公室（财务处）、人事处、政策法规处（流动人口计划生育管理处）、规划统计处、宣传教育处、科学技术处等6个行政处室；保定市计划生育药具管理站和保定市计划生育宣传站2个科级事业单位。

【概况】 2008年，全市各级人口计生部门坚持以党的十七届三中全会精神和科学发展观为指导，在确保低生育水平持续稳定的基础上，强化举措，突出重点，攻坚克难，打造亮点，圆满完成了年度人口与计划生育各项任务目标。全市共出生137136人，其中政策内122105人，政策外15031人，出生率12.27‰，较省下达责任目标低2.45个千分点；符合政策生育率89.04%，较省下达责任目标高4.04个百分点；据市调查统计分析，全市人口出生统计求实率、群众对人口计生工作满意率分别达到了96%和95%以上，分别高出省下达指标1和9个百分点。2008年，省政府授予涿州市、望都县、高阳县“2008年度人口和计划生育工作先进县（市、区）奖”。省人口和计划生育委员会授予保定市“人口与计划生育宣传教育工作成效突出奖”，授予高碑店市“2008年度人口和计划生育工作先进单位”，授予易县、安国市、定兴县、望都县、高阳县“河北省计划生育优质服务先进单位”。

【深入宣传，营造“和谐计生”良好氛围】 全市各级把学习宣传贯彻落实中央《决定》作为首要任务，将中央《决定》宣传纳入公益性宣传范畴，电台、电视台、报社等媒体开设专题专栏，广泛开展社会宣传。同时，以北京奥运会为契机，全面规范环境宣传和阵地宣传，体现以人为本和人文关怀，努力营造和谐计生的良好氛围。为充分发挥先进典型的模范带头作用，教育引导广大干部群众自觉执行计划生育基本国策，4月，市委宣传部、人口计生委、人事局、广播电视局、妇联、计生协、报社、电视台等8个部门在全市范围内联合开展了人口和计划生育“双十佳”评选活动，对评选出的先进个人，授予“十佳人口和计划生育优秀工作者”、“十佳计划生育突出贡献先进个人”荣誉称号，先进事迹在报纸、电视台、电台等新闻媒体刊播，树立了实行计划生育光荣的舆论导向。

【夯实基础，千方百计稳定低生育水平】 一是健全完善基层组织建设。各县（市、区）普遍采取考试、考核的方法，对乡级计生工作人员进行了调整充实，配齐配强了村级计生专职队伍，落实了人员工资报酬县级财政保障制度，实行了小组长报酬绩效挂钩。二是强化调查解剖。将明察暗访、调查解剖、督导检查作为促进人口计生工作的基本方法之一，不断加大工作力度。5～6月份，市人口计生委抽调48名工作人员，组成4个工作组，携带B超机，采取入户调查与上站B超检查相结合的办法，对全市的72个村进行了集中解剖。2008年考核年度，市、县两级共调查解剖1355个行政村，占全市总村数的21.6%。三是狠抓计划生育后进转化。在年初县、乡两级拉网排查的基础上，准确界定后进层面，严格实行各级党政领导分包责任制，并将转化结果与分包领导年终考核直接挂钩。2008年，全市后进转化率达到了95.83%。四是扎实推进信息化建设。加强对微机操作人员的业务培训，深入开展育龄妇女数据库核查工作。全市数据库项目齐全率、录入准确率均达到了98%以上。

【依法行政，努力打造“阳光计生”】 一是规范管理。全市统一规范了县乡村计划生育政务公开内容，全市1413名执法人员全部做到了持证上岗。严格行政执法责任制和“两错”追究制，定期组织开展执法人员业务培训。以行风建设为载体，依法规范执法行为。二是依法行政。认真开展依法行政、便民维权示范单位创建活动，完善乡级“一站式”办公服务制度。进一步规范健全计生信访长效机制，加大重点信访案件的查处力度，切实维护广大群众的合法权益。奥运会期间，各级人口计生部门对计划生育各种矛盾纠纷进行了深入、细致的梳理、排查，加大信访问题解决力度，全市未发生任何与计生工作有关的不稳定事件。三是严格执法。积极探索建立“县级委托、乡级征收、村级配合、法院保障”依法征收社会抚养费工作模式，严格落实“收支两条线”管理制度。

【优质服务，提高群众对计划生育技术服务工作的满意度】 一是创新服务机制。在乡级开展了创建“一街、二园、六中心”服务站活动，打造“人性化、便民化、家居化”综合服务品牌，全市创建乡级“一街、二园、六中心”综合型服务站27个。二是强化计生技术服务力量。各县（市、区）采取借、调、聘等形式，调整优化了计生技术人员。为提高技术人员的专业素质和服务水平，将市第一中心医院作为县乡计生技术人员免费进修定点医院，全年市、县两级举办业务培训班116期，培训2876人（次）。三是扎实开展“民心工程”。充分发挥县乡两级技术服务站的功能，采取县、乡两级技术服务人员统一混合编组、集中上站服务与进村入户服务相结合的方式，为农村已婚育龄妇女提供免费优质服务。2008考核年度，全市共服务172万人，占农村已婚育龄妇女总数的92%；查出各种疾病52.2万例，全部给予了治疗或转诊服务。四是认真做好季服务工作。以月访视、季服务为载体，指导广大已婚育龄妇女落实以长效为主的避孕节育措施。坚持“需求主导，服务优质”的原则，认真搞好药具服务，全市使用药具人员达17.2万人，已婚育龄妇女综合避孕率达到了91.26%。五是大力开展出生缺陷干预工程。各级人口计生、卫生、妇幼保健等部门密切配合，积极开展出生缺陷一级预防工程，共举办优生优育专题培训班50余期，发放各种营养素146358人份，优生检测78319人，孕期保健66197人，深受广大群众欢迎。

【落实奖励，强力推进“计生惠民”行动】 市县两级财政投入资金5824.36万元，依法落实了奖励扶助、贫困救助及《条例》规定的各项奖励政策。共为23.84万名农村独生子女父母、20.91万名城镇独生子女父母兑现了每人每月10元的奖励，共发放奖金4952.78万元；为农村2243名、城镇217名主动退回二胎生育指标的夫妻兑现了每人1000元的奖励，发放奖金246万元；为1242名已退休的独生子女父母落实了每人3000元一次性奖励，发放奖金348万元；全年全市核准的奖扶对象共18109名，全部以直通车的形式将扶助金发放到了群众手中。市县两级救助计生贫困家庭922户，发放救助金116.5万元。

【突出重点，扎实开展人口计生“重点工作落实月”活动】 自9月27日至10月27日，利用一个月时间，在全市集中开展了人口和计划生育“重点工作落实月”活动。一是狠抓统计求实。各县（市、区）组织力量，对辖区内2008考核年度以来的出生、现孕及避孕节育措施落实等基本情况进行全面拉网排查，彻底摸清了工作底数。二是清理补征社会抚养费。对有缴纳能力拒不缴纳的，依法提交法院强制执行，并公开曝光。“重点工作落实月”期间，全市共征收社会抚养费5699.07万元。三是对奖励及优先优惠政策落实情况进行“回头看”。各县（市、区）对照《条例》规定对奖励、优惠政策落实情况进行自查，确保奖励对象、奖励标准准确无误，确保奖金及时足额发放到群众手中。四是对城镇违法生育进行集中清理。“重点工作落实月”期间，全市清理城镇违法生育人员209人，对20名城镇违法生育人员给予了党纪处分，对75人给予了政纪处分。

【齐抓共管，构建综合治理长效机制】 一方面，强化出生人口性别比偏高问题综合治理。按照《河北省禁止非医学需要鉴定胎儿性别和选择性别终止妊娠规定》，对市直相关部门的职责做了进一步的明确和补充，完善了B超使用管理、有奖举报等12项规章制度。各级人口计生部门严格落实“三级两全包保服务责任制”，有关县（市）与沧州、廊坊、石家庄等地合作成立了治理出生人口性别比协作区，实行协作区联席会议制度，定期通报信息、交流情况。同时，各级各相关部门协调联动，认真开展严打“两非”案件专项活动。另一方面，强化流动人口计划生育综合治理。各级坚持把流动人口计生服务管理纳入经常性工作范围，做到了流动人口与常住人口同宣传、同管理、同服务、同考核。2008年，全市流动人口已婚育龄妇女办证率、验证率均达到了95%以上。

领导班子成员

党组书记
主　　任　张晓梅（7月任）
　　　　　孙淑花（7月离任）
副 主 任　李小刚　苏兵海
纪检组长　李　辉

（郁艳梅）

计划生育协会

【保定市计划生育协会】 保定市计划生育协会（以下简称计生协）是在中共保定市委领导下的群众团体。其主要职责是动员、组织广大育龄群众和热心计划生育事业的各界人士自觉参与计划生育工作。其工作方式是党的群众路线在计划生育工作中的生动体现。市计生协为正县级单位。财政全额拨款编制8人，设常务副会长1人，专职副会长1人，科级职数3人，科员3人，退二线1人，1991年1月27日列入参照国家公务员制度管理范围，截至2007年3月7人全部过渡为公务员，1人为另册管理人员。

【概况】 2008年，保定市计生协在国家和省协会的指导下，在市委、市政府的重视和市人口计生委、社会各方面的支持下，全市各级计生协认真贯彻党的十七大和中央《决定》精神，更新观念，求实创新，团结奋进，关注基层、狠抓基层协会建设，广泛开展具有协会特色的活动，宣传服务领域不断拓宽，动员和组织广大群众参与计划生育和“三个文明”建设的能力、水平都有明显提高，全市计生协工作呈现出新局面，为稳定低生育水平，统筹解决人口问题做出了积极贡献，得到了上级领导的肯定。2008年保定市计生协被省计生协评为“全省计划生育协会宣传工作先进单位”、“幸福工程工作先进单位”；被市委、市政府授予文明生态村工作先进单位。

【组织整建常抓不懈，基层计生协会得到进一步巩固】 计划生育协会工作重点在农村，难点也在农村。市计生协按照“三优化”的原则，把协会工作的着力点、着眼点放在村、居，尤其是会员这一层面上。结合实际提出要求，调整和充实县、乡级协会的专职干部队伍，并参照公务员管理；加大社区、企业、流动人口协会建设，建会比例达到100%；制定加强会员之家建设的意见，并按照“五有”标准进一步规范会员之家；组织各级计生协开展一系列学习教育和在职培训活动；以互评的方式，发挥典型示范作用，使全市计生协基层组织建设坚强有力，为做好协会工作奠定了坚实的工作基础。

【积极参与村（居）民自治，群众的合法权益得到进一步维护】 实行村（居）民自治，为计生协充分发挥民主参与和民主监督职能提供了良好机遇。规范参与村（居）民自治的形式和内容，修改、完善村民自治章程；协会成员与村（居）各种组织交叉任职，畅通了参与的渠道；加强培训，增强了广大理事、会员的参与意识，提高了参与监督水平；积极主动开展计划生育基层群众自治试点工作，并取得阶段性成果；积极参与二胎生育指标审核上报、奖励扶助的摸底上报、村风村貌改善等村中重大村务。基层计划生育工作逐步实现了“自我教育、自我管理、自我服务、自我监督”，促进了基层民主政治建设和和谐社会建设。

【计划生育宣传教育日趋活跃】 2008年，全市各级协会利用广播、板报、展牌、文艺演出等内容丰富、形式多样的宣传形式开展以“生育关怀”为重点的计生宣传活动。新市区、阜平县等县（市、区）的10多篇文章在中国人口报、保定日报、保定晚报上发表。通过广泛的宣传，计生政策进一步深入民心，广大群众的婚育观念发生很大转变，在“生育关怀”、稳定低生育水平、提高人口素质和引导群众共同致富方面发挥了积极的作用。

【群众服务成效显著】 2008年全市各级协会继续紧紧围绕稳定低生育水平和群众最关心的生育、生产、生活和健康等问题积极工作，开展了内容丰富、形式多样的“生育关怀”活动，打造自己的品牌，呈现自己的亮点，展示自己的特色，受到了广大群众的欢迎。全市共募捐250.53万元，争取党委政府支持145.17万元，救助计生特困家庭、寒门学子和计生干部4199人。一是全市各级协会将“百万会员学科技”、“帮、包、建”与“生育关怀我尽力”这一主题相结合，加强对计生家庭、会员和贫困群众一对一、一对多的科技指导和帮扶。通过协议的形式，把会员与被帮扶户确定下来，会员带一户，先富帮后富，同走少生文明致富路；二是大力开展了“三优”教育的普及工作；三是按照服务的原则，自愿的原则，群众得实惠的原则，积极协办计生系列保险；四是继续巩固和发展“幸福工程”项目和少生快富工程的成果，以开展“生育关怀”行动为契机，积极争取全国、省幸福工程组委会的支持和帮助，争取项目资金，让更多的计生困难母亲得到帮助，脱贫致富。全年市协会共向国家和省协会争取幸福工程项目资金40万元，少生快富贴息20万元，使966户计生困难家庭脱贫致富，被救助户人均增收1100－2000元。6月，全国政协委员、中国人口福利基金会理事长、全国幸福工程组委会主任赵炳礼同志到易县就幸福工程工作开展调研，对本市的幸福工程工作给予了高度评价，并准备在全国推广易县幸福工程模式。同时，阜平、易县幸福工程和预防艾滋病项目受到了泰国人口发展协会专家团的一致称赞。9月河北省在易县召开了生育关怀幸福工程现场经验交流会，保定市和易县计生协分别作了典型发言。

【典型引路，大力开展百点示范活动】 市协会根据省协会《关于开展百点示范活动的实施意见》精神，按照百点示范活动标准进行了层层筛选，除了参与村民自治、社区、企业、流动人口、优秀会员之家、百万会员学科技、幸福工程、青少年生殖健康等15个示范点外，又从工作实际出发，把“三优”教育、宣传、计生系列保险、少生快富工程等工作也列入了示范点活动之中，市级各类示范点共计51个，总计66个示范点。

【抗震救灾，协会同行】 5月12日四川汶川地震，牵动着所有协会人的心，保定市计生协迅速做出反应，于13日发出倡议书，号召全市各级计生协和广大会员牢固树立全国一盘棋的思想，大力发扬“一方有难、八方支援”的精神，万众一心、众志成城、团结协作，自觉支援和帮助受灾地区，积极向受灾地区开展捐赠活动，并号召全市各级协会会员在“5.29会员活动日”开展捐赠“一元会费”的活动，再次把“抗震救灾献爱心”活动推向一个高潮。该倡议书在中国计生协网站上予以刊发。

【结策暖心，军地共建中充当生力军】 军地共建计生工作是一项政治性、政策性、社会性都很强的工作，是利国利民的大善举，需要社会各界爱心人士的支持和参与。市计生协与66393部队开展双拥、双助、双管活动，积极搭建关怀军营计生家庭行动计划的平台。9月24日，国家计生委副主任江帆和北京军区领导到保定调研，给予了充分肯定。11月6日，在石家庄召开的北京军地军民共建计划生育经验交流会上进行了交流。中央电视台、中央人民广播电台、人民日报、新华社等18家主流媒体以及河北电视台等8家省市宣传媒体对我们开展的这项活动进行了宣传报道。

【服务群众解难题，群众工作站中彰显协会人风采】 全市开展群众工作站活动以来，市计生协被市委、市政府派驻北市区大迪社区。我们把“生育关怀”行动、“三优教育”、计生系列保险等计生协会的“特色”融入社区、深入家庭、渗透在每一个“大迪人”的心中。成功地为群众解决遗留长达8年之久的取暖问题，得到了社区居民的肯定和信任，受到了市委、市政府领导的热切关注，我们的工作也在中央电视台《共同关注》栏目中滚动播出，燕赵都市报、保定日报、保定晚报等多家报刊都进行了报道。

领导班子成员

会　长	李光耀	（4月离任）
	司存喜	（4月任）
第一副会长	李书信	（7月离任）
	贾体新	（7月离任）
	闫立英	（7月任）
常务副会长	李绍祥	（6月离任）
	靳旭辉	（11月任）
专职副会长	吴兴亚	

（魏　伟）

残疾人工作

【保定市残疾人联合会】 保定市残疾人联合会（以下简称市残联）为正县级事业单位，受市委、市政府领导，业务上接受市委、市政府有关部门的对口指导。下设办公室、组联部、宣文部、教就部、康复部5个部室。

【概况】 2008年，市残联在市委、市政府和省残联的正确领导下，认真贯彻落实党的十七大精神和中央、国务院《关于促进残疾人事业发展的意见》，努力推进残疾人事业持续发展。全年对5000名残疾人进行劳动技能培训，在城镇安置800名残疾人就业。救助特困残疾人5780户，为280户贫困残疾人实施危房改造，免费为1655名贫困白内障患者实施了复明手术。资助考入大中专院校的残疾学生和贫困残疾人子女139名。

【残疾人培训和就业效果明显】 为进一步贯彻落实中共中央、国务院《关于促进残疾人事业发展的意见》和国务院颁发的《残疾人就业条例》，市残联配合地税、劳动、民政等部门积极安排残疾人就业，4月份与地税局联合召开了残疾人就业工作会议，继续推进分散按比例安排残疾人就业。与市邮政局联合在全市主要街道创建爱心报刊亭17个，安置贫困残疾人17名。在146个社区设立了公益岗位，安排146名残疾人工作。全市各级残联共举办农村适用技术、残疾人劳动技能培训230多期，培训各类残疾人5000余人，在各企事业单位新安排800名残疾人就业。

【开展“阳光行动”，为特困残疾人排忧解难】 2008年春节前，市残联开展了以救助特困残疾人为主题的第六次“阳光行动”。此次活动，市残联直接救助贫困残疾人800名，每名发给救助金200元。各县（市、区）残联救助贫困残疾人200名，每名发给救助金200元。全市共救助贫困残疾人5800名，发放救助款116万元。使贫困残疾人切实感受到党和政府的温暖，促进了社会和谐。

【免费为贫困白内障患者实施手术，使1655名患者重见光明】 根据省委、省政府关于开展“慈善燕赵·万人复明”活动的要求，市、县两级残联在省直有关部门的大力支持下，共筹集资金109万元，经过严格筛选、层层把关、与各定点医院积极协调，共免费为1655名农村贫困白内障患者实施了复明手术，手术效果良好，在社会上反响强烈。

【第十八个“全国助残日”活动圆满结束】 在“助残日”活动期间，市县两级残联广泛开展了扶残助残活动，全市各企事业单位、社会各界人士为残疾人捐款捐物价值126万余元，做好人好事43000余件次，营造了全社会关心支持残疾人事业的良好氛围。

【资助考入大中专院校的贫困残疾学生，社会反映良好】 省、市、县三级残联筹集资金19.7万元，资助了贫困残疾人子女和残疾学生139名，使他们顺利入学，进一步接受教育，在社会上引起强烈反响。

【实施危房改造，改善贫困残疾人的居住条件】 在上级残联的大力支持下，市、县残联共同努力，经过摸底调查、层层筛选、公开公示后，为280户农村贫困残疾人实施了危房改造。使280户贫困残疾人改善了居住条件，受到广大残疾人的好评。

【选拔培训优秀人才，积极参加残运会和残奥会，成绩显著】 在第八届全国残运会上，本市残疾运动员奋力拼搏取得了五金五铜的好成绩，为我省赢得了荣誉。省委、省政府给予本市8名残疾人运动员、教练员84.3万元的重奖。为了争取在2008年北京残奥会上继续争金夺银，为国争光，本市进一步加大对优秀残疾人运动员培训力度，经过筛选，向省里推荐了5名成绩特别突出的残疾人运动员，最终优秀残疾人乒乓球运动员葛杨在2008年北京残奥会上取得2枚金牌的好成绩。

【城市无障碍设施建设再创新高】

在市政府的统一领导下，各有关部门按照“政府组织，社会参与，统一规划，建管并重，讲求实效”的原则，市区新建、扩建和改建道路的交叉路口、街坊路口、单位出入口及人行横道等处缘石坡道设置率达到了100%。市区新建、扩建、改建的主次干道、商业街、步行道都设置了行进盲道和提示盲道，一些主要街道设置了标志牌。争创全国无障碍先进城市工作有了新进展。

【组织建设得到进一步加强，五类残疾人协会工作开展活跃】 2008年，市残联制定下发了《保定市残疾人联合会关于加强基层残疾人组织建设意见》，制定了县、乡（镇）、社区残疾人组织建设标准，对各县（市、区）规范化建设完成时限，残疾人干部的配备、培训等工作做了明确规定。目前，基本实现了各县、乡（镇）、村（社区）三级一体化的组织网络。本市有9个县（市、区）残联被评为第一批全国基层残疾人组织规范化建设达标县（市、区），所有乡（镇）配备了专（兼）职的理事长，95%以上的村配备了残疾人委员，100%的社区配备了残疾人专职委员。五类残疾人协会，紧紧围绕市残联的中心工作，开展形式多样的庆祝活动，做到了经费、场地、活动三落实。

【第二代残疾人证换发的准备工作就绪】 2008年是第二代残疾人证换发的开头年，按照中残联、省残联《关于做好换发第二代<中华人民共和国残疾人证>的通知》精神，市残联制定下发了换发残疾人证的实施方案，成立了工作小组，并确定了三个试点县进行前期的实践工作，目前，换证的前期准备工作已全部完成。

领导班子成员

党组书记
理事长　刘铁山
党组成员
副理事长　郑章雨　刘忠林
副理事长　赵建华

（杨贵堂）

开发区

保定国家高新技术产业开发区

保定国家高新区于1992年11月9日经国务院批准建立，是全国54个国家级高新技术产业开发区之一。总体规划控制（开发）面积12平方公里，包括中心科技园、东区大学城、西区工业园，托管花庄、曹庄两村。保定国家高新区党工委、管委会是市委、市政府派出机构，行使市级经济管理权限，对高新区统一管理。机构设置有办公室（党政合一）、财政局、劳动人事局、党群工作部、经济发展局、规划建设局、国土资源分局、招商合作局、社区公益局等9个一级局室和东区管委会、西区管委会、政策法规局、纪检监察室等4个二级局室。

【概况】 2008年，全年实现现价工业总产值385亿元，同比增长26.5%；实现主营业务收入387亿元，同比增长24%；实现出口创汇15.9亿美元，同比增长51.6%；实际利用外资4.84亿美元，同比增长293.5%；完成固定资产投资53.7亿元，同比增长129%；实现财政收入13.4亿元，同比增长44%。综合指标名列全省开发区第二名。

面对全球金融危机的冲击，深化与国家开发银行战略合作，共同出资5000万元，成立保定高新区创业投资中心，出台《可再生能源产业发展资金管理办法》，完善中小型科技企业融资服务平台建设，以有力举措积极帮助企业解决资金难题；及时把握国家4万亿投入拉动内需契机，通过国家“高技术产业化基地”政策平台，应对经济寒流，显示活力。

【中国电谷】 2008年，“中国电谷”新能源产业实现现价工业总产值244.5亿元，占全区总量的63.5%，同比增长50%；实现主营业务收入260.5亿元，占全区总量的67.3%，同比增长46%；实现工业利税31.3亿元，占全区总量的78.3%，同比增长44%；实现出口创汇9.77亿美元，占全区总量的61.4%，同比增长82.7%。

保定高新区作为“中国电谷”建设的实施主体，新能源产业的快速发展对保定市经济拉动作用持续增强，也赢得了保定市委、市政府前所未有的关注与支持。12月3日，市委书记宋太平到保定高新区调研，提出“高新区要在保定‘一主三次’发展战略中发挥主城区建设主力军作用”。12月11日，保定市委、市政府下发《关于进一步加快保定国家高新技术产业开发区发展的意见》，通过托管与共建方式，进一步扩大高新区发展空间，构建起以科技部批准区为核心，托管区、共建区相呼应的整体空间格局。徐水县大王店工业园区为高新区共建区；满城县贤台乡、新市区大马坊乡及新市区韩村乡大边坨村为高新区托管区。进一步明确高新区职责，充分放权，提供政策支持，搭建集“政策体系、技术创新体系、人才教育及聚集体系、金融支撑体系和社会服务体系”于一体的国家新能源设备制造产业的战略平台，在发展空间和政策扶持上给予了高新区和“中国电谷”更大的支持。

保定高新区及“中国电谷”新能源产业的发展成果引起了众多媒体的关注。新华社、人民日报、中央电视台、经济日报、科技日报和凤凰卫视等知名媒体以及省、市媒体都多次进行了采访报道。“中国电谷”成为区域经济又好又快发展的名片。

【特色产业】 产业体系不断完善。2008年，“中国电谷”产业品牌集聚优势充分显现，进区项目质量明显提高，风电、光电产业链条迅速扩展。风电领域，新增3家叶片生产企业、2家整机生产企业。6家风电叶片配套企业全部投产。全年风电整机产能达到100台，风电叶片产能达到1200兆瓦，风电控制系统产能达到400台，形成较为完整的风电产业体系。光伏电池方面，产能达到400兆瓦。随着年产1.8万吨硅料提纯项目顺利建设，中国电谷光电产业链和竞争能力进一步提升。

骨干企业发展提速。英利集团、中航惠腾、国电联合动力（保定）公司销售收入均取得历史性突破，成为中国电谷三大支柱企业。英利公司全年生产太阳能电池组件280兆瓦，实现销售收入85亿元，利润13.5亿元，三项指标同比增长均超过100%。惠腾公司风电叶片产量突破4000副，2008年实现销售收入20亿元，同比增长67%，在国内叶片市场占有率达40%。国电联合动力（保定）公司实现100台1.5兆瓦级风电整机生产目标，完成销售收入6亿元，一举进入国内风电整机五强行列。

项目建设势头良好。全年新建项目11项，其中亿元以上项目4项，总投资46亿元。一批投资量大、拉动明显、关联性强、集成度高的重点项目相继开工建设。主要包括：英利200兆瓦太阳能电池投产；投资5.9亿元的中国电谷广场项目进展顺利；一期投资25亿元的六九硅业项目建设迅速；兵装天威产业园的非晶薄膜太阳能电池、非晶合金变压器、风电整机、风电叶片等四个项目开工建设。全年完成征地2000余亩，为中国电谷重大产业支撑项目如期建设奠定了基础。

【基础设施】 全年基础设施投入3亿元，完成了向阳北大街（北二环至北三环）、六九硅业临时道路、东君路等多条道路建设及东尹庄电缆隧道、天威西路10KV供电专线工程建设；保证了六九硅业、兵装天威等重点项目建设。平整热电厂储灰场土地800亩。完成城市建设三年大变样拆迁任务。

【创新体系】 先后被科技部认定为“国家可再生能源产业化基地”、“国际科技合作基地”；被国家发改委认定为“国家高技术产业基地（新能源产业）”。保定新能源发展理念与成就受到世界自然基金会关注，与上海一道，被世界自然基金会列为“中国低碳城市发展项目首批启动城市”。按照新的评审办法获评高新技术企业14家，占全省总数的28%；组织申报国家专利项目近100项；帮助企业申报各类政策性资金支持项目近50项，申请资金3000多万元；新认证软件企业9家，软件产品68项；软件企业享受退税政策累计1.5亿元。

【招商引资】 以“中国电谷·低碳保定”为主题，参加河北省（香港）投洽会及深圳高交会，面向国际，高水准、高起点推介，其中：香港投洽会上完成签约项目12项，签约资金超过153亿元；“中国电谷低碳保定”（深圳）推介会完成6个重点项目签约，总投资105.07亿元。高新区2008年实现出口创汇、实际利用外资分别列全省开发区第一名。

【人才建设】 保定高新区博士后工作站正式获得国家人事部、中国博士后管理委员会批准设立。并针对中高级人才推出了求职VIP通道——中国电谷高级人才库，重点吸纳拥有3年以上工作经验、中高薪酬水平和专业技术特长的中高级人才，人才中心中高级人才库会员超过2万名，不断占领人才高端市场。

【社会事业】 积极扩大基本养老保险覆盖面，全年参保人员达1万人，在全市名列前茅。完善社区服务职能，新增就业3000人，安置下岗失业人员再就业1200人。实现了保定市社区建设先进四连冠。开展向汶川地震灾区捐款捐物与交纳“特殊党费”活动，完成捐赠款物2160万元，交纳“特殊党费”52.5万元，在全市名列第一。不断加强教育工作，高新区小学进入全市名校行列。

【稳定与安全生产】 开展了书记大接访、矛盾纠纷排查百日行动等活动，实现了重大刑事案件、消防和安全生产事故“零发生”，获得全市奥运安保先进集体称号。完善了《高新区公共突发事件应急预案》，对区内稳定与安全生产展开不间断排查化解行动，被评为全省安全生产监督先进单位。开展了为期30天的安全生产、食品与药品安全、节能减排“三项工作”集中行动，排查化解安全隐患200余处，制定形成长效保障机制。

【党的建设】 深入学习贯彻党的十七大精神，落实科学发展观，认真开展“四个征集”活动。推进基层党组织建设，在全区非公有制党组织中开展以“争创五好企业党组织、争做优秀共产党员、争当优秀企业经营管理者”为主题的“三争”活动。成立英利集团党委，新建企业党支部11个。圆满完成全国高新区第十届党建工作研讨会的承办任务，受到参会领导和与会代表的一致好评。

【廉政建设】 围绕重点项目建设和重点企业发展进行效能、环境监察。加强机关效能及作风建设，积极推进政务信息公开。对工程建设实行三级审核，对工程招投标、政府采购等工作实行全程监督。建立干部责任档案制。制定《关于依法查处商业贿赂案件的实施方案》。大力开展“优化发展环境、激活市场主体”活动暨亲民、爱民活动，为企业解决实际问题50多项，建立起重点企业联系人领办、挂牌保护制度。

【精神文明】 推进全区企业信用信息征集体系建设进程。开展了第二届诚信企业评选活动；举办了“诚信——保定高新区标识设计大赛”活动；开展了企业信用信息征集评价体系标示单位工作。由于社会主义精神文明建设成效显著，英利集团、高新区国税局、农行高新区支行、移动通信公司等4家单位获得省级文明单位称号；合力达公司、炜达公司等10家区内企业获得市级文明单位称号。

【太阳能之城建设】 全年完成2个生活小区、1个学校、12家企业太阳能改造工程及区内全部路口交通信号灯光电互补改造工程。10月，电谷锦江国际酒店暨太阳能光伏发电并网工程正式投入使用，成为世界首个太阳能光伏电站与五星级酒店一体化示范工程。

领导班子成员

中共保定国家高新区工作委员会

书　　记　赵洪涛
副 书 记　马学禄(5月退休)
　　　　　韩占山　佟维力
　　　　　苑景华　苏占国
委　　员　孙国山　苏利杰
　　　　　杜秉鹿(8月二线)
　　　　　于振海(11月任)
　　　　　陈素英　杨洪光
　　　　　刘宇明(挂职)
　　　　　马铁里
　　　　　周林伟(10月任)
纪工委书记　闵忠保(8月二线)
　　　　　冯建法(11月任)

保定国家高新区管理委员会

主　　任　马学禄(5月退休)
第一副主任　韩占山
副 主 任　佟维力　苑景华
　　　　　孙国山　苏利杰
　　　　　杜秉鹿(8月二线)
　　　　　于振海(11月任)
　　　　　刘宇明(挂职)
总工程师　陈素英
总经济师　杨洪光

（梁　田）

县（市、区）概况

南市区

【地情提要】　南市区系城乡结合型市辖区，位于保定市区东南部，西、北分别与新市区、北市区毗连，东、南与清苑县接壤。京广铁路、京深高速公路、107国道及保新、保衡、保沧等省级公路穿经，与区内“五横五纵”主干道相交，联通外境，形成四通八达的交通网络。南市区地处古城保定市区南半部，是“保定府”的发祥地，是历史形成的传统文化区、商业区；同时，又是近代洋务运动开端之所，新保定现代文明的起始之源。古莲花池、直隶总督署、大慈阁、淮军公所、清河道署等市区90%的文物古迹坐落于此。除此之外诸多见证保定历史的老字号、名店也多坐落在城区老街古巷之中，如望湖春、义春楼、白运章、万宝堂、两益馆等。

自然环境　域内地表平坦，土质肥沃，地势由西北向东南呈平滑倾斜，大陆性季风气候特点显著。一亩泉河、清水河、府河、护城河流经本区。域内土质主要由黏质沙土和沙质黏土构成，土壤类型为石灰性潮褐土。

行政区划　自1955年6月建区到1999年，行政区划几经变更，区域范围不断扩大。1958年12月，并归保定市市区。1959年至1961年区域几经分合，1962年8月，市政府将原裕华区南半部和兴华区合并，复建南市区至今。1987年11月，市政府撤销郊区，将南大园、杨庄、焦庄3个乡，33个行政村划归南市区。1999年1月，经省政府批准，市政府对部分县、区辖域进行调整，将原清苑县五尧乡及大阳乡部分行政村划归南市区。现总面积102.05平方公里，辖4个乡（南大园乡、杨庄乡、焦庄乡、五尧乡）、61个行政村，5个街道办事处（永华办、裕华办、南关办、红星办、联盟办）、40个社区居委会。

人口民族　2008年末，总人口28万，其中城区人口18万，占64.3%；乡村人口10万，占35.7%。全区人口出生率11.93‰，人口自然增长率6.92‰。辖区居民汉族占95%以上，其他以回族、满族为主，历来为市区回族群众聚居区，清真寺街社区是全市唯一的少数民族社区。

【概况】　2008年，全区经济保持平稳增长，综合实力得到稳步提高。全年完成社会总产值206.6亿元，同比增长16%；全社会固定资产投资完成57.2亿元，同比增长7.5%；出口创汇5.07亿美元，同比增长25.5%；入统工业产值123亿元，同比增长16.8%；增加值31.7亿元，同比增长32.1%。财政收入完成2.27亿元，同比增长22.8%。农民人均纯收入5903元，同比增长12.6%。职工年平均工资22048元，增长23.5%。粮棉总产量2.7万吨，同比降4.3%。三次产业结构为1.7：69.1：29.2，第二、三产业比重增长明显，为本区进一步向工业化和城市化发展转型创造了条件。

【长城汽车首获联合国订单】南市区坚持“汽车立区”，发挥长城汽车的产业支柱带动作用。2008年长城公司连续第9年保持中国汽车出口额第一，长城汽车安全试验室正式启用，轿车发动机新厂落成，长城炫丽下线，与德国联合开发的新哈弗上市。在其他民族品牌遭受出口重创的情况下，长城哈弗单品出口增长超60%，占全国旅行车出口销量的

30%，同年6月接到联合国2006～2008年机动车集中采购订单，这是中国自主品牌汽车厂家首次成为联合国采购供应商。同时，长城汽车成为首个通过欧盟一级体系认证的自主品牌，为全面进军欧盟扫清了障碍。

【改善城区面貌，重现古城韵味】 深化“五拆一改”工作，依法拆除26条主街道路“违、临、破、旧、陋”建筑90余万平方米，完成任务比例三区第一。同时按照“拆一处，清一处，整治一处，美化一处”的要求，及时跟进拆后整治工作。全区用于拆后整治的资金2000余万元，清运垃圾39万余立方，新建透空围墙8000余延米，新建绿地2万余平方米，新增绿化用地200余亩。五拆一改全市领先。稳步推进城中村改造，启动4个村，2个村一期工程完工。组织实施“蓝天行动”，拆除烟囱17根，取缔燃煤锅炉77台。推进绿化美化工程，新植乔灌藤花57万余株，使旧城区环境进一步改观。推进西大街整治、淮军公所复建、裕华路仿古改造，初步恢复清末民初历史风貌，再现古城韵味。

【节能减排，万元产值能耗降低近三成】 全面开展节能减排专项行动，清理2008年以来申报投资千万元以上新、改、扩、续建30个项目的初审上报程序，未发现高能耗、高排放项目，实现全年单位工业增加值能耗降低28.1%。设立专项奖励资金100万元，用于太阳能应用改造款项2100余万元，安装太阳能灯具1365盏、热水器8256套。在丰运等8家造纸企业安装COD在线监控装置，全面采取“气浮＋生化工艺”治理污水排放，COD有效削减2085吨以上，SO_2有效削减175吨以上。依法关停西苑造纸厂，有效削减COD419吨，削减$SO_2$246.4吨；取缔燃煤锅炉77台，有效减排$SO_2$279.45吨。

【创建文明生态村，推进“三农”工作】 全区投入创建资金890万元，连续5年被市评为“创建文明生态村工作先进区”。实施固德生态农业二期、佳康速冻果蔬基地等7个标志性农业产业化项目。认真落实“两减免、三补贴”政策，发放粮食种植、奶牛养殖、基础设施建设等各类补贴894.5万元，保护了农民生产积极性。发展奶牛养殖，积极应对“三鹿奶粉事件”，新建、扩建23个规模养殖场，奶牛存栏突破1.5万头。全区所有养殖小区、奶站100%纳入监管范围。

【项目建设呈现“四多”特点】 重点项目建设上档升级。2008年全区谋划实施投资千万元以上项目47项，总投资126亿元，利用外资753.8万美元，引进省外资金4.04亿元，其中，竣工8项，在建16项，5项列为省重点。主导产业项目在投资个数和投资额上所占比重分别达到55%和69%。全区项目格局呈现汽车项目多、规模项目多、新开工项目多、成长型项目多四个明显特点。获全市“项目建设先进区”、“双向开放先进区”称号。

领导班子成员

区委

书　　记　陈占国（5月离任）
　　　　　杨文堂（5月任）
副 书 记　杨文堂（5月离任）
　　　　　苏树锋（12月任）
　　　　　韩桂林
常　　委　陈占国（5月离任）
　　　　　杨文堂
　　　　　苏树锋（12月任）
　　　　　韩桂林　赵秋波
　　　　　蒋兰梅（10月离任）
　　　　　谷俊杰（10月任）
　　　　　刘畔力　齐志武
　　　　　井建良　李丽萍
　　　　　赵志刚
　　　　　谢世援（11月离任）
　　　　　李红彬（12月任）

人大

主　　任　贾玉文
副 主 任　李春萍　张彦华
　　　　　刘俊巧　赵万里

政府

区　　长　杨文堂（5月离任）
副 区 长　蒋兰梅（11月离任）
　　　　　谷俊杰（11月任）
　　　　　赵志刚　赵建军
　　　　　葛长青（11月离任）
　　　　　张立辉（12月任）
　　　　　张义霞

政协

主　　席　郭清申
副 主 席　王金明
　　　　　张立辉（12月离任）
　　　　　张柱成

（郭　瑞）

北市区

【地情提要】 北市区位于保定市城区北半部，地理坐标为北纬38°50′～38°56′，东经115°28′～115°34′。京广铁路、京深高速公路、107国道纵贯区境。总面积75.6平方公里，其中城区面积11.33平方公里，乡村面积64.27平方公里。

自然环境 北市区位于漕河冲积洪积平原上，区域内地表较为平坦，自西南向东北大致呈平滑状倾斜，中间略有起伏。一亩泉河、侯河、白草沟河横穿西南区境，分别于灵雨寺附近注入府河。区域内土质主要由黏质沙土和沙质土壤构成。大陆性季风气候，年平均气温12.2℃，无霜期161～214天，年平均降水量508.71毫米。耕地面积为2881公顷。

行政区划 1955年6月原行政第二区因地处旧城北半部，故改称北市区，1958年12月，并归保定市市区。1959年至1961年区域几经分合，名称多次更迭，至1962年9月，保定市人民政府将原裕华区的北半部和永华区合并，复建北市区至今。1987年12月韩庄乡、东金庄乡划归北市区。1998年12月保定市人民政府决定将清苑县的百楼乡和满城县、新市区的13个行政村划归北市区。2008年辖5个街道办事处、3个乡、48个居委会、60个村。

人口民族 2008年末，全区总户数92220户，总人口327545人，比上年减少2373人。其中男性人口161071人，女性人口166474人，分别比上年减少1120人和1253人。全年出生人口3512人；死亡人口824人；全年净增人口2688人，自然增长率8.2‰。有13个民族，少数民族以回族为主。

【概况】 2008年全区工业总产值达到27.9亿元，同比增长40.7%；规模以上工业企业实现利税2.9亿元，同比增长20%。全区粮食总产量27090吨，比上年增长971吨。全社会固定资产投资48.2亿元，财政收入完成3.93亿元，同比增长25.1%。社会消费品零售总额23.7亿元，增长17.2%。在岗职工年平均工资20183元，农民人均纯收入6078元，城镇居民人均可支配收入12311.7元，同比分别增长22.2%、12.9%和12.7%。园区建设取得突破。园区一期实力提升。邮电钢结构铁塔、荣毅通信半导体照明产业化、万达环境等7个项目相继开工；北京电科电气用电控制设备、立中技改、神画印铁等8个项目陆续竣工。园区一期累计完成投资37亿元，入园企业53家。园区二期开始启动。440亩建设用地指标获省批复，控制性详细规划通过专家论证，征地工作基本完成。华劲精品服饰、山浦塑美科技、动漫产业基地、荣毅通信光电缆项目等一批投资大、科技含量高的项目列入省重点。项目建设快速推进。谋划运作投资千万元以上项目102个，总投资315.23亿元。其中，亿元以上项目57个，总投资295.9亿元；10个项目列入省、市重点。鑫和奥林匹亚花园、经济适用房、市劳动就业服务中心等20个千万元以上项目竣工，同比增加2个；卷烟分检中心、世纪华庭二期、京南一品住宅小区等17个千万元以上项目开工建设，同比增加2个。财政实力明显提升。克服经济下滑影响，全力组织收入，财政收入保持平稳较快增长。国税完成收入4.68亿元，同比增长14.5%；地税系统完成收入3.13亿元，同比增长36.8%；其中区地税完成收入1.82亿元，同比增长56.4%；财政部门完成收入5876万元，同比增长30.4%。改革开放步伐加快。积极推进国有集体企业改革，完成保定市玩具厂、保定市童装厂、华洋公司、广济路烟酒、市电器开关厂5家国有集体企业改制工作，另有8家企业进入改制程序。全年引进省外资金4.22亿元，占全年任务的105.5%；出口创汇4543万美元，同比增长19.5%。“三农”工作进一步加强。全年累计投入资金1026万元，粮食直补、综合直补、奶牛补贴等各项支农惠农政策全部落实到位。奶业逆势发展，新天香顺利通过国家、省、市产品质量检测，新建、扩建奶牛养殖小区5个，奶牛规模养殖数量增加1300头。蔬菜种植效益提升，蔬菜产量75957吨，同比增长9.4%。积极拓宽就业渠道，转移农村富余劳动力5000人，农民收入有了较明显的增加。

【“三年大变样”工作初见成效】

“五拆”工作成效明显。全年累计拆除“违、临、破、旧、陋”75.3万平方米，实现高效、安全、平稳、有序拆除。城中村改造稳步推进。9个村启动改造，完成拆迁22.8万平方米。城苑村、张庄村基本完成改造，陈庄、韩庄、冯庄、任庄、北八里庄、小刘庄等村已部分拆迁或准备拆迁。城建重点项目顺利实施。东三环顺利施工，709亩建设用地全部签订征地协议，4个村的土地补偿和安置补偿全部到位，征地200亩，完成拆迁63户；七一路高速引线、五四路拓宽改造稳步推进；完成西大街整治和恒祥大街到帅府胡同段立面修缮。城乡形象显著提升。整修法院西街、东关特困楼、新华村8号楼等10条便民小路，新建世纪华庭、小营坊社区、鑫和奥林匹亚花园小区等5座标准公厕，区管41座公厕全部取消收费。加强街路的清扫保洁，开展迎奥运环境卫生综合整治，辖区环境卫生质量明显改善。“蓝天行动”深入推进。取缔45台非法燃煤锅炉，改造72台合法锅炉，拆除废弃排气筒10根。园区污水并入市污水管网，实现集中处理。污染源普查全国领先，代表河北省顺利通过国家验收。全区主要污染物化学需氧量削减1666吨，二氧化硫排放量削减175吨，完成市下达任务。加快太阳能之城建设，全社会累计投入900多万元，新安装太阳能照明灯、景观灯700多盏，太阳能热水器2000多套。

【解决民生问题，社会事业取得进展】 就业工作成绩突出。投入162万元，对1984人开展多种形式的就业培训。投入400万元，对下岗失业灵活就业人员进行社保补贴。全区实现城镇新增就业人员3600人，超全年任务20%；1725名下岗失业人员实现了再就业，超全年任务目标的15%；其中安置就业困难对象455人，超全年任务30%；帮助零就业家庭365户、441人实现就业，零就业家庭动态归零。全区城镇登记失业率控制在2.9%。社会保障全面加强。积极做好社会保险扩面，企业基本养老保险完成扩面3791人，超全年任务22%；工伤保险完成扩面2416人，是全年任务的16倍；失业保险完成扩面783人，超全年任务161%。城乡低保两次提标，全年累计发放城市低保金954万元，发放农村低保金60.9万元，分别增长49%和541%，实现应保尽保。发放城市低收入家庭住房补贴195万元，完成经济适用房申报、摇号等前期工作，正在认购。征集捐款671.9万元，支援四川地震灾区。社区建设再创佳绩。新成立世纪华庭社区。利用各级财政资金60余万元，新建精品社区6个，新增办公和服务用房面积1146㎡，新安装乒乓球桌75张，全区精品社区比例达78%。兰园社区被评为“全国商业示范社区”，东方家园社区被评为“全省文明社区”，锦绣社区被评为“全省绿化先进单位”。提高社区工作者和劳动保障协管员补助标准，人均月增100元；提高社区办公经费，月增150元。教育强区地位进一步巩固。投入资金1056万元，免除城市义务教育阶段学杂费，完善教育基础设施，百楼乡教学楼、一中分校、向阳小学塑胶操场投入使用，北市区代表市通过省教学评估和综合督导评估。中考上线人数901人，继续保持三区领先。医疗卫生体系日臻完善。新型农村合作医疗全面实施，三乡农民参合率达92.4%，全年补偿参合农民12074人次、396.2万元。城镇居民基本医疗保险工作全面启动。百楼乡卫生院投入使用，韩庄乡卫生院主体竣工。高标准完成1所社区卫生服务中心和3所社区卫生服务站建设。人口和计生工作水平不断提高。设立村级计划生育办公室50个、村级育龄妇女小组长76人，落实每人每月50元财政补贴。开展农村已婚育龄妇女生殖健康免费检查“民心工程”，落实各项计生奖励政策，为6467名农村独生子女父母兑现每人每月10元的奖励，发放奖金73.3万元；救助计生贫困家庭，发放救助金2万元。全区全年出生2334人，符合政策生育率98.7%。“军民共建关爱空巢家庭”活动受到国家计生委肯定。

【注重安全发展，社会形势和谐稳定】 安全稳定形势持续巩固。开展“法人代表安全生产承诺落实年”、“安全生产隐患治理年”、“安全生产行政执法年”活动。完善“三级四层两线”稳控体系，开展县委书记大接访活动，发挥群众工作站作用，为群众解决问题129个。开展打黑除恶专项行动，破获各类刑事案件2695件，三区领先。完成奥运安保及“三鹿奶粉事件”处置工作，开展“三项工作”集中整治行动，打击传销集中行动，安全发展形势进一步好转。依法行政能力不断增强。精神文明创建活动广泛开展，军民共建活动不断深入，“自觉接受人大依法监督和政协民主监督，坚持重大事项向人大报告和政协通报制度，办理人大代表建议11件、政协委员提案36件，走访率、办结率、满意和比较满意率均为100%。

领导班子成员

区委

书　　记　田宝庆
副 书 记　王绍联(6月离任)
　　　　　张少轩(10月任)
　　　　　周　刚(7月离任)
　　　　　肖明旺(10月任)
常　　委　田宝庆
　　　　　王绍联(6月离任)
　　　　　张少轩(10任)
　　　　　周　刚(7月离任)
　　　　　肖明旺(10月任)
　　　　　张文郁(6月离任)
　　　　　温宏江(6月任)
　　　　　李桂生(11月任)
　　　　　赵海娜
　　　　　李增泉(11月离任)
　　　　　张　明　穆大群
　　　　　蒋秀琦(11月离任)
　　　　　魏立恒(11月离任)
　　　　　王　勇(11月任)
　　　　　王书安(11月任)
　　　　　刘武霈

人大

主　　任　李正伦
副 主 任　李立宪　周开祥
　　　　　荀惠贤　李明伟

政府

区　　长　王绍联(6月离任)
　　　　　张少轩(10月任)
副 区 长　张　明　刘武霈
　　　　　贾春顺
　　　　　王　勇(11月离任)
　　　　　张　立(12月任)
　　　　　段秀丽
　　　　　李志才(11月任)

政协

主　　席　张国安
副 主 席　李军红　张金瑞
　　　　　李志才(11月离任)

侯跃斌(12 月任)
（郝 雷）

新市区

【地情提要】 新市区为城乡结合型市辖区，是保定市政治中心和主要工业区。市委、市政府等机关坐落区内；以“西郊八大厂”为代表的驻区国有大中型企业较多，工业发展基础好，与之配套的乡镇和街道企业发展较快，成为全区经济的支柱。

地理位置 新市区地处保定市区西半部，东与北市区、南市区交界，西、北与满城县接壤，南与清苑县毗邻。位于北纬38°51′~38°56′，东经115°21′~115°25′，全境面积131.3平方公里。西高东低。西依太行山，东临冀中平原，西北20公里是太行山低山丘陵区，北偏东距首都北京141公里，东北距天津155公里，南偏西距省会石家庄124.8公里。京广铁路沿东界通过，107国道和保涞、保阜等省级公路穿经辖区，与区内主干道路相交联通。

自然环境 新市区属平原区，地势较为平坦开阔，总趋势由西北向东南逐渐倾斜，海拔最高点为30米，最低点为17.1米。根据地貌特征和地面组成物质以及人类生产活动的影响，新市区分为两种地貌单元类型。一是洪积、冲积扇平原。二是山前溢水带区。由于山前特殊水文地质构造的影响，地下水溢出地表，形成新市区西北部一亩泉、黑风泉、五花泉、联珠泉等相连的溢水带区。诸泉于70年代后期先后干涸。新市区水源比较丰富，是保定市的主要水源区。一亩泉河、侯河、白草沟河均在境内。一亩泉水水质优良，闻名全国，是工业和人民生活的优质水源。新市区属暖温带季风型大陆性气候，年平均气温为12.4℃，最高气温为7月份，月平均气温26.7℃，极端最高气温43.3℃(1955年7月23~24日)。最低气温为1月份，月平均气温-4.3℃，极端最低气温-23.7℃(1951年1月13日)。无霜期213天。总热量较为丰富，积温为4348.6℃，最高积温4701.2℃，最低积温3959.7℃，平均日照总时数为2610.2小时，年平均日照率为58.57%。土壤依据地质结构和性质，共划分为两个土类(褐土类、潮土类)，两个亚类，4个土属，18个土种，26个变种。

自然资源 新市区总面积131.3平方公里，其中耕地5466公顷。境内地下水资源丰富，特别是一亩泉，水质优良，泉水矿化度低，酸碱适中，是工业、农业和人民生活用水的主要来源。

建置沿革 1961年7月，建立新市区，辖环城西路以西市区。1987年11月17日，根据国务院函字（87）161号文件批示，撤销保定市郊区，将韩村、南奇、颉庄、富昌四个乡，56个自然村，52个村委会划归新市区，新市区由此成为城乡结合的城郊型市辖区。1999年2月，经省政府批准，市政府对部分县、区辖域进行调整，新市区增设江城乡、大马坊乡。2008年12月，根据市委保发［2008］21号文件精神，新市区大马坊乡、韩村乡大边坨村划给高新区托管。

行政区划 到2008年底，全区辖富昌、韩村、南奇、颉庄、江城5个乡，63个村；先锋街、东风路、建设南路、新市场街、韩村北路、惠阳（大厂代管）共6个城市街道办事处，74个社区，8个村。

人口民族 全区总户数126220户，人口42.45万人，其中农业人口21965人。辖区内有汉、回、蒙古等11个民族。

【概况】 2008年全区社会总产值完成323亿元，同比增长15.5%；规模以上工业企业增加值完成26.5亿元，同比增长25%；全部财政收入累计完成5.54亿元，同比增长31%，其中地方一般预算收入累计完成1.87亿元，同比增长49%；城镇固定资产投资完成56亿元，同比增长9%。引进省外资金5.25亿元，实际利用国外资金1000万美元。

【项目建设速度加快】 新建、续建千万元以上项目57个，总投资162亿元，全年累计完成投资62亿元。10个省挂账督办重点项目全部完成进度要求。投资1.2亿元的香江好天地商业广场项目A段即将开业，B段正在进行建设；投资15亿元的万博广场项目以及投资3亿元的新燕赵商务广场项目等省市重点项目取得重大进展，并与美国沃尔玛、英国特易购等国际连锁品牌签订合作意向，沿朝阳大街的现代商贸中心聚集效应初步显现。

【节能减排成效明显】 建设太阳能节能工程，完成28个居住小区、20个企业、10所学校、2所医院的太阳能应用改造。全面实施“蓝天行动”，拆除、取缔13根废弃烟气排放设施、36台非法洗浴锅炉，配套改造77台4吨/时以下燃煤锅炉，兑现向全市人民的承诺。彻底关停尹庄板纸厂、广信纸业有限公司两家造纸企业。完成全国第一次污染源调查的清查、普查和统计工作。全年完成COD减排2029吨，占任务的108.7%；二氧化硫减排425吨，占任务的121.4%；规模以上单位工业增加值能耗降低率达到5%，占任务的166.7%；“8+13”区入统工业企业万元增加值能耗降到1.811吨标准煤。

【城市化进程逐步加快】　全区累计拆除“违、临、破、旧、陋”建筑121万平方米；稳步推动鲁岗辛庄、中鲁岗、吕七里店、灵雨寺等城中村的拆迁改造，累计拆迁1167户，42万平方米；实施水泥制品厂宿舍、向阳厂宿舍和化纤厂宿舍三个小区拆迁改造。总拆迁面积居全市第一，被评为省级先进集体。加强城市基础设施建设，整修、改造社区支路及便民小路5条；新建标准公厕3个、垃圾台站3座、便民市场1个，方便了群众生活。广泛开展植树绿化活动，城市绿化覆盖率达到39.2%，人均绿化面积7.34平方米，城市生态环境进一步改善。

【社会事业全面推进】　教育事业稳步发展，全部免除城区九年义务教育阶段学杂费，顺利通过市“普及学前三年教育”复查验收；中考成绩再创佳绩，总平均分位居三区之首；完成七中和十八中的合并；投资480万元完成乐凯中学综合楼建设；投资185万元完成13所农村小学的取暖改造工作，结束了新市区农村中小学煤炉取暖的历史。医疗卫生事业快速发展，全面实施新型农村合作医疗和城镇居民基本医疗保险，为城乡居民提供基本医疗保障；创建东风社区卫生服务中心等10家甲级社区卫生服务机构和南奇乡标准化卫生院，每个行政村建设一个标准化卫生室，群众看病难问题进一步得到缓解。就业再就业工作扎实推进，实现就业再就业2000人，全区389户零就业家庭实现了就业，确保零就业家庭动态为零。社会保障进一步完善，城市低保做到应保尽保，农村低保稳步推进，全年累计发放保障金591万元；解决特困家庭看病难问题，发放医疗救助金16.3万元；情系灾区，完成抗震救灾捐赠组织工作，全区共捐款844.3万元，捐赠衣物2.6万件。人口与计划生育工作稳步推进，继续保持低生育水平，连续第八年进入全市先进行列。社区建设成效明显，投资210万元，完成22个精品社区创建；建立6个社区居家养老试点，完成6个农村社区建设试点工作，受到国家民政部和省、市的高度评价。冬季供暖成本大幅提高、基础设施老化，新市区积极筹措资金，确保了全区529个小区正常供暖。

【安全稳定形势持续好转】　按照抓早、抓小、抓及时、抓彻底的原则，健全区、乡（街道）、村（社区）三级预警信息机制和防范网络。奥运安保期间，全区社会安全稳定。深入开展“亮剑行动”和“双清行动”等严打整治工作，共破案1098起，刑事拘留718人，抓逃255人，打掉各类犯罪团伙89个。认真开展“三个年”活动（承诺落实年、隐患治理年、行政执法年），以重大危险源、危险化学品、人员密集场所为重点，对全区3000多家企业、单位进行安全检查整治，未达标的予以关停，全年未发生重特大生产安全事故。汲取“三鹿奶粉”事件教训，对食品行业从生产、加工、流通、消费等各个环节进行严格监管，保持社会稳定、政治安定的良好局面。

【服务水平持续提升】　开展“优化发展环境，激活市场主体”活动，积极为企业排忧解难。推进政府职能转变，实行基层单位和职能局捆绑责任制；在“三项工作”集中行动中，实行“三卡一通报（工作记录卡、督导卡、交办卡和工作通报）”制度，对安全生产、食品与药品安全、节能减排工作存在的问题进行有效整治，提高政府的公信力，受到省、市的肯定和表扬。聚力攻坚，圆满解决历时四年的阳光水岸问题，顺利拆除影响全市形象多年的乐凯大街电厂楼，全市第一座立交桥400亩征地任务1月告捷，得到市委、市政府的充分肯定。

领导班子成员

区委

书　　记　赤光明
副 书 记　姬　琳
　　　　　郭文忠(10月离任)
　　　　　李　勇(10月任)
常　　委　赤光明　姬　琳
　　　　　郭文忠(10月离任)
　　　　　李　勇(10月任)
　　　　　齐春刚　贾清彬
　　　　　续金明(8月离任)
　　　　　孟小龙(11月任)
　　　　　朱立文
　　　　　雷彦民(11月离任)
　　　　　王　芃　史来顺
　　　　　莫茂林
　　　　　荆明志(11月任)

人大

主　　任　王文志
副 主 任　陈　健　李玉梅
　　　　　李冬立
　　　　　张　杰(11月离任)

政府

区　　长　姬　琳
副 区 长　王　芃　史来顺
　　　　　段晓彤　刘　爽
　　　　　张志强

政协

主　　席　张跃华
副 主 席　范铁海　张　艳
　　　　　王绍波　张雪松

（刘劲柏）

满城县

【地情提要】 满城县位于河北省中部，太行山东麓，北纬38°43′20″~39°07′00″，东经114°43′20″~115°32′00″之间。北同易县接壤，南与清苑县毗邻，西与顺平县交界，东接保定市和徐水县。距北京市150公里，天津市150公里，石家庄市120公里，处于三市中心位置。境内基础设施完备，交通通讯方便快捷，路网纵横交错，京广铁路横亘东南，另有三条铁路专线伸入县南、县中、县北腹地。张石高速途经大册营镇、神星镇、满城镇、石井乡4个乡镇，全长20余公里，另有保沧、保阜、荣乌高速分别在满城县过境。四条高速全部落成后，境内高速公路里程将达40余公里。京广铁路纵穿南北，107国道横穿境内，保涞、保阜、保康三条干线纵贯东西，县级路网四通八达。移动电话13450部（小灵通9345部），城乡电话普及率每百人49.8部，国际互联网用户11212户。电力供应充足，城乡电网密布，有变电站7座，年供电8.81亿千瓦时，连续14年列全市第1位。满城山川秀丽，自然风光出神入化，有国家级文保单位“中山靖王及其妻窦绾墓”——陵山汉墓，出土文物金缕玉衣、长信宫灯、错金博山炉等举世闻名，并通过国家“AAAA”旅游区验收，有“金缕玉衣的故乡”之美称。元代张柔墓、商周遗址、方顺古桥为省、市级文保单位。并有省级风景名胜区4处，其中龙潭风景区山水俱佳、景色宜人，有“北方小桂林”之称。

自然环境 满城县位于保定市西北部，距市区15公里，总面积为650.19平方公里，三山一水五分田，还有一分道路和庄园。地势西北高，东南低。西部和北部为太行山余脉，山峦起伏，坡陡流急，山区面积占全县24.4%；中部为山区和平原过渡带，丘陵区面积占30.6%；东部和南部为平原，地势开阔，地形平坦，面积占45%，地貌类型的多样性，给农业生产提供了多种条件。满城四季分明，光照充足，雨热同期，气候属暖温带大陆性半干旱季风气候，为半山区农业县。

自然资源 满城为燕南赵北之地，物华天宝，人杰地灵。满城县自然资源丰富，境内有漕河、界河、龙泉河等河流，龙门和马连川两座水库，著名的“一亩泉”地下水脉水质清澈，甘甜，富含矿物质成分，可与青岛崂山矿泉水媲美，是保定市重要水源区。西部山区矿产资源种类丰富，盛产青石板、石碴、大理石、花岗岩、石灰岩等，其中石灰被誉为“中国第一白”，以及褐铁矿、磁铁矿、金矿、铝矿、银矿等金属矿产资源。形成建材、食品、化工、造纸、机械制造等支柱产业。农副特产品主要有草莓、磨盘柿、地芸豆、雪桃、雪杏、伊丽莎白瓜、葡萄等，有“全国草莓之乡”、“磨盘柿之乡”、“雪桃之乡”等美誉。

建置沿革 满城历史悠久，商周之时已有先民村落，战国时为燕南赵北之地，西汉时属中山国，汉高祖六年（公元前201年）置北平县，东晋后县治归属变动频繁，东魏兴和二年（公元556年）北平故地并入永乐县。唐天宝元年（公元742年）改永乐县为满城县。县治归属在金、明亦有变动。新中国成立后，县内周边村庄归属多次变化，1985年划入保定市辖县，1998年底行政区划调整，部分乡镇划归保定市。

【概况】 土地面积650.19平方公里，耕地面积376170亩，全县总人口400585人，人口自然增长率7.21‰。2008年地区生产总值579094万元，同比增长8.7%。其中，第一产业增加值119500万元，增长4.4%；第二生产业增加值307447万元，增长10.5%；第三产业增加值152147万元，增长7.9%；民营经济总产值为1954803万元，增长10.4%。粮食总产量为181097吨，增长3.17%；棉花总产量479吨，增长17.4%。财政收入30863万元，增长15%，财政一般预算支出47477万元，增长20.0%。消费品零售总额194499万元，增长22.1%，在岗职工年平均工资19940元，增长14.8%；农民人均纯收入4843元，增长9%。

【“新农合”健康运转】 新型农村合作医疗工作健康运行，各项指标运转正常，基金运行安全，补偿及时便捷，得到社会和病人肯定。2008年全县参合农民280013人，占农民总数的80.72%，筹资总额2382.145万元，同比增加1159.385万元，其中收缴农民参合基金2800130元，同比增长14%。2008年，全县门诊补偿103797人次，补偿1662752.95元；住院补偿21093人次，总计支出补偿款21001642.19元；统筹基金支出19338889.24元，受益面积44.73%。基金总使用率88.31%，统筹基金使用率89.78%。次均住院费用2269元，住院补偿比39.59%。其中，参合农民得到3000元以上补偿的有706人，得到5000元以上补偿的有364人，得到10000元以上补偿的有81人，达到封顶线20000元的有6人，参合农民受益面不断扩大，受益程度逐年提高。

【南水北调通水】 南水北调工程满城段主体工程，于2008年4月底基本完工。完成总工程量：土石方明挖2109万立方米，石方洞挖67万立方米。土石方回填4050万立方米，砌石22万立方米，混凝土浇筑70万立方米，钢筋制安40307吨，预应力钢绞线1131吨，金属结构及安装407吨，机电设施及安装104吨。2008年5月15日通过临时通水验收，9月18日正式通水，清澈的渠水源源不断地流入北京团城湖。

【中低产田改造项目效益显著】 满城县2008年度中低产田改造项目区位于南韩村镇，涉及孙村、尹固村、西原村、西原坡村、西苟村、疙瘩屯村、东村等7个行政村。项目区总人口1318人，农业人口1318人，农业劳动力5880人，总土地面积13602亩，其中耕地7700亩。粮食作物播种面积13860亩，经济作物770亩。粮食总产量522.3万公斤，农业总产值1180万元，农民人均纯收入4133元。

农业综合开发中低产田改造项目面积0.77万亩，总投资490万元，完成水利措施投资373.93万元，农业措施投资81.25万元，林业措施投资15.57万元，科技措施投资7万元，新打及维修配套机井20眼，建机井保护装置40座，铺设地下防渗管道46.2公里，安装新变压器10台，改造旧变压器9台，输电线路9.6公里，整修农路9.6公里，农路硬化5公里，农田林网植树1.1万株，科技培训四项300人次，并购置了相关宣教仪器设备。

中低产田改造项目的建设，强化了农业基础设施，促进农村经济增长和农业产业化的发展，提高农业综合效益，年节约用水62.4万立方米，节约水电费20余万元，增产粮食189.73万公斤。

【"节能减排攻坚年"成效显著】 满城县将2008年确定为"节能减排攻坚年"，制定相关的《实施方案》、《目标责任书》、《责任追究办法（暂行）》，建立全省首家排污权交易中心，推进污水处理场、垃圾处理场、"蓝天工程"、燃煤锅炉替代工程等十大节能减排重点工程建设，形成严格监管、协调联动、社会监督、全民参与的工作机制，严格落实问责制和"一票否决制"，全面有效地促进了节能减排各项工作的顺利开展。经省政府预考核，全年规模以上工业万元工业增加值能耗由2005年的1.70吨标准煤下降为1.40吨标准煤，比上年下降6.7%；化学需氧量（COD）和二氧化硫（SO_2）均超额完成年度削减任务。造纸工业废水处理率达到100%，地下水位回升近10米，县内主要河流出境断面断流；各项指标明显好转，二级以上天数达到310天。顺利完成"双三十"节能减排年度考核目标任务。

【城镇面貌又有新变化】 满城县统筹推进"城镇面貌三年大变样"活动，投资47.5亿元实施了40项城建重点工程。其中，永乐街、工业街、育才街道路改造及县城夜景工程等顺利完成，新安装太阳能灯142盏，新建商住及廉租房小区13个，供水厂一期工程完成综合楼建设。全市"城镇面貌三年大变样"重点工程——富瑞园林项目进展顺利。4个乡及所辖45个村的规划和县城4.75平方公里控制性详规编制完成。

【农业农村工作新发展】 突出区域特色品种，重点发展草莓、磨盘柿、红岗山桃、无公害蔬菜等传统特色农产品。草莓种植面积4.84万亩，总产9.49万吨，总产值3.04亿元，分别比去年增长0.53%和1.07%，错季蔬菜达到5.5万亩。投资1911万元的满城镇、南韩村镇基本农田整理项目顺利实施，落实各项支农惠农政策，发放粮食直补、农机补贴等各类支农资金近1500万元。投资9000万元奶牛存栏达2200头的昊宇奶牛养殖基地，投资8000万元年出栏种猪、商品猪10万头的东奥牧业的建成，推进了农业产业化发展。2008年有省级龙头企业1家，市级以上龙头企业12家。积极改善农村人居环境，抓好文明生态村创建活动，加大农村水、电、路和农田水利工程的投入，投入资金189万元，组织16个重点创建村硬化街道21公里，新建垃圾池58个，沼气池544个。

【抗震救灾，积极捐款捐物】 2008年年初，南方地区低温雨雪冰冻灾害后，全县积极向灾区捐款捐物200余万元。南韩村镇17家民营企业无偿向重灾区湖南郴州市捐赠电线杆520根，电力系统两批100多人次深入一线参与恢复重建。"5·12"四川汶川特大地震发生后，全县社会各界捐款1020万元。多名志愿者深入灾区参与救援，抽调医务和卫生院防疫人员第一时间奔赴抗震救灾一线，展现满城人民心系大局、无私奉献和一方有难、八方支援的良好精神风貌。

领导班子成员

县委

书　　记　闫志强
副 书 记　田　钧（5月离任）
　　　　　刘　峰（6月任）
　　　　　吕耀欣
常　　委　闫志强
　　　　　田　钧（5月离任）
　　　　　刘　峰（6月任）
　　　　　吕耀欣　王瑞生
　　　　　贾见勇
　　　　　李新立（11月离任）
　　　　　朱子强（9月离任）
　　　　　康　社
　　　　　周民选（11月任）
　　　　　刘　杰（10月任）
　　　　　崔建民（10月离任）
　　　　　贾玉兰（女，11月任）
　　　　　冯　峻（女）
　　　　　李雄鹰

人大

主　　任　李英杰（女）
副 主 任　王凤林
　　　　　尹金泉（不驻会）
　　　　　魏凤禄　宋连勇

政府

县　　长　田　钧（5月离任）
　　　　　刘　峰（6月任）
副 县 长　朱子强（9月离任）
　　　　　刘　杰（10月任）
　　　　　崔建民（10月离任）
　　　　　贾玉兰（女）
　　　　　柴志民
　　　　　陈　平（12月任）
　　　　　潘金忠　陈英民
　　　　　夏　冰（12月任）
　　　　　王若辉（12月离任）
　　　　　刘力雄（12月离任）

政协

主　　席　范福生
副 主 席　商振华　刘铁英
　　　　　李文安
　　　　　李保章（不驻会）

（张海涛）

清苑县

【地情提要】　清苑县位于河北省中部，太行山北部东麓，冀中平原西部，保定市南端。地理坐标为北纬38°33′~38°35′，东经115°13′~115°45′。全县总面积867平方公里。县人民政府驻地北距北京市145公里，东北距天津市140公里，西南距石家庄117公里。境内交通便利，公路四通八达，京石、保沧高速及保衡、保新、保沧等多条省级公路贯穿全境，自古就有“北临三关，南通九省”之誉。冉庄地道战遗址闻名遐迩，是全国重点文物保护单位、全国青少年爱国主义教育基地和全国爱国主义教育示范基地。清苑是传统农业大县，被国务院授予粮食生产、平原绿化先进县，是国家优质小麦基地县和草莓出口基地县。清苑西瓜、禽蛋、无毒草莓、麻山药、无公害蔬菜远近闻名。童装、有色金属冶炼、蚊香、猪鬃加工等产品在国内国际享有盛誉。随着改革开放的不断深入，工业企业改革力度加大，形成了较为完整的产业格局。

自然环境　清苑县位于冀中平原西部，地势坦荡，西南高，东北低，缓缓倾斜。暖温带大陆性季风气候，四季分明，年均气温12.4°C，平均日照2638.4小时，无霜期178天，年均降水537.8毫米，全年东北风频率最高，年均风速2.2米/秒。境内河流系海河流域大清河水系，计有唐河、新开河、龙泉河、清水河、金线河、府河、漕河8条，河道总长167公里，流域面积877.2平方公里，设计泄洪量4162.9立方米/秒。土壤主要有褐土、潮土两种，其中潮土59.32万亩，占总耕地面积的69.6%。

自然资源　全县土地总面积867平方公里，耕地面积77.5万亩，人均耕地1.3亩。土层深厚，土质松软，耕性良好。地表水主要由天然降水和河道客水形成，年均仅利用1764万立方米。植物资源种类繁多，分布均匀，盛产小麦、玉米、花生、红薯和各种瓜菜、苹果、梨、桃等，有蒲公英等50余种野生植物均可入药。野生动物主要有青蛙、野兔、蜂、雀、蛇等20余种。

建置沿革　北魏太和元年（477年）置清苑。北齐天保七年（556年）废清苑入永宁县，后改乐乡县。五代后唐元年（923年）改清苑县为奉化军。太平兴国六年（981年）改保塞县。金大定六年（1176年）改保塞为清苑。民国元年（1912年）裁县留府，次年废府复县制。1941年清苑以张登至保定公路为界分为清苑、之光两县。1944年两县合并，初为之光，后称清苑。1958年10月，撤销清苑县，大部区划并入唐县，同年12月成立清苑区。1960年3月，清苑、满城、完县三区合并为清苑县。1961年5月恢复清苑县建制。1986年5月，划为保定市辖县。1994年12月，保定地市合并，清苑县归属保定市。

行政区划　现辖10乡8镇，1个城区办事处，266个行政村。18个乡镇分别是：清苑镇、张登镇、冉庄镇、大庄镇、臧村镇、阳城镇、魏村镇、温仁镇、白团乡、石桥乡、何桥乡、闫庄乡、望亭乡、孙村乡、东闾乡、李庄乡、北王力乡、北店乡。

人口民族　2008年末统计，全县共16.39万户，总人口61.72万人，其中农业人口56.84万人，非农业人口4.88万人。境内有汉、满、蒙、回等18个民族，以汉族为主，占总人口的98%。全县人口出生率13.99‰，人口自然增长率为6.98‰。

【概况】　2008年，全县地区生产总值完成62.3亿元，增长10.2%。其中，一、二、三产分别完成15.9亿元、30.6亿元、15.8亿元，分别增长8.7%、8.7%、14.8%。财政收入完成3.17亿元，增长2.1%，其中地方一般预算收入完成1.33亿元，增长16.4%。城镇以上固定资产投资完成26亿元，增长23%。城镇居民人均可支配收入13950元，增长36.7%。农民人均纯收入5055元，增长12.06%。全县综合实力进一步提升。农业经济　小麦玉米双获丰收，小麦总产达18.4万吨，实现连续5年增产。农业标准化、产业化建设深入推进，草莓、西瓜、蔬菜等特色产业继续稳步发展。实施“沃土工程”，配方肥推广面积40万亩，节本增效1200万元。继续实施生态家园富民工程，全县共建沼气池1900多个。大力开展奶站整治，加强饲料生产监管，加快散养奶牛向小区集中，促进奶牛养殖业健康发展。争取粮食直补、良种补贴等各项支农资金7300多万元，受益农民达56万余人。工业经济　全县规模以上工业增加值完成18.2亿元，增长24.3%。规模重点企业不断壮大，全县产值超亿元规模企业25家。中国日杂品协会授予清苑县“中国香城”荣誉称号。全县技改投资完成7.3亿元，增长42.3%，手拉葫芦、有色金属等传统行业的生产工艺和产品质量均有较大提高。继续实行“政银企”对接联席会议制度，共争取1.4亿元资金支持，有效缓解了企业资金难题。全年产品销售收入完成65.1亿元，增长14.5%，产销衔接保持了较高水平。城乡建设　强力推进城镇面貌“三年大变样”，投资2.48亿元拆除“违、临、破、旧、陋”建筑2.8万平方米，扩建道路11.9万平方米，新增绿地7.5万平方米，在建工程面积22.6万平方米，竣工8.6万平方米。保清路拓宽工程顺利推进，振兴路南延工程全面启动。继续加大“两厂”建设力度，污水处理厂稳定出水达到一级B标准，并争取到国家污水管网奖励资金530万元。环保发电项目如期开工，进展顺利。完成6个乡镇的总体规划和100个村的村庄规划。科教文卫　引进推广新技术、新成果35项，组织建立科技示范基地2个。高考再创佳绩，本二以上上线总人数继续稳居全市第三名。大力发展职业教育，职业教育服务功能进一步增强，组织农技培训3.3万多人次，市政府授予清苑县“职业教育工作先进县”。冉庄地展馆主体工程全面启动，完成宋太祖故里考证工作，宋祖陵被省政府列为省级文物保护单位。继续开展医疗惠民行动，农民健康保健工程受益人口达到5.3万人。何桥、阳城等四所乡镇卫生院改造基本完成，农村医疗服务能力进一步改善。新农合工作平稳运行，参合率达到84%，全年共补偿患者3000多万元。组织专家医务人员200多人，筛查食用问题奶粉婴幼儿14709人，患病婴幼儿得到及时救治。节能环保　深入开展整治违法排污企业，保障群众健康环保等专项行动，对26家限期治理达标的企业进行治理，有效地保障了奥运期间的空气质量。开展节能减排，全年共削减$SO_2$452吨、COD852吨，超额完成市下达任务目标。开展土地开发整理，完成北宋村4000亩、白团13900亩基本农田整理，对王罗侯、马罗侯432亩砖窑进行复垦置换，确保全县耕地占补平衡。“砖窑革命”扎实开展，关停砖窑4座，通过土地复垦或直接安置项目等方式，挤出项目建设用地1000多亩。加快发展生物质产业，康帝复混肥生产线竣工投产，达到年处理20万亩农作物秸秆的生产能力。积极推广太阳能综合应用，完成信合家园、阳光家园等住宅小区太阳能路灯、景观灯的设置工作。社会保障　全面启动城镇居民医疗保险工作，基本实现医疗保险全覆盖。就业再就业工作稳步推进，城镇新增就业2200人，“4050”人员就业307人，下岗再就业820人，农村富余劳动力向非农产业转移2万多人，职业介绍850人。城乡低保扩面提标全面完成，发放城镇低保补助500多万元，农村低保金600多万元，保障困难群众的基本生活。救灾救助工作成效显著，为四川地震灾区捐款捐物1100多万元。

【招商引资和项目建设成效显著】　制定《关于加强招商引资工作实施意见》，提高招商引资实效。积极参加各类洽谈会，投资1.1亿元的丁二酸项目正式签约，无缝钢管项目达成投资意向，汽车发动机减震皮带轮、复合包装材料、橡胶填充剂等项目正式签约，时代矿泉水等项目达成投资意向。全年新引进项目23个，总投资31.7亿元。引进省外资金3.9亿元，占市核任务的110.3%；实际利用外资510万美元，占市核任务的170%。争取上级各类支持资金2.2亿元。按照第一园区抓竣工投产、第二园区项目入驻、第三园区建设进度、第四园区谋划运作的工作思路，继续实行“四个一”项目保障措施，出台《进一步加强项目建设的实施意见》，及时解决项目建设过程中遇到的各种问题，确保项目建设顺利推进。2008年全县谋划项目32个，总投资78亿元。正大纺织、立德饲料、兆丰缘食品等3个项目建成投产；鑫昌再生锌、阿尔法电梯、万方新型建材等16个续建项目进展顺利；环保发电、腾宇建材、固特汽配等14个项目新开工建设；南郊热电、金瑞祥锌业、双强电解锌等17个重点前期项目积极推进。不断完善园区建设，完成仓储物流园、台商工业园、有色金属产业园等11个重点园区规划。

【民心工程方便群众生产生活】

投资1800多万元完成县城至石桥公路西段和19条村级公路的修建工程，总里程达58公里。完成牛庄新开河桥、王胡庄九龙河桥和冉河头清水河桥的新建改建工程。完成清苑一小、二小校舍扩建。投资600万元对75所中小学校取暖设施进行改造，全县中小学结束煤炉取暖的历史。农村饮水安全工程顺利推进。完成县内主要交通道路标志、标线、信号灯的设置工作。全县17个乡镇（除清苑镇）统一配发小型消防车，确定消防队员，安装报警电话。编制完成《全县农副产品交易市场建设规划》。新建改建张登、蒋庄两个农产品交易市场。积极推进新农村电气化建设，投资870万元，完成3个电气化乡、25个电气化村建设。白团五保供养中心一期工程建成并投入使用，成功经验在全市推广。完成改造魏村光荣院立项及工程设计工作。为119个村配发文体器材，全县文化站室建设基本完成。完成100个村的村民网络信息站建设。为全县每个村配备了“农业信息机”。举办农民致富带头人培训班2期，培训带头人271人。加强县城基础设施建设，挖补整修路面破损严重的路段5条、道路绿化改造2条、整修翻修小街小巷3条。改建公厕3座，增设垃圾箱8个和果皮箱80个。规划建设公共小绿园3个。

领导班子成员

县委

书　　记　石海林

副 书 记　吴亚飞

　　　　　牛树根（10月任）

　　　　　张晓东（10月任）

常　　委　石海林　吴亚飞

　　　　　牛树根（10月任）

　　　　　张晓东　陈保华

　　　　　刘春林（10月任）

　　　　　侯印红（10月离任）

　　　　　董少卿　李文阁

　　　　　谢占斌

　　　　　刘盼山（10月任）

　　　　　李东海

　　　　　丁　阳（10月离任）

人大

主　　任　吴建民

副 主 任　刘志宏　赵保平

　　　　　张双义　张洪启

政府

县　　长　吴亚飞（6月任）

副 县 长　张晓东（10月离任）

　　　　　刘盼山（10月任）

　　　　　李东海　张金仲

　　　　　郭海山　李建元

　　　　　陈　克

政协

主　　席　宋　静

副 主 席　闫英志（10月离任）

　　　　　税国芳（10月任）

　　　　　范同山　苏秀义

　　　　　张同岳（12月任）

　　　　　（高雁成　臧旭东）

曲阳县

【地情提要】　曲阳县位于保定市西南部，总面积1083.7平方公里，是国家命名的中国雕刻之乡，中国水果百强县之一，河北省民间艺术之乡。

地理位置　曲阳县地处太行山东麓，华北平原西部，县境地理坐标为北纬38°26′28″～38°57′18″，东经114°24′30″～114°53′54″。北偏东距首都北京200公里，南偏西距省会石家庄70公里。

自然环境　曲阳县为半山区，地势西北高、东南低，地貌自西北向东南依次为低山、丘陵、平原，俗有“六山一水三分田”之说。曲阳县属暖温带半干旱地区，大陆季风气候显著，四季分明。春季气温急剧升高，气候干旱；夏季天气炎热，雨量充沛；秋季天气爽朗，昼暖夜凉；冬季天气寒冷干燥。2008年无霜期203天。境内水道属海河流域大清河南支，水位动态自西北向东南方向径流。境内有通天河、三会河、大沙河等河流。境内土壤有褐土、潮土、沼泽土、草甸土、水稻土5个土类，9个亚类，40个土种。

自然资源　曲阳县自然资源丰富，生物资源主要有果树砧木、芦苇等，矿产资源主要有大理石、石灰石、煤等，其中大理石资源储量丰富。

建置沿革　秦时设置曲阳县，北魏太平真君七年（公元446年）与新市县（今正定县新城铺）合并，称新市县。景明元年（公元500年）析出，恢复曲阳县建制。元太祖十一年（公元1216年）升为恒州，辖阜平、灵寿、行唐、庆都（今望都）、唐县5县。太宗十一年（公元1239年）撤州并复县。1958年10月1日与定县（今定州）合并，称定县。1961年5月20日析出，恢复曲阳县建制至今。现辖4个镇，14个乡。

人口民族 2008年末，曲阳县总人口597076人，其中农业人口454952人。人口性别比为103.6 ∶100。99.9%为汉族人。其他还有满族、蒙古族、回族、苗族等18个少数民族。

【概况】 2008年，曲阳县生产总值41.02亿元，比上年增长7.9%。其中第一产业增加值6.74亿元，同比下降0.3%；第二产业增加值178070万元，增长3.3%；第三产业增加值164785万元，增长17.4%。三次产业的构成比例为16.4 ∶43.4 ∶40.2。当年农、林、牧、渔业总产值132582万元，比上年增长3.8%。工业总产值457391万元，增长6.7%。全社会固定资产投资137894万元，同比增长5.73%。财政收入2.22亿元，增长8.2%；财政支出7.07亿元，增长50.6%。社会消费品零售总额141511万元，比上年增长19.5%，居民消费价格指数比上年上涨6.3%。城镇居民人均可支配收入8180元，比上年增长11.9%。农村居民人均纯收入2364元，比上年下降563元。年末城乡居民储蓄存款余额446545万元，比年初增加92806万元。

扎实推进农业结构调整，全面落实惠农政策，投入各项支农资金6662万元。蔬菜种植面积发展到5.5万亩，优质小杂粮6万亩，脱毒甘薯3万亩，河北青龙山农贸有限公司万亩优质谷科示范基地荣获全国科普惠农兴村先进单位。大力实施良种补贴、农机补贴，推广良种良法配套技术措施，当年粮食种植面积34313公顷，粮食总产量178978吨，比上年增长1.1%。畜牧业克服“三鹿奶粉事件”不利影响，积极实行规范管理，协调销售渠道，发放补偿资金，降低奶农损失，年内新建奶牛养殖小区7个，发展奶牛养殖专业村22个，年末奶牛存栏14361头，肉类总产23574吨，增长%9.96；禽蛋产量10916吨，增长34.2%；牛奶总产45450吨，增长54.9%。加强农田水利基本建设，实施饮水安全工程和生态家园富民工程，新建农村公路8条，总里程36公里。利用沼气建设列入国家级项目县的机会，争取沼气建设资金208万元，建沼气池2630个，沼气示范村20个，培训沼气技术人员200人，农民生活质量进一步提高。

为加快工业发展步伐，2008年积极配合保定市“工业西进、对接京津”政策，按照“一主多辅、梯次推进”原则，规划7500亩张石工业园区，规划建设羊平、灵山、庄窠、台北、大南关等中小企业创业基地，园区建设初见雏形。积极推进项目建设，年内实施千万元以上项目15个，总投资2.1亿元。其中，华运挂车、虎山风景区三期工程等项目相继竣工投产；田原化工“18·30”扩建工程、国际雕塑会展中心相继开工建设。太行山水泥与北京金隅集团合作，总投资6亿多元的水泥项目落户曲阳，为该县有史以来第一个超亿元的招商引资成果。2008年工业总产值45.74亿元，增长6.7%；全部工业增加值149175万元，增长9.1%。在金融危机全球扩散、外贸出口严重受阻的情况下，县内雕刻市场活跃，内销畅旺。民营经济稳步发展，全县民营经济增加值303555万元，增长8.1%，占全县生产总值的74%，缴纳税金19431万元，占全部财政收入的87.5%；民营经济从业人员5.48万人，占全社会二、三产业从业人员的48.9%。

社会事业全面进步，全面落实再就业优惠政策，全年新增就业1686人，帮助下岗职工实现再就业847人。城镇困难群体最低保障标准由150元/月提高到200元/月，农村五保户提高到1500元/年，实现应保尽保，社会保障体系更加完善。改建9个乡镇卫生院，25个农村标准化卫生室；深化新型农村合作医疗制度，农民参合率达到78.6%，累计补偿金额2832万元。加强县城环境整治和管理，实施城中村改造，新建住宅小区3个，城市品位进一步提升。

积极开展抗震救灾活动，全县共捐款777.65万元，支持汶川地震灾区。

【曲阳宏州石业集团有限公司成功申报河北省第一批文化产业示范基地】 为弘扬国家级非物质文化遗产——曲阳石雕，推动该县雕刻、定瓷、北岳庙三大文化建设，加快县内文化产业迅速发展，2007年3月，按照河北省文化厅《关于做好河北省第一批文化产业示范基地申报推荐工作的通知》的要求，依据《河北省文化产业示范基地评选命名办法》，按照公开、公平、公正的原则，于2008年4月成功将宏州石业集团申报为河北省第一批文化产业示范基地。本批示范基地全省共入选16家，该公司是保定市唯一一家入选企业。宏州石业集团有3家分公司，400名员工，产值近亿元，2007年跻身保定市民营企业30强。

【定瓷烧制技艺入选国家级非物质文化遗产】 2008年6月14日，国务院公布第二批国家级非物质文化遗产名录，曲阳县“定瓷烧制技艺”榜上有名。全国共有2540个项目申报，经过专家严格评审，保定市8项列入，其中

“定瓷烧制技艺”为传统艺术类文化遗产。2007年，国家开展第二批非物质文化遗产申报，曲阳县根据“保护为主、抢救第一、合理利用、传承发展”的工作方针，组织文化文物旅游部门及有关专家、技术人员到曲阳县定瓷有限公司、灵山镇涧磁村一带，走访工艺美术大师陈文增和定瓷民间艺人，搜集相关资料，撰写申报文本，录制DVD短片和实物照片，高标准、高质量进行遗产申报工作。“定瓷烧制技艺”的申报成功，提升该县定瓷的知名度和影响力，为保护传统技艺打下了坚实基础。

【亿元项目落户曲阳】 2008年9月25日，在北京金隅集团大厦会议室，曲阳县人民政府与金隅集团举行“大水泥项目”合作协议签约仪式。该项目总投资6亿元，项目建成后，日产4000吨水泥熟料，年产高标号水泥120万吨，年产值10亿元。厂址位于曲阳县灵山镇野北村，10月开工建设，预计2009年底建成投产，可安排就业760人。

【中国（曲阳）雕刻博览会成绩斐然】 2008年10月28～31日，在雕刻广场举办，博览会的主题为“曲阳雕塑与城市建设”，设408个标准展位，展出有雕刻精品、石料板材及自然风景石等，直接现金交易额30多万元，签订合同金额210万元，参观人数达10万余人。期间邀请了新华社、人民日报、中央电视台、中央人民广播电台、河北经济日报等各级媒体30余家，新闻记者60余人到会采访，先后刊发有关报道近百条。展会期间，各地政府代表团及参展商、采购商充分利用博览会这个交流平台，开展政务交流、经贸合作、产品推介活动，博览会取得丰硕成果。博览会开幕式上成立河北省工艺美术协会雕塑艺术专业委员会，会议期间举办了首届河北省雕塑艺术论坛。

【污水处理厂建设正式启动】 污水处理厂建设是县城重点公益事业建设项目。2008年11月26日,在县城东部污水处理厂址举行污水处理厂建设启动仪式。该项目占地面积32.51亩，总投资6508.86万元，设计处理规模2万吨/日，配套管网长39.6公里，采用A^2/O悬浮曝气处理工艺，出水水质达到《城镇污水处理厂污染物排放标准》中一级A排放标准，2009年底建成使用。

领导班子成员

县委

书　　记　张志奎(6月离任)
　　　　　王义民(6月任)
副 书 记　周立光(9月离任)
　　　　　朱子强(10月任)
　　　　　李　勇(10月离任)
　　　　　刘同孝(11月任)
　　　　　张大鹏(11月任)
常　　委　张志奎　王义民
　　　　　周立光　朱子强
　　　　　李　勇　张大鹏
　　　　　刘同孝　凌国增
　　　　　韩国勋　王跃勇
　　　　　张美顺(11月离任)
　　　　　霍　磊(11月任)
　　　　　段志伟
　　　　　赵泽琼(11月离任)
　　　　　李银峰(11月任)
　　　　　赵　军(8月离任)
　　　　　孙晨光(11月离任)
　　　　　柴惠杰(12月任)
　　　　　李熙宽(挂职)

人大

主　　任　田志先
副 主 任　田义才
　　　　　杨亚勋(11月离任)
　　　　　李培然
　　　　　夏立章(12月任)
　　　　　高爱茹
县　　长　周立光(9月离任)
　　　　　朱子强(10月任代县长)
副 县 长　韩国勋　王跃勇
　　　　　田双喜
　　　　　李银峰(11月离任)
　　　　　李贤明(11月离任)
　　　　　杨亚勋(11月任)
　　　　　马立新
　　　　　张　杰(11月任)

政协

主　　席　刘同孝
副 主 席　任曙光　万树勋
　　　　　牛树乔(不驻会)
　　　　　(赵丽英　王亚莉)

涞水县

【地情提要】 涞水县地处河北省中西部、太行山东麓北端，总面积1650.5平方公里。地形独特，区域狭长，素有涞水“一条线”之称，地势自西北向东南分山区、丘陵、平原三种地貌。县境与北京市房山区和门头沟区接壤110公里，是京西南门户。县城距北京市中心90公里，距天津市中心170公里，距保定市中心75公里，位于京、津、保三角地带，属大北京经济圈内，地理坐标为北纬39°17′～39°57′、东经114°59′～115°48′。

自然环境 山区、丘陵占全县总面积的75%，平原占全县总面积的25%，西北山区平均海拔800米，最高峰1983米，境内最长河流拒马河，流经县内117公里。拒马河常年过水量9.2立方米/秒，属海河流域大清河系。近年由于北方干旱少雨拒马河县域段地表水已干枯。气候属温带湿润性气候，平均气温12.4度，冷月（1月）平均气温-4.7度，热月（7月）平均气温28.4度，年日照2853.3小时，常年主导风向为东北风、西南风，最大风速17米/秒。无霜期为236天，山区为165天。最大冻土深度75厘米，最大积雪深度28厘米。

自然资源 全县耕地面积21066公顷，其中水浇地占64%，人均耕地1.1亩。土壤有5个土类，11个亚类、12个土属、70个土种。野生植物资源中木本植物25科、40属、50种，草本植物30科、62属、85种。植物药材多达776种，其中已经开发利用的有100余种，西北部山场广阔，林地面积约50万亩。森林中生活的野生动物有豹、狼、野猪、山羊等30多种。矿产资源以探明的有煤、铁、铜、金、银、铅、锌、云母、石棉、大理石、石灰石、滑石、石英等15种。拒马河中天然鱼类资源丰富，主要有鲤鱼、白鲢鱼、青鱼、草鱼、鲇鱼以及泥鳅，大青虾，螃蟹、甲鱼，原拒马河特产“重唇鲤”清代时为贡品。

建置沿革 汉高帝六年（公元前201年）置县，隶涿郡。遒城在今涞水北关村北。北魏时改“遒”为“逎”称逎县。随开皇元年（公元581年）改“逎”县为范阳县，开皇六年（公元586年）改名为固安县；开皇十年（公元590年）又更名为永阳县。开皇十八年（公元598年）因以境内涞水（即拒马河）所经始称涞水县。1958年10月，涞水县建置撤销辖区分别划归涿县和易县。1962年1月恢复涞水县原建置至今。

行政区划 辖7镇8乡，284个行政村。

人口民族 全县总人口349609人（至2008年底），总户数96955户。其中非农业人口54048人。满族、回族等少数民1.58万人。

【概况】 2008年实现地区生产总值233525万元，同比增长12%。其中：第一产业增加值68172万元，同比增长5.7%，第二产业增加值73672万元，同比增长11.2%，第三产业增加值91681万元，同比增长16.3%。单位生产总值能源消耗1.537吨标煤/万元，民营经济实现增加值165803万元，同比增长18.3%；粮食总产量125225吨，同比增长36.2%；棉51吨，同比增长27.5%；财政收入17548万元，同比增长21.1%；财政支出54182万元，同比增长17.9%；社会商品零售总额107013万元，同比增长24%；固定资产投资152320万元，同比增长26.6%；职工年平均工资16514元，同比增长22.4%；农民人均纯收入3253元，同比增长7.2%；城镇居民人均可支配收入8493元，同比增长18.9%；年末城乡居民存款余额341239万元，同比增长29.7%。

农村经济迈上新台阶。各项支农惠农政策得到有效落实，发放各类涉农补贴，支农惠农，扶贫开发资金达4494万元，农业综合生产能力进一步提高。加大扶贫开发力度，14个村9800人实现稳定脱贫。粮食生产喜获丰收，再创历史最高水平。林权制度改革进一步深化，林农营林、兴林热情高涨。完成人工造林5万亩，封山育林9万亩。以食用菌为主的设施农业发展进一步加快。以薄皮核桃、串枝红杏、麻核桃为主的特色林果业规模不断扩大，效益逐年提高。畜牧业稳健发展，完成10个标准化示范养殖场建设，畜牧兽医中心建成并投入使用，牛、羊、猪、禽等养殖规模不断扩大。各农民合作社服务农业、发展农业的功能不断加强。新建沼气池2100个。年内创建文明生态村21个，创建总数达到全县总村数的40%。实施饮水安全工程，有效缓解拒马河沿岸部分群众饮水困难。

工业经济在逆境中取得新进展。积极帮助企业克服国际金融危机带来的冲击和影响，加强调度，强化服务，全力帮扶促使企业在困境中求发展。

旅游产业迈出新步伐。围绕创建国家级5A级景区，完成“印象野三坡”大型歌舞剧公演、“2008北京奥运纪念碑林”等近10项旅游重点工程和产业升级工程，强化对外宣传，提高野三坡的知名度、美誉度，克服新假期制度对旅游业的不利影响，实现经济、社会效益双丰收。全年共接待游客152万人次，门票收入3450万元，实现社会效益4亿元。

招商引资和项目建设实现新突破。续建、新建千万元以上项目22个，总投资75.2亿元，完成投资13.3亿元，其中亿元以上项目9个。尝试委托招商建设的中加工业园，总投资1.4亿元的中冶迈克液压机械生产和总投资1.5亿元的农业装备产业化项目入园并开工建设。投资1.2亿元的金属表面处理、投资7033万元的风华环保服务有限公司改扩建、投资3050万元的海华腾食品深加工等一批项目相继开工或建设投产。总投资7亿元的冀东水泥生产线项目，进行前期工作。园区建设有效推进，城东工业园区进一步优化完善；制定高速引线工业园区环评及详规，规划面向北京，承接北京产业转移的石亭工业园区。市委、市政府授予涞水县2006年至2008年度重点项目建设工作先进单位，奖励100万元。

城乡面貌发生新变化。开展城乡面貌三年大变样活动。城西污水处理厂建成并通水试运行。完成15万平方米住宅小区建设。完成泰安路和文山路的升级改造工程。张石高速一期、廊涿高速保定段建成通车，张涿高速开工建设，京昆高速（京石高速二通道）进入工程可行性研究阶段，交通区位优势逐渐显现。建立健全县城卫生环境管理体制，城中7个村、96个家属院的垃圾清运全部纳入统一管理。县城主要街道实现机构清扫，全天保洁。城区主要道口安装交通标示牌。生态建设和文明创建成效显著，被命名为国家级生态示范区、省级优美小城镇和市级文明县城。

关注民生工作，以办好为民十个方面实事为重点，扎实推进民心工程。多方开辟就业渠道，全力做好就业和再就业以及零就业家庭就业工作，全年城镇新增就业1620人，再就业1171人。扩大社会保障范围，克服财政紧张压力，启动全额事业单位基本养老保险，灵活就业人员和城镇居民基本医疗保险。进一步改善城镇和农村低保对象基本生活，发放物价补贴款1045.5万元。积极开展救灾救济工作，发放救灾款117万元。投资1800万元的老年福利中心已开工建设。社会保障体系进一步健全，保障能力进一步提高。

社会事业取得新进步。中小学办学条件彻底改善，教育教学质量明显提高。第一小学迁建项目正式启动，完成教学楼、办公楼主体工程，投资改造农村中小学取暖设施，结束冬季炉火取暖的历史；高考取得新突破，本二以上上线人数大幅增加，受到市级表彰。新型农村合作医疗稳健运行，全年基金累计支出1735万元，农民看病难问题得到有效缓解；完善农村（社区）医疗卫生服务网络，全民健康行动计划试点工作顺利开展，完成三坡、娄村、石亭、九龙四个乡镇卫生院建设，农村医疗条件得到改善。计划生育工作顺利通过省、市考核验收，县计划生育技术服务站开工建设、计生惠民行动扎实推进。积极推进安全生产"法人代表承诺落实年"、"隐患排查治理年"和"行政执法年"活动，全年未发生较大安全生产事故，强化食品药品安全集中整治，保障人民群众饮食及用药安全。加大严打整治力度，确保社会安全。节能减排取得显著成绩。奥运安保工作扎实有效，为奥运会的成功举办做出突出贡献。

领导班子成员

县委

书　　记　孙金博
副 书 记　田庆柱　齐瑞飞
　　　　　杨宝昌　于舒心
常　　委　孙金博　田庆柱
　　　　　齐瑞飞　杨宝昌
　　　　　于舒心　石登云
　　　　　连书君
　　　　　王保辉（10月离任）
　　　　　赵春辉　陈　河
　　　　　刘晓梅
　　　　　任生桥（10月离任）
　　　　　万树军（11月任）
　　　　　刘清源（11月任）
　　　　　张志强（挂职）

人大

主　　任　薛兆丰
副 主 任　刘清源（11月离任）
　　　　　高翔鹰
　　　　　赵福礼（12月任）
　　　　　李福生　胡云霞

政府

县　　长　田庆柱
副 县 长　连书君　陈　河
　　　　　胡玉祥　刘彦坤
　　　　　穆启文　万树军
　　　　　刘　嵘（11月任）
　　　　　霍占利
　　　　　吴晓东（挂职）

政协

主　　席　宋冀中
副 主 席　赵福礼　郑晓先
　　　　　罗桂金
　　　　　杨宝楼（12月任）

（于秀梅）

涞源县

【地情提要】 涞源县地处太行山北端，保定市西北部。东西横距61公里，南北纵距71.5公里。总面积2448平方公里。因夏季气温低，凉爽舒适，故有"凉城"之美誉。旅游资源得天独厚，县域内不仅拥有白求恩做手术的孙家庄小庙、黄土岭战役遗址、抗日小英雄王二小牺牲地，还有风景独特的白石山世界地质公园、仙人峪、空中草原等自然景观；有国家级文物保护单位阁院寺、保存完好的明长城、省级重点文物保护单位兴文塔等。交通便利，京原铁路横贯东西，108、112、207三条国道在县城交会，分别通往北京、天津、太原、石家庄、保定、张家口等大中城市。东邻易县，距易县县城106公里；西邻山西省灵丘，距灵丘县县城46公里；南邻唐县，距唐县县城126公里；北邻蔚县，距蔚县县城100公里。矿产资源丰富，采矿业已成为该县的支柱产业，2008年底，来自矿业的收入占全县财政收入的70%。农业经过结构调整，已由传统的经营模式向特色化、产业化发展，并形成一定规模。

自然环境　涞源县为全山区县，境内群山起伏，沟谷纵横，山间分布大小盆地，主要有涞源盆地、东团堡盆地、南城子盆地。涞源县城恰处群山环抱的涞源盆地中心，平均海拔800～900米。境内主要行洪河道有拒马河和唐河，均属大清河水系，地势西北高、东南低。最高处是县北利华尖，海拔2144.7米。该县属暖温带半湿润季风气候区；大陆性季风气候特点显著，四季分明，冬季寒冷干燥，盛行西北风；夏季雨量集中，盛行东南风；春季干燥多风，秋季凉爽多雨。2008年全县最高气温32.3℃，最低气温-20.9℃，年平均气温7.9℃，零厘米平均温度9.4℃，全年日照2753.8小时，无霜期163天，初霜期为10月6日，年降水量597.3毫米，年均风速1.7米/秒，风极端最大值11.0米/秒，盛夏日平均气温22.7℃。

自然资源　水资源较丰富，有唐河、拒马河两大河流，大小山泉102处。野生植物资源有：乔木、灌木、蒿草等，特别是野菜类，如蕨菜、黄花蘑、苦苦菜、山葱、山韭菜等已成为本地纯天然的绿色食品，深受大城市游客的青睐，并销往全国各地。县域属暖温带针阔混交林地带山地槲树、槲栎林区，全县森林覆盖率为22.46%。野生动物有60余种，鸟类有30余种。矿产资源丰富，已探明矿藏43种，其中金属矿21种，非金属矿22种，主要开发品种有铁、铝、锌、铜、金、大理石、石棉、褐煤等。

建置沿革　涞源县初名广昌，始建于西汉。北魏废置，北周复置，隋为避太子（杨广）名讳，改称飞狐县（因县北飞狐口而得名），明初复旧名，民国3年（1914年），因与江西省广昌县重名，故取涞水源头之意改名为涞源县。

行政区划　2008年，全县有6镇（涞源镇、银坊镇、王安镇镇、水堡镇、杨家庄镇、走马驿镇）、11乡（下北头乡、北石佛乡、上庄乡、东团堡乡、金家井乡、留家庄乡、南屯乡、烟煤洞乡、乌龙沟乡、塔崖驿乡、南马庄乡）、1城区办事处，辖285个行政村，6个居委会（兴文街居委会、福寿路居委会、关音堂居委会、拒马源居委会、烟墩山居委会、新城区居委会。

人口民族　全县总人口275258人，其中农业人口210460人，非农业人口64798人，少数民族有11个。人口自然增长率6.23‰。

【概况】　2008年全县总面积2448平方公里，年末耕地25690公顷。地区生产总值（快报数）31.2亿元，同比增长10%，其中第一产业增加值2.5亿元，同比增长5.2%；第二产业增加值19.7亿元，同比增长10.8%；第三产业增加值9亿元，同比增长9.5%。民营经济地区生产总值25.4亿元，同比增长9.3%；粮食总产量7.93万吨，同比增长12.4%；财政收入6.93亿元，同比增长12.4%；社会商品零售总额6.02亿元，同比增长21.2%；城镇固定资产投资8.1亿元，同比增长167.3%；职工年平均工资22716元，同比增长25.8%；农民人均纯收入1924元，同比增长6%；城镇居民人均可支配收入6350元；年末城乡居民存款余额29.7亿元，同比增长1.1%。

【奥运安保工作取得全面胜利】

奥运安保期间，全县搭建帐篷1200多顶，有两万多人24小时轮流值守在“四护”（护天然气、护电、护路、护线）一线，涌现出一批可歌可泣的先进人物和先进事迹。在全市奥运安保总结表彰大会上，市委、市政府授予涞源县“奥运安保工作先进单位”第一名。

【“三年大变样”迈出坚实步伐】

以“一街（沙河大街）、一路（百泉路）、一广场（拒马源广场）”为起点，“大变样”工作全面铺开。10月1日，2条共5730米的县城综合管沟和3条共2239米的污水管道开工建设，11月中旬基本完工。12月1日，《拒马河涞源县城段防洪综合整治规划》通过专家评审。同时，县污水处理厂投入运行，汽车站新站、生活垃圾无害化填埋场开工建设，县城大型电子显示屏、太阳能交通信号灯投入使用，东风市场顺利启动，沙河大街实现“退路进厅”。10月10日，全长55.4公里的下北头至银坊等5条县乡公路开工建设。

【农业和农村经济健康发展】

完成农业总产值2.27亿元，同比增长10.8%。农民人均纯收入1924元，同比增长6%。由于各项惠民政策落实到位，调动了全县农民的种粮积极性，完成大田作物播种面积29.1万亩，同比增长2.11%，粮食总产达到7.93万吨，同比增长11.42%。完成蔬菜播种面积2.29万亩，同比增长7.1%，产量4.75万吨，同比增长10.3%。林业生产完成人工造林面积4万亩，封山育林2万亩，果品总产量达到1.2万吨，义务植树90万株，整地1万亩。畜牧业生产健康发展，猪出栏5万头，同比增长2%，羊出栏8万只，同比增长3.3%，牛出栏0.53万头，同比增长2.2%，家禽饲养量63.1万只，同比增长3%，禽蛋总产量达到2643吨，同比增长7%，肉类总产量达到4448吨，同比增长2.3%。民营经济快速发展，新农村建设扎实推进。农村基础设施和公共服务体系建设得到进一步完善，有效改善了农业生产条件和农民生存环境。农业和农村经济继续平稳发展。

【各项惠民政策全面实施】 2008年，全县共发放综合直补1131.29万元，核实“农村一事一议财政奖补”资金280万元，发放“降消”（降低孕产妇死亡率、消除新生儿破伤风）项目救助资金45万元，发放计生奖扶资金82.7万元，发放城镇和农村低保资金959万元；先后完成残疾人家庭危房改造30户，完成白内障免费复明手术85例；通过开设惠民门诊、惠民病床，优惠接诊患者200多人次；投入资金210多万元，启动城镇居民医疗保险；先后为6.08万人次新型农村合作医疗参合农民，报免医疗费用1766.9万元。

【旅游基础设施进一步完善】 2008年完善世界地质公园白石山景区配套工程建设，提高景区硬件水平。是年，采取上级支持资金、县财政投入、企业捐资三种形式，完成投资3000万元，白石山全线动用12个施工队，日上劳力1000多人。完成步游路工程、安全防护工程，铺装花岗岩条石步路1900米，打混凝土栈道250米；铺装塑石步游路790米；铺装木制台阶1200米；整修石台阶1300米。完成观景台（9座），总面积600平方米。同时完成防渗工程、科普广场的设计和科普长廊工程。在建工程有：文化广场和历史文化景观。在红色旅游方面，完成白求恩纪念馆主体土建，王二小纪念地、东团堡烈士陵园一期工程完工。基础设施的不断完善，为该县旅游事业的发展奠定了基础。

【城乡居民生活质量不断提高】 城乡经济快速发展，社会保障事业不断完善，城乡居民收入稳步增长，城镇居民可支配收入达到6350元，同比增长8%。人民生活水平和生活质量不断提高，城乡居民储蓄存款余额达到297171.03万元。

【社会事业全面发展】 继续加大对教育、卫生、社会保障等各项社会事业的投入，不断完善公共服务体系，改善公共服务设施，促进社会事业和经济的协调发展。在巩固提高基础教育成果的基础上，严格落实“两免一补”政策，全部免除农村义务教育阶段学生的学杂费、贫困家庭学生课本费。努力改善医疗卫生条件，农村合作医疗试点工作稳步推进，参合率为94.4%，全年为6.08万人次参合农民报免医疗费用1766.9万元。社会保障体系更加健全，保障水平进一步提高。城镇居民登记失业率为2.6%，全年新增就业2791人，下岗失业人员再就业1452人，劳务输出9100人次，社会保险扩面4717人，发放城镇农村低保补助资金959万元。全年发放计生奖扶资金82.75万元。人口出生率为11.19‰。加大节能减排工作力度，规模以上万元工业增加值能耗比2007年降低6.9%，单位生产总值能耗降低8.8%，均超额完成节能任务。污染物化学需氧量消减360吨、二氧化硫消减576吨，均超额完成了消减任务。交通、城建、电力工作成绩显著，广播电视、文化体育等多项社会事业都有了长足发展，有力推动了全县和谐社会和县域经济的建设步伐。

【涞百购物广场】 涞源县涞百购物广场位于涞源县广昌大街（涞源宾馆南侧），建筑面积9600平方米，总投资5000余万元，由河北涿州温州商会投资经营。购物广场全部自主统一管理，属规模性经营的现代大型购物广场，于2008年1月正式营业。营业面积约8000余平方米，外观形象既现代时尚又经典大气。商厦内配备自动上下载人扶梯，中央排风换气和全自动消防喷淋报警、红外线监控设施，另有配套货梯，职工宿舍、职工餐厅、休闲活动室、职工素质能力教育培训室等。全购物广场经营商品种类有3万余种，地下是大型超市；每日客流量大约在8000人左右，从业人员300余人。购物广场内部布局设施新颖独特，充分展现现代都市大型商厦的高雅魅力，是涞源县城唯一的现代化大型商厦。

领导班子成员

县委

书　记　师振军(5月离任)
　　　　赵志栋(6月任)
副书记　赵志栋(6月离任)
　　　　高文才(6月任)
　　　　崔坤军(6月离任)
　　　　石志新(10月任)
常　委　师振军(5月离任)
　　　　赵志栋
　　　　高文才(6月任)
　　　　崔坤军(6月离任)
　　　　邵立华(6月离任)
　　　　刘小沛(6月任)
　　　　石志新(10月任)
　　　　杨敬新(12月离任)
　　　　魏立恒(12月任)
　　　　张德勇
　　　　汪树立(11月离任)
　　　　刘盼山(10月离任)
　　　　张　昇
　　　　罗玉琴(女)
　　　　张铁山
　　　　任生桥(11月任)

都建华(12月任)
李　辉(4月任,挂职常委)

人大
主　　任　李文喜
副 主 任　刘培才　李生明
王晓明(12月离任)
陈国志(12月离任)
李　凯(12月任)
杨　辉(12月任)

政府
县　　长　赵志栋(6月离任)
高文才(6月任政府主要负责人、涞源县人民政府副县长、代理县长)
副 县 长　刘盼山(10月离任)
张　昇(10月任)
都建华(12月任)
陈业鹏(12月任)
马坤英(女,11月离任)
徐路生
刘　嵘(11月离任)
杨文彪
王晓明(12月任)
曾　文(12月任)
谭峰生(4月离任)

政协
主　　席　张保福
副 主 席　刘东江　王全胜
贾良山
李　凯(12月离任)

（刘淑红）

博野县

【地情提要】　博野县地处河北省中部，冀中平原腹地，北京、天津、石家庄三大城市之间。县城北距保定市区50公里，西南距石家庄100公里。地理坐标为北纬38°27′~38°35′，东经115°29′~115°39′之间，东西横距28公里，西与安国毗邻，东与蠡县交界，北与清苑接壤，南与衡水市的安平、饶阳相连。全县总面积330.89平方公里。保（定）衡（水）公路纵穿过境，定（州）河（间）路、朔（州）黄（华港）铁路横过县城。

自然环境　博野县境南北狭长，除西部有两条状风沙高地，面积为1.47万平方米外，其余均为平坦壤地。地势北部西高东低，南部和东南部自西南向东北倾斜。地面高程（黄海）在19~30米之间，坡降为1/3000。境内5条河渠横贯东西。行洪河潴龙河，县界流程15.4公里。排水河道三条自北向南依次为孝义河、月明河、小白河。沙河干渠为行水河渠，县内渠长9.437公里。博野县属温带半干旱大陆性季风气候，干湿季节明显，四季分明，降水量不足，且年际及年内分布很不均匀。春季干燥多风，夏季湿热多雨，秋季天高气爽，冬季寒冷少雪。平均气温12℃，地温14.7℃，日照2750.8小时，降水452.03毫米，无霜期189天。

自然资源　2008年，境内土地总面积496345亩，其中，耕地32.4万亩，园地23047亩，林地8715亩，建设用地87834亩，水域面积5886亩，未利用土地1728亩。全县耕地土壤为褐土和潮土两大类，土质肥沃，适宜农业种植，是全国商品粮基地之一。境内地下水径流量为6000万立方米，地上外来给水800万立方米，全县生活生产用水总量为9989.75万立方米，缺水3990万立方米，为平原缺水县。境内查明地下储藏石油和地热，石油储量小，地热资源丰富。橡胶机带、有色金属加工、食品、化工、轻纺、机械制造等六个特色行业，成为县域经济支柱。博野是河北省橡胶输送带特色产业基地、全国第二批食品安全示范县、全国小作坊整治试点县、河北省优质肉制品生产基地县。

建置沿革　博野县境自西汉高帝12年始置蠡吾县，北齐废蠡吾入博野县（县治在今蠡县城）。宋雍熙四年建宁边军，景德元年改为永宁军，宣和七年降为博野县。元至元三年省博野东境入蠡州，西境入蒲阴县，三十六年复置博野县，县治仍在今蠡县城。明洪武元年始徙博野县城至今治。

行政区划　2008年，博野县辖3镇4乡133个行政村、4个社区。

人口民族　2008年全县有26.4万人，其中，农业人口20.9万人，有汉、壮、回、蒙古等14个民族，汉族人口占99.3%，人口出生率为12.02‰，计划生育率为89.79%。

【概况】　2008年，全县生产总值23.2亿元，增长10.1%；三次产业比为32.8∶40.8∶26.4；全社会固定资产投资12.4亿元，增长26.2%，其中城镇固定资产投资9.9亿元，增长37.9%；全县财政收入11540万元，增长15%，其中地方一般预算收入4440万元，增长17%；入统工业增加值4.5亿元，增长31.2%；单位GDP能耗下降6%，化学需氧量排放减少143吨，二氧化硫排放量减少124吨；城镇居民人均可支配收入10555元，增长14%；农民人均纯收入4217元，增长14%；全社会消费品零售总额8.1亿元，增长23.1%；出口创汇1310万美元，增长39%；实际利用外资350万美元。

【工业经济发展迅速】　全县工

业企业272家，其中规模以上企业29家，橡胶机带、食品、有色金属加工、化工、轻纺、机械制造6个发展行业效益进一步提高。博野县被评为河北省橡胶输送带特色产业基地。华月胶带、大成精密铸造、义利铜材三家企业进入保定市百强工业企业。博野镇、东墟乡、小店镇进入保定市百强乡镇。全县新增省级名牌和著名商标4个，总数达到24个。

【项目建设成效显著】 全县谋划实施千万元以上项目20个，总投资11.45亿元，新开工5个，续建项目6个，其中5000万元以上工业生产性项目3个，3000万元以上农业产业化项目2个。完成投资2.3亿元。投资5500万元的通达泵业水泵生产项目、投资8000万元的华月胶带钢丝绳芯输送带项目、投资4360万元的麦可生猪养殖项目相继开工，总投资5.6亿元的英利集团太阳能并网发电、光伏配套材料及生猪养殖等系列项目顺利签约。

【园区建设初见成效】 谋划实施占地3000亩的县城工业园区建设，2008年完成470亩的起步区基础设施建设，并在园区内建成占地50亩的中小企业创业辅导基地。投资5000万元的海通泵业项目已经入住，保定华月有限公司输送带自动化生产项目、英利集团麦可公司搬迁系列项目达成意向。

【三农工作扎实推进】 全面落实各项强农惠农政策，累计发放各类补贴2260万元。全年共安排“三农”资金4000万元，实施农业项目30个，农业发展后劲进一步增强。粮食产量稳步上升，粮食总产16万吨，粮食单产和总产创历史新高。推进农业产业化经营，形成粮食深加工产业链、蔬菜种植深加工产业链、肉食品养加销产业链、果品种植储存销售产业链、花生加工销售产业链和生猪养殖屠宰深加工产业链，农业产业化率56%，提高2个百分点；市级以上农业产业化龙头企业9家，其中省级2家，市级7家。推进沼气建设，全县沼气池总量13000个，被评为河北省沼气建设示范县。开展文明生态创建活动，新创建文明生态村10个，全县创建文明生态村58个。小店、大齐、张岳3个农村新民居新试点村建设进展顺利。

【城镇化建设步伐加快】 围绕园区建设、生产性服务业开发、城市基础设施建设、政府公共服务项目建设、住房开发建设、县城主要街道的拆迁改造、县城管理、城镇绿化等八项重点工作，实施16个方面67项重点工程。全县城乡建设累计完成投资2.2亿元，建筑面积达到4万平方米，城乡道路建设40.3公里。完成博兴路改造，实施一路（博望路）、一桥（猪龙河大桥）、两出口（县城北出口、西出口）、一网（县城排水管网）、两厂（场）（污水处理厂、垃圾处理场）建设。实施县医院改扩建、职教中心达标项目和总面积1000平方米的廉租房建设，启动宜佳旺商务项目、博雅嘉园、博阳小区、名仕佳苑、千禧小区二期、四季阳光城三期、原农机修造厂低洼区改造、汽车站搬迁项目。实施绿化改造和背街小巷硬化等群众身边的工程。污水处理厂、垃圾处理场建设进展顺利，年内投入使用。

【社会事业取得新进步】 认真落实“两免一补”政策，改善办学条件，全县83所中小学校全部配齐冬季取暖设施，成功召开全国颜元文化研讨会，积极培育博野特色文化。健全完善新农合，全县农民参合人数17.9万人，参合率达81.19%。全年累计为9.8万人报销医疗费1584万元，新农合资金使用率达96.8%。落实低保政策，保持动态管理下的应保尽保，启动城镇居民基本医疗保险试点工作，全县城镇医疗覆盖率56%，在全市率先实现参保率过半。食品安全工作成效显著，先后被评为全国第二批食品安全示范县、全国小作坊整治试点县、河北省优质肉制品生产基地县。

领导班子成员

县委

书　　记　肖占乐（5月离任）
　　　　　马志超（5月任）
副 书 记　陈春霞
　　　　　靳旭辉（10月离任）
　　　　　房振杰（10月任）
常　　委　肖占乐（5月离任）
　　　　　马志超（5月任）
　　　　　陈春霞
　　　　　靳旭辉（10月离任）
　　　　　房振杰　郝进国
　　　　　韩晓杰（10月任）
　　　　　赵武卫（11月离任）
　　　　　刘新桥（11月任）
　　　　　刘立朋（11月离任）
　　　　　汪树立（11月任）
　　　　　刘晓昱　郭小六
　　　　　张晓笠
　　　　　田红军（11月离任）
　　　　　罗晓瑞（11月任）

人大

主　　任　侯利杰
副 主 任　彭梦贤
　　　　　罗晓瑞（11月离任）
　　　　　王德安　张丽娜
　　　　　蔡良占（11月任）

政府

县　　长　陈春霞
副 县 长　韩晓杰（10月任）
　　　　　汪树立（11月任）

王双九　陈　冲
李青华
孙勇奇(11月离任)
郭杏来(11月任)
张林峰

政协

主　　席　郭泽民
副 主 席　孟彦波　刘凤雪
刘　祥
（陈朝刚　樊红波）

阜平县

【地情提要】　阜平县位于河北省西部，太行山东麓，东与曲阳、唐县交界，西与山西省五台县、繁峙县接壤，南与行唐县、灵寿县毗连，北与涞源县、灵丘县相邻。东北距保定市142公里、北京市330公里，东南距石家庄市130公里，西距全国佛教圣地五台山78公里。

自然环境　阜平是一个全山区县，县域总面积2494平方公里，山地占全县总面积的88.2%，耕地面积12.5万亩，人均17.5亩山、0.74亩田，素有“九山半水半分田”之称。境内山峦起伏，沟壑纵横，地势由东南（海拔200米）向西北（海拔2200米）逐渐升高。主峰海拔在824.9米以上的山峰有42座，其中歪头山海拔2286.2米，为保定市最高峰。河流属大清河水系，境内有大沙河、胭脂河、北流河、鹞子河、板峪河、平阳河6条常年河，汇入王快水库。阜平山地气候特点显著，局部小气候明显，百里之遥温差达6℃。

阜平是河北省重点林业县，境内宜林地223万亩，有林地100万亩，全县森林覆盖率31.31%。主要果品资源有红枣、核桃、板栗、苹果、花椒、山杏等。其中大枣以个大、核小、肉厚、皮薄、营养丰富而享誉中外，被誉为“中国大枣之乡”。

建置沿革　阜平历史悠久，金明昌四年（公元1193年）置县。这里是一块孕育革命的红色土地，1925年建党，1931年成立北方第一个红色政权——中华苏维埃阜平县政府。1937年聂荣臻率115师成立以阜平为首府的晋察冀边区革命根据地，这是全国第一个敌后抗日根据地，被党中央毛主席命名为“模范的抗日根据地和统一战线的模范区”。抗日战争和解放战争时期，阜平曾是中共中央机关和晋察冀军区司令部所在地，毛泽东、周恩来、朱德、刘少奇、任弼时等老一辈无产阶级革命家都在这里工作和战斗过。

行政区划　全县辖阜平镇、城南庄镇、平阳镇、龙泉关镇4个镇和王林口、台峪、史家寨、大台、北果元、下庄、东下关、砂窝、吴王口9个乡及1个社区，共209个行政村、1131个自然村，总人口21万。

【概况】　2008年全县生产总值预计完成165864万元，增长8.7%，其中第一产业预计完成40098万元，增长4.2%；第二产业预计完成41433万元，增长5.0%；第三产业预计完成84333万元，增长13.0%。全社会固定资产投资171770万元，增长23.1%。财政收入18628万元，增长17.5%。入统工业企业增加值16929万元，增长16.3%。全社会消费品零售总额64605万元，增长22.8%。农民人均纯收入2399元，增长9.6%。年末城乡居民存款余额262047万元，增长19.1%。

【主导产业提速增效】　旅游业，天生桥三期工程如期完成，玫瑰溪谷项目招商工作进展顺利，仙人山、银河大峡谷等旅游项目前期准备工作扎实推进；完成《阜平县朱家营村乡村旅游规划》，乡村旅游得到进一步规范；全年共接待游客24万人次，旅游总收入1.3亿元，创历史新高。林果业，完成“十万亩”无公害大枣基地示范项目三期工程，新栽枣树1万亩、40万株，无公害管理累计4万亩；成立阜平红枣产业协会；新建大枣烘干房30间，推进大枣加工行业发展，延长产业链条，提高产品附加值；开发西部优质核桃基地4000亩。阜平大枣在首届中国枣业大会和廊坊农展会上获得“枣王”称号。畜牧水产业，新建黄岸底奶牛养殖小区和北果元、大石坊、五丈湾3个甲鱼养殖小区，奶牛存栏2000头，甲鱼养殖水面达1500亩，旺泉淡水鱼繁养小区被列入农业部标准化示范区，绿源淡水鱼养殖小区被列入河北省养殖示范点，阜平县被列入国家级中华鲨标准化养殖示范县，牧渔业总产值实现2亿元；积极应对“三鹿奶粉”事件，确保奶牛养殖健康发展。矿产建材业，按照规模化、集约化、区域化发展方向，整治尾矿库和打击非法盗采行动，推进石材、铁选业整合重组，优化资源配置，提高资源利用率。组织开展矿山“回头看”、平安阜平创建和打击盗采等大型集中整治行动，无证无照生产经营、非法开采、破坏生态环境和违法排污等行为得到有效遏制，长效管理机制逐步建立健全，促进矿业经济的科学、规范发展。

【项目工作发展后劲增强】　抢抓“工业西进”战略机遇，加强项目建设，21个重点在建项目进展顺利，超额完成投资任务。60

万吨煤化工、污水处理厂、垃圾处理场等项目开工建设，保阜高速、照旺台寄宿制中学顺利推进，为阜平长远发展注入了活力。

【加快城镇建设，改善城乡面貌】 深入开展“三年大变样”活动，世纪城三期、瑞景家园、瑞景新城、大元新村等一批城建重点项目进展顺利。启动北城区集中供热工程，完成桥西街和桥东街集中供热管网铺设。完成县城近期建设区域控制性详规和4个乡镇78个村庄的规划纲要，完成桥西街和滨河路景观设计规划。新农村建设扎实推进，增创文明生态村14个。深入开展城乡环境综合整治活动，环境质量进一步提升。

【各项社会事业和谐发展】 认真落实各项惠农政策，兑现种粮补贴、退耕还林粮款补助、“一事一议”等资金1480万元，落实义务教育保障公用经费734万元。加大困难群众和弱势群体救助救济力度，提高补助标准，保障1.3万低保对象的基本生活。完成12所乡镇卫生院和7个村卫生室的改扩建工程。新农合参合率达78.72%，全年共报销1000余万元，受惠农民达5.5万人；城镇居民医疗保险全面启动。高考成绩再创新高，本二上线人数达239人；职教中心成功申报国家电工电子实训基地。乡村道路进一步改善，水毁路桥全部恢复通行。稳定解决3300名贫困人口的脱贫问题。人口与计划生育年度目标圆满完成，继续保持低生育水平。第一次全国污染源普查圆满完成。开展“平安阜平”创建活动，“三项工作”集中行动成效显著，强化社会治安综合治理，及时化解信访矛盾隐患，保持安全稳定的社会局面。统计、审计、电力、工商、科技、商务、粮食、物价、气象、质监、药监、文体广电、金融保险、拥军优属、国防教育等各项工作也取得新成绩。

领导班子成员

县委

书　　记　孟祥伟(3月离任)
　　　　　王月衡(5月任)
副 书 记　王月衡(5月离任)
　　　　　徐志清(6月任)
　　　　　冯建法(10月离任)
　　　　　贡希强(10月任)
常　　委　孟祥伟(3月离任)
　　　　　王月衡
　　　　　徐志清(6月任)
　　　　　冯建法(10月离任)
　　　　　贡希强　李文录
　　　　　刘　杰(10月离任)
　　　　　王保辉(10月任)
　　　　　刘子仁(11月离任)
　　　　　董国平
　　　　　胡志英(11月离任)
　　　　　王益民
　　　　　陈庆亮(11月离任)
　　　　　晏忠亚(11月任)
　　　　　陈志强(11月任)
　　　　　陈树军(11月任)
　　　　　张金科(12月任)

人大

主　　任　王林义
副 主 任　陈先贺　董玉孝
　　　　　周有军　陈德廷

政府

县　　长　王月衡(5月离任)
　　　　　徐志清(6月任)
副 县 长　刘　杰(10月离任)
　　　　　王保辉(10月任)
　　　　　董国平
　　　　　吴从志(12月离任)
　　　　　魏彦茹
　　　　　朱国栋(11月离任)
　　　　　陈志强(11月离任)
　　　　　李贤明(11月任)
　　　　　王成峰
　　　　　陈国志(11月任)

政协

主　　席　耿文金
副 主 席　刘耀生　顾廷哲
　　　　　张新占

（杨　毅）

唐　县

【地情提要】 唐县位于保定市西南部，距保定市约54公里，距首都北京约260公里，距天津约400公里，距省会石家庄约120公里。地理坐标为北纬38°38′~39°10′，东经114°28′~115°03′，总面积1417平方公里。东与望都县、顺平县接壤，西、西南与曲阳县、阜平县相接，北与涞源县交界，107国道从县境南端穿过。境内东南部为平原地带，中部、西北部属中山丘陵山区，地势为西北高、东南低。主要山峰有54座，最高峰“马耳山”峰，海拔高度为1869.8米。境内主要河流有唐河、清水河、逆流河、通天河和放水河。最大河流“唐河”，一般水流量为2.5立方米/秒，最大过水能力2000立方米/秒。唐县属北温带季风气候，夏季炎热多雨，雨季多在7~8月间，年平均降雨量500毫米，最高气温35.8℃，年平均气温13.5℃，年平均地温14.9℃。冬季寒冷少雪，最低气温-13.3℃。春季干旱，有季风，秋高气爽，四季分明。年日照时数2281.7小时，年日照百分率51%，无霜期209天，初霜日为10月26日，年降水量596.7毫米。

自然资源　全县耕地面积27111公顷，适宜种植小麦、玉米、豆类、花生等多种农作物和油料作物，共有宜林地98.5万亩，适宜栽植柿子、红枣、核桃、桃、杏等经济林果木。境内水资源丰富，有大小水库25座，唐河、通天河有8处可建水电站。矿产资源主要有石灰石、大理石、金矿、铁矿、高岭土等17种。

唐县是尧帝故里，历史悠久，文化底蕴深厚。有五个旅游区：一是唐南古文化旅游区，主要包括唐尧文化园、白合镇大卧佛、北魏三尊佛、香山生态园。二是古北岳恒山生态旅游区，主要是大茂山景区。三是青虚山喀斯特峰林与道教文化旅游区，包括青虚山、西胜沟。四是军城红色旅游区，唐县是白求恩精神发祥地，包括白求恩柯棣华纪念馆、晋察冀烈士陵园、晋察冀军区司令部旧址、牛眼沟白求恩卫生学校旧址、白求恩逝世纪念地。五是倒马关古关山水旅游区，包括倒马关古长城、大石峪、秀水峪、唐河百里画廊、仙鹤峪。道教圣地青虚山、庆都山、唐尧文化园、古北岳恒山、大茂山国家森林公园、西大洋水库、西胜沟峡谷龙潭、唐河漂流等美丽的自然风光，是游客观光、健身、休闲的理想之地。

建置沿革 西汉高帝初置县，县城在阳邑（今高昌镇南、北固城一带）。因相传为古唐尧封侯地，故名唐县。晋时迁县城于唐县城（即仁厚镇），历代沿袭。1958年12月20日，望都县和清苑县部分地区并入唐县。1962年3月27日，三县又恢复1958年合并前建制。

行政区划 唐县共辖7镇13乡，即：仁厚镇、白合镇、王京镇、高昌镇、北罗镇、军城镇、川里镇、羊角乡、倒马关乡、黄石口乡、石门乡、齐家佐乡、大洋乡、雹水乡、罗庄乡、南店头乡、都亭乡、北店头乡、长古城乡、迷城乡，共345个行政村。县城设一个社区办事处，8个居委会，常住人口5万。

人口民族 全县总人口561771人，总户数152436户，共有23个民族，其中农业户口129989户，514773人。2008年全县政策生育率86.50%，人口出生率13.34‰，人口自然增长率6.99‰。

【概况】 2008年全县社会生产总值完成317854万元，同比增长8.1%；单位GDP能耗下降-6.61%；全社会固定资产投资完成16.02亿元，同比增长27.10%；城镇以上固定资产投资完成12.78亿元，同比增长40.94%；全部财政收入完成17026万元，可比增长45.8%；财政支出44302万元；地方一般预算收入完成6368万元，可比增长44.7%；农民人均纯收入2711元，同比增长6.5%；城镇居民可支配收入8287元，同比增长8.1%；社会消费品零售总额完成11.23亿元，同比增长23.6%，年末城镇居民存款余额2075万元，职工年平均工资16749元。第一产业总增加值完成9.8亿元，同比增长1.3%，第二产业增加值完成13.6亿元，同比增长8.5%；第三产业增加值完成8.35亿元，同比增长14.1%；粮食总产182346吨，棉花总产1049吨；全县肉产量达到22426吨，蛋产量达到19145吨，奶产量12000吨；猪存栏20.12万头，牛存栏1.57万头，羊存栏20.4万只，家禽存栏151.263万只。

【工业经济水平得到新提升】 积极推进全民创业，民营经济实体累计达到9071个，民营经济增加值达到235212万元，同比增长9.2%。全县入统工业增加值40033.7万元，同比增长25.07%，实现利税4548万元，同比增长9.25%。铸造、水泥、纺织等优势产业进一步壮大，支撑作用增强。

【项目建设取得新成效】 新上千万元以上重点建设项目13个，完成投资10.42亿元，锐达铸造、美达铸造、搏天床具等一批在建项目进展顺利，陆续投产；冀东水泥、首钢石灰石等大项目落户唐县。

【基础设施建设呈现新亮点】 深入开展“城镇面貌三年大变样”活动，完成县城及8个乡镇的总体规划，唐尧路、农贸街大修改造顺利完工，县政府多功能会议厅建成启用，鑫恒商厦竣工营业，县城污水处理厂开工建设，瑞康花园、钻石名城等旧城改造项目进展顺利。张石高速唐县段正式通车，保阜高速唐县段加紧施工，南水北调工程如期通水，西大洋水库除险加固工程、倒马关水电站建设进展顺利，220千伏变电站进入设备安装调试阶段。

【文化旅游产业增添新活力】 完成大茂山森林公园综合开发总体规划，唐尧文化园、青虚山和唐河大峡谷三个景区的规划编制工作完成初稿，大石峪、西胜沟、大茂山景区建设进展顺利，被省摄影家协会命名为“河北省摄影创作基地”，“首都红色之旅唐县行”活动正式启动。全年接纳游客16.17万人，创旅游收入8653万元。

【新农村建设迈出新步伐】 继续推进农业产业化经营，全县省级以上龙头企业达到3家。扶持食用菌、无公害蔬菜、优质小杂粮种植基地建设，蔬菜种植面积达6万亩，新增食用菌种植面积

2500多亩。“黄金峪”牌、“唐尧”牌大红枣评为奥运推荐果品，国家正式命名唐县为“中国红枣之乡”。积极实施“三大产业一项工程”，全县劳务输出总人数达到9万人，21个村8800贫困人口实现脱贫。加强农村“五通三网”建设，改造农村公路55公里，完成农村电气化项目20个行政村、有线电视网络4个行政村、“村村通”广播电视工程8个自然村的建设任务，解决10个村5000多人的饮水困难。

【实施便民惠民工程】 完成“三农服务承诺”事项104项，整合涉农财政资金3766万元，完成涉及民生的大事实事39件。粮食直补和综合直补受益农户达到12.3万户，5万多水库移民享受到后期扶持资金。兑现退耕还林补助3.3万户、1120万元。全面落实农村独生子女家庭奖励政策，6184人从中受益。推广农业科技成果，全县良种覆盖率达到98%。投资2747万元，完成了1.65万平方米的校舍改造和255所学校取暖设施改造，引进资金185万元，完成7所希望小学建设，全部免除义务教育阶段课本费和学杂费。

【全民健康工程】 县医院综合病房楼建成投入使用，14所乡镇卫生院改造完工。完善新型农村合作医疗制度，近40万农民从中受益。“流动医院”完成119个村的巡诊服务，人民群众“看病难”、“看病贵”问题得到一定程度的缓解。加强药械、药品市场监管，确保人民群众的用药安全。

【推进就业和社会保障工程】 城镇新增就业人数1835人，下岗失业人员再就业703人，确保零就业家庭长期“动态归零”。城镇登记失业率控制在2%，完成市4.5%的控制目标。提高失业人员的保险金标准，扩大企业养老保险覆盖面，确保失业人员和企业离退休人员保险金按时足额发放。在财政极为困难的情况下，提高职工住房公积金标准和医疗保险缴费基数，生活保障进一步增强；建立城镇居民医疗保险制度，实现医疗保险全覆盖；提高城乡低保标准，农村低保新增7100人，城镇低保实现了动态管理下的应保尽保。

【加强生态环保工程】 加强西大洋水库水源水质保护，完成造林4.5万亩，封山育林10万亩，治理水土流失面积7平方公里。抓好污染物总量减排工作，大力开展环境污染防治和秸秆禁烧，完成了市定的减排任务。

【加强安全稳定工作】 完善“三位一体”大调节体系，建立群众工作站，打造“平安奥运”，开展“双清”行动，加强安全检查，圆满完成奥运安保工作。期间共清理出，私藏管制刀具86把，烟花爆竹233978响，炸药6453.5公斤，雷管223枚，导火索21632米，排查化解矛盾纠纷421起，调处成功率98%以上，破获各类刑事案件1090起，打掉犯罪团伙35个，抓获网上逃犯96人，刑事拘留5人，起诉111人，劳动教养3人。全面清除各种安全隐患，提升了奥运安保和群众的安全感。

【坚持执政为民，加强政府自身建设】 着眼于建设责任、效能、服务型政府，转变职能，改进作风，完善各项规章制度，提高依法行政水平。实行年初建账明账、年中查账对账、年底算账报账和不作为责任登记备案制度；推行行政权力公开，简化办事程序，提速工作过程，使企业、群众办事更方便、快捷；深入开展“优化发展环境，激活市场主体”和“亲民爱民”活动，深入基层调研，倾听群众呼声，解决实际困难。坚持依法行政，加强基层监督，全年受理行政复议案件32件，及时办结率100%。坚持民主、科学决策，广泛征求社会各界意见，自觉接受人大法律监督和政协民主监督，按要求承办人大代表议案2件，建议107件，政协提案60件，办结率100%。

领导班子成员

县委

书　记　李志刚（5月离任）
　　　　张　海（9月任）
副书记　杨小宁
　　　　张晓梅（女）
　　　　李树田
常　委　李志刚　杨小宁
　　　　张晓梅（女）
　　　　李树田　宋金华
　　　　段振杰　于振海
　　　　王敬朝　刘俊禹
　　　　周喜峰　贾凤聚
　　　　黄文涛　张　海
　　　　刘子仁　丁　阳
　　　　赵泽琼（女）
　　　　耿彦瑞　刘贵中

人大

主　任　马保利
副主任　田胜儒
　　　　马秀英（女）
　　　　李高生
　　　　苑淑范（女）
　　　　吴新立

政府

县　长　杨小宁
副县长　李树田　王敬朝
　　　　薛昊银　杨马银
　　　　周　颖（女）
　　　　姚红玉　李会朋
　　　　丁　阳

赵泽琼（女）
刘福根　戴鹏炜

政协

主　　席　史登顺
副 主 席　臧斗尔　吴新立
宗　健　蔄增利
左俊敏
覃晓桂（女）

（李德锁）

高阳县

【地情提要】 高阳县位于保定市东南部，东与任丘交界，西与清苑毗邻，南与蠡县接壤，北与安新相连。距保定35公里。地理坐标为北纬38°30′～38°46′、东经115°38′～115°39′。境域东西长30公里，南北宽28.5公里，总面积487平方公里。

自然环境 县处黄淮海冲积平原的前部边缘，数扇间交接洼地。地势由西南向东北略有倾斜，自然坡降为1 :4000～5000米，海拔7～12米（黄海高程）。有孝义河、潴龙河、小白河三条季节性河流，呈西南至东北走向横贯境内。三条过境河流的过水总量最大为1706.6立方米/秒，排洪能力为1507立方米/秒。境内四季分明，属暖温带半干旱湿润季风气候区。2008年，境内最高气温36.4℃，最低气温－15.8℃，年平均气温12.5℃；全年日照总时数2382.4小时，无霜期207天，年降水总量612.1毫米；大风日数1天，最大风速19米/秒。

自然资源 全县可耕地面积48.4万亩，人均占有耕地1.4亩。其中沙壤质潮土14.71%、壤质潮土64.69%、盐化潮土19.31%；其余沙质和超沼潮土1.29%。境内地下水主要贮存于第四纪松散地层中，水位与地势吻合，与河流走向一致。自20世纪80年代初，境内干旱少雨，河流长年干涸，地下水位持续下降，水资源形势严峻。2008年，境内可采地下水面积为378平方公里，其中微咸水面积170平方公里，水位深埋年均11.75米，较上世纪70年代下降4～5米。境内地热丰富，可开发利用地热储藏面积400平方公里，总蕴含量38亿立方米。县内主要矿藏为石油，属低丰度油田，产油层系在新生界下第三系的沙河街组，储量在千万吨以上。2008年境内有油井约100眼，日产原油约350吨。

建制沿革 县始建于汉高祖六年（公元前201年），新莽时改称高亭，东汉初复称高阳。历史上曾为高阳国、高阳郡、顺安军等治所，旧治在今旧城村，明洪武三年（1370年），迁至今治。明洪武八年（1375年）并入蠡县，未久复置。1948年设高阳市。次年撤市仍置高阳县，至今未易。

行政区划 县辖3镇6乡、180个行政村。

人口民族 2008年末，全县总人口320190人，有汉、回、满、壮、蒙等14个民族。以汉族为主，占总人口的99.8%。全县人口自然增长率为6.72‰。

【概况】 2008年完成生产总值56.99亿元，比上年增长12.8%，其中第一产业完成5.55亿元，比上年增长0.9%；第二产业完成40.18亿元，比上年增长13.9%；第三产业完成11.26亿元，比上年增长14.2%。入统工业企业万元增加值能耗为0.61吨标准煤，同比降低4.2%。民营经济增加值499821万元，比上年增长16.2%。粮食总产量14.48万吨，比上年减少2.8%，棉花产量8202吨，比上年增长6.9%。财政收入完成35566万元，比上年增长21.5%，财政支出43200万元，比上年增长19.7%。社会商品零售总额18.93亿元，比上年增长23.5%。固定资产投资完成23.7亿元，比上年增长17%。职工年平均工资19014元，比上年增长29.97%，农民人均纯收入5668元，比上年增长16%，城镇居民可支配收入11200元，比上年增长10.8%。年末城乡居民存款余额45.87亿元，比年初增长32%。

【园区项目建设实现新的突破】 推进东西两翼产业园区建设，于堤项目集中区、宏润工业园、三利工业园初具规模，纺织印染园区、庞口汽车农机配件园区建设顺利启动。依托产业园区，全年共建设千万元以上重点项目22个，总投资32.98亿元，其中工业生产性项目12个，占总投资额57.3%，蓝波节能灯、旭万格巾被、金奥无缝钢管等6个项目进入全市“听看录帮考”序列，宏润百万纱锭、宏利佳绒衫等4个项目被列为省挂账重点项目。通过项目拉动，全社会固定资产投资完成23.7亿元，增长17%；其中，城镇以上固定资产投资完成22.3亿元，增长31%。

【城乡面貌发生显著变化】 编制完成《县城总体规划（修编）》及所有乡镇、村庄规划。投资4500万元，实施朝阳路西段拆迁及中东段改造；投资1500万元，对兴阳路中西段及花市街等8条小街小巷进行了翻新改造，绿化美化宏润大街等4条城区主干道。宏润温泉现代城、南关旧村改造一期工程基本完工。连续三年实施“四通两建”工程，新农村建设扎实推进。投资890万元，新改建农村公路31.4公里；投资7000万元，顺利完成大广高速高阳段征地、拆迁、清表工作；投资1800万元，完成保沧高速肃临线、高阳连接线主体工程建设；投资6735万元，新建电气化村16个、110KV变电站一座，改造农业排灌机井821眼；投资379万元，开发改造中低产田6790亩；投资496万元，解决了1.24万农村人口饮水安全问题，农民生产生活条件全面改善。

【节能减排工作取得重大成效】

投资1.86亿元完成县污水处理厂建设，5月份正式投入运行，年消减COD1717.56吨。加大环保综合整治力度，关停限期治理无进展印染企业、砖瓦窑7家，治理整顿超标烟气排放设施34个，依法取缔“15小”、“新6小”摊点17个，对11家规模企业实施强制清洁生产审核，新建住宅小区大部分采用地热供暖。入统工业企业万元增加值能耗下降到0.611吨标准煤，同比降低4.2%；化学需氧量、二氧化硫排放量分别削减1875.89吨和328.73吨，超额完成省定节能减排任务。

【经济社会发展更加协调】 实施教育惠民工程，对46所中小学取暖设施进行改造，告别煤炉取暖的历史；扎实推进中小学布局调整，有效整合教育资源，各类教育协调发展。推行新型农村合作医疗制度，参合率达到81.1%，参合农民受益度提高。城镇登记失业率2.8%，零就业家庭动态归零；社会保障体系更加完善，城镇医疗保险实现全覆盖。

领导班子成员

县委

书　　记　袁振江(5月离任)
　　　　　郭若定(5月任)
副 书 记　张　华
　　　　　牛树根(10月离任)
　　　　　贾红雨(10月任)
常　　委　袁振江(5月离任)
　　　　　郭若定(5月任)
　　　　　张　华
　　　　　牛树根(10月离任)
　　　　　贾红雨(10月任)
　　　　　韩造树　马一蕊
　　　　　雷彦民(11月任)
　　　　　王永建(11月离任)
　　　　　刘立朋(12月任)
　　　　　杨秀云　葛新军
　　　　　齐新成
　　　　　孙　立(10月离任)
　　　　　牛善平(11月任)

人大

主　　任　焦　龙(10月离任)
副 主 任　孙彦平　王桂英
　　　　　罗桂贤　曹培元

政府

县　　长　张　华
副 县 长　马一蕊
　　　　　王永建(11月离任)
　　　　　刘立朋(12月任)
　　　　　王士芳
　　　　　田兰宽(11月离任)
　　　　　王克杰(12月任)
　　　　　赵　杰
　　　　　韩术军(12月离任)
　　　　　魏文德(12月任)

政协

主　　席　林海泉
副 主 席　田兰宽(11月任)
　　　　　李朝华　张琢玉
　　　　　张文进

（张建超）

定兴县

【地情提要】 定兴县位于河北省中部，保定市北部。地理坐标为北纬39°05′39″～39°20′04″，东经115°30′07″～115°58′06″。全县总面积713.69平方公里。西邻易县，东毗高碑店，北与涞水相接，南与徐水、容城县接壤。东西长39.9公里，南北宽26.6公里。东北至北京89公里，东至天津122公里，西南距省会石家庄176公里。定兴县地处北京、天津、保定中心地带，交通便利，京广铁路、京深高速公路、一〇七国道纵穿全县。定兴境内土地肥沃，灌溉便利，为传统农业大县，主要种植玉米、小麦，为全国粮食生产基地县，省蔬菜基地县。2007年被命名为全国绿化模范县。

自然环境　定兴县属海河平原区（西北部地区属太行山东麓山前平原亚区）。地形地势平坦开阔。自西北向东南略有倾斜。西魏家庄海拔43.2米，谭城北海拔13.4米，两点交叉29.8米。境内有南拒马河、中易水河等8条河流。受洪冲击成土影响，境内形成兰沟洼、阎台洼、江村洼、肖村洼四大洼地。本县地处中纬度地带，属东部季风暖温带半干旱气候，四季分明，大陆季风性气候特点显著。无霜期历年平均为185天。春季多风少雨；夏季高温、多雨、潮湿；秋季昼夜温差较大，气候干燥；冬季寒冷，降水稀少。

建置沿革　在七千余年前，已有稳定的先民聚落。春秋战国燕国地。秦王嬴政二十一年（公元前226年）置范阳县。新莽更名顺阴。东汉置范阳侯国。三国·魏黄初三年（222年）置范阳公国，五年（224年）置范阳王国。西晋泰始元年（265年）复置范阳县。北齐天保七年（556年）容城纳入，隋开皇元年（581年）改范阳为遒县，大业十三年（617年）废遒县入易县。

金大定六年（1166年）析易县、容城、涞水三县地置定兴县。1958年10月撤并入易县。1961年5月恢复定兴县建制。

行政区划 全县辖4镇12乡，辖274个行政村。乡镇有：定兴镇、固城镇、贤寓镇、北河镇、高里乡、杨村乡、北田乡、小朱庄乡、天宫寺乡、东落堡乡、张家庄乡、姚村乡、肖村乡、柳卓乡、北南蔡乡、李郁庄乡。

【概况】 定兴县总面积713.69平方公里，耕地面积726219亩。2008年全县总人口57.89万人，人口自然增长率16.2‰。2008年完成县域生产总值50.1亿元，同比增长7.6%，其中：一、二、三产业分别完成增加值16.8亿元、19.7亿元、13.6亿元，分别同比增长3.8%、6.5%、13.5%；三次产业比为33.6 :39.3 :27.1。全县万元GDP、工业增加值能源消耗降低率分别达到6.5%、2%。民营经济增加值36.6亿元，同比增长7.4%。粮食播种面积95万亩，总产42万吨。城镇固定资产投资19.3亿元，同比增长27.1%，财政收入22336万元，可比增长2.2%；地方一般预算收入9562万元，可比增长10.9%，城镇居民人均可支配收入1.2万元，农民人均纯收入达到4960元，分别同比增长20.8%、10.4%，全年一般预算支出57084万元，占调整预算的96.2%。社会商品零售总额16.9亿元，同比增长23.2%。职工年平均工资15276元。2008年末，城乡居民存款余额为41.5亿元，同比增长26.6%。

【中共中央政治局常委、国务院副总理李克强到定兴考察】 2008年9月20日下午中共中央政治局常委、国务院副总理李克强专程来到定兴县，深入医院、患儿家庭和商场，考察三鹿婴幼儿奶粉事件中患儿救治工作和奶制品市场情况。在县医院，走进婴幼儿病床前，一一向家长和医务人员询问小孩患病时间、主要症状、治疗康复等情况。李克强副总理强调，医院要千方百计实施救治，尽快使患儿恢复健康；在B超诊断室，了解B超机等医疗设备保障情况。要求加强医院医疗设备调配，对救治所需必要设备的购置资金，财政要予以保障；在门诊大厅，看望了前来挂号就诊的群众，详细听取医院筛查诊断和医疗救治工作介绍；在患儿家中关切询问孩子的治疗过程、医疗费用和目前的身体状况；在超市了解奶制品供销情况，并到定兴镇西石桥村，察看奶牛养殖和原料奶销售状况。在三鹿婴幼儿奶粉事件中，定兴全县共筛查5万人，确诊46例，均已治愈出院。

【承办“放心农资下乡进村”活动】 2008年3月28日上午，农业部在定兴县举办“放心农资下乡，保障春耕生产”为主题的现场培训咨询活动。参加现场活动的53家农资生产经营单位的代表宣读《农资企业诚信经营倡议书》，向社会发出倡议，承诺在农资生产和经营活动中，严于律已，率先垂范，以实际行动维护“三农”利益，营造良好的农资消费环境。活动现场设立惠农政策、农村法律、农资质量、农业科技、农业信息等咨询区，由农业部市场与经济信息司、种植业管理司、农业机械化管理司等18家部属单位200多位专家和河北省农业厅、保定市农业局、保定市畜牧水产局、定兴县农业局的100余位专家和工作人员在现场为农民解答问题，讲解识别真假农资的知识和各种实用技术、新品种等。活动接待群众5000余人，现场发放了数万份书籍、明白纸、录音盒带、录像光盘等资料。农民群众高兴地说：“国家增加了农业补贴，农业部又给我们带来了放心的农资和技术，给我们吃了定心丸，真是好事连连，幸事连连”。

【定兴县获全国平安建设先进县】 县委县政府将国家安全防线建设纳入社会治安综合治理工作中，作为年终考核内容，从2005年开始在全县开展创建全国平安建设先进县工作，在超前预警、专项整治、隐患整改、防火、防爆、防事故、矛盾纠纷排查化解、依法接访、治理违法访、奥运安保、信访、接访、约访及护路护电护气护线、反恐、反邪教等16项重点工作中，取得全县无暴力恐怖事件、无危害国家安全和社会稳定的政治事件、无群体性事件、无恶性刑事案件、无境外媒体炒作事件、无重大治安灾害事故和安全生产事故的“五无”成果，保定市委、市政府授予定兴县“奥运安保工作先进县”的荣誉。2009年5月18日，全国社会治安综合治理表彰大会在北京人民大会堂召开。中央综治委授予定兴县2005～2008年度全国平安建设先进县荣誉称号。

【工业经济、项目建设快速发展】 全年完成规模以上工业总产值28.5亿元，同比增长18%，利税1.5亿元，同比增长7.1%。全年共引进内资7.02亿元，同比增长9%，实际利用外资10万美元，同比增长100%。新开工项目中，喜之郎休闲食品项目完成投资3.2亿元，7.8万平方米主厂房已封顶，3000平方米办公楼主体完工。投资1亿元的航标汽车散热器项目、投资1亿元的汉印扩建项目交付使用。投资6000万元的海南椰国食品项目完成项目征地补偿，汉唐联邦项目签约投资6.96亿元，步长天浩制药扩建项目投资1.3亿元。县内多家重点企业参加厦门投洽会，总投资340万美元的信安包装项目成功签约；华建、百盛、航标、盛德等四家汽车零部件厂家参加第二届中国国际汽车零部件博览会。扩大了企业及其产品的知名度。

【落实惠农政策，加快新农村建设】 稳定粮食种植面积，共发放系列补贴资金7035万元，其中良种补贴500万元，农机具购置补贴219台套263万元。实施“沃土工程”，粮食总产达42万吨，全省综合排位第18位，位列保定市第一。畜牧业平稳发展，肉类、禽蛋、鲜奶总产分别达到5.1万吨、2.2万吨和1.2万吨。全县274个行政村全部实现“井井通电”。完成14个文明生态村的创建任务，共筹资620万元。完成街道硬化38公里，安装路灯620盏，完成环村林和主要街道绿化共种植苗木3万株，建成村民中心14个，完善了“三农服务室”、“村民议政室”、“法律咨询和信访接待室”和“健康服务室”。

【城乡基础设施建设日臻完善】 南环路工程自2006年5月份开工，全程3.1公里，一级路建设标准，双向四车道，路面宽21.5米，该工程于2008年11月通车；兴华东路于2008年5月开工建设，全长1100米，路面宽32米，投资2800万元，11月竣工通车。南环路、兴华东路的建成，彻底改善了县城交通状况，解决困扰多年的东西城区交通瓶颈问题。为改善农村生产生活条件，创造便利的出行条件，完成30公里“村村通”建设任务。完成投资480万元的抗旱节水集中联片饮水项目，解决斗门河沿岸7000人的饮水安全问题。全年建成沼气池1500个，植树15万株，绿化道路90公里，使农村环境进一步优化。

【社会事业全面推进】 新农合参合率达到87.6%，享受补助农民达到12万人次，发放补助金2800余万元。在问题奶粉事件处理过程中，全县共筛查婴幼儿5万人。免费开展生殖健康检查服务，落实农村计划生育奖励扶助政策资金189万元。城乡低保扩面达到1.46万人，发放低保金926万元。投资1000万元实施农村中小学校取暖设施改造工程，确保学生温暖安全过冬。

【高考成绩再创辉煌】 2008年高考，全县参考人数4150人，达到本科一批院校录取控制分数线考生620人，上线率为14.9%，比上年增加73人，增长率为13.3%；本科二批以上上线人数1319人，上线率31.8%，比上年增加220人，增长率为20%。本科二批以上上线人数在保定市排名第三。

领导班子成员

县委

书　记　王　林(5月离任)
　　　　牛景峰(9月任)
副书记　牛景峰(9月离任)
　　　　王少雄(9月任)
　　　　王崇泽
常　委　王　林(5月离任)
　　　　牛景峰　王少雄
　　　　王崇泽　王大山
　　　　张冰水　孟伟国
　　　　赖晓庆(10月任)
　　　　潘　江(11月任)
　　　　荆明志(11月离任)
　　　　刘书勤(女)
　　　　董俊杰
　　　　孙建明(11月任)

人大

主　任　牛和平
副主任　杨文星
　　　　张秀菊(女)
　　　　蔡占全　侯铁城

政府

县　长　牛景峰(9月离任)
　　　　王少雄(9月任)
副县长　王少雄(9月离任)
　　　　赖晓庆(10月任)
　　　　潘　江
　　　　刘力雄(12月任)
　　　　冯德良
　　　　吴奇玲(女)
　　　　孙亚珍(女,11月离任)
　　　　黄文涛(11月任)
　　　　贾瑞生(12月任)
　　　　王东风

政协

主　席　文大华
副主席　汪振亮　肖　钧
　　　　孙建明(11月离任)
　　　　李红娜(女)
　　　　杜金城(12月任)

（张路全　徐兴国　郭京京）

蠡　县

【地情提要】 蠡县位于河北省中部偏南，保定市东南部，南北纵距36.5公里，东西横距32公里，总面积650平方公里。县境东北与高阳、东南与肃宁、正南与饶阳和安平、西南与博野、西北与清苑县接壤。县城位于省会石家庄东北142公里，保定市南偏东50公里处。

自然环境 蠡县地处华北平原中部，地势西南高、东北低，坡度在0.3‰～0.1‰，无明显起伏变化。地表平原，漕形洼地，河流相间。境内有潴龙河、孝义河、月明河和小白河四条河流，均系海河流域大清河水系，潴龙河贯穿全境。土壤分3个土类、6个亚类、13个土属、36个土种。耕层土壤有机质含量偏低，蠡县属大陆性季风气候，四季分明。春干旱多风，夏炎热多雨，秋天高气爽，冬寒冷干燥。2008年，最高气温36.1℃，最低气温-13.0℃，年平均气温13.0℃，日照2317.8小时，无霜期165天，初霜日24/10，年降水655.1毫米，大风4次，最大风速19.0米/秒，最多风向南风，频率13%。

自然资源 2008年耕地面积71.7万亩。地表植被包括野生植物（杂草、菌类、苔藓）和栽培植物（树木类、作物类、蔬菜类、草药类）。生物资源有药草类、菌类、用材林、果树、粮食作物、经济作物、饲草、蔬菜、花卉等植物资源和鱼类、家畜、家禽、鸟类等动物资源。石油是蠡县主要矿产资源，已探明大百尺、万安、辛兴、鲍墟等10个乡镇有石油蕴藏。

建置沿革 西汉初始置陆成县。东汉省陆成县入蠡吾县，治所在今博野县里村（原为蠡村）。本初元年（公元146年），析蠡吾县之故陆成地置博陵县。三国魏时改为博陆县。南北朝北魏景明元年（公元500年）改名博野县（今蠡县），并徙治于今治。唐武德五年（公元622年）始置蠡州，辖博野县（今蠡县）。宋雍熙四年（公元987年），于县境置宁边军，金天会七年（公元1129年）升为宁州，天德三年（公元1151年）复改为蠡州，仍辖博野县（今蠡县），至元三年（公元1266年）省博野县东境（约今蠡县地）入蠡州，明洪武八年（公元1375年）正月降蠡州为蠡县至今。

行政区划 现辖8镇5乡，232个行政村，乡镇名称：蠡吾镇、留史镇、大百尺镇、辛兴镇、北郭丹镇、万安镇、桑园镇、南庄镇、鲍墟乡、小陈乡、大曲堤乡、林堡乡、北埝头乡。

人口民族 年末总人口515771人，其中，农业人口414743人，有汉、满、回、蒙古、布依等20个民族。2008年全县计划生育率为86.77%，自然增长率7.60‰。

【概况】 2008年全县生产总值完成53.6亿元，其中，第一产业增加值完成9.5亿元，第二产业增加值完成27.4亿元，第三产业增加值完成16.8亿元，全社会固定资产投资完成15.8亿元，粮食总产量达到206487吨，同比增长12.8%；财政收入22496万元，财政一般预算支出50660万元，社会消费品零售总额23.3亿元，在岗职工年平均工资18076元，增长22.5%；农民年人均纯收入5520元，增长8%；城乡居民存款余额702498万元，比年初增长153985万元。

【污染治理专项行动取得成效】

按照省节能减排“双三十”工作部署，组织召开全县污染治理专项行动动员大会，按照“三面围城、长围久困，网开一面、疏堵结合”的原则，实行“九龙治水”、干部驻厂监管、涉污企业转产重组收购、排污权交易等多项治污新举措、新机制。全县共动员吊车、铲车400余台次，取缔涉污企业86家，拆除简易生产车间57处，砸毁转鼓台680个，拆毁小制革转鼓121个，拆毁超编转鼓171个、超编染缸218个，封企业自备井76眼，依法行政拘留违法排污企业负责人11人，对10名监管不力的干部给予了纪律处分，其中开除公职1人。规划上报省的15个化学需氧量（COD）减排工程和25个二氧化硫（SO_2）减排工程全部建成并投入运行。县城、留史污水处理厂进入主体浇筑阶段；辛兴污水处理厂投入试运行。投资5700多万元更换机械锅炉、安装脱硫除尘配套设施278台套。全年主要污染物化学需氧量（COD）减排471.4吨，占省核任务（180吨）的261.89%；入统工业企业万元增加值能耗下降8.95%，主要节能减排指标均超额完成省核任务。

【项目和园区建设打开新局面】

深入开展“开放项目年”活动，调整充实招商力量，制定出台“四零一补”（对新上“五型”项目，实行征地“零费用”，行政“零收费”，服务“零距离”，进场“零干扰”；对亿元以上项目，一事一议，实行财政补贴），“两卡一护”（持绿卡在蠡县所有行政单位办事一路“绿灯”，持红卡可谢绝除刑事案件和重大治安案件以外的一切检查；在亿元以上“五型”项目和企业设立警务区，搞好治安服务，全力保驾护航。）等优惠政策，成功引进了总投资2.4亿元的大洋麻山药露乐美罐、总投资1.5亿元的保定海欣长毛绒面料、总投资6000多万元的天威北方输变电设备等一批节能环保型、高科技型、劳动密集型、农业产业化型、财力增长型，（简称“五型”）项目。大力推动“产业革命”，与美国新能源公司签订总投资50多亿元的多晶硅及太阳能光伏产业链项目合作意向；启动占地6000亩的县城工业园区。2008年，全县实施投资千万元以上的项目19个，其中超亿元的项目2个，项目总投资12.14亿元。

【开展城镇面貌“三年大变样”活动】 实施城中村改造拆迁、旧住宅区改造拆迁、违章建筑拆除共4.3万平方米；新县医院建成并投入使用，投资8000万元；县图书馆、文化馆完成主体工程，投资1600万元；鲍墟35KV变电站改造工程投入运行，投资1376万元；投资2110万元，完成辛（兴）万（安）路、赵（庄）鲍（墟）路、县城紫薇路、温留路主盘段路面整修等一批道路改造工程，城乡路网格局不断优化；实施城乡规划“6060”（县城近期建设区域控制性详细规划的覆盖率达到60%、乡镇和村规划编制率达到60%）工程，制作县城规划沙盘模型；开展“迎奥运”城乡环境综合整治暨“蓝天行动”，城乡容貌实现较大改观。

【社会主义新农村建设势头良好】 坚持以推进农业产业化为主线，深入推进农业结构调整。粮食综合生产能力得到保护和提高。落实粮食直补和综合直补资金4270万元，农民种粮积极性进一步增强，粮食种植面积、单产、总产均创历史新高，实现连续6年增产。农业产业化进程明显加快。麻山药标准化示范区通过国家验收，技术推广、市场销售等服务体系更加完善。百丰农产品公司与河北农业大学合办的科技示范基地正式挂牌。特色养殖平稳发展。以伟亿、富圣达、紫玉等特色养殖龙头企业为重点的特种养殖发展迅速，规模化程度不断提高。加强农村基础设施建设。重点规划27个文明生态创建村，14个村通过市验收。投资416万元，完成17个村的饮水安全工程；投资75万元，完成7个乡镇的兽医站新改建工程；投资90万元，完成5个村的抗旱节水工程；投资156万元，新建沼气池520个，沼气池保有量达到4650个；开展村级“一事一议”财政奖补工作，顺利完成109个行政村的项目申报工作，项目建设总投资1182.4万元，有效解决了部分农民吃水难、行路难、居住环境差等问题。集体林权制度改革扫尾工作圆满完成，发证率达100%，退耕还林工作顺利通过国家林业局验收，蠡县被评为全市“造林绿化先进县”。增加农民收入。坚持多予、少取、放活，落实促进农民增收的各项政策措施。组织农民工就业技能培训，全年开展新型农民技术培训9240人次。依托麻山药特色产业，带动农民人均增收600元。

【社会各项事业协调发展】 完善社会救助体系，积极推进城乡低保、就业再就业等工作；新型农村合作医疗农民参合率达到78.41%；扎实开展“三项工作”集中行动，特别是积极应对“三鹿”奶粉事件，迅速行动、周密部署，保障了奶制品市场安全，消除了社会恐慌；调整全县教育布局，改善办学条件，高考继续保持全市先进行列；计划生育得到巩固加强，低生育水平持续稳定；进一步巩固安全生产三级网络，“法人代表安全生产承诺制度”全面深化；积极化解各类社会矛盾，加强社会治安综合治理，严厉打击各种刑事犯罪，维护社会稳定，特别是在奥运安保期间，团结一心、顽强拼搏，圆满完成奥运安保各项任务。

领导班子成员

县委

书　　记　吕坤力(5月离任)
　　　　　田　钧(5月任)
副 书 记　张　海(9月离任)
　　　　　李自贤(9月任)
　　　　　宁洪茂(10月离任)
　　　　　刘建立(10月任)
常　　委　吕坤力(5月离任)
　　　　　田　均(5月任)
　　　　　张　海(9月离任)
　　　　　李自贤
　　　　　宁洪茂(10月离任)
　　　　　刘建立　李亚东
　　　　　单志合(10月任)
　　　　　绳兰柱　马义民
　　　　　春林(11月离任)
　　　　　张俊营(11月任)
　　　　　李　娟
　　　　　蒋秀琦(11月任)
　　　　　贾瑞生(12月离任)
　　　　　吴素杰(12月任)

人大

主　　任　董彦雷
副 主 任　石博勋　徐怀玉
　　　　　李树杰

政府

县　　长　张　海(9月离任)
　　　　　李自贤(9月任代县长)
副 县 长　李自贤(9月离任)
　　　　　单志合(10月任)
　　　　　绳兰柱
　　　　　孙玉秀(12月任)
　　　　　赵建振　刘彦茹
　　　　　赵东辉　李建英

政协

主　　席　张如军
副 主 席　楚小楷　孙永良
　　　　　韩建军

（鲁春芳　伍　艳　孙　赞）

顺平县

【地情提要】 顺平县位于河北省中部偏西，北纬38°44′35″～39°07′18″，东经114°50′08″～115°17′04″。东邻满城，西接唐县，南毗望都，北连易县，东南与清苑接壤，西北与涞源搭界。距北京162公里，距石家庄102

公里，距离保定32公里。张石、保阜高速、保阜、保涞、107国道等公路和京广铁路穿境而过。

自然环境 顺平县地处太行山东麓，华北平原西部，总面积708平方公里。地形呈西北至东南斜长，地势西北高，东南低，分中低山、丘陵、平原三种地貌。西北部为太行山区，面积约占全县总面积的三分之二，东南部为平原。最高山峰白洋坨，海拔1006.7米，中低山海拔300～500米，丘陵地区一般海拔200米左右，平原一般海拔为35～65米。主要河流有曲逆河、蒲阳河、界河、金线河、七节河，近30年来均变为季节河。全县属东部季风暖温带半干旱大陆性气候，四季分明。

自然资源 全县土地资源总面积为708平方公里，耕地面积21667公顷。全县多年平均自产地表水资源量0.96亿立方米，地下水平均资源量0.97亿立方米。非金属除石灰岩储量15亿吨，其中高级石灰岩1亿吨外，还有石英岩、石英砂岩、白云岩、大理石、石板等；金属矿有金矿、银矿、磁铁和褐铁矿。

建置沿革 春秋战国时置县，名曲逆。西汉王莽改曲逆县为顺平。东汉时改名为蒲阴。南北朝北齐天保七年（公元556年）更名北平。金贞祐二年（1214年）升县为州，名完州。明洪武二年（公元1369年），完州降为完县。1993年8月，经国务院批准，更名顺平县。

行政区划 全县设10个乡镇，其中3个镇，7个乡，辖237个行政村。

人口民族 2008年总人口为31.2万人，其中汉族占总人口的90%以上，另有回、满、侗、藏、壮、朝鲜等16个少数民族。

【概况】 2008年全县生产总值完成270076万元，同比增长13.0%，一、二、三类产业增加值：第一产业85646万元，增长5.8%；第二产业111562万元，增长15.0%；第三产72868万元，增长16.5%。民营经济实现增加值110723万元，增长22.9%。粮食总产量125106吨，增长4.8%，财政收入16786万元，增长41%，财政支出45112万元，增长43.4%。社会商品零售总额99884万元，增长24.0%。城镇人均可支配收入9912元，增长18.0%。农民人均纯收入2729元，增长8.0%，年末城乡居民存款余额274109万元，增长28.7%。

【“一区三园”项目建设进展顺利】 全县投产、续建、新开工项目24个，总投资33亿元。其中亿元以上项目11个，5000万元以上项目2个，3000万元以上项目7个，1000万元以上项目4个。长城汽车铸造、国能风电叶片等品牌企业落户，汇源、力达等继续追加投资，汇源项目完成全部投资，建成8条生产线并投入生产运营；长城铸件项目完成投资3.3亿元；国能风电叶片项目完成征地工作；力达二期扩建、立普特扩建、八木化纤、杰达电力、保顺肉鸡养殖等项目开工建设，全县规模以上企业达到37家。加强园区整体布局规划调整，“一区三园”（即由腰山·长城工业园、新兴工业园、东盛工业园共同构成顺平工业区）基础设施日益完善，吸引了八木化纤、杰达电力、长城汽车铸造、保顺肉鸡养殖等一大批项目入驻。

【“三年大变样”工作扎实开展】

制定“五拆”方案，范围包括桃源大街、平安大街、顺兴路两侧“违、临、破、旧、漏”建筑物、构筑物等；投资2亿元，实施仙洲路改造、桃源大街东延、平安街东延、永平路、永禄大街开发等道路建设改造工程，修建高标准道路11公里，县城“四横、四纵、一环”路网框架基本形成，城区控制面积扩大10平方公里。投资2亿多元的丽景二期、顺兴花园西区二期、蒲金路北段住宅、盛世华庭一期四个住宅小区竣工，城区商住面积新增21万平方米。启动37家临街行政机关、企事业单位加装红屋顶工程，完成20多家单位。

【旅游项目建设实现新突破】

新引进旅游项目4个，总投资2.4亿元。庄园开发项目完成投资700多万元，新村建设主体工程即将完工；投资800万元完成天湖景区开发项目的拆迁和道路改造工作，前期绿化工程、景区山门、综合服务区等建设项目全面铺开；制作出“燕赵西湖”项目规划效果图，完成景区规划设计并通过评审。以天湖、燕赵西湖风景区为重点区域，以退耕还林、太行山绿化、封山育林三大工程为载体，组织“10万人绿化荒山10万亩”活动，全年完成造林绿化10.44万亩。

【张石高速、南水北调工程竣工】

张石高速公路顺平段于10月20日正式竣工通车。保阜高速公路顺平段桥涵工程完成70%，路基工程完成50%。张石高速连接线项目中的腰隘线、新东环路均已完成路面工程，基本具备通车条件。南水北调顺平段4月份具备通水条件，9月21日实现应急供水。

领导班子成员

县委

书　　记　张千里(6月离任)
　　　　　张丽娟(6月任)
副 书 记　岳文民
　　　　　杨宝昌(10月离任)
　　　　　郑福群(10月任)
常　　委　张千里(6月离任)
　　　　　张丽娟(6月任)
　　　　　岳文民
　　　　　杨宝昌(10月离任)
　　　　　郑福群(10月任)
　　　　　何　林　刘文力
　　　　　徐志清(6月离任)
　　　　　张铁柱
　　　　　赵其国(9月任)
　　　　　梁文杰　赵永帅
　　　　　马跃斌
　　　　　甄会龙(11月任)
　　　　　田建生(11月任)

人大

主　　任　张光伟(10月离任)
　　　　　郭文忠(10月任)
副 主 任　赵同霄
　　　　　王长占(5月任)
　　　　　肖占良
　　　　　张连营(12月任)

政府

县　　长　岳文民
副 县 长　徐志清(6月离任)
　　　　　张铁柱
　　　　　甄会龙(11月离任)
　　　　　杨保军
　　　　　田建生(11月离任)
　　　　　杨军华　李长军
　　　　　梁文杰(11月任)
　　　　　王若辉(12月任)
　　　　　姚红玉(11月任)
　　　　　朱国栋(11月任)

政协

主　　席　郭建军
副 主 席　靳海军　侯英武
　　　　　刘振国(12月离任)

（冀敬军）

望都县

【**地情提要**】　望都县位于河北省中西部，太行山北段东麓山前平原，界于北纬38°30′46″～38°48′30″，东经115°01′16″～115°18′13″之间。东毗清苑县，南接定州市、东南接安国市、博野县，北交顺平县、东北接满城县，京广铁路、京深高速公路纵穿县境。县境总面积374平方公里，东西24公里，南北33公里。县人民政府驻地望都镇，南距省会石家庄98公里，北距保定市35公里，距北京187公里。

行政区划　辖2镇6乡147个行政村，望都镇、固店镇、赵庄乡、高岭乡、贾村乡、黑堡乡、寺庄乡、中韩庄乡。

建置沿革　相传5000年前部落首领唐尧即以其母庆都之名建城。战国时为赵国庆都邑。秦王政十九年置庆都县。其后2000多年间，除南北朝和隋朝有短时期废置外，历朝均置为县。县名几易，秦定庆都，汉改望都，王莽新朝一度称顺调，东汉复称望都，金朝称海山，元朝再称庆都，清乾隆年间再称望都。抗日战争中曾置云彪望定二县，抗日战争胜利后再复望都之名。建国后除1958年6月至1962年1月撤销县与唐县合并外，均称望都县。

自然环境　西望太行群山，境属华北平原，坦荡如砥，地势西高东低，西部最大海拔高度56.3米，东南最低海拔高度27.8米，地面平均纵坡1/800。土壤多为洪水冲积物，土层深厚，土壤肥沃。地表有唐河、九龙河、白岳河、运粮河、清水河、曲逆河6条河流，境内总长54.5公里。县处北温带半湿润半干旱气候区，四季分明，雨量充沛，年平均降水量555毫米，年均日照2660小时，年均无霜期220天。

人口民族　2008年末，全县人口26.3万人，其中农业人口23.7万人，境内有汉、满、回、蒙古、壮、朝鲜、苗、彝、羌、侗、土家等16个民族，其中以汉族为主，占总人口的97.5%。全年出生人口3267人，死亡1818人，全县人口自然增长率5.5‰。

自然资源　全县耕地面积22412公顷，是海河流域第一个吨粮县；林木覆盖率达18%，三次被授予全国平原绿化先进县；辣椒种植历史悠久，辣椒加工业发达，辣椒制品远销20多个国家和地区；奶牛养殖达1.8万头，县内建有蒙牛、光明两大乳制品加工企业。

【**概况**】　2008年地区生产总值25.07亿元，同比增长8.5%，其中，第一产业实现增加值7.78亿元，同比增长5.2%；第二产业实现增加值10.97亿元，同比增长7.4%；第三产业实现增加值6.33亿元，同比增长12.6%。粮食产量23.72万吨，比上年增加1.2818万吨，增产5.7%。财政收入为1.34亿元，同比增长33.7%；一般预算支出为3.42亿元，同比增长25.9%。全社会固定资产投资完成7.24万元，城镇以上固定资产投资完成6.00亿元。社会消费品零售额达到7.26亿元，同比增长20.5%。城镇在岗职工平均工资1.30万元，同比增长19.7%；城镇居民人均可支配收入为10781元，同比增长11.8%；农民人均纯收入3618元，同比增长6%。金融机构存款余额34.0亿元，比年初增长21.7%；金融机构贷款余额9.1亿元，比年初增长5.6%。

特色农业发展壮大，新农村建设扎实推进。各项惠农政策全面落实，发放粮食直补、综合直补、奶牛补贴等2518万元。大力规范奶业发展，以河北省加强乳品质量监管现场会在本县召开，并确定本县为“奶牛规模化养殖，小区、奶站标准化建设，乳品企业、奶站、奶农一体化管理”试点县为契机，新建扩建7个奶牛养殖小区，散养奶牛全部实现入区养殖。2008年奶牛存栏1.1万头，奶产量达到3.6万吨。完成低压管道节水灌溉面积3000亩，修建农村公路25公里，累计建成沼气池5968个，28个村新通了自来水。

工业项目建设进展顺利，发展优势进一步显现。全县千万元以上项目27项，总投资25.6亿元，累计完成投资4.64亿元。引进内资3.07亿元，利用外资209万美元，出口创汇1010万美元。特别是蒙牛液态奶项目投产一年来，实现产值8.6亿元，完成增加值1.9亿元，占全部规模以上工业增加值的50.8%，上缴税金700多万元，成为本县名副其实的第一优势企业。冀中轴瓦迁扩建项目竣工投产，龙河工贸项目局部车间试生产，高速公路钢护栏项目厂房及基础设施建设完工，益海粮油项目开工建设。全力推进园区建设，完成赵庄铸造及机加工工业集中区征地工作，发展特色经济的集聚效应凸显。出台《关于推动全民创业的若干意见》，全县民营企业达886家，民营经济发展活力逐步显现。

【加大规划力度，改善城乡环境】

积极推进城乡规划全覆盖，乡镇总体规划编制率达到100%，村庄规划率达60%。出台《望都县城镇面貌三年大变样活动方案》，拆除面积5500平方米。积极稳妥推进旧城改造和城中村改造，旭景华庭、万年花城、名仕苑二期等商住小区主体工程完工，鑫达园、第一城部分主体工程完工，盛华丽景小区开工建设，完成了樊家村新村建设，辛街村新民居示范工程建设首期10套样板房主体工程竣工。污水处理厂办公楼、宿舍楼主体工程完工，建设配套管网20公里。张石高速引线竣工通车，望清路拓宽改造工程进展顺利，完成保阜高速引线望都段规划、立项等工作。

【开展三项工作，保障群众安全】

制定《安全生产、食品药品安全、节能减排集中行动实施方案》，检查各类企业226家并全部予以整改，整顿规范交通安全工作站，对超市、学校消防安全设施进行全面检查，排除隐患20处。果断应对处理“三鹿奶粉事件”，问题奶粉全部召回或封存。筛查救治患儿，筛查儿童1.3万人。打击非法生产废旧塑料加工企业，对10家规模以上工业企业进行摸底调查，关停2家产能落后企业，全年减排COD247吨，二氧化硫411吨。

【关注民生，改善人民生活】

教育事业健康发展。建成标准化初中2所，标准化小学9所。全面实施农村义务教育经费保障机制，免除1.99万名义务教育阶段学生杂费，“两免一补”政策全部落实。职教中心实验实训楼主体工程建设完工。新型农村合作医疗健康运行。16.1万人次获得医疗补偿1562万元。手足口病防治工作成效显著，诊治手足口病6例。全县农民合作医疗参合率达到91.8%。实施“农民健康保健工程”，对12个试点村15392人进行免费体检。开展“流动医院”下乡义诊活动，义务巡诊34个村，免费义诊2.6万人次。疫情监测网络更加完善，建立疫情报告检测点168个，保持县乡村三级传染疫情和突发公共卫生事件信息网络直报系统畅通无阻。全年新增就业1634人，下岗失业人员再就业846人，城镇登记失业率2.9%。妥善安置“零就业家庭”6户，“4050”人员270人，实现了动态归零。转移农村剩余劳动力2.99万人，完成任务的497%。社会保障体系更加健全。全额事业单位养老保险制度改革全面启动，开展农村养老保险，征缴养老保险2970万元，争取上级社保基金2693万元，发放养老金4800万元，企业和事业参保单位离退休人员养老金按时足额发放。

领导班子成员

县委

书　　记　郭若定(6月离任)
　　　　　孟晓灵(6月任)
副 书 记　张丽娟(6月离任)
　　　　　李宁太(6月任)
　　　　　姚晓兵(6月离任)
　　　　　董爱民(6月任)
常　　委　郭若定(6月离任)
　　　　　孟晓灵(6月任)
　　　　　张丽娟(6月离任)
　　　　　李宁太
　　　　　姚晓兵(6月离任)
　　　　　董爱民(6月任)
　　　　　王书安(6月离任)
　　　　　许喜林(6月任)
　　　　　韩志勇　刘洪洁
　　　　　任永海
　　　　　赖晓庆(6月离任)
　　　　　胡占房(6月任)
　　　　　崔建民(7月离任)
　　　　　何任道

人大

主　　任　朱子群
副 主 任　麻金龙　杨彦同
　　　　　于书亭　张顺英

政府

县　　长　张丽娟(女，6月离

任）

李宁太(6月任)

副　县　长　李宁太(6月离任)

许喜林(6月离任)

崔建民(7月任)

谢援朝(6月任)

胡占房(6月离任)

吴从志(6月任)

陈　明　赵　勇

孙亚珍(6月任)

何　东(6月任)

戴鹏伟(6月离任)

政协

主　　　席　赵兵晨

副　主　席　马文库　潘静萍

孙丁立　张建敏

（王高祥）

雄　　县

【地情提要】　雄县南倚华北明珠——白洋淀，北靠“京南小香港”——白沟，位于北纬38°55′~39°10′，东经116°01′~116°20′，东西长26公里，南北阔25.5公里，总面积524平方公里。雄县东部与霸州市交界，南部、东南部隔大清河与任丘市、文安县相望，西南隔白洋淀与安新县相望，西部与容城县相接，西北部与高碑店市毗邻，东北部与固安县接壤。雄县地处京津保三角地，北距北京市108公里，西南距石家庄175公里，东距天津市100公里，西距保定市70公里。宋代古战道地下绵延几十里，有“历史奇观，地下长城”之称。

自然环境　雄县地处拒马河下游，属低平原区，地势平坦，自西北向东南略有倾斜，海拔高度8~14米，土壤以沙壤和壤质为主，属暖温带半干旱地区，大陆性季风气候特点显著，四季分明，年平均气温12.1℃，大清河是流经本县的唯一自然河流，境内全长38.75公里，多年来为常年有水河道，50年代后形成季节性河道。白洋淀为常年蓄水的淡水湖泊，雄县拥有淀区面积18.3平方公里，县城距白洋淀仅4公里。

自然资源　全县耕地面积31736公顷，其中水浇地面积19563公顷。境内石油、矿泉水、地热水等自然资源丰富。境内有油井1500多眼，年产原油70万吨，占华北油田原油总产量的六分之一。矿泉水总储量达4亿吨左右，1987年12月，国家地质矿产部水文地质工程地质司组织专家对白码地热井进行全面分析化验，水中的碘、锂、锶、偏硅酸及矿化度均达到国家饮用天然矿泉水标准，被鉴定为“国内少见的优质矿泉水”。地热资源具有面积广、储量大、埋藏浅、温度高、水质好等特点，号称“华北之冠”。地热田覆盖面积达320平方公里，储量达100亿立方米，水温55℃~86℃。利用地热资源集中供暖是雄县开发地热资源的一条主要途径，既可节约大量常规能源，不污染环境，又可降低集中供暖的一次性投入。已打地热井27眼，年均开采量250~300万立方米。城区地热集中供暖面积逐年增加，实现采暖面积80万平方米，节约煤炭50多万吨。涉及机关、学校、医院、企业及部分居民，居于全国县城之首。地热洗浴、疗养行业遍及全县各地，利用地热洗浴疗养超过100万人次。雄县依靠丰富的地热资源优势，2006年3月，被中国矿业联合会正式命名为“中国温泉之乡”

建置沿革　春秋为燕地，秦置县，名易县，南北朝入莫县，唐置归义县，属涿州，后晋初随涿入辽，后周显德六年（公元959年），世宗亲征伐辽，取瓦桥关置雄州。明洪武七年（公元1374年）降雄州为雄县。1941年6月，雄县、新城、霸县组成第一联合县，后改为第二、第四联合县。1945年12月并入涿县。1961年5月恢复雄县建置至今。

行政区划　全县辖5镇4乡，223个行政村。乡镇有雄州镇、昝岗镇、大营镇、龙湾镇、朱各庄镇、米家务乡、双堂乡、张岗乡、北沙乡。

人口民族　2008年末全县总人口365286人，比上年增长3.28%。境内有汉、满、回、蒙古、壮、朝鲜、苗、彝、羌、侗、土家等16个民族，其中以汉族为主，占总人口的97.5%。人口自然增长率7.12‰。

【概况】　2008年全县实现国内生产总值43.7亿元，同比增长11.7%，其中：第一产业完成增加值5.7亿元，增长5.2%；第二产业完成增加值27.9亿元，增长12.8%；第三产业完成增加值10.1亿元，增长12.3%。民营经济总产值130.5亿元。粮食总产量23.1万吨，同比增长3.98%。棉花产量323吨，同比增长104.4%。财政收入2.49亿元，可比增长17.6%；财政支出2.97亿元，同比增长17.0%。社会消费品零售总额17.4亿元，同比增长23.1%。全社会固定资产投资完成24.2亿元，同比增长22%。在岗职工年平均工资20450元，同比增长19.6%。农民年人均纯收入4870元，同比增长10%。城镇居民人均可支配收入12042.8元，同比增长38.5%。年末城乡居民存款余额36.97亿元，比年初增长48.7%。

【中国温泉之乡建设有新进展】

4月28日，在人民大会堂成功举办“中国温泉之乡·河北雄县”推介会，制作《中国温泉之乡——雄县》宣传片，在全国91趟车次的列车电视中连续播放。参加中外旅游精品推介峰会，荣获“中国最佳旅游目的地”和“中国旅游文化示范地”称号，承办河北省首届端午节文化活动。通过积极争取，陈子正故居被列为省级文保单位。雄州古乐和鹰爪翻子拳被列入国家级非物质文化遗产名录。重点项目进展顺利，总投资7.8亿元的博览园项目完成文化展览馆主体及9栋公寓主体工程，总投资4245.9万元的污水处理厂开工建设，总投资5300万元的雄州古玩城完成2/3的主体工程，总投资8000万元的四星级温泉酒店完成主体工程。积极实施推进总投资近50亿元的大清河温泉旅游综合开发、世界温泉博览园、旧城改造、无烟城等温泉产业项目，大清河温泉旅游综合开发项目河道整治一期工程基本完工，旧城改造项目完成拆迁3万余平方米，投资300余万元，新打地热井2眼，新增集中供暖面积6万平方米，计划3~5年内，城区实现地热集中供暖全覆盖。签订投资1.5亿元、占地1000亩的雄县农业高科技产业园项目。

【工业园区建设规模和实力明显提升】 结合产业分布，规划引导企业向高速引线等交通干路两侧扩张，以两条高速引线为中心的两条经济隆起带上形成塑料包装园区、朱各庄革塑园区、龙湾乳胶园区和昝岗天使园区，完成四个园区总体规划。结合大广高速和白沟至温泉城快速路建设，建设占地3000亩以上的雄州民营科技园和雄州民营创业园。对入园项目实行县级领导分包和“一个项目两个责任人”制度，加强项目调度，帮助企业破解难题，确保项目企业顺利运行。2008年争取到建设用地指标1612亩，80%的用地指标放在园区。协调金融机构与园区内企业进行对接，解决企业融资困难。成功举办“9·20”塑博会，塑料包装园区被中国塑料加工工业协会命名为“中国塑料包装产业基地”。园区企业总数达到106个，生产总值8.4亿元，占到全县生产总值的26%。PVA高阻隔膜项目、龙华仓储物流项目、汇佳塑料基地、立亚扩建项目、玉鑫塑胶产业布等5个投资均逾两亿元的项目入驻塑料包装园区，总投资13.3亿元。投资6.5亿元的年产13800万安伏锂离子动力电池项目入驻雄州民营科技园区。重点项目的入驻，促使园区规模和实力得到明显提升。

【城镇建设有新步伐】 完成城市总体规划的修编，研究制定“城镇面貌三年大变样”实施方案，制作城市规划沙盘模型，县城重点发展区域控制性详规覆盖率达到60%以上，超标准完成村庄规划“6060”工程，36个村庄完成规划编制工作。全县城镇化率32%。完成滨河新区等旧城区拆迁面积3.1万平方米，在建、建成凤阳小区、文昌园小区、太阳城小区、盛唐小区等商品房48.6万平方米；地热集中供暖、天然气入户和集中供水等惠民工程进展较快，集中供暖面积占城区总供暖面积的40%，集中供水面积占到城区面积的65%，年供气量45万立方米。加强城市管理，开展治理马路市场、清理店外经营、治理流动摊点、清除违章占道摊点等治理工作，规范经营行为；按照城镇面貌三年大变样工作的总体部署，累计拆除城区违章建筑、临时建筑52处，拆违面积1.3万平方米；开展县容县貌的整治工作，规范广告牌匾的制作、悬挂等，工作得到上级的肯定，荣获2008年保定市城镇容貌综合治理暨星城杯竞赛优胜奖。

【稳步推进三农工作，农村面貌有新变化】 对农业龙头企业落实部门、金融单位、乡镇、业主四位一体捆绑责任制，重点扶持坤保养殖公司、玉源麦芽糖有限公司和升元奶牛养殖场建设，扩张规模，增强辐射带动力，推动龙头企业发展；继续指导建设优质专用粮、脱毒甘薯、优质果品和无公害蔬菜等四个生产基地，面积6.5万亩；实施专业村战略，依托传统的纸花、塑料及塑料制品、箱包、制帽等产业，转移农村剩余劳动力，发展专业村，在资金、用地、税收等方面给予支持。全县各种专业村达到85个。加大跑部进厅力度，引进农业资金959万元，进行农业开发，受益农民3万余人。粮食生产稳中有增，全县粮食收获面积达54.2万亩，连续4年实现了增产增收。全面落实粮食直补、良种补贴、农机具补贴、减免农村义务教育学杂费等惠农政策。发放粮食直补和综合直补资金2946.39万元。建设咸淡混浇示范田6000亩、节水工程2000亩；投资529万元，改造中低产田8500亩。全县农业基础设施建设得到有效改善。累计投资830万元，重点抓了13个试点村建设，硬化街道25公里，拆除违章建筑77处；确定黄湾、昝北、胡台等9个社区建设试点村，完成硬件建设，建立社区服务中心；4个村被确定为市新农村建设试点。全县共完成植树41.7万株。市农村新民居建设现场交流会在本县召开。

【社会事业建设取得新进展】 教育方面，荣获市“全面实施素质教育，提高教育教学质量先进单位”和“职业教育工作先进单位”称号，投入677万元，新建项目小学2所，完成合并农村中小学6所；投资145万元，维修改造危房528间和危墙346米；投资575万元，全面开展学校暖气改造工程，彻底消除了明火取暖；开工建设省级示范性高中。计生方面，全年共出生4264人，符合政策生育率87.48%，完成四术4389例，综合节育率达92.25%。全县农村已婚育龄妇女免费服务率90.97%。征收社会抚养费590万元，征收面92.91%，征收到位率73.58%。投入资金104万元，落实计生各项奖励扶助金。农村民心工程，建成联村集中供水、单村集中供水工程11处，解决20个村的人饮安全；提高最低保障标准，发放农村五保供养金51.3万元，农村低保户7739人，占农村人口的2.8%。交通方面，投资700余万元，对部分县乡公路进行了大修改造，积极开展大广高速公路和白沟至温泉城快速路建设各项准备工作，开展运输市场整治工作，查扣非法营运车辆85辆。社会保障方面，扎实开展“三联济困”和“亲民爱民”活动；开工建设投资600余万元的县福利中心。全县新增就业1893人，城镇登记失业率2.43%。企业养老、工伤和医疗保险参保扩面834人、515人、376人，全面启动城镇居民基本医疗保险工作。城镇低保户达1602户、2400人。积极开展为四川汶川地震灾区捐赠活动，捐款890万元，物品折款106余万元，棉被1000条。食品药品安全方面，按照省市“三项工作”集中行动要求，查扣问题奶粉143.4公斤，下架封存14375.4公斤，收缴高剧毒农药491公斤，查封问题饲料6吨，食品安全达到了10个100%。卫生方面，完成8所乡镇卫生院建设，并投入使用，新农合覆盖率达到100%，参合标准提高到100元，补偿参合农民3.9万人次，补偿1176万元。全力做好问题奶粉婴幼儿的筛查、治疗工作，共筛查食用问题奶粉儿童9463人。安全稳定方面，在保障奥运期间安全稳定的情况下，深入开展严打整治专项行动，破获刑事案件1122起，荣获市“奥运安保工作先进县”称号。开展安全生产“三个年”活动和专项集中行动，排查企业3231家，发现隐患2837处，完成整改2617处。关停废旧塑料加工摊点。全县政治稳定、社会安定的局面得到进一步巩固和加强。

领导班子成员

县委

书　　记　刘金龙
副 书 记　王义民(6月离任)
　　　　　林振英(10月离任)
　　　　　李克英
　　　　　姚小兵(10月任)
常　　委　刘金龙
　　　　　王义民(6月离任)
　　　　　林振英(10月离任)
　　　　　李克英
　　　　　张才修(6月离任)
　　　　　温占芳　王育新
　　　　　李增良
　　　　　都建华(11月离任)
　　　　　孙增儒　韩晓明
　　　　　姚希华(6月任)
　　　　　姚小兵(10月任)
　　　　　许顺田(11月任)
　　　　　孙勇奇(11月任)

人大

主　　任　王汝强
副 主 任　刘玉峰　张振强
　　　　　王东风
　　　　　张占良(12月离任)
　　　　　程泽军(12月任)

政府

县　　长　王义民(6月离任)
　　　　　李克英(6月任)
副 县 长　马木良　许卫荣
　　　　　董贺群　韩晓明
　　　　　都建华(11月离任)
　　　　　赵春生(11月离任)
　　　　　王育新(11月任)
　　　　　张占良(12月任)

政协

主　　席　任志强
副 主 席　常福山
　　　　　张玉明(10月离任)
　　　　　张　荣

（孙丽新）

易　县

【地情提要】 易县位于河北省中西部，太行山北端东麓，总面积2534平方公里。境内有清西陵、燕下都、紫荆关、老子道德经幢、北福地史前遗址、圣塔院塔（荆轲塔）六处全国重点文物保护单位。清西陵、狼牙山为全国旅游4A景区。矿产建材、旅游、林果、畜牧养殖是易县的四大支柱产业。易县是“千年古县”。县城距保定60公里，距石家庄190公里，距北京100公里，地理坐标为北纬39°02′～39°35′、东经114°51′～115°37′。县境东西跨67公里，南北越62公里。东与定兴，西与涞源，北与涞水，南与徐水、满城、顺平县相邻。过境的京原铁路和112国道、京赞线、易定线、易保线组成境内主体交通网。张石高速公路易县段7.16公里全部竣工通车。南水北调中线易县段经过8个乡镇、46个行政村，全长45公里，全部竣工，9月18日向北京应急供水。

自然环境 县境地处太行山区向华北平原过渡倾斜地带，与定兴县相邻的高陌乡是全县唯一平原乡，平均海拔324米，地势由西向东下降明显，流水落差大，易患水灾。主要山峰有摩天岭、平顶山、五峰寨、云蒙山、狼牙山等，最高山峰摩天岭位于蔡家峪乡与涞水县交界处，海拔1813.3米。境内主要河流有北、中、南三条易水河和漕河、拒马河、均属海河流域大清河水系，河流总流程216公里，年径流量9.31亿立方米，正常泄洪能力1580立方米/秒。属温带季风气候区，春秋干旱多风，夏季炎热多雨，冬季严寒少雪，四季分明。由于连年干旱，地下水位下降，灌溉面积萎缩。

自然资源 可耕地约12万公顷，土壤多见褐土，海拔700米以上多见棕壤。地下水资源总量1.14亿立方米，水质清澈，呈中性、弱碱性，PH值6.9～7.9，主要金属矿有金、铁等，非金属矿有磷、膨润土、石灰石、花岗岩、石棉、蛭石等，其中石灰石和花岗岩储量最大，分别为3000万吨和6000万吨。建筑沙资源丰富。主要药用动植物有全蝎、蝉蜕、五灵脂、沙参、丹参、枣仁、柴胡、知母等30多种，全部野生药材近200种。

建置沿革 隋开皇元年（公元581年）置易州，开皇十六年（公元597年）置易县，上属易州。五代时期属后晋，开运三年至后周显德六年属辽，宋代宣和四年改属武遂郡，宣和七年复归辽，改属高阳军。金天会十一年归属金。元代太祖八年属顺天府，清雍正十一年（1733年）由县升州，领涞水、广昌（今涞源）二县，民国2年（1913年）降州为县。抗日战争时期先后设易满徐县、定易涞县、易县、龙华县。1946年恢复易县。

行政区划 全县辖8镇1处19乡469个行政村（含6个居委会）

人口民族 2008年末有居民169854户，566655人，其中非农业人口111142人；本年度出生人口10988人，死亡人口2289人。居民中有汉、满、回、蒙等22个民族，西陵镇为典型满族聚居区，全县满族21253人；城内、西水冶、马家庄是典型回民聚居村点，马家庄村回民占100%，全县回族共计9592人。有易县城内、西亢各庄、塘湖、大巨、西水冶、神石庄、马家庄、南百泉、北百泉共计9个清真寺。

【概况】 易县总面积2534平方公里，耕地面积36620公顷。总人口566655人，同比增长1.4%，人口自然增长率15.5‰。全县完成地区生产总值494557万元，同比增长12.8%。其中，第一产业增加值完成136545万元，同比增长10.0%；第二产业增加值完成197260万元，同比增长14.1%；第三产业增加值完成160752万元，同比增长13.6%。三次产业的结构比例由2007年的28.0∶39.2∶32.8调整为2008年的27.6∶39.9∶32.5。乡镇企业总产值912695万元，同比增长13.89%。粮食总产量204392吨，同比增长10.32%；棉花总产量364吨，同比下降0.82%。财政收入25321万元，同比增长25.9%；财政支出66758万元，同比增长18.5%。城市空气质量等级2级。社会消费品零售总额155406万元，同比增长13.6%。职工年平均工资21869元，同比增长22.4%，农民年人均纯收入3233元，同比增长5.0%。城镇居民人均可支配收入10326元，同比增长31.1%。年末城乡居民存款余额471774万元，同比增长30.3%。

【农业生产持续发展】 按照“扩基地、强龙头、兴科技、拓市场”的思路，加快农业产业化经营步伐。全县有林面积达到172.5万亩，林木覆盖率达到45.4%，全年完成造林8.8万亩，以磨盘柿为主的果树面积达到34.5万亩，果品产量达到3亿斤，产值突破1.5亿元，林业总产值达到3亿元，易县被授予“全国三北防护林建设突出贡献单位”。生猪、肉牛饲养量分别达到57.88万头、10.9万头，全县肉类总产量达到4.66万吨。禽蛋总产量达到1.8万吨。甘薯种植面积达到6.9万亩，鲜薯产量达到10.9万吨。圣霖板业、正四方牧业、东威集团、集发牧业等龙头企业不断壮大，兰宝牧业、三益奶牛养殖等农业产业化项目进展顺利。全县农业产业化经营率达到27.5%，带动农户产业化经营2.8万户。实施“一县一业一园”科技示范工程，狼牙山生态农业和西陵中药材两大园区的科技示范带动作用显著增强。全年培训农民10万人次，推广实用技术10项。全县果品、甘薯、蔬菜等农产品专业批发市场达到35个，农村经纪人队伍达到3000人。完成10个乡镇、150个村庄的总体规划。投资1200万元完成80公里的乡村公路建设，全县新打机井108眼，铺设地下管道5万米，新增和改善灌溉面积2.5万亩，连续四年荣获省政府农田水利建设“海河杯”一等奖。实施生态家园富民工程，新建“三位一体”沼气池3600个。石家统村被农业部评为“全国一村一品示范村”。全县农村富余劳动力转移达到9.8万人次，劳务输出达到8.5万人次，实现劳务收入

7.8亿元。

【工业经济平稳运行】 围绕“矿产、建材、铸造”等优势特色产业，抓服务、强管理、增效益，工业经济保持平稳的运行态势。深入开展“优化发展环境，激活市场主体”活动，制定出台了关于加快项目建设、促进招商引资、激活市场主体的三个《实施意见》，出台项目建设、招商引资优惠政策和考核奖励办法，出台优化企业发展环境的25条规定，对27家重点企业和3个重点项目进行了挂牌保护，实行企业“免打扰”、“安静日”等工作制度。通过增投入、上规模、搞技改、创品牌，铸造、天然板岩等优势产业进一步发展壮大。全县文化石加工企业达到387家，从业人员2万多人，产品40多种，产品畅销欧美、日本、加拿大、港澳等二十多个国家和地区，出口量达到全国市场的八成，成为“中国石材之乡”、“亚洲最大的天然石板生产基地”。全县规模以上工业企业完成总产值36.2亿元，工业增加值完成10亿元，同比增长16.9%。国企改革步伐进一步加快，机械厂、水泥厂、化肥厂、板业集团已破产终结。

【项目建设稳步发展】 集中力量规划建设占地18930亩的中易水工业产业园区。园区总体规划已经完成，投资500万元的园区公路竣工通车，入驻企业达到13家，总投资4亿元。全年共谋划实施重点项目25个，总投资达到33亿元。投资1.2亿元的天泽林板业、1.05亿元的燕源食品等项目已竣工投产。投资4亿元的生物质发电、1.2亿元的万港机加工、1.1亿元的天龙药业、1亿元的易砚文化产业基地等项目前期手续基本完成。争取国家扩大内需政策资金1674万元，在全市排第二名。全县引进内资5.6亿元，利用外资261万美元，出口创汇5804万美元，分别完成全年任务的151%、104%、145%。

【旅游强县建设步伐加快】 建设“狼山、易水、清西陵”精品景区。狼牙山景区投资780万元，加强基础设施建设，完善景区服务功能，提升景区品味，升级为国家4A景区。易水湖景区投资500万元，完成金龟、大坝两个停车场和农家乐园的扩建改造工程，提高景区接待能力。清西陵景区投资270万元完成马槽沟清淤1500米，投资600万元完成墓陵整体维修和行宫改造一期工程，服务设施和服务档次明显提升。为加大旅游宣传促销力度，投入170万元在京、津、石、保等地加强了电视、报刊、网络等媒体宣传，组织各景区、旅游企业参加了“2008北京旅游博览会”和“全国红色旅游宣传推介展”，成功举办狼牙山登山活动和“2008第九届北京户外爱好者铁人三项挑战赛”活动。举办“光绪皇帝逝世100周年纪念活动”，投资455万元完成文物库房及展馆建设主体工程，投资150万元完成紫荆关长城东山段维修加固工程。以西陵、狼牙山等乡镇为重点区域，上规模、上档次、上水平，加快农家游发展，全县农家游已达1200多户，接待游客36万人次，收入达到3240万元。全县共接待游客150万人，实现综合效益3亿元。

【县城环境明显改善】 以建设“旅游县城”为目标，深入开展“城市面貌三年大变样”活动。积极推进商住小区开发、路街改造、绿化美化、市政工程等建设，商住小区开工面积19万平方米，竣工面积8万平方米。投资263万元完成了靖远路、易兴路硬化、绿化带建设及便道改造工程。集中供热面积达到23万平方米。新增天然气用户1000户。完成拆迁面积6万平方米。投资4143万元的污水处理厂正式运营，出水水质完全符合设计标准，新铺设排水管网1378米，有效缓解城区低洼处的积水问题。总投资2998万元的垃圾填埋场完成了前期手续。投资141万元，在城区九条主要街道规划建设地下垃圾点34个，规范门店2200多家、流动摊点600多个，主街路做到了全天保洁，居民居住环境明显改善。

【重点工程建设进展顺利】 张石高速一期工程竣工通车，二期工程全面启动。荣乌高速前期准备工作顺利推进。投资4000万元的张石高速易定连接线、投资4300万元的国道112线涞水界至紫荆关大修工程竣工通车。全力做好协调服务工作，确保了南水北调工程应急供水安全。

【社会保障能力进一步增强】 以困难群众生活、看病、上学、就业为重点，深入实施民生工程。城镇居民医疗保险全面开展，参保人数达到23320人，全县基本实现了医疗保险全覆盖。城镇低保月人均补差额由原来的72元提高到105元，农村低保月人均补差额由原来的18.2元提高到42元，全县城乡低保对象达到20883人，发放低保金1146万元。完成了易县第一敬老院建设，被评为河北省双拥工作先进县。发放救灾款230万元，解决了受灾群众和弱势群体的生活困难。支援四川抗震救灾捐款1300多万元。新增就业2351人，实现再就业1655人，分别完成市下达任务的147%、236%，城镇登记失业率控制在3.7%以内。启动了第三批38个村的扶贫开发工程，投资150万元发放“周转畜”1113头（箱）。实施了移民搬迁工程，解决了2400绝对贫困人口的温饱问题和2900低收入人口的增收问题。投资712万元解决了45个村、9000人口的饮水困难问题。做好住房公积金归集工作，归集总额达到8900万元，为704户购房户提供资金支持4364万元。坚持“科教兴县”战略，高考综合排位跃居全市第二名。投资2900万元完成9所学校基础设施建设和取暖设施改造工程，解决370所中小学校冬季取暖问题。易水砚制作技艺、摆字龙灯、拾幡古乐被国务院命名为国家级非物质文化遗产。新农合工作扎实开展，参合率达到83.74%，为16万农民报销医药费3128万元。有线数字电视开通。

领导班子成员

县委

书　　记　刘德明(5月任)
副 书 记　刘德明(5月离任)
　　　　　张树林(10月离任)
　　　　　张贺良(6月离任)
　　　　　崔坤军(6月任)
　　　　　傅　勤(10月任)
常　　委　刘德明
　　　　　张树林(10月离任)
　　　　　张贺良(6月离任)
　　　　　时焕瑞(挂职,2月离任)
　　　　　商少璞　李群龙
　　　　　范增振(11月离任)
　　　　　高文杰
　　　　　郑斌慧(女)
　　　　　张　剑
　　　　　王　涛(11月离任)
　　　　　崔坤军(6月任)
　　　　　傅　勤(10月任)
　　　　　侯印红(11月任)
　　　　　韩朝红(女,11月任)
　　　　　张东辉(12月任)
　　　　　赵建成(挂职,4月任)

人大

主　　任　宋海振(10月离任)
　　　　　张树林(10月任)
副 主 任　杨瑞林　马根全
　　　　　崔永德　勾士涛

政府

县　　长　刘德明(5月离任)
　　　　　崔坤军(6月任)
副 县 长　商少璞　张　剑
　　　　　张　良
　　　　　刘新桥(11月离任)
　　　　　张树才
　　　　　赵春生(11月任)
　　　　　郝顺清(女)
　　　　　刘林华(挂职,1月任)

政协

主　　席　杨春立
副 主 席　张东辉(12月离任)
　　　　　张永山
　　　　　杨凤娥(女)
　　　　　耿树启
　　　　　闫　力(12月任)

（王秀丽）

徐水县

【地情提要】 徐水县位于河北省中部。地处北纬38°52′～39°09′，东经115°19′～115°46′。北距首都北京119公里，西南距省会石家庄155公里，东距天津市145公里。东与容城县、安新县交界，南与清苑县、北市区为邻，西与满城县、易县接壤，北与定兴县相连，总面积723平方公里。县政府驻地安肃镇，辖7镇7乡，一个城区办事处，304个行政村。徐水县交通便利，京广铁路、107国道、京深高速公路纵贯南北；津保公路、津保高速公路在境内接壤。县内以汉族为主，回、满、壮、蒙等民族和睦相处。

地势西北高，东南低。最高点是县城西北象山，海拔447米，最低点在县城东南大因镇的李家迪城村，海拔8米。依照形态和成因不同，全县可划分为两个不同的地貌单元。大致以大王店为界，以西为剥蚀堆积作用形成的丘陵区，面积91.2平方公里，占总面积的12.6%，以东为堆积作用所形成的山前倾斜平原区，自然坡度1‰左右。

属大陆性季风气候。四季分明，光照充足，自然环境良好。年平均气温11.9℃，年无霜期平均184天，年均降水量546.9毫米，年日照时数平均2744.9小时。

自然资源 徐水县土地肥沃，地势平坦开阔。耕作条件良好，水利设施完善。西部山区矿产资源品种多样，储量丰富，品质优良。已探明的矿藏有板石、高岭土、白云石、铁矿石等。板石资源储量4亿立方米，是世界三大板石主产区之一。高岭土资源储量为350万立方米，主要用于日用陶瓷、造纸、化学工业等。石灰石资源主要分布于西部山区，埋藏浅，易开发，品位高，储量十分丰富。

水资源比较丰富。境内河流有瀑河、漕河、萍河，年均降水量546.9毫米，工业、农业及生活用水能够保证。南水北调中线总干渠从满城县白堡村东北进入县境，穿越义联庄、大王店、东釜山3个乡镇、13个行政村，渠线长13公里。

建置沿革 徐水历史悠久，新石器早期就有人类繁衍生息。1986年，发现南庄头遗址，该遗迹晚于山顶洞人早于磁山文化，距今一万年左右。该遗址被列为第五批全国重点文物保护单位。

徐水县春秋属古燕地，战国时期，是燕赵会战前沿。西汉初期，始置北新城县。后建制屡易，先后有朔平、新城、新昌、遂城、安肃等名。宋时，为边陲重镇。民国2年（1913年），因县城南有徐河而得名“徐水”。1937年，徐水县城沦陷为日军占领区。1948年7月20日，县城解放。同年8月，徐水县人民民主政府从西黑山村迁至县城。1958年9月21日，容城、安新两县及定兴县南部29个村并入徐水县。1960年12月9日和1962年3月27日，安新县、容城县分别从徐水分出，徐水县恢复原建制。

【概况】 2008年实现生产总值726127万元，同比增长10.1%。其中：第一产业增加值168866万元，比上年增长6.4%；第二产业增加值308290万元，比上年增长8.1%；第三产业增加值248971万元，比上年增长15.7%。一、二、三产业占生产总值的比重分别为23.3%、42.4%和34.3%。人均生产总值12586元。

农业 农村经济稳步发展，农业基础地位进一步加强。全年发放粮食补贴、综合补贴4918万元，良种补贴450万元，调动了农民的种粮积极性。年内实现农林牧渔业总产值303552万元，同比增长7.6%。其中：农业产值170299万元，同比增长7.9%；林业产值340万元，同比增长7.6%；牧业产值123121万元，同比增长7.8%；渔业产值461万元，同比增长36.1%；农林牧渔服务业产值9331万元，与同期持平。农业商品率76.5%。

全年粮食播种面积915998亩，下降0.64%；粮食总产量378805吨，同比增长4.7%；棉花种植面积2224亩，棉花产量92吨；油料作物面积21348亩，油料产量5474吨；蔬菜面积157265亩，蔬菜总产量699695吨；林果面积6.2万亩，与同期持平。2008年末猪存栏36.69万头，牛存栏4.24万头，羊存栏4.44万只，家禽存栏174.87万只，分别增长42.7%、39%、8.6%和3.4%。主要农畜产品产量稳定增长。

全县年末实有耕地44968公顷，其中常用耕地44103公顷。有效灌溉面积40683公顷。拥有农业机械总动力817867千瓦，拥有大中型拖拉机1005台，小型拖拉机8610台。农用排灌电力机械14756台，农用水泵13986台，机电井11407眼，化肥施用量（折纯）28915吨，农药施用量707吨，农村用电量19321万千瓦时。

工业、建筑业 工业经济增势强劲，整体运行质量显著提高。全年完成工业总产值1307481万元。其中：规模以上工业总产值709611万元，规模以下工业总产值597870万元。全部工业增加值288540万元，同比增长12%。其中：入统工业完成增加值183080万元，同比增长15.8%。入统工业实现利税84524.5万元，同比增长10.3%。年末销售收入亿元以上的工业企业达到16家，与同期持平。

年内资质等级四级以上建筑企业完成产值19485万元，竣工产值7740万元，房屋施工总面积194100平方米，全年房屋竣工面积94568平方米。

固定资产投资、房地产、项目建设 年内完成全社会固定资产投资259897万元，同比增长33.7%。其中城镇固定资产投资203850万元，同比增长56.3%。50万元以上项目中：第一产业完成投资7482万元；第二产业完成投资178640万元；第三产业完成投资14497万元。

房地产业全年累计投资16555万元，同比下降5.6%。其中过亿元的房地产项目年内完成投资15760万元。

年内新上、续建和洽谈投资过亿元的项目43个，总投资136.7亿元。竣工项目4个，总投资9.21亿元。续建项目4个，总投资9.23亿元。新开工项目11个，总投资36.49亿元。已批待建项目14个，总投资38.88亿元。

交通、邮电、电力业 基础设施建设不断加强。年内投资1200万元的张石高速公路连接线和投资635万元的中纺集团专用路竣工通车；投资810万元的农村公路改造工程全部竣工，修建乡村道路33条共40.85公里。

年末客运车辆达到323辆、客位数7428个（含保定客运四公司）；货运车7179辆、总吨位5.9万吨；出租车273辆、客位数1092个；农用车1643辆、总吨位0.18万吨。

全年邮政业务总量3082万元，同比增长13.3%。邮政通信业营业收入16573万元，同比增长3.9%。年末手机用户达到19.7万户。小灵通1.07万部。固定电话7.83万部，其中住宅电话6.56万部。计算机宽带用户2.1万户。

加强电网建设，努力打造坚强电网。年内完成上级投资2336万元新建的沙口110千伏变电站一座，上级投资3259万元建设的何家店110千伏变电站土建工程已完工。利用自有资金601万元完成毛家营等8个村的新农村电气化建设任务。投资360万元完成高林村、何家店35千伏变电站增容改造，新增主变容量11700千伏安；新建、改造10千伏线路

34公里；新建光纤线路20公里。投资156万元完成沙口110千伏变电站配切改工程，新建35千伏线路6.8公里。

国内贸易 消费品市场基本稳定。全年实现社会消费品零售总额283906万元，同比增长23%。按行业划分：批零贸易业零售额为253430万元，住宿餐饮业零售额为30002万元，其他行业零售额为474万元，同比分别增长23.1%、22.4%和19.5%。县集贸市场49个，全年集市贸易成交额159600万元，同比增长17.7%。其中亿元市场成交额36000万元，同比下降2.2%。限额以上重点贸易企业7家，全年营业收入34288万元，同比下降16.6%。

财政、金融、保险 财政收入稳步增长。完成全部财政收入51191.5万元，同比增长22.4%。其中：一般预算收入18412.3万元，同比增长19.1%，财政支出68543万元，同比增长25.2%。

年末金融机构存款余额823798万元，比上年增长24.84%。其中居民储蓄余额698868万元，同比增长26.53%。年末金融机构贷款余额241122万元，同比下降8.67%。全年居民购买国债2393.7万元、比上年增长55.7%，基金21465万元、比上年下降45.6%。

保险业各类保费收入18000万元，处理各类保险赔偿案件8500起，赔偿及给付金额6400万元。

对外开放、科技工作 全年引进内资50593万元，同比增长6.3%。年末实有三资企业24家。全年出口创汇12024.7万美元，同比增长22.9%。

至2008年末，拥有省级名牌产品6个，省级著名商标15个。年内争取市级以上科技项目5项，其中部级2项、省级3项。争取省级科技成果7项。推广应用新成果9项。高新技术企业1家，高新技术产品2个。

教育、卫生 教育事业不断发展。全县各类学校203所。其中：小学113所，初中25所，普通高中5所，职业中学1所，县办幼儿园1所，乡镇中心幼儿园56所。全县在校学生总数78832人（含物探及民办学校学生）。

全县高考报名人数7630人，专科以上上线6878人，上线率90.1%。高考总评居全市第一，顺利实现“四连冠”。

加强县、乡、村三级医疗救治体系建设，卫生事业取得长足进步。以14个乡镇为单位设立了卫生防保站。总投资173万元、建筑面积2316平方米的留村、正村、崔庄三个卫生院国债建设项目年内全部完工。

年末，县、乡级卫生系统共有卫生技术人员1880人。其中：县级以上卫生机构6个、卫生技术人员1418人；乡镇卫生院22所、卫生技术人员462人。拥有村级卫生所（站）747个、从业人员1260人；民办医疗机构6家、从业人员112人。乡及乡以上卫生机构拥有病床数1203张。

人口、人民生活、社会保障 年末全县总户数164698户，总人口576909人，其中：非农业人口126037人。本年出生8098人，出生率为13.66‰；死亡3082人，死亡率为5.2‰；自然增长率为8.46‰。出生人口性别比为109.9。

2008年城镇居民人均可支配收入14122元，同比增长21.1%。农村居民人均纯收入5418元，同比增长12.6%。在岗职工年人均工资22787元，比上年增长22.9%。城镇居民人均住房建筑面积39.45平方米，农村居民人均住房建筑面积30.37平方米。

【特色经济】 2008年底，制酒企业45家，其中规模以上企业6家，年产白酒15371千升，完成总产值55644万元，占全部工业总产值的7.8%，销售收入52480万元．实现利润总额7835万元。现拥有“刘伶醉”、“九九”等十个省部级名酒产品。2008年，西红柿种植面积52562亩，总产量252616吨，实现产值41429万元。2008年，年末奶牛存栏34800头，鲜奶产量91493吨，奶产值29644万元。

【主导产业】 2008年索具、汽车及零部件、石油物探装备和食品加工分别实现产值26亿元、7亿元、12亿元和12.5亿元，工业增加值分别占全县工业增加值的比重为27%、5.5%、13.8%、10.4%。

【园区建设扎实推进】 县城工业园区规划面积16平方公里，已列入省级开发区。与拟进驻园区的泰山友汽车零部件、中兴汽车外迁项目签订框架协议。保定·中国电谷（大王店）产业园区规划面积28平方公里。聘请专家编制了园区城市设计和控制性详细规划。

【工业经济运行质量和效益不断提高】 索具、石油物探装备、汽车零部件三大主导产业年产值45亿元，其中，索具产业实现产值26亿元，同比增长40%；石油物探装备产业实现产值12亿元，同比增长13%；汽车零部件产业实现产值7亿元，同比增长145%。对纳税过百万元的骨干企业实行挂牌保护，在资金、土地、供电等方面给予重点扶持，全年财政投入4500多万元支持企业发展。全县规模以上工业企业完成产值69.9亿元，同比增长19.7%，其中产值过亿元企业达到16家。

【农业农村经济稳步发展】 蔬菜、畜牧、林果三大主导产业规模进一步壮大，全县蔬菜面积发展到15.7万亩，奶牛存栏3.5万头，生猪存栏36万头、出栏45.8万头，林果面积6.2万亩。市级龙头企业达到11家，全年实现销售收入6.08亿元。发放粮食直补和综合补贴4918万元、良种补贴450万元，全年粮食总产达37.2万吨，同比增长2.96%。三鹿奶粉重大安全事故处置期间，为奶农发放补助资金686万元。争取水利专项资金868万元，新打机井14眼，铺设防渗管道近4万米，农业综合开发和农田水利基础建设得到加强，防洪抗旱能力进一步提高。投入近200万元对全县所有畜禽进行强制免疫，森林防疫面积达8000多亩，有效控制了美国白蛾疫情。

【基础设施建设扎实推进】 投资1200万元的张石高速公路连接线、投资635万元的中纺集团专用路已竣工通车；投资810万元的农村公路改造工程全部竣工，修建乡村道路33条40.85公里；投资2336万元的沙口110千伏变电站已建成送电，投资3259万元的何家店110千伏变电站已完成土建工程；投资1600万元的老年公寓一期工程主体过半；投资6988万元的污水处理厂、投资3850万元的兵营路一期工程、投资2600万元的张丰中学和投资1500万元的安肃镇中开工建设。

【财税工作卓有成效】 完成全年财税任务，增收9383万元，其中一般预算收入增收3928万元，全年共争取上级转移支付资金6198万元，财政服务保障能力明显增强。积极偿还县、乡两级债务，全年偿还3756万元。

【各项社会事业全面进步】 卫生事业发展较快，留村、正村、崔庄三个卫生院国债项目建设已竣工，新型农村合作医疗参合率达85%，发放补偿金3138万元。社会保障工作成效显著，争取养老调剂金900万元，保证了企业离退休人员工资发放；城镇居民基本医疗保险全面启动，覆盖面达到51%。就业再就业工作进一步加强，争取上级再就业资金664万元，保证了“4050”人员公益性岗位就业，保证了灵活就业人员养老金补贴按时发放；组织下岗人员技能培训35次、劳务输出3620人次。城镇低保做到了应保尽保，农村低保完成“扩面提标”任务，农村“五保户”实现财政供养，发放各类救助金1300多万元。计生工作扎实推进，征收社会抚养费1393万元。贫困学生救助活动深入开展，救助贫困学生953人，发放救助款85.84万元。支持抗震救灾工作成绩，全县捐款捐物2300多万元。社会治安综合治理得到加强，圆满完成奥运安保工作任务。依法信访工作全面推进，妥善解决一批涉及群众利益的实际问题。科技、文体、环保、安全生产、人民武装等各项工作都取得了新的进步。

领导班子成员

县委

书　记　范永录(5月离任)
　　　　王　林(5月任)
副书记　郝国赤(6月离任)
　　　　李保森(6月任)
　　　　张海波
　　　　高　玉(7月离任)
　　　　尤志敏(9月任)
常　委　范永录(5月离任)
　　　　王　林(5月任)
　　　　郝国赤(6月离任)
　　　　李保森(6月任)
　　　　张海波
　　　　高　玉(7月离任)
　　　　尤志敏(9月任)
　　　　崔铁成　吴腊月
　　　　潘志勇(11月任)
　　　　汪学卫
　　　　王俊红(11月离任)
　　　　刘惠聚(11月任)
　　　　谢永军
　　　　单志合(10月离任)
　　　　闫向阳(11月离任)
　　　　田国清(12月任)

人大

主　任　朱三臣
副主任　蔡秋贵　孙秀英
　　　　高振宏　胡利清

政府

县　长　郝国赤(6月离任)
　　　　李保森(6月任)
副县长　崔铁成
　　　　王俊红(11月离任)
　　　　潘志勇(11月任)
　　　　刘惠聚(11月离任)
　　　　孙贺军　孙志江
　　　　田素宁
　　　　陈庆亮(11月任)

政协

主　席　张建国
副主席　王苏娅　史淑敏
　　　　张凤春

（王丽英）

安新县

【地情提要】 安新县地处京津石三角腹地，境内有驰名中外的“华北明珠”——白洋淀。享有“北国江南”之美誉。

区域位置 安新县位于河北

省中部，地理坐标为北纬38°43′～39°01′，东经115°38′～116°07′，全县总面积738.6平方公里。东临雄县、任丘，南连高阳，西至清苑、徐水，北接容城。西距保定市45公里，北距北京市160公里，东到天津市150公里，西南距石家庄180公里。

建置沿革 安新县境在战国初期为燕国辖域，后燕赵易土，将易水长城以南划归赵国，以北属燕，成“燕南赵北”之势，时有葛城、浑渥城、三台城。唐代，如意元年（692年）在葛城置武昌县，神龙元年（705年）改为武兴县，代宗广德二年（764年）置唐兴县。五代时更名宜川县。金代设安州、渥城县，境内州、县并存。元代改渥城县为新安县。清道光十二年（1832年）废新安县入安州。民国2年（1913年）安州改为安县。民国3年（1914年）安县与新安各取其名之首合并为安新县。民国27年（1938年8月）至民国29年（1940年5月）安新县划分为安新、新安二县。民国29年（1940年5月）至民国33年（1944年10月）安新、新安二县合并称安新县。1944年10月安新划为安新、白洋二县。1946年2月，安新、白洋合并为安新县。1949年8月，成立安新县人民政府，县政府驻地安州。1950年4月，县政府驻地由安州迁至新安（今安新镇）。1958年9月，撤销安新县，与徐水、容城合并称徐水县。1961年1月，恢复建置称安新县至今。

行政区划 现辖9镇3乡，207个行政村。其中纯水区村39个，半水区村85个，旱区村83个。

人口民族 现有汉、满、蒙古、回、藏等15个民族。2008年年末总人口426532人，人口自然增长率9.55‰。

自然环境 县境内西、南、北为冲积洼地平原，东部为白洋淀。白洋淀河淀相连，沟壕交错，水村园田星罗棋布，沿边筑堤（主要堤防170公里）围埝。堤内洼地连片，堤外淀水荡漾，形成了半水半旱的独特地理特征。白洋淀是华北地区最大的淡水湖泊，总面积366平方公里，其中85%以上的面积（312平方公里）位于安新，占安新县总面积的42%。白洋淀位于九河下梢，是海河流域大清河水系中游的缓洪滞洪区，承担着潴龙河、孝义河、唐河、清水河、瀑河、府河、萍河、漕河、白沟引河9条河流的洪水调蓄。下游由枣林庄闸和赵北口溢流堰控制泄洪。白洋淀汛期水位8.3米（大沽高程，下同），警戒水位9.0米，保证水位10.5米（此时最大蓄水量达10.38亿立方米）。白洋淀是由大小143个淀泊，3700多条沟壕连接而成，万亩以上的淀泊7个，千亩至万亩内的24个。其中白洋淀面积最大（1.99万亩），以此命名。2002年，白洋淀被列为河北省湿地自然保护区。

安新县地处暖温带半湿润大陆季风气候区，四季分明。春季干旱多风，降水稀少；夏季炎热多雨，降水集中；秋季晴朗微风，昼暖夜凉，秋高气爽；冬季寒冷干燥，降水稀少。年平均气温12.2度，极端最高气温40.7度，极端最低气温零下26.7度。年平均降水量529.7毫米。全年日照时数2578.3小时，年无霜期平均195天，年平均风速1.7米/秒。土壤为4个土类，21个土属，128个土种，其中潮土分布最广，沼泽土和褐土次之，水稻土再次之。

自然资源 白洋淀上承九河，有丰富的地表水和地下水资源，总蓄水量39.9亿立方米。目前，白洋淀水域面积108.8平方公里，水位7.09米，蓄水量1.024亿立方米。白洋淀水域辽阔，水生动植物资源丰富，淀内有芦苇12万亩，年产量7500万公斤，是本县的重要特产，经济价值高，可编织苇席，加工苇箔，造纸，制作工艺品，故芦苇有“铁杆庄稼”、“寸苇寸金”之称，是淀区居民的重要经济来源。2001年，安新县被河北省评为“芦苇之乡”。淀内有近10万亩荷花，鱼、虾、蟹、贝、莲、藕、芡等水生动植物品种繁多，鱼类有17科54种，以鲤科鱼类最多，经济鱼类约占64%，主要品种有鲤鱼、鲫鱼、草鱼、鲂鱼、鲶鱼、乌鳢等，并盛产元鱼、青虾、河蟹等名优水产品，是全国有名的“鱼米之乡”，是中国北方重要的淡水养殖基地。

安新县地处太行山与渤海相连接的凹陷地带，是冀中平原潜山油藏形成的主要地域，白洋淀边白庄潜山油田和刘李庄油田并称雁翎油田。安新境内蕴藏着丰富的地热资源，储藏面积350多平方公里，储量150多亿吨，并且埋藏浅、水温高、水质好、自喷力强，具有很高的医疗保健价值和科学实用价值，适合发展温泉生态养殖、温泉保健旅游等项目，开发前景广阔。

【概况】 2008年，全县地方生产总值完成42.08亿元，同比增长10%；第一、二、三产业增加值分别为64293万元、247128万元、110118万元，同比增长4.1%、7.5%、11.1%；财政收入完成21648万元，一般预算收入完成10441万元，可比分别增长12%和14.4%；全社会固定资产投资完成20.23亿元，同比增长10.2%；规模以上工业增加值完成12.96亿元，同比增长13.96%；城镇居民人均可支配收入完成12095元，同比增长17.5%；农民人均纯收入完成4873元，同比增长9%；社会商品零售总额105892.3万元；年末城乡居民存款余额508004万元，同比增长20.7%。

【项目建设成效显著】 全年谋划千万元以上重点项目45个，总投资87.4亿元，其中亿元以上项目15个，总投资76.9亿元，完成投资15.6亿元。成功引进河北大无缝建昌铜业有限公司20万吨电解铜（扩建）项目和河北大无缝铜业有限公司铜光亮杆项目等重点项目。全年共引进省外资金5.1亿元，引进项目11个。

【民营经济健康发展】 制定出台《关于推动全民创业的若干意见》，加大对民营经济的扶持力度。一是大力推进产业园区建设，城南工业园区建设顺利启动，河北大无缝铜光亮杆项目已入场建设；高速引线西侧工业园区一期工程基本完工，入驻项目大部分投产运营；三台制鞋工业园区进入实质性运作阶段；二是鼓励支持现有企业抓技改、上项目、扩规模，大力发展科技型、外向型、环保型企业。实现产品由初加工向深加工，由低附加值、低档次向高附加值、高档次转移；三是完善"政、银、企"沟通、对接制度，最大限度的发挥金融部门融资的主渠道作用。对2007年以来守法经营，为全县经济发展做出突出贡献的十位民营企业家授予"创业标兵"称号，并对其中的前五名分别奖励长城汽车一辆。

【旅游事业蓬勃发展】 依托国家AAAAA级景区优势，抢抓奥运机遇，白洋淀旅游业稳步发展。一是规划。以推进旅游向"生态休闲、文化娱乐、健身购物、商务会展"一体化"套餐型"发展为目标，结合京、津休闲度假产业带规划，启动白洋淀景区规划修编工作。二是改造。对荷花大观园、白洋淀文化苑等景点进行深层次的开发和包装；对码头步行街、玉带桥重新绿化、美化，对景区219个生态垃圾箱进行翻新；改进引导标识，新增中英文对照引导标识牌135块，并在主要路口设立旅游服务站。三是促销。在中央电视台、天津卫视、河南卫视、《中国旅游报》、《燕赵都市报》等主流媒体进行专题宣传，聘请央视9套英语播音员翻译制作英语版的旅游宣传片、宣传册。密切与各地旅游部门、企业、旅行社的联系，强化业内促销，借势宣传。白洋淀景区成功入选国家迎奥运32条精品旅游线路。四是管理。加强人性化服务，成立奥运旅游接待服务中心，圆满完成奥运接待任务。加强从业人员教育培训，公开招聘英语等语种导游15名，提升服务水平。2008年，共接待游客158万人次，实现旅游总收入2.6亿元，财政实际收入951.4万元。

【城镇建设日新月异】 制定《安新县"城镇面貌三年大变样"活动实施方案》，确定总投资近20亿元的30多个重点项目。完成"崇友育雁街坊"、"崇友环雁街坊"、海天影视度假区三个区片89.72公顷控规编制。乡镇总体规划编制全部完成，率先实现乡镇规划全覆盖，村庄规划覆盖率达到80%以上，居全市领先水平。县城污水处理厂二期工程进入试运行，县医院迁建主体工程、消防站、县城第二所高中、旧城区物资总公司旧址及第一批商品房旧址商住楼工程等综合服务项目顺利完成。完成县城主要道路两侧便道改造、城区绿化、临街建筑夜间照明亮化、城区交通和经营秩序综合整治，新增绿地2960平方米，补栽苗木12000株，进一步美化了城市形象。

【农业发展步伐加快】 申报"白洋淀天然红心鸭蛋生产关键技术研究"项目。培育白洋淀生态食品开发有限公司等农业产业化龙头企业。进一步完善无公害蔬菜生产及养鸭、水产、奶牛养殖操作规程。"白洋淀鸭蛋"地理标志商标成功注册。全县共有46家企业获准加贴QS标志。全县新建农村户用沼池280个，新建、改建太阳能温室等设施蔬菜6000亩。完成小麦秸秆还田15万亩，玉米秸秆还田10万亩。全年共改造机井1059眼，基本实现"井井通电、户户持卡"的目标。推进4个市级示范点和10个县级示范点的新农村建设工作，完善63个建成村，启动19个创建村，其中13个村达到创建标准并通过市级验收。

【节能减排深入推进】 在全市率先成立乡镇环保所，成立综合执法大队，检查企业900家次，并对违法企业进行立案查处。在节能方面：关闭85家企业及部分生产工序，实施节能改造项目，在县城街道、广场和白洋淀景区安装太阳能照明灯、信号灯400多盏。建成县城集中供水厂，实施了建制镇统一供水工程和农村联村供水工程。安建有色金属有限公司投资1930万元、华诚有色金属有限公司投资3000万元分别实施的技改项目顺利完成。在减排方面：县城污水处理厂二期工程投入试运行。两期工程全部投入使用后可年减排化学需氧量4548吨。奥运期间，取缔不符合标准的“黑烟囱”29个、燃煤锅炉15个，保障了空气质量。整治、停产或关闭排污超标企业94家。县城污水处理厂及大张庄羽绒加工区出口已安装化学需氧量在线监控装置并与市联网。大张庄羽绒加工区87家由县城污水处理厂集中处理的排污企业全部安装了流量计装置。2008年，全县规模以上单位工业增加值能耗降低8.09%，化学需氧量削减1409.2吨，二氧化硫削减1359.9吨。

【安全形势持续巩固】 围绕奥运安保工作，完成危险化学品、烟花爆竹、有毒有害作业场所、道路交通、水上交通、特种设备、人员密集场所、建筑施工安全、旅游安全、企业消防安全等十个方面的专项整治。奥运期间严格落实安全生产临时特别管制措施，对29家砖厂、32家危化从业单位和29家烟花爆竹从业单位采取停产停业措施。对12家重大危险源单位严格落实日检查、月巡查、定期督导的三级安全检查制度。对湘联鞭炮厂、合兴烟花爆竹专营公司派驻专职安全员进行现场监管。依法查封取缔11家生产经营点，对全县的毒麻药品和危险实验品进行登记造册，实行集中封存管理，保障人民群众的生命财产安全。积极应对“三鹿奶粉”事件，及时救治患儿，下架不合格奶粉，取缔不合格奶站，按政策补贴奶农，确保了社会稳定。圆满完成食品与药品集中行动9个100%的任务目标。

在严打整治斗争中，共侦破刑事案件791起，抓获犯罪嫌疑人408名，快速破获市督“11.11”非法制造爆炸物品案，成功侦破胡路彪故意杀人案及栗福囤绑架杀人案，成功打掉刘建奎、李志强等人涉枪抢劫团伙。投资60万元在县城主要路口、重点部位安装电视监控系统。在全县内部单位及公共复杂场所安装电视监控系统42套，红外线报警系统132套，探头244个，GPS定位系统3套，实现了景区导航和监控全覆盖；98家宾馆旅店均安装开通旅店业信息管理系统，实现微机联网，进行实时动态管理，33家网吧全部安装专门的监控软件（NET110），公共网络安全监察工作迈上了新台阶。

领导班子成员

县委

书　　记　杨宝东（5月离任）
　　　　　肖占乐（5月任）
副 书 记　方砚烽
　　　　　肖宝元（10月离任）
　　　　　林振英（10月任）
常　　委　杨宝东（5月离任）
　　　　　肖占乐（5月任）
　　　　　方砚烽
　　　　　肖宝元（10月离任）
　　　　　林振英（10月任）
　　　　　韩瑞新　王国增
　　　　　李建新　彭尚林
　　　　　杜香兰（女）
　　　　　李桂生（11月离任）
　　　　　王占永（11月离任）
　　　　　程　杰（11月离任）
　　　　　张虎林（11月任）
　　　　　王景权（11月任）
　　　　　齐会山（11月任）

人大

主　　任　杨士俊
副 主 任　王魁祥
　　　　　魏小爱（女）
　　　　　刘锁申　高剑波

政府

县　　长　方砚烽
副 县 长　李建新　王国增
　　　　　姚晓莉（女）
　　　　　王克杰（11月离任）
　　　　　张虎林（11月离任）
　　　　　马坤英（女，11月任）
　　　　　刘永泽
　　　　　马卫光（12月任）

政协

主　　席　李红军
副 主 席　朱志齐　马卫光
　　　　　王景权（11月离任）
　　　　　田喜关（12月任）
　　　　　（夏石矿　王路军）

容城县

【地情提要】 容城县位于京津保三角腹地，总面积314平方公里，耕地面积32.21万亩。2008年，全县设4乡4镇，辖127个行政村。乡镇有：容城镇、小里镇、南张镇、大河镇、贾光乡、八于乡、晾马台乡、平王乡。年末全县总户数70299户，总人口261695人，其中农业人口235776人。以汉族为主，含回、满、壮、蒙等21个少数民族2000余人。全县人口出生率13.23‰，符合政策生育率87.33%，人口自然增长率8.19‰。

【概况】 2008年，全县地区生产总值完成35.4亿元，同比增长10.06%；其中，第一、第二、第三产业增加值分别完成6.7亿元、21.3亿元、7.5亿元，同比分别增长1.51%、9.35%和19.54%。民营经济总产值完成145.5亿元，同比增长10.4%。全社会固定资产投资完成14.0亿元，同比增长21.2%。社会商品零售额完成14.4亿元，同比增长22.4%。财政收入完成1.8亿元，同比下降4.2%；财政支出3.1亿元，同比增长1.74%。年末城乡居民存款余额34.8亿元，同比增长26.08%。城镇居民人均可支配收入达到11948元，农民人均纯收入5415元，同比分别增长12.33%和9.04%。

【农业生产水平不断提高】 惠农政策全面落实。争取国家粮食生产核心区建设专项资金500万元，发放直补资金、保险补贴、奶牛补贴、能繁母猪补贴2662万元，落实良种补贴、农机具补贴325万元，国家级农作物配方施肥项目顺利实施。粮食总产20多万吨，继续保持产粮大县称号。农业产业化进程不断加快。全县2万多头能繁母猪全部办理保险，全年理赔120万元；在全市率先开展“爱心奶”工程，保障草牛奶产业的稳定与发展；“容城绿芦笋”被国家质检总局认定为地理标志保护产品，有效带动芦笋产业发展。2008年肉猪出栏34.8万头，奶牛存栏保持在6000头以上。

【工业支撑日益加强】 全县规模以上工业增加值完成9.6亿元，同比增长20.8%。服装产业稳步发展。预计完成产值108亿元，同比增长7.2%，出口产品交货值预计完成37亿元，同比增长4.2%。容城服装工业园建设步伐加快，各项工作进展顺利。优势产业不断壮大。汽车灯具、造纸、化工、食品加工、毛绒玩具、拉链、塑料制品等行业蓬勃发展，投资2.3亿元的来福汽车灯具扩建、投资9900万元的沃克罐头食品、投资3000万元的博宇食品扩建等项目相继开工建设。

【教育事业得到优先发展】 投入近4000万元，各级办学条件明显改善，顺利通过省政府教育综合督导评估。投资1671万元对容城中学实施高标准改造；投资1164万元，新建职教中心学生公寓一栋，新建4所小学教学楼和功能室，完成部分中小学校的规范化建设；投资787万元，完成53所中小学取暖设施建设，全县所有学校实现正常供暖；容城小学及幼儿园新建项目顺利启动。

【医疗卫生条件不断改善】 县乡医疗设施建设不断加强，投资170万元，扩建南张镇、小里镇两所卫生院，投资3500万元的县医院综合门诊楼开工建设。新农合工作运转平稳，农民参合率达87.3%，全年累计为农民报销医药费1300多万元，农民“看病贵”问题得到缓解。

【社会保障全面落实】 严格落实再就业政策，支出再就业资金83.6万元，实现再就业581人，安置就业困难对象150人，转移农村劳动力5880人。启动城镇居民基本医疗保险，参保7661人，参保率达到53.2%。全年共发放失业保险和医疗保险340万元，发放五保供养金、城乡医疗救助、临时救助、农村特困救助、城乡低保379万元。

【城乡建设水平不断提高】 “6060”规划深入推进；县城路网改造、排水设施、综合整治等项目逐步实施，投资2548万元的污水处理厂项目投入运行，东二环提升泵站投入运行，金台东路东延项目、垃圾处理场、奥威路、大水路大修改造工程完成前期准备工作；农村道路建设成效明显，投入资金1600万元，新建、改建农村公路51.1公里，改造危桥1座；农业基础设施建设逐步加强，更新机井200眼，改造旧机井150眼；农村电网不断优化，新建、改造农村电网50公里、标准化配电80台，新增10千伏配变30台，小先王新农村电气化建设工程顺利通过验收。

【项目建设有序推进】 2008年，全县共谋划重点建设项目37个，双丰橡塑、容兴造纸等5个项目竣工投产，完成投资1.5亿元。总投资17.6亿元的凯兴聚酯等13个项目进展顺利，其中，投资9920万元的农村饮水安全工程示范县项目进展顺利，陈阳庄、沙河营2个供水站开工建设；投资1.5亿元的铜牛澳森合作项目一期工程竣工投产，年生产能力达400万件；鑫程服装、容城中学改造等一批项目稳步实施。

【招商引资效果显著】 制定《招商引资奖励办法》、《关于鼓励投资和招商引资的优惠政策》、《进一步加快项目建设的意见》等一系列措施，组建专职招商队伍。2008年10月25日，成功举办“中国男装名城”温州推介会，签约亿元以上项目3个，合同引进省外资金7.8亿元，其中，容城轻纺城项目一期工程顺利签约，总投资1.19亿元。全年实际利用外资110万美元，到位省外资金3.1亿元。

【节能减排取得实效】 二氧化硫排放削减200吨，化学需氧量排放削减227吨，年度万元生产总值能耗降低率、规模以上单位工业增加值能耗降低率均达到5%，超额完成市核任务目标。成立县土地储备中心，通过内涵挖潜、整治砖窑、开发荒地等有效措施，盘活土地774亩，为推进项目建设奠定了基础。

【社会治安综合治理再创佳绩】 健全信息预警机制，完善社会治安防控网络，开展“严打”专项整治工作，共破获各类刑事案件1475起，打掉各类犯罪团伙35个，抓获各类犯罪嫌疑人337人，社会稳定局面更加巩固。

领导班子成员

县委

书　　记　刘建立
副 书 记　孟晓灵(6月离任)
　　　　　李绍祥(6月任)
　　　　　付勤(10月离任)
　　　　　马春英(10月任)
常　　委　刘建立
　　　　　孟晓灵(6月离任)
　　　　　李绍祥(6月任)
　　　　　付　勤(10月离任)
　　　　　马春英(10月任)
　　　　　李新奇(6月二线)
　　　　　李俊岭(6月转任)
　　　　　刘文忠(11月任)
　　　　　谷俊杰(10月离任)
　　　　　王秉华　孙增军
　　　　　师国立　杨立平
　　　　　王志乾
　　　　　李习谦(11月调出)
　　　　　王敬朝(11月调入)

人大

主　　任　刘延平
副 主 任　张悦英　朱占奇
　　　　　牛国增　李振国

政府

县　　长　孟晓灵(6月调出)
　　　　　李绍祥(6月调入)
副 县 长　谷俊杰(10月调出)
　　　　　杨立平(10月转任)
　　　　　王敬朝(11月调入)
　　　　　李丽辉　徐同柱
　　　　　刘　靖
　　　　　孙学昌(11月调入)

政协

主　　席　姜占军
副 主 席　王忠尔　薛志敏
　　　　　赵映杰
　　　　　李秋安(12月调入)

（刘客松）

涿州市

【地情提要】　涿州市位于保定市最北部，地处京、津、保三角地带，为首都北京的“南大门”。东接固安，通廊坊、天津；南连高碑店市，延伸至保定、石家庄；西邻涞水县，可至易县紫荆关、山西太原；北与北京市接壤，至北京天安门62千米。地理坐标为北纬39°21′～39°36′，东经115°44′～116°15′之间。

自然环境　涿州地势平坦，土质肥沃，故有“幽燕沃壤”、“督亢膏腴”之称。全境地处太行山前倾斜区，由西北向东南倾斜，乃华北冲积平原的边缘，海拔在20至70米之间，土层深厚，土壤成分丰富，宜耕性强，适应性广，有利于发展农业生产。境内107国道、京广铁路、京深高速公路三条国脉贯通南北，又有涿涞、涿廊等主要公路连接周围市县、交通便利。涿州全境属温带大陆性季风气候，特点显著，四季分明。

自然资源　涿州水资源丰富，境内有永定河、白沟河、小清河、拒马河、胡良河、琉璃河6条主要河流，全长112千米。涿州地下水源储量远远高出全省平均水平，为生产、生活用水提供了保障。涿州沙和砾石储量极为丰富，是涿州乃至北京的重要建筑资源。涿州境内还有较丰富的地热和油气资源。

建置沿革　涿州在春秋（公元前770～476年）为北燕之域，在战国（公元前475～221年）为燕国之涿邑地。秦置涿县，属广阳郡。汉置涿郡辖涿县。三国时为魏地，改称范阳郡，属幽州。西晋为范阳国。东晋十六国时，涿地先后属后赵、前燕、前秦和后燕。唐武德时改涿县为范阳县，属幽州河北道。大历置涿州。五代先为辽地，后归金管。元代前期属大都路中书省，后归涿州路。明代范阳县属北平府涿州。明洪武二年（1369）撤范阳县并入涿州，属北平府。清康熙二十七年（1688），涿州属顺天府西路厅。中华民国2年（1913）撤州改称涿县，隶于京兆特别行政区。民国17年（1928）撤京兆，涿县改隶河北省。抗日战争爆发后，涿县县城沦为日伪统治，县境以平汉铁路为界，东西两侧与毗邻县组成抗日民主联合县。路东先后称“涿固新容”县、“涿固新”县、“新涿”县、“涿良宛”县；路西称“房涞涿”县，“涞涿”县。因抗战需要，从属关系时有改变。1945年日本投降，县城由国民党政府接收。经过3年解放战争，至1948年12月县城解放，涞涿县人民政府进驻。1949年8月，河北省人民政府成立，涿县划归河北省保定专区，1970年保定专区改称保定地区，辖涿县。1986年9月，经国务院批准，撤销涿县，以原辖区建涿州市，隶属河北省保定地区。1994年12月，随地市合并，涿州市隶属河北省保定市。2005年1月，经河北省人民政府批准为扩权市，隶属河北省保定市。

行政区划　涿州市境东西横距36.5千米，南北纵距25.5千米，市境线全长142千米，总面积为742平方千米。2008年，全市辖3个办事处，1个开发区，5个镇，6个乡。全市共计405个行政村，32个社区居委会。

人口民族　2008年，全市总人口达62.8万人，其中非农人口19.5万人。涿州市人口多为汉族，还有回、蒙、满等20多个少数民族居住。

【概况】 2008年涿州市全年完成国内生产总值127.4亿元，同比增长10.7%。其中，第一产业增加值完成13.6亿元，同比增长5.4%；第二产业增加值完成46.4亿元，同比增长7.0%；第三产业增加值完成67.4亿元，同比增长14.6%。一、二、三产业增加值比为10.7 :36.4 :52.9。单位生产总值能源消耗0.664吨标煤/万元。完成全部财政收入13.37亿元，同比增长20.87%；完成地方一般预算收入6.56亿元，同比增长30.5%；完成全社会固定资产投资70.16亿元，同比增长9.13%；城市空气质量环保等级良；职工年均工资32799元，同比增长17.9%；城镇居民可支配收入、农村居民人均纯收入分别达到13863元和5970元，同比增长22.3%和12%。全年粮食总产量31.1万吨，同比增长3.7%。社会消费品零售总额19.5亿元，同比增长22.8%。民营经济增加值71.1亿元，占地区生产总值的56.3%。年末城乡居民存款余额115.6亿元，同比增长28.0%。

【经济实力跃上新台阶】 中国钢研集团"河北新材料产业园二期"、航天信息股份有限公司"涿州生产基地"、河北联盟科技"公路标识胶带"等一批国字号、地方成长型项目进展顺利。通过盘活土地存量和包装项目，积极破解土地瓶颈制约，争取用地指标近5000亩，在全省各县（市、区）中排位第一。

【城乡面貌实现新改善】 全力实施城镇面貌"三年大变样"工程，城市建设中编制完成城区控制性详细规划和专项规划，村镇建设中编制了《新农村建设总体规划》、《市域村庄空间布局规划》及8个乡镇总体规划、100余个村庄建设规划，形成覆盖全市的规划体系。先后进行诚信南路、涿邑大街等城市路网建设，完成污水处理厂、垃圾处理场等基础设施工程，建设完成行政审批服务中心，消防站、广电发射塔等城市功能型设施相继投入使用。成功举办河北省首届中等城市发展论坛，为深入开展城镇面貌"三年大变样"活动提供理论支撑。

【"三农"工作取得新进展】 初步编制完成《涿州市现代农业发展规划》，支持农业龙头企业不断发展壮大，深入实施"千家万户"、"草牛奶"等一批扶农惠农工程，农业发展的组织化程度稳步提高。争取上级资金支持，争取到国家级农业项目20个，总投资额达到3000万元。按照三年完成农村公路建设的要求，投资5890万元实施乡村公路建设，总里程55.2公里；投资940万元，建设联村供水工程和水源井，五个乡镇28个村35000人的饮水问题将得到解决。涿州市被省确定为新农村建设试点县，丰元庄等10个村被确定为省级新农村建设试点村。

【依法治市迈出新步伐】 市政府向人大报告、向政协通报工作，积极接受监督，全年共办理人大代表建议61件、政协提案61件，办复率100%。进一步畅通市民与政府的联系渠道，全年共受理群众电话896个，受理保定市长短信平台交办件279件，答复率分别达到97%和100%。认真落实"一岗双责"，严格执行廉政责任制，政府系统党风廉政建设进一步加强。高度重视信访工作，全面落实信访"十项制度"，通过市级领导分包重点案件，成功化解一批信访积案。积极应对"三鹿奶粉事件"，深入开展安全生产、食品与药品安全、节能减排集中整治行动，保持全市社会的安全稳定。

【和谐社会建设提升新水平】 探索创立农村（社区）群众工作站，了解社情民意，解决实际问题，代理群众信访，培养锻炼干部，探索出一条密切联系群众、促进社会和谐的新途径，得到中组部和中央政法委、河北省、保定市主要领导的充分肯定，保定在25个县（市、区）进行推广。社会发展坚持教育优先，总投资2000万元的双语学校一期工程主体落成，总面积1.2万平方米的职教中心综合楼建成并投入使用，完成全市农村中小学的取暖设施改造，全面免除了义务教育阶段学生的书费和学杂费。积极开展科技创新工作，涿神公司与中国农大合作研发的大豆食品技术制造设备项目，被列入国家"863"计划。严把新上项目环保审批关，以治理水、空气污染为重点，进一步加强重点区域、重点行业的治理和监管力度。深入推进新型农村合作医疗制度，农民参合率达到86.5%。投资461万元，全面落实对农村计划生育家庭的奖励扶助政策和优先优惠政策。积极推进城镇就业再就业工作，全市城镇新增就业2503人，其中下岗失业人员实现再就业1329人。努力为困难群众提供基本生活保障，城镇低保标准提高到每人每月240元，农村低保标准提高到每人每年1080元，受益面由1.3%扩大到3.35%。启动城镇居民基本医疗保险工作，城乡居民保障水平稳步提高。对深街小巷进行亮化，对城区积水点进行了治理，对重要路段进行绿化，城市环境不断改善，人民生活更加舒心。审计、档案、物价、气象、统计、老龄、残疾人、文物保护、人民防空、国防教育、妇女儿童共青团和民兵预备役等各项工作都取得了新成绩。

领导班子成员

市委

书　　记　黄恩桥
副 书 记　王　舟　刘晓莲
常　　委　黄恩桥　王　舟
　　　　　刘晓莲　贾素明
　　　　　王彦清
　　　　　苏树锋（12 月离任）
　　　　　邢建国　李义海
　　　　　李全新　侯晓平
　　　　　张明杰

人大

主　　任　邸建民
副 主 任　王天琴（女）
　　　　　姚鸿升
　　　　　王保国（党外）
　　　　　韩俊田（3 月离任）

政府

市　　长　王　舟
副 市 长　苏树锋（12 月离任）
　　　　　侯晓平
　　　　　刘蕴英（女）
　　　　　钟铁钢（满）
　　　　　赵志国（党外）
　　　　　祝振军　刘国富
　　　　　陆剑君（挂职，1 月任职）
　　　　　毛苏宇（挂职，9 月任职）
　　　　　李光军（挂职，9 月任职）

政协

主　　席　姚士峰
副 主 席　张永江　于雪辉
　　　　　夏培鑫（党外）

（刘允强）

定州市

【地情提要】　定州地处太行山东麓，华北平原西缘，河北省中部偏西。地理坐标是北纬 38°14′20″～38°39′50″东经 114°47′50″～115°15′10″。全境南北长 48 公里，东西宽 40 公里，总面积 1274 平方公里。在北京西南，相距 196 公里；在石家庄东北，相距 68 公里；在保定西南，相距 56 公里。北与望都、唐县交界，西与曲阳接壤，南与新乐、无极、深泽相毗连，东与安国为邻。

建置沿革　定州历史悠久。颛顼氏划天下为九州时，定州市境域位于冀州。春秋战国时，境域属鲜虞国。周敬王十四年（公元前 506 年），鲜虞国改称中山国。周威烈王十二年（公元前 414 年），中山武公初立，建都于顾，顾即今之定州。此后至后燕时期，定州均为中山国或中山郡之治所。北魏天兴三年（400 年），拓跋珪取平定天下之意，始置定州，此为定州最初得名。南北朝时，设定州都督。北周时，设定州总管府。沿至唐武德年间，设定州大总管府、都督府。建中年间，置定州义武节度。北宋，初置中山府，后为定州。金、元置中山府。明代，中山府改置定州。清代，定州曾为直隶州，属直隶省。1913 年，定州改称定县。1937 年，为适应抗日战争需要，共产党定县地方组织将定县划分为定南、定北两县。1941 年，定北县一分为二，一部分归定唐县，一部分归望定县，1944 年，望定县撤销，并入定唐县，后又改为定北县。1947 年，定南、定北县合并为定县。1958 年 10 月，定县、曲阳两县合并为定县。1961 年 5 月，两县分开。1986 年 3 月 5 日，经国务院批准，撤销定县，设立定州市（县级）。

自然环境　定州市地势平坦，一脉平原，自西北向东南微微倾斜，平均海拔 43.6 米，地面坡降 1.4‰～0.7‰，尤以京广铁路以东更为平坦。境内有唐河、孟良河、沙河自西向东过境，这些河流属于海河流域大清河系，以防洪排涝为主。气候属于温带——暖温带半湿润半干旱大陆性季风气候，具有春季干燥多风，夏季炎热多雨，秋季天高气爽，冬季寒冷少雪，四季分明的特点。

自然资源　全市耕地面积 115 万亩，土层深厚，多为褐土。地下水多年浅层补给量 3 亿立方米，水质优良，适合生活饮用和农业灌溉。光辐射强，日照时数多，无霜期长，温度适宜，雨热同期，适合农作物生长，生产潜力大。矿产资源有黏土、河沙等。

行政区划　现辖 3 城区、8 乡、14 镇，427 个村民委员会、32 个城市社区居委会、59 个社区村委会。总面积 1274 平方公里。耕地面积 115 万亩。

【概况】　2008 年地区生产总值 1352201 万元，增长 8.5%。第一产业增加值 419895 万元，增长 3.4%。第二产业增加值 637569 万元，增长 10.1%。第三产业增加值 294737 万元，增长 12.1%。单位生产总值能源消耗 1.551 万元/吨标准煤，下降 6.68%。民营经济增加值 83 万元。粮食总产量 674729 吨，增长 2.2%。棉花总产量 788 吨，增长 162.7%。财政收入 114871 万元，增长 25.1%。财政支出 121682 万元，增长 31.1%。社会商品零售总额 521468 万元，增长 21.8%。固定资产投资 624360 万元，增长 61.9%。职工人均工资 19151 元，增长22.6%。农民年人均纯收入4612元，增长9%。城镇居民人均可支配收入8701元，增长10%。年末城乡居民存款余额1155120万元，增长23.6%。总人口1192943人，增长1.32%。

【项目建设】 聚力开展“项目建设年提升年”活动，坚持主攻工业、决战园区、全面开放、整体推进，项目建设取得喜人成绩，共实施投资超千万元项目43个，总投资70.8亿元，全年完成投资38.2亿元，同比增长182%。定州市围绕“一城三区四镇”建设，大气魄谋划项目，大力度推进招商，积极参加香港投资贸易洽谈会、东盟博览会、厦门投资贸易洽谈会等活动，先后赴内蒙、北京、香港等地专程招商。成功举办2008上海（定州）新年峰会，吸引国内外客商32批500多人次来定州考察、洽谈项目。9月7日，成功举办2008河北定州（厦门）投资说明会，介绍了定州市“一城三区四镇”总体规划，发布了唐河循环经济产业、沙河工业、现代农业三大园区及文物旅游、物流、文化产业、旧城改造、基础设施等方面的合作项目。会上邀请厦门市河北商会、海峡两岸经济发展协会、台湾轮船公司等客商到会。9月8日，组织定州市经贸代表团参加了第十二届中国国际投资贸易洽谈会，充分利用投洽会服务平台，抢抓国际产业转移和“南资北移”的机遇，以企业为主体，以宣传推介、项目发布为重点，突出投资洽谈和投资环境宣传，在客户联络、项目对接等方面取得新的成效。会上定州市与万万环境国际有限公司（香港）签订了定州市生活垃圾焚烧发电BOT项目框架协议，与中国绿色食品总公司、台湾百信乳业、台湾展吉农业公司签订了台湾现代农业项目合作协议书。

国华定洲电厂二期工程完成投资19亿元，3、4号主厂房封闭完成。河北旭阳焦化年产110万吨焦化项目完成投资3.9亿元，20吨甲醇项目完成投资3.54亿元。河北长安汽车公司CM10新车生产线项目累计完成投资4073万元。伊利乳业有限公司日产90吨热灌装PET瓶装乳饮料项目累计完成投资3651万元。唐河循环经济产业园区规划占地4300公顷，入驻企业34家。沙河工业园区重点推进铸造、钢网、纺织、建材、体育用品、农产品加工六大传统产业改造升级。双天民营工业园、桥南钢网小区入住企业达到45家。现代农业园区重点发展精细农业、观光农业、循环农业、食品工业，总投资1500万元的台湾展吉农业种植农业观光一期工程投产。城市污水处理厂工程开工建设。

【农业产业化经营成效显著】 严格落实国家惠农政策，发放惠农资金1.12亿元，投入支农资金7483万元。投资421万元的中低产田改造项目通过河北省验收，改造中低产田1万亩；投资1280万元的惠农种猪育肥公司改扩建项目竣工投用并通过河北省验收；保定英利规模养猪场等农业产业化项目建成投用。全市农业产业化经营率达到51%，同比增长1个百分点。被评为全国生猪、粮食、花生生产大县，荣获全国粮食生产先进市称号。

【子位吹歌入选国家级非物质文化遗产】 2008年6月，定州市子位吹歌项目列为国家级非物质文化遗产，这是定州秧歌2006年入选国家第一批非物质文化遗产目录之后，获得的又一国家级殊荣。子位吹歌以吹奏传统民歌、现代歌曲为内容，乐器以管子（小管）、小唢呐为主，风格热烈火爆，情绪亢奋，速度较快，极富感染力。演奏曲目广泛，既有传统民歌曲牌，又有地方戏曲和民间器乐曲牌等，是冀中器乐的代表，至今已有200多年的历史。子位村多次参加全国、省、区民间艺术会演并获奖，子位镇被文化部命名为“中国民间文化艺术之乡”。

【农村社区建设试点工作成效凸显】 紧紧围绕争创“全国农村社区建设先进市”目标，着力强化教育农民、服务农民、组织农民、富裕农民“四大功能”为载体，坚持抓认识、建机制、定规划、促提高，积极开展农村社区建设工作。确定51个试点村，按照社区管理模式开展工作，其中，建成20个农村社区建设示范社区，以点带面，全面推进，成效凸显。试点村社区建成室外活动及健身文化广场总面积16万平方米，配套健身器材和文化宣传栏等设施900件（套），完成社区办公、服务、活动用房和村民中心总面积2.5万平方米，每个社区的办公、服务、活动用房和室外活动及健身的场所的总面积，平均达到了3000平方米以上；13个试点村社区建成了设备完善、功能齐全、标准统一的文化站；社区道路硬化率达到90%的试点村社区17个，达到100%的试点村社区34个；建设了治安综合服务站、社会保障服务站、教育文体服务站、医疗卫生服务站、科技信息服务站、环境卫生服务站，还有村民学校、志愿者服务协会等各种服务组织，老百姓过日子，无论是大事小情，都能得到社区的帮助，生活比以前方便了许多。大辛庄镇、钮店村分别被评为全国精神文明建设先进单位和文明村，定州市荣获河北省和谐社区建设先进市。

【加快次中心城市建设步伐】定州市抢抓被确定为河北省重点培育的10个高标准中等城市之一和保南区域次中心的机遇，以科学规划为龙头，不断提升城市层次和城市品位，城镇面貌三年大变样活动取得了实质性进展。一是以思想重视为前提，凝聚强大合力。按照河北省、保定市城镇面貌三年大变样会议精神，成立了“城镇面貌三年大变样活动”领导小组，推进城镇化战略，打造区域次中心，增强区域竞争力，切实加强组织协调和督导检查，确保尽快取得成效。二是以中等城市为目标，确定发展框架。抢抓环渤海经济圈迅速崛起和河北省实施城镇化战略的机遇，立足市情，超前谋划确定了“一城三区四镇”发展格局。“一城”：着眼打造文化型、旅游型、宜居型现代化中等城市，进一步发挥优势，整合资源，逐步建成环渤海地区的高标准中等城市；“三区”：建立具有较强辐射力、体现科学发展观的唐河循环经济产业园区，以提升民营经济为重点的沙河工业园区，以精细农业、观光农业、循环农业为重点的现代农业园区；“四镇”：做大做强李亲顾、清风店、东亭、明月店四个中心城镇，培育四个次中心。三是以科学规划为龙头，提升城市层次。按照中等城市标准，编制完成用地40平方公里、容纳38万人口的城市总体规划，编制完成绿地、水系、路网、历史文化名城保护、主要街道景观整治等专项规划和近期建设控制性详细规划，以及23个区片、占地17.9平方公里的旧城改造和旅游、物流、文教三大城市规划。

【垃圾处理厂建设】12月26日，定州市在大奇连村隆重举行垃圾处理厂开工典礼仪式。该项目由北京竞安城科技有限公司承建，总占地面积150亩，总投资2.13亿。采用的是生活垃圾焚烧、发电工艺，对定州、曲阳、唐县、望都四个市县的生活垃圾进行综合处理，日处理能力达600吨以上，年处理生活垃圾20万吨。

【铁西污水处理厂项目】该项目采用BOT形式投资建设，由凯丹水务国际集团独资投资兴建，经营期30年。该厂位于赵村乡大寺头村村南，占地74.93亩，主要处理定州市京广铁路以西的居民生活污水和长安工业园区的生产污水，为定洲电厂二期工程提供中水。设计处理规模4万吨/日，处理工艺为CAST+过滤工艺，处理后中水达到《城镇污水处理厂污染物排放标准》（GB18918－2002）中一级A标准。工程总投资10541万元，其中，厂区工程投资约为7541万元。此项目的建成运行，对改善定州铁西周边地区投资环境，支持定洲电厂发展，加快定州经济建设将具有重大意义。

【首批省级非物质文化遗产代表性传承人】省文化厅公布第一批省级非物质文化遗产项目代表性传承人，定州市4人榜上有名。4名民间艺人分别是民间音乐类的定州子位吹歌传承人张占民、王如海，传统戏剧类的定州秧歌戏传承人张占元、侯国军。

【定州秧歌戏传人张占元被列入“国宝”名录】2月，文化部在人民大会堂为第二批国家级非物质文化遗产项目代表性传承人颁发证书，定州秧歌戏传人张占元被列入了“国宝”名录。张占元，1941年生人，定州人。精通定州秧歌戏的音乐、板式、唱腔、打击乐伴奏，通晓各行当的演唱技艺，能编创和导演节目；著有《定州秧歌音乐、板式、唱腔》、《定州秧歌回忆录》、《定州秧歌传统剧目选集》；2004年导演并设计的秧歌戏《扒糕情》设计唱腔获文化部第十三届“群星奖”；2005年表演唱《社区就是一首歌》设计唱腔，获河北省社区文化月展演一等奖；2005年被河北省文化厅评为首批河北省民族民间文化传承人。

领导班子成员

市委

书　　记　刘宝玲（5月离任）
　　　　　杨宝东（5月任）
副 书 记　张　浩
　　　　　崔立新（9月任）
　　　　　锁宝贵
常　　委　刘宝玲（5月离任）
　　　　　杨宝东（5月任）
　　　　　张　浩
　　　　　崔立新（9月任）
　　　　　锁宝贵　谢建民
　　　　　张少轩（10月离任）
　　　　　董爱民（10月离任）
　　　　　张美顺（11月任）
　　　　　李新立（11月任）
　　　　　庄春来　帅建军
　　　　　周民选（11月离任）
　　　　　周胜会　高亚光

人大

主　　任　闫兰申
副 主 任　刘淑彦　李克明
　　　　　肖福全　魏洪彬

政府

市　　长　张　浩
副 市 长　张少轩（10月离任）
　　　　　崔立新（11月任）
　　　　　周胜会　王洪达
　　　　　马福生　白俊杰
　　　　　李献强
　　　　　刘喜宗（11月离任）

李永侃（11月任）
杨　涛（11月任）
张卫强（11月任）

政协

主　　席　赵根军
副 主 席　刘玉青　王建义
张占军　席国旗
（韩振京　田亚伟　何胜奎）

高碑店市

【地情提要】 河北省高碑店市位于河北省中部，保定市北部，城区中心距保定市68公里，地理坐标为北纬39°05′45″至39°23′28″，东经115°47′00″至116°12′28″，南北阔31.5公里，总面积672平方公里。东与固安县交界，南与雄县、容城县交界，西与定兴县、涞水县交界，北与涿州市交界。

高碑店市人民政府驻地高碑店，北距北京82公里，东距天津134公里，南距石家庄224公里。

建置沿革 春秋战国时为燕国督亢地。唐文宗大和六年（832年）析范阳地置新城县，唐末曾废入范阳。后唐天成四年（929年）复置新城县。宋宣和五年（1123年）至宣和七年（1125年）曾改名威城县。元太宗二年（1230年）至太宗七年（1235年）升为新泰州，后复称新城县。1938年，成立新城县抗日民主政府。1948年10月解放。1993年撤新城县设高碑店市。高碑店，古为燕赵分界之地，因立有“燕南赵北”四字高碑而得名。

自然环境 高碑店市地处太行山东麓平原，地势自西北向东南徐缓倾斜，平均坡降比为0.6‰，海拔高程在11.4至39.4米之间，构成地势平坦的平原地貌。河流均为海河流域大清河北支水系，现为季节性河流。白沟河纵贯南北，将全市分成东、西两部分。南拒马河沿西南边境流过。紫泉河、仓上海、白沟河、斗门河由北向南汇集，经拒马河倒虹吸注入白洋淀。芦僧河、大沙河由北向南注入雄固霸排水系统。多年平均年径流量为1950万立方米，平水年1300万立方米，枯水年60万立方米。多年平均年过水量为7.82亿立方米，平水年过水量为5.49亿立方米，估水年过水量为0.27亿立方米。白沟河、拒马河泄洪能力为6940立方米/秒。高碑店市气候温和，四季分明，雨热同季，属于温带大陆性季风气候。土壤多为褐土和潮土，宜于农作物生长。地下水资源常年平均综合补给量为1.3亿立方米，水质清澈，呈中性，适于灌溉和饮用。境内野生植物有酸枣、蒲公英、马唐草、白术、板兰根等90种。野生动物有麻雀、鹰、青蛙、刺猬、蝎子等60余种。

人口民族 境内有汉、回、满、蒙古、壮、彝、朝鲜、布依、土家、苗、哈尼、阿昌等22个民族，汉族人口占98.1%。

【概况】 总面积672平方公里；耕地面积674800亩；总人口及人口自然增长率分别为54.92万、13.86‰；2008年生产总值94亿元（预计，按可比口径，下同），增长9%；第一产业增加值96229万元，增长5.3%；第二产业增加值344361万元，增长4.8%。其中工业增长值296708万元，增长4.5%；第三产业增加值205741万元，增长13%；单位生产总值能源消耗0.714吨标准煤/万元GDP；民营经济增加值469380万元；粮棉总产量分别为29.5万吨、579吨，增长3.5%、32.8%；财政收入为3.79亿元，增长12%，其中，地方一般预算收入1.6亿元，增长7.5%；财政支出53780万元，增长19.7%；社会商品零售总额50.1亿元，增长21.9%；城镇固定资产投资9.5亿元，增长18.7%；职工年平均工资19435元，增长26.3%；农民人均纯收入5026元，增加9%；城镇居民人均可支配收入12867元，增加19.6%；年末城乡居民存款118.1亿元，增加25.6亿元。

【农业农村工作扎实推进】 认真落实各项惠农政策，共发放粮食直补及其他农业补贴5730万元。农业生产再获丰收，粮食总产量达到29.5万吨，增长3.5%；实施农业科技入户示范工程20万亩，建设国家级万亩小麦高产示范方2个。农业生产条件得到改善，更新、配套、修理机井660眼，恢复改善灌溉面积2.7万亩。产业化经营水平进一步提高，组建农业专业合作社29家，新增产业化龙头企业3家，数量居保定市第一位，省政府授予高碑店市“农产品加工基地县（市）”。实施农村安全饮水工程，完成东马营、张六庄两个自来水厂建设。6月19日，国务院副总理回良玉到高碑店市视察，对农业工作给予充分肯定。

【主导产业不断壮大】 实施“扩张骨干企业、助长成长型企业、孵化催生中小企业”三大战略，主导产业较快成长。2008年，全市规模工业完成总产值52.7亿元，增长10.9%。汽车、机械制造、食品饮品、建材等支柱产业成为全市规模工业发展的主导力量，特别是食品饮品行业高速增长，产值、增加值分别增长53.8%和29.5%。2008年，全市纳税超千万元的企业达到了7家，比2007年增加2家。

【项目建设形势喜人】 2008年，共谋划和实施投资千万元以上项目45个，总投资达到257亿元，其中，3个项目列入省重点、2个项目列入保定市重点。养加加果汁、康师傅方便面二期、新建钢结构分厂等一批大项目顺利达产见效；新凯商务车、一机床超重型铸造、娃哈哈热灌装、鑫瑞申拉杆箱、多晶硅太阳能电池等一批超亿元生产性大项目相继开工建设。

【城市建设再上新台阶】 深入开展“城乡规划年”活动，高标准完成“6060”工程。“三年大变样活动”稳步推进，投资700余万元对城区主要街道进行综合景观改造；污水处理厂投入试运营，垃圾处理场开工建设；麻家营、闫家务城中村改造及尚品东方、金阳小区等旧城改造项目顺利推进。交通设施更加完善，张石高速公路密涿支线高碑店段、涿白线方官镇至新城镇段、东高线麻家营至梁家营段竣工通车，廊涿高速公路京白连接线、东湾连接线全线进场，经30号路等重点工程进展顺利。

【财政金融工作平稳运行】 财政收支结构更加合理，税收收入占全部财政收入的比重达到88.6%。保证了公教人员工资按时发放、增资政策落实、机关正常运转以及重点工作、重点工程的支出需要，特别是在奥运安保、三鹿奶粉事件、农村中小学取暖设施改造等工作中，发挥了重要保障作用。全市各项存款余额达到118.1亿元、贷款余额达到37.4亿元，比年初分别增加25.6亿元、3.9亿元。

【民生和社会事业取得新成绩】 ①下大力增加城乡居民收入，城镇居民人均可支配收入达到12867元，农民人均纯收入达到5026元，分别增长19.6%、9%。②扎实开展安全生产、食品与药品安全、节能减排三项集中整治行动，安全发展形势持续稳定。③投资1183万元完成“平安城市”视频监控系统建设，覆盖市区22.5平方公里，在河北省各县（市）中第一家实现市区监控全覆盖。④教育科技统筹发展。高考成绩再创历史最高水平，市第一职业中学顺利通过省重点职业学校验收；本市荣获“河北省知识产权优势培育县（市）”称号，顺利通过全国科技进步县（市）考核达标验收。⑤公共卫生服务体系明显加强，七所乡镇卫生院改造工程全部竣工并投入使用；新型农村合作医疗参合率达到81.3%，共为12.3万人次补偿医疗费用2559万元；城镇居民基本医疗保险参保率达到50.8%。⑥加强社会保障，累计发放城市居民低保、农村低保和城乡特困医疗救助资金840万元，农村五保户供养率达100%。⑦推进就业再就业工作，全市城镇新增就业2800人，下岗失业人员再就业1600人，城镇居民登记失业率为2.3%。⑧深入开展抗震救灾捐赠活动，捐款捐物共计1200多万元。⑨奥运安保工作取得全面胜利，被保定市评为奥运安保工作先进市。此外，统计、房产、文体、物价、质监、国防、审计、监察、工商、气象、档案、保险、广播电视、计划生育、社区建设、民族宗教等各项事业都取得了新成绩。

领导班子成员

市委

书　　记　师振军

副 书 记　杨义宝　商士伏　杨建军

常　　委　师振军　杨义宝　商士伏　杨建军　刘祥文　夏文山　王瑞坡　柏纪伟　田伯光　胡志英　刘　旭

人大

主　　任　赵矿生

副 主 任　陶德立　石向红　韩冠军　王福山

政府

市　　长　杨义宝

副 市 长　夏文山　王瑞坡　程慧敏　赵广鹏　李子龙　朱冠军

政协

主　　席　李恩友

副 主 席　杨　彤　史继宏　李春明

（刘　谦）

安国市

【地情提要】 安国市位于北纬38°15′～38°35′，东经115°10′～115°29′。城区坐标为北纬38°26′，东经115°19′，总面积486平方公里。安国市地处河北省中部，保定市南端，北京、天津、石家庄三角区中心。北距北京250公里，保定54公里；南距石家庄113公里；东北距天津235公里。东距博野县城15公里；西距定州市35公里；西南距深泽县城37公里；东南距安平县城32公里；西北距望都县城40公里；北距清苑县城45公里。西距京广铁路37公里，东距津浦铁路153公里，朔黄铁路贯市区北部而过。

自然环境 安国市地势平坦，属太行山东麓海河流域平原，自西北向东南缓倾，自然坡度为1/2200，海拔高度在24.6至36.4

米之间，由于历史上3条行洪河道穿越境内和唐河在境内多次改道，造成大量泥沙沉积于地面，形成了近300平方公里的洪积冲积平原；80多平方公里的浅平洼地和少许土坡地和河漫滩。

气候属北温带大陆性半干旱季风气候区。大陆性气候特点明显，四季分明，湿热同季，日照充足。春季干旱多风，气温回升较快；夏季炎热多雨；秋季昼暖夜凉，温差较大，晚秋多干旱；冬季寒冷少雪。春夏多南风，秋季多北风。

全市年日照可照总时数为60%，7月份最少为52%，8月份也仅有54%。实照时数以5月份最多，为283.2小时，12月份最短，为178.6小时。各月日平均实照时数以5月份最长，平均为9.2小时，12月份最短，仅平均为5.8小时。

自然资源 历史上，安国市地表水资源较丰富。河流流域广阔，径流量颇大。明清时期，磁河、沙河、唐河三河流域大多年份水量较丰，沥涝之年时有涨溢，平均20年一次大涨发。唐、沙、磁河虽属季节河流，但大多年份枯水季节不见断流。至20世纪60年代中后期，由于上游水库蓄水，加之降水量减少等原因，境内河流除在旺水季节有水外，其他月份皆干涸。

土壤分为褐土和潮土两个土类。褐土是境内主要土类，面积436029亩，占全市总面积60.5%，其中褐土性土面积47312亩，占全市总面积的6.56%；潮化褐土面积388717亩，占总面积的53.94%，其中沙质河流沉积物土属面积28959亩，占总面积的4.02；壤质河流沉积物土属面积34141亩，占总面积的4.74%；脱沼泽河流沉积物土属面积50620亩，占总面积的7.02%。境内土地肥沃，地表下0～20厘米耕层土壤养分平均含量为有机质0.85%，全氮0.055%，碱解氮367PPM，速效磷5.5PPM，速效钾81PPM。所含微量元素，有效锰极为丰富，有效铜比较丰富，部分土壤缺铁，大面积土壤缺锌。

建置沿革 安国境内，春秋时属鲜虞国，后属中山国。战国初属晋，后属赵，汉置县，北宋设州，元代立府，明、清沿以州制，其名历更为安国、义丰、立节、蒲阴、祁州、祁县。民国3年（1914年），复名为安国县，属保定道，民国25年（1936年）安国县属博野行政区。第二年属河北省第十督察区。民国27年（1938年），安国县建立抗日民主政府，属晋察冀边区政府冀中区，同年9月属冀中区二分区。民国34年（1945年）8月28日，安国县城解放，属冀中七专区，民国35年（1946年）属九专区。民国37年（1948年）5月，安国城关改建为安国市（县级市），翌年2月市辖区归安国县，8月1日，安国县属河北省定县专区，1954年，安国县属保定专区，1958年，博野县并入安国县，1960年5月30日，安国县改属保定市，1961年5月23日，安国县属保定专区，1962年1月，析安国县，复博野县，安国县仍属保定地区，1991年8月，安国县建制改为安国市（县级市），1994年12月，安国市改属保定市。

行政区划 2008年，安国市行政区划沿袭1996年行政区划调整时的状况。设5个乡，5个镇，1个办事处，下辖198个行政村。

人口民族 2008年，全市总人口406581人，其中：男性204638人，女性201943人。境内有汉、回、满、蒙、壮、苗、白、瑶、土、朝鲜、维吾尔、纳西、布依、彝、藏等22个民族，汉族居多，约占总人口的99.1%。

【概况】 2008年全市地方生产总值52.7亿元，比上年增长13.1%，其中，第一产业完成增加值12.8亿元，第二产业完成增加值24.3亿元，第三产业完成增加值15.7亿元，分别增长7.6%、22.7%和12.2%。财政收入2.73亿元，增长25.1%，其中地方一般预算收入1.46亿元，增长21.4%；全社会固定资产投资39亿元，增长17.1%；其中城镇固定资产投资34亿元，增长39.5%；规模以上工业增加值14.8亿元，增长32.1%，实现利税8亿元，增长22.9%；社会消费品零售总额25.8亿元，增长24%；出口总值2116万美元，增长47%；城镇居民人均可支配收入1.2万元，增长21.2%；农民人均纯收入5496元，增长10%；年末城乡居民存款余额51.9亿元，增长27%。

【项目建设实现突破】 坚持“以药为主，多业并举，符合政策，抓大不放小”的原则，加强药业、纺织、机械制造、食品加工等支柱产业建设。全市续建、新开工和谋划的投资千万元以上项目46个。其中投资过亿元续建和新开工项目10个。总投资达23.8亿元。制定并实施《关于加快推进重点项目建设和招商引资工作的意见》、《关于招商引资的优惠政策》、《对招商引资做出突出贡献者的奖励办法》。牢牢把握南资北移、南企北扩和京津企业外迁等机遇，先后在北京、天津、宁波等地开展了招商活动，签约项目8个，总投资9.1亿元，重点推介项目26个，总投资

75.8亿元。年内，制药、纺织、机械制造三大产业支撑作用明显增强，全年产值占入统工业比重达78.3%，较上年提高11个百分点。

【推进药业产业升级】 制定药业中长期发展规划，推进药业产业升级，实现传统向现代转变，建设“两大中心”（国家中药材检验检测中心，国家级中药研发中心）和“三大基地”（中药材标准化种植示范基地，现代化中药生产及饮片加工基地、中药现代化物流配送基地）。2008年河北省政府将安国市列入省整合农业财政资金试点县，省财政2008～2009年度将安排1000万元专项资金重点支持中药材产业发展，提高中药材种植规范化水平。在以霍庄为中心的中药材种植基地，推广中药材GAP种植6万亩。全市种植面积达15万亩。中药产业园区、项目建设速度加快，完成园区绿化、道路等设施，启动园区污水处理厂、供热供水等设施建设，圣山药业、康达化工等12个项目入驻，总投资8.62亿元。集现代仓储、电子商务、物流配送等功能于一体的九州通安国现代医药物流配送项目开工建设，总投资8.1亿元。中心交易大厅改制基本完成，帮扶10家企业通过GSP标准认证，总量达59家。

【发展现代农业，推进新农村建设】 实施“良种繁育工程”、国家商品粮基地、万亩药材籽种秧苗基地等一批示范项目，农、林、畜产品品质、效益和规模明显提高，农业综合生产能力稳步提升，全年粮食总产2.6亿公斤。通过政策引导、择优扶强、典型示范等措施，发展农产品加工业，全年新增省市级农业产业化龙头企业7家，药都集团列入国家级农业产业化龙头企业，农业产业化率达49%。实施“一线三片”建设，确立19个示范村。全市文明生态村达87个，此外80个村通过“一事一议”筹资酬劳方式进行公益事业建设。改造大明路、郭村路等乡村公路60公里，通过多种筹资方式，改造中低产田1.2万亩，新建11个电气化村，新建沼气池2995个，解决6个村1.2万人的饮水安全，农民生产生活环境明显改善。

【加快城镇化建设步伐】 制定实施城中村改造、新民居建设等一系列政策措施。实施“6060”工程，推进城乡规划全覆盖，年内，相继完成城市新区和旧城改造区域、经济技术开发区（南区）、3个城中村改造和4个乡镇、70个自然村的规划编制。制作完成城市规划沙盘模型，启动城市规划展览馆建设。在城市路网建设中，完成总投资8000万元的北环路一期工程以及药兴大路、药泽大街、纪念馆北路3条续建道路。污水处理厂建成投入试运营。自来水厂扩建、药王庙文化景区建设、南阳村燕赵新民居示范工程全面启动。在城乡环境综合整治中，开展以“洁、美、绿、亮、序”为主要内容，对城区西、北出入口进行绿化美化，拆除2万平方米的临时、违章建筑，清理建筑、生活垃圾4000余吨，清理不规范广告牌匾300余块，城市面貌有了较大改观。

【积极推进企业改革】 深化扩权强县改革，充分发挥扩权政策优势，加强与省直部门的沟通联系，争取国家、省级资金8832万元，占年初计划的117%，有力支持了各项事业的发展。积极稳妥推进国有、集体企业改革，以产权制度改革为核心，采用破产、重组等多种形式，加快国企改革，完成企业改制22家，有6家进入破产程序。

【社会事业取得新进展】 全力做好就业和社会保障工作。实施积极地就业政策，多方拓宽就业渠道，全年新增就业人员2580人，下岗失业人员再就业1205人，就业困难对象再就业601人，城镇登记失业率控制在2.69%。完成全额事业单位养老保险制度改革，实现城镇居民基本医疗保险，事业单位和民间非营利组织工伤保险，为1.3万名低保对象发放低保金583万元。改善办学条件，完成中小学冬季取暖设施改造，调整学校布局，全市中小学校精减为88所，教学质量大幅提高，中考优秀率在保定名列前茅，高考本二以上上线人数高出保定市平均增幅7.1个百分点。文化建设取得突破。药王庙文化景区建设前期工作已经启动，关汉卿文苑建设签订了合作协议。农业合作医疗覆盖率达100%，参合率为76%，对9个乡镇卫生院进行全面改造。

领导班子成员

市委

书　记　吕竹青
副书记　史凤岐
常　委　吕竹青　张贺良　史凤岐　武文齐　焦新年　韩尹清　赵武卫　王俊红　刘喜宗　张志定　张二乐

人大

主　任　杨　宁
副主任　封庆明　刘斌国　焦杏琴　李景志

政府

市　长　张贺良

副 市 长 焦新年 韩尹清
王俊红 张彦安
田宝元 王占祥

杨振山

政协
主 席 邢 斌

副 主 席 张玉欣 薛仲勋
王占平 刘 婷

（宋义军）

人　物

2008年享受国务院政府特殊津贴专家

姓　名	单　　位	职务职称
高秋利	河北建设集团有限公司	总工程师、副总裁
黄晓地	保定市第三中学	校长
郭淑芹	保定市第一中心医院	院长
王志武	天威集团	高级技师
和　焕	中国陶协定窑研究院	副院长

2008年河北省管优秀专家

姓　名	单　　位	职务职称
程志光	天威集团	总工
孙执中	河北大学	教授
唐银生	第一业余体校	教练
崔　翔	华北电力大学	教授
齐纪渝	华北电力大学	教授
陈文增	曲阳定瓷	董事长

续表

姓　名	单　　位	职务职称
丁　强	天威集团	董事长
王洪瑞	河北大学	校长
黄大庄	河北农大	教授
李成榕	华北电力大学	副校长
安连锁	华北电力大学	副校长
刘连光	华北电力大学	教授
任守用	乐凯集团	副总
刘超颖	东方地球物探局技术研究中心	主任
郭爱华	天威保变	常务副总
马峙英	河北农大	副校长
刘孟军	河北农大	科研处长
谷子林	河北农大	教授
李建国	河北农大	图书馆馆长
张立峰	河北农大	教授
李振纲	河北大学	图书馆馆长
哈明虎	河北大学	副校长
贺国庆	河北大学	副校长

2008 年享受河北省有突出贡献的中青年专家

姓　名	单　　位	职务职称
刘永建	河北建设集团有限公司第一分公司	经理
田　烈	保定市第一中学	校长
钱云会	保定市第十三中学	校长
凌　波	定州中学	校长
王志仓	保定市规划设计研究院	总工程师

重要文献选编

保定市2008年国民经济和社会发展统计公报

2008年，是极不平凡的一年。面对复杂的经济形势和一系列重大挑战，全市人民在市委、市政府正确领导下，坚持以邓小平理论和“三个代表”重要思想为指导，全面落实科学发展观，认真贯彻执行中央、省一系列重大决策部署，紧紧围绕“又好又快发展、强市兴县富民”的中心任务，牢牢把握“突出抓发展、重点抓项目、持续保稳定”的主基调，大力唱响“奋起直追、争先进位”的主旋律，锐意改革创新，狠抓工作落实，国民经济保持平稳较快增长，各项社会事业取得了新进展。

一、综合

国民经济平稳较快增长，综合实力进一步增强。年内实现生产总值1580.9亿元，同比增长11.7%。其中：第一产业增加值247亿元，同比增长6.5%；第二产业增加值763.6亿元，同比增长10.9%；第三产业增加值570.3亿元，同比增长15.0%。人均国内生产总值14518元，同比增长11.0%，三次产业比重由2007年的15.7∶49.7∶34.7调整为15.6∶48.3∶36.1。

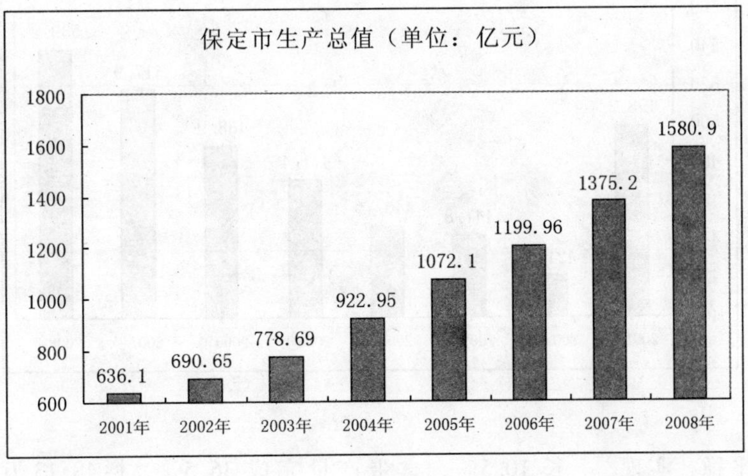

市场物价涨幅逐步回落。居民消费价格总水平较上年上涨5.1%，低于全省涨幅（6.2%）1.1个百分点，较今年一季度（7.9%）、1～2季度（6.9%）和1～3季度（5.9%）分别回落2.8、1.8和0.8个百分点，其中：消费品价格上涨5.7%，服务项目价格上涨2.9%。

2008 年全市居民消费价格指数

指标	指数	同比增长(%)
居民消费价格总指数	105.1	5.1
非食品价格指数	100.9	0.9
服务项目价格指数	102.9	2.9
消费品价格指数	105.7	5.7
一、食品	112.4	12.4
二、烟酒及用品	103.9	3.9
三、衣着	93.8	-6.2
四、家庭设备用品及维修服务	101.9	1.9
五、医疗保健和个人用品	99.8	-0.2
六、交通和通信	99.7	-0.3
七、娱乐教育文化用品及服务	102	2
八、居住	107.7	7.7

就业再就业工作力度加大。全市共有3.3万下岗、失业人员接受了职业培训，召开大型交流会420场，提供就业岗位15.4万个，成功就业5.3万人，农村富余劳动力向非农产业转移20.5万人次。年末城镇登记失业率为4.09%，同比提高0.04个百分点。

职工收入稳定增长。年末全市城镇单位从业人员68.14万人，增长3.9%。单位从业人员劳动报酬142.73亿元，同比增长22.89%；其中在岗职工工资总额132.77亿元，同比增长20.48%。城镇单位在岗职工平均工资21925元，同比增长22.54%。

民营经济快速健康发展。民营经济实现增加值858.42亿元，同比增长11.5%，占全市生产总值的比重达54.3%，对经济增长的贡献率为50.2%。实缴税金77.04亿元，增长19.8%，占全部财政收入的比重为22.6%。完成出口20.41亿美元，增长72.0%，占全市出口总值的59.96%，提高11个百分点，经济发展的活力增强。

二、农业

农村经济全面发展。全年农林牧渔业总产值完成427.3亿元，同比增长6.3%。

农业生产稳定增长。农业实现产值248.7亿元，同比增长3.6%。粮食生产再获丰收，粮食播种面积1354.65万亩，同比下降1.54%，总产量539.21万吨，增长4.12%，粮食单产达398公斤；棉花播种面积45.89万亩，同比增长2.15%，总产量3.08万吨，同比下降2.08%；油料播种面积117.46万亩，同比增长4.71%，总产量28.26万吨，同比增长6.49%；蔬菜播种面积206.84万亩，同比增长0.18%，蔬菜总产量770.69万吨，同比增长1.48%；瓜类播种面积32.36万亩，同比增长0.9%，瓜类总产量95.86万吨，同比增长1.74%；水果（含果用瓜）总产量208.8万吨，同比增长2.4%。

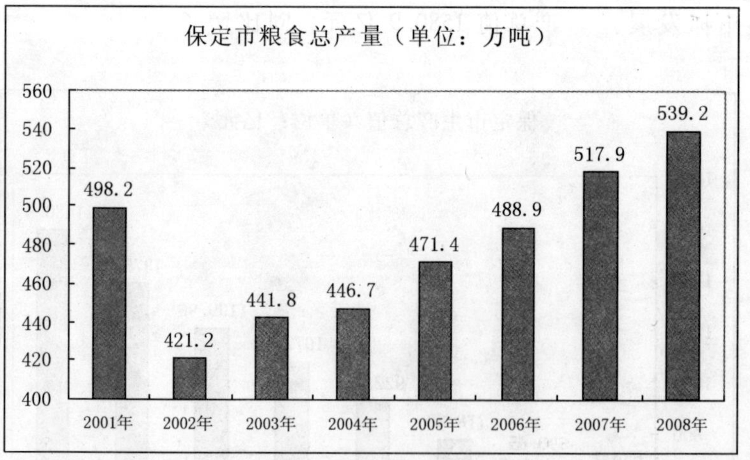

畜牧业生产保持平稳。实现畜牧业产值156.2亿元，同比增长11.0%，肉类总产量达51.83万吨，同比增长10.1%，其中：猪肉产量完成37.5万吨，同比增长10.5%，禽蛋产量完成36.5万吨，同比增长7.9%。牛羊奶产量62.6万吨，同比增长19.5%，年末生猪存栏342.33万头，同比增长20.9%，大牲畜存栏48.13万头，同比增长24.0%，其中：牛存栏40.02万头，同比增长32.6%，羊存栏190.96万只，同比增长11.23%。

渔业生产稳定。实现渔业产

值5.15亿元，增长18.5%，淡水养殖面积6858公顷，水产品总产量达到4.5万吨，同比增长6.6%。

主要农产品产量

产品名称	计量单位	绝对数	同比增长%
粮食	万吨	539.21	4.12
其中：夏粮	万吨	230.47	1.13
其中：小麦	万吨	225.22	1.15
其中：秋粮	万吨	308.74	6.47
粮食单产	公斤/亩	398	5.85
棉花	万吨	3.08	-2.08
油料	万吨	28.26	6.49
水果（含果用瓜）	万吨	208.8	2.4
蔬菜	万吨	770.69	1.48
瓜类	万吨	95.86	1.74
肉类	万吨	51.83	10.1
其中：猪肉	万吨	37.5	10.5
禽蛋	万吨	36.5	7.9
牛羊奶	万吨	62.6	19.5
水产品	万吨	4.5	6.6

林业生产持续发展。实现林业总产值4.8亿元，同比增长23.4%，当年造林面积3.36万公顷，四旁植树1478万株，新育苗木4743公顷，年末实有林地面积48.75万公顷。

农业基础设施得到加强。年末拥有农业机械总动力1098.5万千瓦，同比增长7.2%，其中：农用排灌动力机械231.5万千瓦，同比下降8.68%。年末拥有各种拖拉机19.97万台，农用运输机械38.19万辆；当年机耕面积62.0万公顷，同比增长0.44%，有效灌溉面积62.48万公顷，同比下降2.0%；农村用电量339637万千瓦小时，同比增长5.6%；农用化肥施用量43.14万吨（折纯），同比下降0.4%，农药施用量1.09万吨，同比增长0.37%。

三、工业和建筑业

工业结构进一步调整优化，经济实力增强。全年完成工业增加值642.6亿元，同比增长12.6%。规模以上工业完成现价总产值1710.04亿元，完成工业增加值403.92亿元，同比增长16.9%。轻、重工业均有增长，轻工业完成增加值155.55亿元，增长20.3%，重工业完成增加值248.37亿元，增长14.8%。国有及国有控股工业企业完成增加值116.14亿元，同比增长15.0%。大中型工业企业完成增加值229.56亿元，同比增长10.3%。

工业企业经济运行质量提高。规模以上工业主营业务收入1597.82亿元，同比增长22.08%，工业产品销售率96.5%，实现利税127.36亿元，同比增长1.64%，其中：国有控股企业完成利税48.10亿元，实现利润75.76亿元。

重点产业支撑和拉动作用增强，2008年三大支柱产业（汽车、新能源、纺织）完成总产值718.1亿元，占全市入统工业的比重为42%，同比增长24.8%，对全市工业的贡献率达40.1%，拉动全市工业增长10.5个百分点；实现利税55.3亿元，占全市入统工业的比重为43.4%，同比增长1.9%，对全市工业的贡献率达48.8%，拉动全市工业增长0.8个百分点。

工业产品产量随市场变化而调整。名牌产品、市场畅销产品产量增长较快，其中规模以上工业中：布产量83278万米，增长40.4%；纸制品36.5万吨，增长39.6%；变压器10993万千伏安，增长24.8%；纱产量13.04万吨，增长14.8%。

工业主要产品产量

名　称	单位	产量	同比增长%
发电量	万千瓦小时	1026967	-7.4
乳制品	万吨	38.12	14.9
白酒（折65度，商品量）	万千升	1.76	-0.6
卷烟	亿支	110	2.6
化学纤维	万吨	2.99	-2
纱	万吨	13.04	14.8
布	万米	83278	40.4
服装	万件	8074	3.9
纸制品	万吨	36.5	39.6
焦炭	万吨	142.78	9.7
塑料制品	万吨	43.05	-6.8
水泥	万吨	353.72	-4.5
钢材	万吨	22.18	4.5
汽车	万辆	31.9	-0.2
变压器	万千伏安	10993	24.8
铅酸蓄电池	万千伏安时	716	-6.6

建筑业稳步发展。全市辖区内具有建筑业资质的所有独立核算建筑业企业313个，完成建筑业总产值295.76亿元，同比增长12.46%，完成增加值121亿元，同比增长15.24%。按总产值计算的全员劳动生产率为120858元/人；实现利税总额为17.58亿元，同比增长22.68%；房屋施工面积2758.7万平方米，增长11.82%，房屋竣工面积1248.9万平方米，增长3.27%。

四、固定资产投资

固定资产投资稳健增长。全年完成全社会固定资产投资804.7亿元，同比增长23.7%，城镇固定资产投资完成712.9亿元，同比增长34.8%，其中：建设项目投资完成610.6亿元，同比增长33.4%，房地产开发投资完成102.4亿元，同比增长43.9%。

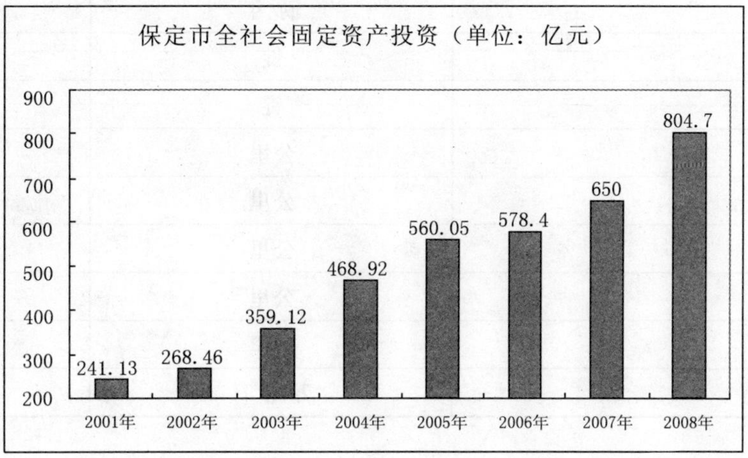

传统优势行业继续快速增长。加强了对汽车等优势行业的改扩建，促进了传统优势行业的产业链延伸和技术提升，加快了传统产业新型化步伐。全市城镇投资中，第一产业完成投资25.7亿元，同比增长96.3%；第二产业完成投资359.3亿元，同比增长48.6%，其中：制造业投资完成315.2亿元，同比增长54.3%；电力煤气及水的生产供应业投资完成32.2亿元，同比增长3.9%；第三产业完成投资327.9亿元，同比增长19.9%，其中：交通运输、仓储业投资完成81.4亿元，同比增长8.3%。投资效益有所增强，全年城镇建成投产项目1585个，项目建成投产率为61.7%。新增固定资产203.9亿元，固定资产交付使用率33.4%。

2008年新增生产能力（城镇+农村非农户）

新增生产能力（或效益）名称	单位	总计
铁矿选矿处理原矿量	万吨/年	117
铁矿石成品矿	万吨/年	25
生铁	万吨/年	2.4
冷轧（拔）钢材	万吨/年	10
铜冶炼	吨/年	4000
热轧钢材	万吨/年	6
锌冶炼	吨/年	10000
其中：电解锌	吨/年	10000
电解铝	吨/年	2000
输电线路长度（11万伏及以上）	公里	20

续表

新增生产能力（或效益）名称	单位	总计
平板玻璃	万重量箱/年	8
石墨及炭素制品	吨/年	200
磷肥	吨/年	1000
精甲醇	吨/年	200000
塑料树脂及共聚物	吨/年	4810
其他汽车制造	辆/年	3000
棉纺锭	锭	11000
毛纺锭	锭	7000
新建公路	公里	160
一级公路	公里	52
二级公路	公里	51
改建公路	公里	473.2
二级公路	公里	50.9
城市污水处理能力	万吨/日	6

五、国内贸易

城乡市场繁荣活跃。全年社会消费品零售总额完成619.7亿元，同比增长21.7%。从内部构成看：一是农村市场好于城市市场。市的消费品零售额完成284.2亿元，同比增长21%；县的消费品零售额完成140.1亿元，同比增长24.1%；县以下的消费品零售额完成195.4亿元，同比增长21%，县的零售额增速高于市的零售额增速3.1个百分点。二是批发业好于零售、住宿餐饮等行业。批发业零售额67.2亿元，同比增长37.2%，增速最快；零售业零售额469.6亿元，同比增长20.8%；住宿餐饮业零售额62.5亿元，同比增长19.5%；其他行业零售额20.3亿元，同比增长6.2%。

限额以上批发零售企业实现零售额99.9亿元，同比增长17.9%，其中吃、穿、用商品类零售额同比分别增长28.2%、11.1%和8.7%。其中，食品类增长31.6%，烟酒类增长14.1%，服装类增长14.8%，文化办公用品类增长43.2%，石油及制品类增长126.2%，汽车类增长5.0%。

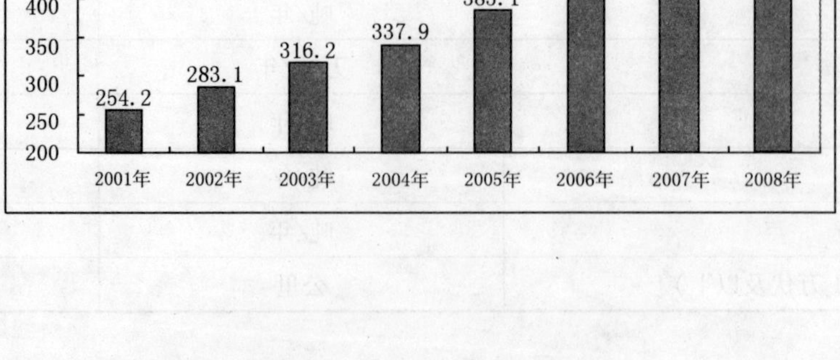

六、对外经济

对外贸易较快增长。据海关统计，全年完成进出口总额45.84亿美元，同比增长45.92%，其中，出口总额34.05亿美元，同比增长40.49%；进口总额11.80亿美元，同比增长64.23%。

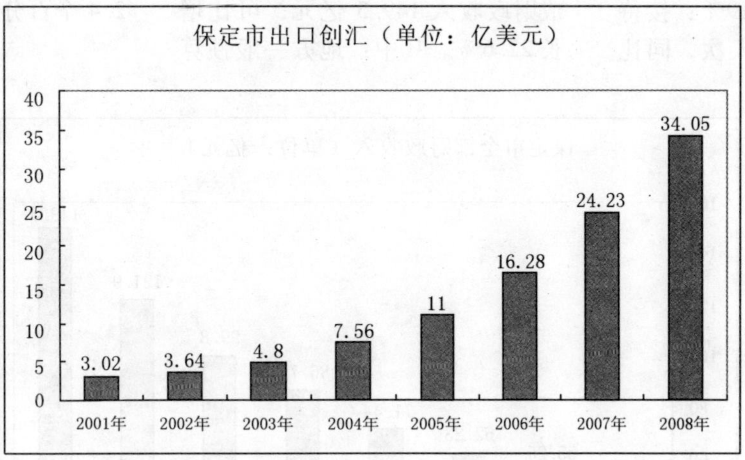

引进资金大幅提高。全市引进国内资金129.9亿元，同比增长31.6%，实际利用外资5.36亿美元，同比增长39.0%，其中：外商直接投资5.34亿美元，同比增长206.5%。全年新批利用外资合同26项，同比持平，合同总金额5.53亿美元，同比增长186.43%，合同利用外资额2.53亿美元，同比增长255.4%，全年新注册三资企业17户，同比下降32.0%，注册资本2.62亿美元，同比增长228.0%，其中外方资本2.29亿美元，同比增长273.0%。

七、交通、邮电业和旅游

交通运输业稳定发展。全年公路完成货运量8937万吨，同比增长4.5%。全年公路完成客运量9542万人，同比增长10.6%。全年公路运输完成货运周转量926649万吨公里，同比增长15.8%；旅客周转量919560万人公里，同比增长8.1%。全市公路通车里程17293公里，其中：高速公路476公里，在建高速公路557公里。新注册汽车47.2万辆，同比增长18.1%，其中：大型汽车7.9万辆，同比增长11.8%，小型汽车39.3万辆，同比增长19.5%，私人汽车34.2万辆，同比增长21.3%。

邮电通讯业加快发展。全年完成邮电业务收入59.92亿元，其中：邮政业务收入3.64亿元，电信业务收入56.28亿元。年末拥有固定电话用户174.9万户，移动电话用户653.3万户，国际互联网用户达57.4万户，有线广播电视用户达61.4万户。

旅游业微降。接待海外旅游者7.37万人次，同比下降1.54%，国际旅游收入2211.59万美元，同比下降1.19%；接待国内游客1898.86万人次，同比下降4.12%，旅游收入92亿元，同比下降1.21%。

八、财政、金融和保险业

财政收支较快增长。全市完成财政收入149.5亿元，可比增长22.6%。其中：地方一般预算收入66.6亿元，可比增长29.4%。一般预算支出166.3亿元，可比增长27%。一般预算收入增幅高于一般预算支出增幅2.4个百分点。

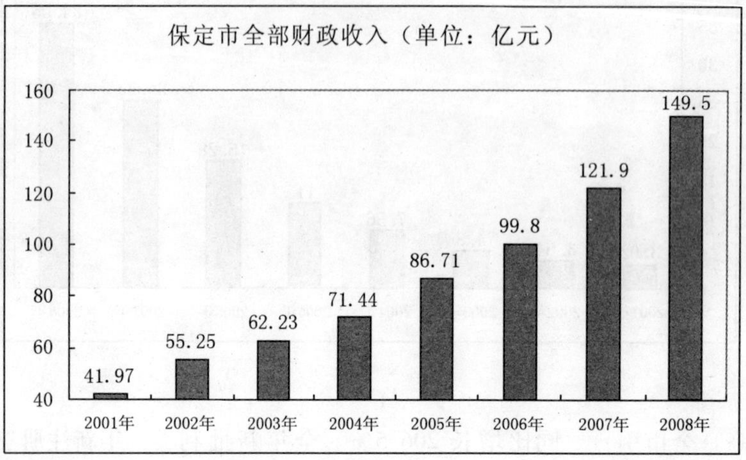

金融形势稳定，金融机构存贷款继续增长。年末金融机构存款余额达1977.8亿元，比年初增加353亿元，增长21.7%，金融机构贷款余额711.5亿元，比年初增加75.8亿元，增长10.9%。金融机构现金收入5082.7亿元，现金支出5154.9亿元，收支相抵，货币净投放72.2亿元。

保险事业发展迅速。现有保险机构194家，人身保费收入48.1亿元，增长59.2%，财产保费收入8.7亿元，增长22.3%。处理赔案赔付金额达19.8亿元，其中：财产险赔款金额6.1亿元；人身险给付金额13.7亿元。

九、教育和科学技术

教育事业稳定发展。全市普通高等学校11所，在校学生19.9万人，增长30%。中等专业学校在校学生15.59万人，普通中学在校学生59.54万人，小学在校学生74.32万人，学龄儿童入学率达99.87%。九年义务教育完成率达88%。幼儿园在园幼儿24.61万人。

科技事业成绩斐然。科技投入增加，全市规模以上工业企业用于科技活动的经费支出为23.77亿元，同比增长42.53%，其中研究与发展（R&D）经费支出15.84亿元，增长73%。取得国际、国内领先成果256项，开发省级以上新产品4项。年末技术合同成交额2.17亿元。根据2008年《高新技术企业认定管理办法》认定高新技术企业52家。专利申请受理量1324项，专利申请受权量773项，其中发明专利74项。19个项目获省级科技进步奖。全年实施省级以上科技成果推广120项，科技成果推广应用率达98%。

十、文化、卫生和体育

文化事业进一步繁荣。《保定日报》、《保定晚报》和《莲池周刊》年总发行量达5913万份，两报日发行量分别为7.2万份、9.1万份，一刊周发行量为4万份。全市剧团演出场次7400场；拥有剧场、影剧院11个，剧场演映场次1200场；拥有群众艺术馆1个，群众文化馆22个，公共文化设施323个，组织文化活动2550次。拥有公共图书馆23个，其中市级图书馆1个，图书馆总藏书量160万册。拥有电视台1座，电视综合人口覆盖率98.38%。广播电台1座，广播综合人口覆盖率98.59%。拥有广播电视台22座。

卫生事业继续加强。年末共有卫生机构2478个，各类卫生技术人员4.23万人，其中：执业医师以上人员1.44万人，注册护士0.92万人，药师0.18万人，技师0.23万人。医院153所，卫生院311所，病床床位2.91万张。农村有医疗点的村数占总村数的86.28%，乡村医生3.02万人，卫生员142人。已有743.81万农民参加了新型农村合作医疗，参合率为82.5%。

体育事业蓬勃发展。共举办市级以上各类比赛活动57次。举办全民健身活动830次，参加人数200万人次。全市国家二级裁判158人，国家二级运动员346人。在2008年北京奥运会上共获金牌3枚，残奥会上共获金牌2枚。各运动队参加比赛共获省级以上金牌148枚，获省级以上银牌137枚，获省级以上铜牌129枚。

十一、人口、人民生活和社会保障

人口继续保持低速增长。据公安人口年报统计，全市年末总户数323.6万户，同比增加7.8万户，其中：市区31万户，同比增加1万户。年末总人口1141.7万人，同比增加18.3万人，其中市区105.5万人。当年出生人口24.6万人，人口出生率21.7‰，当年死亡人口5.4万人，人口死亡率4.8‰，自然增长人口19.2万人，自然增长率16.9‰。

城乡居民收入同步增长，生活水平进一步提高。城市居民人均可支配收入12311.7元，同比增长12.7%；农民人均纯收入（不含市区）达到4331.11元，同比增长9.0%。城乡居民储蓄继续增加，年末城乡居民储蓄存款余额达1507.3亿元，比年初增加311.8亿元，增长26.1%。城市人均消费性支出7719.4元，其中，食品类支出3121元，衣着类支出1237.5元，居住支出1048.8元；农村居民人均生活消费（不含市区）支出2573.61元，其中，食品支出1009.70元，衣着支出184.09元，居住支出529.27元。

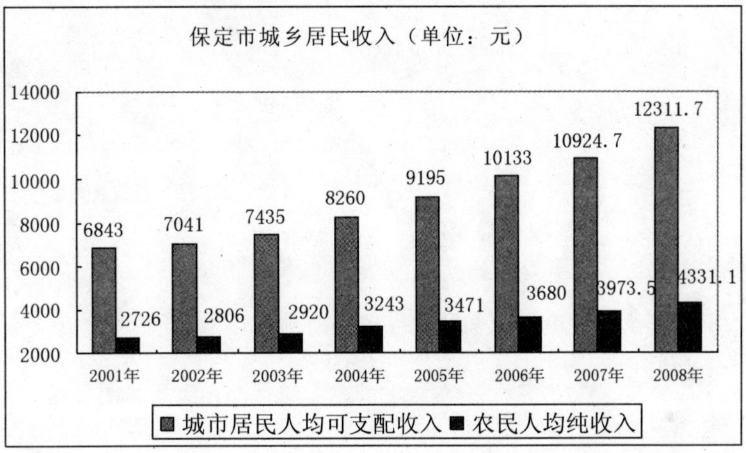

社会保障水平逐步提高。职工养老金全部实现社会化发放，失业保险覆盖面继续扩大。全市25县（市、区）全部建立最低生活保障制度，共有10.28万城镇居民得到最低生活保障救济，22.86万农村居民得到最低生活保障救济，城镇居民最低生活保障实现应保尽保，农村居民最低生活保障逐步规范。年末全市有76.4万职工参加了基本养老保险，80.8万职工参加了基本医疗保险，52.4万人参加了失业保险。

社会福利事业继续发展。年末全市各类收养性福利单位126所，床位达3493张。国家抚恤、补助、优抚5.96万人，其中：定期补助4.12万人，定期抚恤0.66万人，伤残优抚1.18万人。

十二、环境保护和安全生产

环境保护事业继续发展。年末全市重点工业企业专业环保人数达2178人。工业废水排放达标率95.17%，工业二氧化硫去除量5.42万吨，工业烟尘去除量92.01万吨，工业固体废物综合利用量337.94万吨，工业固体废物综合利用率76.52%。城市人均公共绿地面积8.6平方米，建成区绿地率32.81%，建成区绿化覆盖率37.9%，生态环境继续改善。

节能减排工作扎实推进，关停“三高”企业，加速淘汰水泥、热电等落后产能，限制钢铁、焦化等高耗能行业，节能效果显著。全年单位工业增加值能耗1.664吨标准煤/万元，同比降低16.51%。

全年各类安全生产事故共死亡330人，亿元GDP生产安全事故死亡率为0.21人；道路交通事故死亡297人，全市共有各类机动车150.5万辆，万车安全事故死亡率为1.97人；工矿商贸企业事故死亡31人。

注：1. 本公报2008年部分数据为快报数。

2. 公报中全市生产总值、人均GDP、各产业增加值绝对值按现行价格计算，增长速度按可比价格计算。